铁路科技图书出版基金资助出版

中国铁路减速顶与调速技术

中国铁道学会减速顶调速系统委员会　编著

中 国 铁 道 出 版 社
2012年·北 京

内 容 简 介

本书介绍了近40年来我国减速顶与调速技术的诞生和发展历程；对减速顶调速设备、停车防溜设备的结构和工作原理进行了理论分析；介绍了国内目前常用的各种产品的结构特点和主要技术参数；介绍了多种各具特点的减速顶调速制式、实时控制和检测技术；介绍了减速顶与停车防溜设备的安装、调试、运用、维护和管理方法；同时还对这项技术今后的发展方向提出了展望。

图书在版编目(CIP)数据

中国铁路减速顶与调速技术/中国铁道学会减速顶调速系统委员会编著．—北京：中国铁道出版社，2012．8

ISBN 978-7-113-14673-3

Ⅰ．①中… Ⅱ．①中… Ⅲ．①铁路车辆－减速装置－技术②铁路车辆－调速控制器－技术 Ⅳ．①U26

中国版本图书馆 CIP 数据核字(2012)第108231号

书　　名：中国铁路减速顶与调速技术
作　　者：中国铁道学会减速顶调速系统委员会

责任编辑：吴　军　于　秀　　**编辑部电话：**010-51873094
封面设计：崔丽芳
责任校对：孙　玫
责任印制：陆　宁

出版发行：中国铁道出版社（100054，北京市西城区右安门西街8号）
网　　址：http：//www.tdpress.com
印　　刷：北京盛通印刷股份有限公司
版　　次：2012年8月第1版　　2012年8月第1次印刷
开　　本：787 mm×1 092 mm　1/16　印张：32.5　字数：740千
印　　数：1～3 000册
书　　号：ISBN 978-7-113-14673-3
定　　价：138.00元

编辑委员会名单

编写组名单

主　　编：王小敏

副主编：王继廉

成　　员：（按姓氏笔画顺序）

王　旭　王　潜　冯璟春　邢潮汀

李文健　李昕旭　邹怀国　郑　海

张兵兵　张　星　张继生　贾继峰

黄先席　傅耕野

序

20 世纪 70 年代以前，我国铁路编组站调车作业目的制动一直沿用传统的铁鞋和手闸制动，采取人工控制车辆溜放速度的落后生产方式。70 年代中期，我国自主开发研制了减速顶及其调速技术，它的诞生和发展为调车作业自动化开辟了一条新的途径。

近 40 年来，随着编组站各项新技术的不断发展，减速顶调速技术也取得了长足的进步，减速顶从单一品种发展到系列产品，调速技术不断创新，出现了一大批具有自主知识产权的技术与产品，并在国内得到了广泛的应用。采用这些新技术，不仅得高了运输作业效率，减轻了工人的劳动强度，而且，调车作业人员的安全得到了进一步保障。同时，我国减速顶与调速技术也在世界其他一些国家得到了推广应用。

本书既是对我国近 40 多年来减速顶与调速技术发展历程的全面回顾，也是对这项技术在理论研究和实践应用方面的系统总结。本书的编者都是从事这项技术多年的科技工作者，他们为此付出了艰辛的劳动，它的出版将对从事这一领域的科研设计、运用管理及维护人员都具有很好的指导作用和实用价值。

随着我国铁路重载运输和编组站综合自动化的快速发展，对减速顶与调速技术也提出了新的更高的要求。我们要再接再厉，不懈努力，继续加大科技创新力度，提高管理和应用水平，为铁路运输现代化作出更大的贡献。

何华武 2012.8

前　言

减速顶与调速技术是应用于铁路编组站和其他站、线对车辆进行自动调速的专门技术，它涉及铁路车务、机务、车辆、电务、工务、工程等多个部门，其内容涵盖运输、机械、液压、检测与控制、信息技术等多个领域。

本书从理论研究、科研设计和实际应用等多个层面，对我国减速顶与调速技术30多年来所取得的丰硕成果和宝贵经验进行了全面、系统的总结，既有较为深入的理论分析和研究，又有大量具有我国自主知识产权的新产品、新技术介绍和许多现场应用实例，同时还较为详细地记载了我国减速顶与调速技术30多年来的发展历程，是一本国内外该领域不可多得的综合性科技图书。

本书简要介绍了铁路编组站的基础知识和国内外减速顶与调速技术的发展；阐述了减速顶、加速顶、停车防溜设备的工作原理、技术要求、运动和受力分析；介绍了目前常用的各种减速顶和停车防溜设备的结构特点和主要技术参数；介绍了多种各具特点的减速顶调速系统方案设计、自动控制技术和检测技术；介绍了减速顶与停车防溜设备的安装、调试、运用、维护和管理；同时还对这项技术今后的发展提出了一系列展望。

本书的作者均为多年从事这一领域研究、设计和应用方面的专家，既有比较深厚的理论功底和技术业务水平，又有十分丰富的实践经验，充分显示了我国当前在这一领域的雄厚实力和先进水平。

该书结构完整、资料翔实、内容丰富、图文并茂，具有很强的可读性和史料价值。既可作为各级铁路运输管理人员的学习资料，又可作为从事铁路站场科研、设计、规划和运营的科技人员的参考书，也可作为大、中专院校铁路及交通运输专业的教材，同时还可以作为现场施工、运用、维修人员的技术培训教材。

通过本书的出版发行，将进一步推动和促进这项技术的普及、创新和发展，为我国乃至世界铁路的现代化作出贡献。

本书第一章第一、二节，第五章第一、四、六、七、八、十节由王继廉执笔；第一章第三节(部分)，第二章第三～八节、十～十三节，第三章第十节(部分)，第四章第三节(部分)由傅耕野执笔；第一章第三节(部分)，第三章第二～九节(部分)，第七章第二节(部分)，第八章(部分)，第九章第三、五、六节(部分)由邢潮汀、黄先席执笔；第一章第三节(部分)，第三章第三节(部分)，第四章第一、二节(部分)，第四节，第六章第一、九节(部分)，第七章第一、五节(部分)，第八章第二、三节(部分)，第九章第三、五、六节(部分)由冯璟春、邹怀国、张继生、贾继峰执笔；第二章第九节由张兵兵执笔；第二章第一、二节，第三章第一、十一节，第二～十节(部分)，第四章第一～三节(部分)，第七章第二节(部分)，第八章(部分)，第九章第一、二、四节，第三、五、六节(部分)、第十章由王小敏执笔；第五章第二、三节，第九节(部分)由李文健执笔；第五章第五节，第九节(部分)由李欣旭执笔；第六章第一、九节(部分)、第二～八节、第十节，第九章第七节由张星执笔；第七章第一、三、四节，第二、五节(部分)由王旭执笔；第八章第二、三节(部分)，第九章第五、六节(部分)由王潜执笔。本书第一、五、十章由吴家豪审核；第二章，第三章第十节(部分)，第四章第三节(部分)由曾祥荣审核；第四章第二节(部分)由付耕野审核；其余各章节由王小敏、王继廉审核。

全书由王小敏、王继廉统编，王晓蕾进行文整；曹永鹏、胡东东、刘帆、郑海、刘丽娜等参加了部分图、表和文字整理工作。

在本书编写过程中，得到铁道部总工程师何华武、中国铁道学会秘书长吕长清等领导的热情关怀和指导，得到哈尔滨铁路局站场调速技术研究所、上海铁路站场调速技术中心有限公司、沈阳铁路局科研所领导的大力支持和帮助，同时，铁道科学研究院、南宁铁路局柳州科研所、上海铁路局南京东站、西安优势集团公司、沈阳合普铁道科技有限公司、青岛浩海液压气动技术有限公司等单位及其专家为本书编写提供了有关的技术资料，在此一并表示感谢。

书中介绍的各种调速设备的技术指标和系统设计资料仅供参考。由于编者水平有限，书中如有错误与不妥之处，敬请读者批评指正。

谨以此书献给所有关心、支持和从事中国铁路减速顶与调速技术开发、应用并为之作出贡献的人士。

编者　2012年8月

目　录

第一章　概　　述

第一节　编组站的基本概况

运输业是国民经济中的一个重要组成部分，它主要是改变人和物的空间位置。铁路运输与公路、水运、航空、管道等其他运输形式相比，具有运能大、运速快、安全好、用地少、能耗省、成本低、污染小的优势。在中国这样一个幅员辽阔、人口众多、耕地面积有限、资源分布不均、各地区的经济社会发展又极不平衡的国家，铁路运输自然成为中国的主要运输方式。到2011年底，中国铁路营业里程已达到9万多公里，路网总规模位居世界第二。

铁路为了完成货物输送，必须进行货物列车的解、编调车作业，即货物在各车站、厂矿企业的专用线、港口码头等地装车以后，需进行调车作业编成列车，由机车牵引送往到达站。

由于大多数列车都是由不同发、到站的车辆所组成的，列车到达前方编组站或区段站以后，必须重新解体、编组，再将同一去向的车辆编成新的列车，继续开往下一站，直到每辆车到达目的地。编组站就是铁路网上主要承担货物列车解体和编组调车作业的车站。

一、编组站的分类和站型

（一）分　　类

1. 按编组站在路网上的地位与作用分类

编组站可分为路网性（担任路网中的远程列车的解编任务）、区域性（担任一定区域内列车的解编任务）和地方性（担任管内地方车流的解编作业）编组站。预计到2020年全路将设编组站40处，其中路网性编组站11处，区域性编组站29处。

2. 按编组站设置的调车系统的数量分类

编组站可分为单向编组站（设一个调车系统、驼峰朝一个方向）和双向编组站（设两个调车系统，两驼峰方向相对）。

（二）站　　型

按编组站各个调车系统设置的主要车场配列形式分为：

1. 单向纵列式站型，即到达场、调车场、出发场顺序布置的纵列式站型，简称三级三场。

2. 单向横列式站型，即上下行到发场横列于调车场两侧的横列式站型，简称一级三场。

3. 单向混合式站型，即上下行共用到达场与调车场纵列，上下行出发场横列于调车场两侧的站型，简称二级四场。

4. 双向纵列式站型，即各个调车系统的到达场、调车场、出发场顺序纵列布置，简称三级六场。

5. 双向横列式站型，即各个调车系统的到发场与调车场横列布置，简称双向一级四场。

6. 双向混合式站型，即各个或其中一个调车系统的主要车场呈混合式布置的站型，如简称的双向二级五场、二级六场、三级五场等。

二、编组站的功能和调车设备

编组站有“铁路货物列车制造工厂”之称，它的主要功能是根据列车编组计划的要求，完成各种货物列车的解体和编组作业。

编组站为完成解、编列车调车作业，使用的主要基础设施由调机、驼峰、调车场、编尾牵出线以及信号、通信等设备组成。

世界铁路编组站的调车设备，经历了平面调车和驼峰调车两个发展阶段。

(一)平面调车

平面调车，是在世界铁路诞生后的前50年期间，各国铁路车站普遍采用的一种非常原始的完全依靠调机动力推拉车辆的调车方式。即由调车机车牵引车辆，使用简陋的手信号(灯、旗)，由人工手扳道岔排列进路，在调车场和牵出线上往复多次推拉车列，进行调车作业。这种作业方式不但效率低，劳动强度大，而且安全条件差，经常发生撞车、车辆溜逸和人身伤亡事故。

(二)驼峰调车

1876年，德国铁路建成了世界上第一座简易驼峰。驼峰一般设于调车场的头部，是一种专门用来解体溜放车辆的调车设备。它是在到达场或牵出线和调车场之间建起的一个形似骆驼驼峰的“土包”，是一种以峰高位能为主，调机推力为辅的调车方式。驼峰的范围，是指峰前到达场与调车场之间的一部分线路，包括推送部分、峰顶平台、溜放部分三段。推送部分是指由驼峰解体的车列第一辆车位于峰顶平台始端时车列全长所在的线路范围。设置这一线段是为了使车辆获得一定的位能，同时压紧车钩以便车列解体时能提开车钩；溜放部分是指由峰顶至调车场第一制动位入口的线路范围。峰顶平台是指连接驼峰推送部分与溜放部分的一段平坦线路。中国不同历史时期所建设的驼峰有以下几种类型。

1. 简易驼峰

新中国成立以后，特别在1958～1960年期间，中国铁路的简易驼峰如雨后春笋般地发展起来。简易驼峰的平面，采用梯形非对称线束形布置，大多由9号单开道岔联结，也有些车站后来改用6.5号或6号对称道岔联结，由人工扳道。一般设一条牵出线和一条溜放线，驼峰峰高较低，约1.5～2 m，多用于小型站场。与平面调车相比，采用简易驼峰调车，不需要调机往复多次来回推拉车列，可提高调车作业的效率，改善调车作业的条件，减轻调车作业人员的劳动强度。但车辆的目的制动仍需由人工采用手闸或铁鞋制动。其推峰速度一般不大于3 km/h，调车作业和人身的安全得不到充分保障，调车人员的劳动强度仍比较大。

2. 非机械化驼峰

非机械化驼峰的平面采用对称形线束布置，由6.5号或6号对称道岔联结，道岔控制采用继电集中。一般情况下设 2 条推送线和 1 条溜放线，在需要时可进行预推作业来提高驼峰的解体效率。制动工具仍采用手闸或铁鞋，推峰速度可达 3～5 km/h，适用于中小型编组站。

3. 机械化驼峰

驼峰平面采用 6.5 号或 6 号对称道岔组成的线束对称布置，溜放进路由道岔自动集中控制，可以预排进路。驼峰峰高较高，一般在 3 m 以上，设 2 股推送线和 1～2 股溜放线。峰下设 1～2 个减速器制动位，即通常所称的一部位（主减速器）和二部位（线束减速器），减速器由人工操纵；其目的制动主要依靠手闸或铁鞋，推峰速度一般可达 4～5 km/h。其调车人员的安全还没有足够保证，劳动强度也比较大。另外，在采用铁鞋进行目的制动时，为了防止车辆超速连挂，发生撞车事故，一般还专门规定不允许车辆连挂，而且必须保持 3～5 m 的"间隙"，这样不仅减少了股道内的容车数，浪费了线路有效长，同时在列车编组时，还需要由调车机逐个进行整理串挂，大大影响了列车编组的效率。更为严重的是一旦漏撤铁鞋，轻则擦伤车轮和钢轨，重则挤坏道岔，甚至发生车辆脱线或颠覆事故。

4. 半自动化驼峰

在机械化驼峰的基础上，由人工选定车辆在减速器的出口速度值，利用半自动控制机对减速器进行自动控制。控制系统由半自动控制机、车辆减速器、测速雷达、测长器、测重器以及半自动控制台、轨道电路等设备组成。车辆溜放作业时，由测重传感器测出车辆重量，雷达测量溜放车组的速度，测长设备测出股道内的空闲长度，减速器将车辆速度降到设定值后就自动缓解。其推峰速度可达 5～6 km/h。

5. 自动化驼峰

由控制计算机根据计轴、测重、测速、测阻、测长、测风向风速等传感设备测得的各种数据，采用过程控制程序和一定的数学模型进行计算处理，自动确定各部位减速器的车辆出口速度值，发出对溜放车组的控制命令。在调车线内，安设减速顶或 1～2 个部位的减速器（三、四部位）、绳索牵引小车以及停车顶、停车器等其他调速设备，实现车辆自动安全连挂或在调车场尾部自动停车并防溜。从而达到在调车作业中完全取消铁鞋，使车辆的溜放进路、溜放速度、间隔调速、目的制动及调车场尾部停车防溜完全实现自动控制。自动化驼峰的推峰速度可达到 6～7 km/h。

第二节 外国减速顶调速技术的发展

一、减速顶的研制和诞生

铁道车辆减速顶（简称减速顶）是以液压油和弹性体为介质，安装在钢轨上，通过滑动油缸帽头与车轮接触对车辆起制动减速作用的一种调速设备。世界上最早研究减速顶的是英国道蒂液压设备有限公司（Dowty Hydraulic Units Limited，以下简称道蒂公司），该公司创立于 1931 年，产品项目繁多，以生产航天、航空、航海、铁路、采矿和工业装备著称。道蒂公司是从 1958 年开始研制减速顶的。当时，英国铁路编组站上使用的钳式减速器，常常由于溜放车辆速度控制不当，造成车辆冲撞事故。据有关统计资料记载，只有 30%

的车辆能在允许的速度范围内与其他停留车安全连挂，其余则有 20%的车辆途停，还有 50%的车辆超速冲撞，造成车辆和货物的破损。针对这一严重情况，道蒂公司决定研究一种新型的调速设备，以实现对车辆速度有效的控制，保证车辆实现安全连挂。经过 6 个多月的研究和在阿西切奇（Ashchurch）站上的一条专用试验线的试验，第一代有外部能源的液压减速顶(图 1-1)和液压加减速顶研制成功，并于 1959 年 11 月获得英国政府授予的专利。

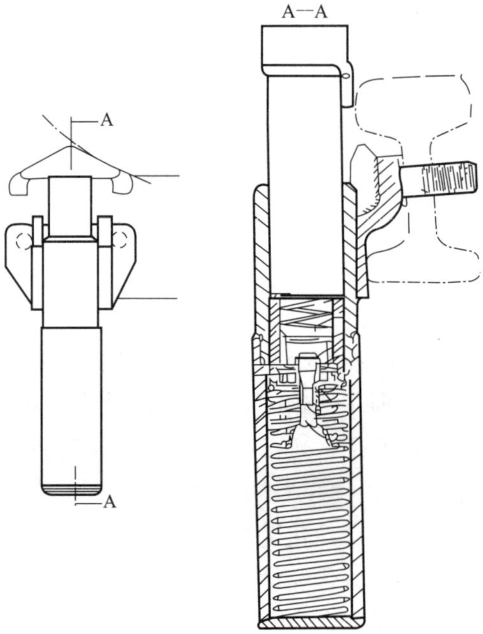

图 1-1 英国道蒂公司的第一代液压减速顶

在英国铁路部门的支持下，第一代减速顶首先在赫尔(Hull)编组站的 2 股调车线上与钳式减速器相配合，进行了一个冬天的扩大试验；试验结束后继续运用了 9 个月，作业效果非常理想。接着又以古德迈(Coodmay)编组站作为提高减速顶和加减速顶性能及质量的试验基地，在全场采用全顶调速制式进行扩大试验，取得了许多有价值的数据。经过对第一代的减速顶和加减速顶进行多次改进后，于 1965 年在英国的廷斯雷(Tinsley)编组站的 83 股调车线上安装应用了 10 630 台减速顶和 14 600 台液压加减速顶；使廷斯雷编组站成为世界上第一个采用道蒂公司减速顶和加减速顶进行全顶连续式调速的编组站。该站调车线的尾部安装了临界速度为 0 m/s 的液压减速顶作为停车顶使用，这也是最早出现的用减速顶来控制车辆停车的先例。

道蒂公司在第一代液压减速顶研究和扩大应用的基础上，于 1969 年研制出第二代新型标准油气减速顶。它取消了第一代油压减速顶需要的外部油管路，仅由壳体和滑动油缸两部分组成。在滑动油缸内部充有一定容积的液压油和氮气，油缸内的活塞上设有能自动识别车辆溜放速度的速度阀和对车辆做功的压力阀，其内部结构如图 1-2 所示。1972 年，这种新型油气减速顶首先在英国斯肯索普(Scunthorpe)编组站的 19 股调车线上安装了4 800台。1973 年开始进入国际市场，在西澳大利亚国营铁路福雷斯特菲尔德(Forrestfield)编组站的 31 股调车线上安装应用了 7 700 台。该站每昼夜解编作业 4 000 辆车。在这里，新型油气减速顶经受住了钢轨温度为 73 ℃的高温考验，并取得了良好的运用效果。

20 世纪 70 年代初，道蒂公司在继续进行减速顶调速系统试验的基础上，对第二代新型标准油气减速顶又作了一些重要的改进，于 1974 年成功地研制出第三代高性能减速顶，其主要结构如图 1-3 所示。

高性能减速顶与第二代标准油气减速顶相比，有以下重要改进：

(1)滑动油缸的头部由球形改为蘑菇头形，加大了径向尺寸和头部半径，不但能满足在曲线区段安装、运用的需要，同时，也使减速顶的安装高度得到提高，从而使减速顶的制动功进一步加大；

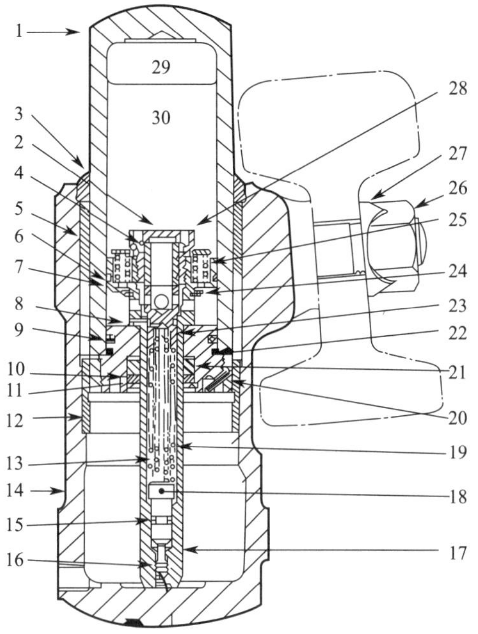

1—滑动油缸；2—阀套；3—擦油圈；4—压力阀；5—顶衬套；6—活塞环；7—瓣阀板；8—支承；9—O形密封圈；10—后备垫圈；11—内簧环；12—底衬套；13—弹簧；14—壳体；15—O形密封圈；16—调整螺丝；17—活塞；18—隔片；19—弹簧；20—锁销；21—密封环；22—O形密封圈；23—弹簧；24—外簧环；25—弹簧；26—螺母；27—锁紧垫圈；28—速度阀板；29—氮气；30—液压油。

图1-2 英国道蒂公司研制的油气减速顶结构示意图

(2)压力阀由内流式锥阀改为差动外流式锥阀，增加了油和氮气的体积，从而提高了制动功和车辆允许通过的速度等技术指标；

(3)速度阀由固定式改为可调式，扩大了顶的临界速度范围，减少了临界速度误差；

(4)速度阀结构由8孔增加为18孔，从而加大了油液的过流面积，降低了阻力功。

1975年，首先在南非铁路的凯西恩(Kaserne)编组站的3股道安装了1 100台第三代高性能油气减速顶和50台新型加减速顶；在瑞士的莫坦恩兹(Muttenz)编组站的1股调车线上安装了60台高性能油气减速顶试用。1976年又在原联邦德国铁路纽伦堡编组站的1股调车线上安装了300台高性能油气减速顶试用，接着在该站扩大到6股调车线，共安装了4 800台高性能油气减速顶。经过上述3个编组站的试用并取得满意的效果后，这种高性能减速顶开始在多个国家的铁路编组站继续推广应用。1977年，在瑞士联邦铁路苏黎世—利马塔尔(Zürich-Limmattal)编组站的64股调车线安装了7 700台高性能油气减速顶，该站场每昼夜解编作业量达12 000辆，交付使用后运用效果良好。1980年，这种高性能油气减速顶推广到南非铁路的巴帕斯仿坦(Bapsfonteie)编

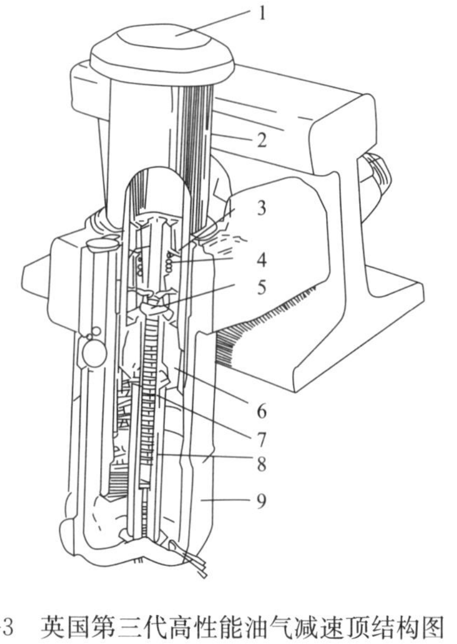

图1-3 英国第三代高性能油气减速顶结构图

1—蘑菇头；2—滑动油缸；3—速度阀板；4—速度阀弹簧；5—压力阀；6—密封盖；7—彩色标记；8—活塞杆；9—壳体。

组站应用;1982 年,又在南非铁路森托拉伦特(Sentrarand)编组站 64 股调车线的主调车场和箭翎线调车场安装了 42 000 台高性能油气减速顶、18 000 台风动加减速顶并交付运营,从而使其成为全球铁路至今安装减速顶和加减速顶最多的自动化驼峰调车场。1984 年,奥地利联邦铁路维也纳中央编组站的全顶自动化驼峰建成投产,该站调车场有 48 股道,共安装高性能油气减速顶 37 000 台,每昼夜解编作业量可达 12 000 辆。此外,英国道蒂公司还在美国多个编组站安装应用了高性能油气减速顶。

二、新型减速顶调速设备的创新和发展

道蒂公司考虑到第一代的液压加减速顶所需的管路太长,常发生漏油问题,设备的维修量也大,如果能够以压缩空气为能源来代替液压能源供给系统,不仅可消除漏油的污染,而且可大大降低设备的投资和维修费用。为此,该公司从 20 世纪 70 年代初就开始研究新一代的风动加减速顶,其结构如图 1-4 所示。然而经过实际试验证明,如以压缩空气为能源,要像液压加减速顶那样把加速和减速两种机构集中在同一装置内是很困难的,于是,道蒂公司研制出了一种由 1 个高性能减速顶和 1 个以压缩空气为能源的加速单元相结合,将两者通过软管连接而成的风动加减速顶,并于 1973 年 2 月 28 日向英国专利局提出了专利申请。

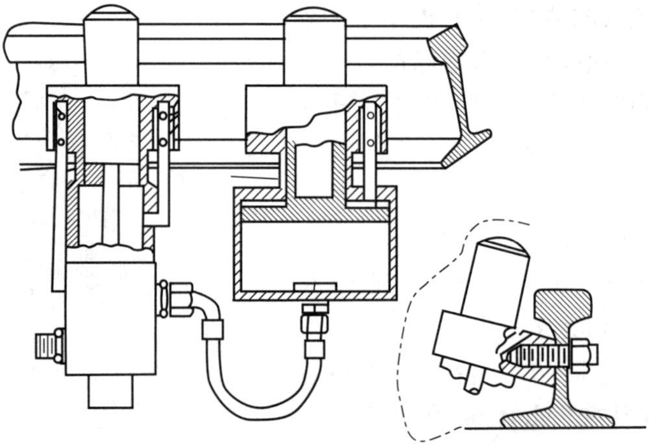

图 1-4　英国新型风动加减速顶结构图

道蒂公司的减速顶研制成功并安装在编组站的调车线上使用以后,在调整车辆溜放速度、保证车辆安全连挂、提高驼峰调车场的解体和编组效率、减轻工人劳动强度等方面都取得了明显效益。但任何事物都是一分为二的,比如,当一列车编组完毕,需要由调车机牵出转场或由本务机车挂头准备发车时,这时安装在调车线上的减速顶仍然会不加区别地对机车车辆做功,产生无用并有害的阻力和噪声,不但白白多消耗了机车的能源,降低了机车车辆的运行速度,而且增加了轮顶的磨耗,缩短了设备的使用寿命。为此,道蒂公司在 20 世纪 80 年代初研究出两种可以远程控制的能使减速顶滑动油缸保持吸下状态的可控减速顶来解决这些问题,并先后于 1982 年 9 月 22 日和 1983 年 4 月 13 日向英国专利局提出了专利申请。

道蒂公司于 1982 年申请专利的可控减速顶的基本结构如图 1-5 所示，它有以下特点：

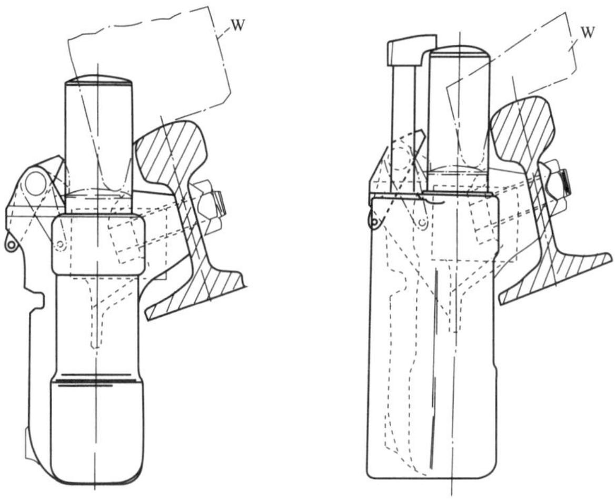

图 1-5 道蒂公司 1982 年申请专利的可控减速顶

(1)这种可控顶由减速单元、支座和锁闭装置三部分组成。减速单元的结构与新型标准减速顶基本相同，所不同的是它有一对轴承座固定在壳体的轴向凸缘上部，与这对轴承座连接的是锁闭装置的杠杆机构，并且支座、锁闭装置与壳体为整体结构。支座通过托架用螺栓固定在钢轨上。锁闭装置包括活塞缸体装置、杠杆装置、感应传动装置。

(2)支座可以是小型的，仅与 1 个减速顶壳体、1 个锁闭装置相结合，也可以是延伸式的，与 2 个或 2 个以上并联的减速顶壳体用一个锁闭装置进行控制。

(3)锁闭装置的控制可以是风动的，也可以是液压的、电动的或者真空的。

(4)减速单元的滑动油缸通常伸出壳体，处于对通过车轮做功的工作状态；必要时可下落到壳体内由锁闭装置锁住，使通过车轮避免与滑动油缸接触。滑动油缸下落到壳体内的过程，可以通过第一个车轮的滚压来完成，也可以由远程控制的感应传动装置来完成。

另外一种于 1983 年申请专利的可控减速顶的基本结构如图 1-6 所示，它具有以下特点：

(1)这种可控顶由减速顶和电动液压装置两部分组成。减速顶的结构与高性能减速顶基本相同，不同的是电动液压装置通过螺栓固定在减速顶的壳体上。电动液压装置主要包括活塞缸、储油箱、电控阀和双臂曲柄杠杆机构。双臂曲柄杠杆机构由长、短杠杆、扭转弹簧和闩舌组成。

(2)由电控阀操纵电动液压装置的动作，实现对减速顶滑动油缸的上升和下降控制。电控阀的通断是远程控制的，当电控阀通电励磁时，只要第一个通过减速顶的车轮压下滑动油缸，闩舌就与滑动油缸的蘑菇形帽头紧贴，使滑动油缸锁闭在壳体内而不能对车辆做功；当电控阀断电去磁时，闩舌离开，滑动油缸才被释放而伸出壳体恢复工作状态。

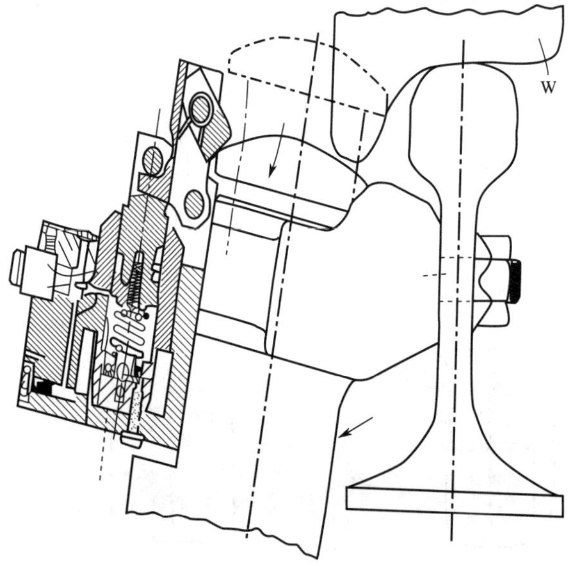

图 1-6 道蒂公司采用电控阀控制的可控减速顶

这种可控减速顶曾于1983年1月在芬兰的塞纳尤基(Seinajoki)编组站安装了6台样机,进行了4个月的冬季试验。试验证明,这6台可控减速顶均能在冰雪交加的严寒条件下正常工作。与此同时,道蒂公司还把1台可控减速顶安装在循环试验台上进行了100万次模拟现场运用条件的试验,也取得了比较满意的效果。

三、减速顶调速技术在世界各国铁路的推广应用

道蒂减速顶研制成功以后,在欧洲和过去的英属殖民地国家的铁路上迅速得到推广应用,同时也在亚洲得到较好的应用。日本铁路早在1968年就引进英国的油压减速顶,在郡山编组站的箭翎线上安装了330台油压减速顶进行自动化调速;接着于1970年在高崎编组站建成了世界铁路第一个减速器与减速顶相结合的点连式自动化驼峰。该站的驼峰调车场有25股道,每昼夜解编作业量为5 000辆,共安装3 000台油压减速顶和1 000台新型油气减速顶。1976年,又在武藏野编组站的箭翎线上安装了1 460台新型油气减速顶和1 040台油压加减速顶进行调速。

与此同时,长期以采用减速器调速技术为主的美国、加拿大等北美地区国家铁路也对引进和推广应用减速顶调速技术产生了浓厚的兴趣。他们一方面需要解决减速器—点式打靶调速制式长期存在的较高失控概率和调速误差;另一方面也为了节省投资和日常运营支出,减少撞车事故,不得不寻找新的调速技术作为出路。为此,美国南太平洋铁路公司于1977年,首先在坦别斯(Debutts)编组站引进34台英国高效能减速顶在1股调车线的后半部试用;接着,美国山特菲铁路公司先于1978年在波勃罗(Pueblo)编组站引进178台英国高性能减速顶在1股调车线上试用;不久,又于1980年在俄克拉荷马城(Oklahoma city)编组站修建了美国铁路的第一个全顶自动化驼峰,第一期工程有8股调车线,共安装4 025台英国高效能油气减速顶,该站每昼夜的解编作业量为

1 400辆。

加拿大国营铁路公司于 1977 年，在世界最大的铁路编组站蒙特利尔(Montreal)引进 20 台英国高性能油气减速顶试用，为今后继续引进这项技术创造条件和积累经验。

鉴于减速顶调速技术有广阔的国内和国际市场，继英国率先成功研制出减速顶并取得显著成就后，世界各国铁路纷纷引进这项技术，并结合各自的国情和路情研究和试制生产适用于本国的减速顶。其中除中国于 1974 年开始研制减速顶以外，德国蒂森(Thyssen)公司与奥地利艾琳(Elin)电器公司于 20 世纪 70 年代末，也联合研制出新型活塞式减速顶，并于 1980 年首先在维也纳中央编组站安装了 4 股道约 3 200 台进行试用，后来还向匈牙利等东欧一些国家出口。

南非是较早引进和使用减速顶及其调速技术的国家之一。他们于 20 世纪 80 年代也开始研制自己的减速顶和加速顶，在本国铁路的编组站试用并向国外出口，图 1-7 为 1996 年初在美国阿基廷编组站上安装的南非减速顶。

至 20 世纪末，减速顶调速技术已在全世界近 20 个国家的铁路推广应用，安装的减速顶(含加速顶和停车顶)已达 90 万台以上。

近年来，随着铁路重载运输的兴起和发展，车辆的轴重不断加大，对调车场的调速设备也提出了新的更高的要求。为了适应这一需要，一些尺寸更大的“大头顶”应运而生。图 1-8 为在美国阿基廷站上安装的由英国 Ultra 公司生产的“大头顶”。这种减速顶的滑动油缸和壳体各部尺寸都加粗了，因而强度更大，使用寿命更长，工作中升温慢，更能适应重载运输的要求。

图 1-7 南非 New joules 公司生产的减速顶

图 1-8 英国 Ultra 公司生产的“大头”减速顶

在驼峰调车场内的目的制动这一领域，与英国道蒂公司减速顶调速技术问世的同时，德国、瑞典、法国、日本等一些国家的铁路，纷纷根据本国的国情和路情，先后研制成功一些适合本国铁路使用的“目的制动”调速设备。如：德国的钢索牵引小车，法国的液压制动小车，日本的直线电机加减速小车和瑞典的螺旋加减速器等等，并都在本国的一些铁路编组站的驼峰调车场使用，取得了一定的运营效果。然而经过了近 20 年的运营实践后证明，上述这些“目的制动”调速设备，或由于存在系统结构复杂、施工安装和维修困难、造价太高；或因为耗电量过大、运营支出较多；或存在系统功能不稳定、可靠性较差、运营效果不佳等原因，始终未能得到在国内外大面积推广运用。唯独减速顶调速技术在英国铁路问世后，似星火燎原，独领风骚，在世界很多国家的铁路上得到迅速推广应用。进入 21 世纪后,减速顶调速技术的发展仍方兴未艾,具有很强的生命力,目前这项技术仍处在不断创新和发展、继续扩大推广应用之中。

第三节　中国减速顶调速技术的发展

中国的减速顶与调速技术从 1974 年起步至今将近 40 年,在国家“科学技术是第一生产力”和“改革开放”政策的指引下,在铁道部和各铁路局历任领导的积极倡导和大力支持下,在广大干部、科技人员和工人的刻苦攻关、顽强拼搏下,取得了举世瞩目的巨大成就,为中国铁路现代化建设和国民经济的快速发展发挥了重要作用。

近 40 年来,中国的减速顶与调速技术从无到有,发展过程是曲折和复杂的,其间也遭遇到不少挫折和失败,然而经过几代人的不懈努力和奋斗,终于取得了丰硕成果:减速顶调速技术基本上实现了“调速设备系列化、调速系统多样化、检测手段自动化、实时控制计算机化、施工安装机械化、运营管理现代化”。至 2011 年,中国铁路车辆减速顶共开发应用了 12 大类 100 多种系列产品和 8 种主要调速制式,获得国家专利 74 项,国际发明专利 5 项,各类技术成果 240 多项,各种科技进步奖和荣誉 156 项,其中获得国家级奖励 13 项,省部级奖励 30 多项。有 10 多种产品属于世界首创,30 多种产品有完全的自主知识产权,多项技术已处于世界领先水平。这一大批具有自主知识产权的专利和成果,凝聚了中国几代铁路科技人员和工人的辛勤劳动和聪明才智,是中国铁路科技战线极为丰富和宝贵的财富。同时也培养出了一大批减速顶调速技术的专家和优秀人才,他们为中国减速顶与调速技术的发展倾注了毕生的心血和汗水,为实现中国铁路编组站自动化作出了突出的贡献。

30 多年来,减速顶作为一种新型的铁路站场调速设备,从单一产品发展成为系列产品,从路内发展到路外,从国内发展到国外,其发展速度之快、应用范围之广、推广数量之多、使用效果之好,都创造了世界之最。至 2011 年末,中国有 29 个省、市、自治区的铁路都应用了减速顶调速技术,其中包括 18 个铁路局的 200 多个车站和冶金、矿山、电力、化工、港口等专用铁道及专用线的 100 多个站、线,总共安装运用各类减速顶 100 多万台,总销售数量超过 160 万台。中国的减速顶从 1987 年开始打入国际市场,至今已在波兰、俄罗斯、哈萨克斯坦、美国等国家的 15 个站场安装运用各类减速顶、可控顶和停车顶 6 万多台。

减速顶与调速技术的广泛应用,使中国铁路编组站彻底甩掉了铁鞋,基本避免了调车作业中的人身伤亡事故,最大限度地减少了调车作业事故,大大减轻了调车人员的劳动强度,较大幅度地提高了编组站的解编能力和作业效率,为实现编组站作业自动化,创造更大的经济效益和社会效益,做出了重要贡献。

中国减速顶调速技术的研究、发展与应用大致分为以下三个阶段。

一、初始发展阶段(1974～1986 年)

20 世纪 70 年代以前,中国铁路驼峰调车场的调速设备十分落后,不仅作业效率低,劳动强度大,而且安全性差。1974 年中国铁路研制成功了减速顶,为中国铁路编组站调车作业的调速技术自动化开辟了一条新的途径。从 1974 年到 1986 年是减速顶调速技术的初始发展阶段，这一时期取得了多项重要的科技成果。

（一）1974 年，中国第一台减速顶在哈尔滨诞生

20 世纪 60 年代，英国道蒂（Dowty）公司发明了应用于铁路编组站调车作业的调速工具——减速顶。1973 年英国在北京举办了一次工业产品展览会，铁道科学研究院运输及经济研究所的科研人员获得了一份介绍英国铁路车辆减速顶的技术资料，通过研究后认识到将来它在中国铁路发展应用的前景，同时建议哈尔滨铁路局采用减速顶与减速器组成的调速系统，对哈尔滨编组站下行调车场（简称哈二调）进行技术改造。

1974 年 9 月，哈尔滨铁路局技术改造会战组的研究设计小组与哈尔滨工业大学液压教研室、铁道科学研究院运输及经济研究所联合攻关，开始进行中国第一台减速顶的研究、设计与试验。1974 年底由哈尔滨局牡丹江机修厂生产和组装了首台样机，并把其命名为“争气顶”，这是中国自主开发研制的第一台减速顶。1975 年又经过多次原理和性能试验，在改进设计的基础上进行了小批量生产，1976 年安装在哈二调进行运营试验，取得了满意的效果。

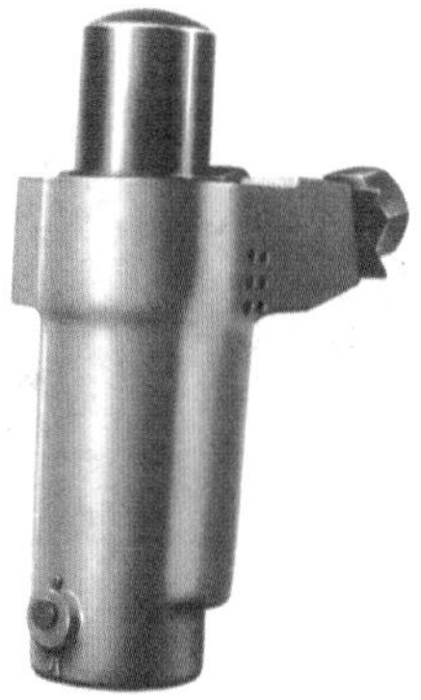

图 1-9 中国自主研发的第一代 TDJ 型减速顶

1977 年 4 月，铁道部在哈尔滨召开会议，对中国第一代减速顶给予了充分的肯定，并通过了技术鉴定（证书号：铁道部产初 77012 号），命名为 TDJ 型减速顶（见图 1-9）。1978 年 TDJ 型减速顶获得全国科学大会奖（证书号：0011252 号）；1987 年 12 月铁路车辆减速顶获得国家发明专利（专利号：85 1 03140.4）；1989 年 12 月在波兰获得发明专利（专利号：259185）；1990 年 6 月在匈牙利获得了发明专利（专利号：198882）。

（二）1978 年，中国铁路第一个驼峰减速顶调速系统在哈尔滨站建成投入运营

1974 年，哈二调开始进行技术改造，由当时的 10 股调车线扩建为 20 股道。其中原有 10 股调车线的三部位位于直线段，采用了铁道科学研究院通号所研制的 7501 型重力式液压减速器；而新扩建的 10 股道的三部位都在曲线上，无法采用 7501 减速器。另外，当时中国二部位使用的 DK59 型空压减速器比较落后，于是，哈尔滨局技术人员自主研制了中国第一台曲直线两用 TJK 型空压减速器，1977 年 4 月通过了铁道部技术鉴定，并在哈站二调的二部位和 10 股调车线内的三部位曲线段上使用，取得了很好的效果。

1978 年，哈二调下行场 20 股道完成了技术改造：该场驼峰二、三部位安装有减速器，在四部位连挂区使用了中国第一代减速顶，全场共安装 TDJ 型减速顶 5 000 多台（见图 1-10）。1979 年 10 月该系统在哈尔滨通过了铁道部技术鉴定（证书号：铁道部技初 79022 号），被命名为“驼峰减速顶调速系统”。哈二调采用的减速顶调速系统，也是中国最早使用的减速器与减速顶相结合的点连式调速系统。

(三)1980 年,“股道全减速顶调速系统”在原广州北站试验成功交付运营

1979 年 12 月,铁道部决定采用由“哈尔滨铁路局减速顶调速系统研究中心”(以下简称哈中心)开发的“股道全减速顶调速制式”对老广州北站(原棠溪站)下行场进行技术改造。为了保证易行车不超速,难行车不在大顶群停车,减速顶必须设计成不同档次的临界速度才能满足运营要求。1980 年,哈中心研制成功 TDJ－200 系列分档减速顶(Ⅰ～Ⅲ档),其临界速度从 1.25 m/s 到2.5 m/s。

1980 年 3 月,先在该站 7 道进行试验,9 月完成了全场减速顶的安装。在每股道的入口区段设置大顶群,采用分档的 TDJ 型 200 系列内侧减速顶,后面的连挂区分散布置了Ⅰ档减速顶(见图 1-11)。经测试,系统安全连挂率达到 90.6%,编解效率提高了 10%左右,基本达到了驼峰溜放自动化的要求。1981 年 2 月,铁道部在广州召开了“全路减速顶座谈会”,充分肯定了这种调速制式,并要求在全路推广。1983 年,该系统通过铁道部技术鉴定(证书号:铁道部技初 83048 号)。

图 1-10　哈尔滨站第二调车场减速顶调速系统

图 1-11　原广州北站股道全减速顶调速系统

(四)1981 年,路外企业——武汉钢铁公司首次应用减速顶调速系统

1981 年 6 月,武汉钢铁公司率先在 9 股翻矿线上安装 TDJ—204 型减速顶 1 295 台,取得了很好的运用效果(见图 1-12)。这是中国减速顶首次在路外厂矿企业使用。为了在路外进一步推广应用减速顶,1982 年 8 月在哈尔滨召开了“冶金系统减速顶调速技术座谈会”,会议邀请冶金、电力、煤炭、石化、港口等部门的几十位代表参会,介绍了中国减速顶与调速技术的发展概况以及武汉钢铁公司应用减速顶的成功经验。大大促进了减速顶在路外厂矿企业的推广应用。

图 1-12　武汉钢铁公司首次应用 TDJ 型减速顶

(五)1981 年,可控停车器在吉林研制成功

1975 年原吉林铁路局成立了“吉林铁路局站场技术改造攻关组”,开始从事编组站技术改造工作,1978 年开发研制了“自力型减速器”,在吉林北站简易驼峰上安装使用,在此基础上又研制成功了可控停车器并逐步推广应用。1978 年 4 月吉林铁路局站场技术改

造攻关组获得全国科学大会奖，1981 年 11 月，TKT—1 型可控停车器通过铁道部技术鉴定，这是中国铁路编组站应用的第一代可控停车器。

（六）1982 年，“驼峰全减速顶调速系统”在杭州艮山门站投入运用

1980 年 12 月，杭州艮山门站采用哈中心研制的“驼峰全减速顶调速系统”进行技术改造。在驼峰加速坡、道岔区安装 TDJ—301 型高档减速顶，股道内连挂区安装 TDJ—204 型Ⅰ档减速顶。1981 年先在两股道上进行试验，1982 年 3 月，全场 17 股道安装了驼峰全减速顶调速系统并正式投入运营（见图 1-13）。经测试，平均推峰速度 4.5 km/h，安全连挂率 96%，取得了很好的效果。1983 年 10 月，该系统通过了铁道部技术鉴定（证书号：铁道部技初 83047 号）。

图 1-13 杭州艮山门站驼峰全减速顶调速系统

（七）1983 年，“减速器—减速顶点连式调速系统”在西安通过铁道部技术鉴定

1982 年，西安东站减速器—减速顶点连式调速系统投入运营。该系统在驼峰溜放部分未设置任何调速设备，仅在调车场股道内的三部位设置减速器，在减速器后设置一段空线作为“打靶”区，在打靶区后面布置 TDJ－204 型减速顶。通过一段时期的运用，获得了很好的效果。该系统于 1983 年 10 月通过了铁道部技术鉴定（证书号：铁道部技初 83086 号）。

（八）1984 年 8 月，外侧减速顶在上海研制成功

1980 年广州北站股道全减速顶调速系统投入运营后，出现了内侧减速顶对调车机车轮缘磨耗的问题。1980 年 5 月广州铁路局曾经把 TDJ—204 型内侧减速顶安装在钢轨外侧，对内侧顶磨轮缘的问题进行了初步的试验和探索。

1980 年 11 月—1981 年 3 月，上海铁路局研制成功外侧减速顶样机，1984 年外侧顶在艮山门站 1 股道和江岸西站 4 股道进行了运营试验，取得了预期的效果。1984 年 8 月，中国铁路第一代外侧减速顶通过了上海铁路局技术鉴定，命名为 ST. J—842 型外侧减速顶（见图 1-14），同时获得上海市新产品称号。该产品 1985 年 6 月通过了铁道部技术鉴定，并命名为 TDW 型外侧减速顶（证书号：铁道部产初 85034 号），1986 年 12 月获铁道部科技进步三等奖，1989 年 6 月获国家专利（专利号：85 2 02530.0），1989 年被国家计委评为国家级新产品。

图 1-14 TDW—842 型外侧减速顶

（九）1984 年，可控减速顶在哈尔滨研制成功

普通减速顶对车辆做功时不需要外部能源，但由于它对所有车辆都不加选择地进行控制，在全顶调速系统中就会出现大组车在溜放部分的过岔速度过慢的问题，这就大大影响了作业效率，达不到满意的控制效果。

为此，哈中心从 1982 年开始研制可控减速顶，1984 年 TDJK 型真空吸下式可控减速

顶在哈尔滨研制成功(见图 1-15),1985 年首次用于南京东站反坡调速系统。通过计算机控制可控顶的立起或吸下,实现对溜放车辆更加灵活、合理的控制。TDJK 型可控顶于 1986 年 7 月 11 日获得国家发明专利(专利号:85 1 03136.6),1991 年 10 月通过铁道部技术鉴定(证书号:[91]铁道部技鉴字 074 号)。

(十)1984 年,JX84-1 型低速外侧减速顶在吉林研制成功

1984 年,原吉林铁路局科研所研制成功了 JX84—1 型低速外侧减速顶,1985 年 6 月通过了铁路局技术鉴定,1986 年 6 月,该产品在秦皇岛港务局投入运用。

(十一)1985 年,加速顶和股道反坡调速系统研制成功并投入运营

为了解决以南京东站为代表的"锅底形"断面的调车场因位能不足车辆溜不到位的难题,必须采用加速设备才能使车辆溜行到一定的距离满足运营需要。为此,哈中心于 1982 年 5 月研制成功了中国第一代 $TDJ_{(+)}$—101 型加速顶(见图 1-16),1984 年又设计出 $TDJ_{(+)}$—102 型高速加速顶。这两种加速顶最先用于南京东站的技术改造,取得了满意的使用效果。TDJ 型加速顶 1988 年 8 月获得国家发明专利(专利号:85 1 03300.8),1991 年 10 月通过铁道部技术鉴定([91]铁道部技鉴字 073 号),其后又研制了 $TDJ_{(+)}$ 型可控加速顶,并于 1989 年 2 月获得国家发明专利(专利号:85 1 03303.2)。

图 1-15　TDJK 型可控减速顶

图 1-16　$TDJ_{(+)}$—101 型加速顶

1983 年,上海局决定对南京东站进行技术改造。由于南京东站的线路纵断面是"锅底形"断面,股道内的位能不足,采用点连式调速方案或全减速顶调速方案都难以达到理想的运营效果。经过慎重研究,决定采用哈中心设计的"加速顶与减速顶相结合的股道反坡调速系统"。该站原有一、二、三部位减速器不变,在四部位连挂区的前半部安装 TDJ—302 型减速顶,中后部设置一个 200 m 的小反坡,在这一区段设置了 $TDJ_{(+)}$—101 型低速加速顶和 TDJ—302 型减速顶。1983 年 6 月在两股道试验取得成功,1985 年在南京东站全场 32 股道全部安装并开通使用。经运营测试,系统安全连挂率达到 98%以上。该调速方案属于国内外首创,它的试验成功为位能不足的驼峰调车场的技术改造开辟了一条新的途径。

(十二)1985 年,"驼峰反坡调速系统"在南京东站试验成功

1984 年至 1985 年,南京东站又在驼峰调车场 4 股道的三部位取消了传统的减速器,采用了由哈中心设计的"驼峰反坡调速系统"(见图 1-17)。其设计方案是:在三部位设置

一个反坡，在该区段设置一定数量的 $TDJ_{(+)}$—102 型高速加速顶和 TDJK 型可控减速顶，通过计算机对车辆进行实时控制。加速顶只对少数(约占 10%)的难行车补充动能使车辆能溜过反坡。而对大部分易行车(约占 10%)和中型车(约占 80%)，加速顶都不做功，只利用反坡的位能和可控顶使车辆制动减速，使其溜至反坡出口端能达到设计要求的速度，从而实现对车辆溜放的间隔和速度自动控制。系统开通后，运营效果很好。经测试：溜放车辆连挂率达到 100%，其中安全连挂率达到 97%。

1988 年，在南京东站成功试验和实践的基础上，利用反坡调速这一创新理论，又在深圳北站继续推广应用，完成了全场 9 股道的反坡调速系统设计和施工，运营效果良好。这是中国第一个全场建成并投入运营至今的自动化反坡调速系统。

驼峰反坡调速系统是中国铁路溜放车辆调速理论和设备的一项重要创新成果，在国内外产生了重大影响。1986 年 11 月获得了国家发明专利(专利号:85 1 03302.4)，1988 年 8 月获得了美国发明专利(专利号:4766815)，1989 年 2 月获得了加拿大发明专利(专利号:1253244)；1988 年 10 月通过了铁道部的技术鉴定(证书号:[88]铁道部视鉴字 1 号)。

(十三)1986 年，可锁闭式加减速顶调速系统在柳州南编组站投入运营

1978 年，原柳州铁路局科研所开始研制可锁闭式加减速顶(见图 1-18)，1980 年上半年完成了样机制造，1983 年 6 月在柳州南站 7 道安装试验，1986 年在柳州南站全场 32 股道推广应用，取得了很好的运用效果。中国第一代可锁闭加减速顶于 1986 年 8 月通过了铁道部技术鉴定(证书号:铁道部产初 86050)，1987 年 12 月获得铁道部科技进步三等奖，1988 年 12 月获得国家发明专利(专利号:87 1 03650.9)。

图 1-17 南京东站驼峰反坡调速系统

图 1-18 可锁闭加减速顶

中国减速顶与调速技术之所以能取得上述多项创新成果和重大进展，是铁道部、铁路局各级领导大力支持的结果，是所有参与这项工作的干部、科技人员、工人顽强拼搏的结果。在这 12 年中，成立了研制减速顶的专门机构，推进了“产、学、研”科研生产联合体的建设，优化了研发手段，制定了相关的技术标准，设置了减速顶的学术机构，大力开展各种国内外学术交流活动，有力地推进了减速顶调速技术在中国的不断发展。

1. 成立减速顶调速技术的研究、开发机构

(1)1974 年 7 月，为了集中力量对哈二调进行技术改造，哈尔滨铁路局从基层站段抽调了一批年青的科技人员充实技改队伍，组建了“技术改造会战组”，并在此基础上于

1975年12月成立了"哈尔滨铁路局技术改造会战指挥部"。

中国第一代减速顶的诞生和哈二调技术改造的成功，受到铁道部领导的高度关注和重视。为加强对中国铁路编组站的技术改造，铁道部下发了(79)铁科技字1795号文件："要求哈尔滨铁路局成立减速顶调速系统研究中心，作为全路减速顶调速系统的科研、设计、生产、供应的主持单位"。1980年1月哈尔滨局正式成立了"哈尔滨铁路局减速顶调速系统研究中心"。2005年，哈中心更名为"哈尔滨铁路局减速顶调速系统研究所"，2010年又更名为"哈尔滨铁路局站场调速技术研究所"。

(2)1975年4月，原吉林铁路局成立了站场技术改造攻关组，负责该局以吉林北站为重点的编组站技术改造工作。1979年10月该机构并入原吉林铁路局科研所，1983年吉林铁路局合并到沈阳铁路局，其后，吉林科研所又并入沈阳铁路局科研所(以下简称沈科所)，该所设立"沈阳铁路局站场调速系统研究设计中心"(以下简称沈阳局调速中心)，继续从事站场调速技术方面的工作。1992年6月，沈阳铁路局还成立了"沈阳铁路局科技开发总公司"，也从事站场调速技术的开发研究工作。

(3)1980年10月上海铁路局工业公司和上海局科研所联合研制外侧减速顶，开始从事铁路站场调速技术的开发研究，1990年11月成立了上海铁路局站场调速技术发展中心，后更名为上海铁路站场调速技术中心有限公司(以下简称上海调速中心)。

(4)原柳州铁路局科研所也于1978年成立了专题组，负责开发研制可锁闭式加减速顶和站场的技术改造工作。

2. 推进"产、学、研"科研生产联合体的建设

为加快减速顶调速技术的开发研究和推广应用，1974年哈铁技术改造会战组就开始与哈尔滨工业大学液压教研室、铁道科学研究院运输与经济研究所(以下简称铁科院运经所)密切合作，开始进行减速顶的研制。1979年哈中心又与军工企业——原"哈尔滨东安发动机制造厂"签订合作协议，共同组成了科研生产联合体。30多年来，联合体的各个成员互相支持、紧密合作，依托哈工大的基础理论优势、哈中心的行业优势、铁科院运经所的专业科研优势以及哈东安公司在生产、工艺方面的优势，形成了强强联合的"产、学、研"三结合研制开发模式，联合研试、生产、开发了一代又一代减速顶调速设备。此外，上海铁路局工业公司和上海铁路局科研所的联合，原吉林铁路局科研所与沈阳铁路局薛家配件厂的合作等，都极大地推动了减速顶与调速技术的技术进步和市场化进程。

3. 优化各种研发手段

(1)哈尔滨铁路局建立了国内第一个减速顶调速系统检验站

1980年3月，由铁道部投资在哈尔滨铁路局建立了研究减速顶性能参数的试验台——流量床，1981年在哈尔滨三棵树建成了中国第一个减速顶调速系统检验站(见图1-19)。该站为国内首创，从国外引进了先进的测试仪表，开发了"多功能减速顶测试系统"，首次应用计算机对减速顶的制动

图1-19　三棵树减速顶调速系统检验站

功、阻力功和临界速度等技术参数进行自动化测试，同时还能对可控顶、停车顶、加速顶以及停车器等多种调速设备和停车防溜设备进行测试。

(2)应用计算机模拟进行布顶方案设计

1981 年，哈中心在杭州艮山门站的技术改造中，首先尝试应用计算机进行全减速顶调速系统的布顶方案设计，取得了满意的效果和经验。1982 年哈尔滨局建立了 ALPHA 机房，设计人员应用计算机编制各种软件，进行调车场平纵断面设计、布顶方案设计、溜放车辆速度模拟验算、调车场运营模拟系统仿真设计等。随着计算机不断更新换代，调速方案设计的功能也不断提高，为减速顶调速技术的迅速发展起到了推动作用。

(3)应用计算机进行减速顶产品的设计和优化

随着计算机 CAD 辅助设计技术的发展，哈中心于 1986 年开始研究 CAD 技术在减速顶产品设计中的应用，1987 年进行了 CAD 软件的开发，并完成了从二维 CAD 发展到三维 CAD 设计软件的开发和应用，国内减速顶的其他各研究设计单位也都开始应用 CAD 进行减速顶系列产品的设计。

目前，各单位已经普遍应用三维 CAD 进行减速顶产品和零部件设计，三维 CAD 的最大特点是可以绘制轴测图，设计直观，容易发现设计中的缺陷和问题。通过 CAD 设计可以对产品进行结构优化、性能参数分析与计算、机械绘图等，使设计工作快捷、优质、高效，从而大大缩短了各类减速顶的设计周期和提高了产品的设计质量。

(4)应用计算机进行减速顶的实时控制

可控顶和加速顶的应用推动了计算机实时控制技术的快速发展。1984 年在南京东站的反坡调速系统中，哈中心首次采用了计算机控制系统对三部位反坡上的加速顶和可控顶进行实时控制。系统的硬件设备由两个单板机、测重和测速装置、轨道电路、控制台、电控阀等组成，同时结合现场的实际情况编制了控制软件，最终实现了对溜放车辆的自动化调速控制，取得了很好的效果。

从 20 世纪 80 年代研究反坡调速系统的计算机控制开始，中国铁路科技人员用了 20 多年的时间，在应用计算机进行加减速顶的实时控制技术方面，取得了可喜的成绩和进步。

(5)减速顶试验台研制成功

1974 年中国第一台减速顶诞生的同时，第一个 TDJ 减速顶试验台也在哈尔滨研制成功，它为中国第一代减速顶的研究、生产与维修发挥了重要作用。1979～1980 年又设计出第二代试验台，它在功能上有了很大的改进和提高。1986 年研制出充氮、打压一体化的组合型试验台，它的功能更加齐全和完善，使减速顶维修设备进一步创新，目前国内外 TDJ 减速顶的使用单位，大都使用这种组合型试验台。

随着上海、沈阳减速顶的研制成功，他们也都分别开发研制了适用于自己产品的减速顶试验台。

(6)钢轨钻孔机研制成功

钢轨钻孔机是减速顶施工安装中最重要的设备，1978 年哈中心研究设计了小型多功能钻机，1986 年获得国家实用新型专利(专利号:85 2 01708.1)；1983 年研制出移动式多功能双孔钢轨钻机，1988 年 4 月获实用新型专利(专利号:87 2 03957.9)。上海调速中心也设计制造了电动双孔钢轨钻机，保证了减速顶双头螺栓的安装尺寸，实现了减速顶施工安装的机械化。

4. 制定了中国首个减速顶企业标准

随着减速顶新产品的开发、批量生产和推广应用，迫切需要进一步加强对减速顶的性能指标和产品质量的检测，制定减速顶相关的技术标准已经刻不容缓。在此情况下，哈中心率先制定了中国首个减速顶企业标准。1984 年，哈尔滨铁路局企业标准《TDJ204、302 型减速顶》通过技术审查并颁布实施。

5. 成立减速顶的学术机构，创办《减速顶与调速技术》期刊

(1)成立了"减速顶调速系统委员会"，大力开展减速顶学术活动

为了加强减速顶调速技术的研究和推广应用，大力开展减速顶调速技术的学术活动，经中国铁道学会批准，1983 年 8 月在哈尔滨成立了"中国铁道学会减速顶调速系统委员会"(简称减速顶学会)，同时召开了"第一届减速顶学术讨论会"。学会设正、副主任委员、秘书长和委员，下设调速设备、系统方案、控制检测、运营管理 4 个学组，由秘书长负责日常工作。减速顶学会成立以来，共组织召开了各种国内学术会议 46 次，国际学术交流活动 30 多次，发表学术论文 760 余篇，其中 180 余篇被中国铁道学会和减速顶学会评为优秀论文。为积极开展国内外减速顶调速技术的学术活动，加强各研究设计单位以及用户之间的联系和交流发挥了重要作用，进一步促进了中国减速顶调速技术的迅速发展。

(2)创办了《减速顶与调速技术》学术期刊(图 1-20)

1984 年，哈中心创办了《减速顶与调速技术》期刊，同年 8 月出版发行了创刊号。经铁道部批准、由国家新闻出版局审查通过并颁发了国内统一连续出版物刊号：CN23－1198/U。该刊为季刊，其宗旨是介绍减速顶与调速系统的新产品、新技术、新成果，及时报道国内外调速设备和技术的研究应用和发展动态，交流减速顶调速设备在运营、管理、维修、检测等方面的经验，推动学术交流和理论研究，更好地为运输生产服务。2008 年 1 月，期刊又向国家图书馆申请了国际刊号：ISSN 1674—2427，并采用条码发行，为期刊的国际化创造了条件。期刊目前已被清华大学"中国学术期刊"(光盘版)、中国知网(CNKI)"中国期刊全文数据库"、"中文科技期刊数据库"、"中国学术期刊综合评价数据库"、"万方数据—数字化期刊群"等机构收录。

图 1-20　《减速顶与调速技术》杂志及创刊号

6. 举办与英国道蒂公司的技术座谈

1980 年 4 月，应中国铁道部的邀请，英国道蒂(Dowty)公司的部门经理、总工程师等 3 人访问中国，参观了广州北站股道全减速顶调速系统，与我方代表进行了历时 11 天共 10 次技术座谈。双方就减速顶相关的技术问题进行了广泛、深入的探讨，哈中心代表中方向英方介绍了近几年来中国在减速顶理论研究和实践方面所做的工作，得到英方的肯

定和高度赞赏，并提出与中方合作的愿望。通过国际性技术交流，使科技人员开阔了视野，丰富了知识，更加坚定了自主创新的信心。

二、蓬勃发展阶段（1987～2000 年）

1987 年至 2000 年，是中国减速顶调速技术蓬勃发展的重要阶段，这一时期形成“哈中心”、“上海调速中心”、“沈阳局调速中心”三足鼎立的态势，三家之间相互学习、彼此激励、互相竞争，促进了中国减速顶调速技术的蓬勃发展。

（一）多种减速顶系列新产品不断涌现

1. 哈中心研制了多种新产品

（1）1987 年，中国与波兰签订了出口减速顶的贸易合同。根据波兰铁路的线路、钢轨轨型、车辆载重、轴距、气象条件的不同和运输作业的具体要求，哈中心研究设计了适用于波兰铁路编组站的 TDJ 型出口减速顶，应用于波兰拉兹编组站获得成功。其后，又根据俄罗斯和美国铁路的特点，设计制造了适合于这两个国家的出口减速顶，通过批量运用，都取得了满意的效果。

（2）1987 年，研制成功 TDJ 型平板阀减速顶，在国内外得到广泛应用。1988 年 12 月获得了国家专利（专利号：87 2 14538.7），1991 年 10 月通过铁道部技术鉴定（证书号：[91]铁道部技鉴字 074 号）。

（3）1988 年，研制成功 TDJT 型停车顶（见图 1-21），它填补了国内外调速设备的一项空白，1991 年 3 月获得了国家专利（专利号：90 2 03913.X），1991 年 10 月在北京通过铁道部技术鉴定（证书号：[91]铁道部技鉴字 074 号）；1992 年研制出多功能停车顶，1994 年 9 月获得了国家专利（专利号：92 2 32912.5）；1999 年 6 月，TDJTK 型可控停车顶获得国家专利（专利号：ZL 98 2 06103.X）。

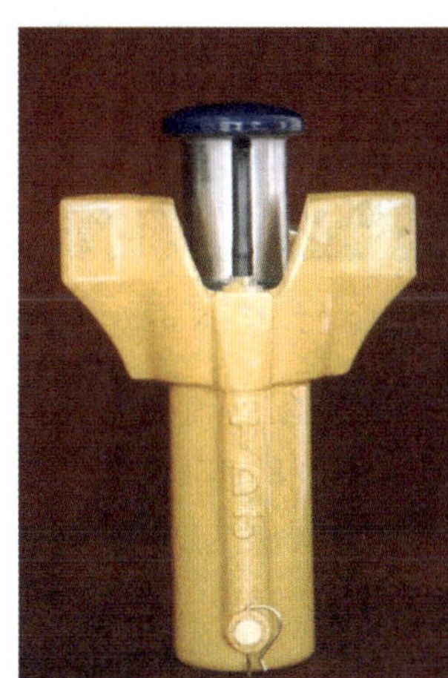

图 1-21 TDJT 型停车顶

（4）1992 年，研制成功 TDJD 型球阀和平板阀系列单向顶，平板阀单向顶于 1993 年 4 月获得国家专利（专利号：92 2 29929.3），1995 年 1 月通过了哈尔滨铁路局技术鉴定（证书号：[95]哈铁科鉴字 02 号）。

（5）1992 年，研制成功 TDJGS 型双临界速度减速顶，该产品属国内外首创，1996 年 12 月获得国家发明专利（专利号：92 1 10904.0），1998 年 8 月通过铁道部技术鉴定（证书号：铁道部技鉴字[1988]第 068 号），该产品获铁道部科技进步三等奖和哈尔滨局科技成果一等奖。

（6）1993 年，研制成功 TDJKF 型风动锁闭顶并在石家庄站箭翎线调速系统中应用；1995 年又研制成功了 TDJDS 型电动锁闭顶，1996 年 4 月获国家专利（专利号：92 2 29930.7），1998 年 8 月通过铁道部技术鉴定（证书号：铁道部技鉴字[1988]第 067 号）。

（7）1998 年，研制成功了 TDJGST 型高速锁闭停车顶，1999 年 1 月通过哈尔滨局技术鉴定（证书号：哈铁局技鉴字[1999]第 001 号），2001 年 12 月获得了国家发明专利（专利号：ZL 97 1 16655.2），同年获得了美国发明专利（专利号：6,182,575B1）。

(8)在这一阶段中，哈中心在各种基本型产品的基础上，还开发研制了具有慢回程功能、防脱线功能、防风雪功能等一系列产品。

2. 上海调速中心研制了多种新产品

(1)1990 年 8 月，研制成功了 TDW901 型外侧顶，性能更优于 TDW842 型外侧顶。此后又研制出 TDW902 单向锁闭型外侧顶，该产品属于国内外首创，1993 年 5 月通过铁道部技术鉴定(证书号:[1993]铁道部技鉴字第 043 号)，1994 年被评为国家级新产品，并获国家发明专利和铁道部科学进步二等奖。

(2)1993 年，在外侧顶的基础上，又研制成功 TDW901—N 内侧减速顶和 TDW902—N 单向锁闭型内侧顶。

(3)1999 年，研制成功了 TDW905N 型可控减速顶，分别获得上海铁路局科学进步二等奖、上海市优秀发明一等奖、国家实用新型专利，并于 2000 年获国家重点新产品称号。如图1-22所示，该产品已在漳平、赶水、蚌埠东等站和通化钢铁公司等路外单位推广应用，取得了很好的效果。

(4)1999 年，研究设计出 TDW906—N、TDW906A—N 停车顶并在艮山门等多个站场应用(见图 1-23)，该产品 1999 年获得上海铁路局科学进步二等奖、国家实用新型专利。它既能自动对溜放车辆进行停车，又允许车辆高速牵出。

图 1-22　905N 可控顶在漳平站应用

图 1-23　TDW 906—N 型停车顶在艮山门站应用

3. 沈阳局调速中心研制了多种新产品

(1)1987 年，沈阳局调速中心在原 JX84—1 型低速外侧减速顶的基础上进行了优化设计，研制出 TDW—87 型外侧减速顶，并在长春站投入运营。

(2)1985 年开始研究设计“倾倒式”TDD 单向减速顶，在长春站进行试验，1989 年 4 月在济南局东风站投入运用，1989 年 9 月通过了铁道部技术鉴定。

(3)该中心在全路率先研制成功线路终端挡车器、FL—1 型防溜器和低限界停车器，并通过铁路局技术鉴定，1986 年 11 月获得铁道部科技进步四等奖。1988 年 9 月应用于蓝村站，并在全路推广应用。

(4)1991 年 3 月，研制成功 DC 型挡车器并通过沈阳铁路局技术鉴定，DC—92 型挡车器于 1992 年 6 月通过铁道部技术鉴定(证书号:[1992]铁道部产鉴字第 029 号)，并被评为国家级新产品。

(5)1991 年 9 月，研制成功 TT 型停车器并通过沈阳铁路局技术鉴定；1992 年 6 月，又研制成功 T・TK—92 型车辆可控停车器(见图 1-24)，该产品于 1994 年获得国家专利(专利号:93 2 214606)，1998 年 6 月通过了铁道部技术鉴定(证书号:铁道部技鉴字[1998]第 054 号)，并被评为国家级新产品。T・TK—92 型可控停车器在全路率先解决了调车场尾部车辆的停车防溜问题，目前已经在路内外 30 多个单位成功应用。

此外，兰州铁路局科研所也开发设计了 TDL 型单向减速顶，并在兰州西站调车场安装使用，该产品 1992 年获得国家专利，1993 年 3 月通过了兰州铁路局技术鉴定，并获得兰州局科技进步一等奖。

图 1-24 T・TK-92 型可控停车器

(二)中国减速顶首次出口到波兰

1987 年 1 月，哈尔滨铁路局与波兰签订了 2 800 台 TDJ—302 型减速顶的出口换货合同。4 月哈中心派专家组赴波兰拉兹编组站考察，收集了大量设计资料，并与波方签订了 4 股道“股道全减速顶调速系统”试验方案的协议。1987 年 11 月，由中方自行设计、自行施工，完成了在拉兹站 4 股道安装 2 800 台 TDJ—302 型减速顶的施工任务并正式开通运用。受到波方的高度赞扬，波兰交通部向中方颁发了荣誉证书。

(三)调速系统不断发展，技术水平处于世界领先地位

在这一时期，中国的科技工作者根据国内铁路编组作业的具体情况，因地制宜，开发了多种新的减速顶调速制式。

1. 1989 年 6 月，哈中心、铁科院运经所与广铁集团公司合作，共同研究开发了驼峰“计算机可控顶自动调速系统”(原称“微机可控顶自动调速系统”)并在韶关站投入运用，取得了预期的效果。之后又在漯河、沈阳东站等多个站场推广应用。该系统于 1991 年 12 月获铁道部科技进步三等奖，1994 年 12 月通过了铁道部技术鉴定(证书号:[94]铁道部技鉴字 083 号)。

2. 1990 年，哈中心开发了“停车顶自动停车系统”。它可以广泛用于调车场尾部和客货列车到发线、专用线，对车辆制动停车和止轮防溜。该系统于 1995 年 1 月通过了哈尔滨铁路局的技术鉴定(证书号:[95]哈铁科鉴字 01 号)，1997 年 4 月获哈尔滨局科技进步一等奖。

3. 1991 年 11 月，哈中心开发设计了“调车场尾部平面调车自动化调速系统”。该系统由计算机控制系统和停车顶、可控顶或单向顶组成。1995 年在兰州西站调车场尾部的半个场安装并投入运营使用，取得了很好的效果。1996 年 11 月通过了铁道部技术鉴定(证书号:铁道部技鉴字[1996]第 049 号)，1997 年 4 月获兰州铁路局科技进步一等奖，同年 10 月获铁道部科技进步四等奖。

4. 1994 年由原石家庄分局、哈中心、铁科院运经所及通号所合作，在石家庄编组站建成了中国第一个箭翎线调速系统，它集中了中国驼峰调速技术的精华和最新设备，属于国内外首创。“石家庄站箭翎线调速系统”通过一年多的运营试验获得满意的效果，该系统

于1995年6月通过了铁道部技术鉴定(证书号:[95]铁道部技鉴字024号),1996年获得铁道部科技进步二等奖。

5.2000年,哈中心在哈尔滨铁路局南岔站开发研制了"计算机可控顶分散控制单元全自动调速系统"。2001年8月通过了哈尔滨铁路局技术鉴定(证书号:哈铁局技鉴[2001]第009号),2002年获哈尔滨铁路局科技进步一等奖。

(四)减速顶检测技术蓬勃发展

1.哈中心在原有的基础上,不断完善"多功能减速顶测试系统",使测试系统的自动化程度和测试效率都有了质的飞跃,测试精度也大大提高。该系统1986年4月通过了哈尔滨铁路局技术鉴定(证书号:哈铁科第86006号);1986年9月获得了黑龙江省科技进步二等奖。

哈尔滨铁路局减速顶调速系统检验站还于1987年1月通过了国家计量局的计量认证,1988年1月通过了国家商检局的认证,授予该站进出口商品检测单位证书,有权对进出口减速顶进行检验。

2.1996年,上海调速中心在昆山减速顶生产基地建成了减速顶检测站,并通过国家级计量检验;在"试验线路测试系统"的基础上,又开发建成了"圆轨式模拟试验台测试系统",为减速顶的新产品开发和提高产品质量提供了科学的检测手段。

(五)减速顶控制技术迈上新台阶

1.1987年,以美国8000S系统机为核心的控制技术应用于深圳北站反坡调速系统,控制软件也比南京东站前进了一大步,取得了很好的效果。

2.1989年6月,哈中心在广州铁路(集团)公司韶关站计算机可控顶控制系统中,以STD总线工业控制机作为控制核心,软件设计应用了"自适应控制理论",硬件采用分层模块化,各层由若干个子模块组成,各模块之间相互独立又能数据共享。

3.1998年12月,北京全路通信信号研究设计院编组站所开发的"TWD型小能力驼峰溜放进路与溜放速度自动控制系统"在北京铁路局简子沟站驼峰开通使用,并于2000年10月通过铁道部技术鉴定,获得部科技进步二等奖。该项目借鉴了大驼峰的控制技术和控制经验,使用成熟的测速、测重、测长技术,将中小驼峰溜放进路控制与可控顶调速控制合二为一,把驼峰自动化的应用范围推广到了一个新的领域。之后,铁科院通号所也成功开发了驼峰进路控制与速度控制一体化的驼峰自动控制系统并在保定南站驼峰投入使用。

4.1998年,哈中心与广铁集团公司共同开发研制的"驼峰应力计轴电子进路系统"通过了铁道部技术鉴定(证书号:铁道部技鉴字[1988]第063号),该系统在韶关站调车场投入应用,但由于系统的后续改进完善不到位,同时设备缺乏有效的维护管理,最终还是被传统的轨道电路计轴所替代。

5.1999年,在哈尔滨局安达站建成了计算机可控顶调速系统。其控制系统采用V20系统机与STD总线组成的新一代控制核心,软件系统采用集中分段控制模式,取得了满意的效果。

6.2000年,哈中心在南岔站"计算机可控顶分布式控制系统"中,采用了集中管理和分散控制相结合的方式,应用双稳态调速控制技术和先进的分散控制单元理论,使得对溜放车辆的实时控制更加灵活、有效。

(六)多项减速顶技术标准发布实施

1. 1988年6月,哈尔滨铁路局企业标准《TDJ减速顶检查与维修》(Q/HBT038—88)通过了哈尔滨局技术审查并发布实施,1994年获得哈尔滨局科技进步二等奖。

2. 1993年7月,铁道行业标准《减速顶通用技术条件》(TB/T 2460—1993)通过了铁道部技术审查,从1994年3月1日开始实施。

3. 1995年9月,铁道行业标准《减速顶安装、运用、维修要求》(TB/T 2664—1995)通过铁道部的审查,1995年12月30日铁道部发布批准文件,从1996年6月1日起实施。

4. 1996年9月铁道行业标准《减速顶测试方法》(TB/T 2774—1997)通过铁道部技术审查,1997年3月5日开始实施。

除此之外,还制定了电动锁闭可控减速顶、单向减速顶、双临界速度减速顶、加速顶、停车顶、停车器等多项产品的企业标准。各研制单位还编制了各种产品说明书,产品装配技术要求、施工验收标准、维修技术要求等一批技术文件,对减速顶调速设备的生产、检验、安装、运用、维修和管理起到了重要的作用。

三、成熟发展阶段(2001~2011年)

进入21世纪,中国减速顶与调速技术的研究和应用在更高的起点上发展,进入了相对稳定的发展阶段,有些技术达到了世界先进水平,有些技术已处于世界领先地位。

(一)减速顶新产品继续不断涌现

1. 2001年,上海调速中心研制的TDW91系列减速顶通过局级技术鉴定(证书号:上铁局技鉴字[2001]第022、023号),该产品采用新型的活塞与活塞杆分体结构和单向回程阀板结构,在此基础上又开发了采用三点支撑回程阀板结构的单向减速顶。2002年分别获得了国家专利(专利号:ZL01 2 38917.×;ZL 01 2 38918.8),2004年获得了上海铁路局科技进步二等奖和上海市三等奖。图1-25是TDW912—N内侧单向顶在马鞍山站的应用,壳体黄色为右侧单向顶,蓝色为左侧单向顶。

图1-25 TDW912—N内侧单向顶在马鞍山站应用

2. 2003年,上海调速中心研制的TDW903—N双临界速度减速顶获上海市优秀发明一等奖,它具有两个临界速度,对高速通过的车辆不做制动功。

3. 高负荷减速顶开发研制成功。21世纪,随着国民经济的快速增长,中国铁路制定了"高速重载"的技术政策。为适应重载车辆的发展,研究设计部门及时开发研制了高负荷减速顶系列产品。

(1)2001年,哈中心研制出TDJ—2000型高负荷减速顶、高负荷可控顶系列产品。这种顶结构尺寸大,强度高,制动能力强,阻力功小。2004年8月通过了哈尔滨局技术鉴定(哈铁技鉴字[2004]第015号、016号);2005年分别获得国家专利(专利号:ZL2004 2 0063146.2;ZL2004 2 0063144.3)。

(2)2005 年,上海调速中心研制成功 TDW 全液压高性能减速顶系列产品。该产品采用全液压结构,具有较大制动功和更小的阻力功,是新一代适合于重载车辆的高性能减速顶。2006 年通过了局级技术鉴定,获上海铁路局科技进步一等奖,并获得国家专利(专利号:95 2 07692.6)。

4. 新一代的卡式减速顶系列产品研制成功,它的壳体采用卡式结构,不需要在钢轨上钻孔,施工安装和维修都很方便。2004 年,上海调速中心研制开发了 TDW911、912—NQ 和 911、912—NQD 型等多种卡式减速顶并通过了上海局技术鉴定,同年获得国家专利(专利号:ZL 2004 2 0021020.9);哈中心在此期间也研制出了 TDJ302—3Q、TDJK—106Q、TDJDS—106Q 型等多种卡式减速顶,其中一批卡式减速顶和可控顶已出口波兰。

此外,上海调速中心也开发了具有慢回程等功能的减速顶,同时还开发了壳体适合于钢轨内外侧互换的减速顶,它不需要在钢轨上重新钻孔,依靠原有的减速顶孔就可以直接将内外侧顶互换使用。

(二)多种新型停车器、停车顶研制成功

1. 2001 年,哈中心开发研制成功分别用于国内和国外的高负荷停车顶,2004 年 8 月通过了哈尔滨局技术鉴定(证书号:哈铁技鉴字[2004]第 017 号);2005 年获得国家专利(专利号:ZL2004 2 0063145.8)。

2. 2002 年,上海调速中心研制成功用于机车、车辆防溜的 TDW 型防溜顶系列产品并投入应用(见图 1-26)。该产品采用 3 个并联弹簧串联布置的结构,新颖的密封结构和慢回程结构,产品具有判速功能,它具有制动能力大、保压性能好、防溜能力强的特点。其中 TDW904—N、TDW907—N 型防溜顶于 2003 年分别获得上海铁路局科技进步二、三等奖,上海市科技进步三等奖,国家实用新型专利。

图 1-26 907—NQ 型卡式防溜顶在上海客技站应用

3. 2006 年,沈阳合普铁道科技有限公司开发了 T·FD—06(B)型电动停车器,2008 年,广铁集团公司与铁科院联合开发了 TDDZ—09 型电动重力式停车器,2009 年 3 月通过了广铁集团公司的技术鉴定(证书号:广科委[2009]27 号)。

(三)开发了"驼峰三部位计算机可控顶辅助调速系统"

2005 年,为了解决点连式调速系统中溜放车辆在三部位减速器出口超速的问题,哈中心开发了"驼峰三部位计算机可控顶辅助调速系统"。该系统在三部位减速器出口处安装了一群高负荷可控顶和控制设备,作为减速器的辅助调速系统。当减速器控制处于正常工作状态时,可控顶不起制动作用,当测重和测速传感器监测到车辆出口速度超速时,控制系统给可控顶发送制动指令,可控顶对车辆进行制动。通过在哈尔滨南站的运营试验,取得了满意的效果。

(四)减速顶控制与监测技术持续创新

1. 2002 年,哈中心开发了"调车场尾部及到发线自动停车防溜监测系统"。系统能对进入停车器或停车顶的车辆实时监测,对超速进入或溜逸的车辆进行报警,消除事故隐患。2003 年 2 月该系统在江村编组站投入运营试验,2003 年通过了哈尔滨局技术鉴定(证书号:哈铁局技鉴字[2003]035 号)。

2.2005 年,哈中心开发了"驼峰三部位计算机可控顶控制系统"。当车辆在三部位减速器超速出口时,控制系统指令高负荷可控顶自动立起,对车辆减速,确保系统作业安全。控制系统采用 PC/104 嵌入式计算机作为主控机,软件系统采用了模糊神经元网络控制技术、专家系统技术、小波变换技术、远程故障诊断技术、实时嵌入式系统技术等多项关键技术。

3.2005 年,哈中心开发了第六代控制系统,硬件由新一代 APCI 大板结构,AT96 总线系统机、触摸电子控制台、智能化执行电源等机构组成,控制系统具有变速出口、让头拦尾、故障处理、分钩处理等多种控制功能。在临沂站和嘉峪关站投入运用,效果良好,深受车站使用部门的欢迎。

4.2006 年,哈中心开发的第七代控制系统将神经元网络、专家系统应用于调车场调速控制领域,采用现场总线 FCS"TDJ 型自适应调速控制系统"。它从根本上突破了传统的"点对点"控制的局限性,构成了一种全数字化、多变量、多接点的通信与控制系统。该控制系统在国内减速顶调速控制技术中,处于领先地位。

5.2008 年,在前七代控制系统的基础上,哈中心开发的控制技术又进一步创新,并应用于波兰扎布莱诺编组站的计算机可控顶调速系统。从驼峰头部到调车场尾部,在线路旁边设置若干个控制箱,分别控制不同位置的可控顶群,控制箱内装有各种控制模块等硬件设备,全场采用 CAN 总线。控制系统软件全部是模块化,拓扑结构,通信协议,使控制系统进一步升级。由控制计算机"统一指挥"各个控制箱,从而实现对溜放车辆速度的实时控制,达到预期的自动化调速目的。

(五)减速顶检测技术不断发展

1.进入 21 世纪,中国的减速顶测试技术也有了很大的发展。与第一代减速顶测试系统相比,无论是测试的项目、自动化程度,还是测试效率都有了质的飞跃,测试精度也大大提高。目前,哈尔滨、上海调速中心的检验站都通过了国家质量技术监督局的计量认证,能够对各种类型的减速顶、停车顶的性能参数进行系统测试,为减速顶的新产品开发和提高产品的生产质量发挥了重要作用。

2.2005 年由济南铁路局立项,青岛西车务段联合青岛浩海液压气动技术有限公司共同开发研制成功液压储能直冲式减速顶模拟试验台"减速顶动态综合检测仪",并于 2007 年 1 月通过济南局技术鉴定,同年获铁路局科技进步一等奖;2008 年 1 月获国家实用新型专利,同年获中国铁道学会科技进步二等奖。

(六)制定和修订了多项技术标准

1.2006 年 9 月,铁道行业标准《铁道车辆停车防溜装置 第 1 部分:内撑式停车防溜器》(TB/T 3162.1—2007)、《铁道车辆停车防溜装置 第 2 部分:停车防溜顶》(TB/T 3162.2—2007)、《铁道车辆停车防溜装置 第 3 部分:防溜铁鞋(止轮器)》(TB/T 3162.3—2007)在沈阳通过了铁道部技术审查并于 2007 年 12 月发布实施。

2.2007 年 5 月,铁道行业标准《铁道车辆减速顶》(TB/T 2460—2009)在伊春通过了铁道部技术审查并于 2009 年 10 月发布实施。

3. 2008 年 4 月，铁道行业标准《铁道车辆减速顶运用、维修要求》(TB/T 2664—2009) 在扬州通过了铁道部技术审查并于 2009 年 10 月发布实施。

四、中国减速顶与调速技术的理论研究和创新

30 多年来，中国铁路科技人员在减速顶与调速技术的理论研究领域中努力探索、不断创新，成果丰硕，极大地推动了减速顶调速技术的发展和应用。特别是在理论研究方面取得了突破性进展，在国内外处于领先的地位。

(一)减速顶调速设备的理论研究与应用

1. 对减速顶的理论分析

为了提高减速顶的性能指标，哈中心的科技人员对减速顶进行了运动分析和受力分析，对减速顶的三大技术指标——制动功、阻力功和临界速度进行了理论分析与设计计算，提出了影响这三大技术参数的各种内、外部因素，为开发新产品和全减速顶方案的成功应用提供了理论依据。

2. 真空原理的应用

把真空技术应用于减速顶，利用真空原理研制成功了可控顶，是国内外首创。可控顶的问世推动了减速顶调速技术和控制技术的迅速发展，开发出由计算机控制可控顶的自动化调速系统，为铁路驼峰调车场的现代化改造发挥了重要作用。

3. 液压阻尼原理的应用

在减速顶中巧妙地应用了液压阻尼的原理，设计制造出具有不同特点的回程阀和单向阀，应用于慢回程减速顶、单向减速顶、双临界速度减速顶和停车顶。

4. 控制阀原理的应用

在加速顶的设计中，应用了二位二通气动控制阀的结构原理，设计出加速顶的气控阀，实现了加速顶的进气和排气功能，突破了英国加减速顶的工作原理，使控制更加简单、灵活。

(二)减速顶方案设计的理论创新

1. 仿真理论的应用

从 20 世纪 80 年代起，研究人员开始应用仿真技术进行减速顶布顶方案设计。由于驼峰在解体和编组作业过程中，钩车的走行速度千变万化，无法用准确的数学模型来表达，因此应用概率和统计技术，用计算机进行布顶方案的仿真设计和模拟验算，准确度达到 98%以上。

2. 等速理论的研究与应用

20 世纪 80 年代初，中国铁路科技人员在驼峰全减速顶调速系统设计中提出了“等速理论”。这一理论认为：钩车从驼峰经加速坡溜下，通过间隔制动位和目的制动位调速设备的调速，钩车在溜放过程中各点的速度应该保持等速或接近等速。依据这个原理，设计了中国第一个驼峰全减速顶调速系统。

3. “反坡调速理论”的创新和应用

1983 年，哈中心创造性地提出了“反坡调速理论”，这是对传统的驼峰设计思想和理论的一个重大突破，其理论水平在国内外处于领先地位。其核心是以占驼峰溜放车辆中大多数的中型车为设计依据，在驼峰三部位设计出一个反坡，在反坡区段设置加速顶和可控顶，通过计算机对加速顶和可控顶进行实时控制，最终实现对车辆溜放速度的自动控制。

“反坡调速理论”建立在以下的理论基础上：

(1)最小时差理论

研究人员认为：驼峰调车场设备实质上是一个钩车“分路器”，通过分路器使不同钩车之间产生时间差(不同时段)和空间差(不同间隔)，最小时差理论是通过一个非线性数学模型，用计算机求解，设计出优化的线路纵断面——最小时差断面，使通过该断面钩车之间在确保安全条件下的时差最小，以获得最高的溜放效率。

(2)波浪式理论的研究

研究人员根据最小时差理论，采用了变尺度理论和先进的 WHP 算法建立起最优化数学模型，通过计算获得的驼峰溜放优化纵断面(最小时差断面)是一个或多个凹型断面，即形成一个波浪式断面，这一设计理论称为“波浪式”理论。

4. 排队与随机理论的应用

在开发编组站模拟系统的过程中，中国铁路科技人员应用现代数学的排队理论和随机过程，通过计算机系统建立了编组站作业的数学模型，它能够动态地模拟出编组站作业的全过程，真实地评估编组站的能力、效率、经济效益，并能够优化运输组织方案，对突发事件采取应急措施、调整车流方案等。

(三)减速顶控制理论的创新

1. 自适应控制理论

车辆溜放过程中，控制系统获得车辆随机变化的信息，及时指令执行机构对可控顶进行控制，自动适应外部变化的条件，使车辆溜放过程达到预想的目标。

2. 模糊控制理论

在调车场对可控顶、加速顶的实时控制中，很难用线性数学关系建立准确的数学模型，因此提出了模糊控制理论，用模糊控制方法建立数学模型，设计控制软件，并通过硬件设备实现对调速系统的最优化控制。

3. 其他控制理论

在减速顶控制技术中，还研究和应用了神经网络控制理论、小波变换理论、专家系统理论、远程故障诊断理论、负反馈控制理论等。

通过大量的运营试验，证明这些理论和分析是正确的，取得了良好效果，为减速顶调速技术的快速发展起到了重要的作用。

五、中国减速顶与调速技术走向世界

30 多年来，中国减速顶与调速技术已从国内走向世界，先后与英国、德国、波兰、美国、加拿大、俄罗斯、乌兹别克斯坦、哈萨克斯坦、伊朗、印度、巴基斯坦、泰国、日本、匈牙利、斯洛伐克、南非等 20 多个国家进行了互访，开展了技术交流与技术合作，取得了十分可喜的成绩。

(一)广泛开展对外交流和技术引进

1. 1980 年 4 月，中国铁路科技人员与英国道蒂(Dowty)公司部门经理、总工程师等三人在北京举行技术座谈；1980 年 11 月，铁道部组团访问英国并参观了道蒂公司。

2. 1983 年，美国庄明公司派人访问哈尔滨，与哈中心商议共同合作引进美国的计算机和向美国出口中国的 TDJ 型减速顶。1985 年 1 月至 2 月间，哈中心首次派技术人员去美国考察铁路编组站情况。

3. 1985 年 9 月，波兰交通部铁路代表团到哈尔滨对减速顶调速技术进行考察；1986 年 11 月再次来中国考察并参观了艮山门站驼峰全减速顶调速系统，并与哈中心协商，就 TDJ 减速顶出口波兰的相关事宜做了初步探讨。1985 年 12 月，中国铁道部组团访问波兰。

4. 1985 年，前苏联交通部首次派代表团到哈尔滨，考察中国减速顶调速技术和使用情况。1986 年 7 月、1987 年 4 月，前苏联交通部、后贝加尔铁路局代表团又先后来哈尔滨继续对减速顶调速技术进行考察。

5. 1986 年 9 月，哈中心技术考察团赴美国、加拿大进行减速顶市场开发。1988 年 9 月铁道部组团赴英国洽谈减速顶合作事宜。

6. 1981 年，哈中心为建设“减速顶调速系统检验站”，由铁道部投资从日本、德国引进了比例变量泵、大功率流量计等多种液压元件和仪表，同时还引进了双通道快速傅立叶(FFE)频谱分析仪等检测设备。

7. 2000 年，哈中心从斯洛伐克引进“铁路车站作业模拟系统软件”——Villon 软件，并作为铁道部重要科研项目立项，该软件的引入为实现铁路站场设计现代化，发挥了重要作用。

(二)中国减速顶与调速技术走向国际市场

从 1986 年中国 10 台 TDJ 减速顶在美国试验，到 1987 年中国第一批减速顶出口到波兰，再到目前，已有美国、波兰、俄罗斯、哈萨克斯坦、乌兹别克斯坦 5 个国家的 15 个铁路站场应用了中国的减速顶与调速技术，先后共出口各类减速顶、可控顶、停车顶 6 万多台。分别建成了点连、全顶、计算机可控顶、停车防溜等多种不同制式的自动化调速系统。中国铁路减速顶与调速技术在国际市场上逐步成为一个有很强竞争力和较高信誉度的品牌产品。

1. 中国减速顶首次出口到波兰

(1)1987 年 10 月，中国 TDJ 减速顶首次出口到波兰，在西里西亚铁路局拉兹编组站 4 股道安装使用，到 1990 年 10 月，拉兹站全场 32 股道拆除了原有的减速器，共安装中国的 TDJ—302 型减速顶 13 600 多台，建成了驼峰全顶自动化调速系统，提高了驼峰作业效率，获得了很好的运用效果(见图 1-27)。

(2)1991 年，波兰克拉科夫市森兹米拉钢铁厂的 14 条翻矿线，共安装 TDJ—302 型减速顶 1 400 台(见图 1-28)；1992 年 5 月，在波兰奥勃莱电厂的全顶调速系统中也都采用中国的 TDJ 减速顶。

图 1-27 TDJ—302 型全减速顶调速系统在波兰拉兹编组站应用

图 1-28 TDJ—302 型减速顶在波兰森兹米拉钢厂应用

(3)2007 年,在波兰扎布莱诺编组站的 2 股道上应用了中国的 TDJ 可控减速顶,同时引进了中国的计算机可控顶控制技术,通过试验达到了预期的效果。

2. 中国减速顶出口俄罗斯和独联体

(1)1993 年 1 月,在哈萨克斯坦的切利诺格勒编组站安装了一股道中国的 TDJ 减速顶进行运营试验。

(2)1994 年,哈中心与乌兹别克斯坦丘库尔塞编组站签订了出口 11 000 台 TDJ 型减速顶和加速顶的贸易合同。

(3)1994 年 10 月,250 台 TDJ—302 型高负荷高档次减速顶,安装在工况条件十分恶劣的俄罗斯圣彼得堡编组站的驼峰溜放部位进行试验,通过运营使用取得了良好的效果,也赢得了广泛的信誉。

(4)1996 年 10 月,在俄罗斯后贝加尔编组站安装了 2 800 台 TDJ 型减速顶和停车顶,2005 年 3 月在新建的后贝加尔西站驼峰调车场安装了 1 500 台 TDJ—402 型减速顶和停车顶(见图 1-29)。

(5)2005 年 11 月,在俄罗斯后贝加尔站又安装了 TDJ—402 型减速顶和 TDJT—101 型停车顶近 5 000 台(见图 1-30),2006 年 2 月 5 日中俄双方举行了竣工典礼。

图 1-29　TDJ—402 型减速顶在俄罗斯后贝加尔西编组站应用

图 1-30　TDJT 型停车顶在俄罗斯后贝加尔站应用

3. 远渡重洋,中国减速顶进入美国市场

(1)1986 年 9 月,哈尔滨铁路局减速顶中心组团赴美国先后与 9 个铁路公司的负责人举行会谈,经双方协商在美国堪萨斯编组站安装了 10 台 TDJ—302 型减速顶进行试验。

(2)1995 年 12 月,中国减速顶在阿基廷编组站的 2 股道上安装了 TDJ—302 型减速顶进行试验并参与竞标(见图 1-31)。

(3)1997 年 7 月,在奈夫编组站的 1 股道上安装 TDJ—402 型减速顶进行点连式调速系统试验。

(4)1997 年 10 月,在美国奔森维尔编组站的 17 道上安装了 TDJ—402 型减速顶和 TDJT—203 型停车顶。投入运用后,车辆的溜行速度得到很好的控制,车辆的连挂和停车防溜完全实现了自动化,系统取得了良好的效果,得到美方的好评(见图 1-32)。

(5)1998 年 10 月,中国 TDJ 减速顶正式进入美国的铁路市场,在奔森维尔站技术改造工程中，中国 TDJ 减速顶一举中标，共安装了减速顶和停车顶近 2 500 台，取得了很好的应用效果。到 2002 年，奔森维尔站全场共安装使用 TDJ 减速顶和停车顶 14 000 多台。

(6)2000 年 10 月，在斯壮编组站安装了 TDJK 型可控顶 1 880 台，使用效果很好，受到美方的欢迎(见图 1-33)。

(7)2004 年在圣保罗编组站安装了 TDJT 型停车顶 2 240 台。

图 1-31　TDJ—402 型减速顶在美国阿基廷编组站应用

图 1-32　TDJT—203 型停车顶在美国奔森维尔编组站应用

(8)2009 年，在美国奔森维尔站的溜放部位和股道三部位采用了中国自主研制的新型计算机可控顶调速系统，全场共安装应用 TDJK 型高负荷可控顶 3 500 台，获得了十分满意的运营效果(见图 1-34)。

图 1-33　TDJK 型可控顶在美国斯壮编组站应用

图1-34　TDJK 型高负荷可控顶在美国奔森维尔站应用

第二章　减速顶的理论分析与优化设计

减速顶的主要技术指标有临界速度、制动功、阻力功、抬起高度和回程时间等，主要技术参数有注油量、充氮压力、压力阀开启压力、安装角、安装高度、构造速度、最大工作行程、适用轨型以及环境温度等，为了科学、合理地确定这些技术指标和参数，需要对减速顶进行较为深入的理论分析与优化设计。下面仅就普通内侧顶进行理论分析和设计计算，其他类型的减速顶可参考本章的内容进行分析和研究。

第一节　减速顶的基本结构和工作原理

一、减速顶的基本结构

普通减速顶的基本结构以TDJ—302型减速顶为例加以介绍。如图2-1所示，减速顶由滑动油缸组合件和壳体组合件两大部分组成，滑动油缸组合件装在壳体组合件内，壳体下部装有止冲销(11)，可防止油缸组合件窜出壳体，壳体底部装有调整垫(39)，可用来调整减速顶的安装高度。

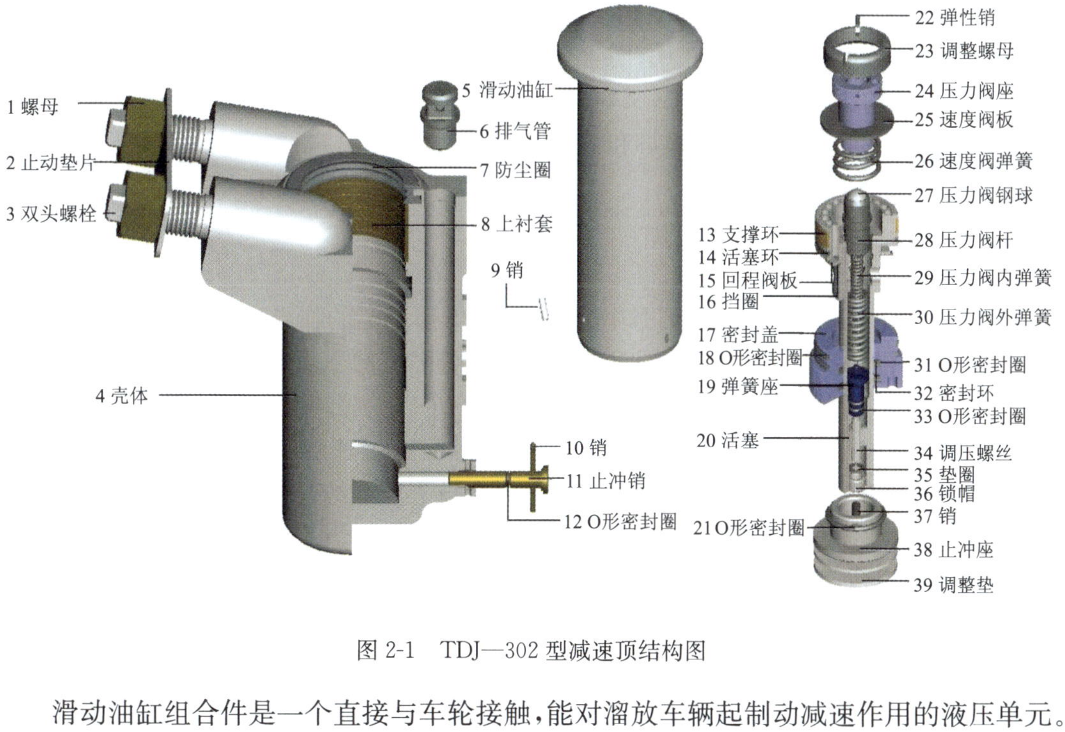

图2-1　TDJ—302型减速顶结构图

滑动油缸组合件是一个直接与车轮接触，能对溜放车辆起制动减速作用的液压单元。它由滑动油缸(5)、活塞组合件和密封盖(17)组合件组成，油缸内注有一定量的液压油和弹性体(一般为氮气)。

滑动油缸的帽头可以是蘑菇形或球面形，由于它直接受到车轮高速、连续的冲击，油缸内部始终处于高压状态，缸体外部长期处在工况恶劣的室外露天环境下，因此要求该部件必须具有很强的抗冲击能力、很高的耐磨性和抗腐蚀性，因而滑动油缸需要采用强度较高的金属材料，并对其帽头和内外表面进行硬化热处理，同时还要对油缸的外表面进行防腐蚀镀膜处理。

活塞组合件是减速顶的心脏，是对车辆做功性能起决定作用的核心部件，它由活塞(20)、速度阀、压力阀组合、回程阀和止冲装置几部分组成，活塞头部镶有支撑环(13)和活塞环(14)(注：有的减速顶不使用支撑环和活塞环)。速度阀由速度阀板(25)、速度阀弹簧(26)、压力阀座(24)、调整螺母(23)和弹性销(22)组成，改变速度阀弹簧或速度阀板与活塞上端面之间的开量，可以使减速顶获得不同档次的临界速度；压力阀组合由压力阀座、压力阀杆(28)(可以是球阀、锥阀或平板阀等结构)、压力阀内弹簧(29)、外弹簧(30)(也可以是 1 个弹簧)、弹簧座(19)、调压螺丝(34)、垫圈(35)和锁帽(36)等组成，调整压力阀内外弹簧的预压力，可以改变压力阀的开启压力，从而改变减速顶对车轮的垂直反力和做功能力；回程阀由回程阀板(15)、挡圈(16)和活塞下端面组成，回程阀板可以设计成开有节流孔和无节流孔两种结构，改变回程阀板的节流孔的大小或阀板直径可以改变减速顶的回程速度；止冲装置由止冲座(38)、销轴(37)、O 形密封圈(21)等组成，它安装在活塞杆的底端，它与安在壳体上的止冲销配合使用，可以防止油缸组合件窜出壳体。

壳体组合件由壳体(4)、双头螺栓(3)、螺母(1)、止动垫片(2)、防尘圈(7)、排气管(6)、销(10)、止冲销(11)、调整垫(39)等组成，壳体一般为铸造件，壳体内铸有排气通道，上部镶有上衬套(8)，下部内径上开有多道润滑沟槽(注：原有 302 型减速顶老产品镶有下衬套)，对滑动油缸起支撑和减磨作用；防尘圈装在壳体的上部，其沟槽内涂有润滑脂，既可防止外部尘埃、雨雪进入壳体内部，又对滑动油缸进行润滑，有利于滑动油缸在壳体内滑动自如。减速顶通过双头螺栓、螺母和垫片紧固在钢轨上。

二、减速顶的工作原理

1. 低于临界速度时

如图 2-2 所示，当溜放车辆通过减速顶的速度低于调定的临界速度时，滑动油缸被车轮压下的速度相对较低，油缸上腔通过速度阀环形缝隙流向下腔的流量也相对较小，只能在速度阀板上、下端产生较小的压差，由于该压差不足以克服速度阀板下端支撑弹簧的预压力，所以速度阀始终保持开启状态，油缸上腔的油液通过速度阀环形缝隙流向下腔，由于下腔活塞杆占有一定的体积，上腔油液不能完全被下腔容纳，多余部分的油液迫使氮气压缩。由于液流通过速度阀产生的阻力较小，因此减速顶基本不对车辆起减速作用。

2. 高于临界速度时

如图 2-3 所示，当溜放车辆通过减速顶的速度高于调定的临界速度时，滑动油缸被车轮压下的速度相对高，油缸上腔通过速度阀环形缝隙流向下腔的流量较大，在速度阀板上、下端能产生较大的压差，由于该压差足以克服速度阀板下端支撑弹簧的预压力，迫使速度阀迅速关闭，此时滑动油缸在车轮作用下继续下滑，产生的全部流量迫使上腔氮气急剧压缩，使压力迅速升高，当压力大于压力阀内、外弹簧的预压力时，压力阀被打开，此时，油液以一定的压力通过压力阀流向油缸下腔而消耗能量，因此减速顶对车辆起制动减速作用。

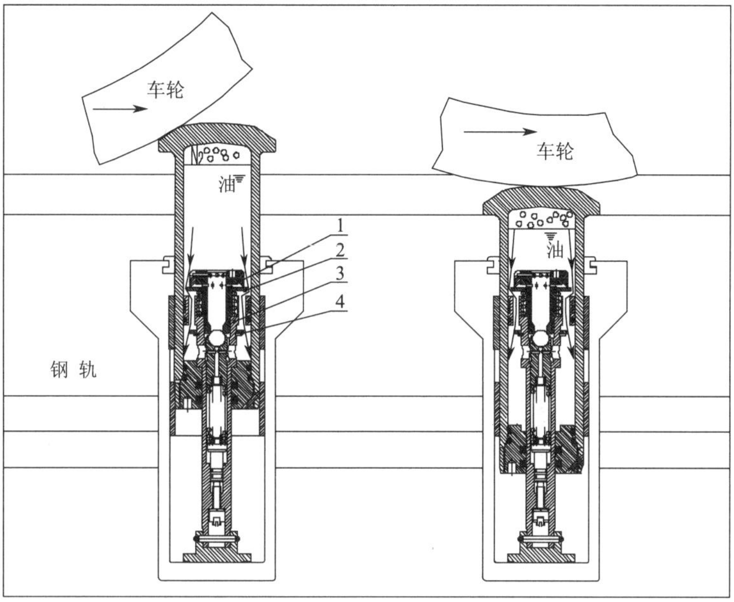

图 2-2　低于临界速度时的工作示意图

1—压力阀；2—速度阀板；3—活塞；4—回程阀。

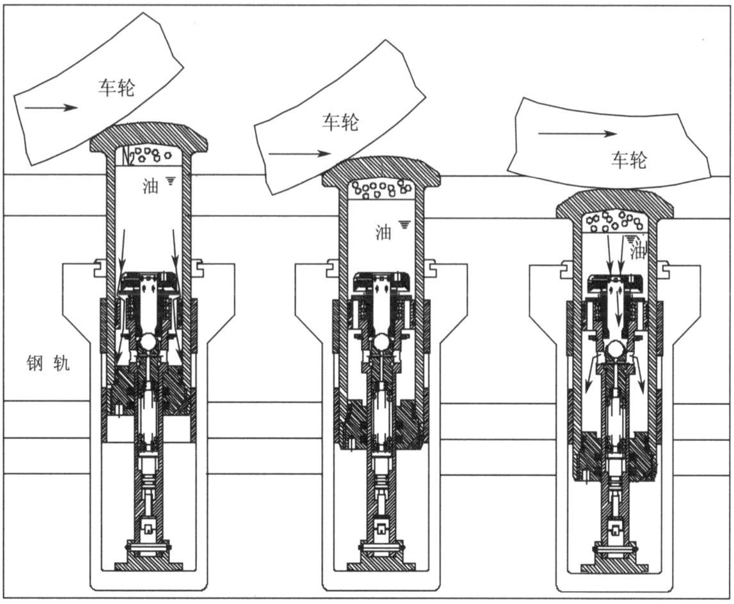

图 2-3　高于临界速度时的工作示意图

3. 回程时

如图 2-4 所示，当车轮将减速顶的滑动油缸压至最低点后继续向前滚动，此时滑动油缸在上腔被压缩氮气的膨胀作用下向上回升，下腔油液通过活塞上的过流孔返回上腔,同时带动回程阀板靠向活塞的下端面将过流孔局部或全部遮盖而起到阻尼作用,使滑动油缸慢速回升至最高位置。改变回程阀板的直径或阀板上节流孔的大小,可以使滑动油缸以不同的速度回升,调定回程速度的原则是:减速顶对高于临界速度的溜放车辆的各轮次都能充分起制动作用,同时又要对高速牵出的车辆尽可能少起或不起制动作用。

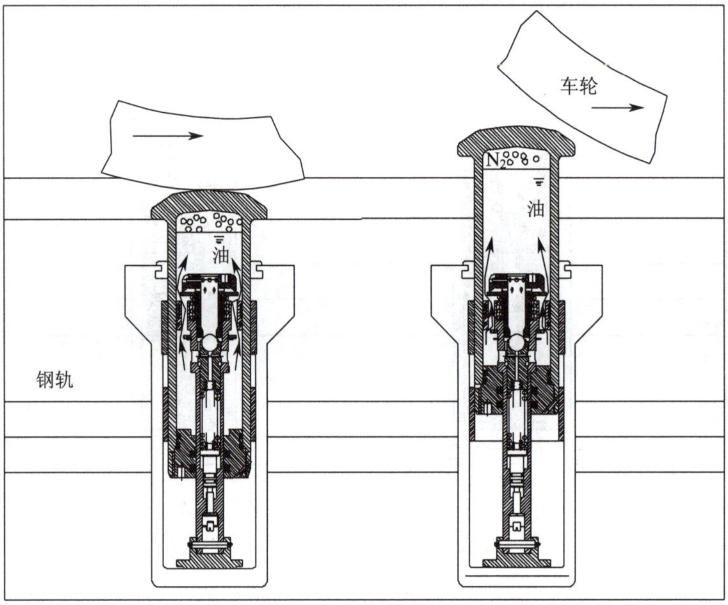

图 2-4　回程时的工作示意图

第二节　减速顶的技术要求

根据铁道行业标准《铁道车辆减速顶》(TB/T 2460—2009)的有关规定,减速顶应满足以下技术要求。

一、技术指标要求

1. 减速顶临界速度公称值的分档及上、下偏差应能满足表 2-1 的规定。

表 2-1　临界速度公称值的分档及上、下偏差

档　次		0	Ⅰ	Ⅱ	Ⅲ	Ⅳ	Ⅴ	Ⅵ	Ⅶ	Ⅷ
v_{lg}	m/s	0	1.25	2.00	2.50	3.00	3.50	4.00	4.50	5.00
	km/h	0	4.5	7.2	9.0	10.8	12.6	14.4	16.2	18.0
Δv_s、Δv_x	m/s	±0.1		±0.2			±0.3			
	km/h	±0.36		±0.72			±1.08			

注:(1)当上述分档不能满足实际需要时,也可规定其他档次。
(2)临界速度上、下偏差的分档范围:Ⅰ档及以下;Ⅰ档以上至Ⅳ档;Ⅳ档以上。

2. 减速顶内侧安装高度为 58 mm、外侧安装高度为 75 mm 时，制动功不应小于 750 J。

3. Ⅰ档及以下减速顶阻力功与制动功的比值不应大于 0.05，Ⅰ档以上不应大于 0.07。

4. 减速顶内侧安装时抬起高度不应大于 6 mm，外侧安装时不应大于 8 mm。

5. 在冬季困难条件下，减速顶对正常溜放车辆做功时，回程时间应小于车辆同一转向架两轮的过顶时间。

6. 普通减速顶的构造速度可根据站场的作业工况和用户需求选取以下任意一种：

(1)第一种构造速度：6.95 m/s(25 km/h)；

(2)第二种构造速度：8.33 m/s(30 km/h)。

7. 有特殊性能的减速顶的构造速度应符合产品相关技术文件的规定。

二、主要性能要求

1. 密封性能要求：将充有气体的滑动油缸组合件倒置并在密封部位表面覆盖少量液压油，当活塞杆压下至最大工作行程的 60%以上时，密封部位不应有气泡溢出。

2. 动作性能要求：减速顶在规定的最大工作行程内，滑动油缸在壳体内应滑动自如。

3. 止冲性能要求：减速顶的止冲装置应能可靠地防止滑动油缸组合件窜出壳体。

4. 液压油性能要求：减速顶使用的液压油的倾点应比使用地区最低气温低 15 ℃以上或凝点应比使用地区最低气温低 18 ℃以上。

5. 润滑脂性能要求：减速顶使用的润滑脂应满足回程时间的要求。

6. 弹性体性能要求：充入滑动油缸内的弹性体应具有较高的稳定性，不宜与液压油产生化学反应或腐蚀部件。

三、工作寿命要求

1. 减速顶在正常使用条件下，一个维修周期的密封寿命不应少于 15 万轮次或 6 个月，以先到为准。

2. 在正常使用和维修条件下，普通减速顶和可控顶(含控制阀)的使用寿命不应少于滚压 300 万轮次或 6 年，以先到为准。

3. 其他有特殊性能的减速顶的使用寿命应符合产品相关技术文件的规定。

四、安全要求

1. 在正常使用条件下，减速顶对车辆做功不应造成车辆脱轨。

2. 安装在线路上的减速顶外部尺寸不应侵入 GB 146.1 中规定的机车车辆下部限界。

3. 减速顶的安装数量应有安全余量，安全余量应符合《铁路驼峰及调车场设计规范》(TB 10062)中的有关规定。

五、外观要求

1. 壳体涂漆应均匀一致，宜采用铁路设备通用颜色，不应采用红色。

2. 滑动油缸组合件表面镀层不应有斑点、剥落。

第三节 减速顶的运动分析

当车轮压上减速顶的滑动油缸帽头时，随着车轮向前滚动，滑动油缸以减速顶壳体为支撑，沿着活塞杆向下位移，直到油缸停止向下运动，这个过程就是减速顶的工作过程。当车轮继续向前运动，油缸开始向上回升，车轮离开油缸后，油缸在内部氮气压力的作用下恢复到最高位置。从减速顶的工作过程可以看出，减速顶的运动就是滑动油缸的机械运动及其内部液压油的流动，因此减速顶的运动分析和数值计算主要是针对滑动油缸的分析和计算，下面以内侧减速顶为例加以介绍。

一、基本假设条件

目前中国减速顶的滑动油缸一般都采用蘑菇形帽头，当车轮压下减速顶时，车轮轮缘先与油缸头部的锥面相切，然后再与球面相切。由于车轮与带有一定安装角的锥面相接触，其运动分析和计算相当繁琐，为了便于分析和简化计算，特做如下假设。

1. 假设滑动油缸头部为球面形帽头，车轮轮缘与滑动油缸头部的接触点均在油缸的球面上。

2. 将车轮轮缘简化为一个直径不变的圆平面，并且轮缘与滑动油缸球面接触的啮合线段都分布在轮缘的最大直径上。

3. 滑动油缸的运动是一种复合运动，它可以分为两部分：其一是油缸沿着其轴线与活塞杆和壳体作相对的下滑运动，其二是油缸在车轮的碾压下沿轴线做旋转运动。为了便于理论分析和简化计算，本书仅对滑动油缸下滑的直线运动进行分析，而不考虑油缸转动所产生的影响。

4. 只考虑车轮的平动，不考虑其转动。

5. 车轮在压下滑动油缸的全过程中，不考虑它在钢轨上横向位移的变化。

6. 在车轮与减速顶的接触过程中，二者均视为不发生弹性形变的刚性体。

有了上述各项假设条件，就能够比较方便地对减速顶的滑动油缸进行运动分析和数值计算。

二、车轮轮缘与油缸头部接触点的轨迹

减速顶滑动油缸分别与壳体及活塞杆组成两个摩擦副，油缸的下滑运动主要是直线运动，同时油缸还以活塞杆为轴线产生一定的螺旋运动，当车轮压下减速顶时，车轮轮缘与滑动油缸头部接触，我们将其视为两个球面相切。从现场可以观察到，在油缸头部形成的接触点 B 的轨迹如图 2-5 所示。

从图 2-5(a)中看出，向前转动的车轮与油缸头部接触的点，形成一条近似 S 形曲线，车轮压过一次就有这样一条曲线，随着油缸的转动，这些 S 形曲线布满油缸头部(见图 2-5(b))。在铁路线路直线段安装的减速顶，经车轮多次滚压后，在滑动油缸头部正中，会形成一个近似圆形的非接触区，直径大约 10 mm 左右。

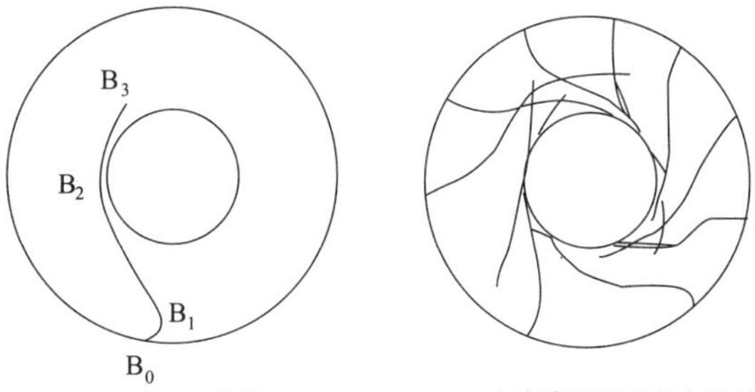

图 2-5　车轮轮缘与油缸头部接触轨迹

把图 2-5(a)的轨迹分三段分析：

B_0B_1——近似一直线段，由于车轮的冲击作用，油缸突然下滑，氮气压力升高，到了 B_1 点，油缸上腔压力达到额定值，压力阀开始打开。

B_1B_2——是减速顶对车轮做功的主要过程，由于减速顶有一个倾斜的安装角，并在油缸横向力的作用下，接触点逐渐远离与钢轨平行的油缸中心线，B_2 点为油缸处于最低位置。

B_2B_3——是油缸的回程过程，从 B_2 点开始，油缸上升，由于回程阀的作用，油缸上升较慢，当它尚未达到最高位置时，车轮已经离开了油缸，所以 B_2B_3 段弧线比 B_1B_2 段短，车速越快，B_2B_3 段越短。

三、滑动油缸的下滑速度分析

以内侧顶为例，设减速顶在钢轨上的安装角为 α，油缸的运动图形如图 2-6 所示，假设油缸头部为球缺状，那么只要车轮轮缘（半径为 R_1）接触在球面上，则轮缘与油缸的接触情况均可视为两个相切的圆。此时轮缘切入断面与垂线的距离为 S，称 S 为横动量。

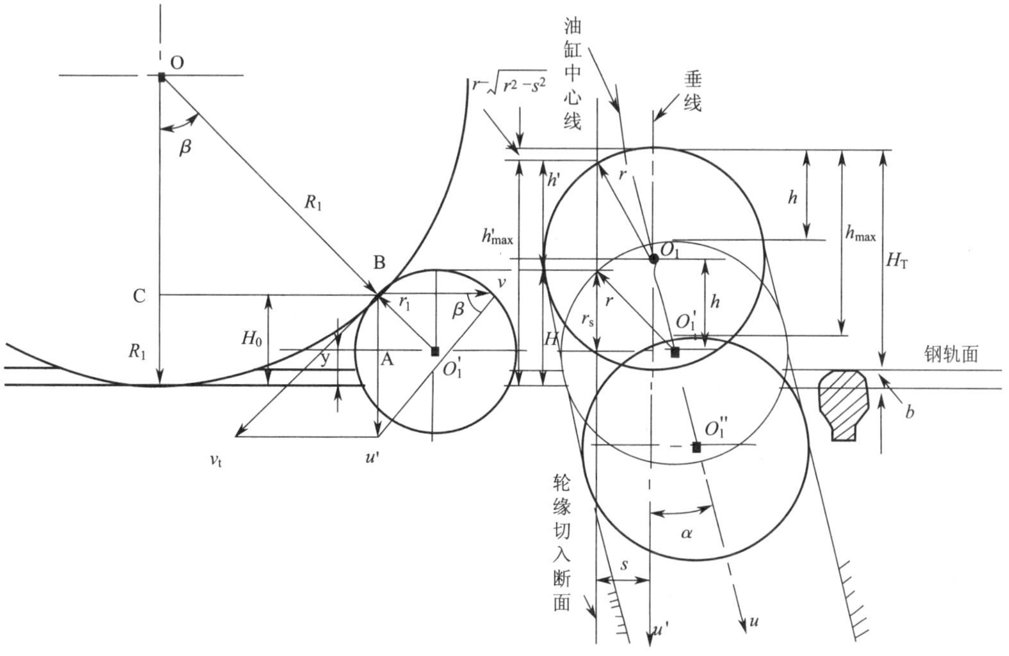

图 2-6　滑动油缸下滑速度分析图

按运动学分析油缸下滑速度，车轮与油缸接触后，车轮做平面运动，推动油缸向下做直线运动。图中：

v——车轮与减速顶接触过程中的走行速度，即油缸上接触点 B 的牵连速度，m/s；

v_t——车轮与油缸接触点 B 处的相对速度，m/s；

u'——油缸垂直下滑绝对速度，m/s。

从图中的几何关系可以得出：$u'=v\tan\beta$

考虑减速顶的安装角 α，油缸沿其轴线下滑速度为：

$$u=\frac{v}{\cos\alpha}\cdot\tan\beta \tag{2-1}$$

由直角三角形 CBO 可得：

$$\tan\beta=\frac{\sqrt{R_1^2-(R_1-H_0)^2}}{R_1-H_0} \tag{2-2}$$

式中：β——车轮轮缘与油缸头部的切入角，°；

u——油缸沿其轴线下滑速度，m/s；

α——减速顶安装角，°；

R_1——车轮轮缘半径，m；

H_0——接触点 B 的油缸垂直工作高度，m。

由 $\Delta AO_1'B$ 与 ΔCBO 相似，得出：

$$\frac{H_0-y}{R_1-H_0}=\frac{r_s}{R_1}\qquad y=H-r_s$$

经整理得：

$$H_0=\frac{R_1H}{R_1+r_s} \tag{2-3}$$

从图中的几何关系还可得出：

$$r_s=\sqrt{r^2-(s+h\tan\alpha)^2} \tag{2-4}$$

$$H=h'_{max}-h' \tag{2-5}$$

$$h'_{max}=H_T+b-r+\sqrt{r^2-s^2} \tag{2-6}$$

$$h'=\sqrt{r^2-s^2}-r_s+h\ (h'+r_s=h+\sqrt{r^2-s^2}\ ) \tag{2-7}$$

式中：r_s——在轮缘切入面内，油缸的有效球头半径，m；

r——油缸球头半径，m；

s——车轮横动量，m

h——油缸的垂直下滑行程，m；

H——在轮缘切入面内，油缸的有效工作高度，m；

H_T——减速顶的安装高度，m；

b——车轮轮缘高度，m；

h_{max}——油缸的最大垂直下滑行程，m；

h'_{max}——在轮缘切入面内，油缸的最大有效工作行程，m；

h'——在轮缘切入面内，油缸的有效工作行程，m。

将公式(2-4)、(2-5)、(2-6)和公式(2-7)代入公式(2-3)，得：

$$H_0=\frac{R_1\left(H_T+b-r+\sqrt{r^2-(s+h\tan\alpha)^2}-h\right)}{R_1+\sqrt{r^2-(s+h\tan\alpha)^2}} \tag{2-8}$$

利用公式(2-2)和公式(2-8)可求出切入角 β，利用公式(2-1)即可求得减速顶在任意位置的下滑速度；并且：当 $h=0$ 时，$\beta=\beta_{max}$，$u=u_{max}$；当 $h=h_{max}$ 时，$\beta=0$，$u=0$。

由此可知，当车轮轮缘与减速顶滑动油缸头部刚接触时，油缸的下滑行程为零，此时的切入角最大，下滑速度也最大；在油缸头部被减速顶压下的过程中，油缸的下滑行程逐渐增大，切入角逐渐减小，油缸的下滑速度也逐渐减小；当车轮将油缸头部压到最低点位时，油缸的下滑行程达到最大值，此时的切入角为零，减速顶油缸的下滑速度也为零。

需要说明的是：在对公式(2-1)进行计算时，都把车轮通过减速顶的车速 v 作为一个定值来考虑，从理论上讲，在减速顶对车轮做制动功的情况下，它是应该逐渐减少的，但由于一个减速顶对车辆所做的制动功对车速的影响很小，车轮经过一个减速顶的瞬间也很短，为了简化计算，可以认为车轮经过某一个减速顶时，v 是定值，而当车轮压过若干个减速顶之后，v 值才有明显减小。

当减速顶油缸的球头半径 r，车轮轮缘半径 R_1，轮缘高度 b，减速顶的安装高度 H_T，安装角度 α 等结构参数确定后，在横动量 s 固定不变的情况下，对于某一车速 v，根据公式(2-1)、公式(2-2)和公式(2-8)可计算并绘出油缸下滑速度 u 与位移 h 的关系曲线，如图 2-7 所示。

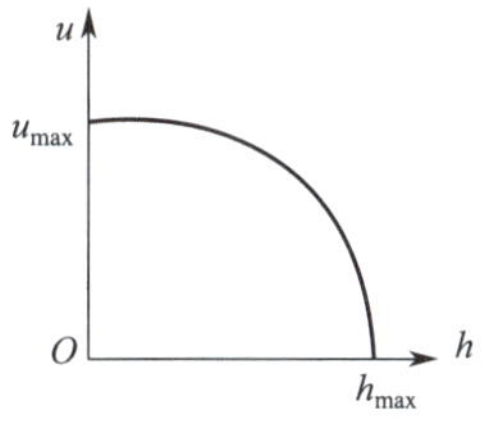

图 2-7　油缸下滑速度曲线图

公式(2-1)是减速顶滑动油缸沿其轴线的下滑速度的通用表达式，其中 $\tan\beta$ 对各种不同几何形状的油缸头部，有着各自不同的计算公式。公式(2-2)、公式(2-8)是针对球形头部推出的公式。目前常用的减速顶采用的是“蘑菇形”帽头，这种油缸头部的一部分为球缺体，另一部分为过渡圆锥体，将油缸头部设计成有锥面过渡的形状，可以加大油缸头部轮廓直径，减少安装角，减少减速顶对车轮的横向力，降低轻车脱线的危险性，并能提高安装高度，增加制动功，并且使临界速度更加稳定。

四、滑动油缸的下滑加速度分析

根据公式(2-1)可求得减速顶滑动油缸任意位置的下滑速度，而对这一速度微分，就可求得滑动油缸在任意位置的下滑加速度，并描绘出油缸下滑的加速度与位移的关系曲线，如图 2-8 所示。

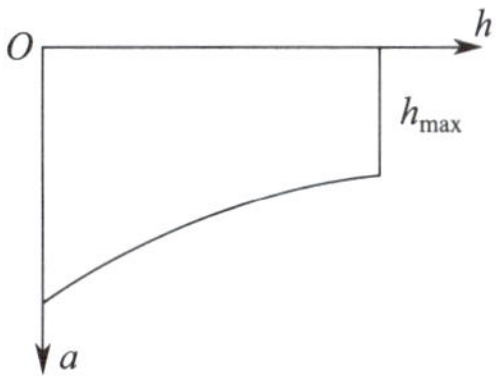

图 2-8　油缸下滑加速度曲线图

下滑加速度的微分形式为：　$a=\dfrac{du}{dt}$

第四节　减速顶与车轮间的作用力分析

减速顶是在与车轮接触过程中对车轮做功的，实际上车轮在运动中给予减速顶一个主动力，而减速顶反过来给车轮一个对应的反力。现以内侧顶为例，对减速顶与车轮之间的作用力加以分析。如果将减速顶油缸与车轮轮缘视为两个球面的接触，并且其接触点B的轨迹始终在轮缘(半径为 R_1)切入断面内，则二者间的作用力分析可以大为简化，如图 2-9 所示。此时，轮缘切入断面与垂线的距离为 s，称 s 为横动量。

减速顶对车轮作用力的大小，并不取决于车辆动能的大小，而决定于减速顶本身的技术参数，其中最主要的影响因素是压力阀开启压力，当然，减速顶轴向力 F 的大小不完全取决于定压 p_1 值，后面将介绍其他的影响因素。

在油缸内径 D_0 确定的条件下，轴向力 F 与开启压力 p_1 成正比，即：

$$F = \frac{\pi D_0^2}{4} p_1$$

根据图 2-9 的几何关系，可以确定各力间的相关关系。

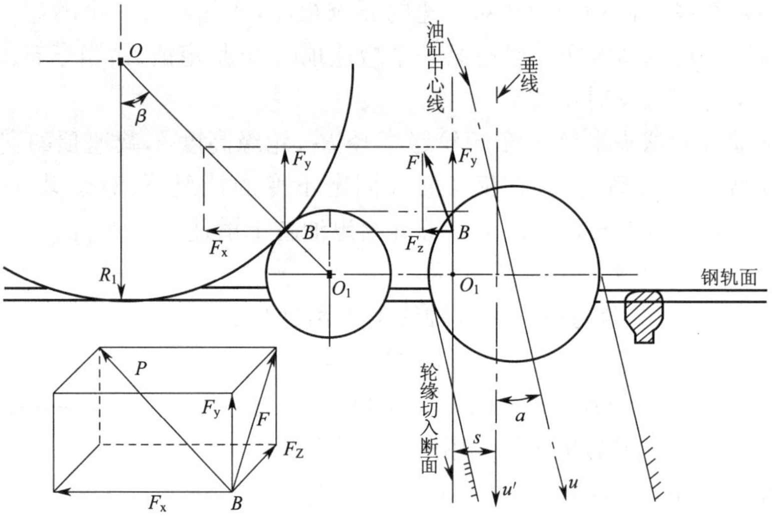

图 2-9　减速顶与车轮间的作用力

F 与 F_y 的夹角为 α，α 是减速顶的安装角，即减速顶的轴线与钢轨的垂线之夹角(注：图2-9中所标注的垂线通过初始位置的油缸球头中心)。车轮与滑动油缸头部的接触角为 β，当车轮刚压到油缸头部时，二者的接触角 β 为初始切入角最大，车轮在压下油缸的过程中，β 角逐渐减小，当车轮将油缸压至最低点时，β 为零。

由上述两个图给出的矢量关系，可以写出三个力的基本公式。

减速顶对车轮的垂直反力 F_y：

$$F_y = F\cos\alpha \tag{2-9}$$

减速顶对车轮的水平制动力 F_x：

$$F_x = F_y\tan\beta = F\cos\alpha \cdot \tan\beta \tag{2-10}$$

减速顶对车轮的横向力 F_z：

$$F_z = F\sin\alpha \tag{2-11}$$

横向力是有害的力，减速顶的安装角越小，横向力就越小，对防止轻车脱线有利。

根据力的合成原理，可求出减速顶对车轮的总作用力：

$$P = \sqrt{F_x{}^2 + F_y{}^2 + F_z{}^2}$$

第五节　制动功的理论分析与压力阀的设计

一、制动功的理论分析

制动功是衡量减速顶做功能力大小的重要技术指标，设计者和使用者都希望它越大越好。但是，由于它受到一些因素的影响，因此提高减速顶制动功是有限的。

（一）制动功的分析

减速顶总功指的是油缸内的轴向力与轴向位移的乘积，而减速顶对车轮的制动功则是油缸内的轴向力在垂直方向上的分力与垂直位移的乘积，它是总功的一部分，为有用功。

轴向力由氮气压缩力、压力阀液流阻力和机械摩擦力三部分组成。

1. 氮气压缩产生的轴向力

车速超过减速顶的临界速度时，速度阀关闭，油缸上腔的氮气不断被压缩，产生氮气压缩轴向力，克服氮气压缩所做的功，称为氮气压缩产生的功。

气体的状态方程：　$p_1V_1{}^n = p_0V_0{}^n$

氮气的初始状态为 p_0 和 V_0，压缩后的状态为 p_1 和 V_1，

$$V_1 = \left(\frac{p_0}{p_1}\right)^{\frac{1}{n}}V_0$$

微分形式：

$$dV_1 = d\left(\frac{p_0}{p_1}\right)^{\frac{1}{n}}V_0$$

$$dV_1 = -\frac{V_0 p_0{}^{\frac{1}{n}}}{np_1{}^{1+\frac{1}{n}}}\cdot dp_1$$

氮气体积的负增量为：　$dV_1 = -S_1dh/\cos\alpha$

$$S_1/\cos\alpha\int_0^h dh = \frac{V_0 p_0{}^{\frac{1}{n}}}{p_0}\int_{p_0}^{p_1}\frac{1}{p_1{}^{1+\frac{1}{n}}}dp_1$$

则速度阀关闭后到压力阀打开前的氮气压力为：

$$p_1 = \frac{p_0}{\left(1-\dfrac{S_1h}{V_0\cos\alpha}\right)^n} \tag{2-12}$$

求得氮气压缩的轴向力为：　$F_a = p_1S_1$　(2-13)

式中：p_1——油缸上腔油液压力，Pa；

p_0——氮气初始压力，Pa；

S_1——油缸上腔横截面积，m^2；

h——油缸下移的垂直行程，m；

V_0——氮气初始容积，m^3；

α——减速顶安装角，°；

n——氮气多变过程指数。

由于 p_1 是随油缸的下移、氮气不断被压缩而变化的，故 F_a 也是个变值。

2. 压力阀液流阻力产生的轴向力

压力阀是一个质量一弹簧系统，压力阀液流阻力产生的轴向力可以按照以下两种情况来进行分析计算：其一是按照压力阀处于动平衡状态进行分析计算，即从压力阀开启到油缸停止下移，作用在压力阀阀芯上的液压力与压力阀的弹簧力，惯性力、液动力和黏性阻尼力相平衡。其二是由于在减速顶的结构设计中，为了不至于造成压力阀弹簧的疲劳损坏，一般都对压力阀设计了限位台阶，压力阀的开量只有 3～4 mm，当车速高于某值时，压力阀弹簧被压缩到设计的最大量，压力阀作用在限位台阶上而处于最大开量状态，此时压力阀产生的液流阻力，就相当于液流通过固定阻尼孔产生的液流阻力。

(1)在压力阀处于动平衡条件下，压力阀产生的轴向力：

下面以锥阀为例，对压力阀进行动态分析。如图 2-10 所示，压力阀开启后，油缸继续下滑产生的流量 Q，一部分油液(其流量为 Q_1)通过压力阀流入下腔，另一部分油液(其流量为 Q_2)迫使氮气压缩，假定油缸下腔压力 p_2 为零，则上腔油液压力的变化规律由如下几个方程描述：

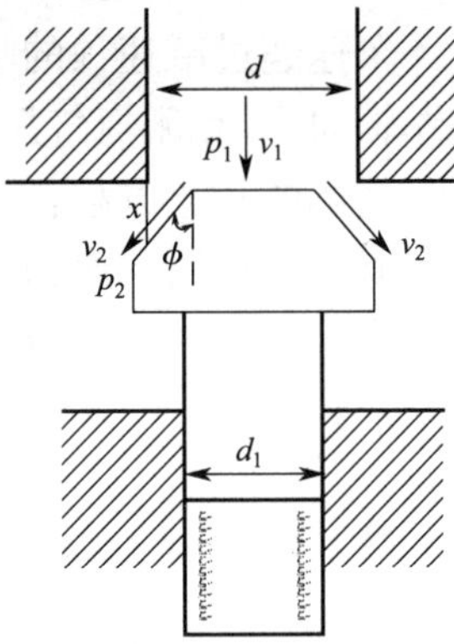

图 2-10　锥阀动态平衡示意图

节流方程：　$$Q_1 = C\pi \mathrm{d}x\sin\phi\sqrt{\frac{2p_1}{\rho}} \tag{2-14}$$

连续性方程：　$$Q = Q_1 + Q_2$$

式中：Q——油缸下滑产生的流量，$\mathrm{m^3/s}$；

Q_1——流入油缸下腔的流量，$\mathrm{m^3/s}$；

Q_2——油缸下移过程中，压缩氮气的流量，$\mathrm{m^3/s}$。

于是：$$S_1 u = C\pi \mathrm{d}x\sin\phi\sqrt{\frac{2p_1}{\rho}} + \frac{V_0 p_0^{\frac{1}{n}}}{n p_1^{1+\frac{1}{n}}}\cdot\frac{\mathrm{d}p_1}{\mathrm{d}t} \tag{2-15}$$

压力阀的动态力平衡方程式：

$$p_1 S_x - \rho Q_1(v_2\cos\phi - v_1) - \rho L_2\frac{\mathrm{d}Q_1}{\mathrm{d}t} = m\frac{\mathrm{d}^2 x}{\mathrm{d}t} + B\frac{\mathrm{d}x}{\mathrm{d}t} + K(X_0 + x) \tag{2-16}$$

式中：v_1——液流在压力阀的入口流速，m/s，$v_1 = \dfrac{4Q_1}{\pi d}$；

v_2——液流在压力阀的出口流速，m/s，$v_2 = C_1\sqrt{\dfrac{2p_1}{\rho}}$；

m——压力阀阀芯质量，kg；

B——黏性阻尼系数，$B = \pi d_1 L_1 \mu / C_r$。

油缸的下滑速度：　$$u = \frac{v}{\cos\alpha}\tan\beta$$

$$Q = S_1 u = S_1\frac{v}{\cos\alpha}\tan\beta \tag{2-17}$$

公式(2-14)～(2-17)联立得出描述油缸上腔压力变化规律的微分方程组，该方程组是一个非线性微分方程组，可编程上机解出 $p_1 = f(t)$ 或 $p_1 = f(h)$ 的数值解。

为了简化计算，忽略氮气的压缩量，并去掉微分项，静态下的上腔液压力变化规律为：

$$p_1 = \frac{KX_0}{S_x} + \frac{S_1 v\tan\beta}{S_x\cos\alpha}\left[\frac{K}{C\pi d\sin\phi\sqrt{2p_1/\rho}} + \rho\left(C_1\sqrt{2p_1/\rho}\cos\phi - \frac{S_1 v\tan\beta}{S_x\cos\alpha}\right)\right] \tag{2-18}$$

从公式(2-18)可看出，油缸上腔的静态压力 p_1 在车速 v 一定的条件下，仅随切入角 β 变化而变化，即是随油缸下滑行程 h 变化而变化。

式中：p_1——油缸上腔油液的压力，Pa；

d——压力阀座通孔直径，m；

d_1——阀芯下端直径，m；

L_1——压力阀阀芯长度，m；

L_2——压力阀入口液柱长 m；

μ——油液的动力黏度，Pa · s；

C_r——阀芯与活塞杆内导向部分的径向间隙，m；

K——压力阀弹簧刚度，N/m；

X_0——压力阀弹簧的预压缩量，m；

x——压力阀阀口开度，m；

ϕ——锥阀的半锥角，°；

C——阀口处的流量系数；

C_1——流速系数；

ρ——液压油的密度，kg/m³；

S_1——油缸上腔的截面积，m²；

S_x——压力阀阀芯截面积，m²；

V_0——氮气初始容积，m³；

p_0——氮气充氮压力，Pa；

n——气体多变指数；

α——减速顶的安装角，°；

β——车轮与油缸头部的切入角，°；

v——车辆经过减速顶时的速度，m/s。

则压力阀产生的轴向力：

$$F_b = p_1 S_1 \tag{2-19}$$

从公式(2-18)中可知，p_1 是 h 的函数，所以 F_b 随油缸行程 h 而变化。

(2)在车速高于某个值之后，压力阀阀芯受限位影响，不能再下移，亦即压力阀弹簧的压缩量受到限制，此时压力阀处于最大开量状态（$x = x_{max}$），等于一个固定节流孔，阀口处的压力损失为：

$$\Delta p_k = \frac{\rho Q^2}{2C^2 S_k^2}$$

由于：

$$\Delta p_k = p_1$$

$$p_1 = \frac{\rho S_1^2 u^2}{2C^2 S_k^2}$$

式中：S_k——压力阀口处的最大过流面积，m²；$S_k = \pi d x_{max} \sin\phi$

液流阻力产生的轴向力为：

$$F_C = p_1 S_1 \tag{2-20}$$

p_1 是油缸内液压油流速 u 的函数，由于 u 随油缸行程 h 而变，因此 F_C 随行程 h 而变。

油缸上、下腔压力 p_1、p_2 随下滑行程 h 的变化规律如图 2-11 所示，h 由 0 到 h_0 为速度阀关闭到压力阀开启前的行程，此时上腔氮气被压缩，压力 p_1 快速上升，而下腔因无液体流入，压力 p_2 下降至真空，由 h_0 到 h_{max} 为压力阀开启并保持上腔压力 p_1 基本稳定的行程。$p_{h0}=\dfrac{KX_0}{S_x}$ 为压力阀开启压力，高于 p_{h0} 的部分为压力超调。

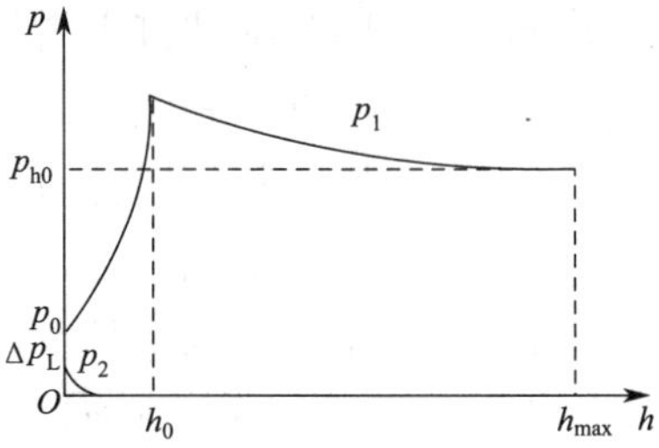

图 2-11　高于临界速度的压力变化

3. 机械摩擦力

图 2-12 为滑动油缸与壳体间的摩擦力分析图，油缸在向下运动的过程中，产生机械摩擦的有 3 对摩擦副——油缸外表面与壳体内表面（或衬套）、活塞外表面（或活塞环）与油缸内表面、活塞杆外表面与密封盖内孔。但是，产生摩擦力比较大的摩擦副是油缸外表面与壳体（或衬套），其他两个摩擦副的摩擦力很小，可以忽略不计。

油缸外表面受到的正压力是由油缸头部的作用力引起的：

F'_z 是垂直油缸轴线和钢轨的横向力：

$$F'_z=F_z\cos\alpha=F\sin\alpha\cos\alpha$$

F_x 是垂直油缸轴线且平行钢轨的水平分力；

F_h 是 F'_z 和 F_x 的合力：

$$F_h=\sqrt{(F'_z)^2+F_x^{\ 2}}$$

$$F_h=F\cos\alpha\sqrt{\sin^2\alpha+\tan^2\beta} \tag{2-21}$$

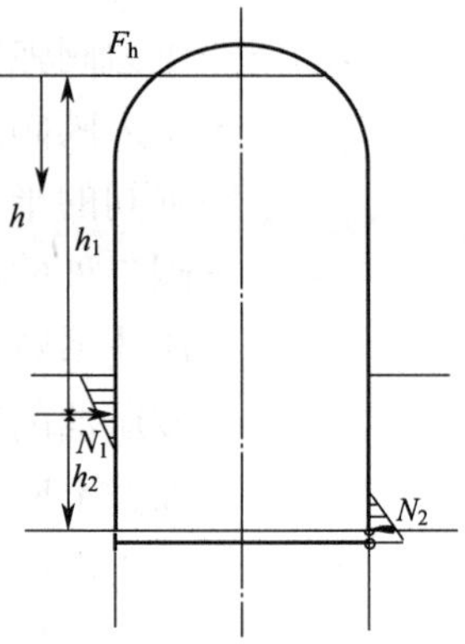

图 2-12　油缸与壳体摩擦力分析图

横向力 F_h 产生油缸的两个正压力 N_1 和 N_2，对应上衬套的为 N_1，对应下衬套的为 N_2，正压力均为分布载荷，且受力图为直角三角形，把他们分别视为集中力 N_1 和 N_2，力的作用线经过三角形的重心。

根据各力的关系得出：

$$N_1-F_h-N_2=0$$

$$N_1(h_1-h)=N_2(h_1+h_2)$$

上述二方程联立解得：

$$N_1=F_h\frac{h_1+h_2}{h_2+h}$$

$$N_2=F_h\frac{h_1-h}{h_2+h}$$

N_1 和 N_2 是随 F_h 与 h 的变化而变化，h_1、h_2 认为是固定值，因此 N_1 和 N_2 是 β 和 h 的函数，摩擦力产生的轴向力：

$$F_d=f(N_1+N_2)$$

$$F_d=fF_h\frac{2h_1+h_2-h}{h_2+h} \tag{2-22}$$

（二）制动功的计算

减速顶的制动功可以按照油缸轴向力在垂直方向的分力 F_y 与油缸在垂直方向上的工作行程 h 的乘积计算。制动功分两种工况分析计算。

1. 压力阀处于动平衡状态下的制动功

压力阀处于动平衡状态时，制动功为氮气压缩轴向力 F_a［见公式(2-13)］，压力阀动态轴向力 F_b［见公式(2-19)］和摩擦力 F_d［见公式(2-22)］与相应的工作行程 h 的乘积：

$$W_{zd} = \cos\alpha\left[\int_0^{h_0} F_a dh + \int_{h_0}^{h\max} F_b dh + \int_0^{h_0} F_{d1} dh + \int_{h_0}^{h\max} F_{d2} dh\right] \tag{2-23}$$

2. 压力阀处于限位状态时的制动功

压力阀限位时，制动功为氮气压缩轴向力 F_a［见公式(2-13)］，压力阀静态轴向力 F_c［见公式(2-20)］，压力阀动态轴向力 F_b［见公式(2-19)］，和摩擦力 F_d［见公式(2-22)］与相应的工作行程 h 的乘积：

$$W_{zd} = \cos\alpha\left[\int_0^{h_0} F_a dh + \int_{h_0}^{h_1} F_c dh + \int_{h_1}^{h_{max}} F_b dh + \int_0^{h_0} F_{d1} dh + \int_{h_0}^{h_{max}} F_{d2} dh\right] \tag{2-24}$$

式中：W_{zd}——减速顶制动功，J；

α——减速顶安装角，°；

F_{d1}——压力阀开启前的油缸轴向摩擦力，N；

F_{d2}——压力阀开启后的油缸轴向摩擦力，N；

h_0——从油缸开始下移到压力阀刚开启，油缸垂直工作行程，m；

h_{max}——从油缸开始下移到油缸停止下移，油缸最大垂直工作行程，m；

h_1——从油缸开始下移到压力阀限位为止，油缸垂直工作行程，m。

制动功的数值计算比较复杂，需要通过上述公式编写程序，采用计算机进行计算。

二、影响制动功的主要因素

从制动功的计算公式以及减速顶的工作对象与作业环境来考虑，可以从减速顶的内部结构和外部条件分析出限制和影响制动功的各种因素。

1. 影响制动功的内部因素

(1)充氮压力

减速顶的充氮压力是有标准的，如果充氮压力低于标准值，或者经过一段时间工作，油气漏泄，氮气压力 p_0 值降低，根据公式(2-12)可知 p_1 值减小，使制动功降低。

(2)注油量

每种型号的减速顶都有规定的注油量，由于滑动油缸的内腔容积是固定的，因此注油量的多少会影响氮气的容积，直接影响到氮气被压缩使速度阀板关闭直至压力阀打开的空行程(如图 2-11 所示的 Oh_0 段)。在组装过程中，如果注油量小于规定值，会使氮气容积增加，油缸下滑时的空行程加大，制动功减小。同样，在使用中如果减速顶发生油气漏泄，不仅氮气压力会降低，而且注油量也会减少，从而造成减速顶的制动功下降。所以经常检查现场减速顶的油气压力，及时维修并保持减速顶不漏泄是非常重要的。

(3)压力阀的结构形式

目前中国应用的减速顶压力阀大体有三种，即球阀、锥阀和平板阀，前两种阀的压力超调较大，即随速度增加压力超调增加较大，垂直反力和制动功也较大，平板阀的压力超调特性较好，垂直反力受速度的影响较小，制动功相对比较平稳。

2. 影响制动功的外部因素

(1)安装高度

制动功与减速顶油缸的工作行程正相关，减速顶的安装高度越高，油缸的工作行程越大，制动功也就大。但是安装高度受到机车和车辆下部限界的限制，不能超过一定高度。如机车排障器、机车车辆的制动装置等，都制约着减速顶安装高度的提高，制动功也就限制在一定范围内。

(2)车辆最轻轴重

减速顶是在铁路调车线上对车辆进行调速的减速设备，通过对车轮的制动作用使车辆减速。在压力阀定压确定后，减速顶的垂直反力 F_y 也就一定，如果 F_y 值过大，超过车轮的轮荷重，可能会出现车辆脱轨事故。为了保证调车作业的安全，压力阀定压所产生的最大垂直反力一定要小于最轻型车辆的轮荷重，并且要有一定的安全系数。例如：20 世纪 70 年代，中国铁路的最轻车是自重 13 t 的平板车，轮荷重为 1.625 t，所以减速顶的安全定压对应的垂直反力不大于 1.5 t，这样就限制了减速顶制动功的增加，由此对重型车辆显得减速顶的制动能力不足，给减速顶调速系统带来一定困难。

(3)车辆走行速度

车辆走行速度是影响减速顶制动功的一个主要因素，减速顶的制动功与车辆经过减速顶时的瞬时速度 v 正相关，车速越高，液流阻力产生的压力阀压力超调越大，因而制动功越大，尤其是球阀和锥阀减速顶，车速对制动功的影响更加明显。

(4)车轮形状

由上述分析可知，滑动油缸的上腔压力 p_1 值与切入角 β 正相关，而溜放车辆的车轮直径大小直接影响 β 值，车轮直径大者，初始切入角 β_0 小；反之，车轮直径小者，初始切入角 β_0 大，在车速一定的情况下，初始切入角 β_0 大，减速顶的制动功大，所以车轮直径对制动功是有一定影响的。其次，如果车轮踏面出现磨耗，会使内侧减速顶滑动油缸的做功行程增加，从而使制动功变大。如果车轮轮缘磨耗变薄，将会造成车轮的横动量加大，使初始切入角 β_0 发生变化，也会对减速顶的制动功产生一定影响。

(5)线路条件

线路条件对减速顶的制动功会有一定的影响。在曲线上，轨距加宽使车轮的横动量比较大，在离心力的作用下，车轮要贴靠外轨，因此对于安装高度相同的内侧顶，安装在内股时的切入点高，切入角大，且油缸工作行程大，因此制动功较大；而外股安装的内侧减速顶切入点低，切入角小，油缸行程小，制动功相对要小。同样，如果直线段的线路轨距维修不当而扩宽，车轮的横动量加大，也会影响减速顶的制动功。

三、压力阀的设计

压力阀是减速顶的心脏，它的能力大小和工作好坏，决定着减速顶的性能和质量，所以压力阀的设计是非常重要的。

(一) 基本原则

1. 力争制动功大：压力阀能力指的就是制动功，在设计压力阀的过程中，力求压力超调小、压力曲线平稳饱满，使制动功达到可能的最大值，是设计减速顶压力阀的第一原则。

2. 工作安全可靠：压力阀又称安全阀，顾名思义，它是保证减速顶在工作过程中的自身安全和车辆安全，即在工作中不能因压力过大造成自身零部件损坏，更不能造成轻车脱线。

3. 力求结构简单、工艺性好、造价低：一个机械零件或一部机器，结构简单、容易加工、造价低，是设计者追求的重要指标，同样压力阀的设计也要遵循这个原则。

（二）压力阀的结构设计

常用的液压设备中，采用的压力阀有多种结构，如球阀、锥阀、平板阀、针阀、滑阀等。中国减速顶设计中采用的压力阀主要有球阀、平板阀和锥阀三种。1974 年哈中心最初开始研制减速顶时，采用的压力阀是锥阀，但因为加工工艺等问题，达不到预期效果。后来改为球阀，在国内外应用的球阀减速顶主要有 TDJ—204、302、303 型内侧顶、303B 型外侧顶等，其中以 302 型减速顶使用的数量最多；1987 年哈中心开发了平板阀减速顶，1985 年哈中心设计了带有导流平台的锥阀减速顶并获得了发明专利，2006 年哈中心在高负荷系列减速顶中采用了带有导流平台的锥阀。1985 年上海调速中心研制的 TDW—842、901 型系列外侧顶和内侧顶采用的是锥阀，2001 年研制的 TDW—911 型减速顶采用了平板阀结构。沈阳铁路局科研所研制的 TDW—87、94、96 型外侧顶均采用的是球阀。

1. 球阀结构

图 2-13 是球形阀的示意图，球阀由球阀阀芯、压力阀座和压力阀弹簧三部分组成，球阀是直动式压力阀。

球阀直径和压力阀座阀口的尺寸设计：球阀直径和阀口尺寸都要适当取得大一些，使液流通道和阀口过流面积大，这样液动力影响小，而且压力阀灵敏度高，对开启有利；但又不能太大，阀口过大，阀口密封效果不好，压力阀弹簧力也要增大，反而对压力阀的灵敏度和液动力会产生不利影响。所以要综合考虑利弊，选择合适的尺寸。

压力阀座的设计，除阀口直径是压力阀座设计的关键之外，阀口形状的设计和工艺设计也很重要。为了阀的密封效果，阀口一般应设计成尖边，不得碰伤，即或有倒角也很小；阀口的尺寸精度、形位公差、阀口端面的粗糙度等，都要有较高要求，阀口的加工与热处理工艺要有严格要求和具体措施保证，在热处理过程中，既要达到阀口硬度和强度要求，还必须确保阀口不变形。

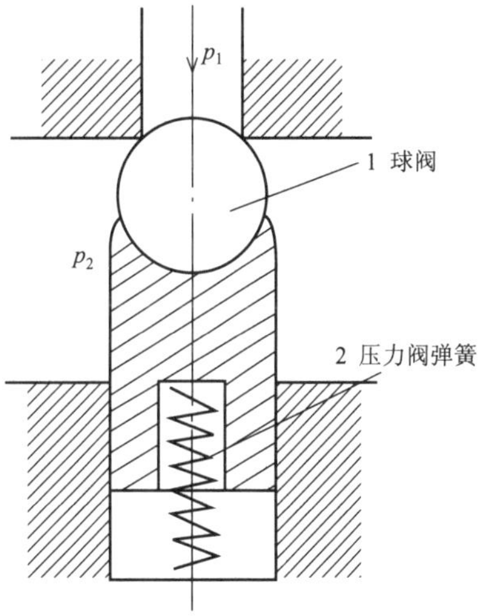

图 2-13　球形压力阀结构示意图

压力阀弹簧的设计：弹簧力的精度要严格控制，两个端面的不平度、粗糙度、弹簧轴线与端面的不垂直度等要达到一级制造精度，热处理后的硬度也有很高的要求。

球阀（钢球）为成品，无须重新设计，主要选择外径和硬度符合减速顶球阀结构和性能要求即可。

球阀的优点：

(1)钢球本身有现成的标准件,因此不用单独加工,只需按设计要求进行选择,以成品件批量购入,所以成本低。

(2)球阀与压力阀座的阀口是线密封,而且球阀本身没有导向部分的约束,钢球与压力阀杆间有小量间隙,使其与阀口自动对中好,所以密封效果好。

球阀的缺点:

(1)由于液动力的影响,压力超调大,稳定性较差,制动功不够饱满。

(2)球阀在开启后的工作过程中,钢球上下振动比较大,对阀口和阀座以及它本身冲击损伤比较大,有时发现钢球本身出现沟痕、阀座边缘被打堆,这都是钢球振荡的结果。

2. 锥阀结构

减速顶中应用的锥阀有直动式、差动式。直动式锥阀承受的液压力比较大,设计的弹簧力也大;差动式锥阀液压力小,故弹簧力也小。

锥阀阀体的设计:减速顶锥阀阀体设计的一个最重要参数是锥角 2ϕ 的设计,为了快速增加阀口开度,锥阀的锥体要设计成截头圆锥形,这样可以避免锥体的尖部影响阀口的开量。锥角大,液流通过阀口的过流面积大,液动力影响较小,对锥阀的快速开启很有利;但由于锥角大,使得二者的接触应力减小,阀口处的密封效果受到影响。因此,在设计锥阀的锥角时,要综合考虑这些因素。锥体侧面的尺寸精度和形位公差、粗糙度,在设计中要有严格要求,同时在加工工艺和热处理工艺上要予以保证,尤其是表面硬度和强度要满足冲击条件,表面不得有碰伤。

锥体下部的圆柱体是锥阀的导向部分,它与活塞上的阀孔组成摩擦副,这个配合涉及阀体与压力阀座对中问题,对中不良会使锥体和阀口不密贴,从而阀口漏泄,造成减速顶不能正常工作或者损失制动功。因此,锥阀导向部分——圆柱体的尺寸公差、形位公差和表面粗糙度要求高,与导向部分的配合孔,精度要求很高。

在新型的高负荷减速顶上,压力阀设计成带有导流平台的锥阀,在国内外的减速顶上,尚无使用先例,它不仅获得了中国减速顶的发明专利,同时也获得了波兰和匈牙利发明专利权。锥阀上设计出导流平台,其目的是使液动力能补偿因阀芯开度增大而引起弹簧力的增加,从而使锥阀的超调减小,压力特性趋于理想,制动功更加饱满。导流平台的设计和加工要求相当高,导流角和直径尺寸的公差要严格控制。关于压力阀座阀口的设计和压力阀弹簧的设计,基本同于球阀,不再赘述。

锥阀的优点:

(1)阀体与阀口是线密封,密封效果好,在阀口处基本不会产生液压油泄漏。

(2)液动力特性比球阀好,压力超调相对比较小,工作比较稳定,特别是带有导流平台的锥阀结构,阀的工作性能更好。

锥阀的缺点:

(1)锥阀的加工工艺要求很高,因此成本比较高。

(2)锥阀是靠导向上下移动,与阀口不能自动对中,如果由于加工和组装达不到设计要求,线性密封不良,容易产生油液漏泄,这是锥阀可能产生的最大弊端。

3. 平板阀结构

图 2-14 是平板阀的结构示意图。平板阀由阀体、阀座和压力阀弹簧组成,阀体是圆

形平板，所以称压力阀为平板阀。

平板阀阀体的设计，主要是上下两个平面的设计，尤其是与阀座密贴的上表面设计，要求不平度和粗糙度要好，表面的硬度和强度要高，通过热处理使表面硬度达到设计要求。平板阀阀体中间圆孔与活塞杆配合，起导向作用，孔径不可过大，更不能配合过紧，所以对内径的尺寸公差和孔内的表面粗糙度要求严格。

压力阀弹簧与锥阀和球阀相似，也是内外两个弹簧，对弹簧的设计及要求基本与球阀相同。

阀座也是圆板形，它既是压力阀阀座，也是速度阀阀座，所以对阀座上下两面的设计要求是一样的，表面粗糙度和表面硬度要求比较高。

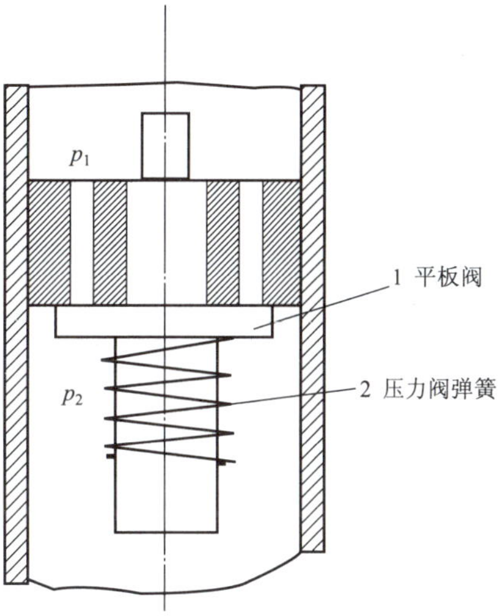

图 2-14　平板阀结构示意图

平板阀的优点：

(1)加工工艺要求低，机械加工和热处理比较简单，容易保证尺寸精度和形位公差、粗糙度的要求，材料要求也不很高，造价较低。

(2)阀口打开迅速，阀口开量大，液动力受车速和液流速度的影响小，因此液动力特性好，压力超调很小，工作比较平稳。

平板阀的缺点：由于平板阀与阀座是面接触，在阀口处容易出现漏泄现象，阀的保压性能较差；由于液流在平板阀中属于缝隙流动，所以液流阻力受油液黏度影响较大。

第六节　阻力功的理论分析

阻力功是减速顶的三个主要技术指标之一。当车轮压上减速顶时的车速小于顶的临界速度时，速度阀板不关闭，减速顶对车辆不做制动功。但由于氮气被压缩、液流通过速度阀产生液压阻力以及机械摩擦力等，此时减速顶仍然会对车辆做功，而这个功仅是制动功的百分之几，把它称为阻力功，阻力功是一种无用功，甚至是有害功。由于它的存在，对难行车的走行带来很大困难，往往造成难行车途停，溜行不到位，降低了调速系统的连挂率，影响了调车作业的效率和驼峰能力，因此希望它越小越好。

一、阻力功的理论分析

阻力功由三部分组成：氮气压缩阻力功、液流阻力功和机械摩擦阻力功。

1. 氮气压缩阻力

在车速低于临界速度的情况下，液压油始终是经过速度阀由油缸上腔流入下腔，由于油缸上下腔的面积差，所以使油缸上腔的氮气被压缩，产生阻力。低于临界速度时的氮气压力变化规律如下：

气体的状态方程：　$p_1V_1^n = p_0V_0^n$

氮气的初始状态为 p_0 和 V_0，压缩后的状态为 p_1 和 V_1，其中：

$$V_1 = V_0 - (S_1 - S_2)h/\cos\alpha$$

所以：
$$p_1 = p_0 \frac{V_0^n}{[V_0 - (S_1 - S_2)h/\cos\alpha]^n}$$

整理得：
$$p_1 = \frac{p_0}{\left[1 - \frac{(S_1 - S_2)h}{V_0 \cos\alpha}\right]^n} \tag{2-25}$$

式中：p_1 ——油缸上腔油液压力，Pa；

p_0 ——氮气初始压力，Pa；

S_1 ——油缸上腔截面积，m^2；

S_2 ——油缸下腔截面积，m^2；

h ——油缸垂直下滑位移，m；

V_0 ——氮气初始容积，m^3；

α——减速顶的安装角，°；

n——气体多变指数。

2. 液流阻力

减速顶是液压设备，油缸里面装有液压油，并充有一定压力的氮气。减速顶的工作过程，实质上是油缸内液压油的工作过程，他们随着油缸的上下运动而流动，液压油在减速顶的工作过程中起着主导作用，因此液压油对减速顶的性能和工作好坏有着重要影响。

油缸里有液压油和氮气两种流体按照一定的容积比存在于油缸中，由于氮气是以一定压强充入到油缸中，所以液压油也具有相同的压强。在油缸不动作的情况下，液压油处于静止状态，当油缸在车轮的作用下，向下运动时，液压油也随着向下流动，它将从油缸上腔进入下腔。

液压油在管道或机械设备的流动过程中，油液存在沿程和局部两种能量损失。由于它的黏性，油液本身以及油液与固体壁间互相作用，便产生油液流动的摩擦力，为了克服摩擦力，油液需要消耗本身的机械能，这是沿程能量损失。除油液黏性的内因外，在流动过程中，过流断面的形状和大小发生变化，使流场内动量交换形成涡流区，造成流体微团发生紊动变形，产生局部能量损失。液流的能量损失实际上是油液的压能损失，液流在断面Ⅰ时的压力是 p_1，到达断面Ⅱ时的压力是 p_2，则液流经过这段路程的压力损失为 $\Delta p = p_1 - p_2$。

沿程压力损失的基本公式：

$$\Delta p_\lambda = \lambda \frac{l}{d_g} \cdot \frac{\rho}{2} u^2 \tag{2-26}$$

局部压力损失的基本公式：

$$\Delta p_\zeta = \zeta \frac{\rho}{2} u^2 \tag{2-27}$$

式中：λ ——沿程压力损失系数；

l ——液流流经管道长度，m；

d_g ——管道直径，m；

ρ ——液压油密度，kg/m^3；

ζ——局部压力损失系数；

u——液流流速，m/s。

减速顶液压油在工作时由油缸上腔流入下腔的过程中，也有这两种损失，但在油缸内液流的流程很短，沿程损失可以忽略不计。

如图 2-15 所示，减速顶在做阻力功的时候，液流是从速度阀通道由油缸上腔流入下腔。在这个流动过程中，可以人为地分成 5 个区。

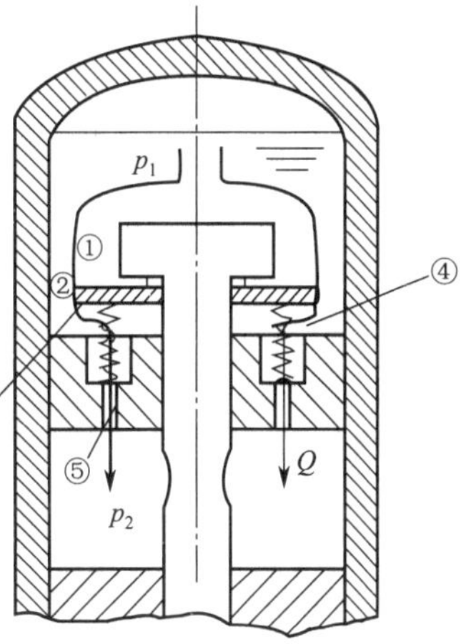

图 2-15　液压油流动经过速度阀的区域示意图

第①区：液流从油缸上腔的大通道进入比较窄的压力阀座侧面环行通道，这是一个“突缩”过程，其局部压力损失可用公式(2-27)分析计算。

第②区：液流从较大环行通道进入更窄的速度阀板侧面环行通道，液流也是一个“突缩”过程，局部压力损失也用公式(2-27)分析计算。第①区的压力损失要比第②区小。

第③区：液流从速度阀板圆周侧面进入其下面，液流是一个“急弯”过程，仍用公式(2-27)分析计算。

第④区：液流在速度阀板下面流动，液流是一个“缝隙流动”过程。

第⑤区：液流从速度阀板下面进入到阀座上的多个小孔，并从小孔流出，液流是一个“短管流动”过程。

通过速度阀通道⑤个区液流压力损失的分析计算，①区的压力损失很小，可以忽略不计，第⑤区在过流孔数量足够多的情况下，其节流损失也很小，所以应以②、③、④区为主。尤其③、④区是速度阀节流损失的关键部位，因为其压力损失占的比重大。

液流通过速度阀通道的总阻力：

$$\Delta p_z = \Delta p_1 + \Delta p_2 + \Delta p_3 + \Delta p_4 + \Delta p_5$$

根据 5 个区的压力损失分析，计算速度阀的局部压力损失，只须分析速度阀板处的局部损失也就足够了，可用一个节流方程分析计算。

$$\Delta p = \frac{\rho S_2^2 u^2}{2C^2 \pi^2 D_1^2 h_s^2} \tag{2-28}$$

式中：Δp——速度阀液流压力损失，Pa；

ρ——油液密度，kg/m³；

S_2——油缸下腔横截面积，m²；

u——油缸沿其轴线下滑速度，m/s；

C——流量系数；

D_1——速度阀板外径，m；

h_s——速度阀开量 m。

3. 摩擦阻力

车速低于减速顶的临界速度时，油缸横向力同样使油缸与壳体间产生正压力，从而存在摩擦阻力。计算方法与公式(2-22)相似，只是轴向力的大小不同。

$$F'_{\mathrm{d}} = fF'_{\mathrm{h}}\frac{2h_1+h_2-h}{h_2+h} \tag{2-29}$$

$$F'_{\mathrm{h}} = F\cos\alpha\sqrt{\sin^2\alpha+\tan^2\beta}$$

这里的轴向力 F 为油缸上腔向上的作用力 F_1 减去下腔向下的作用力 F_2，这两个力是随油缸的位移而变化的，是 $\tan\beta$ 的函数。

二、阻力功的计算

1. 氮气压缩和液流阻力产生的阻力功

在车速低于减速顶临界速度的情况下，油缸上腔的液压油通过速度阀通道进入下腔，由于速度阀的节流损失 Δp，见公式(2-28)，下腔压力 p_2 小于上腔压力 p_1，于是油缸上腔向上的作用力为 $F_1 = S_1p_1$，油缸下腔向下的作用力为 $F_2 = S_2p_2$，油缸对车轮的作用力为：

$$F = F_1 - F_2$$

$$F = S_1p_1 - S_2p_2$$

由于

$$\Delta p = p_1 - p_2$$

$$F = S_1p_1 - S_2(p_1 - \Delta p)$$

由此得出氮气压缩和液流阻力产生的阻力功为：

$$W_{\mathrm{zl1}} = \cos\alpha\int_0^{h_{\max}}[p_1S_1 - (p_1 - \Delta p)S_2]\mathrm{d}h \tag{2-30}$$

式中：W_{zl1}——氮气压缩和液流阻力产生的阻力功，J；

p_1——油缸上腔油液压力，Pa，按公式(2-25)计算；

S_1——油缸上腔的横截面积，m^2；

Δp——速度阀的压力损失，Pa，按公式(2-28)计算；

S_2——油缸下腔的横截面积，m^2；

α——减速顶安装角，°；

$h_{\max}$——油缸最大垂直工作行程，m。

图 2-16 为低于临界速度时油缸内部的压力变化和减速顶的阻力功示意图。

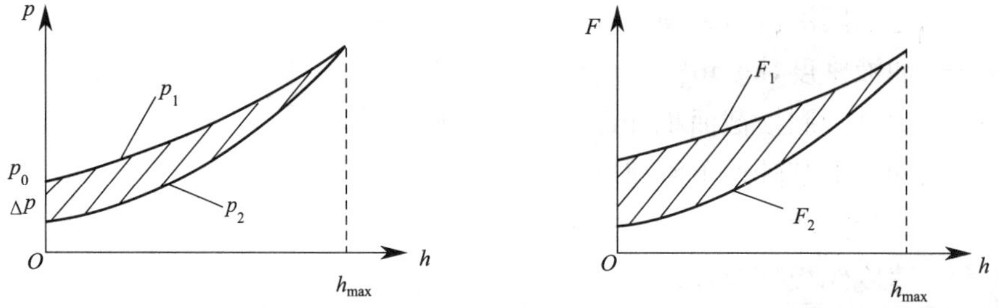

(a)低于临界速度的压力变化　　(b)阻力功示意图

图 2-16　低于临界速度的压力变化及阻力功示意图

2. 摩擦力产生的阻力功

由摩擦力产生的阻力功为：

$$W_{z12} = \cos\alpha\int_{0}^{h\max} fF'_{h}\left(\frac{2h_1 + h_2 - h}{h_2 + h}\right)\mathrm{d}h \tag{2-31}$$

因此，减速顶的总阻力功为：

$$W_{z1} = W_{z11} + W_{z12} \tag{2-32}$$

阻力功的计算也是十分复杂的，其数值计算可根据上述有关公式编写程序，上机计算。

三、影响阻力功的主要因素

如何降低减速顶的阻力功，这是设计者需要重点考虑的问题之一。为了减小阻力功，必须先分析影响阻力功的主要因素。影响制动功的因素，大部分也是影响阻力功的因素，可以从减速顶的内部结构和外部条件分析出限制和影响阻力功的各种因素。

（一）影响阻力功的内部因素

1. 充氮压力

当充入减速顶的氮气压力 p_0 低于产品规定的标准值，或者经过一段时间使用后，减速顶发生油气漏泄，氮气压力值降低，根据公式（2-25）可知油缸上腔油液压力 p_1 减小，致使氮气压缩阻力功降低。

2. 注油量

当装配时减速顶的注油量小于产品规定的标准值，或在使用中减速顶发生油气漏泄，使顶的注油量减少，同样会造成氮气压力 p_0 下降，从而造成减速顶的阻力功下降。

3. 速度阀的结构形式

速度阀的结构形式直接影响到液流阻力和阻力功的大小。在速度阀的设计中，主要应考虑速度阀板下面的间隙（速度阀开量）和活塞上的过流孔，在保证临界速度精度的条件下，应尽量将速度阀开量设计得大一些，速度阀弹簧力设计得弱一些。另外，在结构空间允许的条件下，过流孔的数量要多一些，孔径要大一些，使得液流经过速度阀时的阻力尽可能小。通过速度阀的优化设计可以大大降低阻力功。

4. 活塞杆直径与油缸内径的比

活塞杆越细，与油缸内径之比越小，减速顶的阻力功就会减小。在减速顶优化设计中，应尽可能减小活塞杆直径，加大油缸内径，如高负荷减速顶，二者之比要比普通减速顶小很多，因此其阻力功大大降低。

5. 液压油

油液在油缸中的流动阻力，与液压油的黏度有直接关系，而液压油的黏度又与油的倾点或凝点密切相关，倾点或凝点越高，油液的黏度越大，油液流动过程产生的阻力功就越大。因此，在选用液压油时，要全面考虑液压油的物理性能。为了降低成本，对于不同地区和不同的气候条件，如南方和北方、冬季和夏季，可以使用不同的液压油。根据减速顶铁道行业标准的规定，液压油的倾点应比使用地区最低气温低 15 ℃以上或凝点应比使用地区最低气温低 18 ℃以上，才能保证减速顶的阻力功在正常范围之内。

6. 摩擦阻力

油缸和壳体(或衬套)间的摩擦阻力大,阻力功就大,因此要保持油缸和壳体(或衬套)摩擦副的良好润滑,除出厂要涂够润滑油外,在日常维修保养时,也一定要加强这个部位的润滑,尽可能减少摩擦阻力功。

(二)影响阻力功的外部因素

1. 安装高度

阻力功与减速顶油缸的工作行程正相关,减速顶的安装高度越高,油缸的工作行程越大,阻力功也就大。

2. 车辆走行速度

车辆走行速度是影响阻力功的重要因素,阻力功与车速的平方成正比,特别是高档减速顶,虽然车速低于临界速度,但速度也比较高,会明显增加阻力功。

3. 车轮形状

如果车轮踏面出现磨耗,会使内侧减速顶滑动油缸的做功行程增加,从而使阻力功变大;而如果车轮轮缘磨耗变薄,将会造成车轮的横动量加大,使初始切入角 β_0 发生变化,也会对减速顶的阻力功产生一定影响。

4. 线路条件

在曲线段,对于安装高度相同的内侧顶,安装在内股时的车轮对减速顶的切入点高,切入角大,使得滑动油缸的工作行程增大,因此阻力功也较大;而外股安装的减速顶切入点低,切入角小,油缸行程小,阻力功相对要小。在直线段,如果线路轨距因维修不当而扩宽,车轮的横动量加大,也会造成车轮对减速顶切入角的变化,从而影响到顶的工作行程和阻力功的大小。

5. 温度

温度的影响包括减速顶工作过程温度的变化和外部环境温度对阻力功的影响。

减速顶连续工作后,机械能变为热能,使油缸内的油和氮气温度升高,根据气态方程 $pV=RT$,当绝对温度 T 增加时,由于油缸的容积 V 为定值,因此氮气初始压力 p 会提高,必然导致氮气压缩过程中的阻力功增加。从现场实际观察和测量得知,氮气压力的变化对阻力功的影响是十分明显的。当然,油温提高可以使油的黏度降低,对减少阻力功有利,但它的影响要小于氮气压力的影响。

当外部环境温度较低时,减速顶工作产生的热量可以及时散发掉,使油缸内的油气温度上升缓慢,从而对阻力功的影响较小;反之,外部环境温度较高时,连续工作的减速顶油气温度上升迅速,阻力功增大较为明显。

第七节　临界速度的理论分析与速度阀的设计

一、临界速度的理论分析

(一)临界速度的基本概念

临界速度 v_L 是判断减速顶是否做制动功的一个重要参数,是减速顶最主要的技术指标之一。临界速度是将油缸的下滑速度转换成对应的一个车辆走行速度，当车轮压上减速顶的瞬时速度 v 刚刚大于 v_L 时，速度阀开始关闭，减速顶对车辆做制动功；当车辆的瞬时速度 v 刚好小于 v_L 时，速度阀不能关闭，减速顶只做阻力功，则把这个速度 v_L 定义为减速顶的临界速度。

上述的临界速度 v_L 是一个公称值(设定值)，实际上，由于减速顶的临界速度是由速度阀的结构所确定的，速度阀的结构误差以及车轮滚压减速顶的位置不同，必然造成减速顶的临界速度产生误差，可能会出现 v 超过 v_L 某个数值范围时，速度阀并不关闭；或者 v 低于 v_L 某个数值范围，速度阀不应该关闭而关闭。

因此，临界速度的误差是客观存在的，绝对没有误差是不可能的，每台减速顶的实际临界速度都有一个范围，它包括临界速度上限 v_{Ls} 和临界速度下限 v_{Lx}。在设计和生产中，希望临界速度误差尽可能的小，这就是对速度阀进行优化设计的重要内容。

(二)临界速度与速度阀的关系

临界速度是根据减速顶的安装位置和作业需要人为设定的。例如：减速顶安装在调车场的连挂区(四部位)，减速顶的临界速度为Ⅰ档，临界速度值不高于钩车的安全连挂速度；三部位的减速顶顶群，临界速度设为Ⅰ、Ⅱ、Ⅲ、Ⅳ档；安装在二部位的减速顶，其临界速度可能为Ⅴ档或Ⅵ档。档次越高，临界速度值也越大。

图 2-17 为速度阀的结构原理图，速度阀由速度阀板及其下面的支撑弹簧组成。当车辆以一定速度 v 经过减速顶时，车轮压上油缸，使油缸沿其轴线作下滑运动，其中油缸上腔的液压油以与车速对应的 $u=\frac{v}{\cos\alpha}\tan\beta$ 向下流动，液压油经过速度阀板上面、侧面和下面，进入油缸下腔。由于速度阀产生液流阻力，在速度阀板的上下面存在压力差 ΔF_{fb}，该压差使速度阀板有关闭的趋势，如果 ΔF_{fb} 大于速度阀弹簧的支撑力，速度阀板会关闭，反之，不关闭。

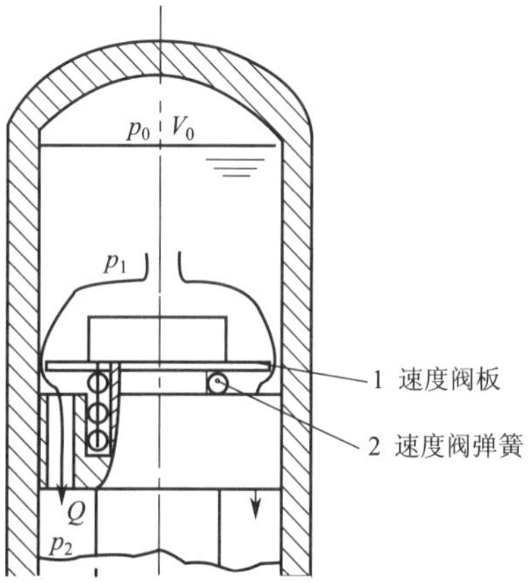

图 2-17　减速顶速度阀结构示意

1. 速度阀板的压力差

$$\Delta F_{fb}=p_1A_1-p_2A_2 \tag{2-33}$$

式中：p_1 ——速度阀板上面的压力($p_1\approx p_0$)，Pa；

p_2 ——速度阀板下面的压力($p_2=p_1-\Delta p$)，Pa；

A_1 ——速度阀板上面的受压面积，m^2；

A_2 ——速度阀板下面的承压面积，m^2；

Δp ——速度阀的液流压力损失，Pa，见公式(2-28)：

$$\Delta p=\frac{\rho S_2^2u^2}{2C^2\pi^2D_1^2h_s^2}$$

从该式中可知，速度阀的液流损失与速度阀板外径 D_1 及其开量 h_s 平方成反比，然而 D_1 是 h_s 的十几倍，所以 Δp 的大小主要取决于开量 h_s 。

2. 速度阀板的关闭条件：

$$\Delta F_{fb} \geqslant n_1 K_1 (X_1 + h_s) \tag{2-34}$$

式中：n_1——速度阀弹簧数量；

K_1——速度阀弹簧刚度，N/m；

X_1——速度阀弹簧预压缩量，m；

h_s——速度阀开量，m。

如果减速顶的临界速度一定，即对油缸下滑速度的要求已定，亦即 Δp 被确定，所以 ΔF_{fb} 就成为定值，如果速度阀弹簧对速度阀的支撑力略小于 ΔF_{fb}，则速度阀板就可以关闭；如果弹簧的支撑力比 ΔF_{fb} 小得多，临界速度将会出现不准，车速低于规定的临界速度值，速度阀板也会关闭。因此，在弹簧制造达到设计要求的情况下，组装后的弹簧初压（X_1）的精确性是保证临界速度准确的关键，公式(2-34)中的 X_1 对临界速度的影响至关重要。因为速度阀弹簧力比较弱，弹簧刚度小，略有偏差对临界速度的影响可能就比较明显，所以在制造弹簧和组装过程中，严格保证设计要求和工艺要求，从而减小临界速度的误差。

在调整或改变顶的临界速度时，一般是改变速度阀弹簧刚度或速度阀开量，可见开量和弹簧刚度对临界速度准确性的重要意义。

3. 临界速度的计算公式

根据前面的分析可知，临界速度是由速度阀板上下压力差和弹簧支撑力决定的，计算和确定速度阀板上下的压力差是求解临界速度计算公式的关键，就是要建立速度阀板刚要关闭时，速度阀板上下压差的临界值。可以用下面一个考虑到 2、3、4 区局部压力损失的综合节流公式，来表达速度阀板处的压力差，见公式(2-28)：

$$\Delta p = \frac{\rho S_2^2 u^2}{2C^2 \pi^2 D_1^2 h_s^2}$$

将 S_2、u 的关系式代入上式变换后得出：

$$\Delta p = \frac{\rho (D_0^2 - d_0^2)^2}{32 C^2 D_1^2 h_s^2} \cdot v^2 \tan^2\beta / \cos^2\alpha \tag{2-35}$$

令公式(2-35)中临界速度 $v = v_L$，$\Delta p = \Delta p_L$，此时对应的切入角 $\beta = \beta_L$

则临界压差：

$$\Delta p_L = \frac{\rho (D_0^2 - d_0^2)^2}{32 C^2 D_1^2 h_s^2} \cdot {v_L}^2 \tan^2\beta_L / \cos^2\alpha \tag{2-36}$$

在临界状态下，速度阀板的关闭条件：

$$p_0 A_1 - (p_0 - \Delta p_L) A_2 = n_1 \cdot K_1 \cdot (X_1 + h_s) \tag{2-37}$$

将公式(2-36)与(2-37)联立，解得减速顶临界速度与速度阀结构参数的关系：

$$v_L = \frac{C D_1 h_s \cos\alpha}{({D_0}^2 - d_0^2)\tan\beta_L} \sqrt{\frac{32}{\rho} \cdot \frac{n_1 K_1 (X_1 + h_s) - p_0 (A_1 - A_2)}{A_2}} \tag{2-38}$$

式中：v_L——减速顶临界速度，m/s；

C——速度阀流量系数；

D_1——速度阀板外径，m；

h_s——速度阀开量，m；

α——减速顶的安装角,°;

D_0——滑动油缸内径,m;

d_0——活塞杆直径,m;

β_L——车轮与油缸头部的临界切入角,°。

ρ——液压油的密度,kg/m^3;

n_1——速度阀弹簧数量;

K_1——速度阀弹簧刚度,N/m;

X_1——速度阀弹簧预压缩量,m;

p_0——油缸氮气的初始充氮压力,Pa;

A_1——速度阀板上面的受压面积,m^2;

A_2——速度阀板下面的承压面积,m^2。

通过公式(2-38)可计算出减速顶的临界速度,它表达了速度阀板在关闭的临界状态时车辆对应的走行速度,同时也显示了临界速度与内部结构参数的关系。

二、影响临界速度的主要因素

速度阀是减速顶的"大脑",是实现减速顶无能源自动控制的指挥中心,它指令减速顶做制动功或不做制动功,因此减速顶功能的发挥和减速顶调速效果的好坏,关键在于速度阀工作的精确程度,而速度阀本身工作误差的大小,主要决定于速度阀板上下压差的变化以及速度阀弹簧支撑力的稳定性。实际上,影响速度阀稳定工作和临界速度误差的因素有很多,可以从临界速度的计算公式(2-38)中加以分析。

(一)影响临界速度的内部因素

1. 充氮压力

从公式(2-38)中可以看出,由于A_2大于A_1,初始充氮压力低或者油气泄漏使p_0降低时,临界速度v_L降低,p_0增加时,临界速度v_L提高。但是,如果初始充氮压力过低,即低于某一临界值时,速度阀板上、下面形成的压力差ΔF_{fb}克服不了速度阀弹簧的压力,则速度阀永远不会关闭。

2. 注油量

因为临界速度v_L是在油缸内油气比和氮气初始压力一定的条件下确定的,如果在减速顶组装过程中,注入的油量不符合规定标准,油气比就会发生变化,从而对临界速度产生一定的影响。如果减速顶在使用过程中发生油气漏泄,油气比也会发生明显变化,注油量的减少会导致氮气初始压力降低,使减速顶的临界速度降低。所以现场经常检查减速顶的油气压力并及时进行维修保养是非常必要的。

3. 液压油

液压油的黏度对临界速度有比较明显的影响,局部压力损失与动力黏度μ正相关,而$\mu=\nu\rho$(ν是液压油的运动黏度、ρ是密度),不同种类的液压油或在不同温度下,其运动黏度和密度也不一样,速度阀的节流损失就不同,自然对临界速度产生影响。因此设计者在选用油脂材料时,应选择物理性质比较稳定的液压油,生产减速顶的厂家或现场维修时,必须使用符合产品标准的液压油。

4. 速度阀结构

减速顶临界速度与速度阀结构参数的关系，可以用公式(2-38)表达。从公式中不难看出，速度阀板的外形和尺寸(A_1 与 A_2)、速度阀的开量 h_s 、速度阀弹簧(n_1，K_1，X_1)等都会对减速顶的临界速度产生明显的影响。这就要求在生产加工和日常维修中，一定要认真执行设计图纸和有关标准的规定，严把速度阀的装配质量关。另外该公式还指明了可以通过改变速度阀弹簧的数量 n_1 、弹簧刚度 K_1 、弹簧的预压缩量 X_1 ，或改变速度阀板间隙 h_s 等手段，来实现各种不同的临界速度，从而给出了设计减速顶不同档次临界速度的方法。

(二)影响临界速度的外部因素

1. 安装高度

从减速顶的运动分析知道：安装高度高，车轮与油缸的初始切入角 β 加大，根据公式(2-38)可知，临界速度 v_L 与 $\tan\beta_L$ 负相关，使减速顶的临界速度降低。

2. 车轮形状

根据公式(2-38)可知，临界速度 v_L 与 $\tan\beta_L$负相关。经过减速顶的车轮直径大者，初始切入角 β_0 小，导致减速顶的临界速度提高；反之，车轮直径小者，切入角 β_0 大，减速顶的临界速度降低。其次，如果车轮踏面或车轮轮缘出现磨耗，使初始切入角 β_0 发生变化，这些因素都会对减速顶的临界速度产生一定影响。

3. 线路条件

速度分析给出的公式(2-2)和(2-8)表示了 $\tan\beta$ 与横动量 s 的关系。车轮与油缸接触点 B 距离油缸球心 O 点越远，s 值越大，切入角 β 越小，减速顶的临界速度就越高；反之，s 值小，B 点接近球心 O，切入角 β 变大，临界速度就降低。

线路条件对减速顶的临界速度会产生一定的影响。在曲线上安装高度相同的减速顶，内股的减速顶临界速度会降低，外股的减速顶临界速度会提高。这是由于曲线段的轨距加宽使车轮的横动量比较大，由于离心力的作用，车轮贴靠外轨，安装在内股的减速顶切入点高，切入角 β 大，临界速度就会降低；而安装在外股的减速顶切入点低，切入角 β 小，临界速度就会升高。同样，如果直线段的线路轨距变宽，车轮的横动量加大，也会影响减速顶的临界速度。

4. 温度

如上所述，油液的黏度是影响压力损失的重要因素。黏度增加会使临界速度降低，黏度下降会使临界速度升高。液压油的黏度随着温度的变化而受到很大影响，当外部环境温度较高时，或减速顶连续工作后油缸内部的油液温度升高时，会导致液压油的黏度降低，使减速顶的临界速度升高。

三、速度阀的设计

速度阀由速度阀板、压力阀座(即速度阀座)、速度阀弹簧和活塞头部的过流孔组成。速度阀板套在压力阀座的下部，靠速度阀弹簧支撑，并与活塞头的上表面形成一定间隙(即速度阀开量)，速度阀弹簧装在活塞头内腔。当车辆走行速度超过减速顶的临界速度时，速度阀板沿着压力阀座下移，落在活塞头的上表面，并将过流孔盖住而密封。

（一）速度阀设计的基本要求

1. 临界速度误差尽可能小：为了使临界速度误差小，要求速度阀板上表面与其下表面产生的压力差，与速度阀弹簧的支撑力相匹配，即当车速接近临界速度的工况时，该压力差能克服弹簧的支撑力，使速度阀板迅速关闭。

2. 阻力功要小：通过前面的液流压力损失分析可知，在车速低于临界速度的情况下，减速顶虽然不做制动功，但油液从速度阀通道流入油缸下腔的过程中，会产生液流阻力，这些阻力通过油缸作用在车轮上，对车辆产生阻力功，他们对车辆的调速是不利的，希望越小越好。

3. 速度阀工作的可靠性：速度阀工作是否可靠，关键在速度阀板，一是要求它动作灵活，在沿着压力阀座表面上下移动过程中，不能有别劲或倾斜现象，更不能卡住；二是速度阀板对过流孔的密封效果要好，否则会影响压力阀的开启时间，降低制动功。

（二）速度阀主要部分的设计

速度阀设计的关键部分是速度阀板、速度阀开量和速度阀弹簧。

1. 速度阀板的设计

速度阀板设计包括外形尺寸与精度、形位公差、光洁度以及工艺性能和要求。通常速度阀板设计成圆形平板状，它具有加工简单，工艺性好，工作稳定可靠，造价低等很多优点。

(1)阀板的外径：外径的大小只要能覆盖活塞上的过流孔，保证速度阀关闭后，液压油不漏泄即可。外径虽然属于自由尺寸，不与其他零件配合，但在设计中不能按自由公差考虑，要给予一定的尺寸限制，否则公差范围较大，加工出来的各个阀板间外径误差大，会加大临界速度的偏差。另外，外径边缘的形状也很重要，一般应设计成锐边，可增加液流阻力，并使密封效果更好。

(2)阀板的内径：阀板内径与压力阀座下部外径组成一对间隙很小的摩擦副，如果二者间隙过小，会导致阀板上下运动不自如甚至卡住；间隙过大，又可能出现阀板在移动过程中产生倾斜或别劲，工作不可靠。所以要选择一个合适的配合间隙，以满足速度阀板动作灵活、可靠的要求。

(3)阀板的下表面：它与活塞上表面密贴后，密封各个过流孔，所以对阀板下表面的技术要求和工艺要求很高，设计表面的平行度和垂直度、表面的粗糙度等都要达到很高级别。

(4)阀板的厚度：它是由阀板的重量和强度所决定的。阀板的重量不能过重，否则会增大速度阀弹簧的初始力，造成液流阻力对阀板的作用不敏感，使速度阀工作不灵活、不稳定、临界速度误差大等弊端。但速度阀板也不能太薄，在长时间的工作中，不能有变形和损坏，所以阀板应具有一定的厚度，以保证其足够的强度和刚度。另外，厚度对速度阀开量的影响非常明显，所以对阀板厚度的尺寸要求比较严格。

(5)阀板的材质与热处理：因为速度阀板经常处于上下运动的冲击状态，上撞压力阀座，下冲活塞头，虽然位移量小，但每昼夜几百次，乃至上千次。为了保证阀板的强度和表面硬度，在材料的选择上，要求用优质钢材，强度极限 σ_b 值要大，同时要进行整体热处理，增强表面的硬度和耐磨性，防止阀板疲劳变形和表面磨损，对提高速度阀的使用寿命至关重要。

在速度阀板的设计中，需要从技术经济指标上全面考虑，速度阀板是一个很小的零件，材料费用很少，而如果单纯为了追求它的高使用寿命，大大提高工艺造价，也不一定是科学的。所以在设计中，要按照价值工程理论，既要保证使用，又要降低成本，能确保使用一个大修期就可以了。

2. 速度阀开量的设计

速度阀板下面的压力损失，与速度阀开量 h_s 的平方成反比，速度阀开量增加或减小一点，其压力损失就变化很大，因此，要严格控制速度阀开量的误差。为了保证各个减速顶的速度阀开量一致，首先要控制速度阀板的厚度误差，其次压力阀座长度的加工误差以及压力阀座与活塞头部螺纹连接长度的配合公差也要严格加以限制。

3. 速度阀弹簧的设计

速度阀弹簧对临界速度的影响是非常明显的，速度阀弹簧的自由高度、初始工作力 p_1、最大工作力 p_2 值（速度阀板关闭时的弹簧力）的精度，对速度阀板关闭的精确性起着决定作用。在液流压力损失确定的情况下，速度阀板上下的压力差也应该一定，那么速度阀板是否关闭，完全取决于弹簧的支撑力。如果支撑力准确，车速略高于临界速度自然应当关闭，反之不关闭；假如支撑力误差比较大，速度阀板可能关闭，也可能不关闭，这对车辆的调速将会产生不利影响。因此对速度阀弹簧的设计与加工要精益求精。

4. 过流孔的设计

过流孔的节流损失与小孔数量和小孔直径成反比，所以在速度阀的设计中，在活塞头部结构空间和强度允许的条件下，应尽量增加小孔的数目和孔径，从而可大大降低压力损失，对提高速度阀板工作的灵活性和可靠性有利，同时还能够降低阻力功。

第八节　滑动油缸回程的理论分析与回程阀的设计

减速顶做完制动功或阻力功之后，油缸达到工作行程的最低点，随着车轮的继续前行，油缸靠氮气膨胀力开始回升，这个过程称为油缸的回程。在阻力功工况下，油缸开始回程时，油缸上、下腔压力由相同（$p_1=p_2$）变为下腔压力大于上腔压力（$p_2>p_1$），下腔油液通过回程阀和速度阀通道流回上腔，直至油缸恢复到原位。在制动功工况下，油缸开始回程时，油缸下腔是负压，当速度阀打开，压力阀关闭，下腔负压逐渐消失，下腔压力很快上升，下腔油液通过回程阀和速度阀通道流回上腔，直至油缸恢复到原位。回程有两种情况：一种是油缸随着车轮前行而上升，油缸始终与车轮接触；另一种是车速比较快，油缸回程受回程阀阻尼的作用，回程速度跟不上车速，油缸与车轮脱离接触后，自由回升到原位。

一、确定油缸回程时间的基本依据

油缸的回程时间是减速顶的一个技术指标，对于不同档次和不同用途的减速顶，要求回程时间也不一样。例如：安装在调车场四部位后部的减速顶，考虑从尾部发车或转场，车速比较快，希望减速顶不做功，因此要求油缸回程速度慢一些；对于驼峰头部三部位打靶区后安装的减速顶，则要求回程快一些，保证每个轮次减速顶能做饱满的制动功。但基本原则是不能过慢，也不能太快，主要考虑车辆走行速度、减速顶布置间隔、车轮的轴距等因素。

下面公式提供设计减速顶回程时间的参考：

$$(1)\ t_1 = \frac{L_{\min}}{v}; \qquad (2)\ t_2 = \frac{h_{\max}}{u_h'}$$

式中：$L_{\min}$——车辆最小轴距，m；

v——车辆的走行速度，m/s；

t_1——车辆在 $L_{\min}$ 间距内的走行时间，s；

$h_{\max}$——油缸从最低点上升到最高点的垂直行程，m；

u'_h——油缸沿垂直方向的回程速度，m/s；

t_2——油缸的回程时间，s。

要求 t_2 略小于 t_1。如果相反 $t_1 < t_2$，油缸还没有恢复到最高点，后一个车轮已经压上了油缸。根据前面的分析，接触点 B 的高度降低，可能改变减速顶的临界速度，使临界速度提高，这样该减速顶可能不起制动作用，从而浪费了一轮次的制动功，对系统的调速不利。即或车速仍高于减速顶临界速度，由于接触点降低，使减速顶的工作行程减小，而减少了本轮次的制动功。如果 $t_2 \ll t_1$，即油缸回程特别快，会造成油缸上的密封盖与活塞产生冲击，影响减速顶的寿命。

在设计中，高档减速顶的回程速度要快一些，低档减速顶的回程速度要慢一些，以适应车辆的走行速度，过快或过慢都是不利的。对于作业的特殊需要，还设计了慢回程减速顶。例如：在调车场的四部位连挂区，减速顶用于目的制动，顶的布置较为稀疏，减速顶的回程速度比较慢也能满足溜放作业的要求。为了避免车辆从尾部牵出时减速顶做有害功，专门设计了慢回程减速顶。当车速很快，油缸因慢回程而来不及回升，第二个车轮又压上了减速顶，使其对车轮基本不做制动功，不仅避免了减速顶对车轮的有害冲击，还可以延长减速顶的使用寿命，防止轻车脱线。

二、回程速度与回程时间的分析

油缸回程有两种情况：一种是减速顶的回程速度较快，油缸在回程过程始终跟随车轮，它的上升速度与车速相对应，另一种是减速顶的回程速度较慢，车轮脱离油缸后，油缸依靠被压缩的氮气缓慢地自由回升。

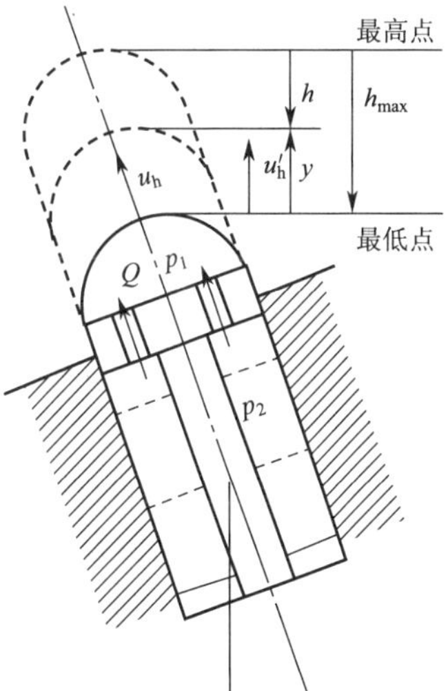

图 2-18　油缸回程示意图

按照油缸完全自由回升进行分析，其回程示意图如图 2-18所示。油缸做功时其下滑行程用 h 表示，油缸回升时其上升行程则用 y 表示。

$$y = h_{\max} - h$$

当油缸做完功开始从最低位回程过程中，可用如下四个方程表示它的运动状况：

节流方程：
$$Q=CS_{h}\sqrt{\frac{2\Delta p_{yz}}{\rho}} \tag{2-39}$$

式中：
$$\Delta p_{yz}=p_2-p_1$$

氮气压力变化方程：用 $h=h_{max}-y$ 代入油缸下滑行程时的氮气压力变化方程（公式 2-25），得油缸回升时的氮气压力变化方程为：

$$p_1=\frac{p_0}{\left[1-\frac{(S_1-S_2)(h_{max}-y)}{V_0\cdot\cos\alpha}\right]^n} \tag{2-40}$$

回升速度与流量的关系：

$$S_2u_h=S_2\frac{u_h'}{\cos\alpha}=\frac{S_2}{\cos\alpha}\frac{dy}{dt}=Q \tag{2-41}$$

油缸的力平衡方程（忽略黏性阻尼情况下）：

$$p_1S_1-p_2S_2=\frac{m_1}{\cos\alpha}\frac{d^2y}{dt^2} \tag{2-42}$$

联立方程式（2-39）～（2-42），经整理可得：

$$\frac{p_0(S_1-S_2)}{\left[1-\frac{(S_1-S_2)(h_{max}-y)}{V_0\cdot\cos\alpha}\right]^n}-\frac{\rho u_h'^2S_2^3}{2C^2S_h^2\cos^2\alpha}=\frac{m_1}{\cos\alpha}\frac{d^2y}{dt^2} \tag{2-43}$$

根据公式（2-43）可编程上机求出 $u_h'=f(t)$ 或 $u_h'=f(y)$ 的数值解。为了简化计算，忽略微分项，可求得静态下油缸回升的速度为：

$$u_h'=\frac{CS_h\cos\alpha}{S_2}\sqrt{\frac{2p_0(S_1-S_2)}{S_2\rho\left[1-\frac{(S_1-S_2)(h_{max}-y)}{V_0\cdot\cos\alpha}\right]^n}} \tag{2-44}$$

求得油缸回程时间：
$$t_h=\int_0^{h_{max}}\frac{1}{u_h'}dy \tag{2-45}$$

式中：Q——从下腔流入上腔的流量，m^3/s；
p_1——油缸上腔的压力，Pa；
S_1——油缸上腔的截面积，m^2；
p_2——油缸下腔的压力，Pa；
S_2——油缸下腔的截面积，m^2；
m_1——油缸组合件的质量，kg；
Δp_{yz}——回程阀液流压力损失，Pa；
p_0——氮气初始压力，Pa；
V_0——氮气初始容积，m^3；
y——油缸回程的行程，m；
h——油缸下滑行程，m；
h_{max}——油缸从最低点到最高点的行程，m；
u_h——油缸沿轴线方向的回程速度，m/s；

u'_h——油缸沿垂直方向的回程速度，m/s；

ρ——液压油密度，kg/m^3；

C——回程阀的流量系数；

S_h——回程阀的过流面积，m^2；

t_h——油缸回程时间，s；

α——减速顶安装角度，°；

n——气体多变指数。

三、影响回程时间的主要因素

通过对油缸回程时间的理论分析和计算可知，影响减速顶滑动油缸回程时间的主要因素有以下几方面：

1. 氮气压力：回程时间首先决定于油缸的上升力，而上升力取决于氮气的初始压力 p_0，初始压力大，油缸的回程速度快，回程时间短。

2. 液流阻力：液流阻力是影响油缸上升力的重要因素，这个阻力如果大，上升力就小，油缸回程时间自然要长。决定液流阻力的关键是回程阀的过流面积 S_h，过流面积小，经过阀口处的局部压力损失大，即阻尼大，使油缸回程慢。

3. 液压油的黏度：油液的黏度大，则油流经过阀口的阻力大，会影响油缸的回程速度，使油缸的回程时间增大。所以在选择液压油时，要慎重考虑油的黏度问题。

4. 温度：除液压油的物理性质外，温度对油液的黏度会产生很大影响：环境温度高，或减速顶连续工作后油液的温度升高，都会使油的黏度降低，液流阻力减小，油缸的回程时间变短；反之如果温度低，液流阻力大，将使油缸回程时间增加。

四、回程阀的设计

回程阀是控制减速顶油缸回程时间快慢的装置，它通常采用的结构如图 2-19 所示，由回程阀板和支撑它的卡簧组成。回程阀的设计主要是回程阀的过流面积和回程阀板的设计。阀口过流面积的大小根据油缸回程速度而定，其面积等于活塞上过流孔的总面积减去回程阀板对过流孔的遮盖量。

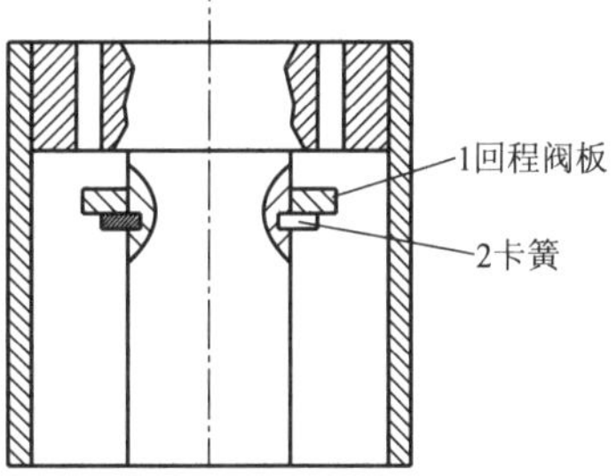

图 2-19　回程阀结构图

1. 过流面积的设计

从公式(2-44)可知，改变油缸的回程速度 u'_h，可以通过调整回程阀的阻尼，即加大或减小回程阀的过流面积 S_h 来实现。如果在活塞头部有 n_k 个过流孔，每个过流孔没有被遮挡的面积为 S_h，则回程阀的过流面积为：$S_h=n_k s_h$。

公式(2-44)表明了过流面积与油缸回程速度的关系。虽然 u'_h与 S_h 成正比，但在 S_h 一定的情况下，u'_h随油缸回程 y 变化，因为氮气膨胀压力 p_1 是随着油缸上升而逐渐减小的。

2. 回程阀板的设计

回程阀板的设计主要是其直径的确定，因为活塞上过流孔的数量、直径和位置已经给出，只要准确地计算出回程阀板的直径，回程阀的过流面积即可确定。图 2-20 为计算回程阀板直径的示意图。

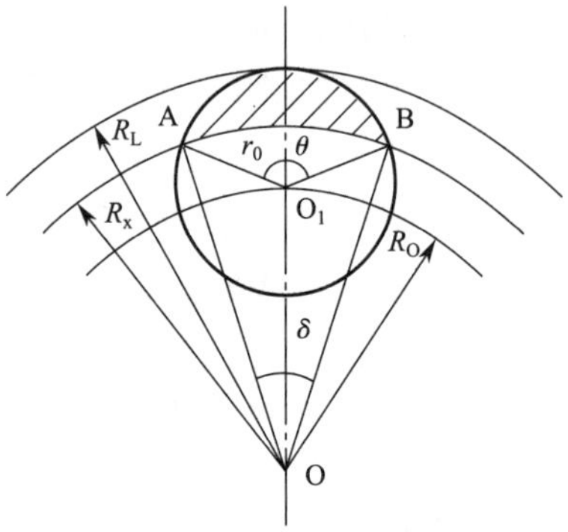

图 2-20　过流孔与回程阀板的位置和尺寸关系图

图中影线部分为每个过流孔的过流面积。

图中：R_x——回程阀板半径，m；

R_O——过流孔圆心 O_1 到中心 O 的半径，m；

R_L——与过流孔相切圆的半径，m；

r_0——过流孔半径，m；

θ——圆弧 AB 对应的圆心角，弧度；

δ——OA 与 OB 的夹角，弧度。

图中 A、B 为回程阀板与过流孔的两个交点。

过流面积：
$$S_h = n_k[S_\theta - (S_{2\delta} - S_{AO_1BO})] \tag{2-46}$$

即
$$S_h = n_k\left[\frac{{r_0}^2\theta}{2} - \left(\frac{R_x^2\delta}{2} - R_xR_0\sin\frac{\delta}{2}\right)\right] \tag{2-47}$$

式中：S_θ——θ 角对应的 AO_1B 扇形面积，$S_\theta = \dfrac{r_0^2\theta}{2}$；

$S_{2\delta}$——δ 角对应的 AOB 扇形面积，$S_{2\delta} = \dfrac{R_x^2\delta}{2}$；

S_{AO_1BO}——四边形 AO_1BO 的面积，$S_{AO_1BO} = R_xR_O\sin\dfrac{\delta}{2}$；

n_k——过流孔的数量。

在 ΔBO_1O 中，根据余弦定理：并令 $\cos\dfrac{\theta}{2} = Y$；$\cos\dfrac{\delta}{2} = Z$

$$R_x^2 = R_O^2 + r_0^2 + 2R_Or_0\sqrt{1-Y^2} \tag{2-48}$$
$$r_0^2 = R_x^2 + R_O^2 - 2R_xR_OZ \tag{2-49}$$

图 2-20 中令 A 点到中心线 OO_1 延长线上的垂直距离为 l，根据勾股定理：

$$R_x^2 = l^2 + (R_O + r_0Y)^2$$
$$l = R_x\sin\frac{\delta}{2}$$
$$R_x = (R_O + r_0Y)/Z \tag{2-50}$$

(2-48)、(2-49)、(2-50)三式联立可求解出 3 个未知量 R_x，Y，Z，即 R_x，θ 和 δ。由此确定出回程阀板的 R_x，并依据公式(2-47)求出回程阀的过流面积。

回程阀板是圆形平板阀，阀板的上表面对硬度、不平度和粗糙度都有一定要求，但没有速度阀板要求那样严格。因为回程速度是由回程阀板对过流孔的遮盖量来决定的，所以在设计回程阀板的外径时要给出一定的尺寸公差并严格进行控制。

需要说明的是，上述理论计算与实际使用会有一定的误差，在设计回程阀板直径和回程速度时，应通过现场试验和测量来修正理论计算值后加以确定。

第九节　减速顶滑动油缸运动方程的推导及分析

在对减速顶滑动油缸的运动过程进行理论分析时，可以运用解析几何和数学分析的手段，对滑动油缸在车轮作用下的运动方程进行推导，建立相对精确的数学模型，进一步对减速顶的运动过程进行数值计算和定量分析，其目的是为减速顶的设计和应用提供必要的理论依据，下面仍以内侧减速顶为例加以介绍，为了方便分析和简化计算，第三节的所有假设条件都适用于本节。

一、滑动油缸位移方程的建立

滑动油缸在车轮作用下的下滑位移和上升位移是对其进行运动分析的基础，通过建立相应的运动方程，可以求解出滑动油缸的滑动行程、速度、加速度和接触点的坐标等计算公式和数值解，从而对于减速顶的受力、临界速度、制动功和阻力功等技术指标的分析计算具有重要意义。

（一）坐标变换

1. 建立坐标系

在上述假设条件的前提下，分别建立以下 4 个坐标系：

（1）建立轮轨坐标系（O-xyz 坐标）

当车辆轮缘将滑动油缸压到最低点（又称下止点），轮心垂线与滑动油缸轴线同在钢轨横截面内时，该坐标系的原点 O 设在踏面与钢轨的接触线和轮缘平分面的交点处，其中 Z 轴垂直向上，X 轴与车辆前进方向相反，Y 轴指向钢轨内侧，见图 2-21 和图 2-22。

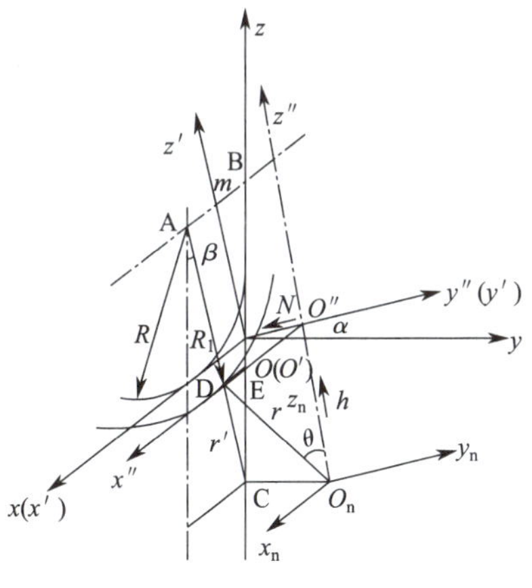

图 2-21　滑动油缸运动过程 4 个坐标系的关系图

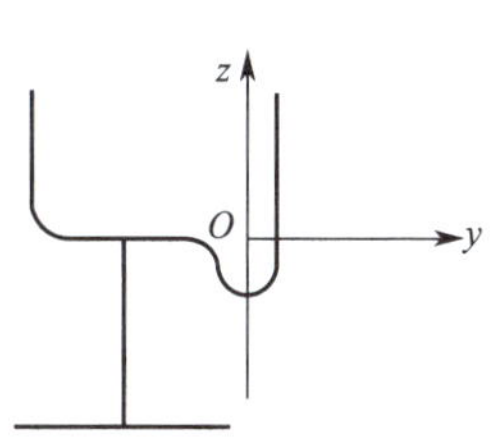

图 2-22　滑动油缸运动过程中的（O-xyz）坐标系

（2）建立球面坐标系（O_n-$x_n y_n z_n$ 坐标）

如图 2-23 所示，该坐标系的原点 O_n 设在滑动油缸球头部的球心处，其中 z_n 轴与滑动油缸轴线重合，方向向上；x_n 轴与 x 轴平行同向；y_n 轴按右手法则指向钢轨内侧，但与 y 轴成 α 角。

（3）建立 O''-$x''y''z''$ 坐标系

如图 2-21 所示，从该坐标系的原点 O 点向 z_n 轴做一线段并垂直于 z_n 轴，得到距离 N 和交点 O''，该点即为该坐标的原点 O''，这一线段的延长线为 y'' 轴，与 y_n 轴平行同向；z'' 轴与 z_n 轴重合同向，x'' 轴与 x_n 轴平行同向。

(4)建立 O'-$x'y'z'$ 坐标系

如图 2-21 所示，该坐标系原点 O' 与 O 重合；z' 轴与 z_n 轴平行同向；x' 轴与 x 轴重合同向；y' 轴与 y'' 轴重合同向。应该指出的是：(3)、(4)所规定的坐标系只是过渡坐标系。

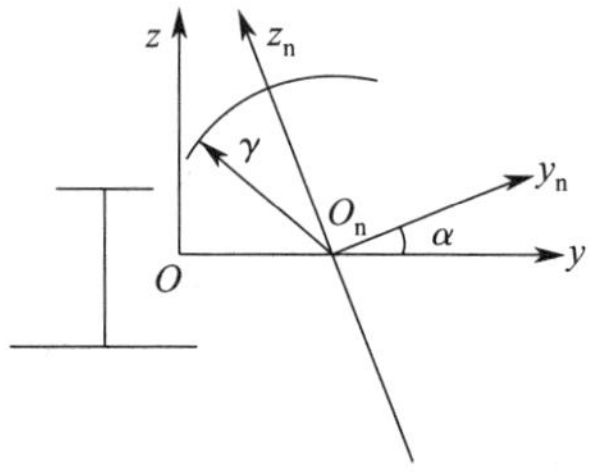

图 2-23　滑动油缸运动过程中的 O_n-$x_ny_nz_n$ 坐标系

2. 由 O_n 坐标系至 O 坐标系的变换路线

为了得到在 O_n-$x_ny_nz_n$ 坐标系中的滑动油缸球面坐标及运动方程在 O-xyz 坐标系中的表达式，需通过以下路线对上述 4 个坐标系进行变换：

$$O_n\text{-}x_ny_nz_n \xrightarrow[\text{平移}\,h]{\text{沿}\,z_n} O''\text{-}x''y''z'' \xrightarrow[\text{平移}(-N)]{\text{沿}\,y''} O'\text{-}x'y'z' \xrightarrow[\text{旋}(-\alpha)]{\text{绕}\,x'} O\text{-}xyz$$

其中：h 为滑动油缸球心 O_n 到 O'' 的距离，简称球心位移量；$-N$ 表示 O'' 沿 y'' 轴到 O' 的反向平移；h 和 N 的数值与减速顶的结构尺寸、安装参数及轮轨尺寸有关；α 为减速顶的安装角，旋转 $-\alpha$ 是根据右手法则判定的。

3. 利用矩阵变换及计算

按上述变换路线代入矩阵可得：

$$\begin{bmatrix} x_n \\ y_n \\ z_n \end{bmatrix} = \begin{bmatrix} 0 & 0 & 0 \\ 0 & 0 & 0 \\ h & 0 & 0 \end{bmatrix} + \begin{bmatrix} 0 & 0 & 0 \\ -N & 0 & 0 \\ 0 & 0 & 0 \end{bmatrix} + \begin{bmatrix} 1 & 0 & 0 \\ 0 & \cos\alpha & \sin\alpha \\ 0 & -\sin\alpha & \cos\alpha \end{bmatrix} \begin{bmatrix} x \\ y \\ z \end{bmatrix}$$

对上述行列式进行计算后，可以求得两个坐标系对应的关系式：

$$\begin{cases} x_n = x \\ y_n = y\cos\alpha + z\sin\alpha - N \\ z_n = -y\sin\alpha + z\cos\alpha + h \end{cases} \tag{2-51}$$

(二)位移方程的建立

在 O_n-$x_ny_nz_n$ 坐标系中，球心 O_n 与轮顶交点 D 的连线为球面半径 r，其球面方程表达式为：

$$x_n^2 + y_n^2 + z_n^2 = r^2 \tag{2-52}$$

将公式(2-51)代入(2-52)中，可得：

$$x^2 + (y\cos\alpha + z\sin\alpha - N)^2 + (-y\sin\alpha + z\cos\alpha + h)^2 = r^2$$

显然上式就是滑动油缸球面方程在轮轨坐标系中的表达式，根据假设条件，在此坐标系中 y 恒为零，所以令 $y=0$。展开整理得：

$$x^2 + z^2 - 2z(N\sin\alpha - h\cos\alpha) + h^2 + N^2 - r^2 = 0 \tag{2-53}$$

由△ABC(见图 2-21)可得：

$$(R_1 + r')^2 = (R + h\cos\alpha - N\sin\alpha)^2 + m^2 \tag{2-54}$$

由△CDE 可得：

$$r'^2 = x^2 + (h\cos\alpha - N\sin\alpha + z)^2 \tag{2-55}$$

式中：

r' —— r 在 xOz 平面上的投影，m；

m ——是轮心沿 x 轴平移的距离，m；

R——踏面半径，m；

R_1 ——轮缘半径，m。

联立公式(2-54)、(2-55)，解出：

$$x^2 = (\sqrt{(R + h\cos\alpha - N\sin\alpha)^2 + m^2} - R_1)^2 - (h\cos\alpha - N\sin\alpha + z)^2 \tag{2-56}$$

将公式(2-56)代入(2-53)中，展开并整理可得：

$$\begin{aligned} & h^4 + 4h^3 R\cos\alpha + 2h^2(m^2 + c - 2RB - 2a\cos^2\alpha) + \\ & 4h[2Ba + R(m^2 + c - 2R_1^2)]\cos\alpha + \\ & (m^2 + c - 2RB)^2 - 4R_1^2[(R - B)^2 + m^2] = 0 \end{aligned} \tag{2-57}$$

其中：$a = {R_1}^2 - R^2$

$B = N\sin\alpha$

$c = R^2 + R_1^2 + N^2 - r^2$

至此，我们已经推导出滑动油缸的位移方程。

需要指出的是：式(2-57)是一个非常重要的公式，式中只有 m 是变量，是关于球心 O_n 沿 z_n 轴位移 h 与轮心 A 沿 x 轴位移 m 的方程式，即每对应一个 m 值，就应有一个 h 值满足方程，换句话说，这就是车轮和滑动油缸的位移运动关系式。所以只要给定一个轮心位移 m 值，通过求解该方程，就能得到一个滑动油缸的球心位移 h 的数值解。关于公式(2-57)的详细求解方法将在后面单独加以介绍。

二、油缸滑动行程及下滑行程的分析与计算

(一)油缸滑动行程的计算

随着滑动油缸在车轮作用下沿其轴线(即 z_n 轴)运动，以其帽头球心为坐标原点的 $O_n\text{-}x_n y_n z_n$ 坐标系至 $O\text{-}xyz$ 坐标系的位移量 h 也在变化。设车轮轮心位移从 m_1 运动到 m_2，滑动油缸球心位移量分别为 h_1 和 h_2，因此，滑动油缸的实际滑动行程应该为 h_1 和 h_2 之差，它的一般表达式为：

$$\Delta h = h_2 - h_1 \tag{2-58}$$

注：若上式大于零，则为滑动油缸为下滑状态，反之则为上升状态。

当滑动油缸与车轮刚接触时，滑动油缸处于最高位置，我们定义其为上止点，用 h_u 来表示；当滑动油缸被车轮压在最低点时，我们定义其为下止点，用 h_d 来表示(此时轮心沿 x 轴的位移 m 为零)；显然只要求出滑动油缸位于上、下止点的球心位移量，就可得到滑动油缸相对于这两点的行程，也就是滑动油缸的总行程，即：

$$\Delta h_s = h_d - h_u \tag{2-59}$$

而滑动油缸位于上、下止点间的任一点的行程表达式即为：

$$\Delta h = h_d - h \tag{2-60}$$

$$h_d \geqslant h \geqslant h_u$$

式中：h_u——滑动油缸位于上止点的坐标位移量，m；

h_d——滑动油缸位于下止点的坐标位移量，m；

h——滑动油缸位于上、下止点间任意点的球心位移量，m；可以通过公式(2-57)，在给定的轮心平移量 m 的条件下求得。

显然，这三个位移量必须满足公式(2-57)的要求，而 h_u、h_d 还要满足轮、轨、顶的结构参数等边界条件的限制要求。

由图 2-24 可知： $H_T\cos^{-1}\alpha - N\tan\alpha + h_u = r$ (2-61)

求得 h_u： $h_u = r + N\tan\alpha - H_T\cos^{-1}\alpha$ (2-62)

此时车轮轮心的 x 坐标为零，轮缘的坐标为 z_0，所以在公式(2-56)中，令 $x=0$，$z=z_0$，即可求得 h_d：

$$h_d = -z_0\cos\alpha + \sqrt{z_0^2\cos^2\alpha - z_0^2 - N^2 + r^2 + 2z_0N\sin\alpha}$$
$$= -z_0\cos\alpha + \sqrt{r^2 - (z_0\sin\alpha - N)^2} \tag{2-63}$$

将上式与公式(2-62)代入(2-59)式，解得滑动油缸总行程的表达式为：

$$\Delta h_s = -z_0\cos\alpha + \sqrt{r^2 - (z_0\sin\alpha - N)^2} - r - N\tan\alpha + H_T\cos^{-1}\alpha \tag{2-64}$$

(二)滑动油缸最大行程的计算

对公式(2-64)求极值，即：

$$\frac{\Delta h'_s}{N'} = -\frac{z\sin\alpha - N}{\sqrt{r^2 - (z\sin\alpha - N)^2}} - \tan\alpha \tag{2-65}$$

令上式为零，解得： $N = (z - r)\sin\alpha$ (2-66)

将上式代入到公式(2-64)式中，可求得滑动油缸的最大下滑行程：

$$\Delta h_{smax} = [-z_0 + H_T + r(1 - \cos\alpha)]\cos^{-1}\alpha \tag{2-67}$$

可以看出，当球面半径一定时，滑动行程最大值和轮缘高度及安装高度成正比，与安装角成反比。

(三)油缸下滑行程的求解方法

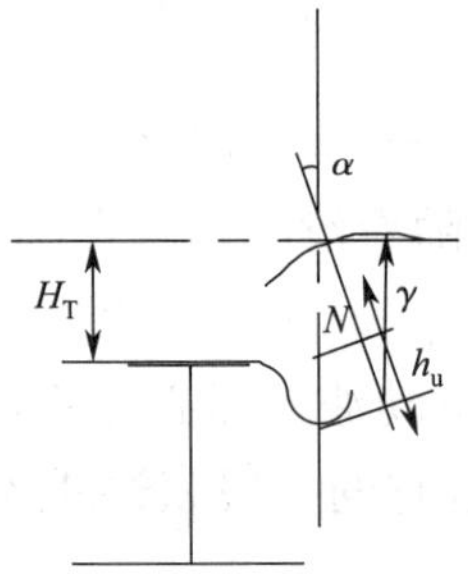

图 2-24 滑动油缸位移示意图

当滑动油缸处于最高点即上止点时，我们无法知道车轮与其刚接触时的交点坐标，也无法设定轮心至 z 轴的距离 m，使滑动油缸的下滑行程无法开始计算。但能知道滑动油缸在下止点时，轮顶交点在 $O\text{-}xyz$ 坐标系的坐标为$(0,0,z_0)$。而车轮轮心沿 x 轴的位移 m 为零，由此很容易确定滑动油缸在下止点时的坐标平移量。然后步进增加轮心位移 m，代入公式(2-57)，解出对应的 h 值代入公式(2-60)，即可得到对应的向上滑动行程。实际上就是采用一种逆运算的方式，将车轮把滑动油缸压在最低点作为开始，然后令车轮沿 x 轴正向运动，同时滑动油缸在与车轮保持接触的条件下向上滑动直至脱离。脱离点的条件就是：

$$\Delta h \cong \Delta h_s \tag{2-68}$$

计算完毕后再反向排列处理所得的数据，就得到了滑动油缸的下滑行程的数据。

三、滑动油缸位移方程的求解

前面说过，公式(2-57)是关于滑动油缸和车轮位移的关系式，是对滑动油缸的运动特性进行分析和计算的最重要的基本数学模型。在该方程中，一旦给定了轮心位移 m，该方程就是一个关于滑动油缸球心位移 h 的四次方程。只有解出该方程，才能求出相对于给定 m 值的 h 值。每变更一次 m 值，就要解一次该方程，所以正确解算公式(2-57)是十分重要的。

公式(2-57)可写为四次方程的一般式，即：

$$h^4 + b_1 h^3 + c_1 h^2 + d_1 h + e_1 = 0 \tag{2-69}$$

其中：$b_1 = 4R\cos\alpha$

$c_1 = 2(m^2 + c - 2RB - 2a\cos^2\alpha)$

$d_1 = 4[2Ba + R(m^2 + c - 2R_1^2)]\cos\alpha$

$e_1 = (m^2 + c - 2RB)^2 - 4R_1^2[(R - B)^2 + m^2]$

根据卡尔丹公式，公式(2-69)的解为下列两个方程的 4 个解：

$$h^2 + (b_1 - \sqrt{8t + b_1^2 - 4c_2})\frac{h}{2} + \left(t - \frac{b_1 t - d_1}{\sqrt{8t + b_1^2 - 4c_1}}\right) = 0 \tag{2-70}$$

$$h^2 + (b_1 - \sqrt{8t + b_1^2 - 4c_2})\frac{h}{2} + \left(t - \frac{b_1 t - d_1}{\sqrt{8t + b_1^2 - 4c_1}}\right) = 0 \tag{2-71}$$

其中，t 是三次方程的任意实数解。

$$8t^3 - 4c_1 t^2 + (2b_1 d_1 - 8e_1)t + e_1(4c_1 - b_1^2) - d_1^2 = 0 \tag{2-72}$$

公式(2-72)又为一般三次方程，即：

$$a_2 t^3 + b_2 t^2 + c_2 t + d_2 = 0 \tag{2-73}$$

其中：$a_2 = 8$

$b_2 = -4c_1$

$c_2 = 2b_1 d_1 - 8e_1$

$d_2 = e_1(4c_1 - b_1^2) - d_1^2$

求解公式(2-73)：

用 a_2 除以式中各项，得：

$$t^3 - \frac{c_1}{2}t^2 + \left(\frac{b_1 d_1}{4} - e_1\right)t + e_1\left(\frac{c_1}{2} - \frac{b_1^2}{8}\right) - \frac{d_1^2}{8} = 0 \tag{2-74}$$

设：

$$t = k - \frac{b_2}{3a_2} = k - \frac{-4c_1}{24} = k + \frac{c_1}{6} \tag{2-75}$$

代入(2-74)式得：

$$k^3 + \left(\frac{b_1 d_1}{4} - e_1 - \frac{c_1^2}{12}\right)k + \frac{c_1}{3}\left(e_1 - \frac{c_1^2}{36}\right) + \frac{1}{8}\left(\frac{b_1 d_1 c_1}{3} - b_1^2 e_1 - d_1^2\right) = 0 \tag{2-76}$$

公式(2-76)为一缺项的三次方程，

设：

$$k^3 + pk + q = 0 \tag{2-77}$$

其中：

$$p = \frac{b_1 d_1}{4} - e_1 - \frac{c_1^2}{12}$$

$$q = \frac{c_1}{3}\left(e_1 - \frac{c_1^2}{36}\right) + \frac{1}{8}\left(\frac{b_1 d_1 c_1}{3} - b_1^2 e_1 - d_1^2\right)$$

公式(2-77)即是著名的卡尔丹公式，其根的三角函数表达式为(仅当 $p<0$ 时)：

$$\left.\begin{aligned} k_1 &= 2\sqrt[3]{r}\cos\theta \\ k_2 &= 2\sqrt[3]{r}\cos(\theta+120^\circ) \\ k_3 &= 2\sqrt[3]{r}\cos(\theta+240^\circ) \end{aligned}\right\} \tag{2-78}$$

其中：

$$r=\sqrt{-\left(\frac{p}{3}\right)^3}$$

$$\theta=\frac{1}{3}\arccos\left(-\frac{q}{2r}\right)$$

三个根的关系式为：

$$\left.\begin{aligned} & k_1+k_2+k_3=0 \\ & 1/k_1+1/k_2+1/k_3=-p/q \\ & k_1k_2k_3=-q \end{aligned}\right\} \tag{2-79}$$

公式(2-77)的 3 个根为：

$$k_1=\sqrt[3]{-q/2+\sqrt{(q/2)^2+(p/3)^3}}+\sqrt[3]{-q/2-\sqrt{(q/2)^2+(p/3)^3}} \tag{2-80}$$

$$k_2=\omega\sqrt[3]{-q/2+\sqrt{(q/2)^2+(p/3)^3}}+\omega^2\sqrt[3]{-q/2-\sqrt{(q/2)^2+(p/3)^3}} \tag{2-81}$$

$$k_3=\omega^2\sqrt[3]{-q/2+\sqrt{(q/2)^2+(p/3)^3}}+\omega\sqrt[3]{-q/2-\sqrt{(q/2)^2+(p/3)^3}} \tag{2-82}$$

其中：

$$\left.\begin{aligned} \omega &= \frac{-1+i\sqrt{3}}{2} \\ \omega^2 &= \frac{-1-i\sqrt{3}}{2} \\ i^2 &= -1 \end{aligned}\right\} \tag{2-83}$$

由公式(2-75)和(2-78)可解得：

$$\left.\begin{aligned} t_1 &= k_1-b_2/3a_2 \\ t_2 &= k_2-b_2/3a_2 \\ t_3 &= k_3-b_2/3a_2 \end{aligned}\right\} \tag{2-84}$$

经过验算，将 t_1 代入公式(2-71)中，其正数解为所求公式(2-57)的根，即滑动油缸的平移量 h 。

四、滑动油缸的下滑速度和速比

对(2-53)式中变量 h 和 m 求时间导数，并令 $\frac{\mathrm{d}h}{\mathrm{d}t}=u,\frac{\mathrm{d}m}{\mathrm{d}t}=v$ ，则有：

$$\frac{u}{v}=\frac{m(h^2+2hR\cos\alpha+m^2+c-2RB-2R_1^2)}{h^3+3h^2R\cos\alpha+h(m^2+c-2RB-2a\cos^2\alpha+[2Ba+R(c+m^2-2R_1^2)]\cos\alpha} \tag{2-85}$$

显然，将设定的轮心平移量 m 以及由公式(2-57)解出的相对应的 h 值代入上式，就可得到滑动油缸的下滑速度及其与车轮运动速度的比值。

五、轮顶交点坐标的确定

公式(2-53)为滑动油缸球面方程在 O 坐标系中的表达式。在该坐标系中，轮缘的圆方程为(见图 2-21)：

$$(x-m)^2+(z-R)^2=R_1^2 \tag{2-86}$$

由上式解得：

$$x=m\pm\sqrt{R_1^2-(z-R)^2} \tag{2-87}$$

因恒有(见图 2-21)：

$$x\leqslant m$$

所以取：

$$x=m-\sqrt{R_1^2-(z-R)^2} \tag{2-88}$$

公式(2-86)减去(2-53)，得：

$$x=\frac{m^2+r^2-(R_1^2-R^2)-h^2-n^2-2z(h\cos\alpha+R-N\sin\alpha)}{2m} \tag{2-89}$$

联立上两式可解得：

$$z^2-z\frac{2Rm^2-(h\cos\alpha+R-N\sin\alpha)(m^2+h^2+R_1^2-R^2+N^2-r^2)}{(h\cos\alpha+R-N\sin\alpha)^2+m^2}+\frac{\frac{1}{4}(m^2+h^2+R_1^2-R^2+N^2-r^2)^2-(R_1^2-R^2)m^2}{(h\cos\alpha+R-N\sin\alpha)^2+m^2}=0 \tag{2-90}$$

令：$a=R_1^2-R^2$　　$A_1=h\cos\alpha+R-N\sin\alpha$

$$B_1=m^2+h^2+R_1^2-R^2+N^2-r^2$$

则上式可写为：

$$z^2-z\frac{2Rm^2-A_1B_1}{A_1^2+m^2}+\frac{\frac{1}{4}B_1^2-am^2}{A_1^2+m^2}=0 \tag{2-91}$$

再令：

$$A_2=\frac{2Rm^2-A_1B_1}{A_1^2+m^2}$$

$$B_2=\frac{\frac{1}{4}B_1^2-(R_1^2-R^2)m^2}{A_1^2+m^2}$$

则公式(2-91)可写为：

$$z=(A_2\pm\sqrt{A_2^2-4B_2})/2$$

经过验算：

$$z=(A_2+\sqrt{A_2^2-4B_2})/2 \tag{2-92}$$

将公式(2-88)和公式(2-92)代入公式(2-51)中，可得在 O_n-$x_ny_nz_n$ 坐标系中的球面坐标表达式(其中令 $y=0$)：

$$\left.\begin{aligned}x_n&=m-\sqrt{R_1^2-(z-R)^2}\\ y_n&=z\sin\alpha-N\\ z_n&=z\cos\alpha+h\end{aligned}\right\} \tag{2-93}$$

与公式(2-51)相比较，显然(2-93)是有确定数值解的公式。

六、空间角及切入角

1. 空间角的计算

空间角 θ 是指滑动油缸轴线即 z_n 轴与轮顶交点法线的夹角，见(图 2-21)，显然该夹角在 O_n-$x_n y_n z_n$ 坐标系中是一个空间角，只能通过交点的空间坐标来求解。该夹角对于减速顶受力、做功等分析计算具有重要的意义。根据空间解析几何定理：

$$\theta = \arccos \frac{z_n}{\sqrt{x_n^2 + y_n^2 + z_n^2}} \tag{2-94}$$

2. 切入角的计算

切入角 β 是指车轮与滑动油缸帽头接触时，轮心于交点的连线与轮心垂线的夹角，它是一个平面中的平面角，随着车轮将滑动油缸由上止点压到下止点，该角度由大变小直至为零，根据上述分析计算可求得：

$$\beta = \arcsin \frac{m - x_n}{R_1} \tag{2-95}$$

通过上述对滑动油缸下滑行程的连续数值计算，我们可以得到油缸运动至任意位置的轮顶交点坐标和空间角，这样就可以结合滑动油缸的液压力(测试曲线或计算值)，对减速顶整个做功过程的受力变化进行连续的定量计算和分析，特别是可以求出摩擦力的数值、最大载荷以及发生的位置和方向，从而求得包括液压功和摩擦功在内的减速顶的总制动功和总阻力功。这对于减速顶的结构设计、选材、加工工艺特别是现场运用和维护都具有十分重要的指导作用。

第十节　减速顶主要技术参数的分析与确定

1. 压力阀开启压力

压力阀的开启压力，既是保证减速顶的制动功，也是保证调车作业安全的关键参数。开启压力主要决定于最轻车辆的轮荷重，最大开启压力使减速顶油缸产生的垂直反力要小于最轻轮荷重，即：

$$F_{ymax} = \eta \frac{Q_{min}}{n_c} \tag{2-96}$$

式中：Q_{min} ——最轻车辆的总重，N；

n_c ——一辆车的车轮数；

η ——小于 1 的安全系数。

开启压力决定于压力阀弹簧的调定，因此，必须确保压力阀弹簧的技术指标和生产质量符合设计要求，对组装后的活塞组合件应通过减速顶试验台进行开启压力的调定，调定后必须将固定压力阀弹簧的锁帽锁紧，以确保开启压力的稳定可靠。在现场维修时，也必须对每一台减速顶活塞组合件的开启压力进行检查和调定，使其达到规定的指标。

2. 充氮压力和油气比

(1)确定氮气初始压力和初始容积的原则

氮气初始压力 p_0（充氮压力）和初始容积 V_0 是非常重要的两个技术参数，他们关系到速度阀的关闭、压力阀的正常稳定工作和回程阀液压油的回流。从理论上分析，确定 p_0 和 V_0 有以下一些原则：

①要保证车速达到减速顶的临界速度时，能使速度阀迅速关闭。

②要使速度阀关闭到压力阀打开的过程尽可能短，即减速顶做功的空行程尽可能小。

③速度阀关闭、压力阀开启后，氮气不再被压缩，即氮气压力保持一个定值，从而使压力阀稳定工作，并确保减速顶的工作安全可靠。

④氮气初始压力 p_0 要有一个合适的值，能克服回程阀产生的阻力，保证油缸顺利回升。

(2)确定氮气初始压力 p_0 的理论分析

第一，根据临界速度确定 p_0 值。由公式(2-37)可知，在临界状态下，速度阀板的关闭条件为：

$$p_0A_1-(p_0-\Delta p_L)A_2\geqslant n_1K_1(X_1+h_s)$$

式中 $p_2=p_0-\Delta p_L$ 为油缸下腔液流的压力，为了保证下腔能被液流充满，不致出现真空，应保证：

$$p_2\geqslant 0\quad 即\ p_0-\Delta p_L\geqslant 0\quad 所以应使\ p_0\geqslant \Delta p_L$$

根据公式(2-36)
$$\Delta p_L=\frac{\rho(D_0{}^2-d_0{}^2)^2V_L{}^2\tan^2\beta_L}{32C^2D_1{}^2h_s{}^2\cos^2\alpha}$$

最后得：
$$p_0\geqslant\frac{\rho(D_0{}^2-d_0{}^2)^2V_L{}^2\tan^2\beta_L}{32C^2D_1{}^2h_s{}^2\cos^2\alpha}\tag{2-97}$$

第二，减小空走行程、提高制动功确定 p_0 值。p_0 应保证油缸在较小的下滑行程时便打开压力阀，从而增加制动功。由公式(2-12)给出：

$$p_0=p_1\left(1-\frac{S_1h}{V_0\cos\alpha}\right)^n$$

在压力阀开启压力 p_1 值一定的情况下，为了减少油缸的空走行程 h，必须使 p_0 有足够大的值，从而增加制动功。

第三，保证油缸顺利回升到原位确定 p_0 值。当车轮经过减速顶油缸后，油缸开始回升，如果氮气压力不足，油缸可能回不到原位，使减速顶的工作失灵，为此必须使 p_0 有足够大的值保证油缸顺利回升到原位。由公式(2-44)可看出，足够大的 p_0 才能保证所需要的油缸回升速度 u_h' 以及回程时间 t_h。

综上所述，通过以上三个途径确定出 3 个 p_0 值，取其中的最大者。当然，p_0 值不是越大越好，它还受到阻力功以及密封等条件限制，因此 p_0 的理论设计值还要与实际结合加以确定。

(3)确定氮气初始容积 V_0 的理论分析

根据压力阀开启后，氮气不再被压缩的条件来确定 V_0 。

设速度阀关闭后、压力阀刚打开时，油缸下滑的垂直行程为 h_0 。为了保证压力阀开启后，在油缸继续下滑的行程中，维持氮气压力基本不变，应使油缸上腔排出的油液 V_1 全部流入下腔，并不能完全充满此前下腔拉空的体积 V_2 和此后下腔增加的体积 V_3 ，即：

$$V_1 \leqslant V_2 + V_3$$

下腔拉空体积： $V_2 = S_2 h_0 / \cos\alpha$

油缸继续下滑，下腔增加的体积： $V_3 = S_2 (h_{max} - h_0) / \cos\alpha$

油缸上腔流入下腔的油量： $V_1 = S_1 (h_{max} - h_0) / \cos\alpha$

于是得出压力阀刚刚开启时，油缸的下滑行程(即空走行程)为：

$$h_0 \geqslant \frac{S_1 - S_2}{S_1} h_{max} = \frac{S_3}{S_1} h_{max} \tag{2-98}$$

式中：S_1 ——油缸上腔的横截面积，m^2；

S_2 ——油缸下腔的横截面积，m^2；

S_3 ——活塞杆的横截面积，m^2；

h_{max} ——油缸的整个工作行程，m。

氮气压力 p_1 与油缸下滑行程 h 的关系见公式(2-12)：

$$p_1 = \frac{p_0}{\left(1 - \frac{S_1 h}{V_0 \cos\alpha}\right)^n}$$

根据上式可知当 $h = h_0$ 时，氮气压力刚好打开压力阀，则 p_1 恰为压力阀开启压力。

$$p_1 = \frac{KX_0}{S_x}$$

将 $h = h_0$ 和 $p_1 = \frac{KX_0}{S_x}$ 代入，则得出氮气初始容积 V_0 的关系式：

$$V_0 = \frac{S_1 h_0}{\cos\alpha} \cdot \left(1 - \sqrt[n]{\frac{p_0 S_x}{KX_0}}\right)^{-1} \tag{2-99}$$

式中：V_0 ——氮气初始容积，m^3

S_1 ——油缸上腔面积，m^2；

h_0 ——油缸空走行程，m；

α——减速顶安装角，°；

p_0——氮气初始压力，Pa；

S_x ——压力阀芯截面积，m^2；

K ——压力阀弹簧刚度，N/m；

X_0 ——压力阀弹簧的预压缩量，m；

n——气体多变指数。

通过上述方法确定出的 p_0 和 V_0 值，要通过实际试验加以验证，最后确定出比较准确而合理的初始充氮压力和容积。

氮气的容积确定后，油缸内的注油量也随之而定，油气比这个参数就可以给出。

3. 安装高度

安装高度是减速顶的一个重要参数，它不仅直接影响到减速顶的制动功，同时对顶的临界速度影响也非常明显。由于安装高度受到铁路机车车辆下部限界的限制，因此制动功也受到安装高度的制约。目前在国内使用的内侧顶安装高度一般不超过 60 mm，外侧顶一般不超过 75 mm(直线段)。在减速顶的加工过程中，应控制壳体、滑动油缸及活塞等主要零件的尺寸精度，以确保在现场减速顶安装高度的准确性；施工中应严格控制安装孔的钻孔高度（孔中心距离轨面的高度），检查测量要准确，对安装后的减速顶可以用调整垫进行微调，按照设计要求调整到最佳的安装高度。

4. 安装角

根据上述的理论分析可知，减速顶最好是垂直安装，即安装角 α 为"0"，但由于钢轨头部和轨底的宽度相差比较大，实际上减速顶只能倾斜一个角度安装，油缸头部轮廓直径越小，安装角越大。安装角会影响减速顶的临界速度、制动功和阻力功，安装角越大，减速顶对车轮的做功行程越小，制动功也就越小；更危险的是，减速顶对车轮的横向力也会越大，使车轮向钢轨外侧移动，甚至将车轮推上钢轨而脱线。所以在设计过程中，力求安装角 α 越小越好。如果现场使用的减速顶出现螺栓松动时，安装角会变小，不仅会使螺栓折断，也可能发生车轮将减速顶挤坏的情况。

5. 最大工作行程

减速顶的工作行程，不仅会影响制动功、阻力功，还会影响到顶的临界速度和回程时间，因此，必须认真加以确定。减速顶的最大工作行程，内侧顶等于它的安装高度加上最大轮缘高度，外侧顶等于减速顶的安装高度。在设计减速顶时，不仅考虑了最大安装高度和最大轮缘高度，同时还要留有一定的余量，防止在特殊情况下油缸下端与壳体底部接触而损坏。在使用中，由于减速顶有一定的安装角，车轮不可能压在减速顶滑动油缸帽头的最高点，因此减速顶的工作行程都会小于最大工作行程。实际上，只有在曲线段内股安装的内侧顶，油缸工作行程才有可能等于安装高度加轮缘高度，达到最大值，在直线段都会低于这个值。

6. 构造速度

确定减速顶构造速度的依据有三条：一是根据铁路调车场的作业特点，应能满足驼峰头部和尾部作业效率的需要。目前，驼峰头部车辆溜放速度在一、二、三部位一般不超过 20 km/h，尾部牵出速度最高会达到 30 km/h 以上。二是考虑调车作业的安全，在装有减速顶的线路上，如果车速过高，减速顶对车轮产生的制动阻力和冲击力都比较大，对车辆走行的安全性会降低，如机车向峰上返牵、尾部牵出，车速控制在一定速度范围内是必要的。三是从减速顶本身的使用寿命出发，车速过高，对减速顶的冲击力也比较大，尤其是一些大型调车场，运输作业十分繁忙，减速顶频繁连续工作，会使顶内的油气温度过高，某些零部件易造成损坏，直接影响到减速顶的使用寿命。因此，确定减速顶产品的构造速度应综合考虑上述因素来确定。

第十一节 车轮抬起高度的分析

车辆以较高速度经过减速顶时，有时轻车车轮有抬起现象，使车轮踏面离开钢轨面有一定高度。如果抬起高度超过某个值，车轮在减速顶横向力的作用下，就有可能造成轻车脱线，产生调车事故。若车轮一点都不抬起，减速顶的定压可能定得比较低，这样会降低制动功；要允许车轮抬起，必须要确定一个"安全抬起高度"。

车轮抬起高度本来不是减速顶的技术指标，但它是保证调车作业安全的重要数据，所以在减速顶设计时，要合理确定压力阀弹簧的定压，在减速顶出厂检验时，需要抽检减速顶的抬起高度是否在规定范围之内。

根据弹性力学基本理论可知，车轮对减速顶的冲击，可以看成是两个球体碰撞，减速顶是静止的，车轮是碰撞的主体，车轮的质量视为无穷大，而冲击力决定于减速顶油缸的质量和氮气压力。

两个球体碰撞的时间与碰撞初速度有关，简化为下列公式：

$$t=B\cdot\frac{1}{v_0^{1/5}} \tag{2-100}$$

式中：B ——考虑碰撞物体的密度、质量大小等因素有关的系数；

v_0 ——碰撞时的初速度，等于车轮接触油缸时的车速，m/s。

从公式中看出，车速高，冲击过程时间短。

根据动量定理：

$$m(v_t-v_0)=P\cdot t$$

冲击力为：

$$P=\frac{m\cdot\Delta v}{t} \tag{2-101}$$

公式(2-101)表明，冲击力与初速度正相关，即 Δv 大，使 P 大，同时使 t 小，也导致 P 大。

如果把车轮接触油缸时的静载荷用 P_j 表示，按照弹性碰撞理论，再考虑动荷系数，则冲击力为：

$$P_d=K_dP_j \tag{2-102}$$

其中：K_d ——动荷系数，油缸处于静止状态下的碰撞，取 $K_d=2$ 。

在冲击过程尚未完结时，若压力阀刚刚打开，冲击载荷加上压力超调、减速顶弹簧产生的制动力，使得减速顶的垂直反力明显增加，它可能将车轮抬起，这就是车轮抬起的理论根据。

通过试验，给出了不同型号的减速顶、最轻轮荷重、一定车速下的车轮安全抬起高度 Δf 值。

影响车轮抬起高度的因素：

1. 车辆走行速度

车速高，减速顶对车轮的冲击力 P_d 大，同时压力阀的超调也大，这样造成减速顶的垂直反力大，使车轮抬起高度增加。

2. 压力阀的性能

不同压力阀的动态特性不一样，球阀的压力超调大，特别在车速高的情况下，十分明显，锥阀次之，平板阀的超调相对最小。因此，不同压力阀对车轮的抬起高度有显著影响。

3. 压力阀的定压

在现场维修过程中，有些减速顶的压力阀调压不准确，超过标准值过多，这是减速顶产生车轮抬起的可怕因素，因此要求维修人员对减速顶压力阀弹簧的调压一定要认真负责，保证压力在规定范围之内。

4. 车辆振动的影响

我们在现场可以看到，特别是正线车速很高的情况下，肉眼可以看到有些车轮在运行过程中，在钢轨上跳起一定高度，尤其用高速摄像机拍照，更能清晰地看到车轮抬起，这是由于货物偏载、线路不良等原因，车辆发生振动，使某个轮对或某个车轮减载。同样，在编组站的线路上也有类似情况，尤其是在减速顶的附加作用下，这种“跳起”会更明显。

5. 线路不良的影响

铁路调车线的钢轨和道床的要求比正线低，日常维修标准也相对较低，线路的高低、水平、轨枕捣固等，远不如正线，因此车辆经过这些“病处”要产生各种振动，特别是在车速比较高的情况下，振动更激烈，促使某些车轮减载而跳起，在减速顶的助推下，抬起量更大。

由于车辆振动的外因和减速顶的内因，使车轮的抬起更加危险，所以对减速顶引起车轮的抬起量一定要严格加以限制，同时在减速顶区域内限制车辆的走行速度，确保调车作业的安全。在制定减速顶设计、生产、使用和维修的一些标准中，对车轮“抬起高度”有明确规定，必须认真执行。

第十二节　减速顶主要零件的强度分析与计算

一、减速顶主要零件的受力分析

减速顶运动的零部件只有滑动油缸组合件，即油缸及与其连接的密封盖，其他零部件不做任何运动，但受力最恶劣的却是支撑油缸的壳体，下面对减速顶主要零件进行受力分析。

（一）滑动油缸的受力分析

根据图 2-25 可写出力平衡方程式：

$$\sum X=0: \quad F_h-N_1+N_2=0$$

$$F_h=\sqrt{F_x^2+(F_z')^2}=\sqrt{F_x^2+(F_z\cos\alpha)^2} \tag{2-103}$$

$$\sum Y=0: -F_1+F_2+F_{f1}+F_{f2}=0$$

$$-F_1+F_2+f(N_1+N_2)=0 \tag{2-104}$$

$$\sum M_B=0: \quad aN_1-bN_2-cF_2-eF_{f1}+gF_{f2}=0$$

$$aN_1-bN_2-cF_2-f(eN_1-gN_2)=0 \tag{2-105}$$

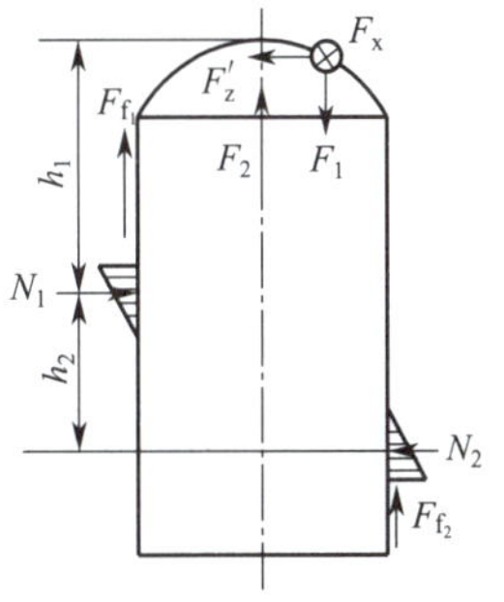

图 2-25　油缸上的作用力示意图

式中：F_1——车轮对油缸总作用力 P 在平行油缸轴线方向的分力，N；

F_2——氮气压力对油缸产生的轴向力，N；

F_h——P 力在垂直油缸轴线方向的分力（即 F_x 与 F_z'的合力），N；

$$F_h=\sqrt{F_x{}^2+(F_z')^2}$$

F_x——P 力在平行钢轨方向的水平分力，N；

F_z'——横向力 F_z 在垂直油缸轴线和钢轨的分力（$F_z'=F_z\cos\alpha$），N；

N_1——F_h 的作用下，油缸对壳体上衬套产生的正压力，N；

N_2——F_h 的作用下，油缸对壳体下衬套产生的正压力，N；

F_{f1}——油缸与壳体上衬套间的摩擦力，N；

F_{f2}——油缸与壳体下衬套间的摩擦力，N；

f——油缸外表面与壳体衬套间的摩擦系数；

a,b,c,e,g——各力到横向力 F_h 点的力臂，m。

N_1 和 N_2 实际上是分布载荷，并不是集中载荷，而且是随着车轮向前运动过程中而变化，为了简化计算，将 N_1 和 N_2 视为集中载荷。

在减速顶轴向力 F 已知的条件下，计算 N_1 和 N_2 的值：

$$\sqrt{F_x^2+(F_z\cos\alpha)^2}-N_1+N_2=0$$

$$N_1h_1=N_2(h_1+h_2)$$

（这里忽略了摩擦力产生的力矩）。

二式联立解得：

$$N_1=\frac{(h_1+h_2)\sqrt{F_x^2+F_z^2\cos^2\alpha}}{h_2} \tag{2-106}$$

$$N_2=\frac{h_1\sqrt{F_x^2+F_z^2\cos^2\alpha}}{h_2} \tag{2-107}$$

式中：h_1——N_1 力到合力作用点的垂直距离，m；

h_2——N_2 力到 N_1 力的垂直距离，m。

至于活塞支撑环和密封环对油缸产生的作用力和摩擦力可以忽略不记，因为他们间的作用力很小。

（二）活塞的受力分析

减速顶活塞所受到的外力较为简单，只有两个力和一对力矩，一个力是油缸内部的轴向力 F_2，另一个是壳体对它的反力 F_3，两个力通过活塞的轴线，处于平衡状态，活塞的受力情况如图 2-26 所示。油缸在向下运动的同时，在横向力的作用下，随着车轮向前走行而不规则的转动，而且油缸带动活塞也沿着轴线旋转，所以活塞组合件上的止冲座与壳体底部产生较大的摩擦力矩 M_n，因此对壳体底部和止冲座产生磨耗。

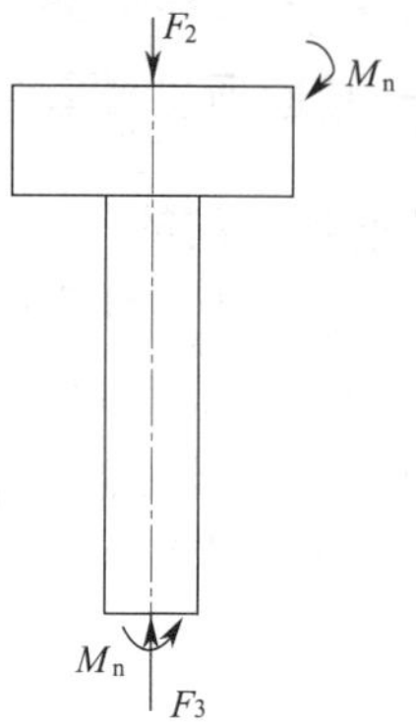

图 2-26　活塞上的作用力示意图

$$M_n=f_1F_3\cdot R_p=f_1R_p\sum F_i \tag{2-108}$$

式中：R_p——止冲座平均摩擦半径，m；

f_1——止冲座与壳体间的滑动摩擦系数。

（三）壳体组合件受力分析

1. 壳体的受力分析

壳体的受力情况比较复杂，壳体承受的各个外力和力矩如图 2-27 所示：

F_3——活塞杆下端通过止冲座，作用在其底部的力，N；

N_L——与 x 轴成 α 角、作用在螺栓上的拉力，N；

F_4——与 y 轴成 α 角、作用在壳体 K 端面上的力，N；

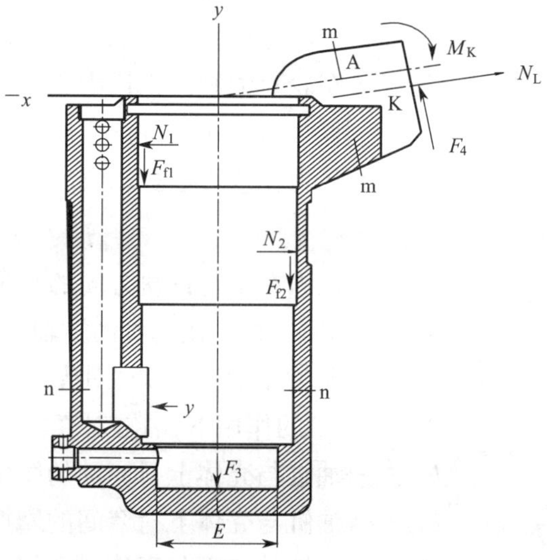

图 2-27　壳体上的作用力示意图

N_1 和 N_2——油缸对上下衬套的正压力，N；

F_{f1} 和 F_{f2}——N_1 和 N_2 分别产生的摩擦力，N；

M_K——F_3 对壳体和双头螺栓产生的弯矩，N · m。

F_3 是壳体上最主要的一个力，使壳体组合件上的双头螺栓及壳体本身产生很大的弯矩，其最大弯矩 M_{max} 在壳体端部与钢轨密贴的端面 K 上，壳体强度设计主要决定于 F_3 的大小。

N_1 和 N_2 的方向和大小是随车轮接触点的变化而改变，且是分布载荷。在现场维修减速顶时，可以观察到壳体上下衬套的磨耗面成扇形，上衬套磨耗位置远离钢轨一侧，下衬套磨耗面靠近钢轨一侧。为了分析方便，所以把横向力 N_1 和 N_2 简化成如图 2-28 的情形。

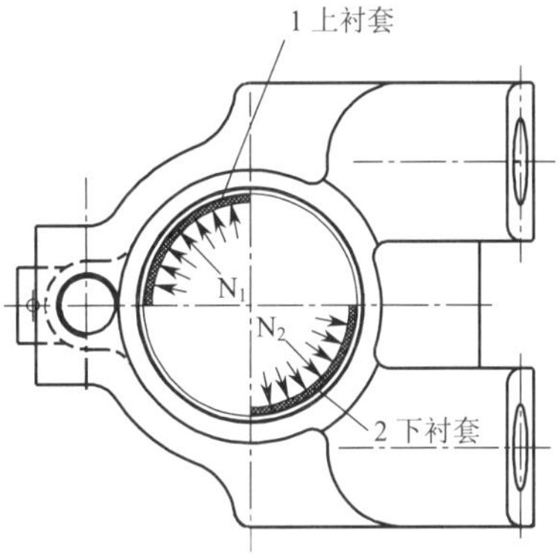

图 2-28　壳体上下衬套的横向力示意图

另外在端面 K 上还有一个潜在的摩擦力 F_{f3}，它是由于螺栓的预紧力 N_L 产生的，当减速顶油缸向下运动、对车轮做制动功时，壳体端面 K 有沿着钢轨腰接触面向下滑动的趋势，所以二者之间存在摩擦力 F_{f3}，它对减少双头螺栓的剪切力是非常有利的，一旦双头螺栓松动，F_{f3} 减小或消失，必将失去它对双头螺栓的保护作用。

在螺栓完全不松动的情况下，壳体与钢轨看成一个固定的整体，壳体成为悬臂梁，在端面 K 上作用一个切向力 F_4，它与端面的摩擦力相等，即 $F_4=F_{f3}$，壳体上的力平衡方程式：

$\sum X=0$：
$$N_L\cos\alpha-F_4\sin\alpha-N_1+N_2=0$$
$$N_L=(N_1-N_2)/\cos\alpha+F_4\tan\alpha \tag{2-109}$$

$\sum Y=0$：
$$F_4\cos\alpha-(F_3+F_{f1}+F_{f2})+N_L\sin\alpha=0$$

即
$$F_4=\frac{F_3+f(N_1+N_2)-N_L\sin\alpha}{\cos\alpha} \tag{2-110}$$

$\sum M_K=0$：
$$-aF_3+M_K-bF_{f1}-cF_{f2}+dN_1-eN_2=0$$

则
$$M_K=aF_3+N_1(fb-d)+N_2(fc+e) \tag{2-111}$$

式中：a,b,c,d——各力到端面 K 的距离，cm；

F_3、F_{f3}、F_4、N_L——作用在壳体上的各力，N；

f——壳体与油缸间的摩擦系数；

M_K——壳体承受的弯矩，N · m；

α——减速顶的安装角，°。

N_1 和 N_2 在油缸受力分析时，已给出了(2-106)和(2-107)表达式。h_1/h_2 的比值大，即减速顶的安装高度高，其壳体受到的侧压力大，壳体衬套磨耗得快，而且壳体损坏率较高，从现场实际壳体发生破损情况可以说明这一点。

假如端面 K 有向下滑移，双头螺栓与钢轨孔的下边缘有接触，$F_4>F_{f3}$，这时端面 K 上的 F_4 包含两个力：钢轨作用在螺栓上的切向力和端面的摩擦力。

2. 双头螺栓的受力分析

假如螺栓有松动，摩擦力 F_{f3} 基本消失，双头螺栓受有很大的剪切力，此时 F_4 完全成为螺栓的剪切力。螺栓不仅承受弯曲应力，而且还有剪切应力，螺栓容易被切断，特别是当有一个螺栓松动时，另一个螺栓几乎承担全部作用力，后者更易折断。因此，要求在日常维修保养中，经常检查螺栓的松动是非常必要的。在壳体组合件中，时常出现损坏的零件是双头螺栓，特别是螺栓松动的情况下，它的受力是该组合件中最严重的，参见图 2-29a 和图 2-29b。

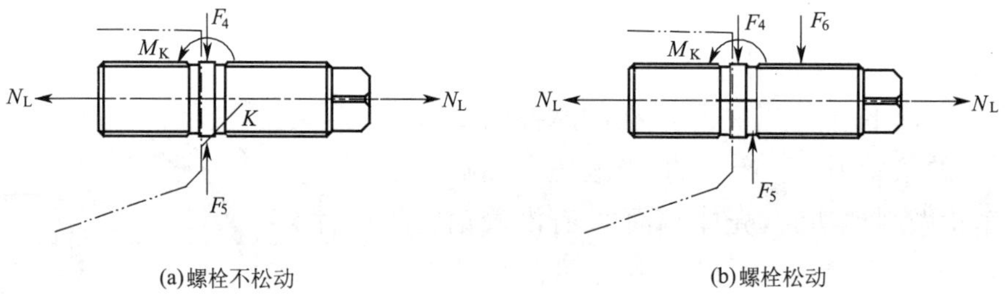

图 2-29　螺栓的外力示意图

图 2-29a 为螺栓不松动的受力情况，K 端面在 Y 轴方向的两个力 F_4 和 F_5 平衡，如果一旦 $F_4>F_5$，则壳体 K 端面下滑，螺栓直至受到钢轨圆孔壁的反力，则 $F_4=F_5+F_q$，F_q 为作用在螺栓上的剪切力。

图 2-29b 中，壳体的 K 端面已经与钢轨侧面有缝隙，或者不密贴，可以认为 F_{f3} 基本消失，Y 轴方向出现三个力，F_4、F_5 和 F_6，且三力平衡。

$$\sum Y=0:\quad F_5-F_4-F_6=0 \tag{2-112}$$

$$\sum M=0:\quad aF_6-bF_5-M_K=0 \tag{2-113}$$

式中：F_5——钢轨轨腰内侧对螺栓的支撑力，N；

F_6——钢轨轨腰外侧对螺栓的支撑力，N。

由于螺栓松动，增加了螺栓上的剪切力和弯矩，对螺栓强度十分不利。

二、减速顶主要零件的强度校核

减速顶零件的强度校核计算，主要是壳体及其双头螺栓、油缸和活塞，以应用比较多的安装角 $\alpha=10°$ 减速顶为例。

(一)壳体组合件：

壳体在活塞杆集中载荷 F_3 的作用下，相关断面承受着弯曲和剪切应力，把壳体看成悬臂梁，接近钢轨附近的断面弯矩最大。但危险断面应该是螺栓孔的根部，如图 2-27 中的 m—m 断面。

1. m—m 断面上的强度校核：

(1)拉伸应力：$\sigma_1=\dfrac{N_L}{S}$

公式中的 S 为图 2-27 中壳体断面 m-m 上的横截面积，壳体上与螺栓连接的两个突出部分近似矩形（参见图 2-30），再去掉两个螺孔面积，则：

$$S=2bh-\frac{\pi\cdot d^2}{2} \tag{2-114}$$

$$S=2\times5\times7-\frac{\pi\cdot2.7^2}{2}=58.55(\text{cm}^2)$$

$$=58.55\times10^{-4}(\text{m}^2)$$

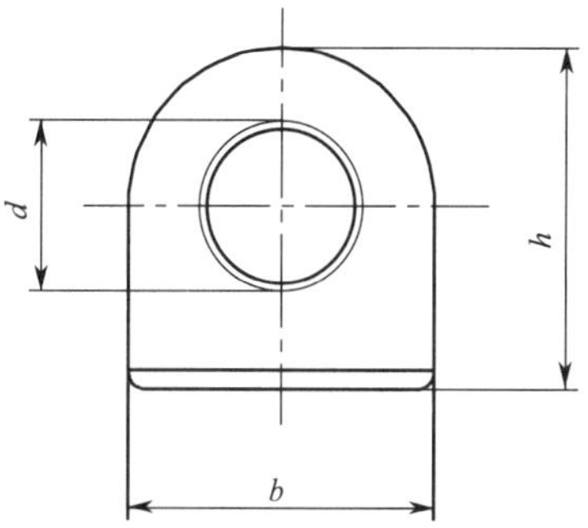

图 2-30　带孔的矩形截面图

根据公式(2-109)和公式(2-110)联立解出 F_4 和 N_L：

$$F_4=[F_3+f(N_1+N_2)]\cos\alpha-(N_1-N_2)\sin\alpha \tag{2-115}$$

$$N_L=(N_1-N_2)/\cos\alpha+[F_3+f(N_1+N_2)]\sin\alpha-(N_1-N_2)\tan\alpha\sin\alpha$$

因为 $\tan\alpha\sin\alpha$ 很小，可略去 $(N_1-N_2)\tan\alpha\sin\alpha$ 项，

所以：
$$N_L=(N_1-N_2)/\cos\alpha+[F_3+f(N_1+N_2)]\sin\alpha \tag{2-116}$$

取减速顶的轴向力 $F_3=2$ t$(19.6\times10^3$ N)，并根据公式(2-106)和公式(2-107)计算出 N_1 和 N_2 值，再据公式(2-115)和公式(2-116)求出 F_4 和 N_L 数值。

$$F_{4\max}=[19.6+0.12\times(36.08+24.44)]\cos10^\circ-(36.08-24.44)\sin10^\circ$$

$$F_{4\max}=24.43\ \text{kN}=24.43\times10^3(\text{N})$$

$$N_\text{L}=(36.08-24.44)/\cos10^\circ+24.43\tan10^\circ$$

$$N_\text{L}=16.06(\text{kN})=16.06\times10^3(\text{N})$$

则
$$\sigma_l=\frac{16.06}{58.55}=0.27(\text{kN/cm}^2)=2.7(\text{MPa})$$

(2)弯曲应力：$\sigma_w=\dfrac{M_\text{K}}{W_\text{y}}$

根据公式(2-111)：

$$M_\text{K}=aF_3+f(bN_1+cN_2)-dN_1+eN_2$$

其中：$a=4.2$ cm，$b=7.5$ cm，$c=1.0$ cm，$d=2.8$ cm，$e=7.0$ cm，$\mu=0.12$

$$M_\text{K}=4.2\times19.6+0.12\times(7.5\times36.08+1.0\times24.44)-2.8\times36.08+7.0\times24.44$$

$$M_\text{K}=187.78(\text{kN}\cdot\text{cm})=1.878\times10^3(\text{N}\cdot\text{m})$$

矩形截面的抗弯曲截面模量：$W_\text{y}=\dfrac{b^2(H-h)}{6}$

m—m 断面按两个近似矩形截面计算，其中 $b=5$ cm，$H=7$ cm，$h=2.7$ cm

则：
$$W_\text{y}=2\times\frac{5^2\times(7-2.7)}{6}=35.83(\text{cm}^3)$$

$$\sigma_\text{w}=\frac{187.78}{35.83}=5.24(\text{kN/cm}^2)=52.4(\text{MPa})$$

最大拉应力是 m—m 断面上边缘 A 点（见图 2-27）：

$$\sigma=\sigma_\text{l}+\sigma_\text{w}=\frac{N_\text{L}}{S}+\frac{M_\text{K}}{W_\text{y}} \tag{2-117}$$

$$\sigma=2.72+52.4=55.12(\text{MPa})$$

(3)剪切应力：壳体 m—m 断面上的最大剪切应力在螺栓孔轴线附近，按矩形截面考

虑，其最大剪应力计算公式：

$$\tau_{\max}=\frac{3}{2}\times\frac{Q}{S}$$

式中：Q——作用在 mm 断面上的最大剪切力，N。

Q 为 Y 轴上的合力，即 $Q=F_4$，$F_4=24.43$ kN，

$$\tau_{\max}=\frac{3}{2}\times\frac{24.43}{58.55}=0.63(\text{kN/cm}^2)=6.3(\text{MPa})$$

(4)强度校核：

根据公式(2-117)可以计算出 m—m 断面上的正应力。

由于在 m—m 断面上有两个螺栓孔，断面发生突然变化，所以存在应力集中问题，为此，要考虑理论集中系数，截面上的最大正应力：

$$\sigma_{\max}=\alpha_\sigma\sigma$$

式中的 α_σ 为拉(压)应力理论集中系数，α_σ 是大于 1 的系数，可以从有关图表中查出。因为在断面中有圆孔，根据曲线图查得 $\alpha_\sigma=2.1$。

强度条件：　　$\sigma_{\max}\leqslant[\sigma]$

而　　$[\sigma]=\dfrac{\sigma_b}{n_b}$

式中：$[\sigma]$——材料的拉(压)或弯曲许用应力，MPa；

σ_b——脆性材料的强度极限，MPa；

查表知，壳体球墨铸铁的 $\sigma_b=40(\text{kgf/mm}^2)=392(\text{MPa})$；

n_b——脆性材料的安全系数，它一般在 2～5 之间，因为在 m—m 断面上有两个螺栓孔，并承受一定的冲击载荷，所以取 $n_b=3$。

由上述确定的条件可以得出：

$$\sigma_{\max}=55.12\times2.1=115.75(\text{MPa})$$

$$[\sigma]=\frac{392}{3}=130.7(\text{MPa})$$

$\sigma_{\max}<[\sigma]$，m—m 断面上的正应力强度安全。

一般情况下，正应力满足强度条件，剪切应力强度可以不用校核，实际上 m—m 断面上的剪应力很小。

2. n—n 断面上的强度校核

如图 2-27 所示，该断面是在壳体下部的横截面，处于排气孔中间的位置。它主要受 F_3 产生的拉应力，同时带有一定的冲击载荷。该断面是一个圆环形，其面积为：

$$S=\frac{\pi(D^2-d^2)}{4}-\frac{b(D-d)}{2}+\pi(R^2-r^2) \tag{2-118}$$

式中：D——壳体下部外径，cm；

d——壳体下部内径，cm；

b——排气通道 G 方向的高度，cm；

R——排气孔外圆半径，cm；

r——排气孔内圆半径，cm。

所以 $S=\frac{\pi(8.6^2-7.0^2)}{4}-\frac{1.6\times(8.6-7.0)}{2}+\pi(1.4^2-0.9^2)=21.93(\text{cm}^2)$

$$\sigma_l=\frac{F_3}{S}=\frac{19.6}{21.93}=0.89(\text{kN/cm}^2)=8.9(\text{MPa})$$

与 m—m 断面的应力比较，肯定安全。

3. E 断面的强度校核(图 2-27 中的 E 环形断面)

$$\tau=\frac{Q}{S}=\frac{Q}{\pi Db}\qquad(Q=F_3)$$

$$\tau=\frac{19.6}{5.6\times1.4\pi}=0.8(\text{kN/cm}^2)=8.0(\text{MPa})$$

最大剪应力　$\tau_{\max}=\alpha_\tau\tau$

许用剪切应力　$[\tau]=\frac{0.6\sigma_b}{n_\tau}$

$$\sigma_b=40(\text{kgf/mm}^2)=392(\text{MPa})$$

考虑壳体底部加工困难，过渡圆弧小，取应力集中系数 $\alpha_\tau=2.5$，又因为底部受有一定的冲击力，安全系数取得比较大，即 $n_\tau=4$，则：

$$\tau_{\max}=20\ \text{MPa},[\tau]=58.8\ \text{MPa}$$

$\tau_{\max}<[\tau]$ 所以壳体底部剪切应力安全。

4. 双头螺栓强度校核

双头螺栓在工作中是比较易损坏的零件，它受有预紧力、拉力和弯曲载荷。在螺栓不松动的条件下，一个螺栓上的正应力：

$$\sigma=\frac{N_L+N_J}{2S}+\frac{M_K}{2W}$$

式中：N_J——两个螺栓的预紧力，N；

根据减速顶的安装维修标准，单个螺栓的安装扭矩为 700 N·m，换算成螺栓的轴向拉力为 25.9 kN 。

双头螺栓(壳体 K 端面)的弯矩：

$$M_K=8.5\times19.6+0.12\times(12.0\times36.08+5.0\times24.44)-4.0\times36.08+7.0\times24.44$$

$$M_K=259.98(\text{kN}\cdot\text{cm})$$

$$\sigma=\frac{15.95+25.9\times2}{2\pi(1.35)^2}+\frac{259.98}{2\pi(2.7)^3/32}=731.9(\text{MPa})$$

螺纹没有断面直径的变化，取应力集中系数 $\alpha_\sigma=1$，则

$$\sigma_{\max}=\sigma=731.9(\text{MPa})$$

剪应力：　$\tau=\frac{Q}{S}$

其中：　$Q=F_4=24.43\times10^3\ \text{N}$

$$\tau=\frac{24.43}{2\times\pi(2.7)^2/4}=2.13(\text{kN/cm}^2)=21.3(\text{MPa})$$

根据二向应力状态理论，拉伸主应力：

$$\sigma_1=\frac{\sigma}{2}+\sqrt{\left(\frac{\sigma}{2}\right)^2+\tau^2}$$

$$\sigma_1=\frac{731.9}{2}+\sqrt{\left(\frac{731.9}{2}\right)^2+21.3^2}=732.5(\text{MPa})$$

螺栓材料的强度极限：$\sigma_b=100\ \text{kgf/mm}^2=980\ \text{MPa}$

计算一下螺栓的安全系数 n_σ：

$$n_\sigma=\frac{\sigma_b}{\sigma_1}=\frac{980}{732.5}\approx1.33$$

从 σ_b 与 σ_1 的比值(安全系数)可以看出，M27 双头螺栓的安全系数偏小，在运用中是否会损坏，这与很多因素有关。

螺栓松动属于不正常工作状态，在此不做强度分析。

5.壳体的上衬套挤压应力与疲劳强度分析

壳体衬套是铜合金材料，在油缸运动过程中，它承受着挤压力和摩擦力，这种作用力在一昼夜里要有几百次或上千次，挤压和摩擦使相对软的铜套产生磨耗，长时间磨耗易使铜套产生疲劳，甚至出现形变和裂纹，现场维修可以看到铜套局部明显"凹痕"，变成椭圆形，有些铜套松动而串出，这些现象都是铜套疲劳造成的，上衬套疲劳损坏要比下衬套严重得多。

(1)上衬套的挤压应力：大约在衬套的 1/4 范围内，在 N_1 横向力的作用下，受到挤压，其挤压应力的大小分布成扇形，最大挤压应力是在经过衬套圆心的直径上。如果用受挤压面积去除横向力，与理论分析所得最大挤压应力近似。故：

$$\sigma_{jy}=\frac{N_1}{S_{jy}}$$

根据前面计算已知 $N_1=36.08\times10^3$ N；而

$$S_{jy}=\frac{1}{4}\pi Dh$$

式中：D——上衬套内径，m；

　h——上衬套宽度，m。

$$S_{jy}=\frac{\pi}{4}\times6.5\times10^{-2}\times5.0\times10^{-2}=25.53\times10^{-4}(\text{m}^2)$$

上衬套最大挤压应力：$\sigma_{jy}=14.1$ MPa。

许用挤压应力要比许用弯曲(拉伸)应力大得多，几乎是后者的二倍，因此仅从挤压强度分析，上衬套是绝对安全的。但是，上衬套金属表面颗粒一方面经常反复受正应力作用，另一方面还承受摩擦力的剪切应力作用，对于微观的颗粒而言，$\sigma_{jy}=14.1$ MPa 并不是一个小数字，尤其是衬套金属表面磨损后，表面发生形变，油缸与衬套摩擦副的接触面积逐渐减小，可能由 1/4 变成 1/5，乃至 1/10 等等，挤压应力不断加大，久而久之，表面颗粒产生疲劳而断裂或磨掉。

(2)疲劳破坏分析：根据摩擦和磨损原理、疲劳破坏理论，可以分析壳体衬套容易损坏的原因。

磨损的基本理论认为，摩擦副金属之间的磨损，按变形性质分为弹性接触磨损和塑性接触磨损，油缸与衬套的接触磨损先是弹性磨损，磨损达到一定程度会变成塑性磨损；按磨损发生的原因分为黏着磨损、磨粒磨损、腐蚀磨损、疲劳磨损，油缸与衬套间的磨损不是单一原因，特别是在摩擦副间润滑条件不良的情况下（如现场没有按时涂润滑油，或风沙大的地区，或在冬季严寒季节），可能会 4 种磨损均存在，但主要是疲劳磨损。

疲劳磨损的机理是，在挤压应力和剪切应力的共同作用下，从微观角度，凸凹不平的金属表面，微凸体逐渐被切断，在金属表面产生冷工硬化点，由点逐步形成硬化层，并深入到金属深层，在切向应力的作用下，硬化层产生弹性变形，经过多次（甚至是无数次）这种弹性变形，硬化点逐渐与金属本体剥离，裂纹越来越大，出现金属碎屑脱落，发生疲劳磨损，剥离越发严重，即产生疲劳破坏。金属摩擦副间的疲劳磨损分 3 个阶段，如图 2-31 所示。

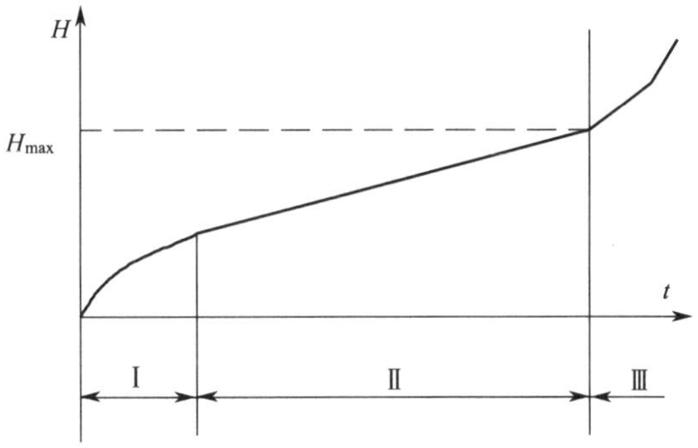

图 2-31　疲劳磨损的过程曲线

疲劳磨损是用磨损量与时间的关系来表示的，如何确定磨损量，一些学者从理论上，提出几种计算方法：

按磨损体积计算：$$W=(K/3)(N/HB) \tag{2-119}$$

按单位体积磨损计算：$$\omega=W/N\cdot L \tag{2-120}$$

按磨损率计算：$$I=K/n\cdot\sqrt{h/r} \tag{2-121}$$

式中：W——磨损体积，m^3；

K——常数；

N——零件工作次数；

HB——材料布氏硬度；

ω——单位体积磨损量，m；

L——磨损面长度，m；

I——磨损率；

n——工作循环次数；

h——压入（弹性）深度，m；

r——单个微凸体的半径，m。

这里对公式(2-119)～公式(2-121)不作详细讨论，仅提出一些计算公式供参考。

但是，人们最关心的是一个零件工作多长时间、工作多少次数达到疲劳破坏。疲劳磨损理论认为，疲劳破坏与载荷的循环次数有直接关系，亦即机器零件的损坏与其工作次数有紧密联系。图 2-31 中的第Ⅰ阶段是工作面的跑合阶段，第Ⅱ阶段是零件工作的稳定阶段，这段时间越长，零件达到疲劳破坏的时间越长，即寿命也越长，这是人们所希望的，第Ⅲ阶段是破坏阶段。因此在稳定的载荷状态下，给出了疲劳破坏的工作次数理论计算公式：

$$n=\left[\frac{3\pi\sigma_0(1-u^2/E)}{4Kf}\times\sqrt{r/h}\right]^t \tag{2-122}$$

式中：n——疲劳破坏的循环次数；

σ_0——疲劳强度，接近于材料的拉伸强度 σ_b，MPa；

u——材料的泊松比；

K——常数，在弹性接触下，$K=0.25-0.21$；

f——滑动摩擦系数；

E——金属材料的弹性模量，N/m^2；

r——单个微凸体的半径，m；

h——压入（弹性）深度，m；

t——指数，在 2～12 之间。

可应用公式计算出减速顶的工作寿命，这种理论计算仅仅是参考，特别是指数 t 对计算结果影响特别大，且给出的数值范围又很宽，所以减速顶有关零部件的疲劳寿命标准要通过理论结合实际来确定。

（二）活 塞 杆

活塞杆可认为是一个细长杆，而且受的是轴向压力，所以它的强度分析主要是压杆的稳定计算。当杆受轴向压力时，由于强度不足，它已经不能维持在直线状态下的平衡而破坏，即失去了稳定性。刚要失稳的压力称为压杆的临界力，临界力与材料的力学性质、细杆横截面的大小和形状、杆的长度等因素有关。临界力用下式计算：

$$P_{L\cdot j}=\frac{\pi^2 EJ}{(\mu\cdot l)^2} \tag{2-123}$$

式中：μ——压杆的长度系数，减速顶活塞杆取 $\mu=2.0$；

E——弹性模量，N/m^2；镍铬合金钢的弹性模量：

$$E=2.1\times10^6(kgf/cm^2)=2.06\times10^4(kN/cm^2)=2.06\times10^{11}(N/m^2)$$

J——惯性矩，cm^4；空心圆杆 $J=0.0491(D^4-d^4)$。

则 $$P_{L\cdot j}=\frac{\pi^2\times2.06\times10^4\times0.0491\times(2.2^4-1.6^4)}{(2.0\times18.9)^2}=118.0\times10^3(N)$$

工作载荷的安全条件：

$$P\leqslant\frac{P_{L\cdot j}}{n_w}\text{ 或 }n_{L\cdot j}=\frac{P_{L\cdot j}}{P}\geqslant n_w \tag{2-124}$$

式中：n_w——压杆的稳定安全系数，$n_w=1.8\sim3.0$；

$$n_{L\cdot j}=\frac{118.0}{19.6}=6>n_w$$

因此，活塞杆压杆稳定计算结果安全。

（三）滑动油缸

虽然油缸是减速顶唯一运动的零部件，但受力并不恶劣，本身的强度没有问题。但根据现场观察到的问题，主要是油缸头部表面变形，甚至边缘打出“飞边”，原因是减速顶受到车轮的冲击。大家知道，减速顶对调车机车轮缘产生严重磨耗问题，一直困扰着内侧减速顶的推广与应用，用了 13 年的时间才彻底解决，其原因就是减速顶对机车轮缘冲击加摩擦。同样车辆车轮对减速顶的油缸头部表面也有冲击和摩擦，只是油缸的硬度远大于车轮的硬度，所以油缸头部的形变没有调车机车轮缘严重。为此，要对油缸做冲击载荷的强度分析。

车轮对减速顶的冲击力与油缸内的充氮作用力有关，油缸内的氮气作用力：

$$F=\frac{\pi D^2}{4}\cdot p_0$$

式中：p_0——油缸内充氮压力，$p_0=8.0\text{kgf/cm}^2=78.4\ \text{N/cm}^2$。

一般情况下，静止物体被冲击时，取动荷系数 $K_d=2$，所以减速顶受到的冲击力为：

$$F_{\text{d}}=K_{\text{d}}\frac{\pi D^2}{4}\cdot p_0 \tag{2-125}$$

$$F_{\text{d}}=2\times\frac{\pi\times5.2^2}{4}\times78.4=3.33\times10^3(\text{N})$$

冲击力是比较大的，尤其是车轮轮缘与油缸头部是两个曲面接触，即或弹性变形，接触面积也很小，所以冲击应力很大，同时车轮在向前运动过程中，接触点处有蠕滑，在减速顶做制动功的情况下，自然还存在着比较大的摩擦力。

蠕滑产生的摩擦力：

$$F_{\text{fR}}=f_{\text{R}}\cdot P \tag{2-126}$$

式中：f_R——蠕滑摩擦系数，无润滑滑动摩擦，$f_{\text{R}}=0.2$；

P——车轮与油缸的总作用力。

$$P=\sqrt{F_{\text{x}}{}^2+F_{\text{y}}{}^2+F_{\text{z}}{}^2}$$

$$P=F\sqrt{\cos^2\alpha\cdot\tan^2\beta+1}$$

$$P=19.6\times\sqrt{\cos^2 10^\circ\cdot\tan^2 30^\circ+1}=22.55\times10^3(\text{N})$$

所以摩擦力　　$F_{\text{fR}}=0.2\times22.55\times10^3=4.51\times10^3(\text{N})$

由于接触面积很小，这个将近半吨的摩擦力是相当可观的，对车轮和油缸头部都将产生明显磨耗。

在冲击应力和摩擦剪切应力的共同无数次的作用下，油缸头部产生疲劳磨损(与壳体上衬套的疲劳相似，可参考前述的壳体上衬套挤压应力和疲劳强度分析)，油缸头部表面出现塑性变形，逐步形成凹痕，个别情况下，油缸头部轮廓边缘被打出“飞边”。特别是球面型帽头的减速顶，一旦产生飞边，油缸头部接触壳体后，可能被飞边卡住，油缸不能恢复原位，成为故障顶。

第十三节　减速顶对调车机车轮缘磨耗的研究与试验

一、问题的提出

1980 年，在原广州北站安装运用了“股道全减速顶调速系统”，股道内密集安装了 TDJ—204 型内侧减速顶。投入运用后对保证运输安全和提高运输效率都取得了十分可喜的效果。然而该站调车机车下峰作业十分频繁，调车机车经常以较高的速度通过密集布置的减速顶群，一段时间之后，令人担忧的问题终于发生了：密集布置的内侧减速顶对调车机车轮缘产生了严重的磨耗问题，甚至将机车轮缘的测量基准面也磨耗掉了。一时间，机务部门提出了强烈的质疑，认为内侧减速顶对机车轮缘的磨耗是致命的缺陷，将造成严重的安全隐患，甚至要求废除内侧顶。在这个时期，外侧减速顶也应运而生，它虽然也会打磨机车车辆的踏面，但其磨耗部位并非是车辆轮缘的基准面，对安全的影响也相对要小一些。当减速顶这一新生事物在中国刚刚起步的时候，出现了内侧减速顶对调车机车轮缘的磨耗问题，这是减速顶研究、应用过程中遇到的一个特殊问题，也是一个难题，更是减速顶调速技术在推广应用过程中的一大障碍。

二、减速顶对机车轮缘磨耗的理论研究

（一）减速顶对机车轮缘的磨耗机理

1. 减速顶对机车车轮的冲击

具有一定速度的机车车轮与静止的减速顶油缸头部接触的过程中，初始阶段主要是减速顶对车轮的冲击，根据动量定理，冲击载荷的大小可用下式表示：

$$P_c=\frac{m(v_t-v_0)}{t} \tag{2-127}$$

式中：m——油缸组合件及其内部液压油的总质量，kg；

v_0——冲击过程中，油缸的初速度，m/s，$v_0=0$；

v_t——冲击过程中，油缸的末速度，m/s；

t——冲击时间，s。

油缸下滑速度与车速的关系为：$v_t=\frac{v}{\cos\alpha}\cdot\tan\beta$ (2-128)

式中：v——机车经过减速顶时的速度，m/s；

α——减速顶的安装角，°。

另外在冲击过程中，油缸内氮气压力对车轮产生一定的作用力。

根据公式(2-127)和公式(2-128)可知，机车速度越高，减速顶对机车轮缘的冲击力越大。

2. 蠕滑摩擦产生的剪切力

在车轮与减速顶油缸接触过程中，当车速高于减速顶的临界速度时，减速顶对机车车轮产生 1.5 t 以上的作用力，车轮与油缸帽头之间存在蠕滑，所以会产生滑动摩擦。由于车轮轮缘和油缸帽头的接触是两个曲面外切，接触面积很小，因此摩擦应力是比较大的，对车轮轮缘的磨耗相对是比较快的。产生的摩擦剪切应力如公式(2-129)。

$$\tau=\frac{Pf}{S} \tag{2-129}$$

式中：τ——摩擦剪切应力，MPa；

P——车轮与减速顶间的总作用力，N；

f——车轮与油缸间的滑动摩擦系数；

S——车轮与油缸间弹性变形后的接触面积，m^2。

根据上述的分析计算可知：当机车以较高的速度通过减速顶时，车轮轮缘和减速顶油缸头部将产生较大的摩擦力，由于车轮轮缘和帽头的接触面积 S 比较小（两个球面接触），因此产生的摩擦剪切应力是比较大的。

3. 接触应力产生的疲劳

机车轮缘产生严重磨耗的另一个重要原因是接触应力使金属表面疲劳，从而造成疲

劳磨损。根据弹性力学关于两物体接触应力的计算分析，并假定车轮与油缸帽头为两个球面相切，接触面为一个椭圆，且认为材质相同，接触应力（压强）为：

$$\sigma = 0.388\left[PE^2\,\frac{(R_1^2+R_2^2)^2}{R_1^2R_2^2}\right]^{1/3} \tag{2-130}$$

式中：E——材质的弹性模量，N/m^2；

R_1——车轮轮缘上接触点所在曲面的半径，m；

R_2——减速顶油缸头部的曲面半径，m。

从公式(2-130)可以看出，接触应力与两个曲面半径是负相关的，且是平方关系。

图 2-32 给出了中国现行的机车轮缘的结构尺寸。

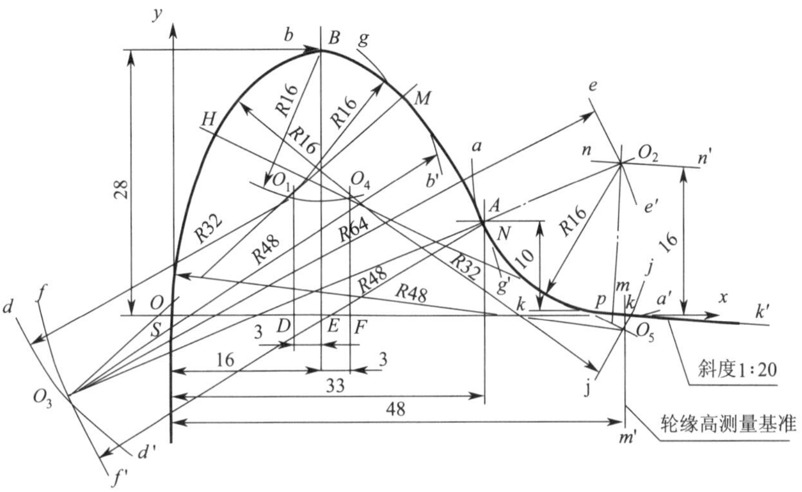

图 2-32　中国机车车轮轮缘结构图

当减速顶油缸帽头与机车原形车轮轮缘接触时，接触点在轮缘的内侧主曲面 R_1 为 16 mm的圆弧上，而减速顶油缸球头半径 R_2 为 90 mm（以 TDJ—204 型减速顶为例），R_1 和 R_2 相对车轮半径是比较小的，因此调车机车刚接触减速顶的初期，轮缘磨耗是很快的。当轮缘头部被磨耗之后，形成一个斜平面，如图 2-33 所示，此时的 R_1 由 16 mm 变成了车轮轮缘半径，$R_1=445$ mm或以上，接触半径扩大了将近 30 倍，因此磨耗速度逐渐变慢，最后趋于稳定。

由于在股道上安装了数百台或上千台减速顶，调车机车每下峰一次，都要经过很多台减速顶的作用，调车机车日日夜夜在调车场上作业，车轮轮缘频繁受到减速顶油缸帽头的冲击，根据疲劳磨损原理，车轮轮缘在无数次大接触应力的作用下，会由弹性变形逐步产生塑性变形，金属表面也会出现细微裂痕甚至剥离等现象，造成轮缘的严重磨耗。

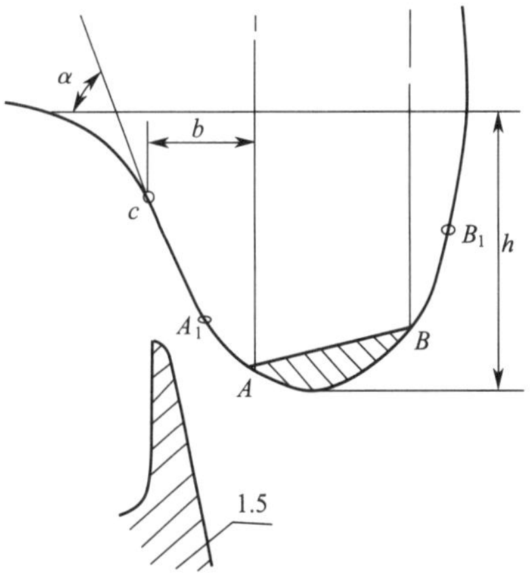

图 2-33　磨耗后的机车轮缘外形图
（AB 线段以下的影线部分被磨掉）

综上所述,内侧减速顶对机车轮缘磨耗的主要机理是冲击、摩擦加疲劳破坏。由于减速顶油缸头部的硬度很高,几乎是机车轮缘硬度的 3 倍,而且,一台机车需要经过许多台减速顶。所以机车轮缘发生了严重磨损,而减速顶油缸帽头的磨耗相对比较轻,这是一种正常而自然的现象。

(二)减轻减速顶对机车轮缘磨耗的主要途径——轮缘改形

机车轮缘被磨耗以后,机车在线路上的走行安全问题是十分令人关注的,也是机务和运输部门非常担心的。为了保证安全,如何减轻磨耗是首要研究的问题,一是提高车轮的耐磨性,二是减小车轮与减速顶之间的接触应力,三是减少调车机车下峰的次数,避免车轮与减速顶的频繁接触。

从上述分析可知,机车轮缘的断面形状是磨耗快慢的一个主要因素:与减速顶油缸帽头接触的圆弧半径越大,磨耗的速度就会越慢。因此改变轮缘头部形状是减小磨耗的最有效措施,有必要改变中国机车轮缘顶部的形状和尺寸。实际上,国外在这方面早已有成熟的经验可供参考。图 2-34 是日本改进型机车轮缘的外形图;图 2-35 是波兰改进型机车的外形图。根据上述理论分析并参考国外的机车轮缘形状,提出了中国机车轮缘的改形方案,如图 2-38 所示,具体改形方案有以下几点。

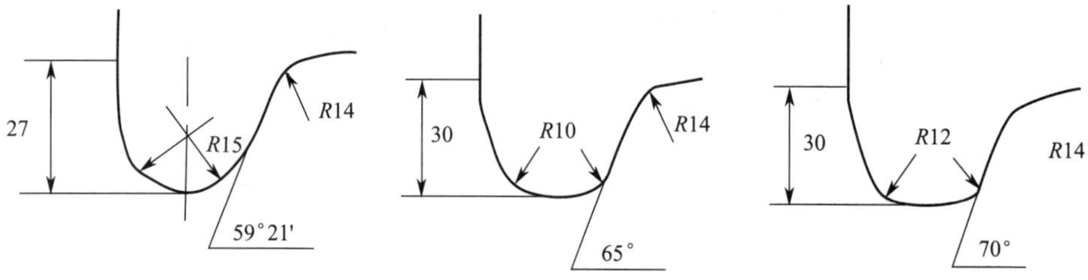

图 2-34　日本改进型机车轮缘外形图

1. 轮缘内侧面的 $R16$ 圆弧半径加大,将两个 $R16$ 圆弧形成的尖顶变成平面,使平面与油缸头部接触,从而大大降低接触应力,降低磨耗速度。

为了便于分析,将公式(2-130)变成公式(2-131),式中 K 为合并后的常数:

$$\sigma = KP^{1/3}\left(\frac{1}{R_2{}^2}+\frac{1}{R_1R_2}+\frac{1}{R_1^2}\right)^{1/3} \qquad (2\text{-}131)$$

轮缘顶部变成平面后,R_1 由 16 mm 变成了车轮轮缘半径,较原形轮缘增加了 30 倍左右,经计算,接触点的挤压应力比原形时的圆弧降低约 32 倍。

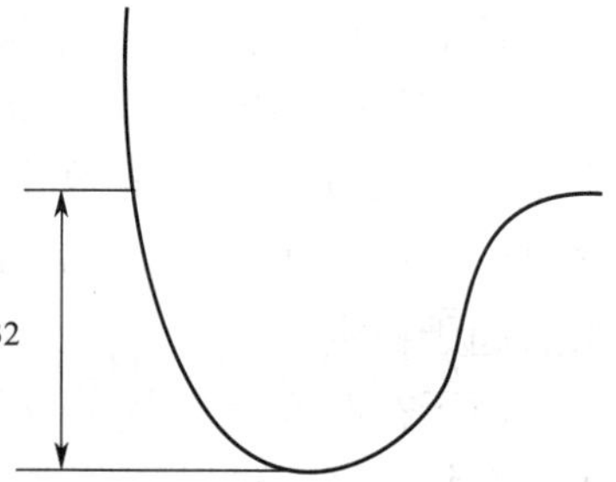

图 2-35　波兰的机车轮缘外形图

如果加大减速顶油缸帽头的球头半径,例如由$R90$ mm加大到 $R140$ mm(由球形变成蘑菇形),经计算接触点的挤压应力只降低了 0.07 倍,而且油缸球头半径的加大是有限的,即便 $R_2=\infty$(油缸头部变成平面),如果 R_1 不变,接触应力也只降 0.2 倍。因此增加减速顶油缸帽头尺寸对于解决轮缘磨耗并不能起到很好的效果。

改变车轮的材质和硬度来提高其耐磨性，虽然理论上可行，但涉及车轮与钢轨间的硬度、磨耗等匹配关系，特别是涉及机车车轮现行的生产和热处理工艺等问题，因此，并不具有可操作性。

2. 为了走行安全，应不降低车轮磨耗后的轮缘高度，因此需要事先将轮缘高度加大，预留磨耗量。日本的轮缘高度由 27 mm 提高到 30 mm，波兰的轮缘为 32 mm；中国机车原有轮缘高度为 28 mm，可提高到 30 mm。

3. 轮缘外侧面设直线段，降低钢轨头部与轮缘外侧面的接触应力，降低摩擦系数，减轻车轮爬轨的可能性。

4. 加大轮缘角，降低车轮脱轨系数。根据 Nadal 公式，脱轨系数与轮缘角的关系：

$$\frac{Q}{P}=\frac{\tan\alpha-\mu}{1+\mu\cdot\tan\alpha} \tag{2-132}$$

式中：$\frac{Q}{P}$——脱轨系数；

Q——车轮的横向力，N；

P——轮荷重，N；

α——轮缘角，°；

μ——车轮外侧面与钢轨头部间的摩擦系数。

从公式(2-132)可以看出，加大轮缘角 α，可降低脱轨系数。中国原有机车轮缘的断面图中，没有明确的轮缘角，大约是 66°～68°之间，参考中国鉴定的 JM_1 机车轮缘和国外的资料，可将 α 提高到 70°。

5. 轮缘与踏面是密不可分的，改变轮缘外形的同时，踏面也必然改形，将踏面改成“凹形”。调车机车轮缘改形方案确定之后，通过运用试验，证实了改形方案的可行性。

(三)减速顶对机车轮缘磨耗安全限度的研究

机车车轮凡是产生磨耗的部位，都要确定安全磨耗限度，如踏面磨耗深度、轮缘厚度等。因此，减速顶对机车轮缘的磨耗，也需要确定安全限度。轮缘顶部磨耗后，轮缘高度有所下降，并形成一个斜平面，产生两个尖点，如图 2-36 所示，尖点 A、B 随着斜平面的加宽分别外移。由于外侧尖点 A 的出现，轮缘外侧不是光滑曲面，增加了 A 点与钢轨侧面接触时车轮爬上钢轨的可能性，因此设定了尖点 A 的“避开距离”的限度。这样限制了 A 点的外移量，实际上就限制了斜面的宽度，也等于限制了 B 点的外移量。因此在原来限度的基础上，要增加“轮缘高度”和尖点 A 的“避开距离”两个限度。

1. 轮缘高度的安全限度

该限度定为 26 mm。中国机车车辆在架修和厂修中，车轮加工允许的轮缘高度误差为1 mm，即轮缘高度不得小于 27 mm，车辆轮缘高度不得小于 24 mm。同时规定尖轨尖端不低于基本轨轨面23 mm(参见图 2-33)，因此取磨耗后的轮缘高度的安全限度为 26 mm 是适宜的。

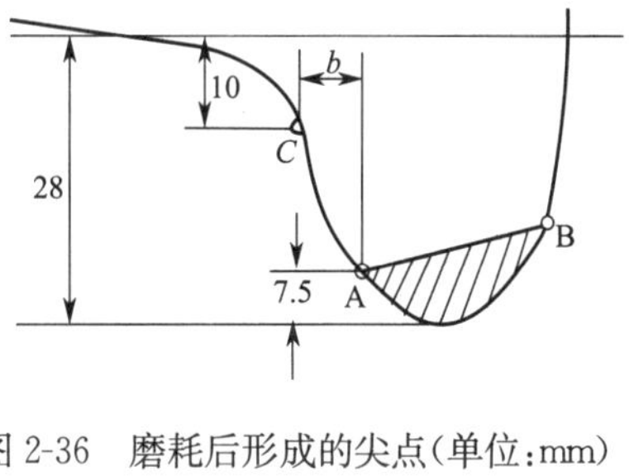

图 2-36　磨耗后形成的尖点(单位：mm)

2. 轮缘顶部尖点 A 的避开距离

机车轮缘外侧面与钢轨头部内侧面贴靠时，轮缘顶部磨耗产生的外侧尖点 A 到钢轨头部内侧面的距离为避开距离，该限度定为 $b=6.5$ mm。主要依据如下。

(1)自由空间的分析与计算

机车经过曲线或道岔时，车轮外侧面与钢轨、车轮内侧面与护轮轨都存在一定冲角。通过机车经过半径为 180 m 的曲线内接方程计算，正线冲角为 $\theta=0°43'$，而道岔转辙角为 $\phi=1°35'$，日本的试验证明，最大冲角可达 2°，故以 $\phi=2°$计算，护轮轨与基本轨的间距为 44 mm，通过图解法，计算出车轮经过护轮轨的自由空间。计算结果：轮缘外侧与钢轨的接触点低于轨面的高度为 20.5 mm，即接触点距轮缘原形顶点为 7.5 mm；轮缘内侧面与护轮轨的接触点低于轨面高度为 13 mm，只要尖点 A 低于 7.5 mm，B 点低于 13 mm，轮缘磨耗产生的锐边就不会接触钢轨或护轮轨，即处于自由空间。

(2)中国《铁路技术管理规程》的规定

根据中国《铁路技术管理规程》中的有关规定：机车和车辆轮缘厚度磨耗到限为23 mm，相当于避开距离为 7 mm，只有 DJND 型机车轮缘厚度磨耗到限为 24 mm 更安全。

(3)参考国际上的有关规定

国际铁路联盟 ORE 规定，避开距离 qr＝6.5；日本国铁车轮规定磨耗到限，轮缘角不得超过 73°，即尖点避开距离为 5.5 mm；英国对轮缘直线状磨耗的斜率规定，不得大于 1 比 3，即轮缘角不得大于 71°34′，经计算相当于避开距离为 6 mm。

根据上述的分析和参考国外的相关数据，确定轮缘外侧面尖点 *A* 的避开距离为 6.5 mm是可行的。

(四)减速顶对机车轮缘磨耗的检测方法和量具的研究

目前中国对机车、车辆轮缘的检查采用二号检查器，它以车轮内侧面和轮缘顶点作为基准，来测量轮缘厚度和踏面磨耗深度。内侧减速顶对机车轮缘的顶点产生磨耗，导致原有的测量基准被磨掉，于是机车车轮的检查测量成为一个新的课题。

通过深入分析和研究并参考国外的技术资料，可以确定：中国原来以轮缘顶点作为测量基准是不够合理的，而采用踏面磨耗基准线作为测量基准才是科学的。为了解决减速顶磨耗机车轮缘的测量问题，1981 年哈中心研究设计出了“特种检查器”，并在哈尔滨、三棵树和牡丹江三个机务段进行试验；杭州机务段也设计了 LDG 检查器，并于 1985 年通过上海铁路局的技术鉴定。这种检查器是以踏面和轮缘内侧面为基准，测量轮缘厚度、踏面磨耗深度、轮缘高度和尖点避开距离。之后，铁道部机务局也做出规定：将这种检查器作为有内侧减速顶区使用的调车机车轮缘测量工具。图 2-37 为特种检查器及其测量方法示意图。

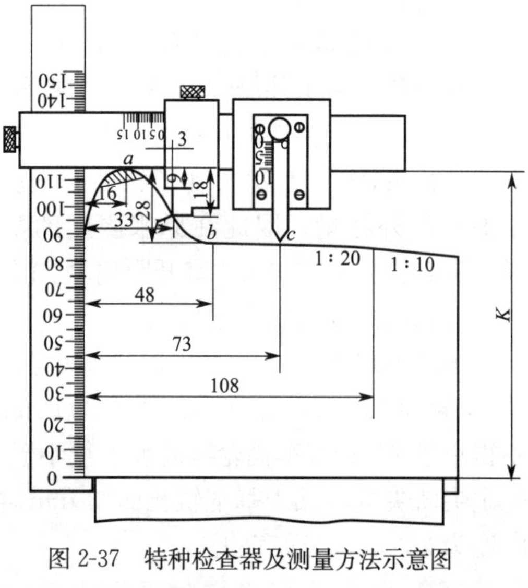

图 2-37　特种检查器及测量方法示意图

三、减速顶对机车轮缘磨耗的现场试验与运用

1982年5月，按照铁道部科技局的要求，由哈尔滨铁路局牵头，广州、上海铁路局共同组建了专门的技术调查组，对广州北、艮山门、哈尔滨等8个编组站和机务段进行现场调研，调查了内侧减速顶对调车机车轮缘磨耗的基本情况和规律，并向铁道部科技局递交了调查报告。

1980年至1984年间，经哈尔滨铁路局批准，对哈尔滨机务段JF605和JF290两台有轮缘磨耗的调车机车跟踪试验和调查，两台机车去牡丹江架修和厂修共13次，其中仅JF605机车第一次去牡丹江在正线上限速运行，其余12次正线运行均没有限速，试验人员在车轮轮缘上涂白铅油进行中途检查试验，取得宝贵的数据，为确定轮缘安全限度、轮缘改形和制定科学的检测方法起到了重要作用。

1983年8月至11月，杭州机务段分别对东风2—3349号内燃机车、KD7—541号蒸汽机车轮缘做改形试验，经过八九个月的试验，取得了明显效果。同年9月，铁道部科技司在杭州主持召开了哈尔滨、上海、广州三个局的相关技术人员座谈会，讨论了轮缘改形、安全限度和检查方法等问题，并取得了共识。

1984年6月，经南昌铁路局批准，对上饶和向塘两个机务段的调车机车进行了轮缘改形试验。1985年11月，哈尔滨铁路局决定对牡丹江机务段的JF987号机车进行轮缘改形和安全限度的试验。同年7月，中国铁道学会减速顶委员会在哈尔滨召开了调车机车轮缘磨耗专题研讨会，全路共有14个机务段、27个单位的技术人员参加了会议，充分讨论了调车机车轮缘改形、安全限度和检测方法等重要议题。

经过哈尔滨、上海铁路局，广州铁路(集团)公司等10多个单位常年的刻苦攻关和不懈努力，特别是通过多年的现场试验和日常运用证明：调车机车轮缘的改形是科学合理的；轮缘磨耗在规定的安全限度内，机车在站线或正线上的走行都是安全的，没有因为机车轮缘磨耗而发生过任何事故；对轮缘的检查测量方法与测量工具也是实用和安全可靠的。

四、铁道部关于“减速顶对机车轮缘磨耗”的技术政策

1989年10月，铁道部科技司将“减速顶对调车机车轮缘磨耗问题”作为重点科研项目立项，并与青岛四方车辆研究所签订了“铁科技字89—机—35号”部科研课题合同。此后，由青岛四方车辆研究所主持，哈中心参加，就该项课题共同开展了科技攻关和科学试验，通过深入的理论研究和大量试验工作，最后确定了改形的DJND型轮缘踏面形状和尺寸、磨耗后的安全限度和检测方法与量具，为铁道部技术鉴定奠定了基础。

1993年4月，铁道部科技司和机务局在青岛联合召开了“调车机车DJND型轮缘踏面、运用限度、检测量具”的技术鉴定会，会议通过了该项技术鉴定(鉴定证书号:[1993]铁道部技鉴字013号)。改形后的调车机车DJND型轮缘踏面外形图如图2-38所示；DJND型轮缘踏面的安全运用限度如图2-39所示。

1993年8月，全路机务系统的主管部门铁道部机务局，以机技[1993]118号文件发布

了“关于公布 DJND 型内侧减速顶区使用的调车机车轮缘踏面外形、运用限度及检测量具的通知”。通知要求全路机务系统按照铁道部鉴定的技术标准遵照执行。至此，历经 13 年之久的关于内侧减速顶对调车机车轮缘磨耗问题终于得到了彻底解决。

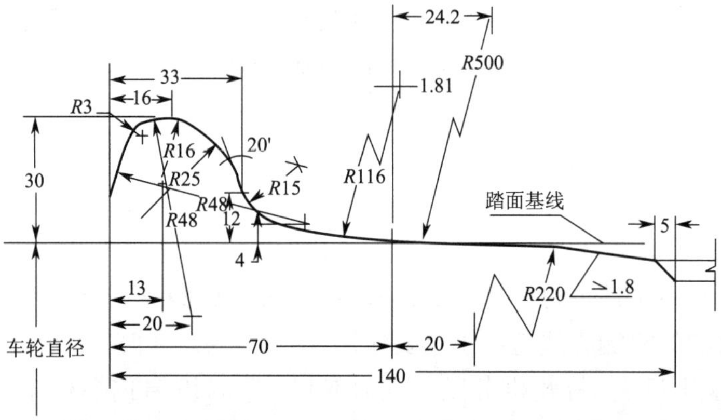

图 2-38　DJND 型轮缘踏面外形图(单位:mm)

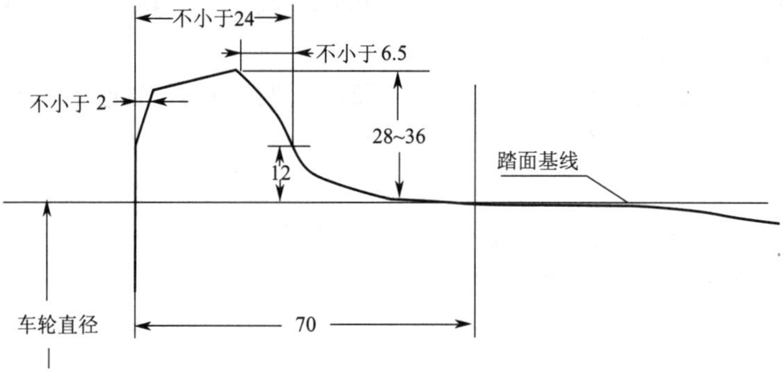

图 2-39　DJND 型轮缘踏面运用限度(单位:mm)

1993 年 4 月之后是该项目的推广运用阶段，在这个阶段中，许多机务段按照铁道部的要求，对安装内侧顶的站场运用的调车机车进行了改形，哈铁减速顶研究中心也派出技术人员进行指导，此后调车机车也从没有因轮缘改形或磨耗而出现一次脱线事故。

自 1997 年美国芝加哥的奔森维尔铁路编组站应用了中国 TDJ—302 型内侧顶，2002 年美国 CP 铁路公司也曾提出减速顶对调车机车轮缘磨耗问题，我方以铁道部技术鉴定材料为依据，向美方阐述了中国 13 年来内侧顶对机车轮缘磨耗的研究试验和安全运用情况，此后美国多个使用 TDJ 型内侧顶的编组站没有再质疑“轮缘磨耗”危及行车安全的问题。

第三章　减速顶调速设备

第一节　减速顶调速设备的基本分类

减速顶调速设备是以顶帽与车轮接触而做功的各种顶类调速设备的统称。30多年来，为满足中国铁路编组站调车作业的各种复杂工况的要求，减速顶从最初的单一品种迅速发展成为具有多种功能和特点的系列产品，为了方便了解各种减速顶调速设备的性能和特点，可按如下几种方式进行分类。

(1)按安装位置分类：可分为内侧减速顶和外侧减速顶。

①内侧减速顶(简称内侧顶)——安装在钢轨内侧，通过滑动油缸帽头与车轮轮缘接触而做功的减速顶。

②外侧减速顶(简称外侧顶)——安装在钢轨外侧，通过滑动油缸帽头与车轮踏面接触而做功的减速顶。

(2)按性能分类：可分为普通减速顶和有特殊性能的减速顶。

(3)按使用区域分类：可分为国内减速顶和出口减速顶。

(4)按调速功能分类：可分为减速顶、停车防溜顶、加速顶、加减速顶。

各类减速顶根据运输生产的实际需要和不同的安装位置，又可以设计成不同临界速度档次的减速顶。

需要说明的是，停车防溜顶(简称停车顶或防溜顶)是由减速顶派生而来的，它在主要结构和使用方式上与减速顶十分相似，它不仅可以对溜放车辆减速制动，而且还具有止轮防溜的功能。因此，停车顶既是一种具有特殊性能和不同调速功能的减速顶调速设备，又是一种停车防溜设备。但由于运输作业对于停车防溜设备有着更为严格和具体的要求，因此，我们将停车顶归类到停车防溜设备中详细介绍。

有相当一部分减速顶的功能是组合在一起使用的，例如某种出口顶是内侧安装的高负荷、平板阀可控减速顶，它是一种内侧平板阀顶，又是具有可控功能的高负荷减速顶，同时又是出口顶。因此，按照功能的排列组合来统计，减速顶调速设备的品种至少有数十种之多。下面我们按照顶的性能、调速功能和使用区域分五大类加以介绍。

一、普通减速顶

普通减速顶具有减速顶最基本的特性和功能，它的应用数量最多、应用范围最广，按照压力阀的结构可分为球阀减速顶、锥阀减速顶、平板阀减速顶三种；还有为降低成本，对结构和工艺进行优化和简化的经济型减速顶，为适应高速、重载运输研制的具有大结构尺寸、大容积、高强度等特点的高负荷减速顶。

二、有特殊性能的减速顶

有特殊性能的减速顶指除具有对铁道车辆制动减速的基本性能外，还具有某种或多种特殊功能的减速顶，他们既可以是内侧顶，也可以是外侧顶。主要有以下几种：

1. 慢回程减速顶——根据运输作业需要，能使滑动油缸慢速回升的减速顶。

2. 防风雪减速顶——壳体采用高排气管，具有防水、防冰雪冻害功能，适用于北方高寒和风雪较大地区的减速顶。

3. 防脱线减速顶——壳体上设有翅状挡块，在钢轨上对称安装，能有效防止车辆脱线的减速顶。

4. 卡式减速顶——安装时不需要在钢轨上钻孔，通过螺栓和夹块（TDJ 型卡式顶）或卡体（TDW 型卡式顶）将壳体紧固在钢轨轨底的减速顶。

5. 可控减速顶（简称可控顶）——通过外部控制实现是否对溜放车辆制动减速的减速顶，按照控制方式，它可以分为以下两种：

（1）常立式可控顶——在没有外部控制信息时，滑动油缸始终处于立起状态的可控顶。

（2）常吸下式可控顶——在没有外部控制信息时，滑动油缸始终处于吸下或锁闭状态的可控顶。

按照吸下方式及驱动类型又可分为以下三种：

（1）真空吸下可控顶——通过外部控制，利用滑动油缸上、下端的气压差使之立起或吸下的减速顶。

（2）电动锁闭可控顶——通过外部控制，利用电磁力实现对滑动油缸的机械锁闭或解锁的减速顶。

（3）风动锁闭可控顶——通过外部控制，以压缩空气为动力实现对滑动油缸的机械锁闭或解锁的减速顶。

6. 单向减速顶（简称单向顶）——仅对从一个方向进入的车辆进行制动减速，而对从反方向进入的车辆基本不做功的减速顶，它包括机械式单向顶和摩擦式单向顶。

7. 双临界速度减速顶——具有两级临界速度识别装置，仅对某一中速区的溜放车辆制动减速，而对该区以外的低速和高速车辆基本不起制动减速作用。

三、出口减速顶

在国内减速顶的基础上，根据出口国的铁路车辆、钢轨轨型、线路条件以及站场运输作业的实际工况专门设计的减速顶。一般说来，出口减速顶只能用于特定的出口国站场或与之条件相同的其他国外站场；另外，也有少数出口国，其车辆、线路及运输作业等条件和中国基本相同，所以在一定的条件下，部分出口减速顶也可以在国内使用。

四、加 速 顶

加速顶是一种安装在钢轨上，以压缩空气为能源，通过加速顶杆帽头对溜放车辆进行加速的调速设备。加速顶有别于上述各类减速顶，但考虑到它也属于顶类设备，并且通常都是和减速顶配合使用，以实现最佳的调速效果，因此，也将它归类到减速顶调速设备之中。

五、加减速顶

加减速顶是一种安装在钢轨上，将液压减速顶和风动加速顶合为一体，对溜放车辆既能减速又能加速的调速设备，它是一种组合式的顶类调速设备，因此也将其归类于减速顶调速设备。

第二节　内侧减速顶

一、内侧减速顶的研制目的

在1974年之前，中国铁路编组站的自动化程度与发达国家相比差距较大，一些大型驼峰调车场，如丰台西、郑州北、南翔等站主要采用减速器作为调速工具，对溜放车辆采用点式"打靶"的调速控制来实现"目的制动"。由于这种方式控制距离长，控制精度较差，安全连挂率较低，因此，溜放车辆超速连挂甚至被撞坏的调车事故时有发生。而大量中、小驼峰编组站没有任何机械化或自动化的调速设备，主要依靠人工下"铁鞋"或拧手闸来完成调车作业。不论白天、黑夜，不论严寒、酷暑和刮风下雨，调车人员都必须在繁忙的调车场内到处奔跑，并且需要从正在溜放的车辆上跳上、跳下。这种落后的手工作业方式根本满足不了调车作业的需要，同时还经常发生调车作业事故和人身伤亡事故。为了尽快提高中国驼峰编组站的自动化水平和调车作业效率，确保运输作业安全和人身安全，中国科技人员通过学习和借鉴英国道蒂公司的减速顶技术，结合中国运输生产的实际情况，自主开发研制了适用于中国国情的内侧减速顶。

二、内侧减速顶的主要品种介绍

(一)TDJ—204型减速顶(图3-1、图3-2)

TDJ—204型减速顶是根据中国铁路运输生产特点开发研制的第一代技术比较成熟并得到广泛应用的减速顶调速设备，该产品的主要结构和技术特点如下：

(1)安装在钢轨内侧，滑动油缸采用的是球面形帽头，因此只能用于线路的直线段。

(2)临界速度可以分档，速度阀采用固定式结构，即速度阀开量为固定值，通过变化速度阀弹簧来实现对临界速度的分档。产品既可用于点连式调速系统，也可用于驼峰和股道全减速顶调速系统。

(3)压力阀为可调式球阀结构，通过调节组合式压力阀弹簧的预压力，可提高减速顶的调压范围和调压能力。

(4)顶的安装高度相对较低；滑动油缸、活塞等主要部件采用先进的热处理工艺以提高其抗冲击性、耐磨性和防腐蚀性，因此具有较长的使用寿命。

(5)采用密封盖压入式的充氮方法。即通过滑动油缸上的充气孔向缸体内充入氮气，然后在油缸端部拧入密封盖，将缸体内的液压油和氮气密封，并在油缸与密封盖的结合部位打入弹性销固定。

图3-1　TDJ—204型减速顶外形图

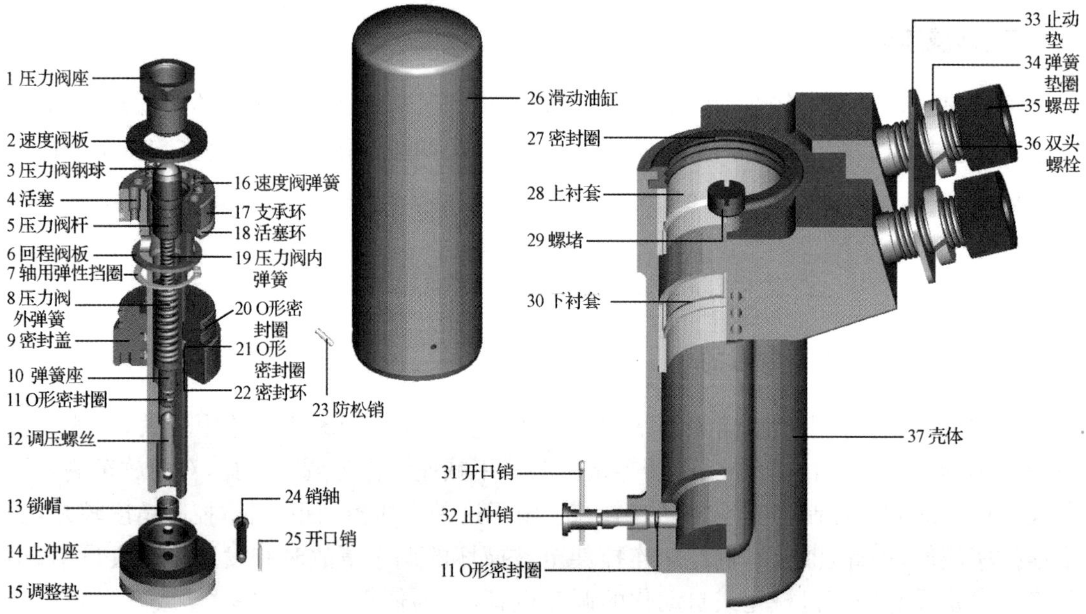

图 3-2　TDJ—204 型减速顶结构图

(6)壳体衬套采用强度高、耐磨性好的有色金属材料,壳体上铸有单独的排气通道,当车轮压下减速顶时,壳体下腔的气体经排气通道从上部排出。

(7)壳体底部设有止冲装置,可防止油缸组合件在工作时窜出壳体造成意外事故,并能防止人为丢失。

(8)壳体底部装有不同厚度的调整垫,可在小范围内对减速顶的安装高度进行调整,以保证其符合产品规定的技术指标。

(二)TDJ—302 型减速顶(图 3-3)

1. TDJ—302 型减速顶的结构和技术特点

随着减速顶调速技术的发展,驼峰编组站需要采用全减速顶调速系统来进行自动化技术改造。由于 204 型减速顶的滑动油缸是球面形帽头,只能在直线区段使用,因此要求尽快研制出能够在道岔区和曲线段使用的减速顶,TDJ—302 型减速顶由此应运而生并立即得到了广泛的应用。302 型减速顶在 204 型减速顶的基础上进行了多项技术改进和创新,其主要结构和技术特点如下:

(1)滑动油缸采用圆锥面和球面相结合的蘑菇形帽头,提高了减速顶临界速度的精度,产品可在直线和曲线段使用,拓宽了减速顶的使用范围;同时在检修油气泄漏的"瘪顶"时,更便于滑动油缸的拔出。

(2)在 204 型减速顶的基础上,增加了壳体、滑动油缸和活塞杆的长度,提高了滑动油缸组合件的最大工作行程和顶的安装高度,制动功有较大幅度的提高。

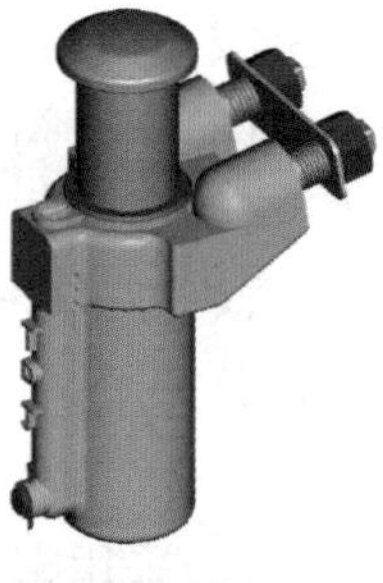
图 3-3　TDJ—302 型减速顶外形图

(3)临界速度为Ⅰ档顶(1.25 m/s 或 4.5 km/h)的速度阀采用开量不可调的固定式阀座,其余各档次采用开量可调式结构,通过变化速度阀开量和速度阀弹簧可在更大范围内进行分档。增加了Ⅲ′档(3.00 m/s或 10.8 km/h)和Ⅵ档(4.50 m/s 或 16.2 km/h)两档，使分档的范围更大、更合理，进一步提高了对驼峰全减速顶调速系统和计算机可控顶调速系统的调速效果。

(4)在活塞杆与密封盖之间采用了组合密封技术，密封性能进一步改善和提高，增加了减速顶一个维修周期的使用寿命，可减少维修工作量和降低维修成本。

(5)其余结构和技术特点与 204 型减速顶相同。

2. TDJ—302 型减速顶的派生产品

根据使用现场的工况和要求不同，在 302 型减速顶的基础上又可以派生出多种产品，这些产品除具有 TDJ—302 型减速顶的基本结构特点和技术特点外，还具有其特殊的功能和特点。主要有以下几种：

(1)TDJ—302M 型减速顶——滑动油缸组合件具有慢回程功能。

(2)TDJ—302C 型减速顶——壳体具有防脱线功能。

(3)TDJ—302P 型减速顶——壳体具有防风雪功能。

上述三种派生产品将在后续章节中详细介绍，他们之间还可以组合成多种派生产品，如 302CP、302CM、302CPM 等。

需要说明的是，各种 TDJ 型减速顶产品，一般都可以根据需要设计和生产相应的 M、C、P 型派生产品或组合产品。

(4)TDJ—302—3 型减速顶——是一种仅适用于 S49 轨型的出口顶。壳体按照 S49 型钢轨进行结构设计，顶的安装尺寸及重量有相应的变化。

(5)TDJ—302—6 型减速顶——是一种适用于 60、65 轨型的减速顶，壳体按照 60、65 轨型进行结构设计，顶的安装尺寸及重量有相应的变化。

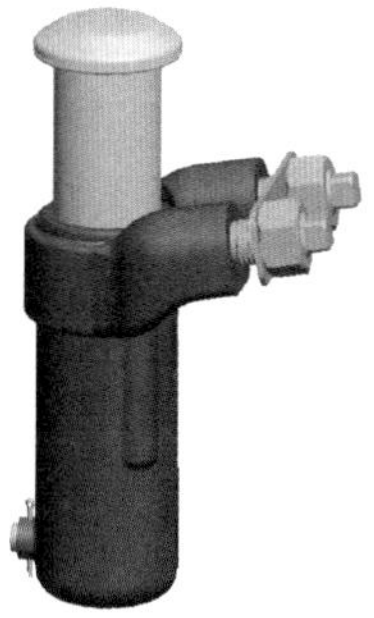

图 3-4　TDJ—303 型减速顶外形图

(三)TDJ—303 型减速顶(图 3-4、图 3-5)

随着减速顶的广泛应用和市场竞争的深入发展，人们发现在各种减速顶调速系统中使用数量最多的是用于连挂区目的制动的Ⅰ档减速顶，因此有必要开发一种专门在连挂区使用的 300 系列Ⅰ档减速顶，TDJ—303 型减速顶就是为满足这种需要而诞生的。它是在 302 型减速顶的基础上开发研制出的一种经济型减速顶，该产品的主要结构和技术特点如下：

(1)303 型减速顶只有Ⅰ档顶(临界速度为 1.25 m/s 或 4.5 km/h)，通过结构设计使速度阀开量为某一固定值。

(2)在保证使用强度的前提下，对壳体进行了最优化设计，壳体采用内排气通道，壳体下腔气体可经过壳体内壁通道从上方排出，最大限度地减轻了壳体的重量，并且可以避免尘埃、污物的侵蚀，还可以较好地防止冰雪冻害。

(3)壳体衬套采用具有良好减磨性能的复合材料，对滑动油缸、活塞杆等主要零件采用更加经济、适用的热处理工艺，加工、组装和养护维修简单方便。

(4)其他如压力阀结构、密封技术等与 302 型减速顶相同。

(5)具有体积小、重量轻、结构简单、工艺合理、经济适用等特点，在满足使用要求的前提下，在同类产品中具有较好的性价比。

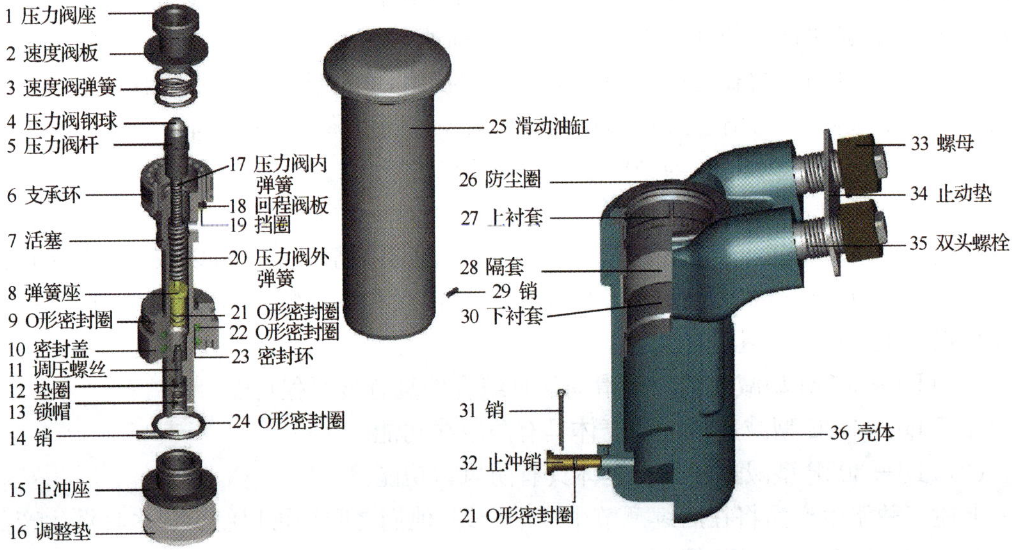

图 3-5　TDJ—303 型减速顶结构图

(四)TDJ—402 型减速顶(图 3-6)

1. TDJ—402 型减速顶的结构和技术特点

TDJ—402 型减速顶是在 302、303 型减速顶的基础上开发研制的一种新型换代产品，它不仅具有 300 系列产品的主要优点，同时还在结构和技术性能方面有许多创新和突破，该产品的核心部件活塞组合件的结构如图 3-6 所示，它的主要结构和技术特点如下。

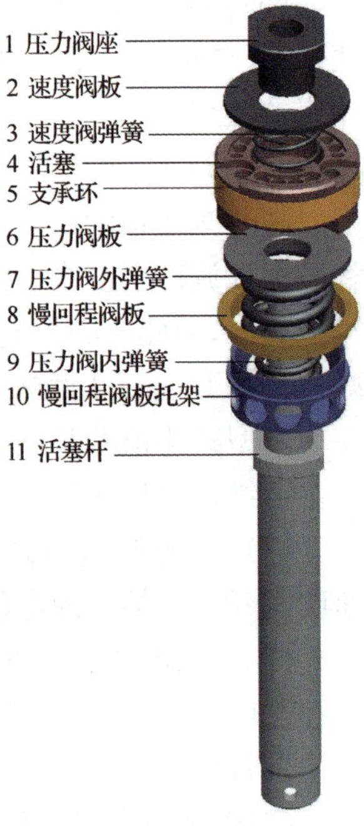

图 3-6　402 型减速顶活塞组合件结构图

(1)速度阀与压力阀均采用固定式结构，将速度阀开量固定，通过变化速度阀弹簧进行分档，各档的临界速度在工厂生产和装配时预先调定；开启压力为不可调的固定值，由结构设计和装配工艺加以保证，现场维修无需打压和调整速度阀开量，减少了维修工作量。

(2)压力阀采用平板阀结构，具有动态压力超调小、压力曲线平稳的优点，减速顶在对车轮做功时的垂直反力基本不随车辆速度增加而增大，因此其制动压力平稳，做功饱满，提高了顶的工作安全性和可靠性。

(3)将活塞设计为活塞头与活塞杆分体式结构，使产品结构更加紧凑，加工工艺大大简化，不仅降低了生产成本，而且方便了装配和现场的养护维修。

(4)壳体采用 303 型减速顶的壳体，其外观与 303 型减速顶相同；该产品与球阀和锥阀减速顶具有很好的互换性，便于更新换代。

平板阀减速顶的研制成功得到了用户的欢迎和广泛的应用，它成为继球阀和锥阀减速顶之后的新一代减速顶产品。

2. TDJ—402 型减速顶的派生产品

TDJ—402 型减速顶的派生产品主要有以下几种：

(1)TDJ—402 C、402 M、402P 及其组合型减速顶，其功能如上所述。

(2)TDJ—402—6 型减速顶——是一种适用于 60、65 轨型的平板阀减速顶，壳体按照 60、65 轨型进行结构设计，顶的安装尺寸及重量也有相应的变化。

(3)TDJ—402R 型减速顶——是一种用于 60、65 型钢轨的平板阀出口顶，壳体的结构尺寸、顶的安装尺寸及重量有相应的变化。

(4)TDJ—403 型减速顶——是一种适用于 RE132、RE133 轨型的平板阀出口顶，壳体按照 RE132、RE133 型钢轨进行结构设计，主要部件如壳体、滑动油缸和活塞杆的强度进一步提高，临界速度按照出口国的运输作业要求进行分档，顶的安装尺寸及重量有相应的变化。

(5)TDJ—403—1 型减速顶——是一种适用于 RE132、RE133 轨型的平板阀出口顶，临界速度为Ⅲ′档(11.2 km/h)，在 403 型出口顶的基础上，对顶的速度阀结构进行了优化设计。其速度阀座、速度阀板和速度阀弹簧均和 TDJ—403 型出口顶不同。

(五)TDW901—N 型减速顶(图 3-7、图 3-8)

TDW901—N 型减速顶是在 TDW901 型外侧减速顶的基础上开发的内侧减速顶，其主要结构和技术特点如下：

(1)在 TDW—901 型外侧顶的基础上，壳体按照钢轨内侧安装而设计，增加了滑动油缸和活塞杆组合件的长度，提高了减速顶的最大工作行程。

(2)采用了新颖的差动平阀式压力阀，使压力阀动态特性大大改善，对车辆做功时制动功饱满，基本上消除了动态压力超调，车辆高速通过时压力超调小，现场使用的安全性进一步提高。

(3)通过改变压力阀座的尺寸来调节速度阀开量，设有 5 种规格的速度阀弹簧，使该产品具有 5 种临界速度档次。能适用于驼峰调车场的不同部位，既可在直线段，又可在曲线段使用，可进一步提高驼峰全减速顶调速系统的调速效果。

图 3-7　TDW901—N 型减速顶外形图

(4)产品结构紧凑，工艺合理，加工方便；零部件通用性好，养护维修方便。

(5)使用了统一的减速顶专用液压油，能大大减小中国南、北方站场不同温差带来的制动能力、回程时间的影响。(注：TDW 系列减速顶均采用统一的专用液压油，在以下产品介绍中不再重述。)

(六)TDW911—N 型减速顶(图 3-9、图 3-10)

TDW911—N 型减速顶是一种采用圆盘式平板压力阀的内侧减速顶，其主要结构和技术特点如下：

(1)速度阀开量不可调，通过使用 6 种规格的速度阀弹簧，能获得 6 种不同的临界速度档次，能广泛适用于调车场各种不同的部位。

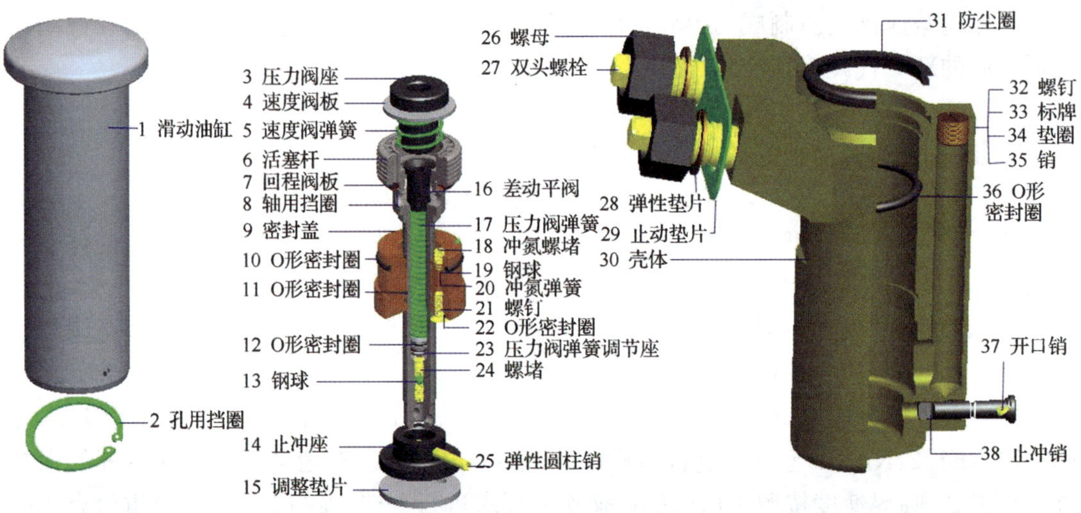

图 3-8　TDW901—N 型减速顶结构图

图 3-9　TDW911—N 型减速顶外形图

(2)采用新型的 T 形活塞,活塞和活塞杆采用分体结构,结构新颖且设计精度提高。

(3)压力阀采用了新型的圆盘式平板阀结构,T 形活塞上压力过流孔分布合理,基本上消除了动态压力超调,减速顶工作时的压力曲线平稳,对车辆所做的制动功饱满,能有效地避免车辆高速通过时脱轨事故的发生。

(4)压力阀弹簧采用内、外组合式弹簧结构,有效地节省了活塞杆组件长度及油缸体内空间,开启压力由组合弹簧力保证,装配后无需调整,产品工艺性能好,组装及维修简单方便。

(5)采用新颖的 O 形密封圈和密封环组合密封技术,更好地提高了油缸体内的油气密封效果。

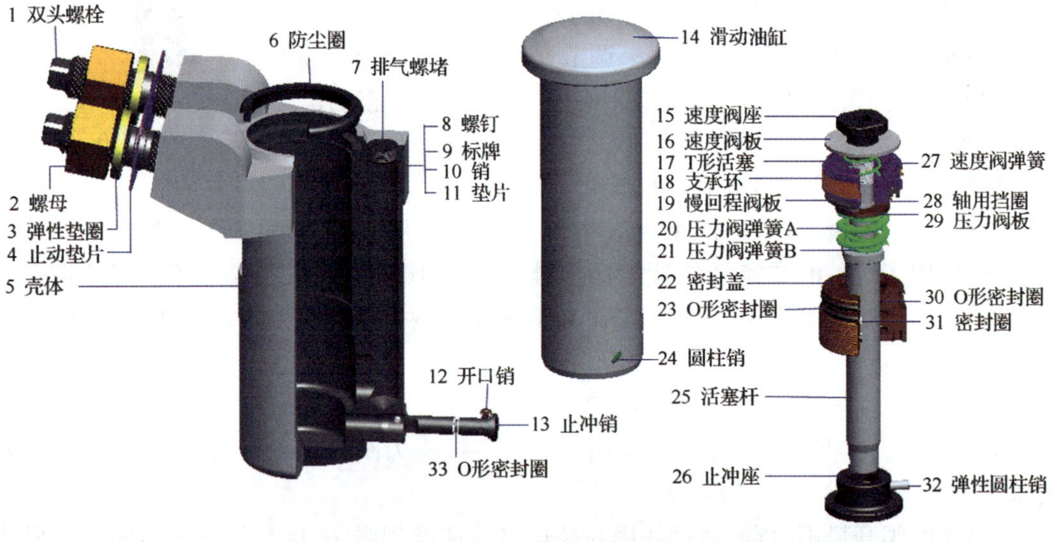

图 3-10　TDW911—N 型减速顶结构图

(6)慢回程装置与T形活塞装配结合为一体，当机车车辆以较高的速度正、反向通过减速顶时，在慢回程装置的作用下，减速顶对车辆能少起或不起制动作用，进一步提高了车辆牵出的安全性。

(7)采用全自动充氮机进行充氮，既便于操作又确保了充氮量达到标准要求。

三、内侧减速顶的主要技术指标

1. TDJ—204、302、402型减速顶的临界速度分档及上下偏差如表3-1所示。

表3-1　TDJ—204、302、402型减速顶的临界速度分档及上下偏差

序　号	滑动油缸分档标记	临界速度及上下偏差	
		m/s	km/h
1	Ⅰ	1.25±0.1	4.5±0.36
2	Ⅱ	2.00±0.2	7.2±0.72
3	Ⅲ	2.50±0.2	9.0±0.72
4	Ⅲ′	3.00±0.2	10.8±0.72
5	Ⅳ	3.50±0.3	12.6±1.08
6	Ⅴ	4.00±0.3	14.4±1.08
7	Ⅵ	4.50±0.3	16.2±1.08

注：(1)TDJ—204型减速顶的临界速度没有Ⅲ′档和Ⅵ档。

(2)TDJ型减速顶的Ⅲ′档相当于铁道行业标准TB/T 2460—2009《铁道车辆减速顶》中的Ⅳ档，依此类推至Ⅵ档。由于在部颁标准之前，TDJ型各档顶已在现场大量使用，因此仍按原有档次执行。

2. TDW901N、911N型减速顶的临界速度分档及上下偏差如表3-2所示。

表3-2　TDW901N、911N型减速顶的临界速度分档及上下偏差

序　号	滑动油缸分档标记	临界速度及上下偏差	
		m/s	km/h
1	Ⅰ	1.25±0.1	4.5±0.36
2	Ⅱ	2.00±0.2	7.2±0.72
3	Ⅲ	2.50±0.2	9.0±0.72
4	Ⅳ	3.00±0.2	10.8±0.72
5	Ⅴ	3.50±0.3	12.6±1.08
6	Ⅵ	4.00±0.3	14.4±1.08

3. TDJ—204型减速顶的制动功和阻力功如表3-3所示。

4. TDJ—302型减速顶的制动功和阻力功如表3-4所示。

5. TDW901N、911N型减速顶的制动功和阻力功如表3-5所示。

表 3-3 TDJ—204 型减速顶的制动功和阻力功

序 号	档 次	制动功		阻力功	
		J	kgf·m	J	kgf·m
1	Ⅰ	≥794	≥81	≤47	≤4.8
2	Ⅱ	≥813	≥83	≤54	≤5.5
3	Ⅲ	≥833	≥85	≤60	≤6.1
4	Ⅳ	≥862	≥88	≤75	≤7.6
5	Ⅴ	≥882	≥90	≤84	≤8.6

表 3-4 TDJ—302 型减速顶的制动功和阻力功

序 号	档 次	制动功		阻力功	
		J	kgf·m	J	kgf·m
1	Ⅰ	≥932	≥95	≤49	≤5.0
2	Ⅱ	≥981	≥100	≤51	≤5.2
3	Ⅲ	≥1 010	≥103	≤57	≤5.8
4	Ⅲ′	≥1 049	≥107	≤61	≤6.2
5	Ⅳ	≥1 089	≥111	≤64	≤6.5
6	Ⅴ	≥1 147	≥117	≤77	≤7.8
7	Ⅵ	≥1 177	≥120	≤79	≤8.0

表 3-5 TDW901N、911N 型减速顶的制动功和阻力功

序 号	档 次	制动功		阻力功	
		J	kgf·m	J	kgf·m
1	Ⅰ	≥890	≥90.8	≤35	≤3.6
2	Ⅱ	≥920	≥93.8	≤46	≤4.7
3	Ⅲ	≥940	≥95.8	≤47	≤4.8
4	Ⅳ	≥960	≥97.9	≤48	≤4.9
5	Ⅴ	≥1 000	≥102.0	≤50	≤5.1
6	Ⅵ	≥1 020	≥104.0	≤51	≤5.2

6. 几种常用的Ⅰ档内侧减速顶的主要技术指标如表 3-6 所示。

表 3-6 几种常用的Ⅰ档内侧减速顶的主要技术指标

序号	项 目	型 号					
		TDJ—204	TDJ—302	TDJ—303	TDJ—402	TDW901N	TDW911N
1	临界速度(m/s)	1.25±0.1					

续上表

序号	项　目	型　号					
		TDJ—204	TDJ—302	TDJ—303	TDJ—402	TDW901N	TDW911N
2	制动功(J)	≥794	≥932			≥890	
3	阻力功(J)	≤47	≤49		≤44	≤35	
4	抬起高度(mm)	≤6					
5	安装高度(mm)	$49_{-4}^{\ 0}$	$61_{-3}^{\ 0}$	$58_{-3}^{\ 0}$			
6	钻孔高度(mm)	74_{-2}^{+1}	72_{-2}^{+1}			74_{-1}^{+2}(43、50 轨) 92_{-1}^{+2}(60 轨)	
7	安装角(°)	15	10			10±0.5	
8	最大工作行程(mm)	88	92			90	92
9	工作介质	1. LHV22 或 LHV32 低凝液压油(冬季最低气温在－20 ℃以上地区)； 2. 10＃航空液压油(冬季最低气温在－20 ℃以下地区)。				专用液压油	
10	构造速度(km/h)	25					
11	适用轨型(kg/m)	43	43、50			43、50、60	
12	环境温度(℃)	－50～60				－50～50	
13	质量(kg)	13	13.15	11.5	12.5	11.26	12.5

注：TDJ 型减速顶老产品采用的工作介质为：

(1)LHV22 或 LHV32 低凝液压油(冬季最低气温在－10 ℃以上地区)；

(2)10＃仪表油(冬季最低气温在－10～－30 ℃地区)；

(3)10＃航空液压油(冬季最低气温在－30 ℃以下地区)。

为方便用户，目前所有 TDJ 系列减速顶产品均采用本表第 9 项给出的两种介质(以下同)。

四、内侧减速顶的适用范围及应用

TDJ—204、302、402 型减速顶和 TDW901N、911N 型减速顶的适用范围比较广泛，他们可用于各类大、中、小型编组站(包括机械化、自动化和半自动化驼峰)调车场的加速坡、溜放部分、道岔区和连挂区，也可用于铁路、冶金、矿山、电力、石化、港口等部门需要自动控制车辆溜放速度的调车线和各种专用线。TDJ—204 型只能用于直线段，其他各种减速顶既可用于直线段，也可用于曲线段。TDJ—303 型减速顶只有Ⅰ档顶，因此仅适用于各类编组站的连挂区和各种专用线。各种内侧顶的适用轨型见表 3-6。

从 1974 年中国的第一代减速顶研制成功以来，内侧顶得到了十分广泛的应用。TDJ—204 型减速顶在哈尔滨站第二调车场、原广州北、娄底、西安东、成都东等站以及鞍山、武汉、太原、攀枝花钢铁公司等路外单位安装应用；TDJ—302 型减速顶是目前国内同类产品中使用范围最广、应用数量最多的产品，它已用于哈尔滨南、郑州北、南京东、太原北等许多编组站，同时还应用于鞍山、本溪、太原等钢铁公司以及北京焦化厂、通辽电厂、天津铁厂、大庆石化厂等许多路外单位；TDJ—303 型减速顶在襄樊北、石家庄、沈阳东等多个编组站和一些路外单位安装使用；TDJ—402 型减速顶目前已在石嘴山、枝江、郑州东等多个编组站安装应用；TDW901—N、911—N 型减速顶目前已在南翔、成都北、贵阳南、马鞍山等多个编组站得到广泛应用。

第三节　外侧减速顶

一、外侧减速顶的研制目的

随着内侧减速顶在中国的推广应用，特别是内侧顶在驼峰全减速顶调速系统和股道全减速顶调速系统中的应用，内侧顶对溜放车辆特别是调车机车轮缘的磨耗问题逐渐显现出来。当调车机车频繁下峰作业时，机车轮缘受到密集布置的内侧顶的连续冲击，由于减速顶的滑动油缸帽头硬度大于车轮轮缘的硬度，因此，在经过一段时间的轮顶冲击后，机车轮缘会出现较大的磨损，而磨损面又是轮缘的测量基准面，会影响轮对的测量和对机车运行安全性的评估(此问题后经科技司立项已得到妥善解决)。另外，由于当时的实践经验不足，内侧顶为了片面追求高制动功而对压力阀压力定压偏高，致使一部分安装内侧顶的站场出现了轻车脱线事故。

针对上述情况，科研人员开始研制安装于钢轨外侧的减速顶。由于外侧减速顶工作时滑动油缸帽头与车轮的踏面接触，能有效地避免减速顶对机车、车辆轮缘的磨耗，同时，由于外侧顶对车轮作用力的方向可改善对轻车的抬起，因此在压力阀开启压力相同的条件下，外侧顶可改善对车辆做功的安全性。

二、外侧减速顶的主要品种介绍

(一)TDW901C 型减速顶(图 3-11、图 3-12)

1. TDW901C 型减速顶的结构特点

TDW901C 型减速顶是一种结构新颖的外侧减速顶，其主要结构和技术特点如下：

(1)滑动油缸采用蘑菇形帽头，壳体结构按照钢轨外侧安装而设计，能有效避免减速顶对机车、车辆轮缘的磨耗，改善了减速顶对车辆轮对的受力情况，从而进一步提高了轻车在高速过顶时的安全性和车辆牵出速度(注：以下各种外侧顶均具有此项特点)。

(2)临界速度只有Ⅰ档(1.25 m/s 或 4.5 km/h)，速度阀开量不可调。

(3)压力阀采用了带环形槽的锥阀，可改变出油口的液流方向，产生一个与弹簧力相反方向的射流力。当通过锥阀的流量增大时，虽然因阀口变大引起弹簧力的增加，但由于与弹簧力相反方向的射流力同时增加，抵消了弹簧压缩所引起的弹力增大，从而使系统的液压力保持不变，使锥阀的动态特性大大改善。

图 3-11　TDW901C 型减速顶外形图

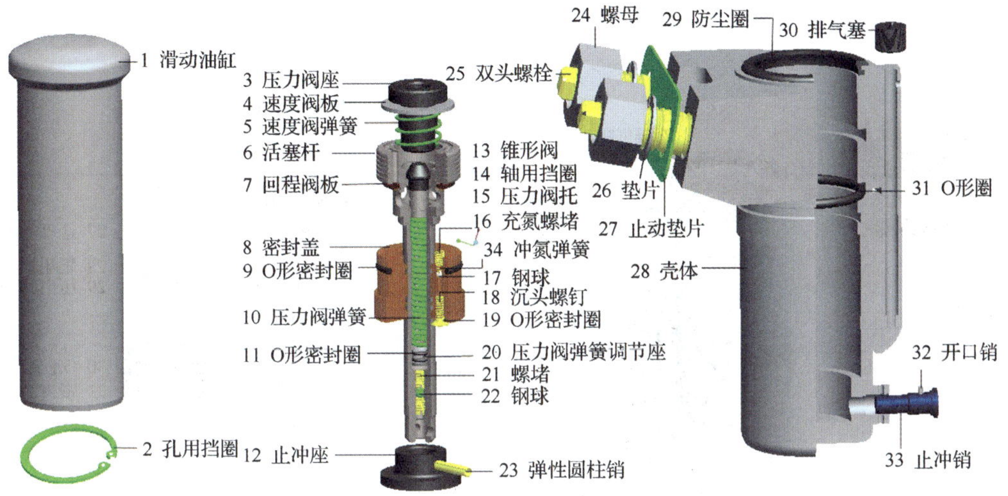

图 3-12　TDW901C 型减速顶结构图

(4)通过调整活塞杆底部的调压螺钉可调整压力阀弹簧的预压力,以实现对压力阀开启压力的调节。

(5)增加了顶的安装高度,可提升减速顶的制动功。

(二)TDW911 型减速顶(图 3-13、图 3-14)

TDW911 型减速顶是一种采用新型圆盘式平板压力阀结构的外侧减速顶,其主要结构技术和特点如下:

(1)临界速度只有Ⅰ档(1.25 m/s 或 4.5 km/h),速度阀开量不可调。

(2)采用新型的 T 形活塞与活塞杆分体式结构,设计新颖,结构合理且设计精度进一步提高,产品的工艺性好,加工、组装及养护维修方便。

(3)压力阀采用了新型圆盘式平板阀结构及 T 形活塞上压力过流孔的合理分布,使减速顶工作时的压力曲线平稳,动态压力超调小,对车辆所做的制动功饱满,能有效地避免车辆高速通过时脱轨事故的发生。

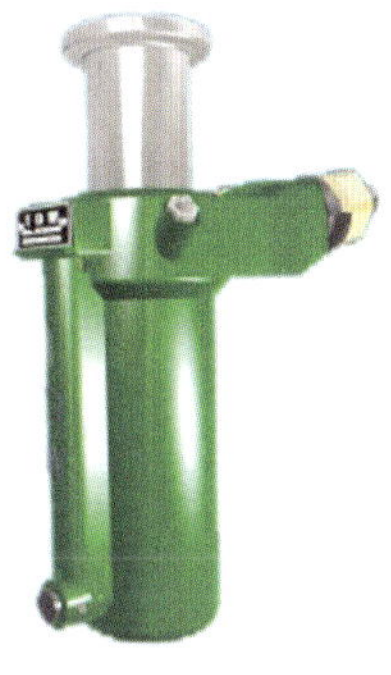

图 3-13　TDW911 型减速顶外形图

(4)压力阀弹簧采用内、外组合式弹簧结构,有效地节省了活塞杆组件的长度及滑动油缸内的空间;开启压力由预先调定的组合弹簧力保证,无需调整。

(5)采用新颖的 O 形密封圈和密封环结合的组合密封技术,进一步提高产品的密封性能。

(6)慢回程装置与 T 形活塞装配结合为一体,当机车车辆以较高的速度正、反向通过减速顶时,在慢回程装置的作用下,减速顶对车辆将少起或不起制动作用,从而进一步提高了轻车在高速过顶时的安全性和车辆牵出速度。

(7)采用全自动充氮机进行充氮,既便于操作又确保了充氮量达到标准要求。

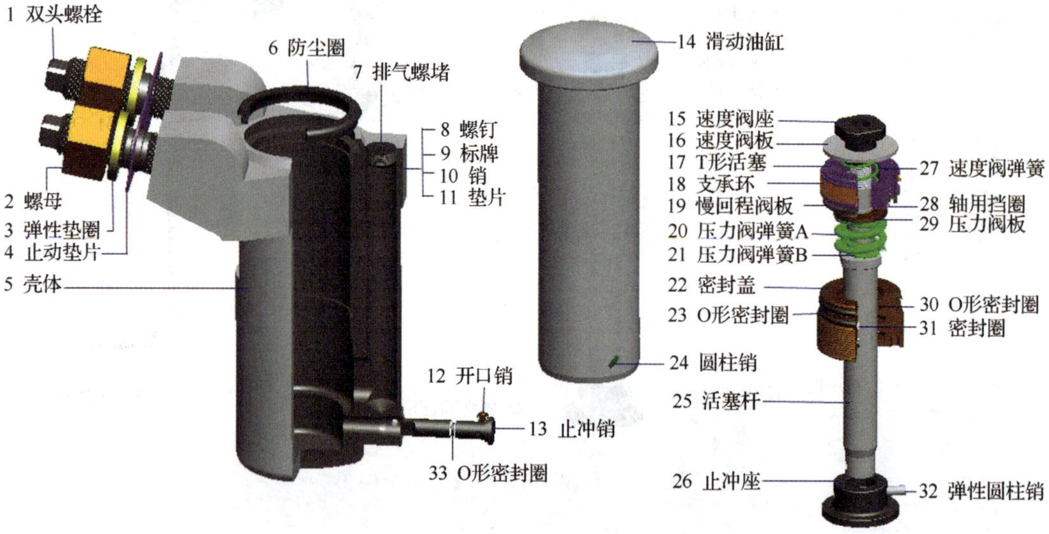

图 3-14　TDW911 型减速顶结构图

(三)TDJ—303B 型减速顶(图 3-15、图 3-16)

TDJ—303B 型减速顶是在 303 型内侧减速顶的基础上开发研制的一种外侧减速顶,其主要结构和技术特点如下:

(1)壳体结构按照外侧安装而设计,壳体的安装角比内侧顶稍大,能有效避免减速顶对机车、车辆轮缘的磨耗,改善了减速顶对车辆轮对的受力情况,进一步提高了轻车在高速过顶时的安全性。

(2)临界速度只有Ⅰ档(1.11 m/s 或 4.0 km/h),速度阀为固定式结构。

(3)为了适应外侧安装,滑动油缸的蘑菇形帽头直径比 303 型内侧顶要稍小一些。

(4)其他的结构特点与 TDJ—303 型减速顶相同,是一种具有较高性价比的经济型外侧减速顶。

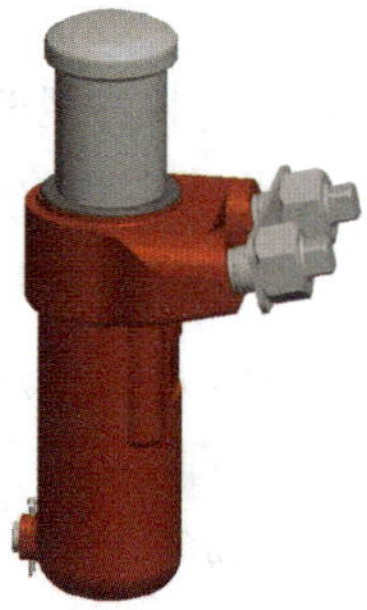

图 3-15　TDJ—303B 型减速顶外形图

(四)TDJ—402B 型减速顶

TDJ—402B 型减速顶是在 TDJ—402 型平板阀内侧减速顶的基础上开发研制的一种平板阀外侧减速顶,其主要结构和技术特点如下:

(1)壳体和滑动油缸的结构与 303B 型外侧顶相同,活塞组合件的结构与 TDJ—402 型减速顶相同,其外观与 TDJ—303B 型外侧顶相同。

(2)临界速度只有Ⅰ档(1.11 m/s 或 4.0 km/h),压力阀和速度阀均为固定式结构。

(3)同时具有 402 型平板阀顶和 303B 型外侧顶的结构和技术特点,是一种性价比较高的经济型平板阀外侧顶。

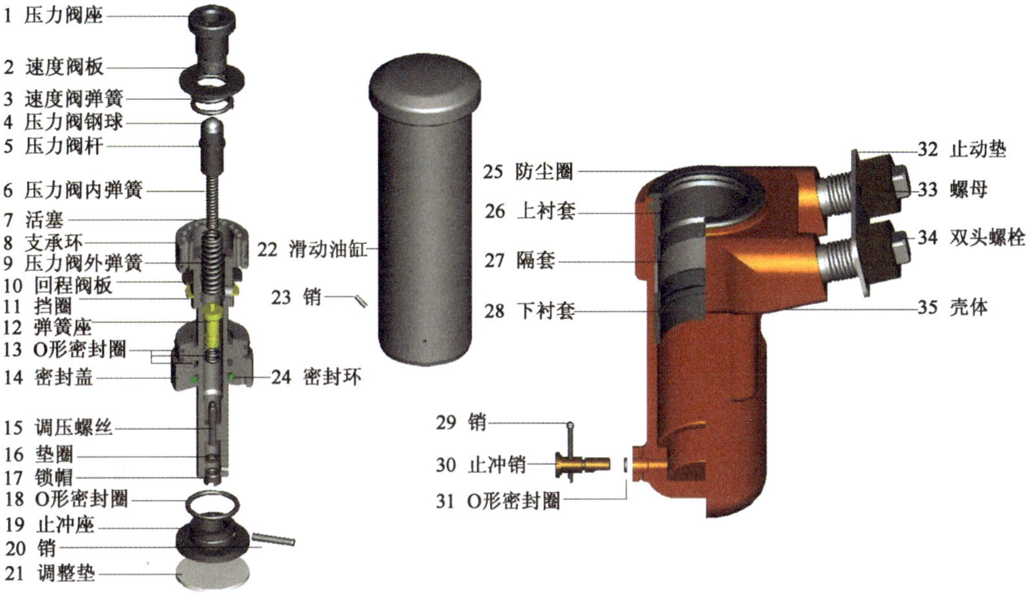

图 3-16　TDJ—303B 型减速顶结构图

（五）TDW—87 型外侧减速顶（图 3-17、图 3-18）

TDW—87 型减速顶是一种安装在钢轨外侧的液压调速设备。它的主要结构和技术特点如下：

（1）滑动油缸帽头采用多次高频感应淬火工艺，使帽头的淬火硬度和深度得到提高，延长了使用寿命。采用蘑菇形帽头使车轮碾压减速顶时的接触面积增大，并且在检修故障顶时，便于将滑动油缸组合件从壳体中拔出。

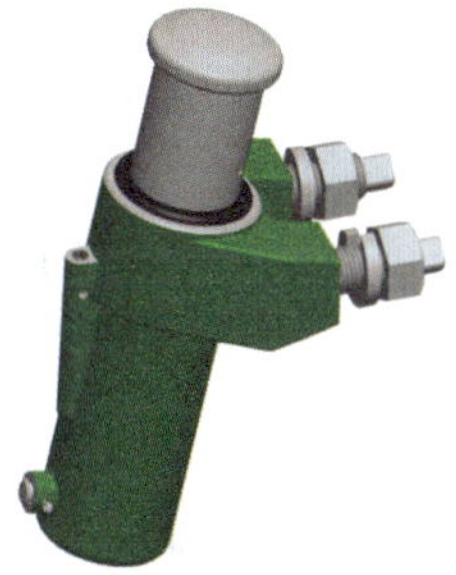

图 3-17　TDW—87 型减速顶外形图

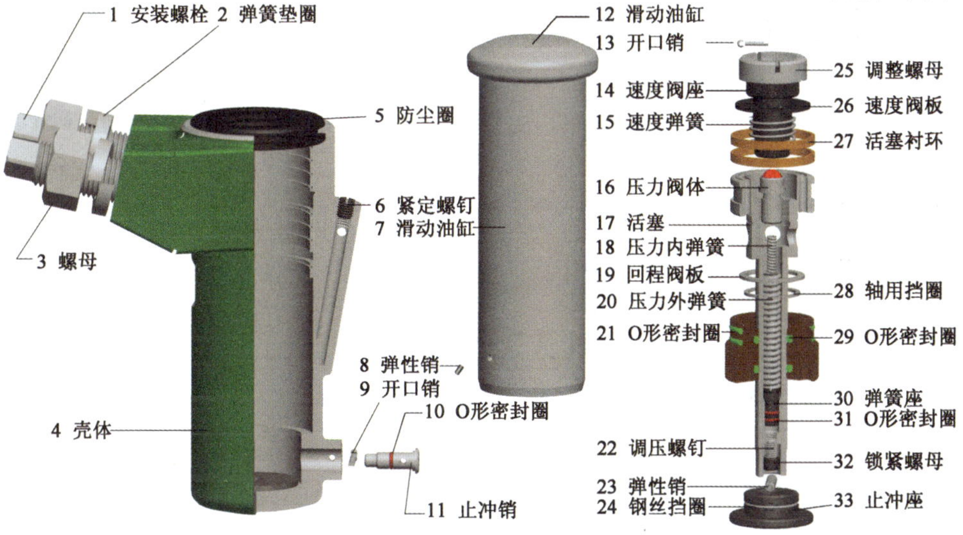

图 3-18　TDW—87 型减速顶分解示意图

(2)顶的各部位配合尺寸合理,活塞采用了双活塞衬环,活塞衬环采用耐磨性好的有色金属材料,导向性能更好,密封性能进一步改善和提高,可减少维修工作量和降低维修成本。

(3)通过变化速度阀开量和速度阀弹簧可对临界速度分档,临界速度有Ⅰ档(1.25 m/s或4.5 km/h)和Ⅱ档(2 m/s或7.2 km/h)两个档次。

(4)压力阀为可调式球阀结构,通过活塞杆内部的调压螺钉和压力阀弹簧可对开启压力进行调节。

(5)壳体整体采用了强度高、耐磨性好的球墨铸铁材料,结构简单,成本较低。

(六)TDW—94 型外侧减速顶(图3-19、图3-20)

TDW—94型减速顶是在TDW—87型减速顶的基础上研制的一种改进型产品。它的主要结构和技术特点如下:

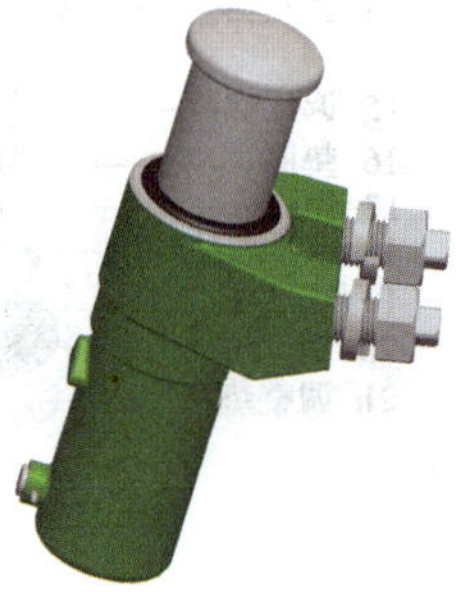

图3-19　TDW—94型减速顶外形图

(1)滑动油缸采用中频炉加热、整体淬火工艺,油缸的淬火硬度和淬火深度更加均匀,机械性能大大提高;蘑菇形帽头的表面圆弧过渡比TDW—87型减速顶更加圆滑,进一步改善了轮顶接触产生的磨耗,提高了对轻车做功的安全性。

(2)临界速度有Ⅰ档(1.25 m/s或4.5 km/h)和Ⅱ档(2 m/s或7.2 km/h)两个档次。

(3)取消了活塞上的双活塞衬环,在活塞头部配合表面增设密封油槽结构,密封性能进一步改善和提高,增加了减速顶一个维修周期的使用寿命,可减少维修工作量和降低维修成本。

(4)壳体上的排气孔位于壳体中部,排气方向为斜下方,顶的各部位配合尺寸更加合理。

(5)活塞杆直径增加了2 mm,整体抗弯强度增大,活塞杆弯曲的故障率减少。

(6)该产品还具有TDW—87型减速顶的其他结构和技术特点。

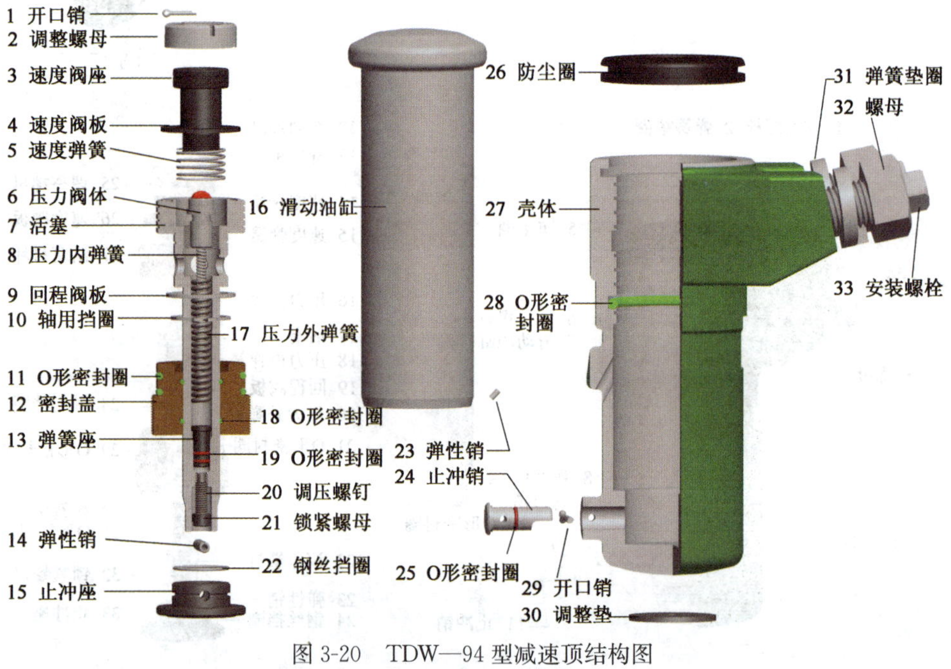

图3-20　TDW—94型减速顶结构图

（七）TDW—96 型减速顶（图 3-21、图 3-22）

TDW—96 型减速顶是在 TDW—94 型减速顶的基础上开发的一种新的外侧减速顶。其主要结构和技术特点如下：

图 3-21　TDW—96 型减速顶外形图

（1）速度阀为不可调结构，临界速度档次分为Ⅰ档（1.25 m/s 或 4.5 km/h）和Ⅱ档（2 m/s 或 7.2 km/h）两个档次。

（2）压力阀采用不可调式球阀结构，通过更换活塞杆内部的压力阀弹簧可对开启压力进行调节。

（3）活塞采用了活塞头与活塞杆分体式结构，有效地减少了材料消耗，加工工艺更加合理，方便生产和现场维修，可减少维修工作量和降低维修成本。

（4）活塞头部采用活塞衬环和导向环，分别起到导向和密封的作用，更经济合理。

（5）滑动油缸采用整体中频淬火工艺，油缸的硬度和淬火深度更加均匀，机械性能大大提高，延长了使用寿命。

（6）壳体的双头螺栓采用高强度螺栓，壳体上的排气孔位于壳体上部，排气孔位置较高，可有效避免壳体内进水。

（7）具有外侧顶通用的技术特点：能改善轮顶的磨耗和对轻车做功的安全性。

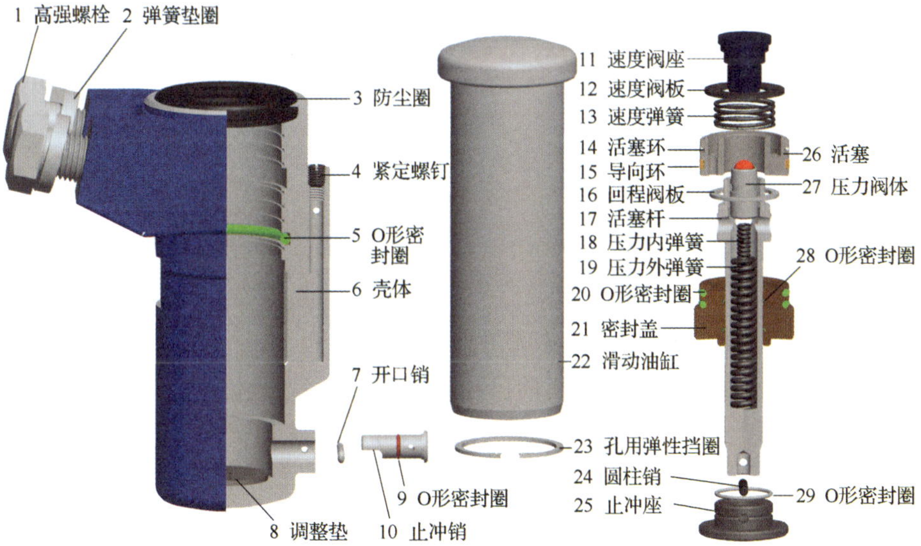

图 3-22　TDW—96 型减速顶结构图

三、几种常用外侧减速顶的主要技术指标

常用的几种外侧减速顶的主要技术指标如表 3-7 所示。

四、外侧减速顶的适用范围及应用

上述外侧减速顶适用于各类大、中、小型编组站的连挂区，也可用于铁路、冶金、矿山、电力、石化、港口等部门需要自动控制车辆溜放速度的调车线和各种专用线，外侧顶一般都安装在钢轨直线段的外侧，各种减速顶适用的轨型见表 3-7。

表 3-7　几种常用外侧减速顶的主要技术指标

序号	项目	型　号						
		TDW901C	TDW911	TDJ—303B	TDJ—402B	TDW—87	TDW—94	TDW—96
1	临界速度(m/s)	1.25±0.1		1.11±0.1		(1)1.25±0.1(Ⅰ档) (2)2.00±0.1(Ⅱ档)		
2	制动功(J)	≥750		≥844		≥750	≥800	≥900
3	阻力功(J)	≤37.5	≤35	≤49		Ⅰ档≤37.5 Ⅱ档≤52.5	Ⅰ档≤40 Ⅱ档≤56	Ⅰ档≤45 Ⅱ档≤63
4	抬起高度(mm)	≤8						
5	安装高度(mm)	75_{-2}^{0}		75_{-2}^{+1}		75_{-2}^{0}		
6	钻孔高度(mm)	79_{-1}^{+2}(43、50 轨) 92_{-1}^{+2}(60 轨)		72_{-2}^{+1}		80±1		
7	安装角(°)	12±0.5		13		$12_{-0.33}^{0}$		
8	最大工作行程(mm)	79	76	75				
9	工作介质	专用液压油		1. LHV22 或 LHV32 低凝液压油(冬季最低气温在−20 ℃以上地区)； 2. 10#航空液压油(冬季最低气温在−20 ℃以下地区)。		1. 10#仪表油(冬季最低气温在−10～−30 ℃地区)； 2. 10#航空液压油(冬季最低气温在−30 ℃以下地区)。		
10	构造速度(km/h)	25						
11	适用轨型(kg/m)	43、50、60		43、50				
12	环境温度(℃)	−50～50		−50～60				
13	质量(kg)	10.24	11.5	11.5		12.5		

注：具有慢回程功能的 TDW911 型外侧减速顶的回程时间为 0.7～1.0 s。

TDW901C、TDW911 型外侧顶目前已在南翔、乔司、武威南等多个编组站广泛应用；TDJ—303B 型外侧顶已在丰台西、兰州西、济南西等站以及辽宁电厂、秦皇岛港务局等安装应用，TDJ—402B 型外侧顶已在南仓、丰台西、阳泉等多个站场安装应用；TDW—87 型外侧顶已在棋盘、沈阳东、长春等站应用；TDW—94 型外侧顶已在苏家屯、沈阳西、长春北等站应用；TDW—96 型减速顶已在苏家屯、棋盘等站应用。

第四节　高负荷减速顶

一、高负荷减速顶的研制目的

全面实现铁路货运的重载运输是中国铁路现代化建设的重要战略任务之一，为了适应重载运输的需要，铁道部已明确要求：从 2006 年开始货车全部按照轴重 23 t、载重 70 t 的标准生产，目前已陆续投入编组站运营的新型重载车辆有 C、P、G、K 等车种，今后中国编组站中的70 t、80 t重载货车将会占有越来越大的比例。

然而，目前编组站减速顶调速系统的布顶设计是以总重80 t货车作为设计依据的，如果按重载车辆总重93.6 t设计，布顶数量必须再增加17%才能满足运输安全生产的需要。然而，如果既有调车场每股道都增加17%的减速顶，许多线路，特别是加速坡、道岔区原来布顶的位置就已经很紧张，根本不允许再增加这么多减速顶。要解决这个矛盾，就必须尽快开发研制出适应重载车辆的具有高制动功、大容量的高负荷减速顶。

实际上，美国等西方发达国家以及俄罗斯等国的货运早已实现了重载运输，美国最重的单辆货车总重为143短吨(约合130 t)。货运列车的编组辆数达到100辆以上，俄罗斯等国最重的单辆货车总重也在90 t以上。为了使中国的减速顶更多地出口到国外，更好地适应国际市场的需要，也必须开发研制新一代的高负荷减速顶。

二、高负荷减速顶的主要品种介绍

(一)TDJ—2000型高负荷减速顶

1. TDJ—2000型高负荷减速顶的结构特点

图3-23　TDJ—2000型高负荷减速顶外形图

为了适应高速、重载车辆发展的需要，TDJ—2000型高负荷减速顶在300、400型减速顶的基础上进行了一系列重大的技术创新，其外形结构如图3-23所示，内部结构如图3-24所示。它的主要结构特点如下：

(1)在原有300、400系列减速顶的基础上，较大地增加了滑动油缸内、外径和活塞杆的直径，显著增强了滑动油缸和活塞杆的强度。

(2)壳体、活塞头和密封盖的结构尺寸和强度也相应比300、400系列减速顶有较大幅度的增加。

(3)在300、400系列减速顶的基础上，增加了壳体、滑动油缸和活塞杆的长度，提高了滑动油缸组合件的最大工作行程和顶的安装高度。

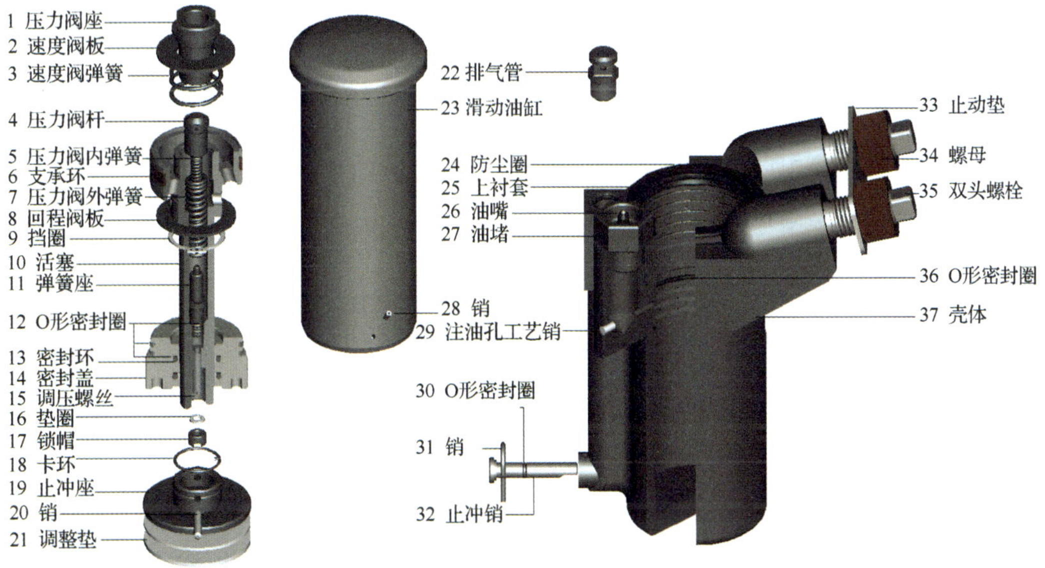

图3-24　TDJ—2000型高负荷减速顶结构图

(4)速度阀采用优化的局部阻尼型结构。如图 3-25 所示，普通减速顶的速度阀采用的是长度型阻尼孔，而如图 3-26 所示，2000 型高负荷减速顶的速度阀采用的是局部型阻尼孔，即将普通减速顶速度阀的细长孔改变为薄壁孔，从而扩大了活塞头部内腔的过流面积，将油液温度和黏度的变化对流动特性的影响降至最低。如图 3-27 所示，在流量变化相同的情况下，局部阻尼型速度阀对临界速度的反应较敏感，使减速顶在低于临界速度时上腔油液易于流到下腔，降低了阻力功。高于临界速度时上下腔压差可以更加迅速地建立，提高了临界速度的精度。

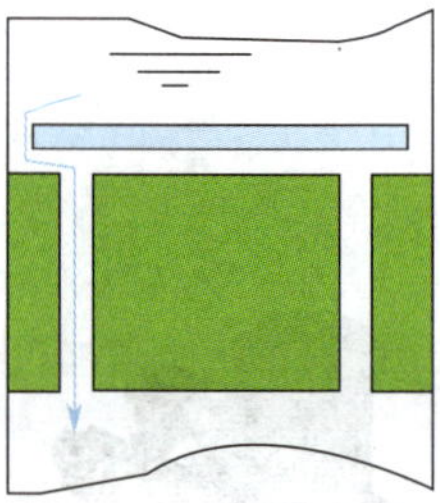

图3-25　长度型阻尼孔

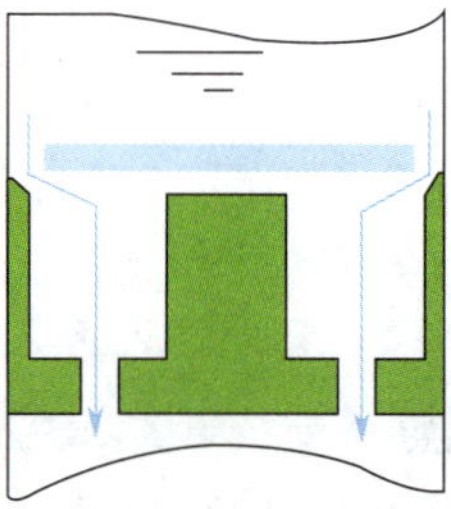

图3-26　局部型阻尼孔

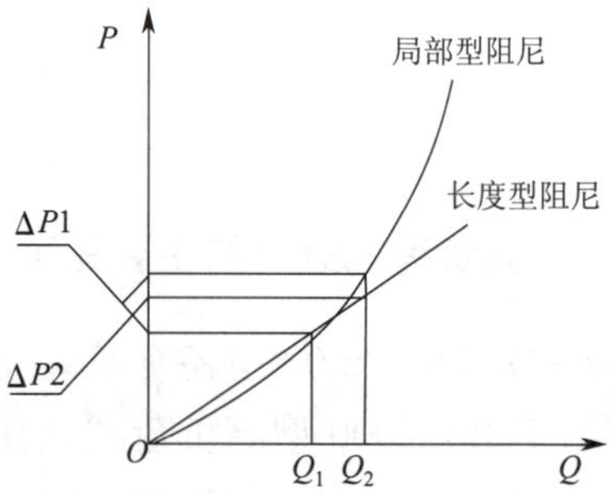

图 3-27　阻尼孔类型与临界速度精度关系图

(5)速度阀为固定式结构，速度阀开量为固定值，速度阀弹簧为Ⅰ档顶的弹簧，速度阀板上设有环形槽。

(6)活塞采用一体化新型结构，扩大了活塞头部内腔的过流面积，使活塞内腔的速度阀弹簧设计留有较大的余地。

(7)压力阀采用设有导流平台的锥阀结构；尽量减轻阀的质量，在压力阀座上开有高频刃口，能确保与速度阀板接触面积稳定、可靠；增大了压力阀弹簧的预压缩量，以减小因流量过大对压力阀的不利影响。

(8)注油量比 300、400 系列减速顶增加了 70%以上。

(9)壳体上设有固定油杯，油杯内注满润滑脂(润滑脂可根据不同地区进行配比，通常为 10＃航空液压油与 3＃锂基脂 1∶1 均匀混合)，壳体内设置 O 形密封圈，可防止壳体内润滑脂流失。

(10)排气管座采用尼龙材料，在减轻重量的同时改善了防松性能。

2. TDJ—2000 型高负荷减速顶的技术特点

(1)临界速度只有Ⅰ档(1.25 m/s 或 4.5 km/h)。

(2)由于该产品具有外形尺寸大、导向长度长、整体强度高的特点，因而比 TDJ—300、400 系列减速顶具有更好的抗冲击性和耐磨性，特别适用于对高速、重载车辆的减速、制动。

(3)临界速度精度进一步提高，可大大提高调速系统特别是全减速顶调速系统和计算机可控顶调速系统的控制精度和效果。

(4)压力超调小，做功平稳，示功图波形饱满，制动功比 300、400 系列减速顶有较大的提高，并且安全性能进一步提高。

(5)由于增加了活塞内腔的过流面积，使液流阻力减小，其阻力功与 300、400 系列减速顶的阻力功基本相同。因此，如用高负荷减速顶替代原有减速顶，在制动功增加的情况下，可保持系统的阻力功不变，保证了难行车的正常溜放。

(6)单顶制动功的大幅度提高可有效解决某些道岔区密集布顶的难题，同时，可最大限度地减少工务线路的调坡工作量。

(7)注油量增加及油缸直径加大，使顶在做功时的散热效果大大改善，同时由于密封性能的提高，可减少维修作业量和维修费用。

(8)由于结构强度和耐磨性的提高，可进一步延长顶的使用寿命。

(9)产品具有外部注油装置，使注油更加方便，可大大延长顶的润滑周期，便于养护、维修。

3. TDJ—2000 型高负荷减速顶的派生产品

TDJ—2000 型高负荷减速顶的派生产品主要有以下几种：

(1)TDJ—2000P 型高负荷减速顶——壳体具有防风雪功能。

(2)TDJ—2000U 型高负荷减速顶——是一种适用于国内 60 kg/m、65 kg/m 轨型和国外 P60、P65、RE132、RE133 轨型的高负荷减速顶。其主要结构变化是：壳体按照上述钢轨重新设计，安装尺寸及重量也相应发生变化。

(3)TDJ—2000UP 型高负荷出口减速顶——在 2000U 型高负荷顶的基础上，采用具有防风雪功能的壳体，适用于气候寒冷和冰雪、冻害较大的站场。

(二)TDJ—2006 型高负荷减速顶

TDJ—2006 型高负荷减速顶是在 2000 型减速顶的基础上改进和发展的新产品，由于 2000 型减速顶只有Ⅰ档顶，而且活塞是一体化结构，加工工艺较为复杂，为适应在高速、重载条件下全减速顶调速系统的发展需要，开发研制了 2006 型高负荷减速顶。该产品的核心部件活塞杆组合件的基本结构如图 3-28 所示，其主要结构和技术特点如下：

(1)速度阀采用固定式结构，依靠变化速度阀弹簧进行临界速度分档；速度阀板上设有过流孔，当速度阀关闭时，上腔压力油经过该过流孔，通过活塞及压力阀流入下腔，采用这种差动式结构使该产品能设计出更多档次的临界速度，可实现在 0～4.5 m/s 的范围内进行调速，因此特别适用于高速、重载车辆较多的站场以及全减速顶调速系统和计算机可控顶调速系统。

(2)速度阀为独立结构，在工作中不受压力阀动作的影响，能有效避免速度阀座的松动和脱落。

(3)活塞与活塞杆采用分体式结构，使加工工艺大大简化，不仅降低了成本，而且方便了生产装配和现场维修。

(4)活塞杆采用逐级递减的截面设计，大大减小了对液流的过流阻尼，同时较大的阀口过流面积使压力阀能迅速打开，压力超调小，做功平稳，示功图波形饱满，制动功比 TDJ—300、400 系列减速顶有较大的提高。

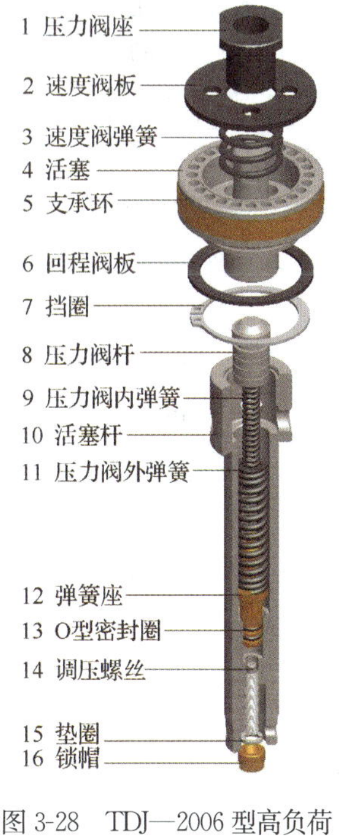

图 3-28　TDJ—2006 型高负荷减速顶活塞组合件结构图

(5)能根据需要配备不同类型的排气管座,以适应各种使用环境和工况。

(6)产品外形和其他结构特点与 TDJ—2000 型高负荷减速顶相同。

(7)TDJ—2006 型高负荷减速顶的派生产品主要有 TDJ—2006P、2006U、2006UP 型高负荷顶,其功能和特点可参照 2006 型高负荷减速顶的派生产品。

(三)TDW908 型全液压高负荷减速顶

1. TDW908 型减速顶的基本结构和特点

TDW908 型减速顶是一种不需要充氮的全液压高负荷外侧减速顶,外形如图 3-29 所示。传统的减速顶滑动油缸内只分为上、下两腔,工作时油气介质从上腔经压力阀流至下腔,回程时依靠被压缩的氮气膨胀,使油气介质从下腔经活塞的均布小孔返回上腔,使滑动油缸回升至初始位置。而该产品的油缸组合件由滑动油缸、活塞杆组合件、滑套组合件组成。滑套组合件由滑套和 O 形密封圈组成,活塞杆组合件的结构与采用锥形阀的普通减速顶基本相同,在压力阀弹簧的下面设有压力阀调整垫片,可在小范围内对减速顶的开启压力进行调整。

图 3-29　TDW908 型减速顶外形图

滑动油缸被滑套组合件分为上、中、下三个腔:上腔注有一定量的减速顶专用液压油,下腔由三个不同直径的复位弹簧 A、B、C 构成组合复位弹簧(也可称回程弹簧),中腔由活塞头部下端面与滑套组合件的上端面构成。当油液从上腔流入中腔时,油液推动滑套组合件向下运动,使中腔增大,通过滑套组合件的上、下移动来实现上、中腔容积的变化,依靠组合复位弹簧实现滑动油缸的自动复位,从而科学地完成了油缸内采用全液压油被压缩做功和慢速回程复位的两项功能。

TDW908 型全液压减速顶的主要结构特点如下:

(1)将滑动油缸分为上、中、下三个腔,并增设可上、下移动的滑套组合件,利用油缸内三腔动态缓冲的工作原理,巧妙地实现了全液压减速顶的全部功能。

(2)改变了普通减速顶以液压油和氮气的混合物作为工作介质的传统模式,以纯液压油作为工作介质,无需充任何其他气体。

(3)由三个不同直径的弹簧构成组合复位弹簧,实现全液压减速顶的正常复位。

(4)合理设计回程阀板的直径,使其对活塞上均布小孔进行部分遮盖,可实现全液压减速顶的慢回程复位功能。

(5)设计先进,结构紧凑,制造工艺简单。

2. TDW908 减速顶的工作原理

TDW908 型全液压高负荷减速顶是一个独立的封闭液压单元。从能量转换角度来看,它对车辆起制动作用的原理,就是将溜放车辆的动能转变成液压油的压力能,再由节流阀等构件将压力能转化为热能,然后通过滑动油缸、壳体、轨道、空气等介质将热能散发出去,从而实现对车辆动能的吸收、转换和耗散这三个过程。

减速顶的临界速度是在出厂前事先调定的,而不同的车辆溜放速度,使减速顶滑动油缸产生不同的下滑速度,当车辆溜放速度高于减速顶的临界速度时,减速顶就对车辆做制动功;而车辆溜放速度低于减速顶的临界速度时,减速顶只对车辆做阻力功,此时对车辆几乎不起减速作用。

(1)低于临界速度时

当溜放车辆以较低的速度通过减速顶时，滑动油缸被车轮压下的速度相对较低，滑动油缸上腔的油液通过速度阀环形缝隙经活塞上均布的小孔流向下腔，此时速度阀板上端面几乎没有流速，而下端面具有一定的流速。由流体力学可知，在这一状态下速度阀板上、下端面会产生一定的压力差，但由于速度阀板下端面的油液流速较小，速度阀板上、下端面的压力差不足以克服速度阀弹簧的预压力，所以速度阀板始终保持开启状态。油液经速度阀流入油缸下腔产生的阻力很小，减速顶对车辆不做制动功。另外滑动油缸内的滑套下装有组合复位弹簧，当滑动油缸下滑时，活塞杆进入滑动油缸的上腔，并占有一定的容积，迫使滑套下移，下腔内的复位弹簧被压缩，当车轮压下减速顶的滑动油缸时，必须克服被压缩的复位弹簧所产生的反力，此时减速顶对车辆做阻力功。

(2)高于临界速度时

当溜放车辆以较高的速度通过减速顶时，滑动油缸被车轮压下的速度相对较高，滑动油缸上腔的油液通过速度阀的开口迅速流向中腔，在速度阀板下端面形成较大的流速，此时速度阀板上、下端面产生的压力差足以克服速度阀弹簧的预压力，使速度阀板迅速关闭，将活塞上沟通油缸上、中腔的小孔全部遮盖。滑动油缸继续以较快的速度下滑，迫使上腔压力迅速上升，当上腔压力达到压力阀调定的开启压力时，压力阀被打开，上腔油液通过压力阀口流向中腔，同时推动滑套组合件向下运动压缩复位弹簧。在这个过程中，车轮将减速顶的滑动油缸压下，必须克服油缸内腔的油液通过压力阀时所产生的压力，此时减速顶对车辆做制动功而起减速作用。

(3)回程时

当车轮将滑动油缸帽头压至最低点后，滑动油缸内的滑套组合件受到下腔被压缩的复位弹簧的作用力而向上运动，同时推动中腔的油液返回上腔，使滑动油缸向上回升。在滑动油缸复位过程中，由于回程阀板覆盖了活塞上均布小孔的大部分面积，油缸中腔的油液返回上腔时受到节流孔的阻尼作用，从而使滑动油缸以较慢的速度回升至最高点。

3. TDW908 型全液压高负荷减速顶的技术特点

经过与传统的减速顶进行同等条件下的性能比较，全液压高负荷减速顶具有以下技术特点及优势。

(1)临界速度只有Ⅰ档(1.25 m/s 或 4.5 km/h)。

(2)普通减速顶以氮气和液压油的混合物作为工作介质，因此只有在氮气被压缩到一定行程后才会做功，即减速顶做功时会有一段“空行程”。而 TDW908 型全液压减速顶采用了纯液压油作为工作介质，由于液压油的不可压缩性，使减速顶的实际压缩行程全部转化为对车轮的做功行程，因此其制动功比传统充氮气的减速顶提高了 25%以上。

(3)阻力功比充氮气的减速顶降低了 68%左右，不仅降低了对车辆的有害磨损阻力，而且优化了难行车的溜行条件，减少了天窗的数量，提高了溜放车辆的安全连挂率。

(4)由于该产品具有高制动功和低阻力功，因而极大地提高了减速顶产品的性能价格比。可以大大减少股道内减速顶的布顶数量，降低了编组站的设备投资成本，节省工程造价，特别是对于重载车辆的编组作业具有很大的现实意义。

(5)由于不需要充氮气，因此能节省充氮设备；同时在使用时可以避免氮气的泄漏，养护维修方便，使用寿命长。

三、高负荷减速顶的主要技术指标

几种常用的Ⅰ档高负荷减速顶的主要技术指标如表3-8所示。

表3-8　几种常用的Ⅰ档高负荷减速顶的主要技术指标

序号	项目	型号				
		TDJ—2000	TDJ—2000U	TDJ—2006	TDJ—2006U	TDW908
1	临界速度(m/s)	1.25±0.07	1.33±0.07	1.25±0.07	1.33±0.07	1.25±0.1
2	制动功(J)	≥1 050	≥1 150	≥1 050	≥1 150	≥950
3	阻力功(J)	≤50				≤10
4	抬起高度(mm)	≤6				≤8
5	安装高度(mm)	61_{-3}^{0}				75_{-2}^{0}
6	钻孔高度(mm)	74_{-2}^{+1}	80_{-2}^{+1}	74_{-2}^{+1}	80_{-2}^{+1}	79_{-1}^{+2}(43、50轨) 92_{-1}^{+2}(60轨)
7	安装角(°)	13				12
8	最大工作行程(mm)	100				72
9	工作介质	1. LHV22或LHV32低凝液压油(冬季最低气温在－20 ℃以上地区)； 2. 10#航空液压油(冬季最低气温在－20 ℃以下地区)。				专用液压油
10	构造速度(km/h)	25				
11	适用轨型(kg/m)	43、50	60、65、 P60、P65、 RE132、RE133	43、50	60、65、 P60、P65、 RE132、RE133	43、50、60
12	环境温度(℃)	－50～60				－50～50
13	质量(kg)	18.5		17.5	17.9	10.24

四、高负荷减速顶的适用范围及应用

TDJ—2000、TDW908型减速顶只有Ⅰ档顶，因此适用于各类大、中、小型编组站的连挂区及各种专用线。TDJ—2000型减速顶可在曲线和直线段使用，TDW908型外侧减速顶主要用于连挂区的直线段。TDJ—2006型高负荷减速顶的临界速度可分档，因此它可以广泛用于各类大、中、小型驼峰调车场的加速坡、溜放部分、道岔区和连挂区以及各种专用线的曲、直线段。由于高负荷减速顶具有制动功大、阻力功小，抗冲击性能好等特点，因此特别适用于重载车辆较多的站场和线路，各种高负荷减速顶的适用轨型见表3-8。

TDJ—2000型高负荷减速顶已在三间房站应用，TDJ—2006型高负荷减速顶已在哈尔滨南、玉林等站应用，TDW908 型全液压高负荷减速顶已在上海铁路局的部分站场投入使用。

第五节　慢回程减速顶

一、慢回程减速顶的研制目的

普通减速顶的回程阀必须满足两个要求：一是当滑动油缸被车轮压至最低点后，它的回程需要有一定的阻尼，使油缸帽头的上升速度跟不上车轮的滚动，从而避免对车轮做加速功；同时，滑动油缸的回程速度又不能太慢，必须保证对后一个车轮不损失制动功，即在后一个车轮滚压减速顶之前，油缸帽头必须回升到最高点。因此，普通减速顶特别是高档减速顶的回程速度一般还是比较快的。

在调车作业中，机车有时需要下峰对溜放车辆进行整理或反牵作业，此时机车往往单独或牵引车辆以较高的速度通过减速顶；当股道内的车辆编组完成以后，机车也会以较高的速度牵引车辆通过减速顶将车列牵出。由于在短时间内有数十辆车不间断地滚压减速顶，使减速顶频繁对车轮做无用功，造成轮、顶的高速冲击和磨损，不仅对运输安全构成威胁，增加了机车牵引阻力，也使减速顶的油液和各零部件产生高温，大大增加了减速顶的故障率和维修量。为了在现有减速顶的基础上解决这一问题，研究人员开发研制出具有慢回程功能的减速顶。它既能满足对溜放车辆的正常做功，同时又可以在车辆高速通过时，利用滑动油缸的缓慢回升使减速顶对车辆尽可能不做或少做无用功。

二、慢回程减速顶的基本结构和工作原理

（一）慢回程减速顶的基本结构

慢回程减速顶与普通减速顶的主要区别是回程阀板的结构及尺寸有所不同，其他结构是完全相同的。慢回程减速顶的回程阀一般有两种结构形式。

第一种结构如图 3-30 所示，这种回程阀板是一个开有内孔的圆形阀板，使用时，阀板的内孔套在活塞杆上，阀板的外径能局部遮盖活塞上的过流孔，通过改变回程阀板的外圆直径就可以改变对活塞过流孔的遮盖面积，从而改变减速顶的回程速度。

第二种结构如图 3-31 所示，这种回程阀板是在上一种回程阀板的基础上，将外圆直径加大到能够全部遮盖活塞过流孔的尺寸，同时在阀板上开有三个或多个均布的节流小孔。使用时，阀板的内孔套在活塞上，阀板的外径将活塞上的过流孔完全遮盖，通过改变回程阀板上节流小孔的数量和直径，就可以改变减速顶的回程速度。

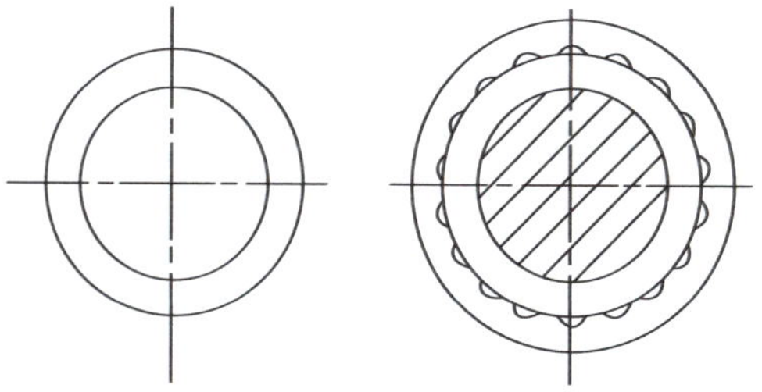

图3-30　局部遮盖活塞过流孔的回程阀板结构图

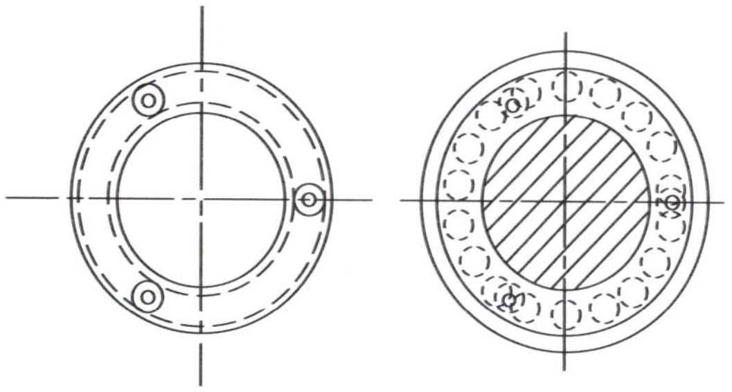

图 3-31　全部遮盖活塞过流孔的回程阀板结构图

(二)慢回程减速顶的工作原理

如上所述,普通减速顶的结构中也都有回程阀,其作用也是使减速顶的回程速度适当减慢。慢回程减速顶是在普通减速顶的基础上,进一步加大回程阀板对活塞过流孔的遮盖量,或采用大直径的回程阀板将活塞过流孔全部遮盖,依靠阀板上均布的节流孔来实现对减速顶回程速度的控制。

当车轮将减速顶压至最低点后继续向前滚动,此时滑动油缸在上腔由于压缩氮气的膨胀作用下向上回升,油缸下腔的液压油通过活塞上的过流孔流到上腔,同时带动回程阀板靠向活塞的下端面,将过流孔局部或全部遮盖而起到对油液回流的阻尼作用,使滑动油缸慢速回升至最高位置。回程阀板的直径对活塞过流孔的遮盖面积越大、阀板上均布的节流孔直径越小,对油液回流的阻尼作用就越大,因此,设计不同结构和尺寸的慢回程阀板,就能实现减速顶不同速度的慢回程功能。

三、慢回程减速顶的主要品种和技术指标

1. 双向慢回程减速顶

双向慢回程减速顶主要有 TDJ—302M、402M、402BM 型慢回程减速顶、TDJ2000M 型、TDJ—2006M 型高负荷慢回程减速顶;还有 TDW901M(NM)、TDW911M(NM)型慢回程减速顶。双向慢回程减速顶对正反两个方向通过的车辆都具有慢回程功能。

2. 单向慢回程减速顶

单向慢回程减速顶主要有 TDJ—302DM、402DM、402BDM 型以及 TDW902M(NM)、TDW912M(NM)型单向慢回程减速顶。这种产品对于正向溜放的车辆能起制动减速作用;而在反向通过的车辆作用下,顶的滑动油缸处于近似的锁闭状态,基本不对车辆做任何功。

上述两种慢回程减速顶除了回程时间之外,其他技术指标与同类型的普通减速顶相同,不同的技术指标为慢回程的回程时间(一般为 0.6～0.8 s),这一指标可以根据作业的实际需要进行结构设计和调整。

四、慢回程减速顶的适用范围及应用

慢回程减速顶主要用于机车下峰作业或反牵较频繁的站场,以及编尾机车牵出速度较高的站场。慢回程减速顶的回程时间必须满足两个要求:既能对以较高速度通过的车辆起到慢回程作用,又不损失对正常溜放车辆后轮的制动功。

慢回程减速顶根据回程时间的不同分别用在不同的部位:回程时间较短的慢回程顶适用于股道小顶群,而回程时间较长的慢回程顶适用于股道连挂区的后半段。

第六节　壳体具有特殊功能的减速顶

一、壳体具有防脱线功能的减速顶

(一)研制的目的

减速顶的垂直反力是根据编组站使用的最轻车辆的轮重而确定的,因此,减速顶在设

计压力阀的开启压力时，必须保证对最轻车辆做功的安全。然而，实际的运输作业情况是十分复杂的，在布顶区段特别是密集布顶的区段，当停在减速顶群上的轻车受到后钩重车或大组车冲撞时，或轻车的两端连着重车而被机车牵引以较高的速度通过减速顶时，轻车往往处于失重状态，如果再加上机车运行时的顿钩、车辆的蛇形运动以及线路方面的不利因素，在调车作业过程中偶尔也会发生轻车脱线事故，对运输生产安全造成严重的后果。实践证明：减速顶在一部分站场的使用过程中也确实发生过轻车脱线的事故，针对这一运输生产中的具体问题，研究人员开发研制了一种具有防脱线功能的减速顶。

（二）主要结构和特点

该产品采用新型防脱线壳体以取代普通的减速顶壳体，即在壳体上增加了一对高强度、抗冲击、耐磨性好的翅状挡块，它的滑动油缸组合件与普通减速顶完全相同，因此这种产品除具有同类减速顶的结构特点和技术特点外，还具有对溜放车辆的防脱线功能。

应该特别强调的是：具有防脱线功能的减速顶必须对称安装在线路上，才能更好地起到防止车辆脱线的作用：当轻车通过减速顶，车轮受到减速顶的反力作用而向外产生浮起时，另一侧减速顶壳体上的翅状挡块就会挡住浮起的轮缘，起到护轮作用，防止车轮爬上钢轨而脱线。因此，该产品可大大提高减速顶使用的安全性。

（三）主要品种介绍

1. TDJ 系列 C 型防脱线减速顶

(1)TDJ—302C 型减速顶（图 3-32、图 3-33）

该产品是由 302 型减速顶派生的一种具有防脱线功能的减速顶，它由 TDJ—302 型减速顶的滑动油缸组合件和 302C 型防脱线壳体组成。

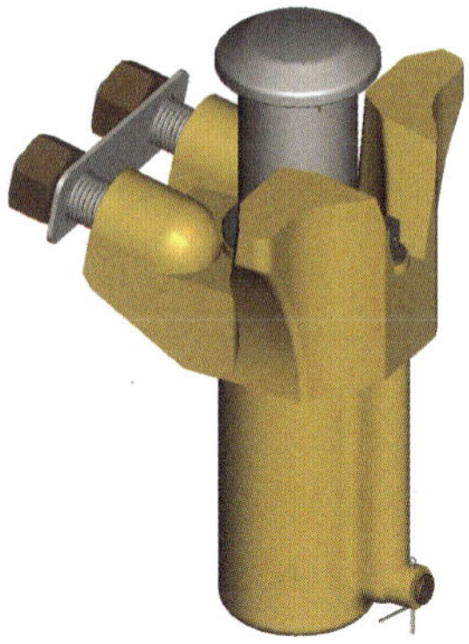

图 3-32　TDJ—302C 型减速顶外形图

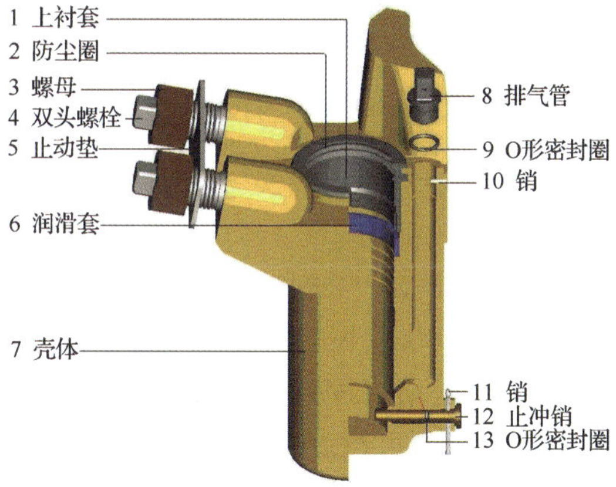

图 3-33　TDJ—302C 型减速顶壳体结构图

(2)TDJK—103C、203C 型可控减速顶（图 3-34、图 3-35）

该产品是由 K—103、203 型可控顶派生的一种具有防脱线功能的可控减速顶，它由 TDJK—103、203 型可控顶的滑动油缸组合件和 K—103C 型防脱线壳体组成。

(3)TDJK—108C、208C 高负荷可控减速顶（图 3-36、图 3-37）

该产品是由 TDJK108、208 型可控顶派生的一种具有防脱线功能的高负荷可控顶，它由 K108、208 型可控顶的油缸组合件和 K—108C 防脱线壳体组成。

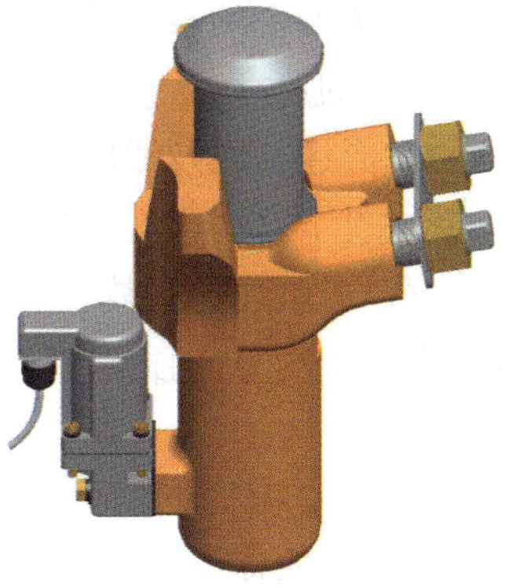

图 3-34　TDJK—103C、203C 可控顶外形图

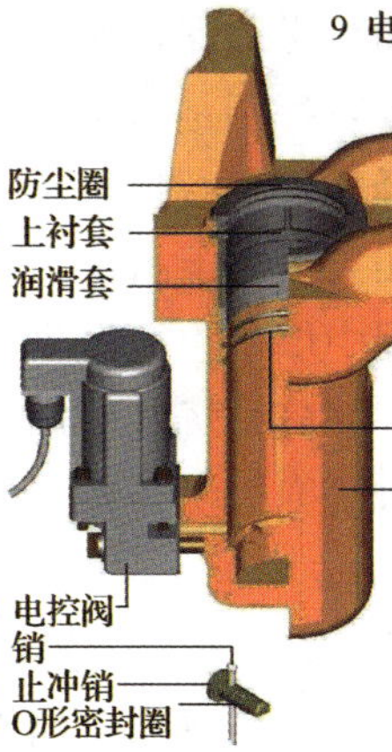

图 3-35　TDJK—103C 可控顶壳体结构图

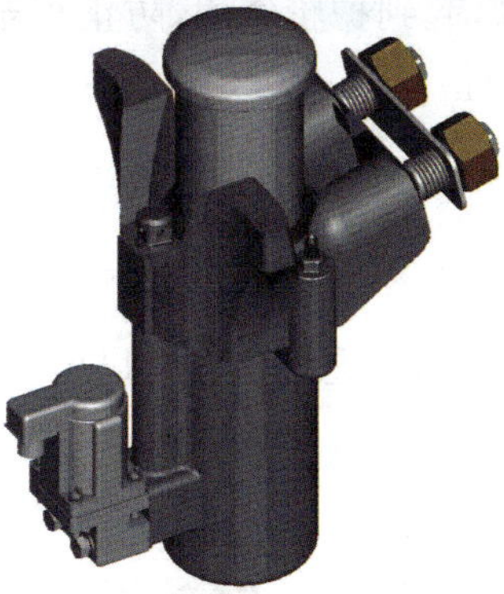

图 3-36　TDJK—108C、208C 可控顶外形图

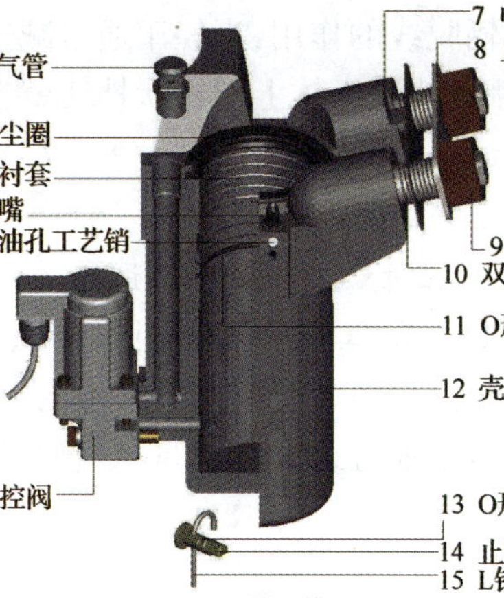

图 3-37　TDJK—108C 可控顶壳体结构图

此外，还有 TDJ—402C 型减速顶、TDJK—104C、204C 型可控减速顶和 TDJK—106C 型高负荷可控减速顶等多种具有防脱线功能的减速顶。

2. TDW 系列 FT 型防脱线减速顶

(1)TDW905—N—FT 型可控减速顶(图 3-38)

该产品是由 TDW905—N 型可控顶派生的一种具有防脱线功能的可控顶，它由 TDW905—N 型可控顶的滑动油缸组合件及 905—FT 型防脱线壳体组成。

(2)TDW911—NQ—FT 型减速顶(图 3-39)

该产品由 TDW911—NQ 型减速顶的滑动油缸组合件和 911—NQ—FT 型防脱线卡式壳体组成，除具有 TDW911—NQ 型卡式减速顶的结构和特点之外，它还具有对溜放车辆的防脱线功能。

(四)适用范围及应用

具有防脱线功能的减速顶可以广泛应用在各种大、中、小型驼峰调车场和专用线。特别适合用于经常进行高速牵出作业和反牵作业的减速顶和可控顶的大顶群区段，它既可用于直线段，也可以用于曲线段。

图 3-38　TDW905—N—FT 型可控顶外形图

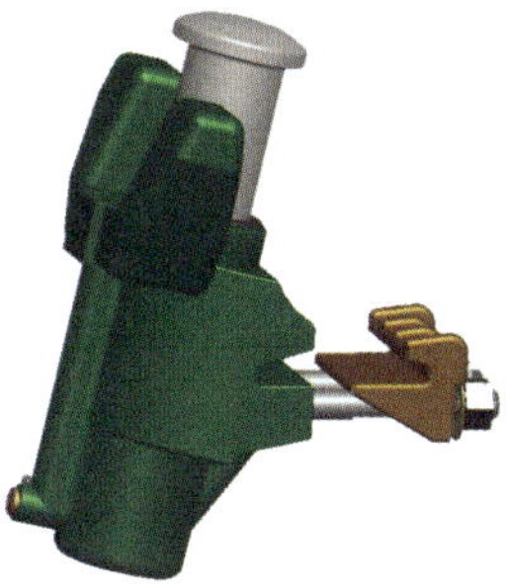

图 3-39　TDW911—NQ—FT 型减速顶外形图

TDJK—103C、203C、104C、204C、108C、208C 型可控减速顶已在韶关、大新、威舍等多个站场的计算机可控顶调速系统中使用，TDW905—N—FT 型可控顶目前已在武威南、艮山门等多个站场应用，TDW911—NQ—FT 型减速顶目前已在兰州西等站应用。

二、壳体具有防风雪功能的减速顶

（一）研制的目的

当减速顶用于风雪和冰冻较大的寒冷地区时，防止壳体内进冰雪是一项十分重要的任务。如果在这些地区采用普通减速顶，雪花很容易通过排气孔进入壳体内。尤其是在冬、春或秋、冬交接的季节，白天气温往往高于 0 ℃，被吹进壳体内的雪以及堆积在减速顶周围的冰雪都会融化成水，由于普通减速顶的排气孔位置较低，外部融化的雪水会通过顶的排气孔流入壳体下部；而到了夜间，一旦气温降至 0 ℃以下，壳体内的水就会结成冰，占据壳体下部的空间。当车轮滚压减速顶时，滑动油缸组合件受到冰块阻挡而不能被压到最低点，溜放车辆很容易被卡住的滑动油缸顶出轨道而脱线。在北方地区的现场运营实践中确实出现过多起这样的脱线事故。为了解决这一问题，研究人员重新设计了减速顶的排气装置，研制出具有防风雪功能的减速顶。

（二）TDJ 系列防风雪减速顶的结构和特点

该产品的滑动油缸组合件与普通减速顶相同，而只是将壳体设计为“具有防风雪功能的壳体”。为了避免冰雪和积水的侵入，在设计上最大限度地提高了排气孔的位置，在壳体上端面的排气孔上再加设防风雪的“排气管组合件”，以保证不同使用环境的需要。它的结构形式一般有两种：一种为金属排气管，一端有螺纹，可直接拧入排气孔中；另一种为橡胶排气管组合，由带弯头的橡胶排气管、排气管座、管卡等组成。这种排气管组合件具有经济实用，安装灵活，不怕磕碰，加工、维修方便等特点，特别是采用独特的弯头胶管不仅使排气孔位置大大提高，而且由于橡胶排气管的弯头结构可实现排气口向下，使飘舞的雪花以及融化的冰雪或积水很难进入壳体，从而大大提高了减速顶的防风雪、防冰冻的能力。

（三）主要品种介绍

1. TDJ—302P 型减速顶（图 3-40、图 3-41）

该产品是由 TDJ—302 型减速顶派生的一种具有防风雪功能的减速顶，它由 302 型减速顶的滑动油缸组合件和302P型防风雪壳体组成。

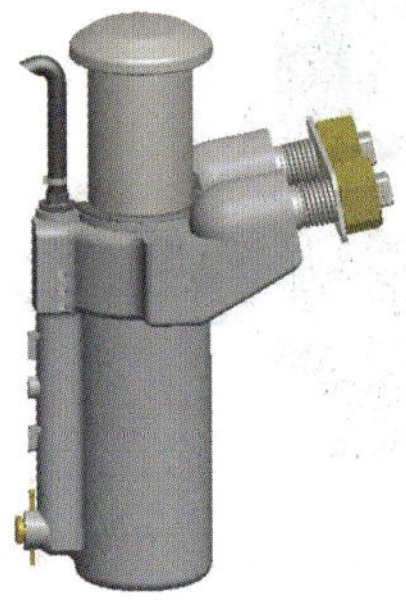

图3-40　TDJ—302P型减速顶外形图

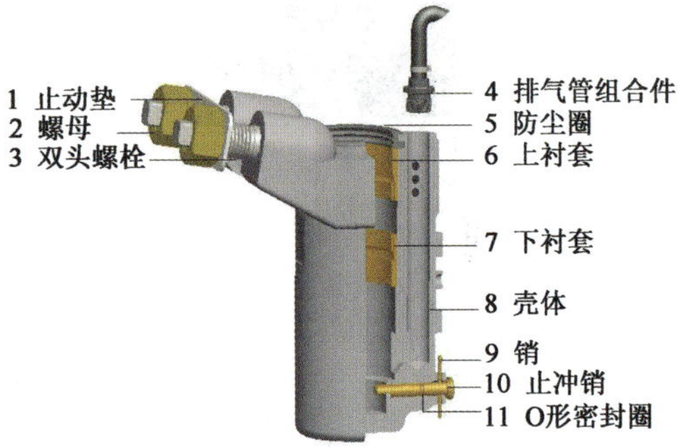

图3-41　TDJ—302P型减速顶壳体结构图

2. TDJ—302CP型减速顶(图3-42、图3-43)

该产品是由TDJ—302型减速顶派生的一种具有防脱线、防风雪功能的减速顶，它由302减速顶油缸组合件和302CP型防脱线、防风雪壳体组成。

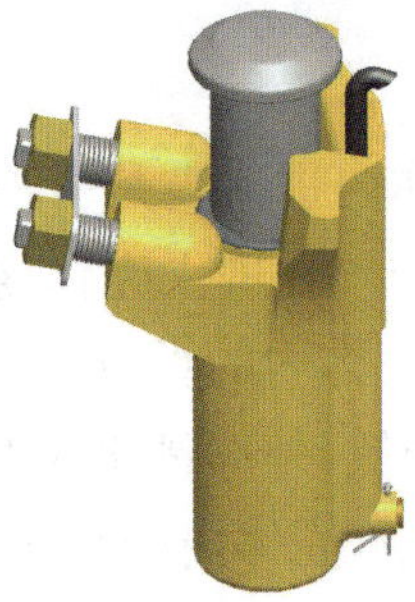

图3-42　TDJ—302CP型减速顶外形图

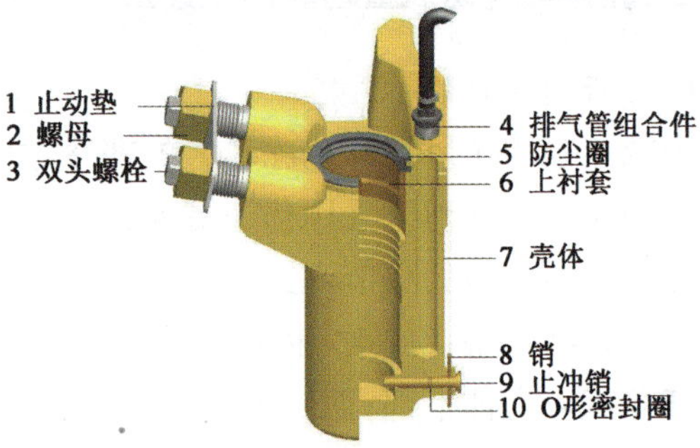

图3-43　TDJ—302CP型减速顶壳体结构图

3. TDJ—2006P型减速顶(图3-44、图3-45)

该产品是由TDJ—2006型减速顶派生的一种具有防风雪功能的高负荷减速顶，它由TDJ—2006型减速顶的滑动油缸组合件和2006P型防风雪壳体组成。

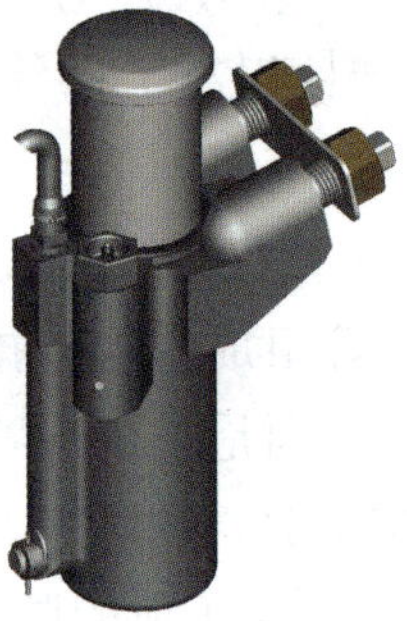

图3-44　TDJ—2006P型高负荷减速顶外形图

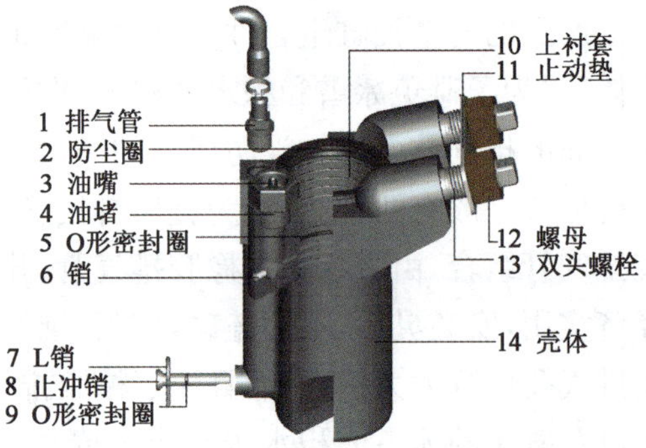

图3-45　TDJ—2006P型减速顶壳体结构图

4. TDJK—103P、203P型可控减速顶(图3-46、图3-47)

该产品是由TDJK—103、203型可控顶派生的一种具有防风雪功能的可控减速顶，它由TDJK—103、203型可控顶的滑动油缸组合件和K103P型防风雪壳体组成。

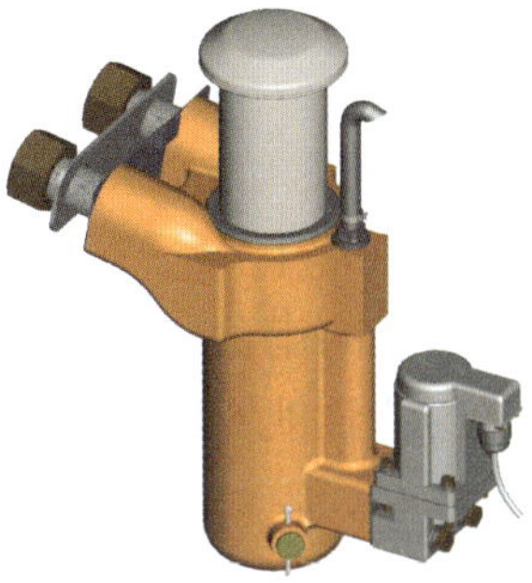

图 3-46　TDJK—103P、203P 可控顶外形图

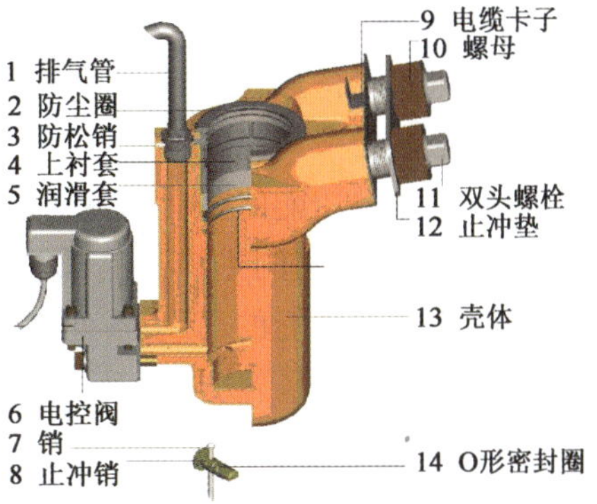

图 3-47　TDJK—103P 可控顶壳体结构图

5. TDJDS—203P 型可控减速顶(图 3-48、图 3-49)

该产品是由 TDJDS—203 型可控减速顶派生的一种具有防风雪功能的电动锁闭减速顶，它由 TDJDS—203 型电动锁闭可控顶的油缸组合件和 DS—203P 型防风雪壳体组成。

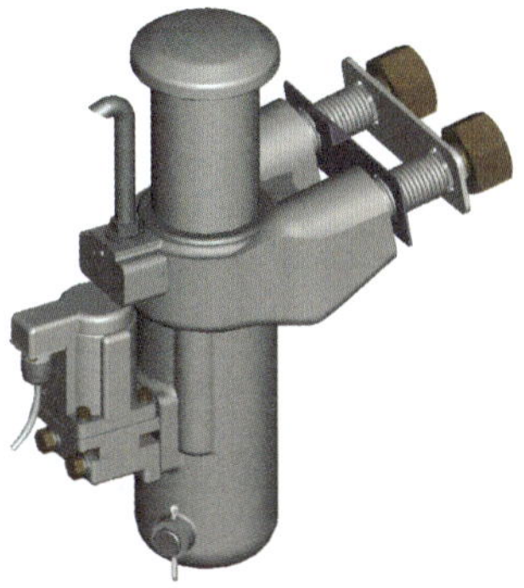

图 3-48　TDJDS—203P 型电动锁闭顶外形图

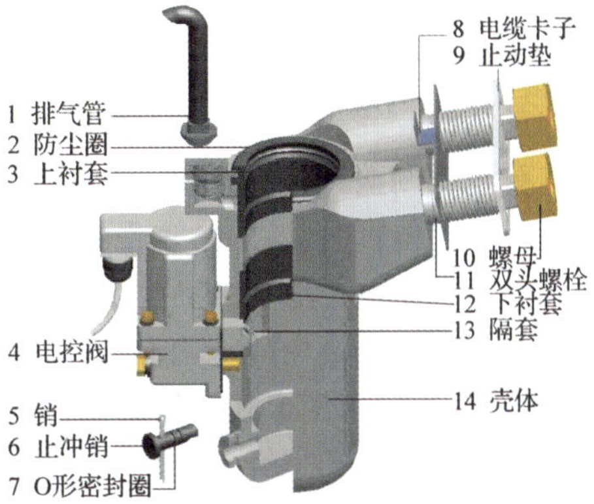

图 3-49　TDJDS—203P 型电动锁闭顶壳体结构图

6. TDJK—108CP 型可控减速顶(图 3-50、图 3-51)

该产品是由 TDJK—108 型可控顶派生的一种具有防脱线、防风雪功能的高负荷可控顶，它由 TDJK—108 型可控顶的滑动油缸组合件和 K—108CP 型防脱线、防风雪壳体组成。

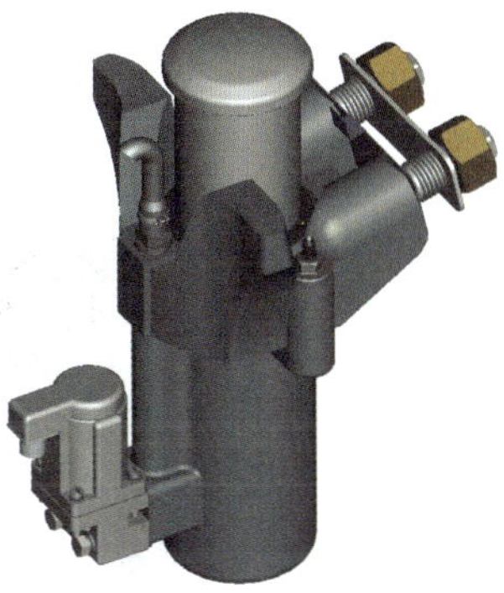

图 3-50　TDJK—108CP 型可控减速顶外形图

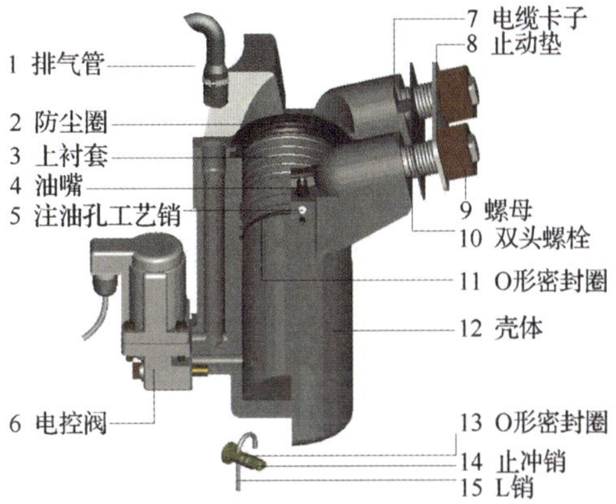

图 3-51　TDJK—108CP 型减速顶壳体结构图

除上述介绍的几种产品之外，还有 TDJ—402P、402CP 型平板阀减速顶，TDJK—

103CP、203CP、104P、204P、104CP、204CP、K—108P、208P、K—106P 型可控顶等多种产品。他们的共同特点是壳体都具有防风雪功能。

（四）适用范围及应用

具有防风雪功能的各类减速顶主要用于北方寒冷地区和风雪、冻害较大的地区，除此之外，他们与相对应的主体产品都具有同样的适用范围和适用轨型。

具有防风雪功能的 TDJ 系列减速顶已在中国北方地区的南岔、牡丹江、格尔木等站使用，同时具有防风雪功能的 TDJ 系列出口减速顶还在美国、俄罗斯等国家北部地区的编组站广泛使用。

三、卡式减速顶

（一）卡式减速顶的研制目的

传统的减速顶安装方式是用钻孔机在钢轨上钻孔，它不仅需要在现场使用钻孔设备和电源（采用电动钻孔机时），同时对钻孔的位置和精度要求都很高。钻孔时经常会发生钻孔位置、钻孔高度等不符合设计要求，甚至出现未钻透的盲孔，这些失误就会在钢轨上留下废孔，对钢轨的使用产生十分不良的影响。同时采用钻孔方式安装的减速顶缺乏调整的灵活性，当线路的钢轨出现爬行或调速系统的设计方案需要对现场减速顶的布顶位置重新进行调整时，采用钻孔方式安装的减速顶往往不得不将原有的安装孔废弃，然后在其他合适的位置重新钻孔，这也必然会造成对线路和钢轨的损害。因此，研究人员开发设计了无需在钢轨上钻孔的新型卡式减速顶。

（二）卡式减速顶的结构和特点

（1）减速顶采用卡式壳体结构，设计新颖，工艺合理，结构紧凑，重量比传统的钻孔式壳体有较大程度的减轻。

（2）由于不需要在钢轨上钻孔，可避免因钻孔而造成的对钢轨的损坏，其方便的安装方式可以适应不同线路、不同区段的安装要求。

（3）施工、维修方便，调整灵活，可大大缩短施工周期，减少对运输生产的干扰。

（4）传统的减速顶壳体螺栓承受由机车车辆的压力而产生的剪应力，由于受力面积较小，所以常会出现螺栓折断现象。卡式壳体增大了与钢轨的接触面积和受力面积，同时壳体的受力方式由剪应力改变为正压力，大大改善了减速顶的受力状况，减少了壳体的故障率和维修工作量。

（5）卡式壳体结构强度高，抗拉强度大，使用寿命长。

（三）卡式减速顶的主要品种介绍

1. TDJ 系列的卡式减速顶

（1）TDJ—302Q 型卡式减速顶（图 3-52）

该产品是 TDJ—302 型减速顶的派生产品，它由 302 型减速顶的滑动油缸组合件和 302Q 型卡式壳体组成，除具有 302 型减速顶的结构和特点外，还具有卡式壳体安装的基本特点。

图 3-52　TDJ—302Q 卡式减速顶外形图

（2）TDJK—108QP 型卡式可控顶（图 3-53、图 3-54）

该产品是 TDJK—108 型可控顶的派生产品，它由 TDJK—108 型可控顶的滑动油缸组合件和 TDJK—108QP 型卡式防风雪壳体组成，除具有 TDJK—108 型可控顶的结构和特点外，还具有防风雪功能和卡式壳体安装的特点。

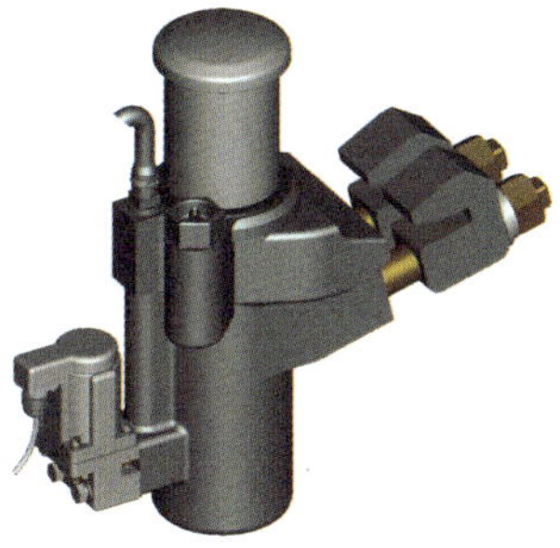

图 3-53　TDJK—108QP 型卡式可控顶外形图

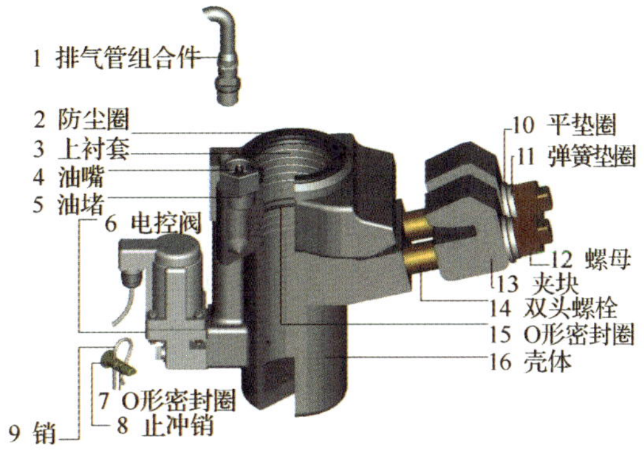

图 3-54　TDJK—108QP 型卡式可控顶壳体结构图

2. TDW 系列的卡式减速顶(图 3-55)

(1)TDW911—NQ、TDW912—NQ 型卡式减速顶

该产品是 TDW911—N、TDW912—N 型减速顶的派生产品，它由 TDW911—N、TDW912—N 型减速顶的滑动油缸组合件和 TDW—NQ 型卡式壳体组成，除具有 TDW911—N、TDW912—N 型减速顶的结构和特点外，还具有卡式壳体安装的特点。

(2)TDW911—NQD、TDW912—NQD 型卡式减速顶

该产品是 TDW911—ND、TDW912—ND 型减速顶的派生产品，它由这两种普通单向顶的滑动油缸组合件和 TDW—NQ 型卡式壳体组成，除具有单向顶的结构和特点外，还具有卡式壳体安装的特点。

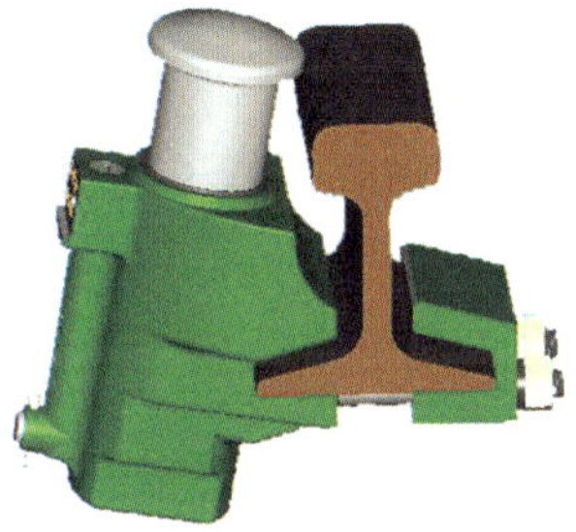

图 3-55　TDW—NQ 卡式系列减速顶外形图

(四)卡式减速顶的适用范围及应用

上述各种卡式减速顶可广泛用于各类大、中、小型编组站(包括机械化驼峰、自动化驼峰和半自动化驼峰调车场)驼峰溜放部分和连挂区，也可用于铁路、冶金、矿山、电力、石化、港口等部门需要自动控制车辆溜放速度的调车线和各种专用线，既可以用在直线段，也可以在曲线段安装使用。

TDJ 系列的卡式减速顶已在波兰的铁路编组站应用，TDW 型卡式系列减速顶已在丰台西站、兰州西站、鹰潭机务段、成都机务段等多个站段应用。

四、壳体用于改变安装位置的减速顶

(一)研制的目的

内侧顶和外侧顶有着各自不同的技术特点，用户可以根据站场的条件和作业情况自行选择。但在实际应用中，往往会出现这样一种情况：某些用户在站场减速顶更新改造时希望将原来使用的外侧顶更换成内侧顶，或者将原来使用的内侧顶更换为外侧顶。由于

站场初始施工时已按照外侧顶或内侧顶的安装高度进行了钻孔，而这些孔又并不适合需要更换的内侧顶或外侧顶的安装尺寸，因此，需要设计出一种适用于外侧顶钻孔高度的内侧顶壳体或适用于内侧顶钻孔高度的外侧顶壳体，由此产生了这样一类“壳体用于改变安装位置”的减速顶。

（二）主要结构和特点

用于改变安装位置的内侧顶壳体是根据既有外侧顶的安装孔专门设计和生产的，而用于改变安装位置的外侧顶壳体则是根据既有内侧顶的安装孔专门设计和生产的。这两类顶的滑动油缸组合件都和原有的内侧顶或外侧顶完全相同，因此具有其各自的基本特点。但他们的壳体又不同于普通的内侧顶和外侧顶，这种壳体是根据用户和现场的特殊需要而重新设计和生产的，因此这类减速顶只适合用于特定的站场。

由于不需要重新钻孔就能实现内、外侧顶的相互替换，并且能达到预期的技术指标和目的，因此可以节省投资，减少重复施工造成的浪费，并且为用户提供了方便。该系列减速顶构造简单，零部件互换性好，安装维修方便，使用安全可靠。

（三）主要品种介绍

TDW901D、TDW911D、TDW912D 型减速顶（见图 3-56、图 3-57）是一种可以在既有内侧顶安装孔上安装使用的外侧减速顶，他们的滑动油缸组合件与 TDW901C、TDW911、TDW912 型外侧顶完全一样，不同之处仅在于他们的壳体是根据原有站场内侧顶的钻孔高度专门设计和生产的，通过改变壳体螺栓孔的位置，能十分方便地在既有内侧顶的安装孔上安装外侧顶。

图 3-56 TDW901D、911D、912D 型减速顶外形图

图 3-57 TDW912D 型外侧单向顶在武夷山站应用

第七节 可控减速顶

一、可控减速顶的研制目的

众所周知，普通减速顶无需外部控制和能源，具有节省能源、布置灵活、工作可靠等许多优点。但在采用全减速顶调速系统时，由于减速顶群对高于其临界速度的所有溜放车

辆都制动减速，这就使作业中的大组车特别是大组空车在调车场的头部很快减速，造成大组车走行时间过长，道岔不能快速转换，从而影响下一钩车的溜放，直接影响了驼峰作业效率。如何能使减速顶也像减速器那样具有“让头拦尾”的功能，实现大组车特别是大组空车的头部经过顶群时先不制动，使其快速通过道岔区，然后根据需要对后半部分车辆进行制动减速。这就需要研制出一种能由计算机进行自动控制的“可控减速顶”，由它组成的“计算机可控顶调速系统”可以实现对溜放车辆的实时控制，即可以根据作业需要对大组车实行“让头拦尾”控制，从而大大提高系统的调速效果和运输效率。

二、真空吸下式可控顶

(一)TDJK—103、203 型可控顶

1. TDJK—103、203 型可控顶的结构和技术特点

TDJK—103、203 型可控顶是在 TDJ—302 型减速顶的基础上开发研制的，该产品由减速顶和电控阀两大部分组成，电控阀分为常开式和常闭式两种，电控阀安装在减速顶壳体的下部，用于控制壳体下腔排气通道的开闭，以实现对减速顶的可控性能。其外形与结构如图 3-58、图 3-59 所示，该产品的主要结构和技术特点如下：

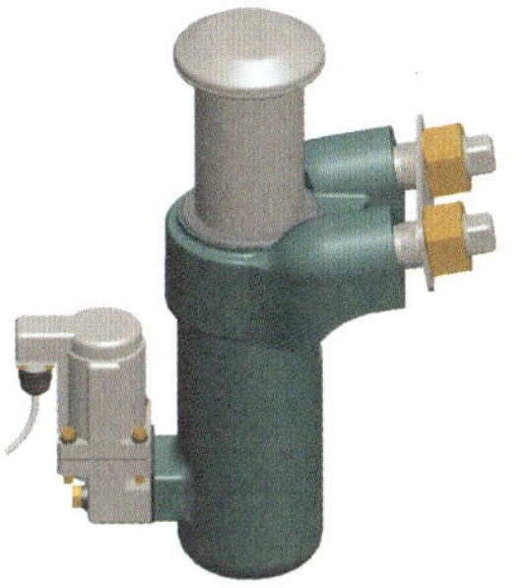

图 3-58　TDJK—103、203 型可控顶外形图

(1)TDJK—103 型可控顶采用 K112 型常开式电控阀，滑动油缸组合件在断电时处于常立起状态，通电时处于吸下状态；TDJK—203 型可控顶采用 K202 型常闭式电控阀，滑动油缸组合件在断电时处于常吸下状态，通电时处于立起状态。

(2)壳体不设下衬套，在壳体安装下衬套的部位开有密封沟槽，镶有 O 形密封圈，止冲销上设有两道 O 形密封圈，以保证壳体下腔的密封性。

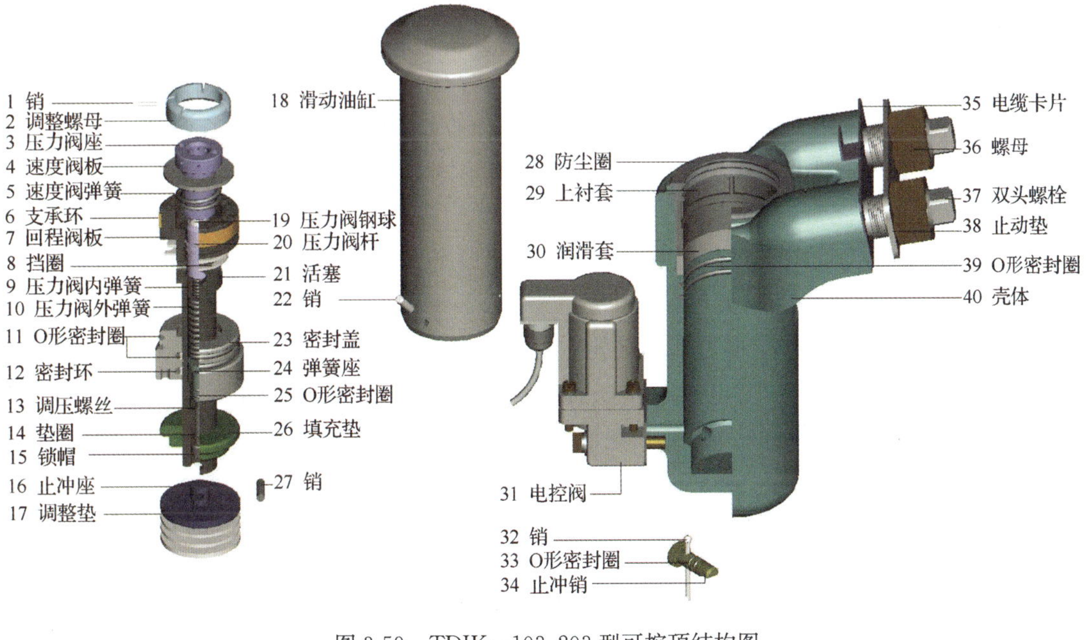

图 3-59　TDJK—103、203 型可控顶结构图

(3)取消了普通减速顶壳体上的排气通道,在电控阀的阀体座及阀体盖上设有排气通道,壳体下腔的气体可通过电控阀上的排气通道排出。

(4)止冲座采用内插式结构,在活塞杆上装有耐油橡胶填充垫,可进一步减少壳体下腔体积,提高可控顶的吸下高度。

(5)滑动油缸组合件与302型球阀减速顶基本相同,但为了提高可控顶的吸下高度,其充氮压力要低于普通减速顶。

(6)当电控阀转换控制状态使可控顶壳体下腔与大气连通时,由于滑动油缸组合件上下端的压力相同,滑动油缸在被压缩氮气的作用下能自动弹起至最高点,因此这种"真空吸下式"可控顶在改变控制状态时不会损失做功轮次,有利于提高系统的调速效果。

(7)由于每台顶在结构和密封上的差异,真空吸下的高度不可能完全一致,而只能控制在一个范围内。但由于系统对溜放车辆实行的是一种模糊控制,因此采用真空吸下式可控顶进行自动化调速,能够满足现场的运输作业要求。

(8)该产品的其余特点与302型减速顶基本相同。

2. K112型电控阀的基本结构

如图3-60所示,K112型电控阀是一种常开式机电一体化控制阀,它由阀体盖(11)、阀体座(36)、电磁铁组合、永磁铁组合、胶阀组合、插座组合等组成。电磁铁组合由套筒(16)、骨架及线圈(17)、上电磁铁(18)、铜穿钉(19)、铜套管(20)、套底盘(21)、O形密封圈(22)等组成;永磁铁组合由衬铁(23)、永磁铁调整垫(24)、永久磁铁(25)、泡沫填充垫(26)、磁铁托架(27)、磁铁铜罩(28)、轴用弹簧挡圈(29)等组成;胶阀组合由铜支持片(30)、阀弹簧(31)、弹簧垫片(32)、整体胶阀(33)、铝阀座(34)、O形密封圈(7)等组成;插座组合由O形密封圈(1)、航空插座(2)、弹簧垫圈(3)、螺栓(4)、航空插头(5)等组成。电磁铁组合与永磁铁组合装在阀体盖内,胶阀组合装在阀体座内,阀体盖与阀体座之间装有胶垫(8),用螺栓(12)、弹簧垫圈(13)和平垫圈(14)将他们连为一体。阀体盖上开有排气孔,阀体座上开有一个进气孔,可控顶壳体下部的气体通过它进入电控阀体,为确保排气通道的密封,在阀体座与可控顶壳体之间装有三孔胶垫(35),其中部的孔为进气孔,两侧的为螺栓孔。K112型电控阀通过螺栓(37)、弹簧垫圈(10)和平垫圈(9)与可控顶壳体连接为一体。

K112型常开式电控阀在断电时,电控阀的阀口处于常开启状态,此时可控顶下腔与电控阀上的排气通道始终与大气相连通。

3. K202型常闭式电控阀的基本结构

如图3-61所示,K202型电控阀是一种常闭式机电一体化控制阀,它的结构与K112型电控阀基本相同,其不同之处是:在电磁铁组合中用下电磁铁(23)代替K112型电控阀中的永久磁铁组合。

K202型常闭式电控阀在断电时,电控阀的阀口处于常锁闭状态,此时可控顶下腔与电控阀的排气通道处于断开状态。

4. TDJK—103、203型可控顶的工作原理

可控顶在作为普通减速顶使用时,其减速顶部分的工作原理已在第二章中详述,此处

仅对其可控性能的工作原理加以介绍。

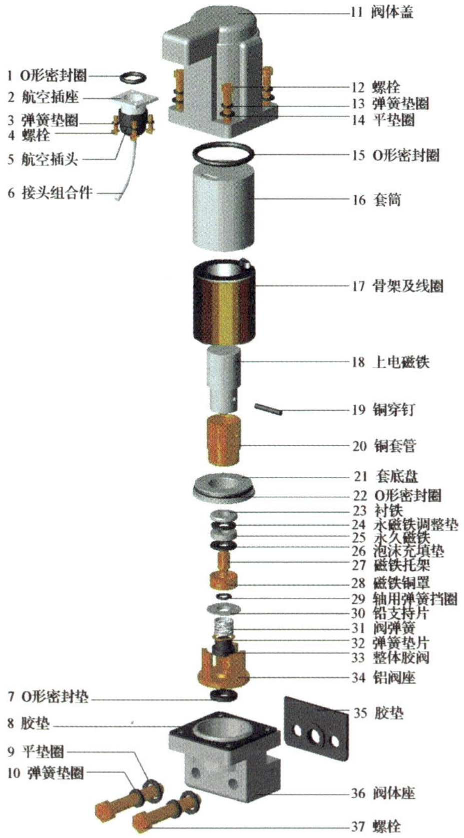

图 3-60　K112 型常开式电控阀结构

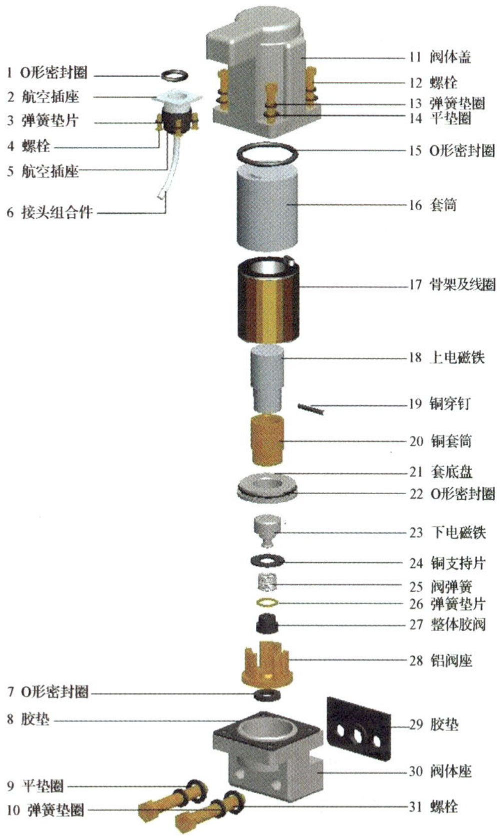

图 3-61　K202 型常闭式电控阀结构图

(1)TDJK—103 型可控顶的可控工作原理

①工作状态(断电时)

当对 K112 型电控阀断电时,电控阀的胶阀组合在永久磁铁的作用下,阀口始终处于开启状态,因此,减速顶在工作时,壳体下腔的气体通过电控阀上的进气通道及阀体盖上的排气孔始终与大气相连通,此时滑动油缸上、下端的压力相同(均为大气压力),因此可控顶处于常立起状态而作为普通减速顶使用(见图 3-62)。

②吸下状态(通电时)

当对 K112 型电控阀通电时,上电磁铁在线圈感应电流作用下产生与永磁铁相同的极性,永磁铁组合在电磁力的作用下推动胶阀组合向下运动,将阀口关闭使其变成了一个单向阀。当车轮压下减速顶时,滑动油缸向下运动使壳体下腔容积减小,当壳体下腔的气压升高并大于阀弹簧的预压力时,阀口被打开,气体通过阀体盖上的排气孔排向大气;而当下腔的气压小于阀弹簧的预压力时,整体胶阀在弹簧力的作用下将阀口关闭,壳体下腔与外界大气的通道被切断,由于得不到外界气体的补充,壳体下腔形成了一定的真空度,使滑动油缸上、下端形成一定的压差,在大气压力的作用下,滑动油缸被"吸"在壳体内处于吸下状态,从而实现对顶的控制作用(见图 3-63)。

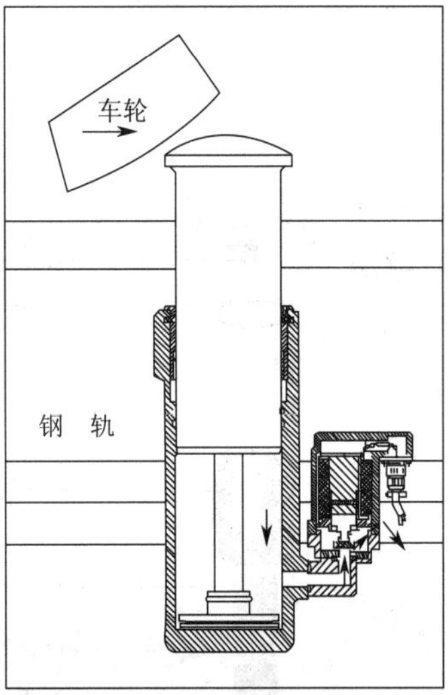

图 3-62　TDJK—103 型可控顶工作状态示意图

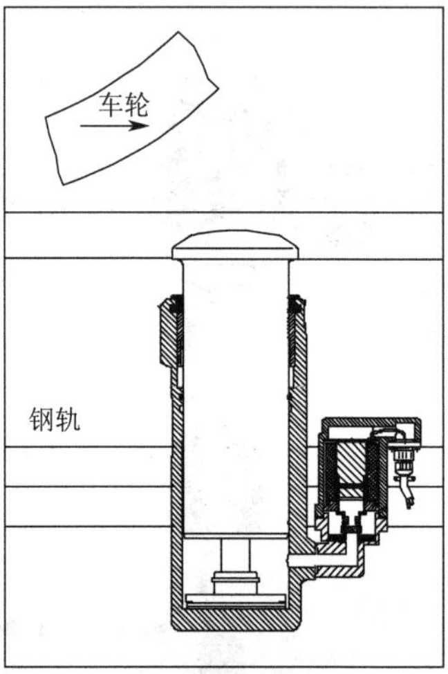

图 3-63　TDJK—103 型可控顶吸下状态示意图

(2)TDJK—203 型可控顶的可控工作原理

TDJK—203 型可控顶的工作原理与 K—103 型可控顶刚好相反，现简述如下。

①吸下状态(断电时)

断电时电控阀的胶阀组合将阀口关闭而成为一个单向阀，当车轮压下滑动油缸时，壳体下部的气体只能通过阀体座的进气孔经阀口及阀体盖上的排气孔向大气排出而得不到补充，使壳体下腔形成了一定的真空度，滑动油缸上、下端形成一定的压差，在大气压力的作用下油缸被"吸"在壳体内，从而实现对顶的控制作用。

②工作状态(通电时)

当对 K202 型电控阀通电时，在线圈感应电流作用下，下电磁铁产生与上电磁铁相反的极性，使下电磁铁与上电磁铁相吸，并带动胶阀组合向上运动将阀口打开，可控顶壳体下腔的气体通过阀体座的进气孔、阀口及阀体盖的排气孔与大气相通，此时可控顶作为普通减速顶使用。

5. TDJK—103、203 型可控顶的派生产品

(1)TDJK—103C、203C，103P、203P，103CP、203CP 型可控顶，其壳体分别具有防风雪和防脱线功能。

(2)TDJK—103—6、203—6 型可控顶，是一种适用于 60、65 轨型的可控顶，壳体按照 60、65 轨型进行结构设计，顶的安装尺寸及重量有相应的变化，其他技术性能和 103、203 型可控顶基本相同。

(二)TDJK—104、204 型平板阀可控顶

TDJK—104、204 型可控顶是在 TDJ—402 型平板阀顶的基础上开发研制的，其主要结构和特点如下：

(1)TDJK—104 型可控顶采用 K112 型常开式电控阀，断电时作为普通顶使用，通电时滑动油缸组合件处于吸下状态；TDJK—204 型可控顶采用 K202 型常闭式电控阀，断电时滑动油缸组合件处于吸下状态，通电时油缸组合件能自动弹起，作为普通顶

使用。

(2)滑动油缸组合件的结构与 402 型平板阀顶基本相同(充氮压力有所降低)——压力阀采用平板阀，出厂时一次调定压力，现场维修时无需打压，具有压力超调小，做功平稳，安全性好等特点；活塞、活塞杆采用分体式结构，降低了生产成本，加工和维修更加方便。

(3)壳体、止冲座、止冲销的结构与 TDJK—103、203 型可控顶相同。

(4)TDJK—104、204 型可控顶的派生产品主要有：

①TDJK—104C、204C，104P、204P，104CP、204CP 型可控顶，其壳体分别具有防风雪和防脱线功能。

②TDJK—104—6、204—6 型可控顶等，是一种适用于 60、65 轨型的可控顶，壳体按照 60、65 轨型进行结构设计，顶的安装尺寸及重量有相应的变化，其他技术性能和 104、204 型可控顶基本相同。

(三)TDJK—108、208 型高负荷平板阀可控顶

1. TDJK—108、208 型可控顶的结构特点

TDJK—108、208 型可控顶是在高负荷平板阀顶的基础上开发研制的，它的外形如图 3-64所示，基本结构如图 3-65 所示，该产品的主要结构特点如下：

(1)TDJK—108 型高负荷可控顶采用常开式 K112W 型电控阀，断电时滑动油缸处于常立起状态，通电时滑动油缸组合件被吸下；TDJK—208 型高负荷可控顶采用 K202W 型常闭式电控阀，断电时滑动油缸被吸在壳体内，通电时滑动油缸处于常立起状态。

(2)壳体上有单独的排气通道，可控顶被车轮压下时，壳体下腔的气体经由电控阀的阀口，再返回壳体下腔，由壳体上的排气通道排向大气，壳体的其他部分结构以及止冲座、止冲销结构与 103、203 型可控顶相同。

(3)在速度阀板上设计有过流孔，当速度阀板关闭时，上腔压力油经该过流孔和活塞孔流入下腔。

(4)壳体外部设有注油嘴，不用拔出油缸即可进行润滑，方便了日常维修。

(5)采用了 L 销替代原止冲销上的开口销，更加便于维修。

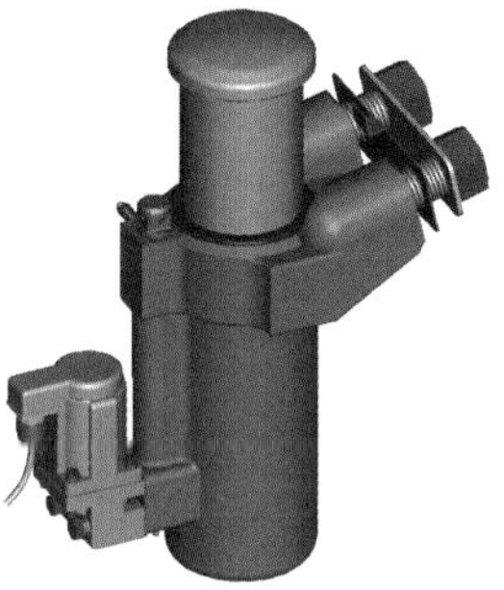

图 3-64　TDJK—108、208 型高负荷可控顶外形图

(6)该产品同时具有平板阀顶和和高负荷顶的结构特点：压力阀为平板阀，采用活塞与活塞杆分体式结构；壳体、滑动油缸、活塞杆、活塞头和密封盖的结构尺寸比普通顶显著加大，顶的总体强度显著增强。

2. K112W、K202W 型电控阀的基本结构

图 3-66 所示的是 K112W 型常开式电控阀的结构，它与 K112 型电控阀基本相同，不同之处仅在于阀体盖(11)上没有排气孔，而阀体座(36)上开有两个通道，一个是进气通道，一个是排气通道，电控阀与壳体之间的胶垫(35)上也开有进气孔和排气孔。

K202W 型常闭式电控阀的结构与 K202 型电控阀基本相同，不同之处也是阀体盖上没有排气孔，阀体座和胶垫上都开有进气孔和排气孔。

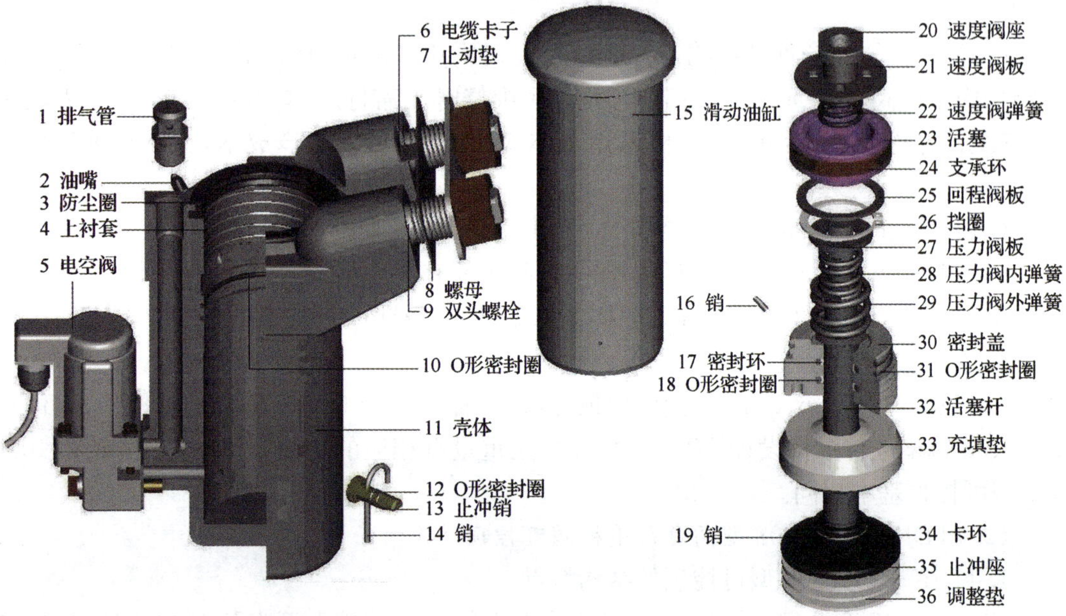

图 3-65　TDJK—108、208 型高负荷平板阀可控顶结构图

3. TDJK—108、208 型可控顶的技术特点

TDJK—108、208 型可控顶的主要技术特点如下。

(1)TDJK—108、208 型可控顶具有真空吸下式可控顶的所有技术特点,通过对电控阀的通、断电可实现顶的可控功能。由于滑动油缸尺寸的增大使其横截面比普通顶增大 70%以上,因此在利用“真空吸下”原理使可控顶吸下时,能大大增加油缸上、下端的压差,使吸下效果更好,进一步提高了调速系统的控制精度和控制效果。

(2)活塞组合件采用了分体式平板阀结构,因此具有压力超调小,做功平稳、饱满,安全性和工艺性好,加工、维修方便等特点。

(3)该产品同时具有高负荷顶的技术特点,制动功大、阻力功小、散热性好,主体部件具有高强度、高耐磨性和抗冲击性能,特别适用于对高速、重载车辆的调速控制。

(4)采用 K112W 和 202W 型电控阀,使可控顶工作时,壳体下腔的气体经电控阀的阀体座及阀口再返回壳体,由壳体的排气通道上部排出。这种排气结构不仅提高了排气孔的高

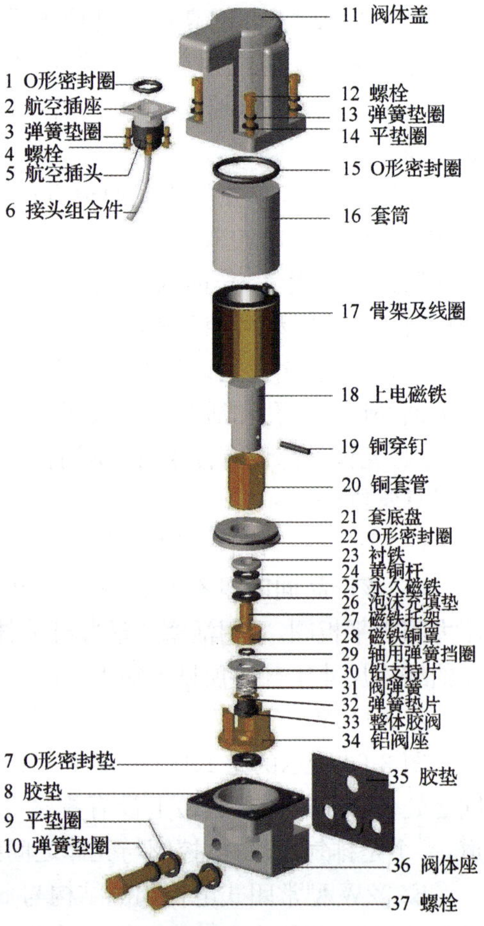

图 3-66　K112W 型常开式电控阀结构图

度，使可控顶具有较好的防雨水、冰雪、冻害的功能，而且能有效避免壳体内的油污在排气时进入电控阀，造成阀的动作失灵。

4. TDJK—108、208 型可控顶的派生产品

(1)TDJK—108C、208C，108P、208P，108CP、208CP 型可控顶，其壳体分别具有防脱线和防风雪功能。

(2)TDJK—108U、208U 型可控顶，是一种适用于 RE132、RE133 轨型的高负荷出口可控顶，壳体按照 RE132、RE133 轨型进行结构设计，主要部件如壳体、滑动油缸和活塞杆的强度进一步提高，临界速度按照国外编组站的运输作业特点进行分档，顶的安装尺寸及重量有相应的变化。

(3)TDJK—108UE、208UE 型可控顶，是一种适用于 RE132、RE133 轨型的高负荷出口可控顶，它在壳体上增加了外部注油装置，其余结构特点与 108U、208U 型可控顶相同。

(四)TDJK—106 型高负荷可控顶

1. TDJK—106 型高负荷可控顶的结构特点

TDJK—106 型可控顶是在 TDJ2006 型高负荷顶的基础上开发研制的，如图 3-67 所示，其主要结构特点如下：

(1)具有高负荷顶的基本结构特点。壳体、滑动油缸、活塞杆、活塞头和密封盖的结构尺寸比普通减速顶显著加大，顶的总体强度显著增强。

(2)活塞组合件的结构与 TDJ—2006 型高负荷顶相同。速度阀采用优化的局部阻尼型结构，压力阀采用设有导流平台的锥阀结构，活塞与活塞杆采用分体式结构。

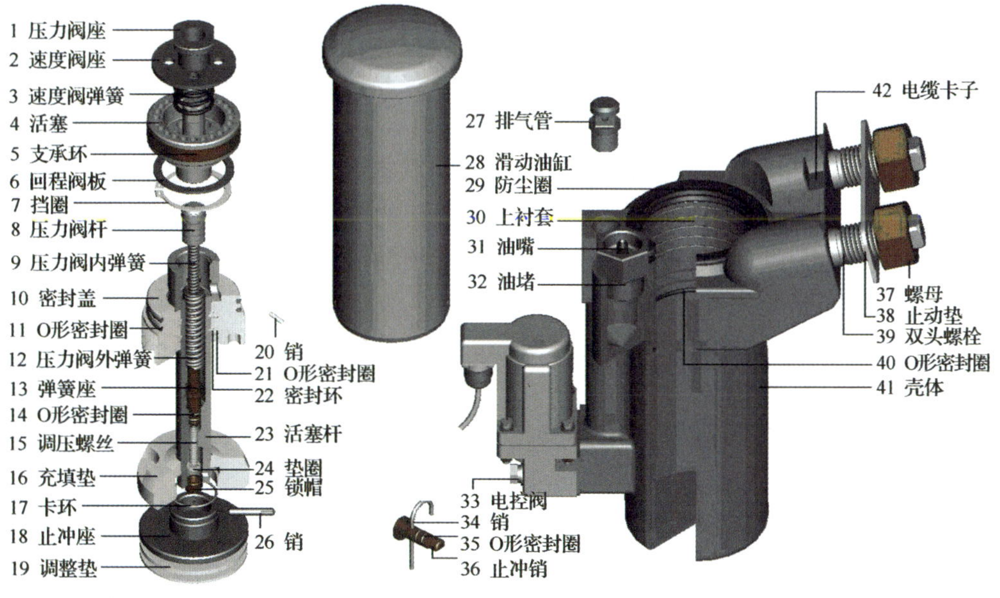

图 3-67　TDJK—106 型高负荷可控顶结构图

(3)采用 SW 双稳态电控阀，通过对同一个电控阀发送正向或反向脉冲电，可以方便、灵活地控制顶处于常立起状态或常吸下状态。

(4)产品的外观和其他结构特点与 TDJK—108、208 型可控顶相同。

2. SW 型双稳态电控阀的基本结构

如图 3-68 所示，SW 型双稳态电控阀由阀体盖(1)、阀体座(40)、电磁铁组合、上永磁铁组合、下永磁铁组合、胶阀组合、插座组合等组成。它与 K112W、202W 电控阀在排气结构上相同，其阀体盖上没有排气孔，阀体座上有进、排气两个通道，电控阀与壳体之间的胶垫(39)上也开有进气孔和排气孔。当可控顶作为普通顶使用，滑动油缸被车轮压下时，壳体下腔的气体由阀体座的进气口进入电控阀，再经由开启的阀口和阀体座上的排气通道进入壳体，然后沿壳体的排气通道从上部排出。

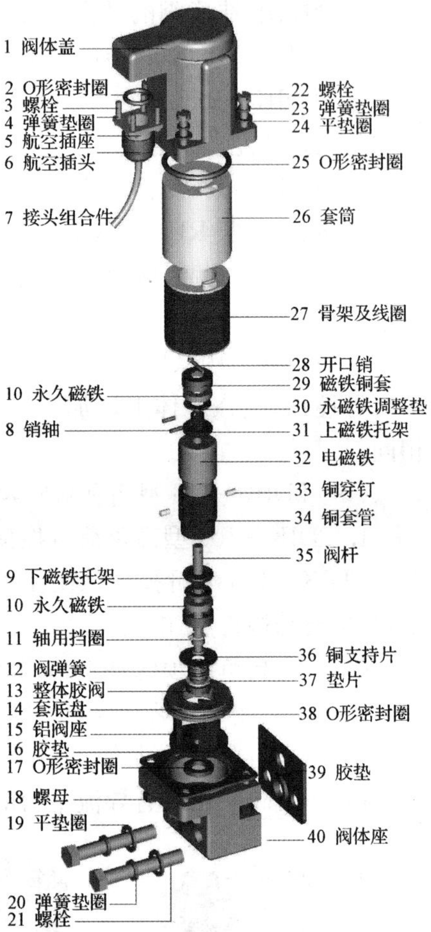

图 3-68 SW 型双稳态电控阀结构图

3. TDJK—106 型高负荷可控顶的工作原理

TDJK—106 可控顶采用 SW 型双稳态电控阀，其减速顶部分的工作原理已在本书第二章中详述，这里仅对其可控性能的工作原理加以介绍。

(1)工作状态(送正向脉冲电时)

当向电控阀送正向脉冲电时，电磁铁(32)产生的电磁力极性与上部永磁铁(10)相同使二者相排斥、与下部永磁铁(10)的极性相反使二者相吸，在磁力作用下，下部永磁铁和电磁铁相接触，同时带动阀杆(35)和整体胶阀(13)向上运动，将电控阀的阀口打开。

当正向脉冲电消失后，由于永磁铁的磁力作用使其仍然与电磁铁相吸，因此阀口会始终处于开启状态。此时可控顶壳体下腔通过电控阀与大气相通，可控顶的滑动油缸组合件处于常立起的工作状态，可控顶作为普通高负荷减速顶使用，可对高于临界速度的溜放车辆起减速制动作用。

(2)吸下状态(送负向脉冲电时)

当向电控阀送负向脉冲电时，电磁铁(32)产生的电磁力极性与下部永磁铁(10)相同使二者相排斥，在电磁力的推动下，下部永磁铁带动 SW 阀杆(35)和整体胶阀(13)向下运动，将电控阀阀口关闭；此时电磁铁的极性与上部永磁铁相反使二者相吸而接触。

当负向脉冲电消失后，在上部永磁铁的磁力作用下使其仍与电磁铁相吸，因此阀口始终处于关闭状态。此时当车轮压下高负荷可控顶滑动油缸时，壳体下腔的气体进入电控阀体座，克服阀弹簧力打开阀口、再经壳体的排气通道从上方的排气孔排出，当壳体下腔气体压力低于弹簧力时，阀口处于关闭状态，此时壳体下腔压力低于大气压，形成一定程度的真空度，使滑动油缸在大气压力作用下被吸在壳体内。此时高负荷可控顶对溜放车辆基本不起减速作用。

4. TDJK—106 型高负荷可控顶的技术特点

(1)该产品采用了先进的 SW 双稳态电控阀，通过对同一个阀送正向或负向脉冲电，就可以十分灵活地对可控顶进行控制，使顶处于常立起或常吸下状态。由于对这种电控阀只需要瞬间送电(3 s)，就能使可控顶可靠地保持在某一种状态，因此特别节省能源。

(2)具有 TDJ—2006 型高负荷顶的技术特点，制动功大、阻力功小、做功平稳、安全性和散热性好，主要部件具有高强度、高耐磨性和抗冲击性能，加工、维修方便，特别适用于重载车辆。

(3)由于尺寸的增大使油缸横截面比普通顶增大 70%以上，使这种真空吸下式可控顶的吸下效果更好，从而大大提高了调速系统的控制精度和控制效果。

(4)由于壳体上设有排气通道，可控顶在工作时，壳体下腔的气体通过阀体座、阀口返回壳体下腔，再经由壳体的排气通道从上方排气孔排出。不仅提高了排气孔的高度，使可控顶具有较好的防雨水、冰雪、冻害的功能，而且能有效避免壳体内的油污在排气时进入电控阀，造成阀的动作失灵。

(5)该产品是一种内侧顶，其余技术特点与“真空吸下”式的 TDJK—108、208 型高负荷可控顶相同。

5. TDJK—106 型可控顶的派生产品

TDJK—106 型可控顶的派生产品主要有以下几种：

(1)TDJK—106C、TDJK—106P、106CP 型可控顶，其壳体分别具有防脱线功能和防风雪功能。

(2)TDJK—106U 型可控顶，是一种适用于 RE132、RE133 轨型的高负荷出口可控顶，壳体按照 RE132、RE133 轨型进行结构设计，主要部件如壳体、滑动油缸和活塞杆的强度进一步提高，临界速度按照国外编组站的运输作业特点进行分档，顶的安装尺寸及重量有相应的变化。

(3)TDJK—106UE 型可控顶，是一种适用于 RE132、RE133 轨型的高负荷出口可控顶，它在壳体上增加了外部注油装置，其余结构特点与 TDJK—106U 型可控顶相同。

三、电动锁闭可控顶

(一)TDJDS—203 型电动锁闭可控顶

1. TDJDS—203 型电动锁闭可控顶的结构和技术特点

TDJDS—203 型可控顶是在 TDJ—302 型减速顶的基础上开发研制的一种机械锁闭式可控顶，其外形与结构如图 3-69、70 所示。该产品由减速顶和电控阀两大部分组成，电控阀安装在减速顶壳体的下部，它采用 DS—203 型常闭式电控阀，通过永磁力和电磁力的相互作用，控制锁销带动锁舌伸出或缩回，实现对滑动油缸的锁闭和解锁。其主要结构和技术特点如下：

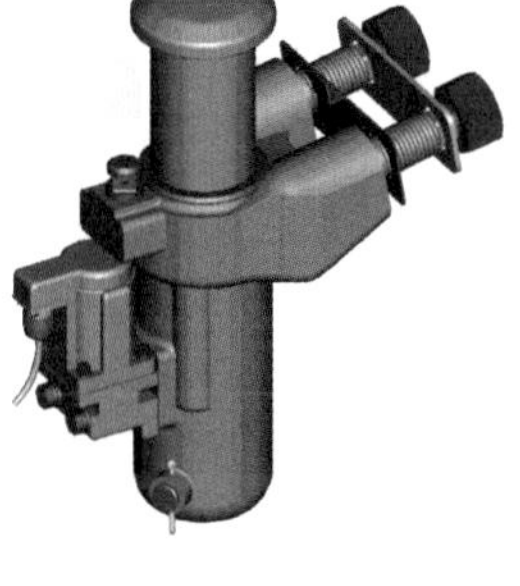

图 3-69　TDJDS—203 型电动锁闭可控顶外形图

(1)采用了机电一体化的 DS—203 型常闭式电控阀，通过永磁力和电磁力的相互作用，由锁销带动锁舌动作，实现对滑动油缸的锁闭和解锁控制。断电时，滑动油缸被伸出的锁舌锁闭在壳体内，可控顶不对溜放车辆做功；通电时，锁舌缩回，可控顶处于解锁状态而作为普通减速顶使用。

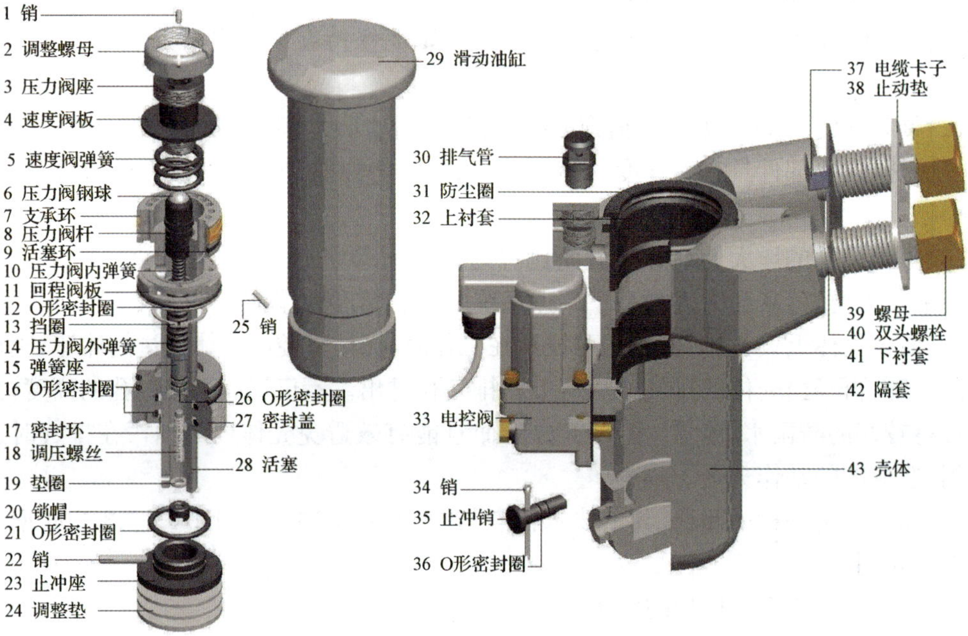

图 3-70　TDJDS—203 型电动锁闭可控顶结构图

(2)滑动油缸下部的外圆周上开有锁闭沟槽，沟槽经热处理后具有较高的硬度和耐磨性。当电控阀的锁舌伸出时，可将滑动油缸锁闭在壳体下方，且高度一致，因此该产品具有很高的可靠性和稳定性，可进一步提高调速系统的控制精度和调速效果。

(3)由于锁闭状态时滑动油缸帽头低于钢轨轨面，因此对车辆所做的阻力功近似为零，可减少轮、顶的冲击与磨耗，延长顶的使用寿命，节省机车动力，降低运营成本，有利于调车作业安全。

(4)由于采用机械锁闭的方式，所以当电控阀改变控制方式时滑动油缸组合件不能自动解锁，需要由溜放车辆压下一个轮次后才能解锁，因此会损失第一钩车一个轮次的制动功。

(5)滑动油缸组合件的内部结构与 TDJK—103 型可控顶相同，但充氮压力与 302 减速顶相同。

2. DS—203 型常闭式电控阀的基本结构

如图 3-71 所示，DS—203 型常闭式电控阀采用机电一体化结构，它由阀体盖(11)、阀体座(30)、电磁铁组合、永磁铁组合、锁闭机构组合、插座组合等组成。锁闭机构组合由锁销(31)、销轴(32)、滑道槽铁(33)、锁舌(34)、复位弹簧(35)、导向底板(36)和弹簧销轴(37)组成。

3. TDJDS—203 型电动锁闭可控顶的工作原理

TDJDS—203 型电动锁闭可控顶在作为普通顶使用时，其减速顶部分的工作原理已在本书第二章中详述，这里仅对其可控性能的工作原理加以介绍。

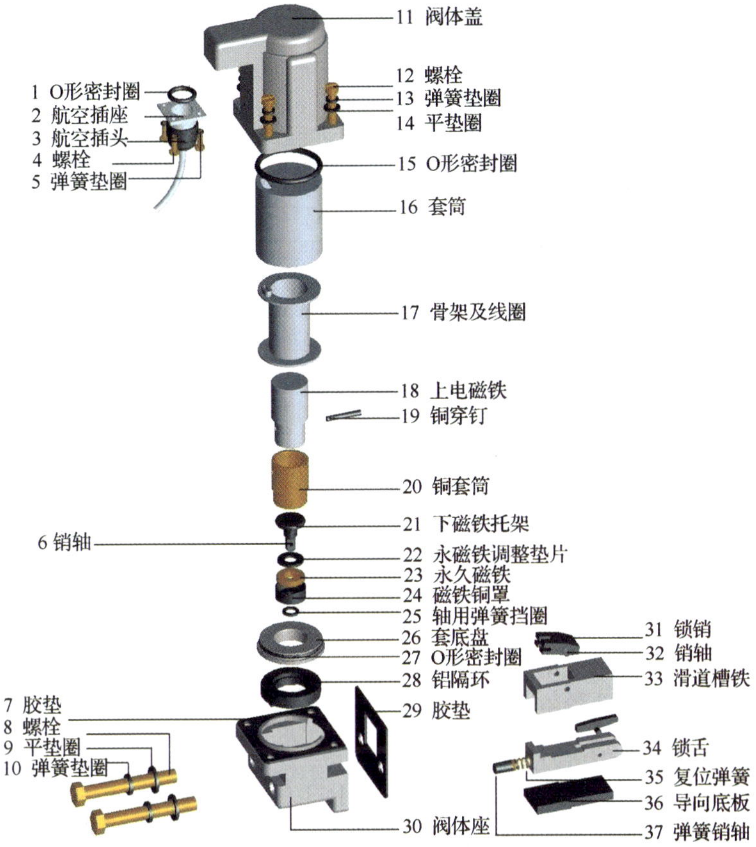

图 3-71 DS—203 型常闭式电控阀结构图

(1)锁闭状态(断电时)

如图 3-72 所示，当电控阀不通电时，永磁铁(3)吸住电磁铁(2)同时带动锁销(4)使锁舌(5)始终处于伸出状态，当车轮压下滑动油缸时，伸出的锁舌卡在油缸的沟槽内将滑动油缸锁在壳体下部，使之不能升起，这时可控顶对溜放车辆不起制动减速作用。

(2)工作状态(通电时)

如图 3-73 所示，当对电控阀通直流电时，通过电磁线圈(1)使电磁铁(2)产生固定磁极性的电磁力，由于电磁铁(2)与永磁铁(3)接触面的磁极性相同而产生相互排斥力，推动永磁铁(3)离开电磁铁(2)，同时带动锁销(4)使锁舌(5)缩回并保持在该状态，滑动油缸解锁后在氮气压力作用下回升到最高点，此时锁闭顶作为普通减速顶使用，其各种性能与普通顶完全相同。

(二)TDJDS—208A 型高负荷电动锁闭可控顶

1. TDJDS—208A 型高负荷电动锁闭可控顶的结构和特点

TDJDS—208A 型高负荷电动锁闭可控顶是在 TDJ 型高负荷型减速顶的基础上开发研制的，其外形与结构如图 3-74、图 3-75 所示。该产品由减速顶和 SWS 双稳态电控阀两大部分组成，电控阀安装在减速顶壳体的下部，用于控制滑动油缸的锁闭和立起，以实现对减速顶的可控性能。其主要结构和技术特点如下。

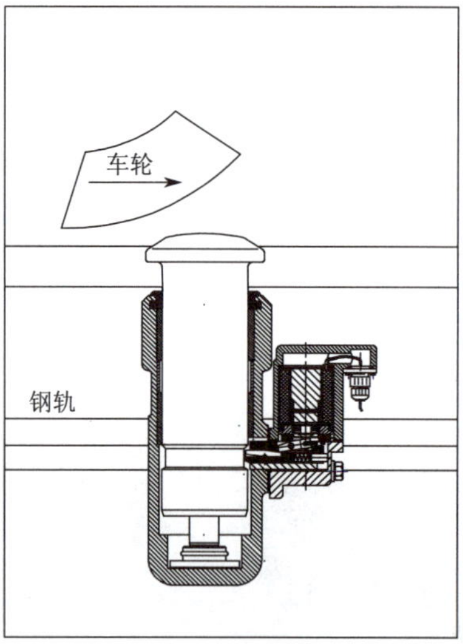

图 3-72 锁闭状态示意图

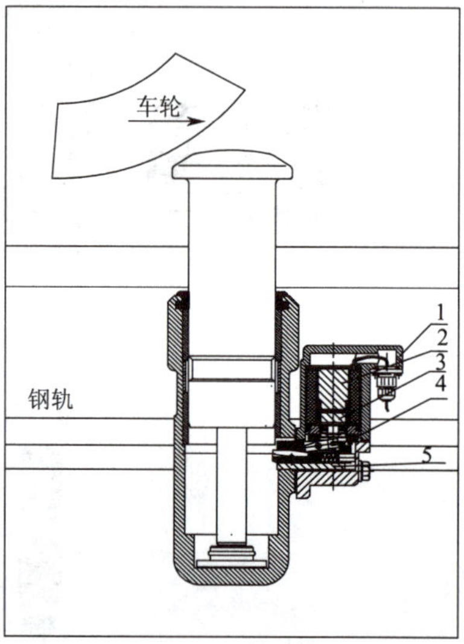

图 3-73 工作状态示意图

1—电磁线圈；2—电磁铁；3—永磁铁；4—锁销；5—锁舌。

(1)采用机械锁闭结构，滑动油缸上的锁闭沟槽与锁舌外形尺寸能够很好配合，使锁闭和解锁稳定、可靠，对滑动油缸的锁闭高度一致且低于轨面 15 mm，因此在锁闭状态下，可控顶对车辆的影响可忽略不计。

(2)壳体、滑动油缸、活塞等主要部件均采用高负荷结构，因此具有高负荷减速顶的基本特点：制动功比普通可控顶提高 15%以上，散热面积大、整体导向好、耐磨性好、抗冲击能力强。

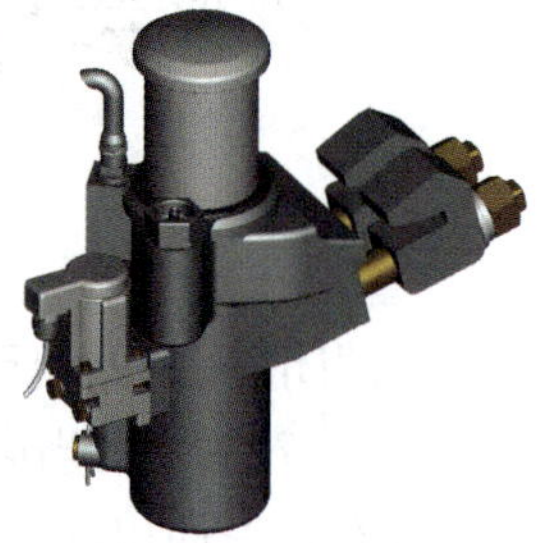

图 3-74 TDJDS—208A 型电动锁闭可控顶外形图

(3)活塞与活塞杆采用分体式结构，逐级递减的活塞杆截面能使液流产生较小的过流阻尼，同时具备较大的阀口过流面积，保证压力阀能迅速打开，并获得稳定的开启压力。

(4)速度阀采用固定式结构，速度阀开量固定，通过更换速度阀弹簧获得不同档次的临界速度。

(5)压力阀采用有导流平台的锥阀结构，动态压力超调小、做功平稳。

(6)壳体上配备有固定油杯，可实现外部给油润滑。

(7)壳体采用具有防风雪功能的卡装式结构，无需在钢轨上钻孔，安装快捷、灵活、方便，夹块用整体钢板加工，并选用高强度螺栓，以保证装卡牢固可靠。

(8)采用新型 SWS 双稳态电控阀，脉冲供电时间短(3 s)，可节省能源，提高控制精度。

如图 3-76 所示，SWS 电动锁闭阀采用机电一体化结构，它由阀体盖(9)、阀体座(30)、永磁铁组合、锁闭机构组合、插座组合等组成。锁闭机构组合由弹簧销轴(36)、复位弹簧(37)、锁销(38)、滑道槽铁(39)、销轴(40)、锁舌(41)和导向底板(42)组成。SWS 电动锁闭阀具有结构新颖、动作稳定、可靠，供电时间短(3 s)，节省能源等特点，对于该产品只需要用一种 SWS 电动锁闭阀，就可以实现可控顶锁闭或立起的两种工况，使可控顶的结构

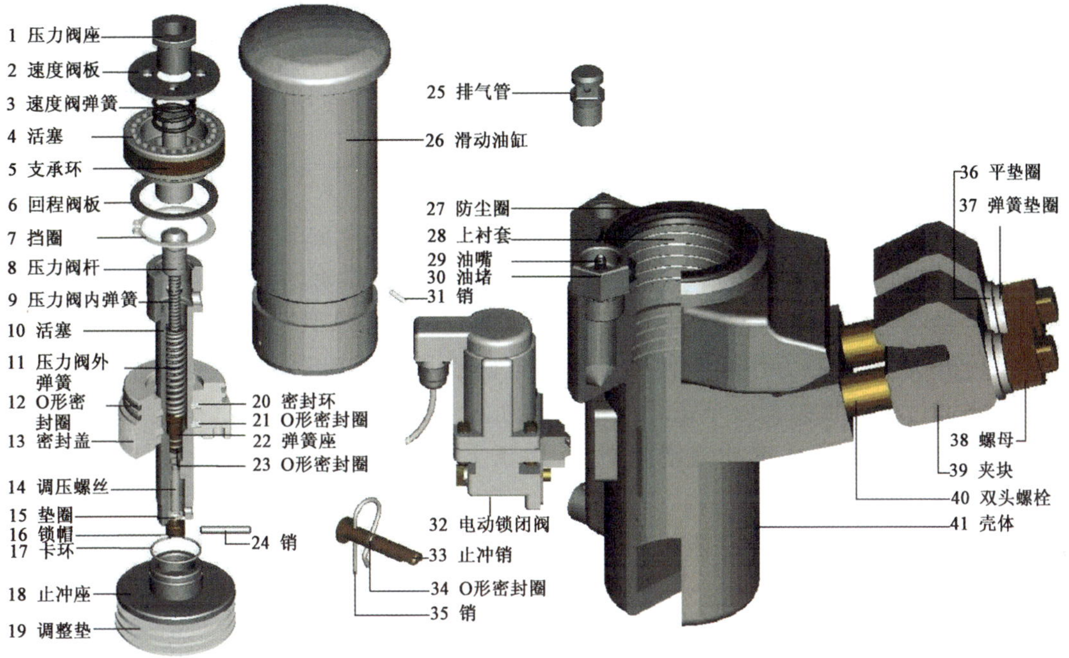

图 3-75　TDJDS—208A 型电动锁闭可控顶结构图

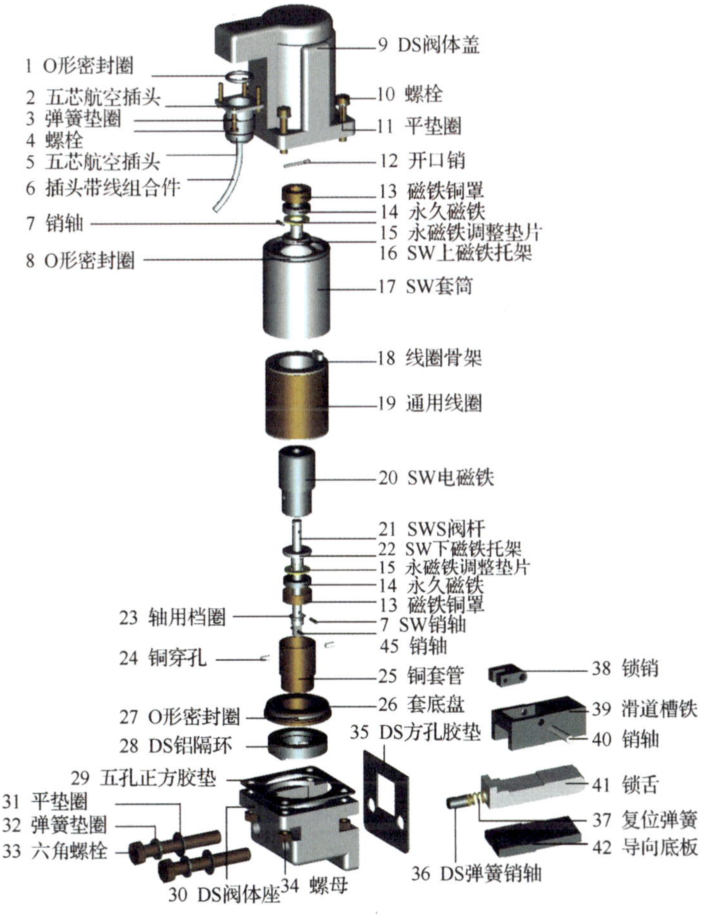

图 3-76　SWS 电动锁闭阀结构图

更加简单，性能更加稳定可靠。

2. TDJDS—208A 型高负荷电动锁闭可控顶的工作原理

该产品是一种具有双稳态特点的可控顶，在作为普通顶使用时的工作原理已在本书第二章中详述，在此仅对其可控性能的工作原理加以介绍。

(1)工作状态(通正向脉冲电时)

如图 3-77 所示，当向电动锁闭阀通正向脉冲电时，在电磁铁(4)和永磁铁(2)的极性作用下，带动 SWS 阀杆(3)、永磁铁(2)和锁销(1)向下移动，上部永磁铁与电磁铁处于即将接触状态，此时锁销被 SWS 阀杆压下，并与锁舌(5)平行。当正向脉冲电消失后，在上部永磁铁的磁力作用下使其仍然与电磁铁相吸，SWS 阀杆依然处于向下运动状态。当通过可控顶的第一个车轮压下滑动油缸后，锁舌被滑动油缸推入电动锁闭阀内，与此同时，SWS 阀杆带动锁销向下动，由于上部永磁铁与电磁铁处于牢固相吸状态，使锁销的尖边落入锁舌槽内，并始终将锁舌锁在阀内，此时滑动油缸被解锁，在氮气的作用下回升到最高点，并能够在壳体内上、下滑动自如，可控顶作为普通高负荷减速顶使用。

(2)锁闭状态(通负向脉冲电时)

如图 3-78 所示，当向电控阀通负向脉冲电时，在电磁铁(4)和永磁铁(2)的极性作用下，带动 SWS 阀杆(3)、永磁铁(2)和锁销(1)向上移动，使下部永磁铁与电磁铁相接触，锁销(1)的圆面落入锁舌(5)槽内，此时锁舌在复位弹簧(6)的作用下，伸出电动锁闭阀。当负向脉冲电消失后，在下部永磁铁的磁力作用下使其仍与电磁铁相吸，锁舌始终处于伸出状态。当通过可控顶的第一个车轮压下滑动油缸时，伸出的锁舌进入滑动油缸的锁闭沟槽，将滑动油缸锁闭在轨面以下，此时可控顶处于锁闭状态，不对溜放车辆起减速作用。

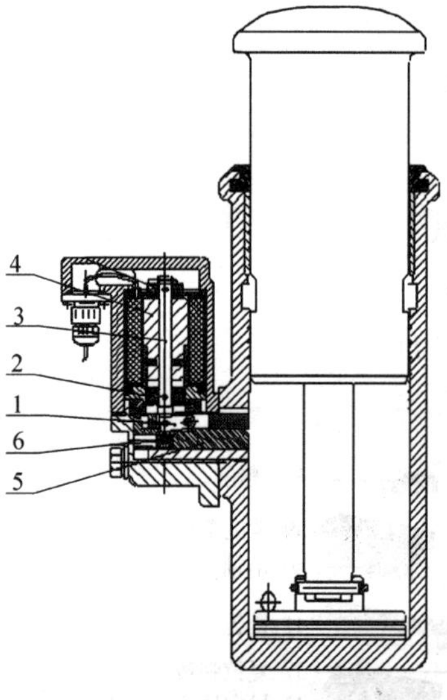

图 3-77　工作状态示意图

1—锁销；2—永磁铁；3—阀杆；
4—电磁铁；5—锁舌；6—复位弹簧。

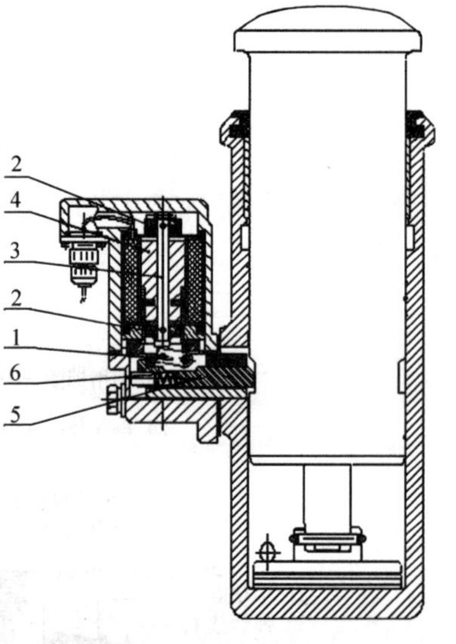

图 3-78　锁闭状态示意图

1—锁销；2—永磁铁；3—阀杆；
4—电磁铁；5—锁舌；6—复位弹簧。

（三）TDW905—N 型可控顶

1. TDW905—N 型可控顶的结构特点

TDW905—N 型可控顶是一种采用电控阀对减速顶进行机械锁闭式控制的新产品。它的外形如图 3-79 所示，基本结构如图 3-80 所示，其主要结构特点如下。

（1）采用机械锁闭结构。在壳体的中部安装了电控阀及锁销，电控阀采用直流全封闭式，具有驱动电压调整幅度大（28～40 V）、绝缘程度高、持续时间长等特点；为减小锁销与滑动油缸体上环形槽的接触应力，以及增加安全导向，锁销设计成扁平状并具有限位功能。

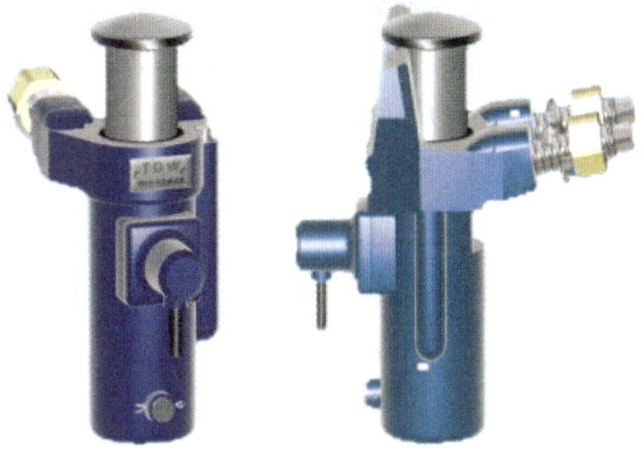

图 3-79　TDW905—N 型可控顶外形图

（2）在滑动油缸外壁上开有一道环形槽，槽的下沿与滑动油缸的轴线垂直，以便电控阀锁销能稳定可靠地锁定滑动油缸，槽的上沿具有一定角度的斜边，能使锁销迅速复位。

（3）可控顶的零部件与 TDW90 系列内侧顶具有较强的通用性和互换性，大部分零件可以互换，尤其与 TDW901—N 减速顶，除滑动油缸和壳体有区别外，其余零件都能互换，且安装孔尺寸及技术性能参数也都相同。

（4）设计合理，结构简单，动作可靠，安装、维修方便。

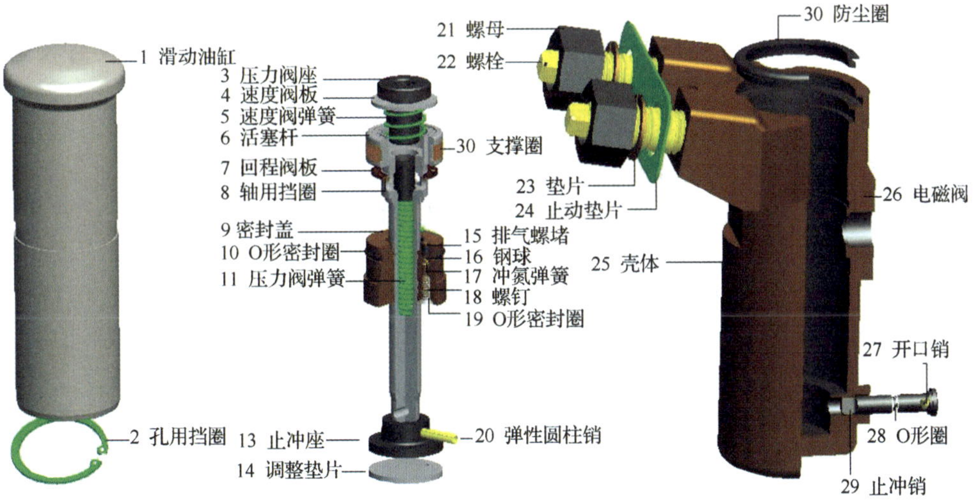

图 3-80　TDW905—N 型可控减速顶结构图

2. TDW905—N 型可控顶工作原理

TDW905—N 型可控顶分成两种型号——其一是 TDW905—N—CKF 型可控顶，它采用的是常开式电控阀；其二是 TDW905—N—CBF 型可控顶，它采用的是常闭式电控阀。

（1）TDW905—N—CKF 型可控顶的工作原理

这种可控顶使用的是常开式电控阀，当电控阀断电时，锁销缩在锁销孔内，滑动油缸在内部氮气压力作用下可在壳体内上、下自由滑动，此时可控顶作为普通减速顶使用，可对溜放车辆进行制动减速。当向电控阀通电时，在电磁力的驱动下锁销伸出锁销孔，并以较小的作用力作用在滑动油缸外表面上，当滑动油缸被车辆的第一轮压下，油缸上的环形槽经过锁销位置时，锁销插入环形槽内，将滑动油缸锁闭在壳体内。当第一轮通过可控顶后，由于电磁力继续作用于锁销，使滑动油缸始终处于被锁闭位置，因此可控顶对后续车轮都不起制动减速作用。

当电控阀接到断电指令时，电磁铁芯失去作用力，锁销处于自由状态，并在滑动油缸的作用下被推回销孔内，滑动油缸在氮气的作用下回升到最高点并处于常立起状态，此时又作为普通减速顶正常工作。

(2)TDW905—N—CBF 型可控顶的工作原理

这种可控顶使用的是常闭式电控阀，其工作原理与上述情况正好相反。当电控阀断电时，锁销伸出锁销孔，并以较小的作用力作用在滑动油缸外表面上，当滑动油缸被车辆的第一轮压下，油缸的环形槽经过锁销位置时，锁销插入环形槽内，将滑动油缸锁闭在壳体内并保持该状态，可控顶对车辆不起制动减速作用。

当向电控阀通电时，在电磁力的作用下锁销处于自由状态，锁销在滑动油缸作用下被推回销孔内并保持该状态，滑动油缸在氮气的作用下回升到最高点并处于常立起状态，此时可控顶作为与普通内侧顶使用，可对溜放车辆进行制动减速。

3. TDW905—N 型可控顶的技术特点

TDW905—N 可控顶的主要技术特点如下：

(1)该产品具有内侧顶的基本技术特点，制动功大、安全性好、适用性强。

(2)为适应驼峰调车场各部位调车作业的实际需要，产品设计成两种型号：TDW905—N—CKF 常开式可控顶和 TDW905—N—CBF 常闭式可控顶，有效地解决了难行车的正常溜放和易行车安全连挂这一对矛盾。

(3)采用机械定位锁闭，对可控顶滑动油缸的锁定位置固定不变，因而具有较高的可靠性，有利于提高调速系统的控制精度和稳定性。

(4)在断电时能确保设备和系统故障导向安全，可提高调速系统的安全、可靠性。

(5)可控顶处于锁闭状态时对溜放车辆不起制动减速作用，并且基本不对车辆做阻力功，因此可减少轮、顶的冲击与磨耗，延长顶的使用寿命，节省机车动力，降低运营成本，有利于调车作业安全。

(6)由于采用的是机械式锁闭，所以当电控阀改变控制方式时，滑动油缸组合件不能自动解锁，需要由车辆第一轮压下后解锁，因此会损失第一钩车一个轮次的制动功。

4. TDW905—N 型可控顶的派生产品

TDW905—N 可控顶的派生产品除具有特殊的功能和特点之外，还具有 TDW905—N 可控顶的基本技术特点。主要有以下几种：

(1)TDW905—N—FT 型可控顶——壳体具有防脱线功能。它可分为 TDW905—N—CKF—FT 型常开式可控顶和 TDW905—N—CBF—FT 型常闭式可控顶。

(2)TDW905—N—P 可控顶——壳体具有防风雪功能。它可分为 TDW905—N—CKF—P 型常开式可控顶和 TDW905—N—CBF—P 型常闭式可控顶。

四、风动锁闭可控顶

(一)TDJFK—201 型风动锁闭可控顶

1. TDJFK—201 型风动锁闭可控顶的基本结构与特点

该产品是一种以压缩空气为动力，在断电和断气时处于常锁闭状态的可控顶，它的外形如图 3-81 所示，结构如图 3-82 所示。该产品由减速顶和气控锁闭阀两大部分组成，滑动油缸组合件一般采用 TDJ—302 或 303 减速顶的油缸组合件及其相关的装配参数。不同之处是在滑动油缸外表面的适当位置开设了一个环形沟槽，以便锁舌将油缸锁定或解锁。沟槽的位置应不影响对滑动油缸的正常充氮。在原 303 型减速顶壳体的基础上进行了重新设计：在壳体适当位置铸有与气控锁闭阀相连的平台，中间有一个 ϕ24 mm的内孔，气控阀的锁舌能从内孔中插入滑动油缸的沟槽内；壳体的下衬套上移，隔套宽度变窄。另外，为便于将带沟槽的滑动油缸顺利从壳体内取出，在防尘圈下部增加了倒角。为便于开口销插入，止冲销采用了销孔右斜 45°的专用止冲销。

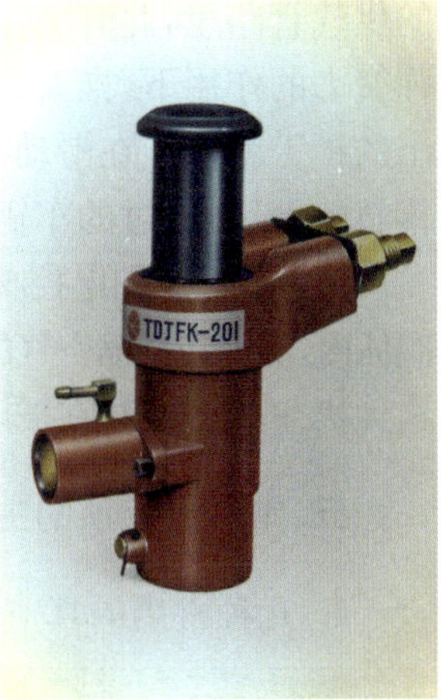

图 3-81　TDJFK—201 型风动锁闭顶外形图

201 型气控锁闭阀主要由阀体、气控活塞、活塞拉杆，拉杆弹簧，活塞弹簧、圆柱销、O 形密封圈、阀盖等组成，阀体上装有进气管接头，通过橡胶软管与供气系统相连。阀体采用圆柱形结构，既便于加工，又可减小体积和重量。阀体通过两个内六角螺栓固定在壳体上，阀体与壳体之间有 O 形密封圈，以确保阀体内的密封。

除此以外，201 型风动锁闭顶在使用中还需要配备相应的供气系统，其中包括空压机、供气管路及附件，控制给风、排风用的二位三通电控阀以及橡胶软管与喉箍等。

TDJFK—201 型风动锁闭可控顶具有结构简单，加工、安装与维修方便，动作可靠，耗气量小，节省能源，成本低廉等优点，在断电时所有锁闭顶均处于锁闭状态，锁闭位置低与钢轨平面 15 mm 以下且保持一致，因而在锁闭位置对通过的车辆做的功趋近于零。滑动油缸充氮压力和普通顶一样，不需要调整，其锁闭功能不受环境温度的影响，对它送电和供气控制时，锁闭顶能在油缸内部氮气压力的作用下自动回升至最高点，因此对溜放车辆不损失制动功。

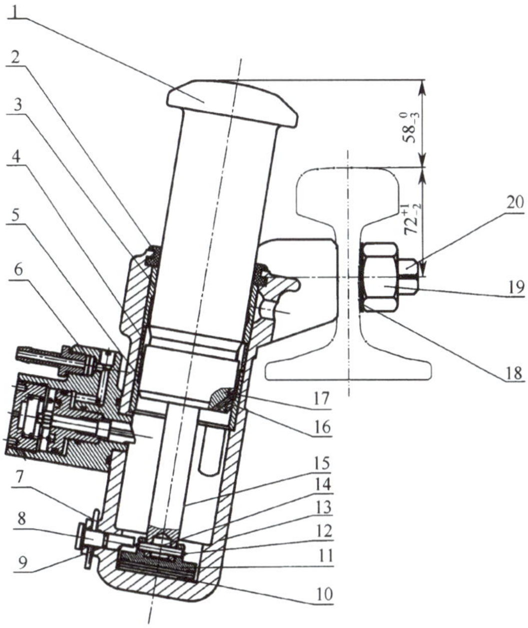

图 3-82　TDJFK—201 型风动锁闭可控顶结构图

1—滑动油缸；2—防尘圈；3—上衬套；4—隔套；5—下衬套；6—气控阀；7—开口销；8—止冲销；9—O 形圈；10—调整垫；11—止冲座；12—O 形圈；13—壳体；14—销轴；15—活塞；16—弹性圆柱销；17—密封盖；18—垫片；19—螺母；20—双头螺栓。

2. TDJFK—201 型风动锁闭可控顶的工作原理

该产品以压缩空气为动力源，依靠机械锁闭原理，通过控制气控锁闭阀的锁舌伸出或缩回，控制滑动油缸的锁闭或立起，实现可控顶的不同工作状态。

当控制系统不向电控阀送电时，供气系统的压缩空气被密封在二位三通电控阀之前的供气管路里，此时气控锁闭阀内没有压缩空气，由于活塞与锁舌是一体的，气控活塞在弹簧力的作用下，推动锁舌同步动作伸入壳体中，当滑动油缸被车辆的第一轮压下时，伸出的锁舌就会卡在滑动油缸的环形槽内，使其处于锁闭状态，此时减速顶的油缸帽头低于钢轨轨面，对通过的车辆不起任何制动减速作用。

当控制系统向电控阀送电时，电控阀阀芯换向后，将压缩空气通过连接软管送入气控锁闭阀体内，活塞在压缩空气的作用下将弹簧压缩，并带动锁舌从滑动油缸的沟槽内回缩并保持在这种状态，滑动油缸在被压缩氮气的作用下回升至最高点，此时锁闭顶作为普通减速顶使用。

五、常用可控顶的主要技术指标

1. 几种常用的真空吸下式可控顶的主要技术指标如表 3-9 所示。

表 3-9　几种常用的真空吸下式可控顶的主要技术指标

序号	项　目	型　号							
		TDJK—103、203		TDJK—104、204		TDJK—108、208		TDJK—106	
		工作状态	吸下状态	工作状态	吸下状态	工作状态	吸下状态	工作状态	吸下状态
1	临界速度(m/s)	0～4.5	$>v_{临}+1$	0～4.5	$>v_{临}+1$	0～4.5	$>v_{临}+1$	0～4.5	$>v_{临}+1$
2	制动功(J)	≥883	≤490	≥883	≤490	≥1 050	—	≥1 050	—
3	阻力功(J)	≤42（Ⅰ档）	≤21	≤42（Ⅰ档）	≤21	Ⅰ档≤50 Ⅱ档及以上≤75	≤20	Ⅰ档≤50 Ⅱ档及以上≤75	≤20
4	吸下高度(mm)	0	≥25	0	≥25	0	≥30	0	≥35
5	抬起高度(mm)	≤6							
6	安装高度(mm)	58_{-3}^{0}				61_{-3}^{0}			
7	钻孔高度(mm)	76_{-2}^{+1}				74_{-2}^{+1}			
8	安装角(°)	10				13			
9	最大工作行程(mm)	92				96		100	
10	工作介质	1. LHV22 或 LHV32 低凝液压油(冬季最低气温在－20 ℃以上地区)； 2. 10＃航空液压油(冬季最低气温在－20 ℃以下地区)。							
11	构造速度(km/h)	25	30	25	30	25	30	25	30
12	适用轨型(kg/m)	43、50							
13	工作电压(V)	36_{0}^{+5}							
14	额定功率(W)	4							
15	连续通电时间(min)	≤25							
16	环境温度(℃)	－50～60							
17	质量(kg)	12.5				18			

注：(1)TDJK—103、104、108 型可控顶断电时处于工作状态，通电时处于吸下状态；

(2)TDJK—203、204、208 型可控顶断电时处于吸下状态，通电时处于工作状态；

(3)TDJK—106 型可控顶送正向脉冲电时处于工作状态，送负向脉冲电时处于吸下状态。

2. 几种常用的机械锁闭式可控减速顶的主要技术指标如表 3-10、11、12 所示。

表 3-10　TDW905—N(FT)型锁闭式可控顶的临界速度分档及上下偏差

序　号	滑动油缸分档标记	临界速度及上下偏差	
		m/s	km/h
1	Ⅰ	1.25±0.1	4.5±0.36
2	Ⅱ	2.00±0.2	7.2±0.72
3	Ⅲ	2.50±0.2	9.0±0.72
4	Ⅳ	3.00±0.2	10.8±0.72
5	Ⅴ	3.50±0.3	12.6±1.08
6	Ⅵ	4.00±0.3	14.4±1.08

表 3-11　TDW905—N(FT)型锁闭式可控顶的制动功和阻力功

序　号	档　次	制动功		阻力功	
		J	kgf·m	J	kgf·m
1	Ⅰ	≥890	≥90.8	≤35	≤3.6
2	Ⅱ	≥910	≥92.8	≤35	≤3.6
3	Ⅲ	≥930	≥94.9	≤40	≤4.1
4	Ⅳ	≥970	≥98.9	≤43	≤4.4
5	Ⅴ	≥1 020	≥104.0	≤50	≤5.1
6	Ⅵ	≥1 050	≥107.0	≤55	≤5.6

表 3-12　几种常用的锁闭式可控顶的主要技术指标

序号	项　目	型　号							
		TDJDS—203		TDJDS—106		TDJFK—201		TDW905—N(FT)	
		工作状态	锁闭状态	工作状态	锁闭状态	工作状态	锁闭状态	工作状态	锁闭状态
1	临界速度(m/s)	0～4.5	—	0～4.5	—	0～4.5	—	见表 3-10	—
2	制动功(J)	≥932	0	≥1 050	0	≥932	0	见表 3-11	0
3	阻力功(J)	≤42 (Ⅰ档)	0	≤50 (Ⅰ档)	0	≤42 (Ⅰ档)	0	见表 3-11	≤5
4	锁闭高度(mm)	58_{-3}^{0}	低于轨面	61_{-3}^{0}	低于轨面	58_{-3}^{0}	低于轨面	58_{-3}^{0}	低于轨面
5	抬起高度(mm)	≤6							
6	安装高度(mm)	58_{-3}^{0}		61_{-3}^{0}		58_{-3}^{0}		58_{-3}^{0}	
7	钻孔高度(mm)	76_{-2}^{+1}		74_{-2}^{+1}		72_{-2}^{+1}		74_{-1}^{+2}(43、50 轨) 92_{-1}^{+2}(60 轨)	

续上表

序号	项　目	型　号							
		TDJDS—203		TDJDS—106		TDJFK—201		TDW905—N(FT)	
		工作状态	锁闭状态	工作状态	锁闭状态	工作状态	锁闭状态	工作状态	锁闭状态
8	安装角(°)	10		13		10		10±0.5	
9	最大工作行程(mm)	92		100		92		92	
10	工作介质	1. LHV22 或 LHV32 低凝液压油(冬季最低气温在－20 ℃以上地区)； 2. 10＃航空液压油(冬季最低气温在－20 ℃以下地区)。						专用液压油	
11	构造速度(km/h)	25	50	25	50	25	50	25	50
12	适用轨型(kg/m)	43、50						43、50、60	
13	工作电压(V)	36^{+5}_{0}(AC)				24(DC)		36^{+4}_{-8}(AC)	
14	额定功率(W)	4				—		≤5	
15	连续通电时间(min)	≤25		不限		不限		≤2 880	
16	气控阀工作压力(MPa)	—		—		0.49～0.78		—	
17	气控阀耗气量/次(L)	—		—		0.013		—	
18	环境温度(℃)	－50～60						－50～50	
19	质量(kg)	13.5		18		12		12.5	

六、可控顶的适用范围及应用

根据驼峰调车场各自不同的作业要求和特点，可控顶与计算机控制系统相结合，一般可以采用以下三种方式。

1. 可控顶用于集中模式的计算机控制系统，形成独立的调速控制系统。

2. 可控顶用于分布式的计算机控制系统，整个系统由若干个分布的控制单元组成，采用先进的 CAN 现场总线技术，将整个速度控制系统连成一个计算机网络，各股道及溜放部分的测速、测长和可控顶群的控制都由在股道旁的现场控制单元来完成，整个系统具有较高的精度和可靠性。

3. 可控顶用于速度控制与进路控制“合二为一”的计算机控制系统：该系统将驼峰进路控制与可控顶速度控制有机地结合在一起，它充分利用外部设备实现资源和信息共享，提高了系统的可靠性和控制的一致性。

可控顶与计算机控制系统相结合，可广泛应用于铁路各类中、小型驼峰调车场(包括机械化、自动化和半自动化驼峰)的溜放部分、股道连挂区和尾部,也可用于冶金、矿山、电力、石化、港口等部门需要自动控制车辆溜放速度的线路;既可用于直线段,也可用于曲线段。各种可控顶适用的轨型见表 3-12。

TDJK—103、203 型可控顶已在大新、漯河、沈阳东等站场应用,TDJK—104、204 型可控顶已在沧州、石嘴山、武昌东等站场应用,TDJK—108、208 型可控顶已在韶关、嘉峪关、南岔等站场应用,TDW905—N 可控顶已在赶水、蚌埠东、马鞍山等站和通化钢铁公司等专用线应用,TDJDS—203 型电动可控顶已在德州、威舍等站场应用,TDJFK—201 型风动可控顶主要应用在石家庄站箭翎线。

第八节 单向减速顶

一、单向减速顶的研制目的

许多中小驼峰编组站由于其分类线不足,需要频繁地进行反牵调车作业,由于机车反向牵引车辆上峰时的速度一般都较高,而减速顶此时对车辆所做的全部是无用功,不仅造成车轮与顶之间的有害磨耗,使减速顶因无用的磨损和发热而大大增加了维修工作量,缩短了使用寿命,而且车辆在高速反牵时在减速顶群的作用下很容易发生轻车脱线事故。如对反牵作业进行限速,又会影响作业效率。为了克服这一弊端,科研人员开发研制了一种具有单向做功功能的新产品——单向减速顶,它只对高于临界速度的正向溜放车辆做功,而对反向通过的车辆不起作用。

二、单向减速顶的主要品种介绍

(一)TDW902、902—N 型单向减速顶

1. TDW902、902—N 型单向顶的结构特点

TDW902、902—N 型减速顶是在 TDW901C、901—N 型减速顶的基础上开发研制的一种对车辆单方向做功的新产品,其外形与结构如图 3-83、84 所示,它的主要结构特点如下:

(1)TDW902、902—N 型单向顶在止冲座(12)侧面设有定位槽,止冲销(33)经由壳体(28)插入止冲座的定位槽内,使止冲座固定在壳体内,活塞杆(6)插入止冲座内并用弹性圆柱销(23)将二者紧固在一起,使活塞杆、止冲座与壳体连为一体,以实现活塞杆的定位。当滑动油缸受到车轮滚压而转动时,活塞杆可保持位置不动。

图 3-83 TDW902、902—N 减速顶外形图

(2)在活塞组合件上设计了能判别车辆方向的单向回程阀板(7),回程阀板上设有均布的小孔。

(3)压力阀采用了带环行槽的锥形阀(13),这种压力阀改变了差动式锥阀压力超调较大的不足,使锥阀的动态特性大大改善。

(4)压力阀的开启压力可通过活塞杆底部的调整

螺钉和压力阀弹簧(10)进行调整。

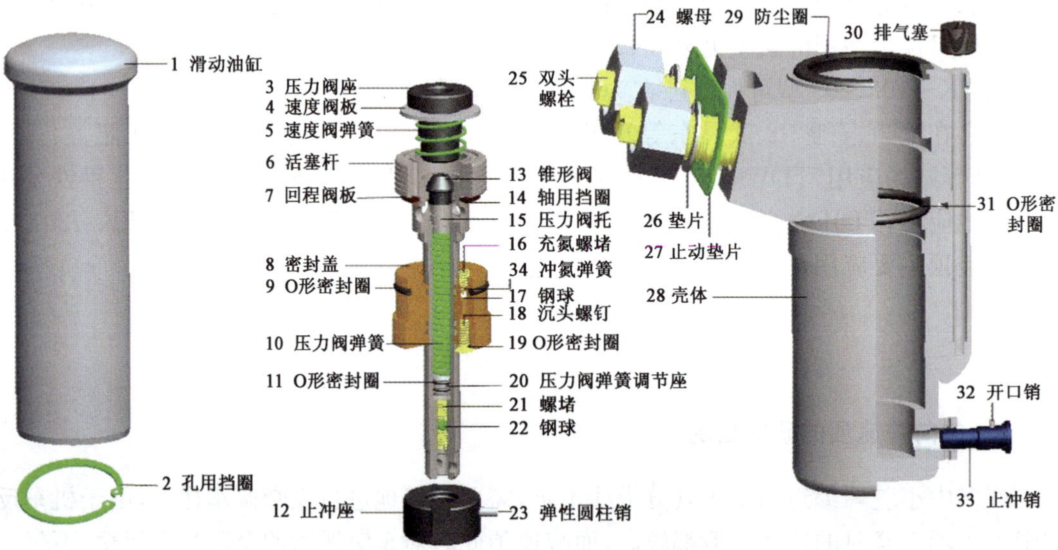

图 3-84 TDW902 单向减速顶结构图

(5)TDW902 单向顶还具有 TDW 型普通外侧顶的基本结构和特点;902—N 型单向顶还具有 TDW 型内侧顶的基本结构和特点。

2. TDW902、902—N 型单向顶的工作原理

TDW902、902—N 型单向顶是利用车轮从不同方向通过减速顶时,滑动油缸会产生不同方向的旋转这一原理来实现的。由于活塞杆与壳体连为一体而保持位置不动,它上面安装的单向阀板可以自动识别滑动油缸的旋转方向并将其作为控制信号,从而能判别车辆的溜放方向并实现单向做功的功能。

(1)反向通过时

当车辆反向通过单向顶时,滑动油缸帽头在车轮的滚压下向锁闭方向旋转,同时带动活塞杆上的单向回程阀板旋转一定的角度,使回程阀板上的小孔与活塞上的小孔完全错开,活塞上的小孔被回程阀板全部遮盖,此时滑动油缸上、下腔的通路被封闭,油缸下腔的油液不能通畅地流回上腔,被车轮压下的滑动油缸以相当缓慢的速度回升,基本不对后续通过的车辆起制动减速作用。

(2)正向通过时

当车辆正向通过单向顶时,滑动油缸帽头在车轮的滚压下向解锁方向旋转,同时带动活塞杆上的单向回程阀板旋转一定的角度,使回程阀板上的小孔与活塞上的小孔重合,此时滑动油缸上、下腔通过小孔连通,油缸下腔的油液能够十分通畅地流回上腔,被车轮压下的滑动油缸以正常的速度回升并能在壳体内滑动自如,从而对正向通过的车辆起制动减速作用。

TDW902、902—N 型单向顶在作为普通顶使用时,其工作原理与普通减速顶相同。

3. TDW902、902—N 型单向顶的技术特点

TDW902、902—N 型单向顶的主要技术特点如下:

(1)该产品具有自动识别车辆走行方向和单方向做功的特性。当车辆正向(顺驼峰溜放方向)通过时,能像普通减速顶一样对车辆判速、制动减速;当机车或车辆反向(逆驼峰溜放方向)通过时,减速顶的回升十分缓慢而基本不对车辆起任何作用。因此可提高车辆反牵速度和编解效率,节省机车能源;同时可避免轻车在高速反向通过布顶区时发生脱线事故,提高作业的安全性;减少轮、顶间不必要的磨损,延长减速顶的使用寿命。

(2)该产品的零部件与相应的普通顶具有较好的通用性与互换性,且安装方式与尺寸以及性能参数也基本相同。

(3)当单向顶反向锁闭后会通过阻尼孔的微泄漏缓慢回升到最高点,但由于滑动油缸组合件不能自动解锁,需要由正向溜放车辆的第一轮压下后解锁,但不会损失第一钩车一个轮次的制动功。

(4)除上述各条之外,TDW 902 型单向顶还具有外侧顶的技术特点;TDW902—N 型单向顶还具有内侧顶的技术特点。

(二)TDW912、912—N 型单向减速顶

1. TDW912、912—N 型单向顶的结构特点

TDW912、912—N 型单向顶是在 TDW911、911—N 型减速顶的基础上开发研制的一种对车辆单方向做功的新产品,其外形与结构如图 3-85、86 所示,它的主要结构特点如下:

(1)活塞杆通过止冲座与壳体连为一体而定位,当滑动油缸受到车轮滚压而转动时,活塞杆可保持位置不动。

(2)采用能判别车辆方向的三点支承式单向回程阀板,阀板上设有均布的小孔,可实现单向锁闭功能。

(3)压力阀采用了新型的圆盘式平板阀结构,这种压力阀的压力曲线非常平稳。

图 3-85　TDW912 型减速顶外图

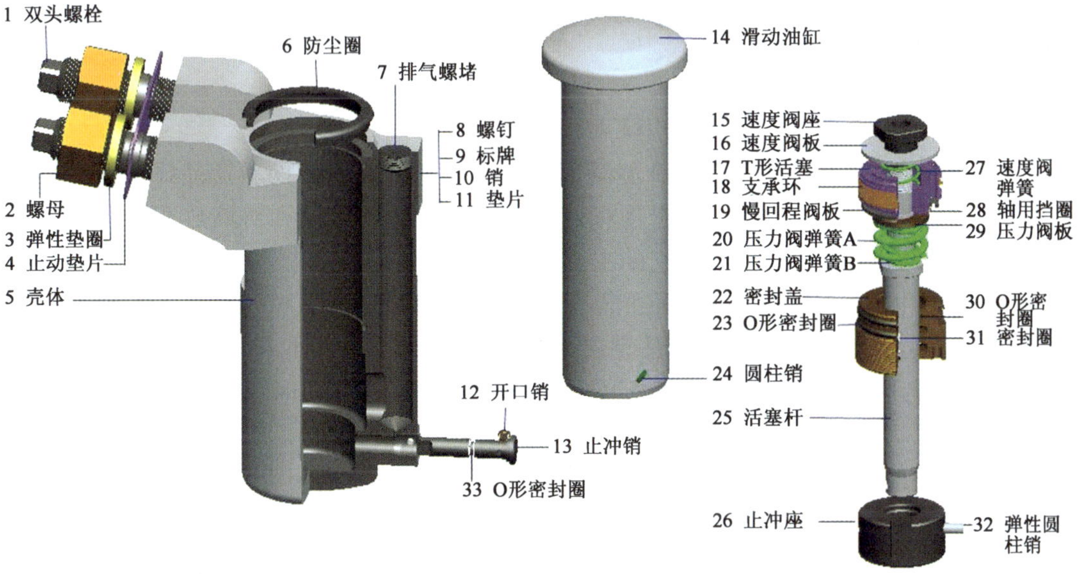

图 3-86　TDW912 型外侧单向减速顶结构图

(4)采用新型的T形活塞,活塞和活塞杆采用分体结构,设计精度高、结构新颖,工艺先进、易于加工和装配。

(5)压力阀弹簧采用内、外组合式弹簧,有效地节省了活塞杆组件长度及滑动油缸内空间;开启压力由组合弹簧力保证,无需调整。

(6)采用新颖的O形密封圈和密封环组合密封技术,进一步提高了减速顶的密封效果。

2. TDW912、912—N型单向顶的技术特点

TDW912、912—N型单向顶的主要技术特点如下:

(1)具有能自动识别车辆走行方向,对车辆单方向做功的特性。当机车、车辆反方向通过时,滑动油缸被车轮轮缘压下后被锁闭在低处,不对车辆起制动减速作用。因此车辆可以反向快速牵出,能避免轻车在高速反牵时的脱线事故,提高了调车作业的效率和安全性。

(2)具有正向慢回程功能。当车辆以较高的速度正向牵出时,回程阀板上的小孔将对油缸下腔的油液起到一定的阻尼作用,控制滑动油缸慢速回升,使减速顶对车辆少起或不起制动作用,从而可提高正向牵出速度。

(3)采用新型圆盘式平板压力阀结构及T形活塞上压力过流孔的合理分布,基本上消除了动态压力超调,能有效地避免车辆高速通过时脱轨事故的发生;对车辆做功时的压力曲线平稳,制动功饱满,制动效果较好。

(4)采用全自动充氮机进行充氮,既便于操作又确保了充氮量达到标准要求。

(5)当单向顶反向锁闭后,滑动油缸通过阻尼孔的微泄漏缓慢回升到最高点,但由于单向回程阀板不能自动解锁,需要由正向溜放车辆的第一轮压下后解锁,但不会损失第一钩车一个轮次的制动功。

(6)设有6个档次的临界速度,能适用于调车场各种不同的部位。

(7)除上述各条之外,TDW 912型单向顶还具有外侧顶的技术特点,TDW 912—N型单向顶还具有内侧顶的技术特点。

(三)TDJD—302型单向减速顶

1. TDJD—302型单向顶的结构特点

TDJD—302型单向顶是在302型减速顶的基础上开发研制的新产品(注:在有的产品说明书中表示为TDJ—302D),它具有自动识别车辆运动方向和对溜放车辆单方向做功的功能,其结构如图3-87所示,它的主要结构特点如下:

(1)在止冲座总成(27)的底面上装有两个定位销,止冲销(40)经由壳体插入止冲座的两个定位销之间,使止冲座固定在壳体内,活塞杆(17)插入止冲座内并用圆柱销(28)将二者固定在一起,当滑动油缸受到车轮滚压而转动时,活塞杆可保持位置不动。

(2)活塞杆上装有能识别车辆走行方向和单向锁闭功能的组合回程阀,它由开关阀体(19)、主回程阀板(1)、限位套(2)、限位销(3)和镶在开关阀体上O形密封圈(4)组成。

(3)对应于不同档次的单向顶,开关阀体和主回程阀板上开有不同直径的过流孔以满

足不同的正向回程速度。其中0～Ⅱ档单向顶的过流孔较小，Ⅲ档以上单向顶的过流孔较大。

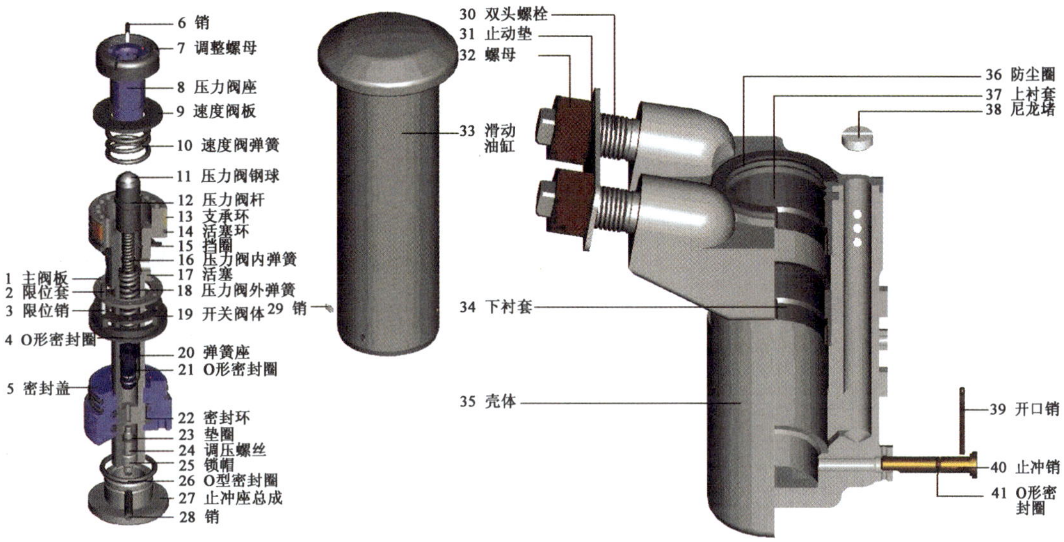

图3-87　TDJD—302型单向减速顶结构图

(4)由于开关阀的体积比302型减速顶的回程阀板体积大，302D型单向顶的注油量比302型减速顶要稍有减少。

(5)其余结构特点及外观与302型减速顶相同。

2. TDJD—302型单向顶的工作原理

(1)反向通过时

如图3-88所示，当车辆反向通过单向顶时，车轮带动滑动油缸向锁闭方向旋转，同时利用装在开关阀体上的O形密封圈与油缸内壁的摩擦力，带动开关阀体向锁闭方向旋转，使开关阀体上的回油孔与主回程阀板上的节流孔相错开，切断了滑动油缸上、下腔的通道，使下腔的油液不能返回到上腔，从而将滑动油缸锁闭在低处，使单向顶对反向通过的车辆不起制动减速作用。

(2)正向通过时

如图3-89所示，当车辆正向通过单向顶时，车轮带动滑动油缸向解锁方向旋转，同时利用装在开关阀体上的O形密封圈与油缸内壁的摩擦力带动开关阀体向解锁方向旋转，由于限位套和限位销的限位作用，使开关阀体上的回油孔与主回程阀板上的节流孔完全相通。此时滑动油缸下腔的油液可以通过这些相通的节流孔和活塞上的小孔返回上腔，使单向顶作为普通顶使用。

3. TDJD—302型单向顶的技术特点

TDJD—302型单向顶的主要技术特点如下：

(1)能自动识别车辆的运动方向，具有单向锁闭功能：对正向通过的车辆可作为普通减速顶使用，对反向通过的机车、车辆基本不起制动减速作用，因此机车、车辆反牵通过单向顶时可以不限速，提高了调车作业效率和作业的安全性。

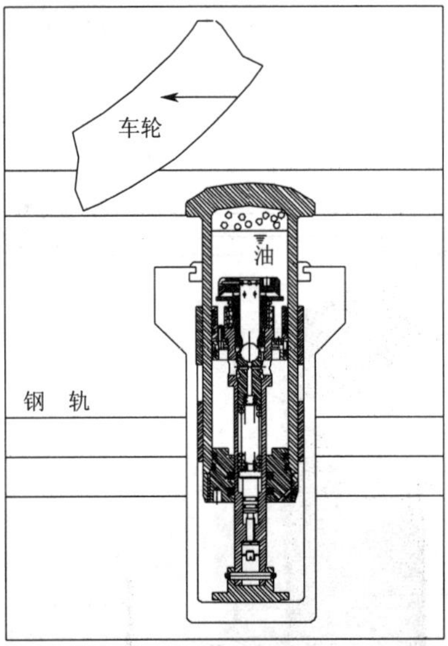

图 3-88　反向通过时

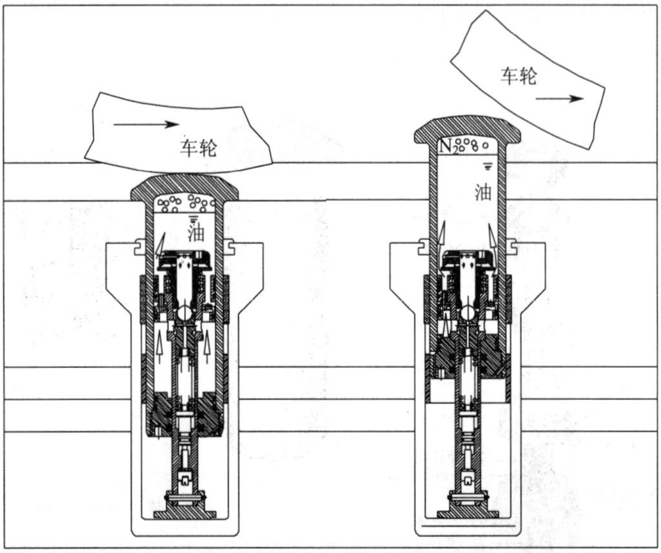

图 3-89　正向通过时

(2)组合回程阀除了具有开关锁闭功能外，还具有对回程速度的调节功能。可根据不同档次的单向顶确定相应的回程速度，既可以满足对正向溜放车辆充分做功，又可对正向高速牵出的车辆实现慢速回程而少起或不起制动作用。

(3)单向顶反向锁闭后通过微泄漏能够缓慢回升到最高点，但不能自动解锁，需要由正向溜放车辆的第一轮压下后解锁，但不会损失第一钩车一个轮次的制动功。

(4)该产品还具有 302 型减速顶的相关技术特点。

(四)TDJD—402、402M 型平板阀单向减速顶

1. TDJD—402、402M 型单向顶的结构特点

TDJD—402、402M 型单向顶是在 402 型平板阀顶的基础上研制成功的一种对车辆单向做功的新产品(注：在有的产品说明书中表示为 TDJ—402D、402DM)，其结构如图 3-90所示，它的主要结构特点如下：

(1)在止冲座总成(19)的底面上装有两个定位销，止冲销(23)经由壳体插入止冲座的两个定位销之间，使止冲座固定在壳体内，活塞杆(12)插入止冲座内并用圆柱销(17)将二者固定在一起，可实现活塞杆的定位。当滑动油缸受到车轮滚压而转动时，活塞杆可保持位置不动。

(2)滑动油缸内的活塞杆上装有能识别车辆走行方向和单向锁闭功能的组合回程阀，它由多功能阀板总成(6)、开关回程阀体(9)、O 形密封圈(10)和导向定位槽轮(11)等组成。

(3)该产品的压力阀板为多功能阀板总成(6)，它采用了新型三叶式平板阀结构，既可满足压力阀板的功能要求，又可与开关回程阀体、导向定位槽轮相互配合，实现单向顶在正向工作时液流的正常回流和反向锁闭时对液流的节流和阻断，从而实现顶的单向锁闭功能。

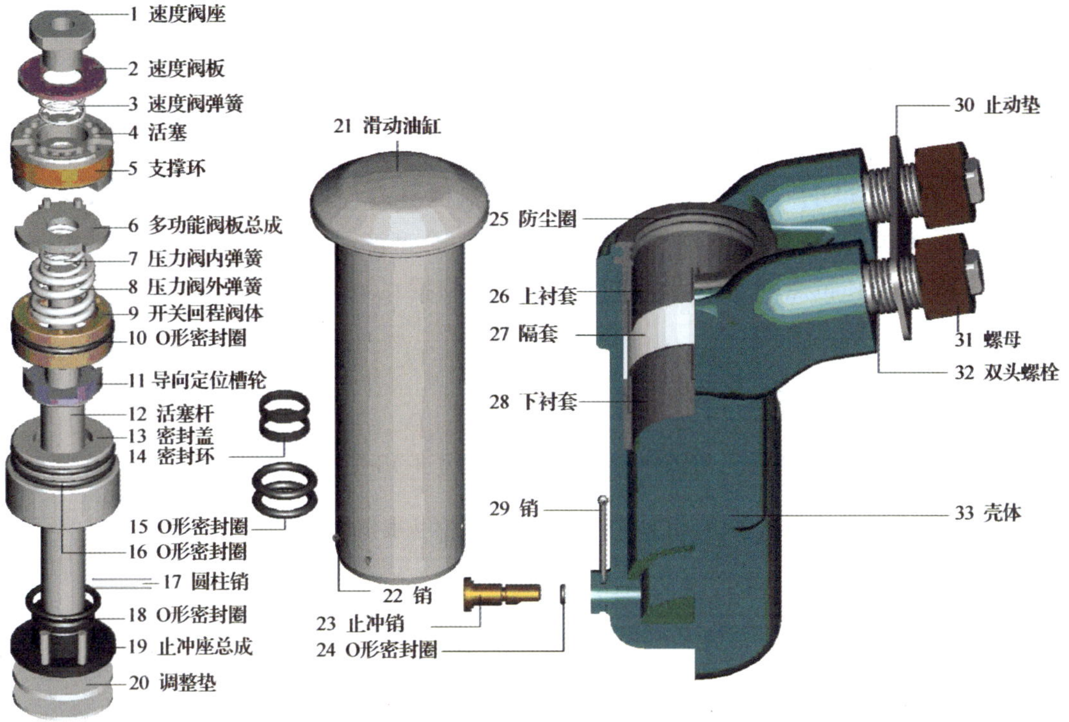

图 3-90　TDJD—402 型单向减速顶结构图

(4)对高档顶和低档顶采用不同的定压,出厂时一次调定开启压力,现场维修无需打压。

(5)通过改变节流孔的孔径可调节单向顶的正向回程速度,其中 TDJD—402 型单向顶的节流孔较大,TDJD—402M 型单向顶的节流孔较小。

(6)其余结构特点及外观与 TDJ—402 型减速顶相同。

2. TDJD—402、402M 型单向顶的技术特点

TDJD—402、402M 型单向顶的主要技术特点如下:

(1)具有单向锁闭功能:对正向通过单向顶的机车、车辆可作为普通顶使用,对反向通过单向顶的机车、车辆,滑动油缸在车轮的作用下能锁闭在低处而不对车辆起制动减速作用,因此,机车或车辆反牵通过单向顶时可以不限速。

(2)新型三叶式平板压力阀结构可消除圆环形平板阀做功时的振动现象,压力超调进一步减小,示功图更加饱满,安全性能进一步提高。

(3)TDJD—402M 型单向顶的临界速度只有Ⅰ档和Ⅰ′档,TDJD—402 型单向顶有Ⅰ、Ⅰ′、Ⅱ、Ⅲ、Ⅲ′、Ⅳ档 6 个档次,可适用于调车场的任何部位。

(4)对于不同档次的单向顶有不同的正向回程速度。其中 TDJD—402 型单向顶的正向回程速度与普通顶相同,能确保对正向通过的车辆不损失制动功;TDJD—402M 型单向顶只用于Ⅰ档与Ⅰ′档,其正向回程有慢回程功能,它对以较低速度正向通过的车辆不损失制动功,同时对正向高速牵出的车辆能基本不起制动作用。

(5)反向锁闭的单向顶能通过阻尼孔的微泄漏缓慢回升到最高点,但由于处于单向锁

闭状态的组合回程阀不能自动解锁,需要由正向溜放车辆的第一轮压下后解锁,但不会损失第一钩车一个轮次的制动功。

(6)该产品还具有 TDJ—402 型减速顶相关的技术特点。

(五)TDJ—402BDM 型平板阀外侧单向减速顶

该产品是在 TDJ—402B 型外侧顶基础上研制的具有慢回程功能的单向顶,它只有Ⅰ档。它是平板阀顶、外侧顶和单向顶的多功能组合型产品,因此它除了具有平板阀外侧顶的基本结构和特点外,还具有单向顶的结构和特点,其外观与 TDJ—402B 型减速顶相同。

三、单向减速顶的主要技术指标

(1)几种常用的外侧单向顶的主要技术指标如表 3-13 所示。

表 3-13　几种常用的外侧单向顶的主要技术指标

序号	项　目	型　号		
		TDW902	TDW912	TDJ—402BDM
1	临界速度(m/s)	1.25±0.1		1.11±0.1
2	制动功(J)	≥750		≥844
3	阻力功(J)	≤37.5	≤35	≤49
4	正向回程时间(s)	≤0.4		0.6～0.8
5	反向回程时间(s)	60～120	≥8	≥20
6	抬起高度(mm)	≤8		
7	安装高度(mm)	75_{-2}^{0}		75_{-3}^{0}
8	钻孔高度(mm)	79_{-1}^{+2}		72_{-2}^{+1}
9	安装角(°)	12±0.5		13
10	最大工作行程(mm)	78	76	75
11	工作介质	减速顶专用液压油		1. LHV22 或 LHV32 低凝液压油(冬季最低气温在－20 ℃以上地区); 2. 10＃航空液压油(冬季最低气温在－20 ℃以下地区)。
12	适用轨型(kg/m)	43、50、60		43、50
13	构造速度(km/h)	25(正向),40(反向)		
14	环境温度(℃)	－50～50		－50～60
15	质量(kg)	10.35	11.5	11.5

注:TDW902、912 型外侧单向顶用于 60 kg/m 轨时的钻孔高度为 92_{-1}^{+2} mm。

(2)几种常用的内侧单向顶的主要技术指标如表3-14～表3-16所示。

表3-14　TDW902—N、TDJW912—N型内侧单向顶的制动功和阻力功

序　号	档　次	制动功		阻力功	
		J	kgf·m	J	kgf·m
1	Ⅰ	≥890	≥90.8	≤35	≤3.6
2	Ⅱ	≥920	≥93.8	≤46	≤4.7
3	Ⅲ	≥940	≥95.8	≤47	≤4.8
4	Ⅳ	≥960	≥97.9	≤48	≤4.9
5	Ⅴ	≥1 000	≥102.0	≤50	≤5.1
6	Ⅵ	≥1 020	≥104.0	≤51	≤5.2

表3-15　TDJD—402、402M型内侧单向顶的临界速度分档及上下偏差

序　号	滑动油缸分档标记	临界速度及上下偏差	
		m/s	km/h
1	Ⅰ	1.25±0.1	4.5±0.36
2	Ⅰ′	1.39±0.1	5.0±0.36
2	Ⅱ	2.00±0.2	7.2±0.72
3	Ⅲ	2.50±0.2	9.0±0.72
4	Ⅲ′	3.00±0.2	10.8±0.72
5	Ⅳ	3.50±0.3	12.6±1.08

注:表中TDJD—402型单向顶各档均有;TDJD—402M型单向顶只有Ⅰ档与Ⅰ′档。

表3-16　几种常用的Ⅰ档内侧单向顶的主要技术指标

序号	项　目	型　号			
		TDW902—N	TDW912—N	TDJD—302	TDJD—402、402M
1	临界速度(m/s)	1.25±0.1			
2	制动功(J)	≥890		≥930	≥900
3	阻力功(J)	≤35		≤45	≤45
4	正向回程时间(s)	≤0.4	≤0.4	≤0.3	0.6～0.8 (D—402≤0.35)
5	反向回程时间(s)	60～120	≥8	≥10	≥20
6	抬起高度(mm)	≤6			
7	安装高度(mm)	58_{-3}^{0}			
8	钻孔高度(mm)	74_{-1}^{+2}(43、50轨) 92_{-1}^{+2}(60轨)		72_{-2}^{+1}	
9	安装角(°)	10±0.5		10	

续上表

<table>
<tr><th rowspan="2">序号</th><th rowspan="2">项　目</th><th colspan="4">型　　号</th></tr>
<tr><th>TDW902—N</th><th>TDW912—N</th><th>TDJD—302</th><th>TDJD—402、402M</th></tr>
<tr><td>10</td><td>最大工作行程(mm)</td><td>90</td><td>92</td><td colspan="2">92</td></tr>
<tr><td>11</td><td>工作介质</td><td colspan="2">减速顶专用液压油</td><td colspan="2">1. LHV22 或 LHV32 低凝液压油(冬季最低气温在－20 ℃以上地区);
2. 10＃航空液压油(冬季最低气温在－20 ℃以下地区)。</td></tr>
<tr><td>12</td><td>适用轨型(kg/m)</td><td colspan="2">43、50、60</td><td colspan="2">43、50</td></tr>
<tr><td>13</td><td>构造速度(km/h)</td><td colspan="4">25(正向)
40(反向)</td></tr>
<tr><td>14</td><td>环境温度(℃)</td><td colspan="2">－50～50</td><td colspan="2">－50～60</td></tr>
<tr><td>15</td><td>质量(kg)</td><td>11.26</td><td>12.5</td><td>13.15</td><td>12.5</td></tr>
</table>

注:(1)上述单向顶各表内参数不包括车轮反向通过的第一轮次。

(2)上述单向顶各表内的制动功、阻力功和临界速度等数据均为车辆正向通过单向顶的参数;车辆反向通过时,单向顶处于近似锁闭状态,基本不对车辆做制动功。

四、单向减速顶的适用范围及应用

单向顶主要适用于调车机车下峰作业频繁和反牵作业较多的各类驼峰调车场及各种专用线,对于需要驼峰反方向发车的调车线、箭翎线、大驼峰连挂区以及横向划区、两端作业的调车场尾部,都具有十分广泛的应用前景。

其中 TDW902—N、TDW912—N、TDJD—302、TDJD—402 型单向顶都有多个临界速度档次,因此可用于各类调车场的驼峰溜放部分和连挂区以及各种专用线;具有正向慢回程功能的 TDW902、TDW912、TDJ—402BDM 型外侧单向顶、TDJD—402M 型内侧单向顶只有I档顶,因此只能用于调车场和专用线的连挂区。内侧安装的单向顶既可用于直线段,也可用于曲线段;外侧安装的单向顶只适合用于直线段。各种单向顶的适用轨型见表 3-13、表 3-16。

TDW 系列单向顶目前已在蚌埠东、迎水桥、江岸西、马鞍山等多个站场应用,TDJ 系列单向顶已在双桥、大连北、德州等多个站场以及武汉钢铁公司等部门应用。

第九节　双临界速度减速顶

一、双临界速度减速顶的研制目的

在调车作业中,当溜放车辆以高于减速顶的临界速度通过时,减速顶会对车辆起制动减速作用,此时减速顶对车辆做的是有用功;而当编组完的列车牵出以及向峰上反牵(或推送)作业时,一般都需要机车牵引,其速度都远高于顶的临界速度,此时减速顶对车辆所做的全部是无用制动功,对于运输生产有着很大的危害。

1. 对运输安全不利。由于车辆被牵出或反牵时的速度一般都比较高(>15 km/h),减速顶对车轮的制动力会随车速的增加而增大,当轻车高速通过减速顶时就有可能发生脱线事故。

2. 加速设备磨损,增加运营成本。当较长的车列通过减速顶时,由于减速顶持续频繁做功,会产生大量热量使顶的温度迅速升高,严重影响密封件的寿命和油质的性能。同时高速牵出的车辆会使轮、顶间产生很大的冲击力,不仅会对车轮和线路造成一定的影响,还会使减速顶各零部件的磨耗加剧,造成减速顶的故障率、维修率上升。另外,减速顶对牵出列车所做的功均为无用功,这必然会浪费大量的机车牵引动力,增加了运营成本。

3. 影响运输生产效率。为了确保运输安全,目前几乎所有调车场在车辆牵出或反牵时都不得不限制通过减速顶区段的速度,这势必会延长列车对股道的占用时间,限制了编组站综合使用能力的进一步提高,使运输生产效率受到影响。

随着中国铁路现代化的快速发展,为进一步提高作业效率,运输部门对编组站尾部的牵出速度提出了更高的要求,而现有减速顶的构造速度一般为 25 km/h,对编尾列车牵出都有一定的限制,难以满足日益繁忙的运输生产需要,而现有的慢回程减速顶虽然能改善这一情况,但并不能从根本上解决问题。为此,研究人员开发研制了双临界速度减速顶,它能有效克服普通减速顶的上述缺点,满足车辆牵出或反牵不限速的实际需要。

二、双临界速度减速顶的主要品种介绍

(一)TDJGS—601 型双临界速度减速顶

1. TDJGS—601 型双临界速度减速顶的结构特点

该产品是在 302 型减速顶的基础上研制而成的,它具有两级临界速度识别装置,活塞组合件的基本结构如图 3-91 所示,其主要结构特点如下:

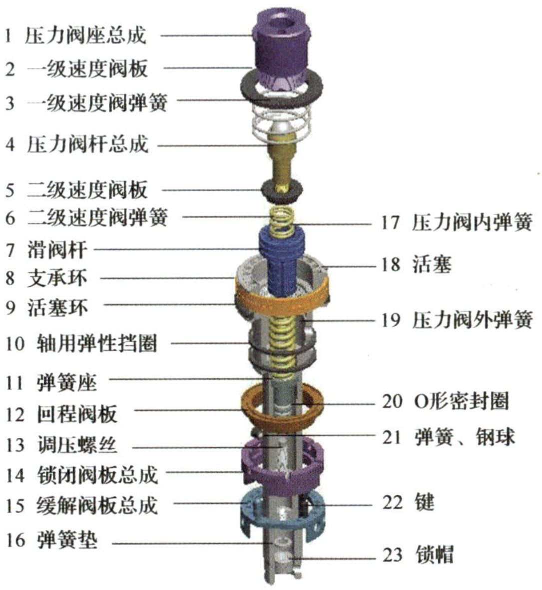

图 3-91　TDJGS—601 型双临界速度减速顶活塞组合件结构图

(1)滑动油缸内的活塞杆上设有双级速度阀装置。第一级为低速速度阀,它由一级速度阀板(2)、一级速度阀弹簧(3)和压力阀座(1)组成,其功能是对溜放车辆是否需要减速制动进行判速;第二级为高速速度阀,它由二级速度阀板(5)、二级速度阀弹簧(6)和滑阀杆(7)组成,其功能是对通过的车辆是否需要高速锁闭进行判速。

(2)活塞杆上设有双级压力阀装置。第一级压力阀为高压压力阀,采用的是302型减速顶的球阀结构,其功能与普通减速顶的压力阀相同,第二级压力阀为低压压力阀,由滑阀杆(7)与压力阀内弹簧(17)、压力阀外弹簧(19)等组成,可在车辆第一轮高速过顶时起到快速卸荷作用。

(3)活塞杆上装有组合回程阀,它由叶片式锁闭阀板总成(14)和回程阀板(12)组合而成,回程阀板上开有均布的节流孔和微小泄油槽,其尺寸大小可根据制动回程时间和锁闭回程时间的需要而设计。它可对超过一定速度的车辆起高速锁闭作用。

(4)在活塞杆上的组合回程阀下面装有缓解阀板总成(15),它由缓解阀板和解锁销等组成。其功能是可以使双临界顶在每次高速锁闭后都能慢速自动恢复到原始状态。

(5)其余结构特点及外观与302型减速顶相同。

2. TDJGS—601型双临界速度减速顶的工作原理

(1)低于第一临界速度时

如图3-92所示,当车辆的过顶速度低于规定的第一临界速度时,滑动油缸(1)被车轮压下的速度较低,油缸上腔油液流入下腔的流量较小,一级速度阀板(2)上、下端产生的压差相对较小,该速度阀板受到的向下液压力不足以克服速度阀弹簧(4)的预压力,所以速度阀保持开启状态,滑动油缸上腔的油液经一级速度阀板边缘的环形缝隙及活塞头部的小孔流入下腔,此时,减速顶对车辆做很小的阻力功。

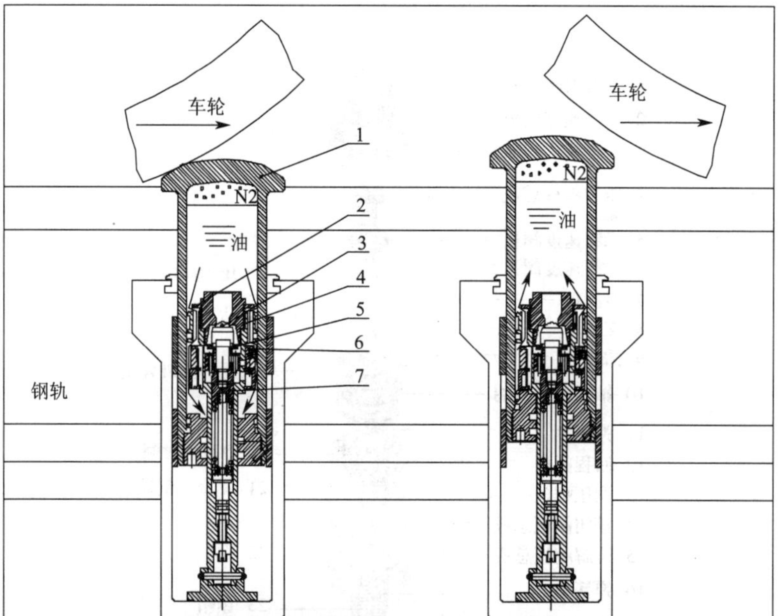

图3-92　低于第一临界速度时

1—滑动油缸;2—速度阀板;3—压力阀;4—速度阀弹簧;5—二级速度阀板;6—叶片式锁闭阀板;7—滑阀。

（2）高于第一临界速度，低于第二临界速度时

如图 3-93 所示，当车辆的过顶速度高于第一临界速度而低于第二临界速度时，滑动油缸下滑速度增大，油缸上腔油液流入下腔的流量较大，使一级速度阀板（2）上、下端的压差增大，该速度阀板（2）受到的向下液压力克服了弹簧（4）的预压力而将阀口关闭，此时，滑动油缸上腔油液不能从速度阀口及活塞头部的小孔流入下腔，迫使上腔压力急剧升高，当达到高压压力阀（3）的开启压力时，液流将高压压力阀打开，减速顶对车辆起制动减速作用。

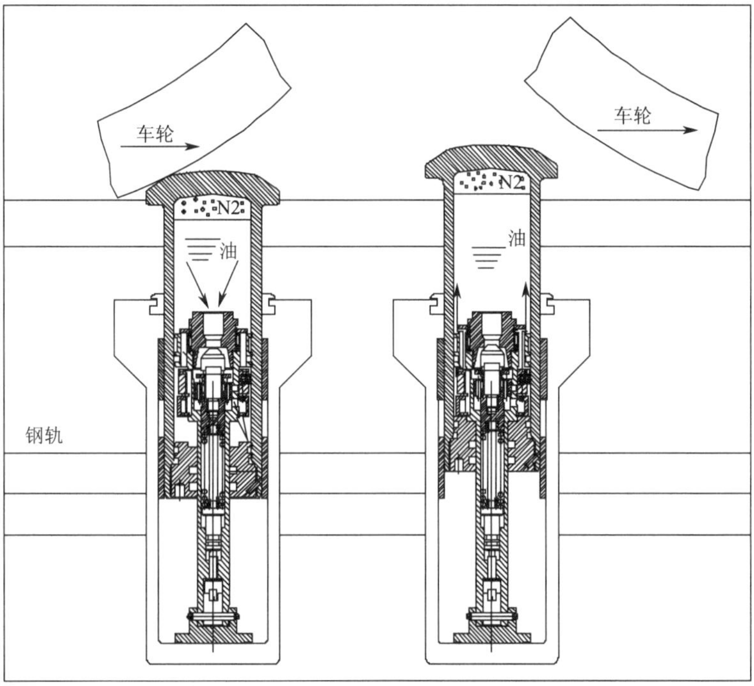

图 3-93　高于第一临界速度，低于第二临界速度时

由于此时高压压力阀被打开的开量较小，低压滑阀（7）仍然保持开通状态。二级速度阀板（5）也未动作，液压油经过二级速度阀板边缘及小孔流入滑阀下腔，经活塞杆中部下层的过流孔流入油缸下腔。此时，叶片式回程阀板上的节流孔与活塞头部的过流孔保持相通状态，在被压缩氮气的膨胀力作用下，油缸下腔油气经节流孔回到上腔，使滑动油缸以预先调定的速度较快平稳地回升复位。

（3）高于第二临界速度时

如图 3-94 所示，当车辆过顶速度高于第二临界速度时，滑动油缸在车轮作用下以更高的速度下滑，产生的大流量使一级速度阀板（2）关闭，高压压力阀（3）打开，液流由高压压力阀孔经二级速度阀板边缘及小孔流入滑阀下腔，由于流量增大到一定值，二级速度阀板（5）上、下端的压差急剧增大，使二级速度阀板关闭，上下腔的油路被中断，此时，上腔的液压油推动低压滑阀阀芯向下移动，液流从活塞杆中部上层过流孔射出，油液推动叶片式锁闭阀板总成（6）逆时针旋转，使回程阀板上的节流孔被封闭。当滑动油缸回程时，由于回程阀上、下腔的油路被截断，液压油被封闭在油缸下腔，将滑动油缸锁闭在低处，对后面

的车轮不再起制动作用。

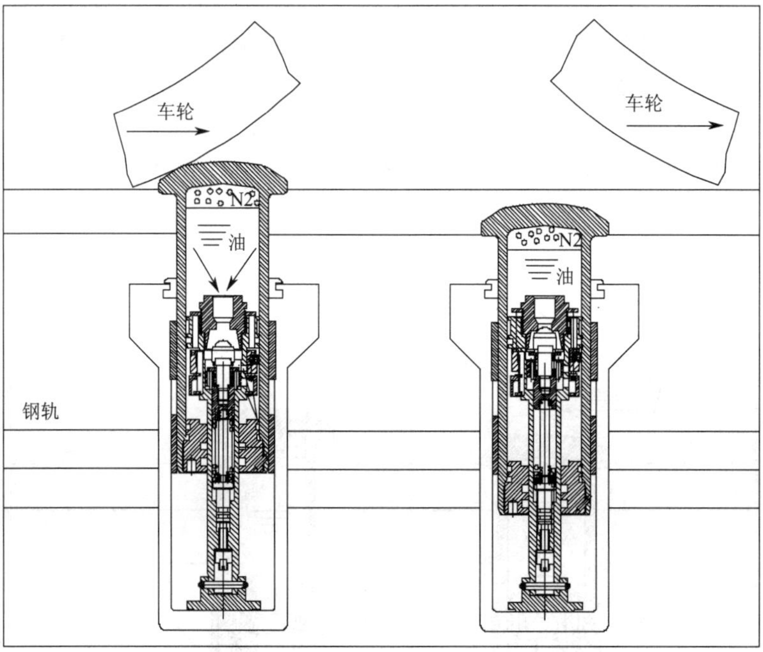

图 3-94　高于第二临界速度时

当车辆高速通过后，滑动油缸下腔的油液在氮气压力作用下，通过微小泄油槽回流到上腔，滑动油缸缓慢回升到最高位置，此时密封盖与缓解阀板总成接触，缓解阀板总成上的解锁销顶在锁闭阀板总成的斜面上，使锁闭阀板顺时针旋转，将回程阀板的过流孔接通，使减速顶回到原始状态。

3. TDJGS—601 型双临界速度减速顶的技术特点

TDJGS—601 型双临界速度减速顶的主要技术特点如下：

(1)具有双级判速功能，可将过顶车速判别为低速(＜4.5 km/h)、中速(4.5～12 km/h)和高速(＞12 km/h±3 km/h)三个区间，判速准确、精度较高，能够实现对高速过顶的车辆不做制动功。

(2)双级压力阀可实现对车辆不同的垂直反力——当车辆过顶速度在中速区时，第一级压力阀(球阀)开启，垂直反力保持较高压力(1.6 t 左右)，此时减速顶对车辆做制动功；当过顶速度达到高速区时，车辆第一轮使顶的第二速度阀关闭，同时将第二级压力阀(大截面低压滑阀)打开，此时顶的垂直反力较小(0.45 t 左右)，即实现了高速卸荷功能，有利于行车安全。

(3)采用了锁闭阀板和回程阀板组合结构，通过合理设计节流孔和微小泄油槽的结构尺寸，可调节和控制制动回程时间和锁闭回程时间，实现对车辆制动时的快回程功能和高速锁闭后的慢回程功能。

(4)在对车辆起高速锁闭作用后，具有慢速自动复位功能和自动解锁功能，复位后不损失做功轮次。

(5)采用通用的 TDJ 系列壳体、滑动油缸、密封件及充氮打压设备，互换性和通用性强。有利于新老产品的替换和既有站场减速顶的改造,节省投资。

(6)除上述特点外,该产品还具有 302 型减速顶的技术特点。

(二)TDW903—N 型双临界速度减速顶

1. TDW903—N 型双临界速度减速顶的结构特点

TDW903—N 双临界速度减速顶是一个独立和封闭的液压单元,它能对 3 种不同的车辆溜放速度作出不同的判断和响应。它的外形如图 3-95 所示,基本结构如图 3-96 所示,其主要结构特点如下。

(1)判速结构采用了双级速度阀板和双级判速弹簧。

(2)采用了判速弹簧和卡簧组合结构,以实现对第二临界速度的判别。

(3)在活塞杆中部采用了双层泄油通道。

(4)采用锁定圈对压力阀回油孔锁闭,使滑动油缸下腔油液不能顺利流回上腔,达到锁闭的功能。

(5)采用复位推杆结构实现滑动油缸回程时的自动解锁。

图 3-95　TDW903—N 型减速顶外形图

2. TDW903—N 型双临界速度减速顶的工作原理

(1)低于第一临界速度时

当溜放车辆以低于第一临界速度的车速通过减速顶时,滑动油缸在车轮滚压下较缓慢地下滑,滑动油缸内上腔的油液通过速度阀环形缝隙经活塞上的小孔流向下腔。此时速度阀板上、下端面会产生一定的压力差,但由于速度阀板下端面的油液流速较小,速度阀板上、下端面的压力差不足以克服速度阀弹簧的预压力,所以速度阀板始终保持开启状态,油液流经速度阀产生的阻力很小,减速顶对车辆不做制动功。另外由于滑动油缸内充有一定容积的氮气,在滑动油缸下滑过程中,活塞杆进入油缸的下腔并占有一定的容积,迫使氮气被压缩,使滑动油缸内的油气压力比初始的充氮压力有所提高。当车轮压下减速顶滑动油缸时,需要克服油缸内的油液经速度阀环形缝隙流入下腔时的阻力和氮气压力所产生的反力,减速顶这时对车辆做的是阻力功。

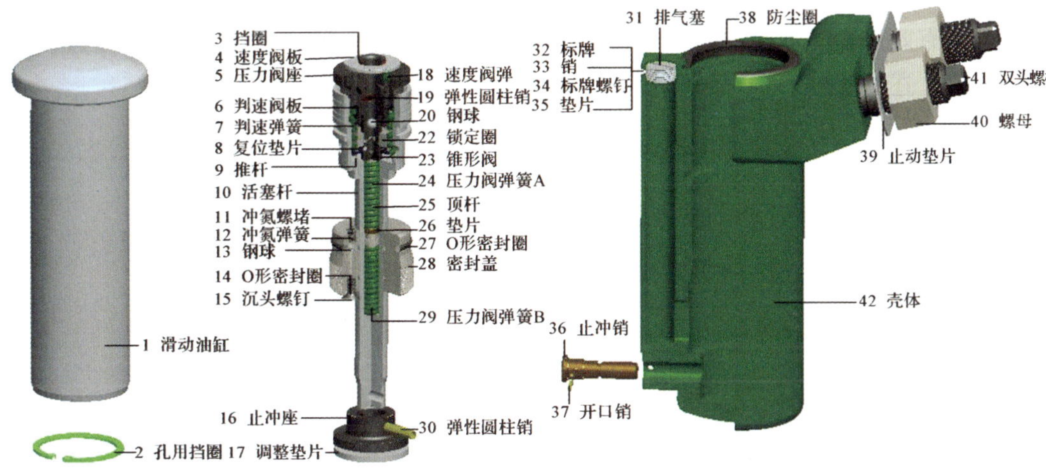

图 3-96　TDW903 型双临界速度减速顶结构图

(2)高于第一临界速度低于第二临界速度时

当溜放车辆以较高的速度通过减速顶时，滑动油缸被车轮压下的速度相对较高，油缸上腔的油液通过速度阀的环形缝隙迅速流向下腔，在速度阀板下端面形成较大的流速。此时速度阀板上、下端面产生的压力差足以克服速度阀弹簧的预压力，使速度阀板迅速关闭，将活塞上沟通油缸上、下腔的小孔全部遮盖。滑动油缸继续以较快的速度下滑，迫使上腔压力迅速升高，当上腔压力达到压力阀调定的开启压力时，压力阀被打开，上腔油液通过压力阀口流向下腔。

在这个过程中，车轮将减速顶的滑动油缸压下，必须克服油缸内腔的油液通过压力阀时所产生的压力，此时减速顶对车辆做制动功。由于这时锁定圈尚未到达锁闭位置，压力阀中的回油孔处于畅通状态，因此下腔的油液能顺利地流回上腔，使滑动油缸以正常的回程速度复位。

(3)高于第二临界速度时

当溜放车辆的速度高于第二临界速度时，滑动油缸在车轮的作用下以更高的速度下滑，油缸上腔的油液以较高速度和较大流量经压力阀孔流入下腔，推动锁定圈到达锁闭位置，压力阀的回油孔被锁闭，液压油被封闭在滑动油缸下腔，此时减速顶处于锁闭状态，对后面的车轮不再起制动作用。当车辆通过减速顶后，滑动油缸下腔的油液在氮气压力作用下，通过微小泄油槽的微泄漏回流到上腔，滑动油缸缓慢回升到最高位置。

3. TDW903—N 型减速顶的技术特点

TDW903—N 型减速顶的主要技术特点如下：

(1)该产品采用不同的速度阀开量和判速弹簧来识别油液的流速信号，通过控制锁定圈的位置来改变回油通路，实现超过第二临界速度时的高速锁闭。

(2)只对溜放速度大于第一临界速度而小于第二临界速度范围内的车辆进行制动减速，因此它能有效地消除对高于第二临界速度车辆的有害制动，降低减速顶的故障和维修工作量，延长车轮和减速顶的使用寿命。

(3)减少了列车高速牵出时的阻力，可提高编尾列车的牵出速度，提高运输效率，节省机车能源。

(4)能有效避免高速牵出时的轻车脱线，大大提高了作业的安全性。

(5)除上述特点外，该产品还具有内侧顶的其他技术特点。

三、双临界速度减速顶的主要技术指标

几种双临界速度减速顶的主要技术指标如表 3-17 所示。

表 3-17　几种双临界速度减速顶的主要技术指标

序号	项　目	型　号	
		TDJGS—601	TDW903—N
1	第一临界速度及上下偏差(m/s)	1.25±0.1	1.25±0.1
2	第二临界速度及上下偏差(m/s)	3.33±0.83(可调)	2.22±0.56;2.78±0.69; 3.33±0.69

续上表

序号	项　目	型　号	
		TDJGS—601	TDW903—N
3	制动功(J)	≥932	≥1 000
4	阻力功(J)	≤50	≤50
5	制动回程时间(s)	≤0.5	≤0.4
6	锁闭回程时间(s)	≥11	5～30
7	抬起高度(mm)	≤6	
8	安装高度(mm)	58_{-3}^{0}	55_{0}^{+3}
9	钻孔高度(mm)	72_{-2}^{+1}	72_{-1}^{+2}(43、50 轨) 92_{-1}^{+2}(60 轨)
10	安装角(°)	10	10±0.5
11	最大工作行程(mm)	92	89
12	工作介质	1. LHV22 或 LHV32 低凝液压油(冬季最低气温在－20 ℃以上地区); 2. 10＃航空液压油(冬季最低气温在－20 ℃以下地区)。	减速顶专用液压油
13	适用轨型(kg/m)	43、50	43、50、60
14	构造速度(km/h)	40	35
15	环境温度(℃)	－50～60	－50～50
16	质量(kg)	14.5	12

四、双临界速度减速顶的适用范围及应用

TDJGS—601、TDW903—N 型双临界速度减速顶适用于各类调车场的连挂区和专用线，既可以安装在直线段，也可以在曲线段使用。尤其适用于在牵出作业频繁的编发线上使用，可提高列车的牵出速度，提高运输作业效率和调速系统使用的安全性。

TDJGS—601 型双临界速度减速顶已在柳州南、六盘水、济南西等站应用，TDW903—N 型双临界速度减速顶已经在南翔、南京东、成都北等编组站推广应用。

第十节　加　速　顶

一、加速顶的研制目的

在中国的驼峰调车场中，有许多老站场的线路是一种位能不足的“锅底形”断面，在这种断面的线路上单纯采用减速顶等减速设备来进行调速并不能取得理想的效果，溜放车

辆往往在线路的反坡区段发生途停。另外，当线路有效长不足需要改造和延长时，由于受到地理条件的限制，也会发生线路坡度不理想，甚至出现平坡或反坡的情况，为此，需要使用一种具有对车辆加速功能的调速设备，用以弥补线路纵断面位能不足的问题，这就是加速顶研制的主要目的。

二、加速顶的基本构造(以 $TDJ_{(+)}$—101、102 型加速顶为例)

如图 3-97 所示，加速顶由气动控制阀(简称气控阀)和加速装置两部分组成。

气控阀由阀体(38)、阀盖(24)、下阀盖(27)、阀帽(31)、阀杆(33)、阀芯组合件(39)、阀套(41)、弹簧及密封件等组成。主体部件阀体内装有阀芯组合件、阀套、上弹簧(36)、下弹簧(44)等，阀体上部和阀套内各镶有一个阀衬套(42)，与阀芯组合件构成摩擦副，阀套上镶有两道 O 形密封圈(40)，阀芯组合件上部和中部的圆柱体端面开有燕尾槽并镶有平面橡胶密封件，阀芯上开有通气孔，两端的圆柱体上开有密封沟槽，镶有 O 形密封圈(37)；阀盖内镶有两个衬套(30)，与阀杆组成摩擦副并对阀杆起支承和导向作用，阀帽与阀杆通过开口销(32)连为一体(注:第一批产品为弹性圆柱销)，阀盖上端部镶有一个 J 形防尘圈(29)，下阀盖上设有 O 形密封圈(28)，对阀体起密封和防尘作用，上、下阀盖通过六角螺钉(45)和弹簧垫(43)与阀体连为一体组成气控阀，出厂时，阀体的进气口上装有防尘堵(26)。

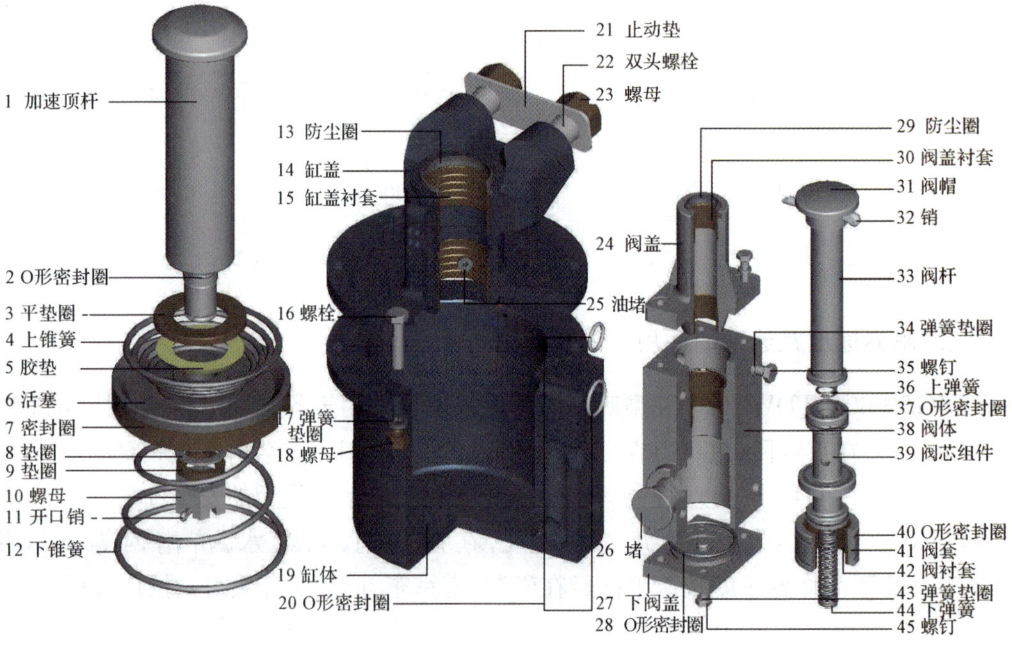

图 3-97 $TDJ_{(+)}$—101、102 型加速顶结构图

加速装置由缸体(19)、缸盖(14)和活塞组合件等组成。缸体内装有下锥簧(12)及活塞组合件，先将加速顶杆(1)装在缸盖上，再在加速顶杆上依次装入平垫圈(3)、上锥簧(4)、橡胶垫圈(5)和活塞(6)，用六角槽型螺母(10)、垫圈(8)、弹簧垫圈(9)及开口销(11)将加速顶杆与活塞紧固成一体组成活塞组合件；加速顶杆与活塞配合处的圆柱体上开有

密封沟槽，镶有O形密封圈(2)，活塞上装有Yx型密封圈(7)，缸盖上镶有两个衬套(15)，与加速顶杆构成摩擦副并起支撑和导向作用，缸盖上设有排气通道和排气孔，上端部镶有一个J形防尘圈(13)，缸盖的中部装有油堵(25)可方便润滑，缸盖及活塞组合件装配后通过六角螺栓(16)、弹簧垫圈(17)和六角螺母(18)与缸体连接成一体，构成加速装置。

用六角螺栓(35)、弹簧垫(34)将气控阀固定在缸体一侧，气控阀与缸体接触面上的进、排气口上分别设有O形密封圈(20)、(28)，以确保加速顶的密封；加速顶缸盖的两爪上固定有双头螺栓(22)，通过六角螺母(23)、止动垫(21)将加速顶紧固在钢轨内侧。

三、加速顶的工作原理

1. 做功状态

如图3-98(a)所示，当溜放车辆通过加速顶时，车轮轮缘先压下加速顶杆，然后再压下气控阀帽头，推动阀杆下移，克服上弹簧的作用力使阀杆与阀芯密贴，此时排气通道被关闭，在车轮作用下，气控阀帽头推动阀杆、阀芯克服阀芯下端面的气压力的作用继续下移，打开进气阀口，压缩空气经过阀体通道进入加速气缸下腔，推动活塞和加速顶杆向上运动，顶杆帽头顶在车轮轮缘上使车辆加速。

2. 复位状态

如图3-98(b)所示，当溜放车辆的车轮通过阀帽中心后，在下弹簧的作用下使阀芯和阀杆上升，先关闭进气通道，停止向加速缸体供气；当车轮离开气控阀帽时，阀杆在上弹簧的作用下继续上升使阀帽达到最高点的初始位置，此时位于阀芯上端面与阀杆下端面的排气通道被打开，缸体下腔的压缩空气经阀体和阀芯的排气孔以及缸盖上的排气通道排入大气，活塞组合件在自重和上、下锥簧的作用下恢复原位。

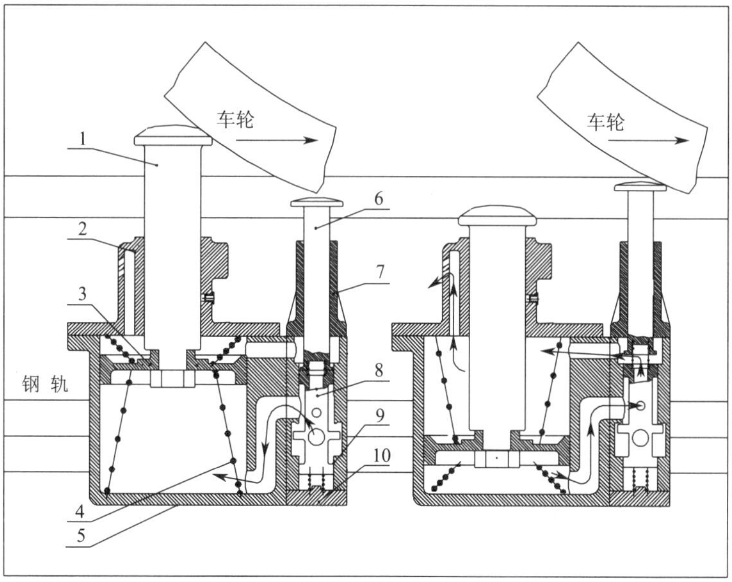

(a)供风位　　(b)排风位

图3-98　加速顶工作原理图

1—加速顶杆；2—缸盖；3—活塞；4—锥簧；5—缸体；6—阀杆；7—阀盖；8—阀芯组合件；9—阀体；10—弹簧。

四、加速顶的运动分析

加速顶是以压缩空气为动力，由动力源产生的压缩空气，通过供气管路系统到达加速顶，推动加速顶的活塞对车轮做加速功。压缩空气进入加速顶气缸或排出，是由加速顶的气控阀来控制的，车轮压上气控阀阀杆，压缩空气进入气缸，车轮离开阀杆后，压缩空气从气缸中排入大气。加速顶在做加速功的过程中，压缩空气推动活塞组合件上升，其中的顶杆顶在车轮的后部，推动车轮向前运动。加速顶在做功过程中，活塞在压缩空气作用下推动加速顶杆向上运动，所以加速顶的运动分析主要是加速顶杆与车轮之间的运动分析。

加速顶杆头部的形状与减速顶滑动油缸的头部基本相同，因此加速顶杆与车轮轮缘的接触过程可以假设为两个球体相切，加速顶杆在压缩空气的作用下推动车轮，是运动过程中的主动件。顶杆与车轮的运动规律与减速顶相反，其运动分析如图 3-99 所示。

经过接触点 B，作用在加速顶杆上的绝对速度为 v_e，它分解为一个切向速度 v_τ 和牵连速度 v，根据速度的几何关系得出：

$$v_e = v\tan\beta$$

又知 $u' = v_e$，并考虑加速顶的安装角 α，所以加速顶杆沿着其轴线的上升速度 u 与车速的关系为：

$$u = \frac{v}{\cos\alpha}\tan\beta \tag{3-1}$$

加速顶杆上升的速度曲线如图 3-100 所示。

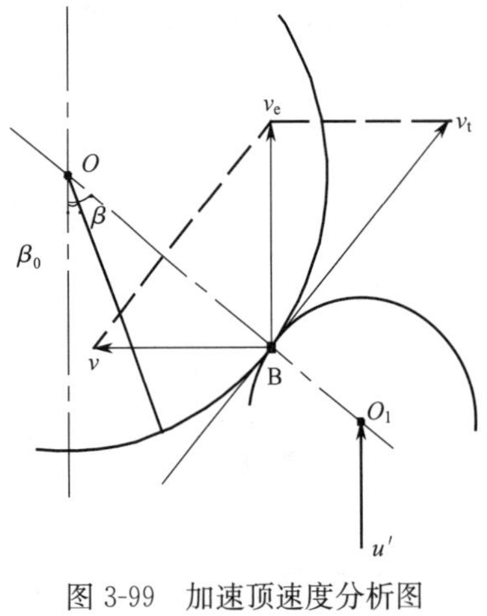

图 3-99　加速顶速度分析图

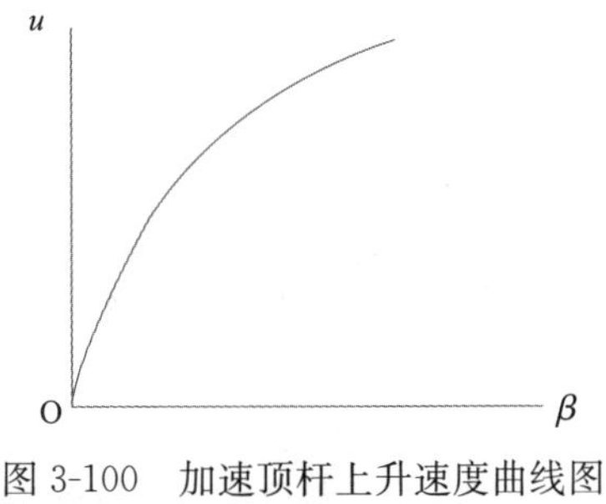

图 3-100　加速顶杆上升速度曲线图

加速顶杆上升的加速度为：

$$a = \frac{du}{dt} = \frac{d}{dt}\left(\frac{v}{\cos\alpha}\tan\beta\right) \tag{3-2}$$

五、加速顶的受力分析

（一）加速顶对车轮作用力的分析

加速顶对车轮的作用力与减速顶的作用力基本相同，总作用力 P 可在 x、y、z 三个方向上分解为 F_x、F_y、F_z 三个分力，如果顶杆的轴向力为 F，加速顶安装角为 α，则通过

图 3-101的力系图,可以确定各参数之间的关系。

图 3-101 中所示的是一个空间力系,它的总作用力 P 可用公式(3-3)来表示:

$$P=\sqrt{F_x^2+F_y^2+F_z^2} \tag{3-3}$$

顶杆的垂直力: $$F_y=F\cos\alpha \tag{3-4}$$

顶杆对车轮侧向力: $$F_z=F\sin\alpha \tag{3-5}$$

顶杆对车轮的水平加速力:

$$F_x=F_y\tan\beta=F\cos\alpha\cdot\tan\beta \tag{3-6}$$

上述(3-3)~(3-6)的 4 个公式与减速顶对车轮的作用力完全相同,其不同点主要是轴向力 F。

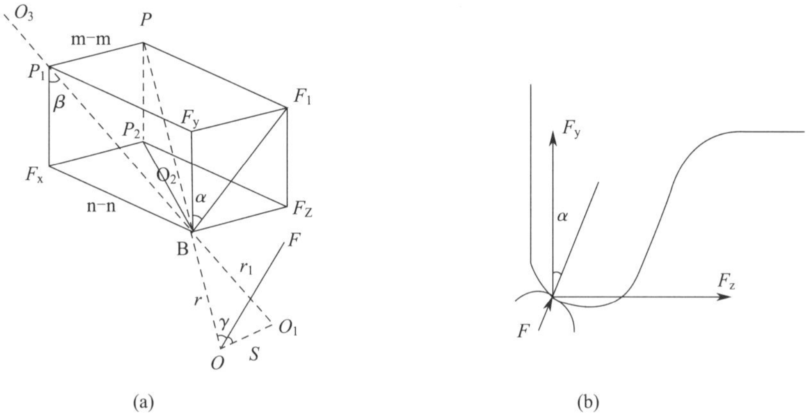

图 3-101　加速顶对车轮的作用力

加速顶杆的轴向力由三部分组成——压缩空气力及其横向力 N_2 和 F_z 产生的摩擦力 F_f,以及活塞上复位弹簧力。

压缩空气力 $$F_{ys}=\frac{\pi D^2}{4}\cdot p \tag{3-7}$$

顶杆的轴向力 $$F=\frac{\pi D^2}{4}p-(F_{f1}+F_{f2})-F_t \tag{3-8}$$

式中:p——进入加速顶气缸内的压缩空气压强,MPa;

D——加速顶气缸内径,m;

F_{f1}——顶杆与缸盖间的摩擦力,N;

F_{f2}——活塞与气缸间的摩擦力,N;

F_t——加速顶活塞复位弹簧力,N。

因为活塞上面的复位弹簧力很小,与压缩空气的推动力相比可以忽略不记,所以在后面的分析计算中,不考虑 F_t。

(二)加速顶主要零部件所受的作用力

加速顶的受力主要是压缩空气产生的,而且受力比较大的是加速气缸部分的气缸和缸盖,气控阀部分的受力很小。

1. 活塞组合件上的作用力

活塞组合件主要由活塞和加速顶杆组成,二者用螺栓连接。他们受到的力如图 3-102

所示，主要有：作用在活塞下面的压缩空气的推力 F_{ys}、作用在顶杆头部的轴向力 F 和横向力 F_h，以及由横向力 F_h 引起的、作用在顶杆和活塞上的两个正压力 N_1 和 N_2，同时产生一对摩擦力 F_{f1}、F_{f2}。

活塞组合件上的力平衡方程式为：

$\sum X=0$：

$$F_h-N_1+N_2=0$$

$$F_h=N_1-N_2 \tag{3-9}$$

$\sum Y=0$：

$$F_{ys}-F-F_{f1}-F_{f2}=0 \tag{3-10}$$

$$F_{f1}=fN_1;F_{f2}=fN_2$$

由于摩擦力的力矩很小，可忽略不计，因此活塞组合件上的力矩平衡方程式为：

$$\sum M_B=0:N_1h_1-N_2(h_1+h_2)=0 \tag{3-11}$$

(3-10)和(3-11)联立解得：

$$N_1=F_h\frac{h_1+h_2}{h_2} \tag{3-12}$$

$$N_2=F_h\frac{h_1}{h_2} \tag{3-13}$$

2. 加速气缸的受力

图 3-103 为加速气缸的受力示意图，气缸底部作用力 F_{ys}，是加速顶杆对车轮作用的主要轴向力，气缸内壁与活塞间的摩擦力为 F_{f2}，他们与气缸上的连接螺栓产生的拉力 nF_i 相平衡：

$$F_{ys}-F_{f2}=nF_i$$

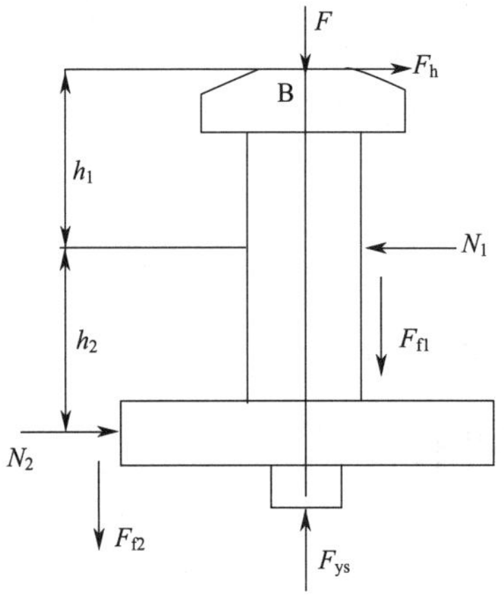

图 3-102　活塞组合件上的作用力

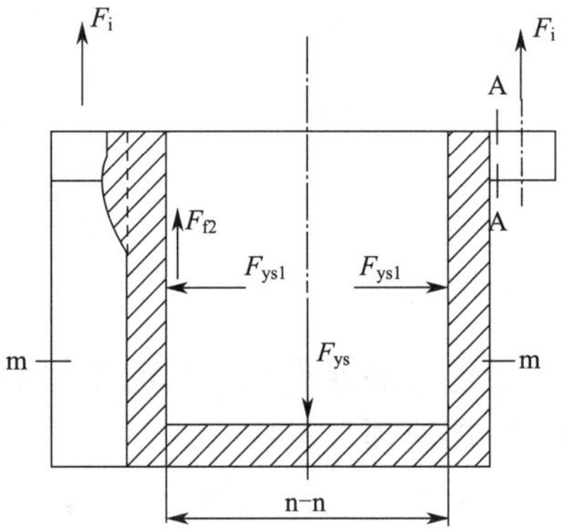

图 3-103　加速气缸的受力图

根据公式(3-10)、(3-12)和(3-13)，对摩擦力矩忽略不计，可求得加速顶杆上的轴向力：

$$F=F_{ys}-F_hf\frac{2h_1+h_2}{h_2} \tag{3-14}$$

式中：F_i——作用在每个螺栓上的拉力，N；

n——气缸与缸盖的连接螺栓数量；

h_1——横向力 F_h 作用点到顶杆侧向力 N_1 的距离，m；

h_2——顶杆侧向力 N_1 与气缸侧向力 N_2 的距离，m；

F_h——F_x 与 F'_z 的合力，N；$F'_z=F_z\cos\alpha$。

$$F_h=\sqrt{F_x^2+F_z^2\cos^2\alpha}=F\cos\alpha\sqrt{\sin^2\alpha+\tan^2\beta} \tag{3-15}$$

另外，气缸侧壁受到压缩空气的压力 F_{ys1}，他们互相平衡。

气缸上每个螺栓承受的拉力为：

$$F_i=\frac{F}{n}=\frac{F_{ys}-F_{f2}}{n} \tag{3-16}$$

六、加速顶主要结构参数的设计

1. 气缸内径的确定

加速顶对车轮做加速功的源动力是压缩空气，一般空压机的输出压力 $p=8\ \text{kgf/cm}^2$，压缩空气在流动过程中，到达加速顶的工作压力经过沿程和局部压力损失，最多可能达到 $7\ \text{kgf/cm}^2$。加速顶对车轮垂直方向的作用力 F_y，应该小于中国现有的最轻型车辆的轮重，即 $F_y<q$，这是设计加速顶气缸的主要依据。在 20 世纪 80 年代研究设计加速顶时，中国最轻车辆为 13 t 空平板车，其轮重为 $q=1\ 625$ kgf。

$$F_y=F\cos\alpha$$

$$F_y=\frac{\pi D^2}{4}p\cos\alpha\quad（不考虑摩擦力）$$

如果使 $F_y=q$，安装角 $\alpha=10°$

则
$$D=\sqrt{\frac{4q}{\pi\cdot p\cos\alpha}} \tag{3-17}$$

将已知量代入：
$$D=\sqrt{\frac{4\times1\ 625}{7\pi\cos10°}}=17.32(\text{cm})$$

所以取气缸内径 $D=170$ mm，它为设计的气缸内径名义尺寸。

2. 气缸高度的确定

气缸高度应与活塞行程是一致的，它的高度应大于或等于活塞行程。而活塞行程即是加速顶杆的工作行程，由于它受到机车车辆限界的制约，加速顶杆伸出钢轨面的最大高度不应超过 60 mm，因此气缸高度可以这样确定：

$$h=60+\Delta+b$$

式中：Δ——机车轮缘最大高度，$\Delta=35$ mm；

b——活塞及复位弹簧总高度，$b=30$ mm。

可求得气缸高度为：　　$h=125$ mm。

3. 气缸外径的设计

气缸外径是根据强度设计而确定的，参见图 3-103。

(1)气缸 m—m 断面的强度计算

气缸 m—m 断面的横截面积应包含与阀体连接的加强筋，但从安全和简化计算考虑，可以不考虑加强筋的作用，只取缸体自身的横截面积，因此，气缸 m—m 断面所受拉伸应力为：

$$\sigma_1=\frac{F}{S}$$

$$\sigma_1=\frac{D^2}{D_1^2-D^2}\cdot p \tag{3-18}$$

式中：S——气缸 m—m 断面的横截面积，cm^2，$S=\frac{\pi}{4}(D_1^2-D^2)$；

D_1——缸体外径，m；

D——缸体内缸，m；

p——水压试验的压强，取 $p=12\ kgf/cm^2=1.18\ MPa$。

如果设计缸体壁厚 $\delta=0.01\ m$，则 $D_1=190\ mm=0.19\ m$，根据公式(3-18)计算得出：

$$\sigma_1=0.427\ kN/cm^2=4.27(MPa)$$

如果气缸选用铝合金材料，其抗拉强度极限 $\sigma_b=1\ 800\ kgf/cm^2=176.4\ MPa$，取安全系数 $n_b=5$，则可求得铝合金材料的许用应力：$[\sigma]=\frac{\sigma_b}{n_b}=35.3\ MPa$。

由于 $\sigma_1<[\sigma]$，因此汽缸 m—m 断面的受力是安全的。

(2)沿气缸轴线纵断面的强度计算

$$\sigma_2=\frac{F_{ys1}}{S_2}=\frac{Dh}{(D_1-D)h}\cdot p \tag{3-19}$$

$$\sigma_2=\frac{0.17}{0.19-0.17}\times 1.18=10(MPa)$$

由于 $\sigma_2<[\sigma]$，沿气缸轴线的纵断面受力也是安全的，即气缸外径取 0.19 m 是安全的。

(3)气缸底部 n—n 断面的剪切强度计算

如图 3-103 所示，汽缸 n—n 断面上的剪切应力为：

$$\tau=\frac{Q}{S_3}=\frac{\pi D^2}{4S_3}\cdot p$$

式中：Q——气缸 n—n 断面上剪切力，N；

p——水压试验的压强，取 $p=12\ kgf/cm^2=1.18(MPa)$；

S_3——气缸 n—n 断面的面积，cm^2，$S_3=\pi D\delta$。

求得剪切应力为：

$$\tau=\frac{\pi D^2 p}{4\pi D\delta}=\frac{D}{4\delta}p=\frac{0.17\times 1.18}{4\times 1}=5(MPa)$$

许用剪切应力 $[\tau]=\frac{0.6\sigma_b}{n_\tau}$，取 $n_\tau=3$，

$$[\tau]=\frac{0.6\times 176.4}{3}=35.3(MPa)$$

$$\tau<[\tau]$$

根据上述三个断面的强度校核可知，气缸壁厚 $\delta=10\ mm$ 是安全的，因此，综合考虑结构设计和工艺的合理性，选取加速顶的气缸外径 $D_1=190\ mm$ 是合适的。

4. 气控阀和加速气缸两中心线距离 L 的设计

气控阀和加速气缸两中心线的距离 L，直接影响到加速顶做功的大小和可靠性，因

此，在加速顶的设计中，科学确定 L 的取值是很重要的。L 可依据气控阀和加速顶杆的结构尺寸、工作行程求出，图 3-104、105 给出了他们的几何关系示意图。

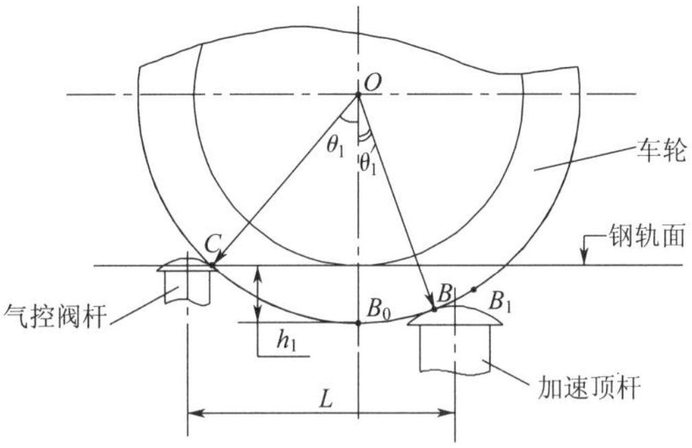

图 3-104　气控阀杆在最高位时加速顶杆位置图

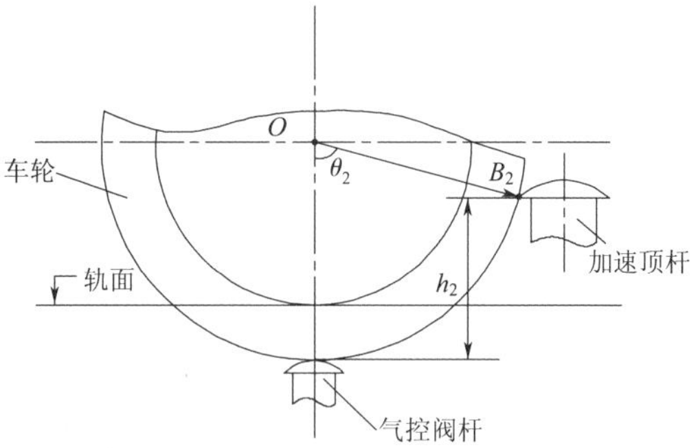

图 3-105　气控阀杆在最低位时加速顶杆位置图

从上两图可得出：

$$L=R_1(\sin\theta_1+\sin\theta'_1)+\frac{d_1}{2} \tag{3-20}$$

$$L=R_1\sin\theta_2+\frac{d_2}{2} \tag{3-21}$$

式中：R_1——车轮轮缘半径，mm；

θ_1——车轮轮心到气控阀最高接触点的连线与垂线的夹角，°；

θ'_1——车轮轮心到加速顶杆最低接触点的连接与垂线的夹角，°；

θ_2——车轮轮心到加速顶杆最高接触点的连线与垂线的夹角，°；

d_1——气控阀芯头部轮廓外径，mm；

d_2——顶杆头部轮廓外径，mm。

又从图 3-105 中可知：

$$h_2=R_1(1-\cos\theta_2) \tag{3-22}$$

因此：

$$L=R_1\sin\left[\arccos\left(1-\frac{h_2}{R_1}\right)\right]+\frac{d_2}{2} \tag{3-23}$$

h_2 是加速顶杆的最大工作行程，因为加速顶工作后到达的最高点不能超过机车车辆限界，所以在设计加速气缸时，限定了顶杆上升的最高点，高于钢轨面不超过 60 mm，所以设 $h_2=60$ mm。

由式(3-20)、(3-21)、(3-22)、(3-23)联立，可计算出 θ_1、θ'_1、θ_2 和 L 值。

公式(3-23)显示出，L 是随 h_2 和 R_1（车轮轮缘半径）的变化而改变，R_1 对加速功的影响更直接，一旦 L 确定后，比较大的车轮，可能会出现顶杆开始顶在车轮中心线的前边，使车辆有一部分减速，过小的车轮可能工作行程减小，损失一些加速功。中国大多数车轮是标准车轮，其踏面直径为 $D=840$ mm，轮缘半径 $R_1=445$ mm，所以选择标准车轮计算 L 是合适的，比它直径尺寸小的和大的车轮都比较少，而且尺寸相差也不大，对加速功的影响是有限的。

5. 气控阀行程的设计

气控阀是压缩空气进入气缸的开关，行程是最主要的结构参数，它与加速功密切相关，气控阀开启的早与晚、进气行程够不够，是控制加速气缸动作的关键。

设计气控阀工作行程的基本原则和要求：要达到 L 值的要求；保证进气时间与顶杆

工作时间一致；要考虑控制阀的结构尺寸与加速气缸匹配。所以对气控阀工作行程的设计考虑了多种因素，而且这种设计是比较复杂的。

从图 3-104 中得到气控阀工作行程的关系式：

$$h_1=R_1(1-\cos\theta_1) \tag{3-24}$$

h_1 表示气控阀与车轮开始接触直到车轮最低点时的整个垂直距离，它包括两部分，一个是空走行程 Δh，另一个是进气工作行程。

$$h_1=\Delta h+D_1$$

式中：D_1——控制阀中进气通道直径，mm。

气控阀的空走行程很短，它对应的顶杆位移 ΔL，接触点由最低点的 B_0 点上升到 B_1 点（见图 3-104），即顶杆的接触点移到了车轮中心线之后，准备对车轮做加速功。然后气控阀打开进气通道，压缩空气经由控制阀到加速气缸。设计中要求，气控阀走完工作行程 D_1，它恰好处于车轮的最低点，此时遮断进气通道。当车轮中心线越过控制阀的中心线时，排气通道打开，加速气缸中做完功的气体排入大气。

为了满足加速顶的工作要求和行程的设计原则，h_1 比 h_2 要小得多，后者几乎是前者的二倍，为此在设计气控阀头部形状时，依据下面的公式，使二者的上升和下滑速度不同：

$$u_1=\frac{v}{\cos\alpha}\tan\beta_1 \quad \text{（气孔阀杆的下滑速度）}$$

$$u_2=\frac{v}{\cos\alpha}\tan\beta_2 \quad \text{（顶杆的上升速度）}$$

在设计时，气控阀头部的曲面半径很大，头部比较平，而顶杆头部的球面半径相对较小，因此接触角 β_1 远小于 β_2，u_1 远小于 u_2，即在相同时间内，二者行程不一样，气控阀的自由高度略超出钢轨面，而顶杆的工作行程高度可以高出轨面 60 mm。

七、加速功的分析与计算

加速功是加速顶最重要的技术指标，加速功的大小主要取决于压缩空气在气缸内的工作压强 p、加速气缸的面积、加速顶的结构参数以及车轮直径等因素。

（一）加速顶杆的轴向力计算

加速顶杆的轴向力为：

$$F=F_{ys}-F_f-F_t \tag{3-25}$$

式中：F_{ys}——压缩空气推动活塞的力，N；

F_f——气缸与活塞、顶杆与气缸盖间的摩擦力，N；

F_t——活塞复位弹簧的弹簧力，N。

压缩空气的作用力 F_{ys} 与压缩空气的压力和流速的关系为：

$$F_{ys}=\frac{\pi D^2}{4}\cdot p \tag{3-26}$$

而进入气缸的压缩空气压力 p 又与压缩空气在供气系统中的压力损失有关：

$$p=p_0-\sum\Delta p \tag{3-27}$$

式中：p——气缸内的气体压力，MPa；

p_0——空压机室（气源）的供气压力，MPa；

$\sum\Delta p$——供气系统沿程压力损失和局部压力损失之和，MPa。

而$\sum\Delta p$与压缩空气的流速v^2成正比，气体流量与流速成正比，即：

$$Q=\frac{\pi d^2}{4}\cdot v \tag{3-28}$$

从公式(3-26)、公式(3-27)中分析，为了保证加速顶杆有足够的推力F_{ys}，首先要保证气缸内的气体压力p稳定，这就要求降低供气系统的压力损失$\sum\Delta p$，在供气系统设计中，一个重要原则是，从气源到压缩空气使用设备，管路及附属设备产生的压力损失之和$\sum\Delta p<1\ \text{kgf/cm}^2$(0.098 MPa)，因此供气系统既要保证供气系统的流量Q，又不会使气体流速v过快，从而使$\sum\Delta p$达到设计标准要求，使得气缸内的气体压力p满足加速顶的工作需要。

(二)加速功的计算

加速功的计算公为：

$$W_j=\cos\alpha\int_0^h Fdh \tag{3-29}$$

$$W_j=\cos\alpha\int_0^h (F_{ys}-F_f)dh$$

式中：F——加速顶的轴向力，N；

F_{ys}——压缩空气产生的作用力，N；

F_f——加速顶的摩擦力，N；

h——加速顶气缸的垂直工作行程，m；

α——加速顶的安装角。

具体计算加速功的数值，可根据公式(3-29)编程，应用计算机进行计算求得。

加速顶对于车速较低($v\leqslant 4$ km/h)的车辆做功时，由于车速较慢，加速顶杆上升的速度也相对较慢，由于加速顶的供气系统在设计时一般都采用环行管路系统，股道里设有小风缸，在远离风源的地方还设有足够容量的中间储风缸，因此可以保证加速顶在做功过程的流量和压力。为了简化加速功的计算，可以认为活塞在一个轮次的工作过程中，气缸内的气压是不变的，同时由横向力产生的加速顶杆与缸盖以及气缸活塞与缸体的摩擦力可以忽略，因此加速功的计算公式可简化为：

$$W_j=\frac{\pi D^2}{4}\cdot ph\cos\alpha \tag{3-30}$$

(三)影响加速功的因素分析(图3-106)

分析影响加速功的因素是为了提高加速功，保证加速顶有更好的技术性能，充分发挥加速顶在驼峰位能不足或车场呈“锅底形”纵断面的困难区段对难行车辆的加速作用，实现溜放车辆的安全连挂，为进一步提高调车作业能力和作业效率发挥重要作用。

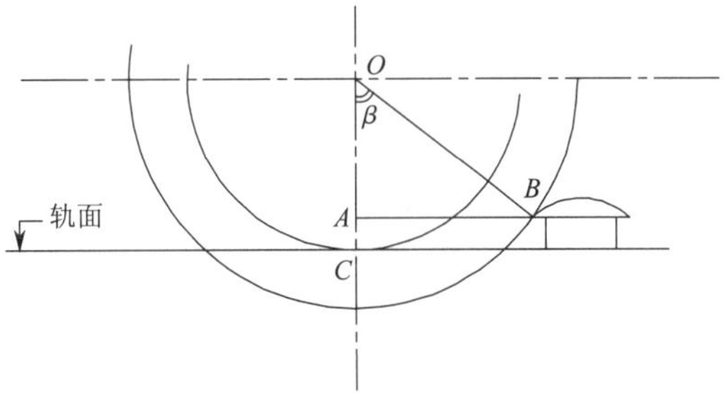

图3-106　加速功分析示意图

影响加速功的主要因素有以下几个方面。

1. 压缩空气压力的影响

加速功的动力是压缩空气，加速功与气

缸内的气体压力成正比，因此压缩空气压强 p 的大小是影响加速功最主要因素。只有保证压强 p 值达到加速顶工作的规定范围并保持稳定，才能确保加速顶对车辆所做的加速功满足设计要求。

2. 加速顶及其供气系统的合理设计

加速顶及其供气系统的合理设计也是影响加速功的重要因素之一，供气系统是加速顶不可分割的重要组成部分。为了保证压缩空气的压强值稳定，在设计加速顶供气系统时，要以减少气体的沿程阻力损失和局部阻力损失为原则：空压机房应尽量离加速顶区近一些，要设置中间储气设备，系统的管路通径要合理匹配，同时要考虑通道的形状、转弯角度、倒角、粗糙度等，尽量减少供气系统的压力损失，使加速顶能产生足够大的加速功。

3. 车速的影响

由于加速顶杆的上升速度与车速成正比，经过加速顶的车速越高，车轮压下气控阀的速度就会越快，顶杆上升的速度也随之越快，使进入气缸的压缩空气的流速也就越快，这样就会导致气体的局部压力损失加大，造成压缩空气气压降低，使加速功下降。

4. 同时工作的加速顶数量对加速功的影响

当大钩车经过某一股道的加速顶区段时，就会有多台加速顶同时工作，这将造成该股道在短时间内的用气量急剧增加，使供气管路中的气体流速加快，造成压缩空气的沿程损失和局部损失明显增加，到达加速顶气缸内的气体压强变低，从而使加速功降低；另外，对于股道数量较多的调车场，如果有多股道的加速顶在同时工作，同样也会使压缩空气的压力下降，使加速功降低。

5. 车轮的影响

加速功与加速顶的工作行程正相关，而工作行程的大小又与车轮的半径、车轮踏面磨耗、轮缘磨耗等有关：车轮半径大则加速功大，车轮半径小则加速功小；车轮踏面磨耗会增加加速顶的做功行程，因此踏面磨耗增大，加速功也增大；车轮轮缘磨耗后变薄，会使车轮在钢轨上的横动量增加，也会对加速顶的工作行程和加速功造成一定的影响。

6. 线路的影响

线路轨距对加速功有一定的影响，轨距增大使车辆在线路上行走时的蛇形运动增大，因此车轮的横动量比较大，使加速顶杆的垂直工作行程降低，导致加速功减小。

总之，为了提高加速功，或者保证加速功不降低，应该采取相应的有效措施。首先是供气系统的设计与施工，应保证工作气压满足设计要求，提供稳定、可靠的动力源；其次是加速顶设计要合理，尽量减少局部压力损失；再次是合理的作业组织，应尽量减少大钩车，降低多股道同时作业的几率；同时工务部门应加强线路维修，保证轨距符合规定的要求。

八、加速顶供气系统的设计

加速顶供气系统是加速顶工作不可分割的重要组成部分，供气系统设计可用四个标准来加以衡量：技术指标、运用指标、工程造价和维修指标。供气系统的技术指标不佳或系统质量不好，会造成加速顶的工作效果不良，进而影响整个调速系统的调速效果。所以加速顶供气系统的设计是很重要的。

(一)设计原则、依据和设计任务与要求

1. 设计原则

加速顶供气系统应遵循以下各项设计原则:

(1)当设计需要多个加速顶同时工作时,应保证有稳定的气压和足够的用气量;

(2)力求系统压力损失小,充分发挥加速顶的做功能力;

(3)系统要稳定可靠,保证运输生产安全;

(4)维修要方便,维修尽可能不影响整个系统的正常使用;

(5)投资应经济、合理。

2. 设计的有关依据

在设计加速顶供气系统时,应由有关部门提供相应的设计资料,必要时设计部门还应去现场搜集需要的设计资料:

(1)调车场的平、纵断面图;

(2)加速顶的布顶方案;

(3)加速顶的主要技术参数;

(4)调车场的作业情况;

(5)调车场的线路情况;

(6)车辆有关参数;

(7)能源条件;

(8)气象条件。

3. 设计任务与要求

加速顶供气系统设计的主要任务包括供气系统设计和工程概算两大部分。系统设计应保证在调车作业过程中,供气系统要有足够的供气量,确保加速顶的加速功满足调车作业的需要。不应因风源能力不足而造成调车作业出现异常情况。同时,管路和中间设备的布置要有利于施工和检修,力求工程造价较低。设计需要完成以下工作:

(1)供气系统布置方案设计:管路位置的设计、各种设备和管路的衔接、有关尺寸的确定、各种管路附件的确定。

(2)设计计算:主要包括系统耗气量的计算;对能源(空压机、储风缸)能力要求的设计计算;供气管路管径的设计计算;供气系统压力损失计算等。

(3)设计图纸:供气系统位置图、供气系统平面图、供气系统轴测图、局部放大图等。

(4)材料明细表和材料费用预算。

(5)工程概预算。

(二)加速顶供气系统布置方案

1. 加速顶供气系统设计的几点要求

(1)由于铁路调车场面积大、线路长、范围广,因此加速顶布顶区段一般距空压机室较远,到加速顶处的压力降比较大,必须在供气系统中增加压力储存设备,相当于二次或三次增压。

(2)安全是铁路运输的重中之重,为了保证调车作业的安全和连续性,不能因供气系统故障或维修而停止作业或造成事故，所以供气系统的管路应采用封闭式、双侧供气。

(3)因为调车场在一昼夜间的作业是不均衡的，有时出现高峰，有时作业量又较小。因此要求空压机的能力应有较大的余量，不能出现任何供气能力不足的情况。空压机的台数和额定功率要足够，要有冷备和热备，一旦系统需要补充压缩空气量，能迅速启动投入运用。

(4)对供气系统的控制，包括空压机室内的控制，要实现计算机自动控制，日常应取消人工控制，而在紧急情况时应能实现人工干预，使供气系统应与现代化调车场相匹配。

2. 加速顶供气系统的组成(以某站场的供气系统为例)

如图 3-107 所示，加速顶供气系统主要由空压机室、供气管路、储风缸、附属设备、附件以及自动控制系统组成。空压机室提供的压缩空气通过油水分离器进入总风缸，再进入总管路，然后由总管引出两路主管进入加速顶布置区段，主管形成闭环。主管的压缩空气经分管到线路间的小风缸，小风缸上设有电控阀，可控制压缩空气进入股道内的支管，再由支管经过软管组合件进入加速顶的气控阀，在车轮的作用下，使加速顶工作，对车辆加速。

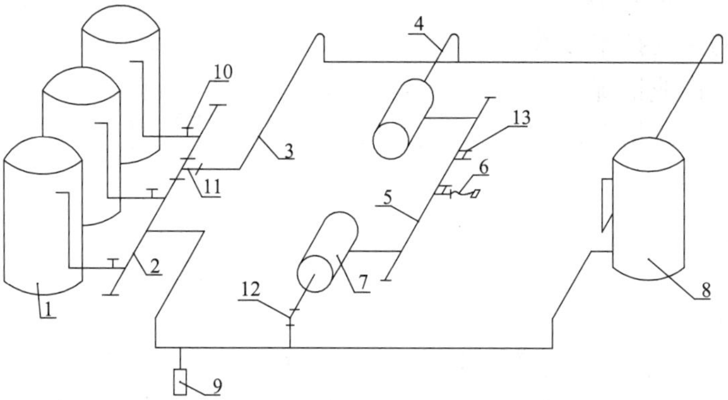

图 3-107　加速顶供气系统布置方案示意图

1—总风缸；2—总管路；3—主管路；4—分管；5—支管；6—软管组合件；7—小风缸；8—中间储风缸；9—油水分离器；10—截止阀；11—三通；12—弯头；13—截止阀(每台加速顶前一个)。

在主管路系统中设有中间储风缸、油水分离器、管路伸缩器。横向主管通过地沟穿过线群，纵向主管在地面上用支架铺设。分管从地沟的主管通过异径三通引入地面与小风缸相连，分管上有单独的截止阀。支管通过电控阀与小风缸连接，支管从小风缸引出后，沿股道中心铺设，然后通过管接头与软管组合件连接。主管、分管和支管基本用法兰盘连接，在管路上有截止阀、三通、弯头等附件。

3. 系统的特点

(1)主管从空压机室前面的总风缸与总管路引出后成闭环，从而能实现对加速顶的双向供气，保证了系统的供气充足而迅速，同时方便了系统的维修。

(2)每股道的加速顶双侧供气，即从加速顶区段的入口和出口两端供气，不仅保证了供气量，而且一旦主管一侧发生故障，可以从另一侧供气，不至于影响正常调车作业。

(3)在远离空压机室的一侧设中间储风缸，作为压力储备，保证系统压力的稳定。

(4)在股道加速顶布顶区段附近设有小风缸，可以在多个加速顶同时工作时，及时补充压缩空气的压力。

（三）供气系统的设计

1. 用气量的计算

（1）单顶一轮次的耗气量

单个加速顶工作一次的耗气量就是加速顶的气缸及其通道的容积之和：

$$q=\frac{\pi}{4}D^2h+\frac{\pi}{4}D_1^2L \tag{3-31}$$

式中：q——单个加速顶工作一次的耗气量，m^3；

D——气缸直径，m；

D_1——气控阀内的压缩空气通道直径，m；

h——气缸的工作行程，m；

L——压缩空气通道长度，m。

将已知量参数代入（3-31）式中，可以计算出单个顶一轮次的耗气量。经计算，$TDJ_{(+)}$—101 型加速顶的一次耗气量为：$q=0.002\ 7\ m^3$。

（2）系统耗气量的计算

①平均用气量的计算方法

假定一列车按 n 辆计算，其中有 1/2 的车辆在加速顶区段后或区段内停留，另外一半车辆在加速顶区段前停留连挂，解体车列的第一轴和第末轴的间隔时间按推峰速度 v 计算，则平均用气量为：

$$Q_1=4n_1Nq/T \tag{3-32}$$

式中：n_1——每列车解体时经过加速顶区段的辆数，$n_1=\frac{1}{2}n$；

N——每股道布置的加速顶数；

q——单个加速顶工作一次的耗气量，m^3；

T——第一轴与第末轴经过加速顶区段的时间间隔（$T=T_1+T_2$），s；

T_1——首末两轴在峰顶上的时间间隔，s；

（$T_1=\frac{S_1n}{v_0}$，S_1 为一辆车的平均长度，v_0 推峰速度）

T_2——每一轴经过加速顶区段的时间，s（车辆经过加速顶区段长 S 的平均速度按连挂速度 v_1 计算，$T_2=\frac{S}{v_1}$）。

考虑系统漏泄，取漏泄系数 ξ，实际平均耗气量：

$$Q_{01}=(1+\xi)Q_1$$

换算成自由空气量：$Q'_1=Q_{01}\frac{p+p_0}{p_0}$（$p_0=1.033$，标准大气压）

②瞬时耗气量的计算方法

假定有 N_1 辆车在加速顶区段上走行，其中有 X 个车轮同时与加速顶接触并被加速，这样就有 X 个加速顶同时瞬间工作，则瞬时耗气量为：

$$Q_2=qX/t \tag{3-33}$$

式中：t——加速顶杆上升一次的时间$\left(t=\dfrac{H}{u_p}\right)$，s；

H——加速顶杆的工作行程，m；

u_p——加速顶杆的平均上升速度$\left(u_p=\dfrac{v}{2\cos\alpha}\cdot\tan\beta\right)$，m/s。

同样取漏泄系数 ξ，实际瞬时耗气量：$Q_{02}=(1+\xi)qX/t$

换算成自由空气量：$$Q'_2=Q_{02}\frac{p+p_0}{p_0}$$

③单股道用气量的计算

假定占满加速顶区的车辆数(按四轴车计算)为 n_2，并有 $a\%$ 的车轮同时与加速顶接触，则最大瞬时耗气量为：

$$Q_3=\frac{4n_2a}{100t}\cdot q \tag{3-34}$$

$$Q_{03}=(1+\xi)\frac{4n_2a}{100t}\cdot q$$

换算成自由空气量为：$$Q_3'=Q_{03}\frac{p+p_0}{p_0}$$

2. 供气管路的管径设计

加速顶供气管径计算的基本公式如(3-35)：

$$d=\sqrt{\frac{4Q}{60\pi v}} \tag{3-35}$$

式中：Q——瞬时耗气量(压缩空气)，m^3/s(双侧供风时为 Q_2 值的一半，即 $Q=\dfrac{Q_2}{2}$)；

v——压缩空气流速，m/s。

为了确定管径，首先要分析计算压缩空气在管路中的流速，在加速顶前短管的流速：

$$v_1=\frac{4q}{\pi\cdot d_1^2t}=\frac{4qv}{\pi\cdot d_1{}^2S} \tag{3-36}$$

式中：q——单个加速顶一轮次的耗气量，m^3；

V——车辆经过加速顶的瞬时速度，m/s；

S——车轮经过加速顶的走行距离，m。

压缩空气在支管内的流速：支管是在股道里通过软管组合件直接向加速顶供气的管路，它的长度基本与该股道的加速顶区段长相当。从公式(3-37)中可知，管内的气体流速与耗气量和车速成正比，与管径的平方成反比，因此可以依据公式(3-37)求出支管的流速与管径。

$$v_2=\frac{4Kqv}{\pi\cdot d_2{}^2S} \tag{3-37}$$

公式(3-37)中的 K 为一股道里可能同时工作的加速顶台数。为了保证加速顶的加速功，支管内的压力降不应过大，计算 v_2 和管径 d_2 时，K 值可适当取得大一些，比如可按照股道里加速顶总台数的一半同时动作，这样支管直径大一些，流速小点，保证压力降不过大。

应用同样方法可以计算出主管内的流速 v_3 及直径 d_3。

通过理论计算，并综合考虑系统的结构匹配及造价，一般来说，对于低速加速顶，软管组合件的通径取 25 mm，支管通径取 50 mm，分管通径取 75 mm，主管通径取 100 mm，总风缸前面的总管通径取 150 mm；对于高速加速顶，软管组合件的通径取 40 mm，其他管路通径不变。根据现场多年的实际应用表明，上述供气管径的设计是合理的、实用的。

3.供气系统压力损失的校核计算

加速顶供气系统的技术指标要求从压缩空气能源起，到工作单元止，整个系统的压力降不得超过许用值，为此有必要进行压力损失校核。

加速顶在开始工作时，空压机室提供的压缩空气压强应为 8 kgf/cm^2，而到达加速顶气缸的稳定工作压力不得低于 6 kgf/cm^2，即许用的压力降应为 2 kgf/cm^2。

(1)沿程压力损失

沿程压力损失的基本计算公式为：　$$\Delta p_1=\lambda\frac{\gamma}{2g}\frac{L}{d}v^2 \tag{3-38}$$

式中：λ——沿程压力损失系数（λ－按雷诺数计算，$R_e=\frac{vd}{v}$，$\lambda=\frac{0.3164}{R_e^{0.25}}$）；

L——管道长度，m；

d——管道内径，m；

g——重力加速度，$g=9.8\ m/s^2$；

γ——压缩空气比重，$\gamma=10.49\times10^{-6}\ kgf/m^3$；

v——运动黏度，m^2/s。

加速顶供气系统中，总管、分管和软管组合件都很短，可以不计沿程损失，沿程损失只计算主管和股道内的支管。支管按每股道的长度计算，主管要分段进行，横穿线路的两段长度基本相同，顺着线路的两段，一侧是靠近空压机室，另一侧是靠近中间储风缸，四段主管选择其中最长的一段进行沿程压力损失计算。支管的沿程压力损失为 ΔP_{11}，主管的沿程压力损失为 ΔP_{12}，沿程压力损失之和为：$\sum\Delta p_1=\Delta p_{11}+\Delta p_{12}$。

确定和计算出支管与主管的长度 L 和管内流速，就可以根据公式 3－38 计算出 ΔP_{11} 和 ΔP_{12}。

(2)局部压力损失

局部压力损失主要考虑截止阀、三通、弯头、电控元件等附件产生的压力降。计算局部压力损失的基本公式为：

$$\Delta p_r=\sum\xi\frac{\gamma}{2g}v^2 \tag{3-39}$$

其中气体流速 v 按公式(3-36)和公式(3-37)已经求出，管路上各种附件或连接件的局部压力损失系数 ξ 可以查表得出。例如：截止阀 $\xi=4$；弯头 $\xi_1=1$；三通 $\xi_2=1.5$，电控元件的局部压力损失是直接给出的，一个电控元件的局部压力损失为：$\Delta p_{r2}=0.2$。

以支管为例计算局部压力损失：

假定支管上有弯头 2 个、三通 1 个、截止阀 1 个；电控阀 1 个；路过三通 40 个（$\xi_3=0.1$）。支管内气体流速 $v=11$ m/s。

$$\sum\xi=1\times2+1.5\times1+4\times1+0.1\times40=11.5$$

$$\Delta p_{r1}=11.5\times\frac{10.49\times10^{-6}}{2\times981}\times(11\times100)^2=0.074(kgf/cm^2)$$

所以，股道里一根支管的局部压力损失为：

$$\sum \Delta p_{rz}=0.274\ \text{kgf/cm}^2$$

用同样方法可以计算出软管组合件的局部压力损失 Δp_{ra}、分管局部压力损失 Δp_{rb}、主管的局部压力损失 Δp_{rc}。

局部压力损失总和为：$\sum \Delta p_r=\Delta p_{ra}+\Delta p_{rb}+\Delta p_{rc}+\Delta p_{r1}+\Delta p_{r2}$ (3-40)

沿程压力损失之和为： $\sum \Delta p_l=\Delta p_{l1}+\Delta p_{l2}$ (3-41)

供气系统压力降为： $\sum \Delta p=\sum \Delta p_l+\sum \Delta p_r$ (3-42)

在计算中，可能会出现$\sum \Delta p$ 略大于许用的压力降[Δp]值，如果不超出 10%，则认为系统设计是可行的，因为在计算管路直径时，考虑条件都是在非正常情况下，即一路管道系统检修或意外停用，只是另一路供风，条件是十分苛刻的，全场出现这种情况的概率是极少的，所以选用的主管、分管、支管和软管的通径是可行的。假如$\sum \Delta p$ 超过[Δp]值 10%以上，则需要重新设计各种管路的直径，或改变有关附件的设置。

4. 气源能力的计算

(1)空压机台数的设计(按平均耗气量计算)：

$$N=\frac{Q_1'}{q_0\lambda} \tag{3-43}$$

式中：Q_1'——加速顶区段平均消耗的自由空气量，m^3；

q_0——空压机额定能力(每台 10 m^3/min)；

λ——空压机排气系数(0.82)。

比如加速顶区段平均消耗的自由空气量为 17 m^3/min，将已知量代入公式(3-43)：

$$N=\frac{17}{10\times 0.82}=2.07(\text{台})$$

考虑冷备 1 台、热备 1 台，可选用 L—10/8 型空压机 4 台。

(2)储风缸台数的设计(按瞬时排气量计算)：

$$M=1.15\,\frac{Q'_2}{P-P_1} \tag{3-44}$$

式中：Q'_2——加速顶区段瞬时耗气量的自由空气，m^3；

P——空压机额定定压，kgf/cm^2；

P_1——加速顶供风系统的稳定定压，kgf/cm^2。

假定加速顶区段瞬时耗气量的自由空气量为 16 m^3

$$M=1.15\times\frac{16}{8-7}=18.4(\text{m}^3)$$

考虑在意外停电时，需要用储风缸的压缩空气来完成正在进行的溜放作业，所以储气量必须要留有较大的余量，一般可考虑 2 倍的余量系数，则储风缸总容量应为 36.8 m^3。

根据设计，空压机室前的总风缸可采用 3 台 10 m^3 储风缸，同时再设置 2 台 4 m^3 的中间储风缸，这样可以保证任何情况下的压缩空气的储备量。

在加速顶供气系统的技术设计完成之后，还需要完成设计图纸、设计计算说明书以及材料计划和工程概预算，经上级主管部门审批后交由施工单位完成施工设计。

九、加速顶的主要品种介绍

(一)$TDJ_{(+)}$—101、102 型加速顶

101、102 型加速顶的外形如图 3-108 所示，基本结构如图3-97所示，其主要结构和特点如下：

(1)101、102 型加速顶具有设计合理、结构紧凑、工艺先进、动作可靠、做功饱满、复位迅速等特点。通过设计计算确定了加速装置和气控阀间的最佳中心距以及加速装置和气控阀的最佳安装高度，使顶的加速功尽可能大。

(2)为减轻重量，除缸盖采用铸铁外，缸体和气控阀均采用比重很轻的铝合金材料。

(3)缸盖、阀盖与阀体内的衬套均采用无油润滑复合材料，防尘圈及活塞上的 Yx 型密封圈均采用通用的标准件，方便了日常维修工作。

(4)缸体内的上、下复位弹簧均采用圆锥形弹簧，既能保证复位灵活，又可使加速顶的结构更加紧凑。

(5)在加速顶杆与活塞间有不同厚度的橡胶缓冲垫，以减轻加速顶做功时的冲击力。

图 3-108　$TDJ_{(+)}$—101、102 型加速顶外形图

(6)产品分为左侧安装和右侧安装两种，二者不能互换。由于加速顶杆帽头与气控阀帽头直径不同，导致加速顶安装后，两帽头的中心线与钢轨有一个倾斜角。因此阀体具有方向性，即安装在钢轨左侧的加速顶必须采用左阀体，安装在钢轨右侧的加速顶必须采用右阀体。

(7)加速顶具有对倒溜车辆的止推功能。当车辆在线路上发生倒溜时，车轮压下气控阀，加速顶杆在压缩空气的作用下升至最高点，可对车辆起止轮防溜作用。

(8)该产品为内侧安装，101 型加速顶是低速加速顶，气控阀的进气口直径为 25 mm；102 型加速顶为高速加速顶，进气口直径为 32 mm，可以满足对不同速度的溜放车辆进行加速。

(二)$TDJ_{(+)}$—202 型加速顶

202 型加速顶是在 101、102 型加速顶的基础上开发研制成功的，它的外形如图 3-109 所示，基本结构如图 3-110 所示，其主要结构和特点如下：

(1)202 型加速顶的缸体、气控阀阀体、阀盖等主体件均采用先进的铝合金压铸工艺，一次压铸成型，既减轻了重量，又美化了外观，节省了成本。

(2)加速顶杆帽头与气控阀帽头的直径尺寸相同，使加速顶安装后，两帽头的中心线与钢轨平行，从而解决了原有加速顶具有方向性的弊端。202 型加速顶无论是左侧安装还是右侧安装，都使用同一种阀体，大大方便了加工、安装和维修。

(3)加速顶的阀帽与阀杆采用双弹性圆柱销加卡环的方式连接，既牢固又美观。

图 3-109　$TDJ_{(+)}$—202 型加速顶外形图

(4)加速顶杆与活塞的紧固采用双螺母结构——将 101、102 型加速顶中的六角槽型螺母改变为扁螺母和薄型六角槽型螺母,进一步增加了防松性能。

(5)202 型加速顶为内侧安装的高速加速顶,其余结构特点与 101、102 型加速顶相同。

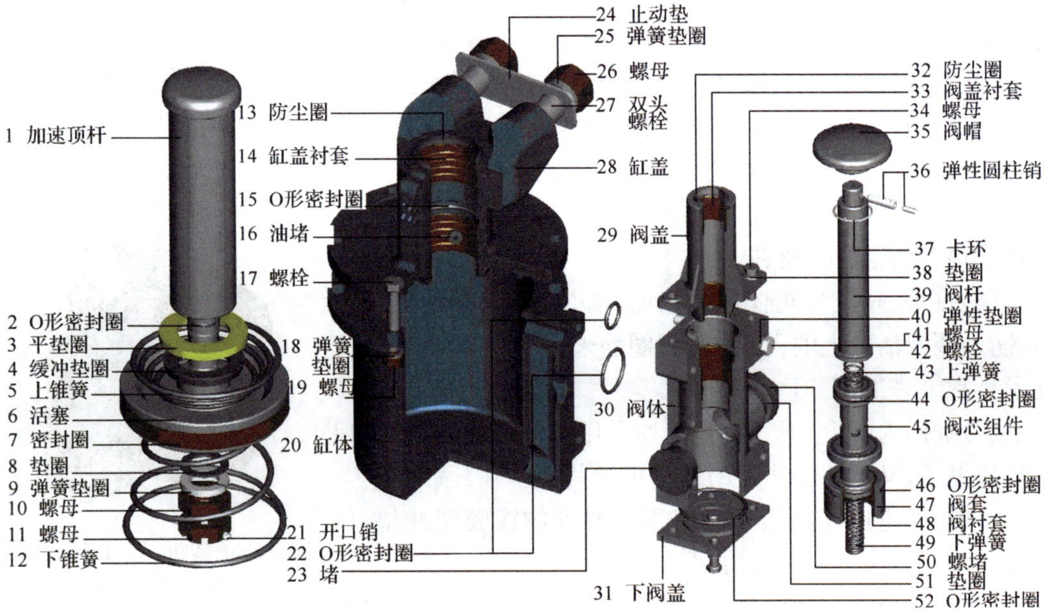

图 3-110 TDJ$_{(+)}$—202 型加速顶结构图

十、加速顶的主要技术指标

TDJ$_{(+)}$—101、102 型加速顶的主要技术指标如表 3-18 所示。

表 3-18 几种常用加速顶的主要技术指标

序号	项 目	型 号		
		TDJ$_{(+)}$—101	TDJ$_{(+)}$—102	TDJ$_{(+)}$—202
1	加速功(J)	785	588～785	
2	进气口通径(mm)	25	32	
3	垂直顶力(N)	15 102		
4	工作风压(MPa)	0.49～0.78		
5	耗气量(m^3/每轮次)	0.002 7		
6	安装高度(mm)	60±2		62^{+1}_{-2}
7	钻孔高度(mm)	72±1		74±1
8	安装角(°)	10		13
9	最大工作行程(mm)	94		
10	适用轨型(kg/m)	43、50		
11	环境温度(℃)	−50～60		
12	质量(kg)	30		

十一、加速顶的适用范围及应用

加速顶主要应用于以下几种场所。

1. 用于“锅底形”断面的驼峰调车场的三部位。这些调车场由于位能不足，需要采用加速顶和反坡配合使用，增加车辆的动能，以解决三部位的车辆溜放间隔。

2. 用于调车场线路纵断面位能不足的股道连挂区。

3. 用于调车场股道有效长不足，需要延长线路长度，增加车辆溜行距离而尾部线路断面又难以顺坡的场所。

4. 用于箭翎线调速系统，加速顶与可控顶等调速设备配合使用，可实现对溜放车辆的自动化调速控制。

5. 用于其他需要对车辆或车辆轮对补充动能的场所。

目前，中国 $TDJ_{(+)}$－101 型加速顶用于南京东站全场 31 股道的连挂区，$TDJ_{(+)}$－102 型高速加速顶用于南京东站和深圳北站 9 股道的三部位反坡，$TDJ_{(+)}$－202 型加速顶用于原石家庄下行场箭翎线调速系统，$TDJ_{(+)}$－101 型加速顶还用于哈尔滨车辆厂的轮对清洗、检修流水线。上述应用都取得了满意的效果。

第十一节　加减速顶

一、加减速顶的基本结构和特点

加减速顶是一种由液压减速顶和气动加速顶合为一体，对溜放车辆既能加速又能减速的调速设备，每台加减速顶由减速顶单元、安装在减速顶下部的气控阀、锁闭装置和加速顶单元 4 部分组成，减速顶单元和加速顶单元成对安装在钢轨上，溜放车辆先通过加速顶再接触减速顶。减速顶单元与普通减速顶的结构基本相同，滑动油缸内充有一定容积的液压油和氮气；加速顶由加速气缸、活塞和加速顶杆等组成；气控阀安装在减速顶的下部，由弹簧 3、5、6 支撑；锁闭装置也安装在减速顶的下部，通过锁舌可以将滑动油缸锁在钢轨轨面以下，加速顶所需的外部能源为 7～10 kgf/cm^2 的压缩空气。

气动加减速顶具有以下主要特点。

1. 加减速顶不需要外部测速和控制设备，通过减速顶单元的自动判速就可以实现对溜放车辆的加速或减速控制，构思巧妙、设计合理，能对溜放车辆实施灵活、机动的连续式调速控制。

2. 当车辆需要牵出时，系统不对加减速顶供气，此时减速顶处于锁闭状态，加速顶也不会动作。因此加减速顶不会对牵出车辆起任何作用，既能确保车辆牵出的效率和安全性，又可以提高顶的使用寿命。

3. 加减速顶具有对倒溜车辆的止推功能。当车辆因线路反坡或外界原因发生倒溜时，加速顶杆在压缩空气的作用下升至最高点，可对倒溜车辆起止轮防溜作用。

4. 由于同时具有加、减速调速功能，因此，采用该设备的线路一般不需要调坡，可节省大量工程施工费用。

5. 由于加减速顶是一种连续式调速设备，个别顶发生故障不会影响整个系统的调速效果，因此，具有较高的安全可靠性。

6. 加减速顶的结构相对较为复杂,因此安装和维护工作量较大。

7. 由于需要外部能源对每一台加减速顶供气,因此需要设置一套供气系统和较长的供气管路,投资和使用成本较高。

二、加减速顶的工作原理

1. 低于临界速度时

如图 3-111 所示,当溜放车辆通过加减速顶的速度低于调定的临界速度时,减速顶滑动油缸(A)被车轮压下的速度相对较低,油缸上腔通过速度阀环形缝隙流向下腔的流量也相对较小,只能在速度阀板上、下端产生较小的压差,由于该压差不足以克服速度阀板下端支撑弹簧的预压力,减速顶的速度阀板始终处于开启状态,因此,滑动油缸压下活塞杆 1 产生的压力较小,虽然推动活塞杆座 2 向下压缩弹簧 3,并与气控阀 4 接触,进而压缩弹簧 5,但不足以使弹簧 6 压缩。因此气控阀处于中间位置,压缩空气可以由主气管经气控阀进入加速气缸,推动加速顶杆(B)上升,从车轮后部顶推轮缘,使车辆加速。

2. 高于临界速度时

如图 3-112 所示,当溜放车辆通过加减速顶的速度高于调定的临界速度时,滑动油缸被车轮压下的速度相对高,油缸上腔通过速度阀环形缝隙流向下腔的流量较大,在速度阀板上、下端能产生较大的压差,由于该压差足以克服速度阀板下端支撑弹簧的预压力,迫使速度阀迅速关闭,此时滑动油缸在车轮作用下继续下滑,液流产生的全部流量迫使上腔氮气急剧压缩,使压力迅速升高,油缸上腔产生很大的压力将压力阀打开,油流经压力阀进入滑动油缸下腔而产生制动力,使车辆减速。此时,由于打开压力阀的压力很大(相当于最轻车的轮重),对活塞杆 1 产生的压力,不但可以压缩弹簧 3、5,同时也压缩弹簧 6,使气控阀 4 下降到最低位。气控阀的下阀口封闭了主管路至加速气缸的通路,因此,压缩空气不能进入加速气缸,加速顶不起加速作用。

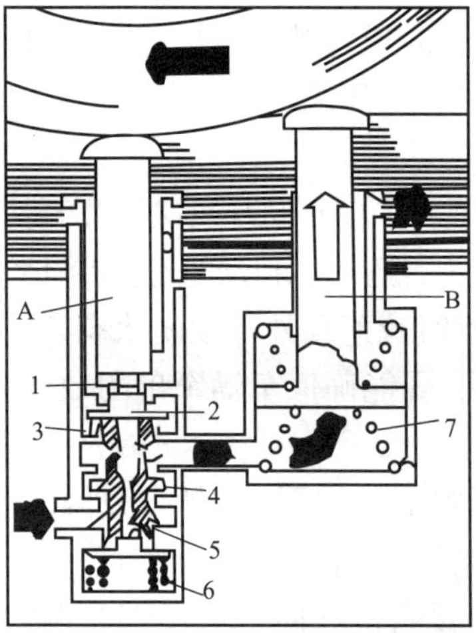

图 3-111　低于临界速度时(加速工作状态)

A—滑动油缸;B—加速顶杆;1—活塞杆;2—活塞杆座;3、5、6、7—弹簧;4—气控阀。

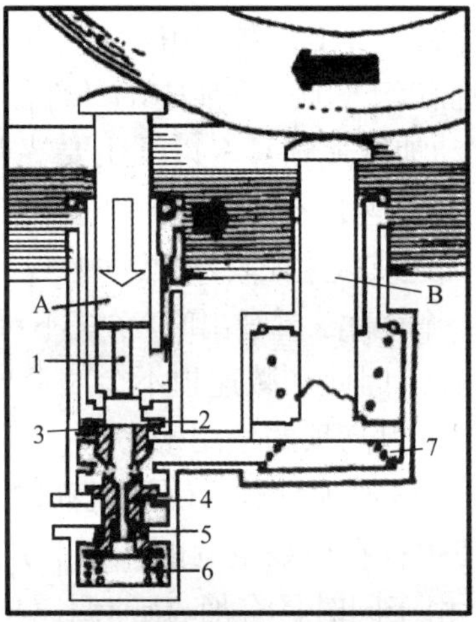

图 3-112　高于临界速度时(减速工作状态)

A—滑动油缸;B—加速顶杆;1—活塞杆;2—活塞杆座;3、5、6、7—弹簧;4—气控阀。

3. 回程时

如图 3-113 所示，当车辆越过加减速顶后，滑动油缸在被压缩氮气的作用下上升，活塞杆上的额外压力消失，弹簧 5 使气控阀 4 回升到上部最高位置。在控制阀的上阀口封闭了压缩空气至加速顶的通路，因此停止了对加速顶的压缩空气的供给。同时，弹簧 3 使活塞杆座上升到原位。从而使加速气缸内的压缩空气通过气控阀和排风口排入大气，加速顶杆在复位弹簧 7 和自重的作用下缩回到原位。

4. 车辆倒溜时

如图 3-114 所示，当车辆因各种原因发生倒溜时，车轮先压下减速顶的滑动油缸，由于车辆倒溜时的速度低于加减速顶设定的临界速度，减速顶滑动油缸下滑的速度很慢，活塞杆 1 产生的压力不足以将弹簧 6 压缩，此时气控阀处于中间位置，压缩空气可以由主管路经气控阀进入加速气缸，使加速顶杆升起顶住车轮，从而防止车辆倒溜。

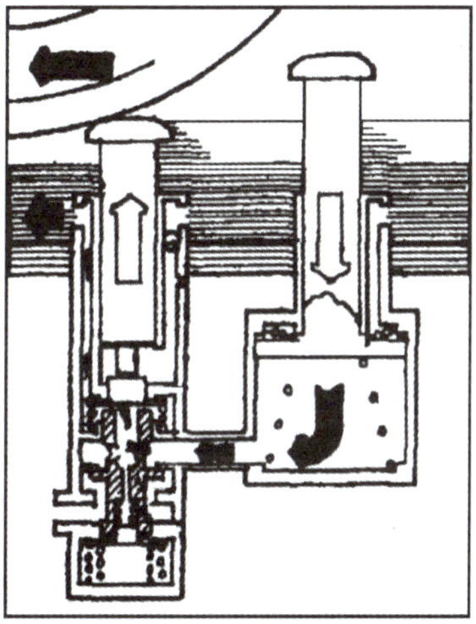

图 3-113　回程工作状态

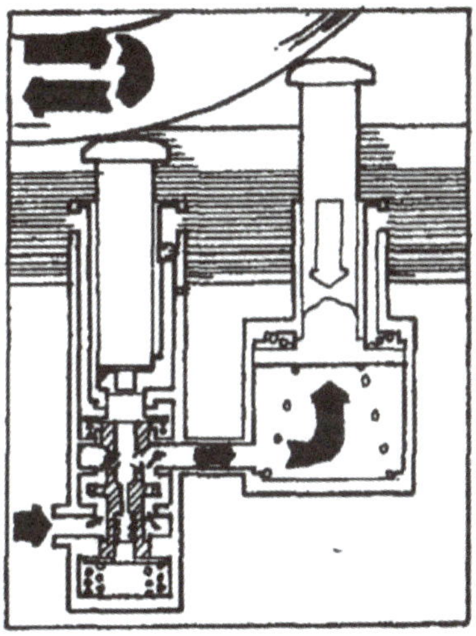

图 3-114　车辆倒溜时(止退工作状态)

三、加减速顶的主要技术指标

加减速顶的主要技术指标如表 3-19 所示。

表 3-19　加减速顶的主要技术指标

序号	项　目	型　　号
1	临界速度(m/s)	1.25±0.14
2	制动功(J)	≥804
3	阻力功(J)	0(减速顶锁闭时)
4	抬起高度(mm)	≤6
5	安装高度(mm)	55(减速顶帽头距钢轨面高度)
6	锁闭高度(mm)	−22(减速顶帽头低于钢轨面高度)
7	安装角(°)	8.5

续上表

序号	项　目	型　　号
8	加速功(J)	980
9	进气口通径(mm)	ϕ40
10	工作风压(MPa)	0.49～0.69
11	最大工作行程(mm)	90
12	适用轨型(kg/m)	43
13	环境温度(℃)	－50～60
14	质量(kg)	50

四、加减速顶的适用范围及应用

加减速顶主要应用于驼峰调车场连挂区线路纵断面位能不足的股道，以及调车线股道有效长不足，需要延长线路而尾部又难以顺坡的场所。加减速顶于 1983 年 6 月在柳州南站 7 道安装试验，1986 年在柳州南站全场 32 股道推广应用；1991 年又在淮南西站 5 股道安装应用，都取得了较好的运用效果。

第四章　停车防溜设备

第一节　概　　述

一、停车防溜设备的研制目的

20 世纪 80 年代以前，中国编组站自动化程度还很低，简易驼峰调车作业占绝大多数，一些较大的编组站也以机械化驼峰为主。随着铁路运输事业的快速发展，驼峰调车场调速设备自动化越来越受到各方面的重视，尤其是近 30 多年来国内外已相继研制出各种类型的调速设备，形成了多种调速制式并在全国范围内广泛应用的局面。

但是，在调车场尾部以及到发线、货物线等专用线使用的停车防溜设施仍然相当落后，一直采用人工下防溜铁鞋及手闸制动的方式，为此车站必须设置一定数量的防溜员，而这种原始的停车防溜方式造成防溜员的劳动强度大，既浪费人力，又不能保证运输安全和人身安全，致使调车事故时有发生；同时还对线路的钢轨及车轮造成严重的磨耗和擦伤现象。另外，在货物线等部位使用铁鞋停车防溜，一旦铁鞋丢失，就可能出现车辆溜逸的严重事故。因此，尽快研制出具有自动化水平的先进的停车防溜设备势在必行。

在 20 世纪 80 年代初，中国科研人员曾研制了用于调车线尾部的无动力停车器等车辆防溜设备，甩掉了铁鞋和手闸停车防溜的原始作业方式，使尾部停车防溜技术向前迈进了一大步。但由于这些设备始终处于工作位，车辆牵出时停车器仍起制动作用，不仅加大了车辆的起动阻力，浪费机车动力，影响作业效率；而且使车辆轮对与停车防溜设备之间产生严重磨耗。在科研人员的不断努力下，在 20 世纪 80 年代末 90 年代初研制成功了可控停车器，停车顶和高速锁闭停车顶等更加先进的停车防溜设备，实现了编尾停车防溜作业的自动化，为编组站的现代化做出了较大贡献。

二、停车防溜设备的功能和作用

众所周知，铁路货物运输离不开编组站，而车辆编组或到发作业则离不开车辆的停车和防溜，因此，车辆停车防溜设备是铁路编组站和到发线的重要运输设备之一。通过几代科技工作者的努力，防溜设备从原始的防溜铁鞋和人工拧手闸到停车防溜器、停车顶，再到可控停车器、高速锁闭停车顶，使停车防溜设备得到逐步的完善和提高。停车防溜设备的主要功能有以下几点。

1. 能对调车线或到发线及专用线的溜放车辆实施有效的制动停车，使其可靠地停在线路的安全区段内。

2. 能始终对停留车辆起止动防溜作用，并且在后续钩车的多次撞击下或在其他因素（如风力或震动等）的影响下，能确保首钩车辆不越过警冲标，有效地防止车辆溜逸。

3. 停车防溜设备能满足编组站尾部车辆快速牵出的需要，确保不影响运输作业效率。

4. 在到发线使用的停车防溜设备能确保正常的接发列车和调车作业。

可控的停车设备既能够对编组作业的溜放车辆起制动停车作用，又能对已停留的车辆起防溜作用，同时当车辆需要牵出时，该设备可以自动缓解而不对牵出车辆起任何作用，从而能很好地满足运输生产的需要。

三、停车防溜设备的基本分类

铁道停车防溜设备可以分为停车防溜器、停车顶和防溜铁鞋三大类，现分述如下。

(一)停车防溜器的基本分类

通过对车辆车轮的内侧面或内外两个侧面施加制动力，实现对低速溜放车辆(一般在7 km/h以下)的摩擦制动和停车防溜的装置统称为停车防溜器。

1. 按制动方式分类

(1)内撑式停车防溜器——通过对车辆轮对内侧面进行摩擦制动，达到停车防溜目的的装置；

(2)钳式停车防溜器——采用钳夹的形式，通过对车辆双侧或单侧车轮的两个侧面同时进行摩擦制动，达到停车防溜目的的装置。

本书仅就目前广泛使用的内撑式停车防溜器加以介绍。

2. 按制动控制力产生的方式分类

(1)液压式停车防溜器——以液压力作为制动控制力的停车防溜器；

(2)电动式停车防溜器——以电动设备产生的力作为制动控制力的停车防溜器；

(3)气动式停车防溜器——以压缩空气作为制动控制力的停车防溜器。

3. 按使用的场所分类

(1)用于调车场的停车防溜器；

(2)用于到发线和专用线的停车防溜器。

(二)停车顶的基本分类

以液压油和弹性体为介质，安装在钢轨上通过滑动油缸帽头与车轮接触对车辆起制动停车和防溜作用的装置叫停车顶或防溜顶。

停车顶可以分为以下几大类：

1. 普通型停车顶

普通停车顶只具有对车辆制动停车和止轮防溜的功能，它包括基本型停车顶和高负荷停车顶。

2. 特殊性能型停车顶

除具有对车辆制动停车和止轮防溜功能外，还具有某种或多种特殊功能的停车顶都属于特殊性能型，它有如下几种：

(1)防风雪停车顶——壳体采用高排气管，具有防水、防冰雪冻害功能，适用于北方高寒和风雪较大地区的停车顶。

(2)卡式停车顶——安装时不需要在钢轨上钻孔，通过螺栓和夹块将壳体紧固在钢轨轨底的停车顶。

(3)可控停车顶——通过外部控制，实现对溜放车辆的制动停车和止轮防溜作用的停车顶。按照吸下方式及驱动类型，它又可分为如下几种：

①真空吸下式可控停车顶——通过外部控制，利用滑动油缸上下端的压差使停车顶吸下或立起，从而实现是否对车辆制动停车和止轮防溜；

②电动锁闭式可控停车顶——通过外部控制，利用电磁力实现对滑动油缸的机械锁闭，从而实现是否对车辆制动停车和止轮防溜；

③风动锁闭式可控停车顶——通过外部控制，以压缩空气为动力实现对滑动油缸的机械锁闭，从而实现是否对车辆制动减速和止轮防溜。

(4)单向停车顶——仅对从某一方向进入的溜放车辆制动停车和止轮防溜的停车顶。

(5)高速锁闭停车顶——仅对低于某一速度的溜放车辆制动停车和止轮防溜，而对高于该速度的车辆不起制动停车和止轮防溜作用的停车顶。

3. 出口型停车顶

在国内停车顶的基础上，根据出口国的铁路车辆、钢轨轨型、线路条件、气象条件以及站场运输作业的实际工况而重新设计的停车顶。出口型停车顶只能用于特定的出口国站场或与之条件相同的其他国外站场。另外，有的出口国的运输、车辆等条件和中国基本相同，一部分用于国内的停车顶也可以直接用于出口。

(三)防溜铁鞋的基本分类

防溜铁鞋是一种放在静止状态的机车、车辆车轮下对其进行阻挡的安全防溜装置，由于外形像一只鞋，所以叫它“铁鞋”。

半个世纪前铁鞋进入驼峰调车场以来一直沿用至今，它的诞生对铁路车辆的防溜起到了很大的作用。目前全路仍有一部分编组站和大部分到发线、专用线在使用防溜铁鞋。作为最简单的防溜工具，它以其成本低廉，加工、使用简单，维修方便等优点，仍占有一定的市场。

防溜铁鞋的种类很多，各个研制单位根据使用要求和用户的需求研制出多种各具特点的防溜铁鞋。主要可分为以下两大类：

1. 按功能分类

可分为普通防溜铁鞋、自动化防溜铁鞋和有其他特殊功能的铁鞋。

(1)普通防溜铁鞋——这里是指的是人工手动铁鞋，它是最基本的防溜铁鞋，也是使用数量最多、应用范围最广的一种。手动铁鞋完全依靠人工将铁鞋放在钢轨面上，待车辆压上铁鞋后起到制动停车和止轮防溜作用。当车辆需要牵走时再由人工将铁鞋从车轮下取出。

(2)自动化铁鞋——这种铁鞋具有外部能源和控制系统，可根据实际需要对铁鞋进行自动控制，使其自动放上钢轨，对车辆起停车防溜作用；当车辆需要牵走时再由控制系统发出指令，采用机械或人工方法使铁鞋撤离，解除铁鞋的制动状态。

(3)有其他特殊功能的铁鞋——这些铁鞋有的具有防盗功能，有的具有警示功能，还有的带电子提醒功能等等，这些功能也可以组合使用。

2. 按材质和加工类型分类

(1)铸钢防溜铁鞋——使用的材质是铸钢，一般都是由专业工厂采用铸造工艺批量生产的，这种产品也是最常用的类型。

(2)钢板防溜铁鞋——使用的材质是钢板，它是由钢板焊接而成的，这种产品一般不适合大批量生产，主要用于有特殊要求或带有其他功能的铁鞋。

四、停车防溜设备在到发线使用的基本技术条件

在到发线使用的停车防溜设备既要能有效而可靠地防止车辆在到发线上发生溜逸，又要绝对可靠地不影响正常的到发线作业。为此，铁道部运输局提出：在到发线上安装使用的停车防溜设备应满足如下的技术条件。

1. 对停留在到发线上的车辆尽可能不让其溜动；一旦溜动必须让其在警冲标内方停住；如停不住则必须让其在警冲标内脱轨，且不影响邻线。

2. 停车防溜装置在使溜放车辆制动停车过程中，设备自身不能损坏(能快速恢复原状不视为损坏)；同时不能损坏被制动停车的车辆。

3. 停车防溜装置在对溜放车辆制动停车时，如改变了原来的安装位置或状态，则要求能自动恢复到原来的位置或状态；不得已使用人工恢复时，必须能方便简捷。

4. 停车防溜装置在非工作状态下，必须满足到发线上机车车辆限界的要求。对在工作状态下侵入机车车辆限界的停车防溜设备，则应在计算机联锁、电气集中联锁、电锁器等有道岔联锁的车站，将该设备纳入联锁并具备：

(1)设备处于工作状态时，有关进路视为被占用，该进路的信号必须处于关闭状态；

(2)设备处于非工作状况(不侵入机车车辆限界)时，不能影响进路和有关信号的正常使用；

(3)与设备有关的进路和信号一旦开通后，该设备不准再进入工作状态(指进入工作状态会侵入机车车辆限界的设备)；

(4)设备处于工作或非工作状态都应有明确的表示或标志；

(5)设备必须具备故障导向安全的功能；

(6)在停电情况下，设备能进行人工操纵。

5. 停车防溜装置工作状态与非工作状态的互相转换，必须要集中控制或自动控制，不能采用就地手动操纵。

6. 停车防溜装置本身不应对到发线停留车辆的数量和停留位置及通过到发线的列车速度提出额外的要求和限制，同时停车防溜设备的安装应尽可能少占用到发线的有效长。

7. 停车防溜装置可以按不同的到发线坡度和坡度的长度分别设计和安装，停车防溜设备的安设要考虑尽量不影响工务部门对线路的养护。

8. 安装停车防溜装置后，对到发线的停留车辆原则上不再进行人工防溜。

9. 要求停车防溜装置结构及动力来源简单，动作可靠，便于安装，维修工作量小。

10. 尽可能地降低停车防溜装置的生产成本，对提供的样机，必须进行严格的实际冲撞试验和联锁功能检验。

对于在调车场尾部使用的停车防溜设备也应比照以上各项要求，既要能可靠地实现

本节第二条所述的各项功能，又要不影响既有的运输作业，同时要满足限界要求和具有故障导向安全的能力。

各类停车防溜设备的具体技术要求将在下面各自的章节中详述。

第二节　内撑式停车防溜器

一、内撑式停车防溜器的主要技术要求

根据 TB/T 3162.1—2007《铁道车辆停车防溜装置 第 1 部分：内撑式停车防溜器》铁道行业标准的有关规定，内撑式停车防溜器应满足以下要求。

（一）功能要求

1. 停车防溜器应能对运动车辆实施制动停车；对停留车辆实施制动防溜。

2. 在列车或车列通过停车防溜器时，应能够实现缓解。

3. 在停电或发生故障时，可手动进行转换，操作应方便快捷。

（二）技术参数要求

1. 制动能力应能满足如下要求：

(1)单台停车防溜器的制动功(W)不应小于 235×10^3 J；制动能高(H_b)不应小于0.25 m；

(2)单辆 95 t 重车以 8 km/h 速度溜入停车防溜器时能够停留在停车防溜器上。

2. 制动、缓解时间应满足如下要求：

(1)制动时间不大于 30 s；

(2)缓解时间不大于 30 s。

3. 制动轨两作用面间的距离应满足如下要求：

(1)调车线：制动位应满足(1 368±5)mm；缓解位应不大于车辆轮对的内侧距；

(2)到发线及专用线：制动位应满足(1 365±2)mm；缓解位应不大于 1 320 mm。

（三）技术性能要求

1. 稳定性要求——停车防溜器对车辆轮对实施制动时，制动力应稳定可靠，制动轨对车辆轮对内侧正压力的数值在 24 h 内下降不应超过 10%。

2. 结构强度要求——停车防溜器处于制动位时，其结构强度应允许车辆以最大 20 km/h 速度进入，且停车防溜器完好无损。

3. 整机动作要求——停车防溜器的活动部分应能运动自如，无卡滞现象。

4. 劳动保护和环境保护要求——停车防溜器的操作应简单方便，使用安全，无有害有毒介质泄露。

5. 停车防溜器的控制系统应预留与集中联锁的接口。

6. 用于到发线、专用线的停车防溜器应设有地面标。

（四）使用寿命要求

停车防溜器的使用寿命应满足如下要求：

1. 在正常维修条件下，内撑式停车防溜器应能可靠工作 1×10^6 次或 8 年。

2. 在无维修条件下,内撑式停车防溜器应能可靠工作 4 年。

(五)安全要求

1. 在正常使用条件下,停车防溜器对车辆做功,应保证不造成脱线。

2. 停车防溜设备定位在制动位,即对停留在停车防溜设备上的车辆始终起制动作用。

3. 停车防溜器的制动能力应能满足最大车组在按要求的速度溜放时,制动后停在停车防溜器上,并且车辆不能越过线路警冲标。

4. 停车场防溜器安装部位线路的两根钢轨间的绝缘电阻不应小于 50 Ω。

5. 停车防溜器的上部尺寸应符合如下要求:

(1)调车线:应符合《铁路技术管理规程》附图 2 机车车辆限界 1.(4)通过驼峰车辆减速器(顶)(缓解位置)的调车机车下部限界图,且 h 不大于 78 mm;

(2)到发线及专用线:制动位时应符合《铁路技术管理规程》附图 2 机车车辆限界 1.(2)机车车辆下部限界图,且 h 不大于 60 mm;缓解位时应符合《铁路技术管理规程》建筑限界对应等级的基本建筑限界。

二、T·T 型停车器

(一)T·T 型停车器的基本结构

T·T 型停车器是一种以压缩弹簧为制动能源的不可控的内侧双轨条非重力式停车防溜设备,其基本结构如图 4-1 所示。它由 2 根制动轨(1)、7 组支撑臂(2)、14 套轨卡(3)等组成。每组支撑臂装有两个新转 8 转向架内弹簧(4)。弹簧的钢丝直径为 ϕ16 mm,弹簧外径为 ϕ104 mm,弹簧自由高度为 220 mm。

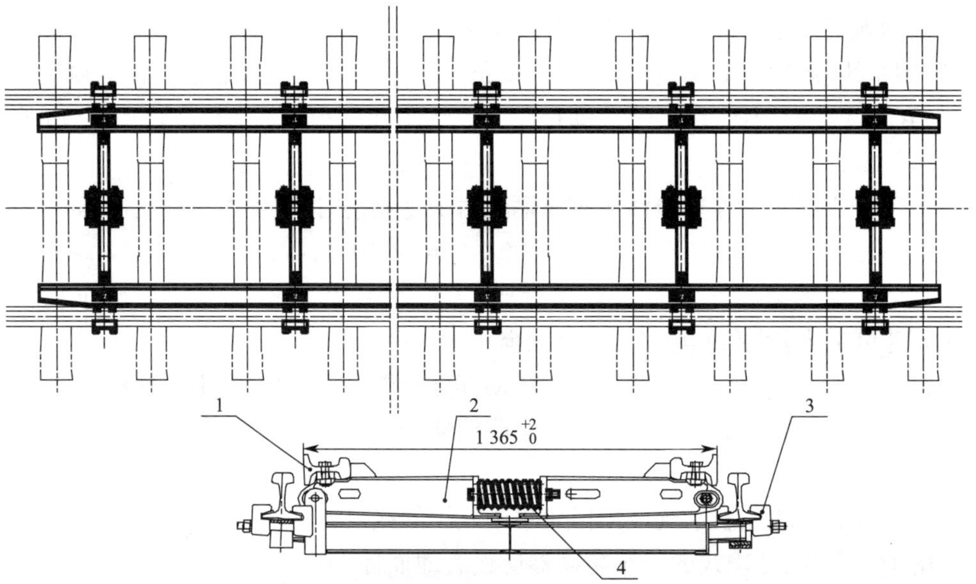

图 4-1　T·T 型停车器结构示意图(单位:mm)

1—制动轨;2—支撑臂;3—轨卡;4—车辆新转 8 转向架内弹簧。

(二)T·T型停车器的工作原理

T·T型停车器安装后为常制动位状态，此时两根制动轨作用面的距离在弹簧的作用力下保持在(1 365±2)mm，该距离大于车辆轮对的内侧距离(1 353±3)mm。当溜放车辆以不超过停车器制动力允许的速度进入停车器时，车轮内侧挤压两根制动轨而压缩支撑臂上的弹簧，在弹簧弹力的作用下，制动轨作用面与车轮内侧产生摩擦力，迫使有一定速度的溜放车辆减速并制动停车。当车辆被制动后，由于制动轨对车轮的正压力始终存在，因此对车辆具有防溜作用；即便后续钩车以允许的速度撞击停在停车器上的车辆时，在停车器的作用下也会使这些溜放车辆制动停车。

(三)T·T型停车器的主要技术特点

1. T·T型停车器采用广泛使用的车辆弹簧作为制动能源，具有结构简单、安装方便、成本低廉等优点。

2. 该设备无外部控制设备，并且始终处于制动状态。因此它具有动作可靠的特点；但由于不能缓解，因此不适用于有车辆高速牵出的站场使用。

3. 在调车线作为停车防溜设备使用可以替代铁鞋防溜，取消了防护员的防溜工作，减轻了工人的劳动强度，保证了作业人员的安全。由于不存在漏撤鞋问题。因此能有效地防止车辆溜逸事故的发生，并且制动能力能够满足防溜的需要。

4. 在有平面调车作业的编组站，可以作为隔开设备使用，线路的两侧都可以进行调车作业并使用该停车器。

5. 在专用线、货物线的装卸车货位处安装使用可以避免原来的铁鞋丢失、漏下鞋和漏撤鞋等现象的发生。

T·T型停车器是早期开发研制的一种停车防溜设备，随着铁路运输的快速发展，其性能已经难以满足的运输生产的安全要求，到了20世纪90年代末期，各个调车场安装的该设备基本上已经逐渐被T·TK型等可控停车器所取代，现在只有极少数调车场仍在使用该设备。

(四)T·T型停车器的主要技术指标

T·T型停车器的主要技术指标和参数如表4-1所示。

表4-1　T·T型停车器的主要技术指标

序　号	项　　目	参　　数
1	单台制动功(J)	≥198×10^3(可根据需要预调)
2	单台制动能高(m)	≥0.24(可根据需要预调)
3	单台总长度(m)	8.9
4	有效制动长度(m)	8.2
5	上部尺寸(限界)(mm)	调车线：70^{+8}_{0}
		到发线：≤50
6	制动位两制动轨作用面间距离(mm)	调车线：1 365±2
7	制动时允许车辆最大入口速度(km/h)	20

续上表

序　号	项　　目	参　　数
8	适用轨型(kg/m)	43、50、60
9	环境温度(℃)	−50～60
10	质量(kg)	1 450

三、T·TK－92 型可控停车器

(一) T·TK－92 型可控停车器的基本结构

如图 4-2 所示，T·TK－92 型可控停车器是一种双轨内侧制动、弹簧加压的非重力内撑式停车防溜设备，它采用铁路标准信号电器和独立的液压动力源。

图 4-2　T·TK－92 型可控停车器

如图 4-3 所示，每台 T·TK－92 型可控停车器由机械系统、液压系统和电器控制系统三大部分组成。

机械系统是停车器的主体部分和执行机构，它由制动轨(1)、支撑臂(2)、托梁(3)、圆柱螺旋压缩弹簧(4)、轨卡(6)等组成。制动轨由两根50 kg/m钢轨加工而成，利用钢轨轨底作为工作面对车辆轮对内侧面进行摩擦制动；支撑臂和轨卡的数量根据使用现场需要的制动能力而确定，每组支撑臂装有两个圆柱螺旋压缩弹簧，该弹簧采用的是新转 8 车辆转向架内弹簧，两个弹簧中间设有一个液压油缸(5)，缓解时靠油缸拉力进一步压缩弹簧使制动轨离开被制动的车轮。支撑臂下部设有一只托梁，用轨卡连接在基本轨轨底，托住支撑臂，以防可控停车器在制动过程中支撑臂下陷而造成制动能力降低。每组支撑臂与基本轨联接处各用一组轨卡固定，防止可控停车器爬行，保证制动轨与支撑臂始终处于垂直状态，使可控停车器持续保持最大的制动力。

由于车辆在走行过程中有蛇形运动，可控停车器可以整体向基本轨的两侧摆动，摆动量为 15 mm。同时在缓解油缸的活塞杆前端加装了一个关节轴承，通过拉杆与支撑臂联接，保证可控停车器在任何受力情况下油缸总成都能将弹簧拉压而进行缓解。

液压系统是可控停车器的动力来源，它能使可控停车器实现制动—缓解—制动的转换过程，它采用的是铁道部标准液压转辙机的液压站。如图 4-4 所示，该系统由油缸(1)、液控单向阀(2)、油管路(3)和液压站(4)等组成，液压油缸的活塞与缸体之间的密封采用密封性能较好的 Y_X 型聚氨酯密封圈，并用 V 形胶圈进行防尘。油缸缸体采用 45 号碳素钢经电镀处理，可确保它的机械强度和使用寿命。

电器控制系统是可控停车器的指挥系统，如图 4-5 所示，它由电源屏、继电器屏、控制台、执行机构、行程开关以及控制电缆等组成。

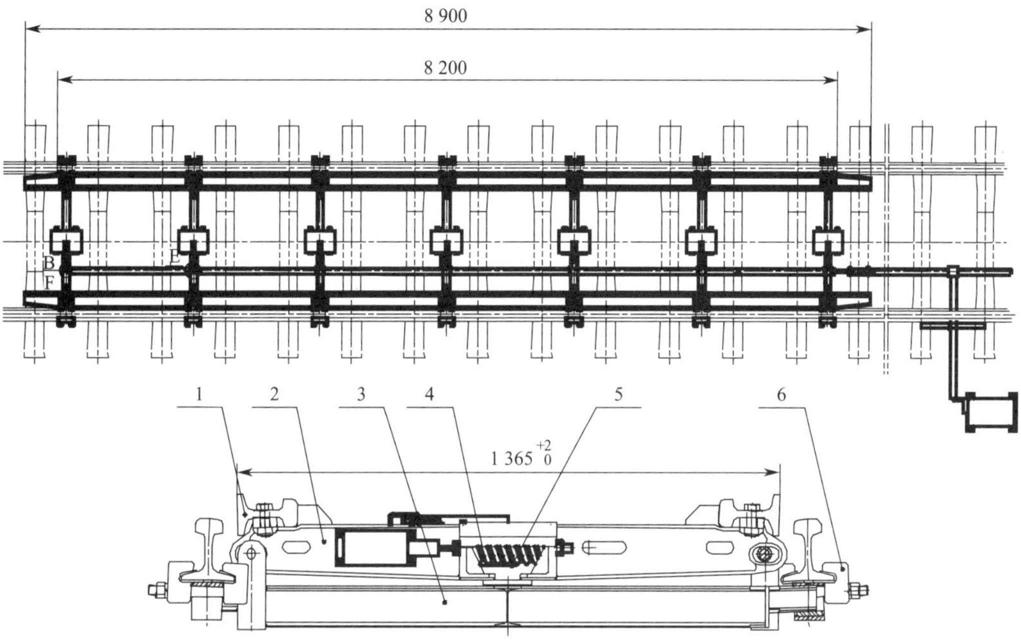

图 4-3　T·TK—92 型可控停车器结构示意图(单位:mm)
1—制动轨;2—支撑臂;3—托梁;4—圆柱螺旋压缩弹簧;5—油缸;6—轨卡。

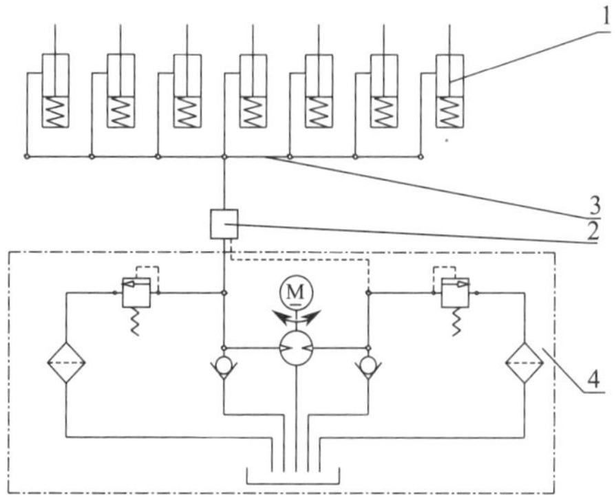

图 4-4　T·TK—92 型可控停车器液压原理图
1—油缸;2—液控单向阀;3—管路;4—液压站。

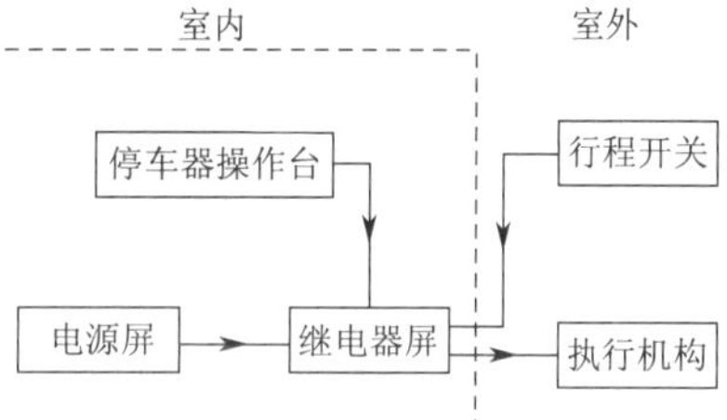

图 4-5　T·TK—92 型可控停车器电器控制系统原理图

(二) T·TK—92 型可控停车器的工作原理

1. 制动停车

当某一股道的编组作业完成并且车辆被牵出之后,可控停车器即在控制系统的作用下制动。当驼峰开始对该股道进行新的编组作业时,可控停车器已处于制动位,此时两根制动轨在弹簧力的作用下其制动面的间距保持在(1 365±2)mm,该距离大于车辆轮对的内侧距离(1 353±3)mm,当溜放车辆以不超过设计允许的速度进入可控停车器时,车轮内侧挤压两根制动轨使其产生横向位移并压缩支撑臂上的弹簧,在弹簧力的作用下,制动轨作用面与走行车辆的车轮内侧面产生摩擦力,迫使有一定速度的溜放车辆制动减速直至停车。

当已被制动停车的车辆受到后续溜放钩车的撞击并产生一定的速度行走时,由于停车器始终处于制动位，因此会对该钩车组持续地实施制动，最终使所有溜放车辆制动停车。

2. 制动防溜

当车辆被停车器制动停车后，停车器仍然处于制动状态，两根制动轨在弹簧力的作用下对车辆轮对的两个内侧面继续保持一定的内撑力，使车辆不至在受到其他外部因素的影响下产生溜逸。

3. 缓解状态

当该股道的车辆完成编解任务后需要牵出、调车机车需要进入该股道整理作业或通过时，可控停车器在控制系统的指令下缓解。此时停车器支撑臂上的两个弹簧在油缸总成的作用下进一步压缩，使两根制动轨的制动面间距小于 1 350 mm 而离开车轮内侧面，此时可控停车器对车辆轮对的内撑力消失而处于缓解状态，机车、车辆可以毫无阻力的通过可控停车器。

由于停车器在缓解位需要较长的保压时间，因此在液压站油泵出口设计安装了一个液控单向阀，当可控停车器缓解时，压力油通过单向阀口进入油缸，此时油缸中的压力油被单向球阀锁闭而不会泄漏，从而使可控停车器能较长时间稳定地保持在缓解位。

当需要恢复制动位时，在控制系统的作用下，压力油推动液控单向阀中的滑阀打开单向阀，在弹簧力的作用下使油缸中的压力油流回油箱，可控停车器又恢复到制动位。

（三）T·TK—92 型可控停车器的技术特点

T·TK—92 型可控停车器的主要技术特点有如下几点：

1. T·TK—92 型可控停车器的常态位设定为制动位，由于制动动力是靠安装在支撑臂上的弹簧产生的，因此停车器不需要消耗其他外部能源就可以长时间处于制动状态。即便是负责缓解的液压系统出现故障时，停车器也只是不能缓解，但仍然会保持其制动能力。这样就能够更好地提高设备在使用中的安全性，这对于停车防溜设备是非常重要的，它也是 T·TK—92 型可控停车器的主要特点和优势。

2. T·TK—92 型可控停车器的制动能力较大，并可以根据用户的要求和使用情况进行选择和调整，其单台制动能高最低为 0.25 m，最高为 0.35 m，制动能力完全可以满足调车场尾部以及到发线和专用线停车防溜的要求。

3. 该设备由两根制动轨、新转 8 车辆转向架内弹簧、支撑臂、托梁、轨卡以及液压系统组成。由于采用广泛使用的车辆弹簧作为制动能源，因此具有结构简单、成本低廉、节省能源、系统可靠、维修方便等一系列优点。一般人员稍加培训就能掌握其结构原理和维修技术。

4. 操纵容易。用于调车场尾部的 T·TK—92 型可控停车器，其控制系统一般设在驼峰尾部信号楼，和其他尾部设备一样，由尾部值班员控制，当尾部有车辆牵出时，按下可控停车器控制台相应股道的缓解按钮，可控停车器由制动位变成缓解位，当缓解指示灯亮时，表示可控停车器已经缓解到位，车辆可以在无任何阻力的情况下牵出。当车辆牵出完毕后，按下相应股道的制动按钮，可控停车器由缓解位变成制动位，制动指示灯亮时，表示可控停车器处于制动状态。

5. 可控停车器的控制系统和驼峰自动化系统联锁，可实现停车器的自动控制和完全自动化。

(四)T·TK—92 型可控停车器的技术指标及设计计算

1. T·TK—92 型可控停车器的主要技术指标和参数

T·TK—92 型可控停车器的主要技术指标和参数如表 4-2 所示。

表 4-2　T·TK—92 型可控停车器的主要技术指标

序　号	项　目	参　数
1	单台制动功(J)	$\geqslant 235\times 10^3$
2	单台制动能高(m)	$\geqslant$0.25
3	制动时间(s)	$\leqslant$30
4	缓解时间(s)	$\leqslant$30
5	单台总长度(m)	8.9
6	有效制动长度(m)	8.2
7	上部尺寸(限界)(mm)	调车线(制动、缓解位):70^{+8}_{0}
8	制动位两制动轨作用面间距离(mm)	调车线:1 365±2
9	缓解位两制动轨作用面间距离(mm)	调车线:<1 350
10	制动时允许车辆最大入口速度(km/h)	20
11	供电电源(V)	AC380
12	控制电源(V)	DC110
13	单台功率(W)	调车线:170
14	适用轨型(kg/m)	43、50、60
15	环境温度(℃)	−50～60
16	质量(kg)	2 180

2. T·TK—92 型可控停车器的理论设计制动能力

在调车场尾部使用的可控停车器一般都与减速器或脱鞋道岔及减速顶配合使用,溜放车辆经过上述调速设备减速后到达线路尾部,进入可控停车器。根据铁道行业标准 TB/T 3162.1—2007《铁道车辆停车防溜装置》中对内撑式停车防溜器制动能力的规定,系统设计允许溜放车辆进入可控停车器的入口速度设定为 8 km/h,即单辆 95 t 重车以 8 km/h 的溜放速度进入可控停车器,经过制动后,溜放车辆的最后一个轮对被夹停在可控停车器上达到制动停车的目的,此时车辆的动能全部被可控停车器消耗掉,这就是对可控停车器制动能力的基本要求。

(1)溜放速度为 8 km/h 的 95 t 单辆重车的总动能

根据公式(4-1),可计算出溜放速度为 8 km/h(2.222 m/s)的 95 t 单辆重车的总动能。

$$W_{车}=\frac{1}{2}M_{车}\ v_{入}^{2} \tag{4-1}$$

式中:$W_{车}$——95 t 单辆重车溜放速度为 8 km/h 时的总动能,J;

$M_{车}$——95 t 单辆重车的质量,kg;

$v_{入}$——溜放车辆进入停车器的速度，m/s。

取 $M_{车}=95\ 000$ kg，$v_{入}=2.222$ m/s(8 km/h)。

求得：$$W_{车}=\frac{1}{2}\times 95\ 000\times 2.222^2=235\times 10^3(\text{J})$$

(2)停车器对于溜放车辆每轴每米应施加的制动功

根据公式(4-2)，可计算出停车器对于溜放车辆每轴每米应施加的制动功。

$$W_{车轴}=\frac{W_{车}}{L_{轨}\times m_1} \tag{4-2}$$

式中：$W_{车轴}$——单辆重车每轴每米应受到的制动功，J/(轴·米)；

$W_{车}$——95 t 单辆重车溜放速度为 8 km/h 时的总动能，J；

$L_{轨}$——可控停车器制动轨有效长，m；

m_1——单辆重车轴数。

取：$L_{轨}=8.2$ m，$m_1=4$，$W_{车}$ 已由公式(4-1)求出为 235×10^3 J。

求得：$$W_{车轴}=235\times 10^3\div(8.2\times 4)=7.16\times 10^3[\text{J}/(轴·米)]$$

由计算结果可以看出，可控停车器作为调车场尾部停车防溜设备，在设计制造时必须具有满足上述现场使用条件的制动能力。即停车器应能对入口速度 8 km/h 的 95 t 单辆重车每轴每米施加 7.16×10^3 J 以上的制动功，才能保证溜放车辆安全停车。

3. T·TK—92 型可控停车器的实际制动能力

T·TK—92 型可控停车器对溜放车辆的制动力来源于 7 组(每组 2 个，共 14 个)圆柱螺旋压缩弹簧，这些弹簧采用的是新转 8 型车辆转向架的内弹簧，依靠弹簧被压缩产生的弹力使制动轨与车轮内侧面产生摩擦力而达到制动停车的目的。

(1)圆柱螺旋压缩弹簧技术参数

圆柱螺旋压缩弹簧技术参数如下：

自由高度　　$h_o=240$ mm；

压并高度　　$h_b=153$ mm；

预压缩量　　$f_y=40$ mm；

工作变形量　　$f_r=55$ mm；

缓解变形量　　$f_h=57$ mm；

弹簧刚度　　$k=365.5$ N/mm。

(2)T·TK—92 型可控停车器制动能力分析

T·TK—92 型可控停车器是利用制动轨挤压车轮内侧面所产生的摩擦力对车辆进行制动的，制动轨对车轮进行制动时力的分布情况如图 4-8 所示。

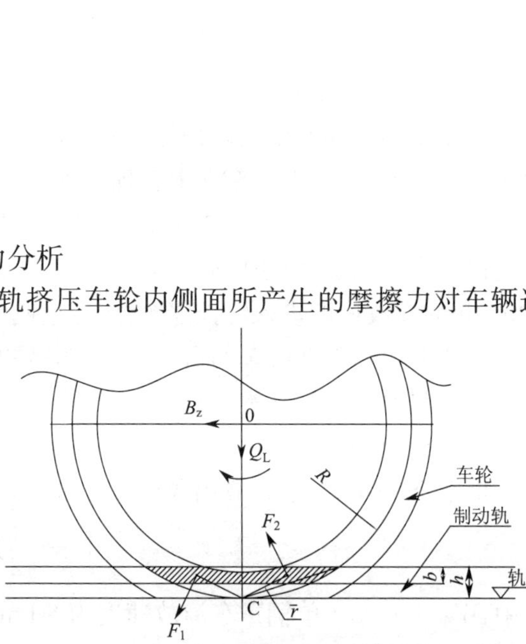

图 4-6　车轮在制动时的受力图

停车器对车辆进行制动时，制动轨和车轮间有一个摩擦面(图 4-6 中的阴影部分)，该摩擦面的面积为 2ω(以车轮的垂直中心线为摩擦面的对称轴线，左右两侧的面积均为 ω)。若制动轨和车轮间的滑动摩擦系数为 μ，制动轨对车轮的侧压力 P

均匀分布在摩擦面上，则对称轴线一侧的摩擦面对瞬时转动中心 C 点所产生的摩擦力矩 M_1 为：

$$M_1=\int \mathrm{d}M=\int \mu\frac{P}{2\omega}r\mathrm{d}\omega=\mu\frac{P}{2\omega}\int r\mathrm{d}\omega \tag{4-3}$$

式中 $\int r\mathrm{d}\omega$ 是摩擦面 ω 对 C 点的静矩，其值等于形心到瞬时转动中心 C 点的距离 $\bar{r}$ 与 ω 的乘积。即：

$$\int r\mathrm{d}\omega=\bar{r}\omega$$

$$M_1=\mu\frac{P}{2\omega}\bar{r}\omega=\frac{1}{2}\mu P\bar{r} \tag{4-4}$$

由于两个摩擦面对 C 点的摩擦力矩相等，因此停车器制动轨和车轮间产生的摩擦力对 C 点的总摩擦力矩 M 为：

$$M=2M_1=\mu P\bar{r} \tag{4-5}$$

停车器的制动力是指作用在车轮轴心的与车辆运行方向相反的力，称其为轴向制动力。设停车器制动轨和车轮之间的摩擦力对车轮所产生的轴向制动力为 $B_{轴}$，则轴向制动力 $B_{轴}$ 对瞬时转动中心 C 点的制动力矩为 $B_{轴}\cdot R$（R 为车轮半径）。

T·TK—92 型可控停车器属于内撑式双轨条类型停车器，对车辆进行制动过程中同时对一根车轴上的两个车轮产生轴向制动力，因此制动力矩 $B_{轴}\cdot R$ 应与作用在两个车轮上的摩擦力矩 $2M$ 相等，即：

$$B_{轴}\cdot R=2M=2\mu P\bar{r}$$

$$B_{轴}=2\mu P\cdot\frac{\bar{r}}{R} \tag{4-6}$$

式中：$B_{轴}$——停车器对溜放车辆的轴向制动力，N；

P——停车器制动轨施加在车轮内侧面上的正压力，N；

μ——制动轨与车轮之间的滑动摩擦系数，一般取 0.17；

$\bar{r}$——车轮瞬时转动半径，mm；

R——车轮半径，mm。

(3)T·TK—92 型可控停车器制动力转换系数的选择

由公式(4-6)可以看出，停车器制动能力的大小和制动力转换系数 $\frac{\bar{r}}{R}$ 成正比。

对于停车器来讲，转换系数的大小取决于 $\bar{r}$ 值。R 是被制动车轮的半径，由此可以看出，制动力的大小和被制动车轮的半径 R 成反比。因此，对大轮车的制动力较对标准车轮的制动力要小。$\bar{r}$ 值的大小，除了车轮轮箍尺寸形状的影响外，主要和制动轨的高度 h 和摩擦面宽度 b 有关。

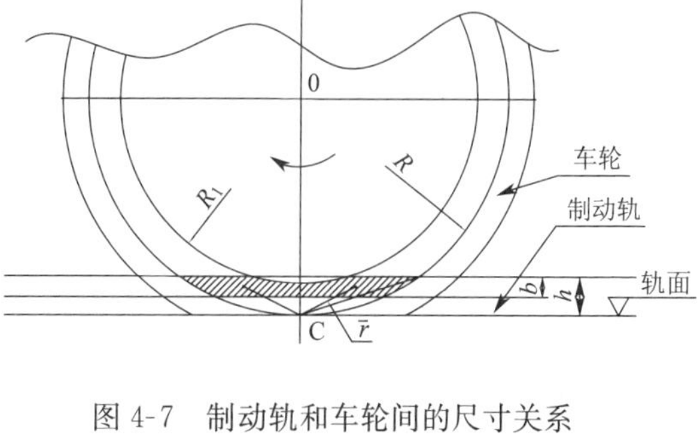

图 4-7　制动轨和车轮间的尺寸关系

如图 4-7 所示的是制动轨和车轮间的尺寸关系，从上面的分析可以得出结论：制动轨距离轨面的高度 h 越大，制动轨与车轮摩擦面宽度 b 越小，则 $\bar{r}$ 值就越大，即减小 b 和增大 h 对提高停车器的制动力有利。但是制动轨的安装高度不能够超过机车车辆的下部限界，根据铁道部《铁路技术管理规程》的要求，停车器制动轨的高度确定为 $h=70^{+8}_{0}$ mm，摩擦面宽度 $b=20^{+10}_{0}$ mm。

根据图 4-7，可以计算出 $\bar{r}$ 值的大小：

$$\bar{r}=\sqrt{Y_E^2+(R-X_E)^2} \tag{4-7}$$

其中：

$$X_E=\frac{1}{3S}\left[\sqrt{(R^2-a_1^2)^3}-\sqrt{(R^2-a_2^2)^3}-\sqrt{(R_1^2-a_1^2)^3}\right] \tag{4-8}$$

$$Y_E=\frac{1}{6S}\left[3(R^2-R_1^2)(R_1-a_1)+3R^2(a_2-R_1)-(a_2^3-R_1^3)\right] \tag{4-9}$$

$$\begin{aligned}S=&\frac{a_2}{2}\sqrt{R^2-a_2^2}-\frac{a_1}{2}\sqrt{R^2-a_1^2}+\frac{a_1}{2}\sqrt{R_1^2-a_1^2}+\frac{R^2}{2}\arctan\frac{a_2}{\sqrt{R^2-a_2^2}}\\&-\frac{R^2}{2}\arctan\frac{a_1}{\sqrt{R^2-a_1^2}}+\frac{R_1^2}{2}\arctan\frac{a_1}{\sqrt{R_1^2-a_1^2}}-\frac{\pi}{2}\cdot\frac{R_1^2}{2}\end{aligned} \tag{4-10}$$

式中：$a_1=R-h$；

$a_2=a_1+b$；

R——车轮外半径，mm；

R_1——车轮内半径，mm；

H——制动轨高度，mm；

b——摩擦面宽度，mm；

S——制动轨与车轮接触的面积，mm^2。

取：$R=420^{+5}_{-2.5}$ mm，$R_1=355^{0}_{-5}$ mm，$h=70^{+8}_{0}$ mm，$b=20^{+10}_{0}$ mm。

求得：$\bar{r}=121.64\sim143.98$，$\frac{\bar{r}}{R}=0.290\sim0.345$

当被制动车轮的内半径或外半径发生变化时，相应的制动力转换系数将随之改变，停车器的制动力也相应会有所波动。

(4)T·TK—92 型可控停车器对单辆重车每轴每米所做的制动功

如公式(4-6)所示，T·TK—92 型可控停车器对车辆进行制动时，对一根车轴的制动力为 $B_{轴}$，在整个制动过程中，制动轨是可控停车器的力传导部件，制动轨对车轮的侧压力 P 随着车轮挤压制动轨位置的移动而变化。制动轨各工作段的两端通过螺栓、承轨板、制动轨挡板与支承臂相连，为了便于分析计算，可以将每段制动轨视为两端在水平平面内转动的简支梁。

如图 4-8 所示，设可控停车器各段制动轨端部对车轮的压力分别为 N_1、N_2、N_3……N_6、N_7，由于 T·TK—92 型可控停车器的 7 组支撑臂上都装有相同的两个弹簧，所以可认定车轮通过时，各个支撑臂对制动轨端部的压力相等，即 $N_1=N_2=\cdots\cdots=N_6=N_7=N$。

当车辆单个轮对通过停车器时，停车器的一侧制动轨对车轮的侧压力变化情况如下：

车轮在位置 a 时：车轮进入到停车器的第一个支撑臂处，制动轨第一段被挤开，作用

在车轮上的压力 P_a 可由相对于铰 2 的力矩平衡方程式求得，即：

$$P_a \cdot L = N_1 \cdot L$$

$$P_a = N_1 = N \tag{4-11}$$

车轮在 b 位置：车轮自第一支撑臂走行了 X，但是第一支撑臂制动轨右端仍没有离开原制动位置，由对铰 2 的力矩平衡方程式得：

$$P_b \cdot (L - X) = N_1 \cdot L = N \cdot L$$

$$P_b = N\frac{L}{L - X} \tag{4-12}$$

由公式(4-12)可知，车轮所受压力是按照双曲线规律变化的。

车轮在 c 位置：车轮继续运动行走至第一段制动轨中点时，第一段制动轨轴线平行于停车器轴线，第二段制动轨被挤开。此时，车轮所受的侧压力最大，即：

$$P_c = N_1 + N_2 = 2N \tag{4-13}$$

车轮在 d 位置：车轮运动行走至此位置，第一段制动轨左端和第二段制动轨的右端都未离开原制动位，两段制动轨对称分布，由相对于铰 1 的力矩平衡式可求得 P_d：

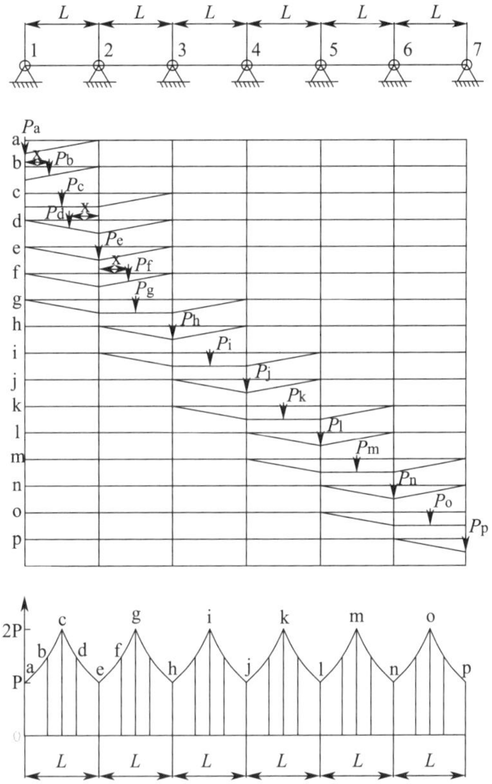

图 4-8　停车器制动轨对车轮的侧压力分布图

$$P_d \cdot X = N_2 \cdot L = N \cdot L$$

$$P_d = N\frac{L}{X} \tag{4-14}$$

车轮在 e 位置：此时车轮正处于铰 2 上，所以：

$$P_e = N_2 = N \tag{4-15}$$

车轮在 f 位置：车轮继续走行进入第二段制动轨，但第一段制动轨左端、第二段制动轨右端仍未离开原制动位，两制动轨对称分布，由相对铰 3 的力矩方程式可求得 P_f：

$$P_f \cdot (L - X) = N_2 \cdot L = N \cdot L$$

$$P_f = N\frac{L}{L - X} \tag{4-16}$$

由公式(4-16)可知，方程式仍为双曲线方程。

当车轮继续向前运动时，各段制动轨受力状态相同，完全重复以上的过程。

在上述计算的基础上，即可绘制出车辆单个车轮在停车器上走行至各个位置时的压力面积，对压力进行积分就可以得到平均压力 P_{cp}。

$$\begin{aligned} P_{cp} &= \frac{1}{6L}\left(6\int_0^{\frac{L}{2}} N\frac{L}{L - X}\mathrm{d}X + 6\int_{\frac{L}{2}}^{L} N\frac{L}{X}\mathrm{d}X\right) \\ &= N\{[\ln(L - X)]_{\frac{L}{2}}^{0} - \ln(X)]_{\frac{L}{2}}^{L}\} \\ &= N(\ln 2 + \ln 2) \\ &= (2\ln 2)N = 1.39\ N \end{aligned} \tag{4-17}$$

由于停车器制动轨对车轮的侧压力随着车轮进入停车器制动轨的位置而变化，因此在计算时应按照平均压力计算，即：

$$P = P_{cp} = 1.39N \tag{4-18}$$

但是在计算制动轨对车轮侧压力时，为了便于分析计算，假定了每段制动轨两端在水平平面内转动的简支梁，忽略各段相邻制动轨间的相互作用力。根据经验，实际的平均压力大于计算的平均压力 1.39N，应按照 1.53N 计算，即：

$$P=P_{cp}=1.53N \tag{4-19}$$

因为停车器制动轨端部对车轮压力 N 的大小由支撑臂上装有两个弹簧决定的，即：

$$N=2k \cdot f_r$$

所以对溜放车辆每轴每米所做的制动功($W_{轴}$)：

$$W_{轴} = 2 \cdot P \cdot \mu \cdot \frac{\bar{r}}{R} = 6.12k \cdot \mu \cdot f_r \cdot \frac{\bar{r}}{R} \tag{4-20}$$

式中：$W_{轴}$——停车器对溜放车辆每轴每米所做的功，J/(轴·米)；

f_r——停车器支承臂制动弹簧工作变形量，mm；

μ——滑动摩擦系数；

$\frac{\bar{r}}{R}$——制动力转换系数，$\frac{\bar{r}}{R}=0.290 \sim 0.345$。

取：$\mu=0.17$，$\frac{\bar{r}}{R}=0.342$，$f_r=55$ mm，$k=365.5$ N/mm。

求得：$W_{轴}=7.17\times 10^3$ J/(轴·米)

由公式(4-2)的计算结果可知，停车器至少需要具有 7.16×10^3 J/(轴·米)的制动功，才能使溜放速度 8 km/h 的 95 t 单辆重车最后一轮停在停车器上。根据公式(4-20)的计算结果可以得出结论：T·TK－92 型可控停车器能满足 95 t 单辆重车以 8 km/h 的溜放速度进入停车器被制动停车的要求。

(5)T·TK－92 型可控停车器对单辆 4 轴重车所做的制动功

由公式(4-21)可求得 T·TK－92 型可控停车器对单辆 4 轴车所做的制动功($W_{总}$)。

$$W_{总} = W_{轴} \cdot m_1 \cdot L_{轨} \tag{4-21}$$

式中：$W_{总}$——停车器对单辆 4 轴重车所做的总制动功，J；

m_1——单辆重车轴数；

$L_{轨}$——停车器制动轨有效长，m。

取 $m_1=4$，$L_{轨}=8.2$ m。

求得：$W_{总}=7.17\times 4\times 8.2=235\times 10^3$(J)

(6)T·TK－92 型可控停车器对单辆重车的制动能高

根据公式(4-22)可求得每台 T·TK－92 型可控停车器的制动能高(H_b)。

$$H_b=W_{总}/Q \tag{4-22}$$

式中：H_b——停车器对单辆重车的制动能高，m；

$W_{总}$——停车器对单辆重车所做的总制动功，J；

Q——单辆重车的重量，N。

由上式求得：$W_{总}=235\times10^3$ J，车辆按 95 t 重车计算：$Q=931\times10^3$ N。

求得：$$H_b=(235\times10^3)\div(931\times10^3)=0.252(\text{m})$$

(7)溜放车组经过两台可控停车器停车时被制动的轴数

为了确保编尾作业安全，T·TK—92 型可控停车器一般采用两台串联安装，此时，不同溜放车组经过两台可控停车器被制动停车的轴数可根据公式(4-23)计算得出：

$$m=\frac{Qv_{入}^2\ N_{车}}{2\times2\times9.8\cdot W_{轴}\cdot L\ 轨}=\frac{Qv_{入}^2\ N_{车}}{39.2W_{轴}\cdot L\ 轨}\tag{4-23}$$

式中：m——被停车器制动停车的轴数；

Q——单辆重车的重量，N；

$W_{轴}$——停车器对车辆单轴每米所做的制动功，J/(轴·米)；

$v_{入}$——溜放车辆进入停车器的速度，m/s(km/ h)；

$L_{轨}$——停车器制动轨有效长，m；

$N_{车}$——溜放车组辆数。

取：$Q=931\times10^3$ N，$L_{轨}=8.2$ m，$v_{入}=(1.39\sim2.22)$m/s，$N_{车}=5\sim10$。

表 4-3 给出的数据是当 5 辆至 10 辆 95 t 溜放车组以 5 km/h 至 8 km/h 的入口速度经过两台 T·TK—92 型可控停车器停车时被制动的轴数。

表 4-3 溜放车组经过两台可控停车器后停止时被制动的轴数

制动轴数 / 入口速度 / 溜放数量	8 km/h(2.22 m/s)	7 km/h(1.94 m/s)	6 km/h(1.67 m/s)	5 km/h(1.39 m/s)
10	20	16	12	8
9	18	14	11	8
8	16	13	10	7
7	14	11	8	6
6	12	10	7	5
5	10	8	6	4

4. T·TK—92 型可控停车器缓解时油缸缓解拉力计算

T·TK—92 型可控停车器每组支撑臂上装有两个弹簧，两弹簧中间设有一个液压油缸，当控制系统发出缓解指令时，液压系统使油缸拉伸，产生的拉力进一步压缩弹簧，当油缸的拉力大于弹簧在缓解位的弹力时，两根制动轨制动面的间距小于车辆轮对的最小内侧距离1 350 mm，可控停车器即可处于缓解状态。

(1)停车器在缓解状态时弹簧的压缩量应为：

$f_h=1\,365-1\,350+40+2=57$ mm(弹簧的预压缩量 F_y 为 40 mm，预留 2 mm 余量)

(2)由公式(4-24)可求得停车器在缓解状态时两个弹簧的弹力：

$$P_{簧}=k\times f_h\times2\tag{4-24}$$

式中：$P_{簧}$—— 两个弹簧的弹力，N；

k——弹簧刚度，N/mm；

f_h——停车器在缓解状态时弹簧的压缩量，mm。

取：$k=365.5$ N/mm，$f_h=57$ mm。

求得：$$P_{簧}=365.5\times57\times2=4.167\times10^4(\text{N})$$

(3)每个油缸的拉力可按公式(4-25)计算求得：

$$P_{缸}=[p_{油}\cdot\pi\cdot(D_{缸}^2-d_{杆}^2)]/4 \tag{4-25}$$

式中：$P_{缸}$——油缸拉力，N；

$p_{油}$——液压油压力，MPa；

$D_{缸}$——油缸内径，m；

$d_{杆}$——活塞杆直径，m。

取：$p_{油}=6.0$ MPa(由额定压力 7 MPa 的液压泵提供)，$D_{缸}=0.100$ m，$d_{杆}=0.025$ m。

求得：$$P_{缸}=6.0\times10^6\times\pi\times(0.100^2-0.025^2)\div4=4.416\times10^4(\text{N})$$

由上述计算可以看出：$P_{缸}>P_{簧}$，因此油缸的拉力可以满足可控停车器缓解时的需要。

(五)车辆进入停车器的受力分析

1. 轴向制动力对车轮抬起的影响

如图 4-9 所示，可控停车器在对车辆进行制动的过程中，车轮在制动接触点被制动轨夹住，车辆运动惯性迫使车轮以 A 点为支点，使整个车轮离开钢轨上升，此时，整个内侧压力集中在轮边 A 点上，车轮对 A 点产生两个力矩，轴向制动力矩 M_B 与车轮轮重产生的力矩 M_A。如果 $M_B>M_A$，车轮就会被挤出。

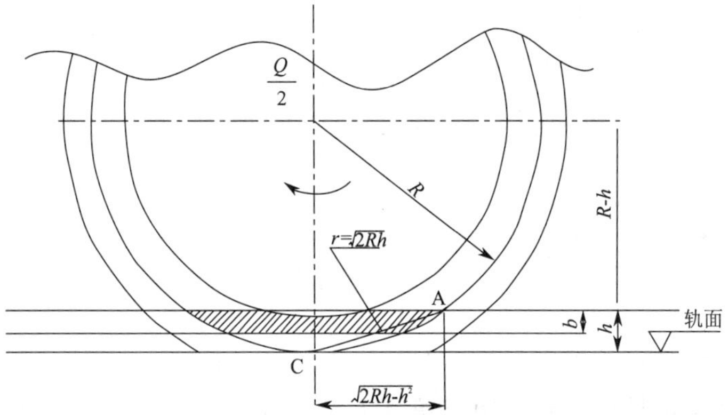

图 4-9　车轮在制动时的力矩图

根据公式(4-26)可以求得可控停车器对车轮的制动力矩 M_B。

$$M_B=\frac{1}{2}B_{轴}(R-h)=\mu P\frac{\bar{r}}{R}(R-h) \tag{4-26}$$

式中：M_B——可控停车器对车轮施加的制动力矩，N·m；

P——停车器制动轨施加在车轮内侧面上的正压力，N；

μ——滑动摩擦系数；

$\bar{r}$——车轮瞬时转动半径，m；

R——车轮半径，m；

h——制动轨制动面上边缘距基本轨面中心的高度，m。

由公式(4-13)计算可知，停车器制动轨施加在车轮内侧面上的最大正压力为：

$$P_{max}=2N=4\times(2k\cdot f_r)=4\times365.5\times55=8.041\times10^4\text{(N)}$$

取：$R=0.420$ m，$\bar{r}=0.121$ m，$h=0.070$ m，$\mu=0.17$。

求得：
$$\begin{aligned}M_B&=8.041\times10^4\times0.17\times(0.121\div0.420)\times(0.42-0.07)\\&=1.38\times10^3\text{(N·m)}\end{aligned}$$

根据公式(4-27)可以求得由车轮轮重对 A 点产生的力矩 M_A：

$$M_A=\frac{Q_{轴}}{2}\sqrt{2Rh-h^2}\qquad(4\text{-}27)$$

式中：M_A——由车轮产生的转动力矩，N·m；

$Q_{轴}$——车辆轴重，N；

中国目前使用的 4 轴轻型车按照 16 t 空车考虑，求得：

$$Q_{轴}=16\div4\times10^3\times9.8=3.92\times10^4\text{(N)};$$

$$M_A=3.92\times10^4\div2\times\sqrt{(2\times0.42\times0.07-0.07^2)}=4.55\times10^3\text{(N·m)}$$

由上述计算可以看出：$M_B<M_A$，因此即使是 16 t 空车进入 T·TK—92 型可控停车器，也可以确保不会被挤出。

2. T·TK—92 型可控停车器对车辆轮轴的受力分析

如图 4-10 所示，当车辆进入停车器后，车辆轮对内侧面受到来自停车器的轴向附加压力，车辆在停车器中走行时，此附加压力为停车器对车轮内侧面产生的制动力；车辆在停车器中停留时，此附加压力为被压缩的弹簧对车轮内侧面产生的正压力。

下面分别讨论车辆轮对在不同条件下的受力情况。

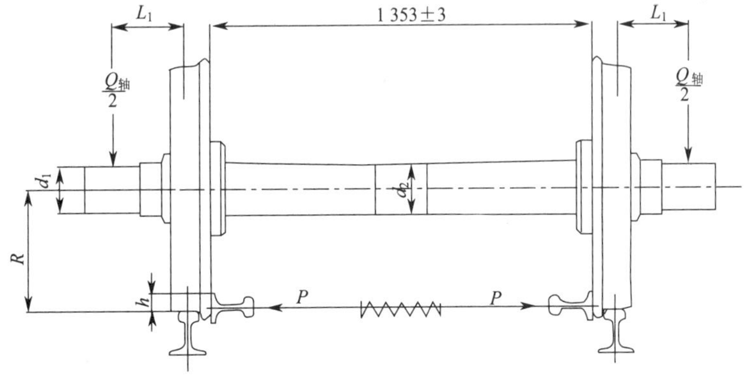

图 4-10　车辆轮对进入停车器的受力图(单位：mm)

(1)车辆进入停车器之前轮对的受力状况

由车辆的重量(包括自重和载重)对车轴产生的弯矩(M_Q)可根据公式(4-28)进行计算。

$$M_Q = \cdot Q_{轴静} \cdot L_1 \tag{4-28}$$

式中：M_Q——由车辆的重量（包括自重和载重）对车轴产生的弯矩，N·m；

$Q_{轴静}$——车辆在静止时的轴重，N，考虑到雨雪增载，取货车标记载重的 1.15 倍；

L_1——车轮轮缘内基线与轴颈中心线间的距离，m。

车辆在静止时，车轴的弯矩只受车重的影响，由 4 轴 95 t 单辆重车的载重引起的静弯矩（$M_{Q静}$）可由公式（4-28）计算求得。

$$Q_{轴静} = 931\times10^3\times1.15\div4 = 2.676\ 6\times10^5(\text{N})$$

按照 D 型车轴考虑，取：$L_1 = 0.25$ m

求得：　　$M_{Q静} = 2.676\ 6\times10^5\div2\times0.25 = 3.346\times10^4(\text{N}\cdot\text{m})$

根据公式（4-29）可分别求得轮座处车轴和中部车轴的抗弯截面系数。

$$W_{轴} = \pi\times d^3/32 \tag{4-29}$$

式中：$W_{轴}$——车轴的抗弯截面系数，cm^3；

d——车轴直径，cm；

按照 RE_2 型车轴考虑，取：轮座处车轴直径 $d_1 = 18$ cm，轮对中部车轴直径 $d_2 = 18.4$ cm。

求得：$W_{轴1} = \pi\times d_1^3/32 = 573(\text{cm}^3)$

$W_{轴2} = \pi\times d_2^3/32 = 612(\text{cm}^3)$

根据公式（4-30）可求得车辆在静止状态时对车轴轮座处和车轴中部产生的应力（$\sigma_{静1}$、$\sigma_{静2}$）。

$$\sigma = M_Q/W_{轴} \tag{4-30}$$

$$\sigma_{静1} = M_{Q静}/W_{轴1} = \frac{3.346\times10^4}{573\times10^{-6}} = 58.39(\text{MPa})$$

$$\sigma_{静2} = M_{Q静}/W_{轴2} = \frac{3.346\times10^4}{612\times10^{-6}} = 54.67(\text{MPa})$$

（2）车辆在停车器中轮对的受力状况

车辆在停车器中低速走行或停留时，受力情况如图 4-10 所示，轮对在竖直平面 XY 平面内承受车辆压力和制动轨的正压力，在水平面 XZ 平面内承受停车器产生的制动力。

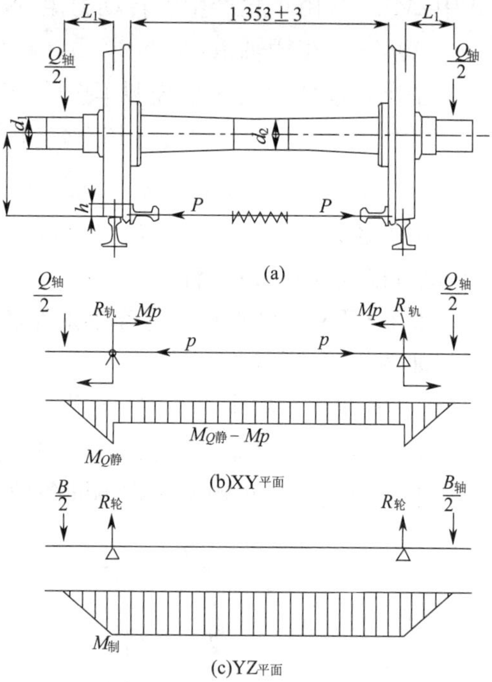

图 4-11　车辆轮对进入停车器的受力弯矩图（单位：mm）

由车轮轮重对车轴产生的弯矩可按照静弯矩考虑，则由公式（4-28）可求得：

$$M_{Q静} = 3.346\times10^4(\text{N}\cdot\text{m})$$

车轮内侧面受到来自停车器施加的正压力，当溜放车辆的车轴处在停车器每段制动轨中点时达到最大值（P_{max}）。由公式（4-31）可求得制动轨的正压力对轮轴产生的力矩 M_P。

$$M_P = P_{max} \cdot R \tag{4-31}$$

式中：M_P——制动轨的正压力 P 对轮轴产生的力矩，N·m；

R——车轮半径（$R = 0.420$ m），m；

P_{max}——制动轨施加在车轮内侧面上的最大正压力（$P_{max} = 8.041\times10^4$ N），N。

求得：　　$M_P=8.041\times10^4\times0.420=3.377\times10^4(\text{N}\cdot\text{m})$

在水平面XZ平面内停车器产生的制动力对轮轴产生的最大弯矩$M_{制}$：

$$M_{制}=\frac{1}{2}B_{轴}R=\frac{1}{2}\cdot2\mu P\frac{\bar{r}}{R}R=\mu P\bar{r} \tag{4-32}$$

式中：$M_{制}$——制动力对轮轴产生的最大弯矩，N·m；

$B_{轴}$——停车器对溜放车辆的轴向制动力，N；

P——停车器制动轨施加在车轮内侧面上的正压力，N；

μ——滑动摩擦系数；

$\bar{r}$——车轮瞬时转动半径，m；

R——车轮半径，m。

取：$\bar{r}=0.121$ m，$\mu=0.17$。

求得：　　$M_{制}=8.041\times10^4\times0.17\times0.121=1.65\times10^3(\text{N}\cdot\text{m})$

由车轴所受弯矩图可以看出，车轮轮轴在轮缘内基线处所受弯矩最大，其大小为：

$$M_{轴\max}=\sqrt{M_{制}^2+M_{Q静}^2}=3.350\times10^4(\text{N}\cdot\text{m}) \tag{4-33}$$

轮轴在承受弯矩$M_{轴\max}$的同时，由于还要受到两根制动轨对两车轮内侧面的压力而产生拉伸，所以轮轴的最大应力为：

$$\sigma_{轴\max}=\frac{M_{轴\max}}{W_{轴1}}+\frac{P_{\max}}{A_{轴1}} \tag{4-34}$$

按照RE_2型车轴考虑，取：轮座处车轴直径$d_1=18$ cm；

抗弯截面系数：$W_{轴1}=\pi\times d_1^3/32=573(\text{cm}^3)$；

截面面积：$A_{轴1}=\pi\times d_1^2/4=254.5(\text{cm}^2)$。

求得：　　$\sigma_{轴\max}=\frac{3.350\times10^4}{573\times10^{-6}}+\frac{8.041\times10^4}{254.5\times10^{-4}}=61.62(\text{MPa})<[\sigma](549\ \text{MPa})$

由上述计算和分析可以看出，溜放车辆在停车器中，车轴所受到的应力都小于车轴许用应力$[\sigma]$，因此停车器对溜放车辆所施加的制动力是十分安全可靠的。

(六)T·TK－92型可控停车器主要零件的强度校核

在T·TK－92型可控停车器工作时的受力零部件主要有制动轨、液压油缸的活塞杆及拉杆、支撑臂和托梁等，下面分别对这些零件进行强度计算与校核。

1. 制动轨的强度计算

制动轨是可控停车器的主要受力部件。在制动过程中，制动轨不允许断裂和产生塑性变形。

如图4-12所示，在可控停车器对车辆的制动过程中，制动轨所受的力主要来自安装在支撑臂上被压缩弹簧的弹力(P)，按静态平衡力的平衡条件，支点的反力(R_A)应等于弹簧的弹力。根据公式(4-28)可求得弹簧弹力对制动轨A点产生的最大弯距($M_{轨}$)。

$$R_A=P=4.021\times10^4\ \text{N}$$

$$M_{轨}=R_A\times\frac{1}{2}(1.35-0.24)=2.232\times10^4(\text{N}\cdot\text{m})$$

制动轨采用50 kg/m钢轨加工而成，其轨顶和轨底的抗弯截面系数分别为：

$$W_{轨顶}=251.3\times10^{-6}\ m^3$$
$$W_{轨底}=245\times10^{-6}\ m^3$$

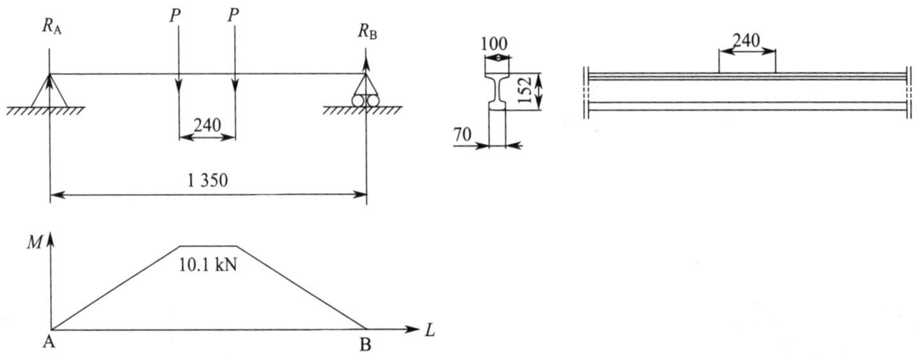

图 4-12　制动轨的受力示意图(单位:mm)

根据公式(4-30)可求得在制动轨顶部产生的拉应力($\sigma_{轨顶}$)和底部产生的压应力($\sigma_{轨底}$)。

$$\sigma_{轨顶}=\frac{M_{轨}}{W_{顶}}=88.82(MPa)$$

$$\sigma_{轨底}=\frac{M_{轨}}{W_{底}}=91.10(MPa)$$

查表可知 50 kg/m 钢轨的许用应力为$[\sigma]=317$ MPa,由上述计算可以看出:在停车器对车辆制动过程中,制动轨所受到的拉应力和压应力都大大低于钢轨的许用应力,因此采用该制动轨是安全可靠的,能够满足停车器的使用要求。

2. 油缸中的活塞杆和拉杆的强度计算

活塞杆和拉杆是可控停车器的主要构件,它主要担负着缓解时拉压弹簧的作用。

(1)活塞杆的强度计算

活塞杆主要承受的拉力即为油缸拉力,由公式(4-25)已计算出油缸的拉力:

$$P_{缸}=4.416\times10^4(N)$$

由图 4-13 所示的结构可知活塞杆的直径及耳环内、外径尺寸,因此可求得活塞杆和耳环的截面积。

$$S_{杆1}=\pi\times2.5^2/4=4.91(cm^2)$$
$$S_{环1}=(5.0-2.9)\times0.6+(5.0-3.5)\times1.9=4.11(cm^2)$$

由于 $S_{环1}<S_{杆1}$,可见受力最大的位置为耳环的截面处,因此只要计算出耳环所受应力即可,根据公式(4-30)可求得耳环所受应力($\sigma_{环1}$)。

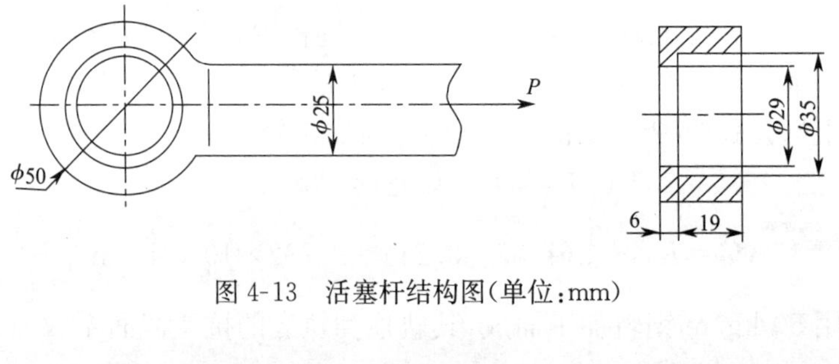

图 4-13　活塞杆结构图(单位:mm)

$$\sigma_{环1}=\frac{P_{缸}}{S_{环1}}=\frac{4.416\times10^{4}}{4.11\times10^{-4}}=107.45(\text{MPa})$$

活塞杆采用的是调质处理的 40 Cr 钢，其许用应力〔σ〕=523 MPa ，由于 $\sigma_{环1}<$〔σ〕，因此，活塞杆在工作中是安全的。

(2)拉杆的强度计算

可控停车器的拉杆也同样承受拉力，因为是两根拉杆，所以每根拉杆的拉力为油缸拉力的一半。由图 4-14 所示的结构可知拉杆的直径及拉杆耳环的内、外径尺寸，因此可求得拉杆和耳环的截面积。

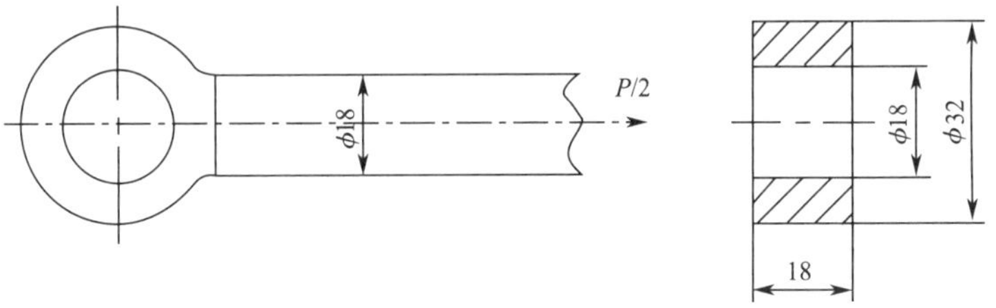

图 4-14　停车器拉杆结构图(单位：mm)

$$P_{杆}=\frac{P_{缸}}{2}=2.208\times10^{4}(\text{N})$$

$$S_{杆2}=\pi\times1.8^{2}/4=2.54(\text{cm}^{2})$$

$$S_{环2}=(3.2-1.8)\times1.8=2.52(\text{cm}^{2})$$

由于 $S_{杆2}>S_{环2}$，可见受力最大的位置为耳环的截面处，因此只要计算并校核出拉杆耳环处所受应力即可，根据公式(4-30)可求得拉杆耳环处所受应力($\sigma_{杆2}$)。

$$\sigma_{杆2}=\frac{P_{杆}}{S_{环2}}=\frac{2.208\times10^{4}}{2.52\times10^{-4}}=87.62(\text{MPa})$$

拉杆采用的也是调质处理的 40 Cr 钢，其许用应力〔σ〕=523 MPa ，由于 $\sigma_{杆2}<$〔σ〕，因此拉杆在工作中也是安全的。

3. 支撑臂的强度计算

如图 4-15 所示，可控停车器的托梁是由 A3 钢材的 12 号工字钢制成的，根据支撑臂的结构和受力情况可知，其最大危险截面在 m—n 处。根据材料力学的计算公式可求得支撑臂危险截面的抗弯截面系数：$W_{臂}=72.7\ \text{cm}^{3}$；它的许用应力：[$\sigma$]=160 MPa。

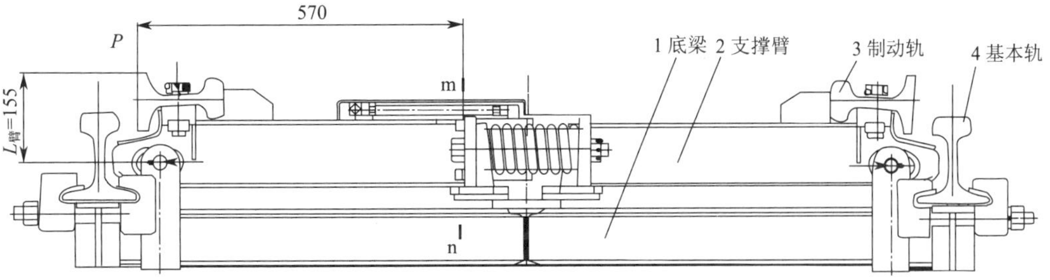

图 4-15　停车器支撑臂结构及受力图(单位：mm)

支撑臂危险截面处的变形，是车轮作用在制动轨上的正压力 P 产生的弯曲和弹簧压力 N 产生的压缩而形成的组合变形。

支撑臂危险截面处的应力($\sigma_{臂}$)的大小为：

$$\sigma_{臂}=\left|\frac{PL_{臂}}{W_{臂}}+\frac{N}{S_{臂}}\right| \tag{4-35}$$

式中：P——车轮对制动轨产生的正压力($P=P_{簧}=4.021\times10^4$ N)，N；

$L_{臂}$——车轮正压力 P 的力臂($L_{臂}=155$ mm$=15.5$ cm)，cm；

N——制动弹簧产生的弹力($N=P_{簧}=4.021\times10^4$ N)，N；

$W_{臂}$——支撑臂危险截面的抗弯截面系数($W_{臂}=72.7$ cm^3)，cm^3；

$S_{臂}$——支撑臂危险截面的面积($S_{臂}=17.8$ cm^2)，cm^2。

求得： $\sigma_{臂}=108.31$ MPa$<[\sigma]$

因此，支撑臂在工作中是安全的。

4. 托梁的强度计算

如图 4-16 所示，可控停车器的托梁是由 A3 钢材的 10 号工字钢制成的，它的许用应力：$[\sigma]=160$ MPa。托梁的受力可以简化为简支梁来进行强度计算和校核。

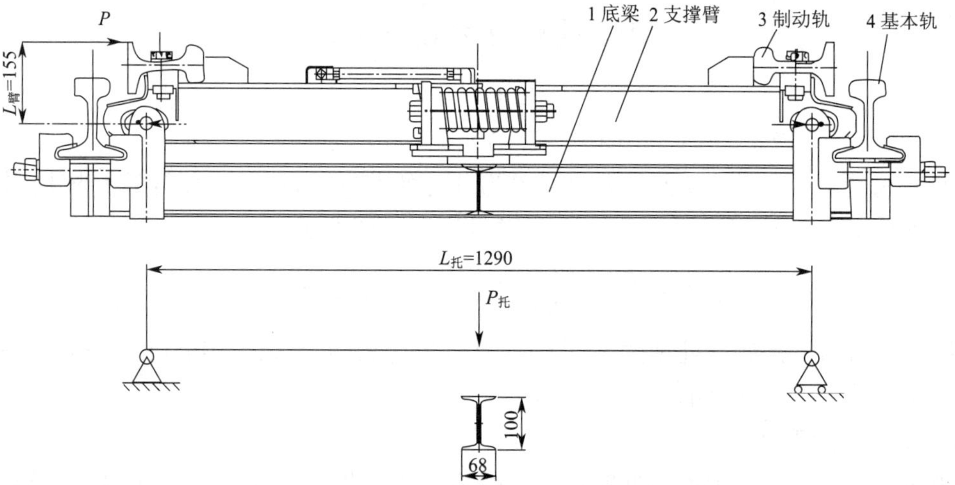

图 4-16 停车器托梁结构及受力图(单位：mm)

根据公式(4-36)可求得托梁所受的最大弯矩($M_{托max}$)，根据公式(4-30)可求得托梁所受的应力($\sigma_{臂}$)。

$$M_{托max}=\frac{P_{托}\times L_{托}}{4} \tag{4-36}$$

式中：$M_{托max}$——托梁所受的最大弯矩，N·m；

$P_{托}$——托梁所受支撑臂的压力，N；

$L_{托}$——托梁的有效长度，m。

取：$L_{托}=1.290$ m，$L_{臂}=0.155$ m，$P_{托}=\dfrac{4PL_{臂}}{L_{托}}=1.932\times10^4$(N)；

求得： $M_{托max}=6.23\times10^3$ N·m，$\sigma_{托}=\dfrac{M_{托max}}{W_{托}}=127.16$(MPa)

式中：$W_{托}$——托梁的截面系数（$W_{托}=49.0\ cm^3$），cm^3。

由于 $\sigma_{托}<[\sigma]$，因此托梁在工作中是安全的。

四、DYT 型停车器

（一）DYT 型停车器的基本结构

DYT 型停车器是一种以液压为动力、双轨内侧制动的非重力内撑式停车防溜设备，其外形如图 4-17 所示。它的基本结构如图 4-18 所示，主要由执行系统、液压系统、电气系统三大部分组成。

图 4-17　DYT 型停车器外形图

1. 执行系统：执行系统是可控停车器的基础。如图 4-19 所示，执行系统由托梁、油缸、支撑座、制动轨、防爬卡等组成。托梁由槽钢和滑铁座组成，与两根基本轨连接为一体，是停车器的基础。每个动作机构由两个制动轨座和一个制动油缸连接组成。油缸安放在托梁滑铁座上，在制动和缓解时，可以在托梁滑铁座上伸缩滑动。为显示其制动、缓解位置，在某一制动油缸上安装有行程开关（或接近开关）。防爬卡安装在托梁两端的后部，以防止溜放车辆对停车器产生冲击造成托梁的位移。

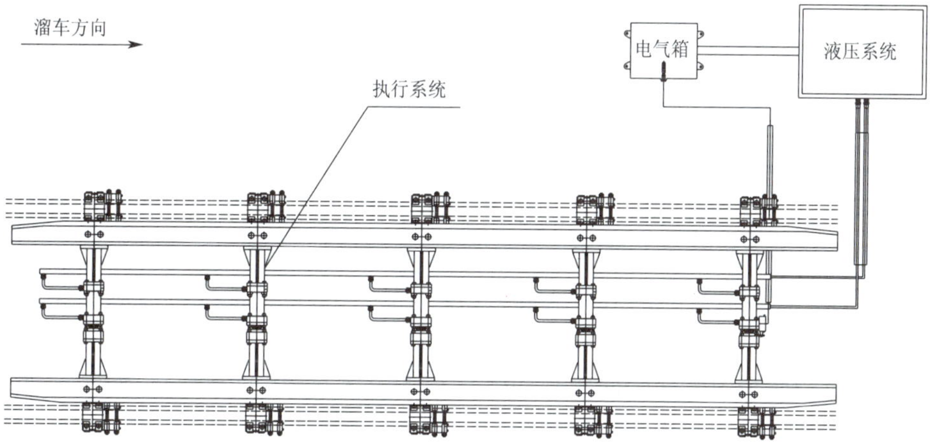

图 4-18　DYT 停车器结构示意图

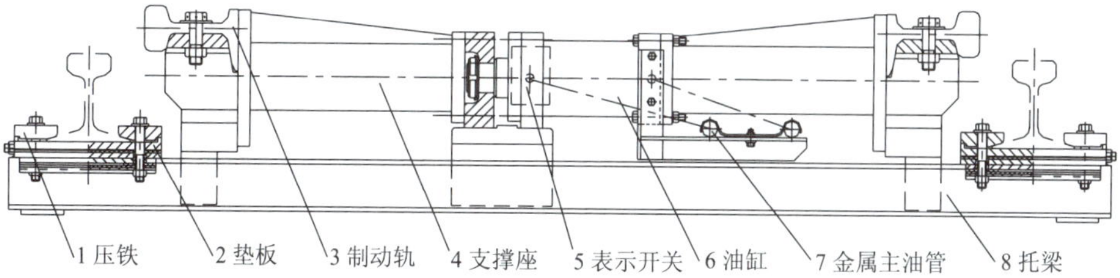

图 4-19　DYT 停车器执行系统示意图

执行系统的主要作用是：用托梁将基本轨与停车器的动作机构连接为一体，将液压系统的动力转换成停车器的制动力，在对溜放车辆制动停车的过程中吸收其动能，达到停车防溜的目的。

2. 液压系统:液压系统是停车器的动力来源,如图 4-20 所示,液压系统由液压控制箱、制动油缸的液压部件、油路的连接部件组成。其中的核心组件有:液压集成模块、蓄能器、油泵组件、液压元器件等。

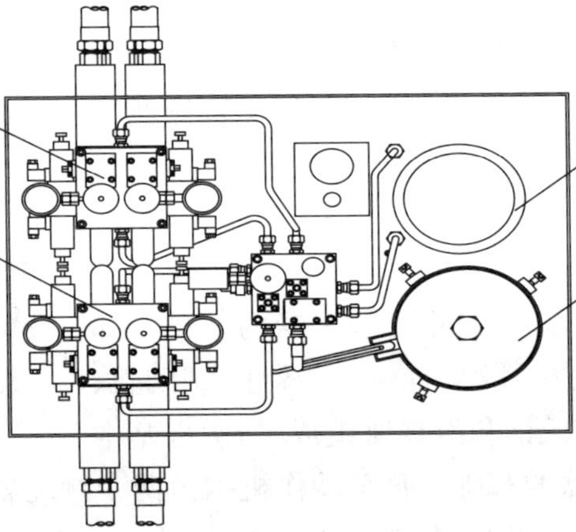

图 4-20　DYT 停车器液压系统示意图

液压系统的主要作用是:为停车器提供稳定的动力源,保持系统给定的制动力,吸收溜放车辆的动能实现制动停车和防溜;根据控制系统的指令实施对可控停车器的制动和缓解。

3. 电气系统:电器系统是可控停车器的指挥枢纽,它由电气控制箱、控制元件、表示元件、绝缘件以及接线端子等组成。

电气系统的主要作用是:按照控制系统的指令,控制停车器的动作;向控制室的值班人员反馈设备的工作状态信息、故障信息和车辆占用信息;保持线路和设备的绝缘。

(二)DYT 型停车器的工作原理

DYT 型停车器设有独立的液压能源,通过小型电机,带动油泵将液压能储存在蓄能器中,平时停车器处于常制动位。如图 4-21 所示,当溜放车辆从驼峰上溜下进入尾部的停车器时,轮对的两个内侧面经两根制动轨导角的导入,挤压两制动轨,使制动油缸活塞回缩,此时由于液压控制模块的作用,已形成了密闭油路,液压油不能排出,因此制动轨压缩油缸使液压系统的压力升高,此压力又通过制动轨形成反作用力施加在车轮内侧,产生摩擦力矩,阻止车轮的转动,从而达到制动停车和防溜的目的。

当股道内的车辆编组完成并需要牵出时,由控制系统发出指令,通过电气系统控制液压模块使油缸中的液压油卸荷,此时制动轨不再对车轮内侧产生压力,停车器处于缓解状态。

当系统判定股道已清空后,在控制系统的指令下液压控制模块向制动油缸输入压力油,使停车器再次处于制动状态。

(三)DYT 型停车器的主要技术特点

1. 制动能力大而且可根据现场的需求进行调整。

DYT 型停车器单位制动能高为 0.07 m/m,每台停车器一般由 4～5 节组成,每节 1.3 m。单台 DYT 型停车器(4 节)的制动能高为 0.25～0.5 m。在实际使用时,可根据现场的线路及车流等实际需要对制动能高进行调整,现场对停车器进行调整后可对设备结构进行锁定，使其保持稳定的制动性能。该设备适用范围广，特别适用于重车车流多，尾部超速严重的调车场。

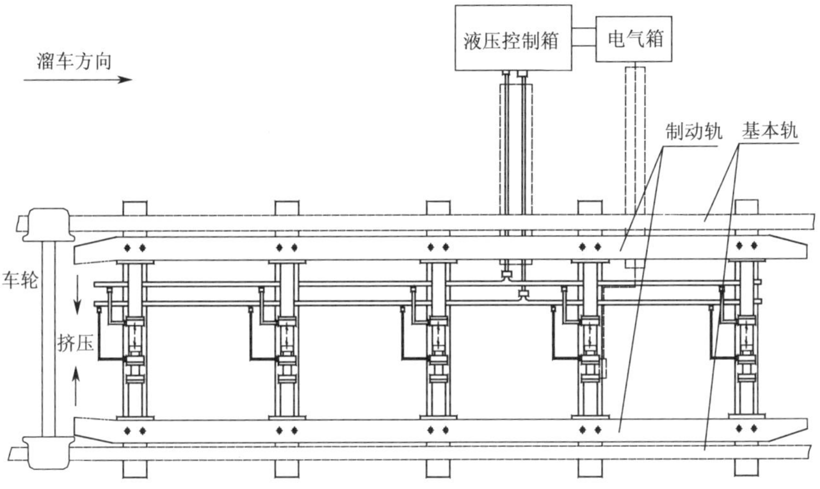

图 4-21　DYT 停车器工作示意图

2. 制动、缓解时间短，尾部作业效率高。

DYT 型停车器动作时间快，制动时间小于或等于 6 s，缓解时间小于或等于 10 s，大大高于铁道行业标准《内撑式停车防溜器》中的规定。因此可与调车场尾部的信号实施联锁，实现编尾的综合自动化。同时可大大提高自动化编组站尾部的作业效率。

3. 制动、缓解位置准确，有利于车辆的安全牵出。

DYT 型停车器采用液压控制，使停车器的制动和缓解位置十分准确，从而可以确保停车器的性能指标稳定可靠。在缓解时制动轨作用面间距离小于或等于 1 330 mm，使每侧制动轨工作面与车轮内侧面的间隙在 10 mm 以上，可避免调车作业时车辆与停车器之间发生有害冲撞，提高停车器的使用寿命，有利于车辆的安全牵出。

4. 机械强度高，使用寿命长，故障率低。

DYT 型停车器的整体结构强度高，特殊设计的液压油路及专用制动油缸使其可以承受溜放车辆 23.4 km/h 以上速度的冲击。同时采用了专利密封技术，从根本上消除了液压系统容易漏油、保压时间短的弊端。

5. 可吸收车辆动能对车辆实施制动，使用安全、可靠。

DYT 型停车器除进行制动、缓解位置转换时需要由外部提供少量的电能外，对溜放车辆实施制动所需的能量完全是吸收溜放车辆的动能。由于停车器自身备有蓄能装置，可以保证设备在停电后手动制动、缓解两次。因此，遇到停电等原因，控制室内无法实现缓解时，可以就地采用人工手动缓解，在现场将电磁换向阀手动并固定在缓解位，停车器即可缓解，机车和车辆可以安全通行。

（四）DYT 型停车器的优化设计

1. 制动能高的优化设计

制动能高是停车防溜设备最重要的技术指标之一。铁道行业标准《内撑式停车防溜器》（TB/T 3162.1—2007）中规定：单台停车防溜器的制动能高（H_b）不应小于 0.25 m（对

95 t 重车),DYT 型停车器经优化设计后制动能高可在 0.25～0.5 m 之间调整,最高可达 0.5 m。因此该设备完全适用于目前已大量投入使用的 C_{70} 等新型重载车辆,而且为今后即将出现的更重车型留有充分的余量。能够适应不断出现的新型重载车辆的停车防溜要求。

2. 制动、缓解时间的优化设计

铁道行业标准《内撑式停车防溜器》中规定:停车器的制动、缓解时间均不应大于 30 s。这对于小能力驼峰是完全可以满足的,但对于路网性编组站大能力驼峰,显然是存在一定的不足,特别是对于停车器纳入尾部联锁和车辆牵出的效率都有一定程度的影响。DYT 型停车器通过优化设计,将制动时间优化为小于或等于 6 s,缓解时间优化为小于或等于 10 s,使该设备具有更优良的技术性能,更加适合用于各种类型的调车场和到发线。

3. 缓解位两制动轨作用面间距离的优化设计

铁道行业标准《内撑式停车防溜器》中规定:在调车线使用的停车器,缓解位两制动轨作用面间距离不应大于车辆轮对的内侧距,也就是说应小于或等于 1 350 mm,这里给出的是最基本的要求。但如果停车器在缓解位两制动轨作用面间距离正好等于车辆轮对的最小内侧距1 350 mm,制动轨和车轮内侧面的间隙为零,此时停车器虽然缓解了,但制动轨和车轮内侧面仍处于密贴状态,当车辆高速牵出时,特别是由于车辆的蛇形运动而产生较大横动量时,就必然会使车辆与停车器都产生严重的机械磨耗与损坏。

因此,从机械设计的角度出发,将 DYT 型停车器在缓解时制动轨作用面间距离优化设计为小于或等于 1 330 mm,使停车器缓解后,每侧的制动轨工作面与车轮内侧面之间都有10 mm以上的间隙。从而确保车辆在停车器上通过时两者之间留有较大的动配合间隙,可以避免停车器在缓解状态时与高速牵出的车辆产生有害磨损。

(五)DYT 型停车器的主要技术指标

DYT 型停车器的主要技术指标如表 4-4 所示。

表 4-4　DYT 型停车器的主要技术指标

序　　号	项　　目	参　　数
1	单台制动功(J)	$(235\sim470)\times10^3$
2	单台制动能高(m)	0.25～0.5
3	制动时间(s)	≤6
4	缓解时间(s)	≤10
5	单台总长度(m)	6.1
6	有效制动长度(m)	5.65
7	上部尺寸(限界)(mm)	调车线:<78
		到发线:<60
8	制动位两制动轨作用面间距离(mm)	调车线:1 370±3
		到发线:1 363±3

续上表

序　　号	项　　目	参　　数
9	缓解位两制动轨作用面间距离(mm)	调车线:≤1 330
		到发线:≤1 320
10	制动时允许车辆最大入口速度(km/h)	21.6
11	供电电源(V)	AC380
12	控制电源(V)	AC220
13	单台功率(kW)	调车线:0.75
		到发线:2.20
14	适用轨型(kg/m)	43、50、60
15	环境温度(℃)	−40～70
16	质量(kg)	2 600

五、T·FD—06(B)型电动停车器

(一)T·FD—06(B)型电动停车器的基本结构

T·FD—06(B)型电动停车器是一种以电机为动力,通过机械传动对弹簧施压,由双轨底对车轮制动,并具有锁闭功能的内撑式停车防溜装置。图 4-22 是它的外形图,每台停车器由 2 根制动轨、6 组支撑臂、6 组横向四连杆支架、6 根传动轴、1 套电机驱动装置、1 组纵向传动装置、1 个表示装置以及联锁控制电路系统等组成。

制动轨由 50 kg/m 钢轨加工而成,全长 7.7 m,两端设有引导口,钢轨轨底为制动面。支撑臂总成如图4-23所示,它由左支臂、右支臂、连杆、销轴、丝杆及丝母组件等组成。

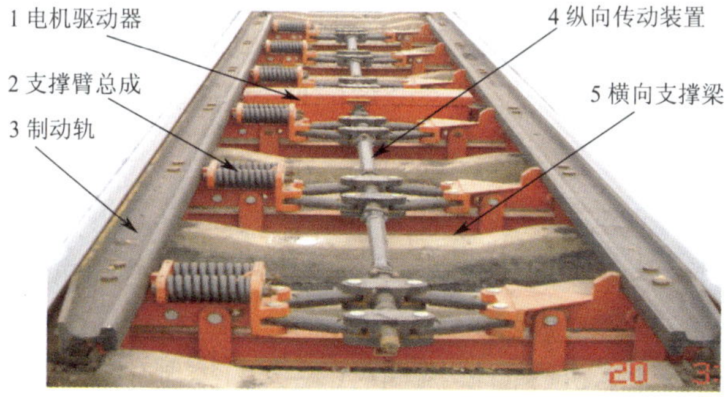

图 4-22　T·FD—06(B)型电动停车器

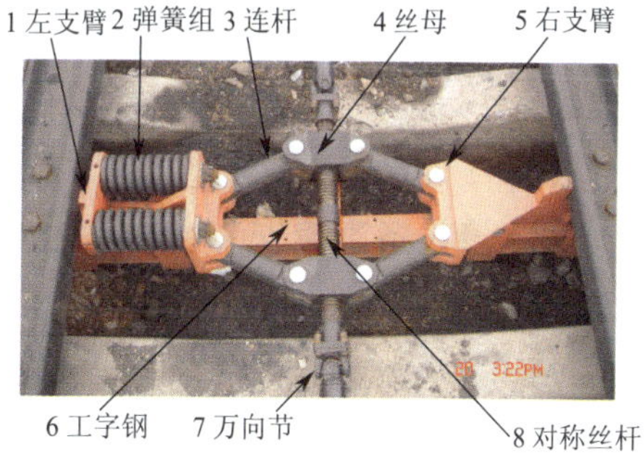

图 4-23　T·FD—06(B)型电动停车器支撑臂分解图

横向支撑梁由 1 根工字钢、2 个吊耳、4 对立耳焊接而成,工字钢上装有摩擦板和销轴,两端有内外轨卡、绝缘垫及紧固螺栓。

电机驱动器由电动机、摆线针轮减速器、联轴器、电机保护壳、连接法兰、连接销和传动轴组成。纵向传动装置主要有 6 根万向节传动轴、花键法兰、6 根对称丝杆及丝母组

成。表示传动箱由大齿轮，小齿轮，丝杠、丝母和开关组成。

(二)T·FD—06(B)型电动停车器的工作原理

T·FD—06(B)型电动停车器主要用于调车线尾部对溜放车辆的静、动态停车防溜。

当驼峰进行溜放作业时，在室内点击电脑图标制动指令，通过控制系统使停车器的电机驱动，机械传动系统压缩弹簧，使停车器处于制动位，这时制动轨工作面会将开口增至(1 365±3)mm，大于车轮内侧距离(1 353±3)mm。当溜放车辆的车轮通过制动轨的引导口进入停车器时，由于车轮内侧距离小于制动轨的开口尺寸，车轮将通过制动轨强行压缩制动弹簧，在制动弹簧的反作用力下使制动轨与车轮之间产生强大的摩擦力，使溜放车辆减速、停车。

当调车作业结束、车辆需要牵出时，在室内点击电脑图标缓解指令，通过控制系统使停车器转换为缓解状态。这时停车器在驱动机构驱使下回缩到小于1 350 mm，使编好的车辆在没有摩擦力的情况下顺利牵出。

(三)T·FD—06(B)型电动停车器的技术特点

1. 该设备设置了制动力调整装置，可根据现场的实际情况和用户要求，调整两根制动轨的开口尺寸，增大或减小制动能力。同时还可以根据制动轨的磨耗情况，适当调整制动轨开口尺寸，稳定制动能力。解决了停车器由于制动轨磨耗不能调整带来的制动力下降和更换制动轨而加大维修成本的问题。

2. 该设备采用电机驱动，机械传动。由于采用了具有自锁功能的丝杠、丝母传动，因此传动平稳，运行可靠，故障率低。并能在制动或缓解状态下自行锁闭。避免了液压传动机构由于停电或漏油造成制动状态的改变而影响调车作业。

3. 该设备设置了伸缩万向结传动机构，制动臂为游动形式，制动轨两端设有安全引导口，可防止车辆蛇形运动对设备造成冲击和损坏。

4. 该设备制动臂底梁采用鱼腹形高强度底梁，可有效防止由于制动梁强度不足，造成制动轨制动角度的改变而影响制动能力。

5. 该设备采用销轴连接，传动机构采用高耐磨材料，并采用开放式耐磨脂润滑，日常维修量小，维修成本低，可连续工作10万次以上，大大提高了设备的使用寿命，减少了维修人员的配备。

6. 该设备直接安装在线路的基本轨上，不需要任何基础。并采用夹紧力大的斜楔绝缘轨卡装置，既满足了轨道电路的要求，又具有很强的锁紧力，可有效防止设备的爬行。

7. 控制系统采用PLC可编程自动控制，计算机界面操纵，取代较大的控制柜及手动按钮操纵，具有故障报警、超时报警等功能。同时还设有防雷装置，股道控制箱内有恒温控制装置，确保设备运行安全可靠。

8. 该设备设置手动控制机构，在非常情况下可紧急进行人工手动操作，能有效防止调车作业事故。

(四)T·FD—06(B)型电动停车器的主要技术指标

T·FD—06(B)型电动停车器的主要技术指标如表4-5所示。

表 4-5　T · FD—06(B)型电动停车器的主要技术指标

序　　号	项　　目	参　　数
1	单台制动功(J)	$(235\sim330)\times10^{3}$
2	单台制动能高(m)	0.25～0.35
3	制动时间(s)	≤25
4	缓解时间(s)	≤25
5	单台总长度(m)	7.7
6	有效制动长度(m)	7.0
7	上部尺寸(限界)(mm)	调车线:70±8
8	制动位两制动轨作用面间距离(mm)	调车线:1 367±3
9	缓解位两制动轨作用面间距离(mm)	调车线:1 340～1 350
10	制动时允许车辆最大入口速度(km/h)	20
11	供电电源(V)	AC380,3.4A
12	控制电源(V)	AC220
13	单台功率(kW)	1.5
14	适用轨型(kg/m)	43、50、60
15	环境温度(℃)	−50～60
16	质量(kg)	2 100

六、T · FD—06 型停车防溜器(到发线用)

(一)T · FD—06 型停车防溜器的基本结构

T · FD—06 型停车防溜器是一种用于到发线的停车防溜装置(简称防溜器),它以电机为动力,内撑式双轨底制动,弹簧施压,机械传动,具有可升降功能和自锁闭功能,缓解位的停车器不高于基本轨轨面 25 mm。

如图 4-24 所示,它由制动部分、传动部分、升降连杆和电控部分组成,每台防溜器由 2 根制动轨(1)、6 组支撑臂总成(2)、4 组纵向支撑梁(3)、1 组纵向拉杆传动装置(6)、2 根传动轴、1 组传动表示装置、1 组动力箱(4)及联锁控制电路等组成。具体结构如下:

图 4-24　T · FD—06 型防溜器整体外形图

1. 制动轨:由 50 kg/m 再用轨加工而成,轨头为制动面,两端设有引导口。全长6.7 m。

2. 支撑臂总成：如图 4-25 所示，支撑臂总成由游动支臂、游动支架、弹簧组、传力耳环、导向轮、传力方箱、左传力板、右传力板、中心拉板、销轴、固定支臂、连杆组件、底梁（由两根槽钢相对焊接而成）、底梁吊耳、轨卡、绝缘垫板及紧固件等组成。

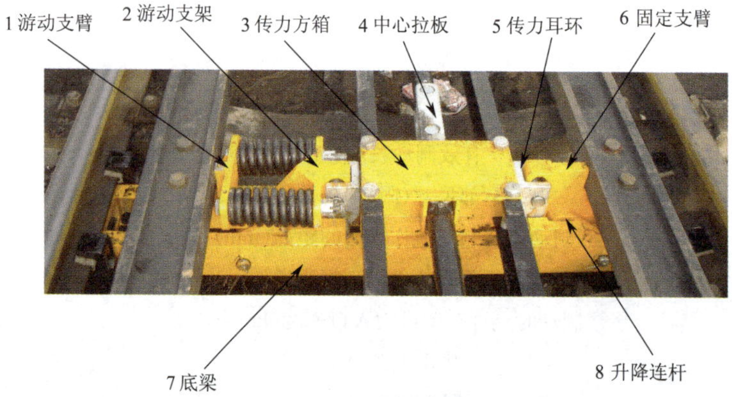

图 4-25　T·FD—06 型防溜器支撑臂结构图

3. 托梁：由支撑槽钢、拉杆总成、连杆护罩及紧固件等组成。

4. 动力箱：由电动机、蜗杆减速装置、摩擦离合装置、万向传动轴、大齿轮、小齿轮、滚动轴承、表示杆、开闭装置轴、开闭装置总成等组成。

5. 纵向传动装置：由对称滚珠丝杆、蜗轮蜗杆减速机、导轨、纵向拉板、导向滚轮、滚轮销轴、左右拉杆、纵向连杆及支撑槽钢等组成。

6. 传动表示装置：由挂架机构总成，表示导轮固定架、表示传动齿条、表示传动齿轮、对称花键轴、横向调整套及紧固件等组成。

（二）T·FD—06 型停车防溜器的工作原理

当 T·FD—06 型停车防溜器在缓解位时，其上部限界符合《铁路技术管理规程》关于限界的要求，不会影响列车在该线路上的正常运行。

在选排调车作业进路时，事先将停车防溜器操纵到制动位，此时，制动轨及支撑臂升起，两根制动轨作用面间距为(1 367±5)mm，大于车轮内侧距离(1 353±3)mm，当车辆停留在停车器上或通过制动轨引导口进入停车器时，处于制动状态的制动轨工作面夹紧车轮，车轮通过制动轨压缩弹簧，制动弹簧的反作用力使制动轨与车轮之间产生强大的摩擦力，对车辆实施制动停车。此时，如果车辆发生移动，停车器会始终对车轮强行制动，阻止车辆溜逸。

在选排接发列车进路时，事先将停车防溜器操纵到缓解位，并经控制电路检查缓解位表示良好后，方能开放接、发列车信号。此时，制动轨、支撑臂落下，使之不高于基本轨轨面 25 mm，所有机车车辆均可以任何速度正常通过。

（三）T·FD—06 型停车防溜器的技术特点

1. T·FD—06 型停车防溜器采用电动机直接驱动，能够自行锁闭，具有传动可靠，制动力稳定的特点。

2. 防溜器采用平行双连杆式升降机构，能够自行升降，横向四连杆机构及纵向传动装置，具有运动阻力小，功率损失小，部件磨损少，寿命长等特点。

3. 防溜器机械结构简单，动作可靠，故障率低、便于维修、维修量小等优点。

4. 可升降式防溜器处于缓解位时，所有零部件均不高于基本轨轨面 25 mm，有利于机车车辆的安全运行。

5. 防溜器采用弹性制动，制动力稳定并可适当调整，防止了钢性制动对轮对的损伤，有利于行车安全。

6. 防溜器在编发线、到发线等场合使用时，均可通过简便、可靠的控制电路纳入电气集中，实现与信号联锁。

(四)T·FD—06 型停车防溜器的主要技术指标

T·FD—06 型停车防溜器的主要技术指标如表 4-6 所示。

表 4-6　T·FD—06 型停车防溜器的主要技术指标

序　号	项　目	参　数
1	单台制动功(J)	$(235\sim330)\times10^3$
2	单台制动能高(m)	0.25～0.35
3	制动时间(s)	≤10
4	缓解时间(s)	≤10
5	单台总长度(m)	6.7
6	有效制动长度(m)	6.0
7	制动位上部尺寸(限界)(mm)	编发线：70^{+8}_{0}
		到发线：62^{0}_{-5}
8	缓解位上部尺寸(限界)mm	编发线：≤25
		到发线：≤15
9	制动位两制动轨作用面间距离(mm)	编发线或到发线：$1\,365^{+5}_{-2}$
10	缓解位两制动轨作用面间距离(mm)	编发线或到发线：≤1 320
11	制动时允许车辆最大入口速度(km/h)	20
12	供电电源(V)	AC380，3.4A
13	控制电源(V)	AC220
14	单台功率(kW)	1.5
15	适用轨型(kg/m)	43、50、60
16	环境温度(℃)	－50～60
17	质量(kg)	2 300

七、T·DDZ—09 型电动重力式停车器

(一)T·DDZ—09 型停车器的基本结构

T·DDZ—09 型电动重力式停车器是一种由电机驱动、重力式双轨制动的内撑式停车防溜装置，其外形如图 4-26 所示，结构如图 4-27 所示，它由执行机构、传动部分和电控

系统三大部分组成。每台停车器一般为 3 节，执行机构由 4 组支撑、4 组浮动托梁和 2 根制动轨组成。每组支撑通过浮动钳组、支撑梁和锁闭机构用销轴连接组合而成，制动轨采用 50 钢轨加工，两端设有引导口。传动部分由电动机、变速箱和进退机构等组成，电控系统主要由控制箱、控制电路、指示灯以及安装在进退机构上的行程开关等组成。

（二）T·DDZ—09 型停车器的工作原理

当控制系统向停车器发出制动命令时，电动机顺时针方向旋转，带动进退机构向两端延伸，使进退滑块支撑向两端移动并锁闭，使制动轨处于制动状态，制动到位后，电动机在行程开关的控制下断电。当车辆进入停车器时，车轮压在浮动的基本轨上，利用被制动车轮的重量，通过浮动轨及支撑的传递，使安装在浮动钳上的制动轨对车轮内侧产生侧压力进而对车辆产生制动力，达到使车辆减速和制动停车的目的。停车器的制动力与车轮的重量成正比，车轮的重量越重，制动轨对车轮的侧压力越大，对车辆的制动力也越大。

图 4-26　T·DDZ—09 型电动重力式停车器外形图

当控制系统向停车器发出缓解命令时，电动机逆时针旋转，进退机构拉杆向内移动，在复位器的推动下，通过支撑梁将浮动钳和制动轨向内拉回，停车器处于缓解状态，缓解到位后，电动机在行程开关控制下断电。

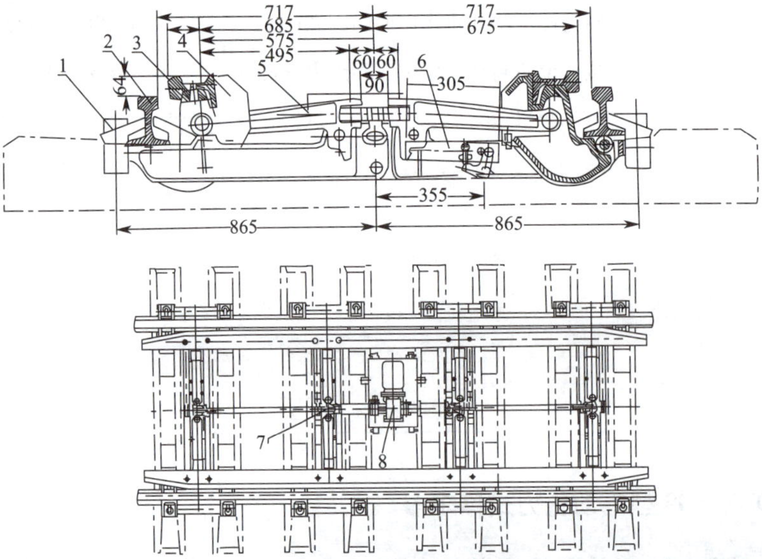

图 4-27　T·DDZ—09 型电动重力式停车器结构图（单位：mm）

1—端梁；2—基本轨；3—制动轨；4—浮动钳总成；

5—支撑总成；6—复位器总成；7—进退部分；8—传动部分。

（三）T·DDZ—09型停车器的技术特点

T·DDZ—09型电动重力式停车器的主要技术特点如下：

1. 该产品采用浮动钳和浮动轨结构，使产品具有重力式的特点，车辆越重，停车器的制动能力越大。因此它既能保证对空车的制动力不会过大而造成脱线，又能对重车给予足够大的制动力。

2. 停车器在制动时处于自锁状态，不需要消耗外部能源，采用电动机仅作为停车器的控制动力，既环保又节省能源。

3. 由于具有较大的制动能力，每台停车器一般只需要3节（4.9 m），在同类产品中是最短的，因此，可节省原材料，降低成本和节约投资，具有很高的性价比。

4. 产品可根据现场的实际需要设计为2、3、4、5节，以满足用户的各种需求。

（四）T·DDZ—09型停车器的主要技术指标

T·DDZ—09型电动重力式停车器的主要技术指标如表4-7所示。

表4-7　T·DDZ—09型电动重力式停车器的主要技术指标

序　号	项　目	参　数
1	单台制动功(J)	412×10^3
2	单台制动能高(m)	0.42
3	制动时间(s)	≤8
4	缓解时间(s)	≤8
5	单台总长度(m)	4.9
6	有效制动长度(m)	4.2
7	上部尺寸(限界)(mm)	调车线：70±5
8	制动位两制动轨作用面间距离(mm)	调车线：1 368±3
9	缓解位两制动轨作用面间距离(mm)	调车线：<1 350
10	制动时允许车辆最大入口速度(km/h)	20
11	供电电源(V)	AC380
12	控制电源(V)	AC220
13	单台功率(kW)	调车线：1.5
14	适用轨型(kg/m)	43、50
15	环境温度(℃)	−40～60
16	质量(kg)	约2 000

注：以上数据为每台停车器由3节组成；每台停车器的节数可根据现场需要由2、3、4、5节组成。

八、内撑式停车防溜器的适用范围及应用

上述内撑式停车器主要用于驼峰调车场尾部对溜放车辆制动停车和止轮防溜，也可用于区段站具有一定坡度的线路上，实现对车辆动、静态情况下的停车防溜。DYT型液

压停车器和 T·FD—06 型停车防溜器还可以用于有本务机车通过的如下场合：

(1)编组站到达场、出发场，以及需要本务机车通过的编发线；

(2)区段站到发场；

(3)中间站有摘头作业的到发线；

(4)其他具有一定坡度的货物线、专用线、段管线等需要安装的线路。

每股道停车器的安装数量和具体安装位置应根据线路的坡度，车组大小及总重，停车器的制动能高以及站场的气象条件、作业要求等因素，通过计算确定。

停车器的安装位置一般可按以下要求设置：

(1)在调车线上安装时，应在警冲标前 80～150 m 范围的直线段上；

(2)在编发线上安装时，应在信号机前 80～150 m 范围的直线段上；

(3)在其他具有一定坡度的线路上安装时，应在警冲标前 80～100 m 的直线段上；

(4)根据制动能力计算，如果需要两台连续安装时，两台的距离应间隔 15 m 为宜；"2+1 安装"模式时，第 3 台停车器距离第 2 台应间隔 50 m 为宜。

T·T 型停车器早期用于苏家屯、呼和浩特西等站；T·TK—92 型可控停车器已在徐州北、襄樊北等多个站场应用；DYT 型液压停车器已在太原北、贵阳南等多个站场应用；T·FD—06(B)型电动停车器已在集宁、包头西等多个站场应用；T·FD—06 型停车防溜器已在呼和浩特、长春北等多个站应用；T·DDZ—09 型电动重力式停车器已在株洲北站试用。

第三节　停车防溜顶

一、停车顶的技术要求

根据铁道行业标准 TB/T 3162.2—2007《铁道车辆停车防溜装置　第 2 部分：停车防溜顶》的有关规定，停车防溜顶应满足以下要求。

(一)技术性能要求

1. 在安装高度为 58 mm 的情况下，停车防溜顶制动功不应小于 850 J；

2. 在安装高度为 58 mm 的情况下，停车防溜顶水平制动力的最大值不应小于 7 000 N，24 小时内不应小于最大值的 80%；

3. 普通停车防溜顶应具有慢回程功能，回程时间不宜小于 0.5 s；

4. 停车防溜顶的抬起高度不应大于 6 mm；

5. 停车防溜顶的构造速度可根据用户需要设计确定，但不应小于 6.95 m/s (25 km/h)；

6. 有特殊性能的停车防溜顶应可靠地实现其特殊功能。

(二)工作寿命要求

1. 停车防溜顶在正常使用和维修条件下，一个维修周期的密封寿命不应少于 20 万轮次或 12 个月；

2. 在正常使用和维修条件下，普通停车防溜顶的使用寿命应能可靠工作 300 万轮次或 6 年，以先到为准；

3. 其他有特殊性能的停车防溜顶的使用寿命应符合产品相关技术文件的规定。

(三)安全要求

1. 停车防溜顶应设有防脱线装置，在正常使用条件下对车辆做功不应造成车辆脱轨；

2. 安装在线路上的停车防溜顶的外部尺寸不应侵入 GB 146.1 中规定的机车车辆下部限界；

3. 停车防溜顶应设有防止滑动油缸组合件窜出壳体的止冲装置；

4. 停车防溜顶的安装数量应有安全余量，安全余量应符合 TB 10062《铁路驼峰及调车场设计规范》中的有关规定。

(四)外观要求

1. 壳体涂漆应均匀一致，宜采用铁路设备通用颜色，不应采用红色；

2. 滑动油缸组合件表面镀层不应有斑点、剥落。

二、停车顶的基本结构和工作原理

(一)停车顶的基本结构(以 TDJT—101 型停车顶为例)

停车顶的结构如图 4-28 所示，它由滑动油缸组合件和壳体组合件两大部分组成。滑动油缸组合件装在壳体组合件内，壳体下部装有止冲销(11)，可防止油缸组合件窜出壳体，壳体底部装有调整垫(36)，可用来调整停车顶的安装高度。

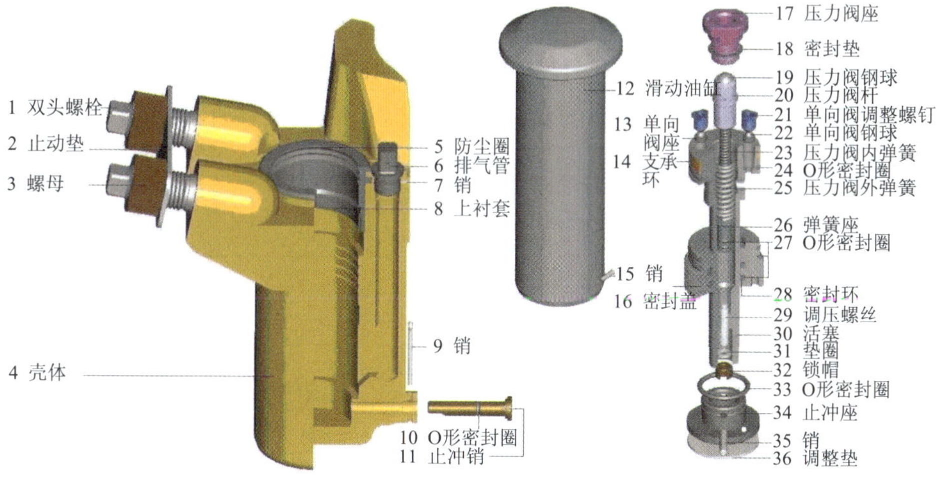

图 4-28　TDJT—101 型停车顶结构图

滑动油缸组合件是一个直接与车轮接触，能对溜放车辆起减速制动和停车防溜作用的液压单元。它由滑动油缸(12)、活塞组合件和密封盖(16)组合件组成，油缸内注有一定量的液压油和弹性体(一般为氮气)。

活塞组合件由活塞(30)、压力阀组合、单向节流阀和止冲装置几部分组成，活塞头部镶有支撑环(14)(注：有的停车顶不使用支撑环)和 O 形密封圈(24)，可对滑动油缸上、下腔起密封作用，活塞上设有 2 个开量可调节的单向节流阀，由调整螺钉(21)、钢球(22)及镶在活塞上的单向阀座(13)组成,压力阀组合由压力阀座(17)、压力阀杆(20)(可以是球阀、锥阀或平板阀等)、压力阀内弹簧(23)、外弹簧(25)(也可以是1个弹簧)、弹簧座(26)、调压螺丝(29)、垫圈(31)和锁帽(32)等组成,调整压力阀内、外弹簧的预压力,可以改变压力阀的开启压力,从而改变停车顶的垂直反力和做功能力;止冲装置由止冲座(34)、销轴(35)、O形密封圈(33)等组成,它安装在活塞杆的底端,它与安在壳体上的止冲销配合使用,可以防止油缸组合件窜出壳体。

壳体组合件由壳体(4)、双头螺栓(1)、螺母(3)、垫片(2)、防尘圈(5)、排气管(6)、止冲销、调整垫等组成。壳体内铸有排气通道,上部镶有上衬套(8),下部内径上开有多道润滑沟槽,对滑动油缸起支撑和减磨作用;防尘圈装在壳体的上部,其沟槽内涂有润滑脂,既可防止外部尘埃、雨雪进入壳体内部,又对滑动油缸进行润滑,有利于滑动油缸在壳体内滑动自如。停车顶通过双头螺栓、螺母和垫片紧固在钢轨上。

(二)停车顶的工作原理(以TDJT—101型停车顶为例)

1. 减速制动时

如图4-29所示,当溜放车辆通过停车顶时,车轮将停车顶的滑动油缸帽头压下,使上腔的容积减小,由于单向阀处于关闭状态,迫使上腔的氮气被急剧压缩,使压力迅速升高,当压力超过压力阀预先调定的开启压力时,压力阀被打开,滑动油缸上腔的油液以较高的压力通过压力阀流入下腔而做功,使滑动油缸在向下滑动的同时对车轮产生较大的制动力,实现对车辆的减速制动。

2. 回程时

如图4-30所示,当车轮将滑动油缸压至最低点后离开时,滑动油缸由于被压缩氮气的膨胀作用而向上回升,下腔油液通过活塞上的单向阀返回上腔。由于单向阀阀口的节流作用,使下腔的油液只能以较小的流速返回上腔,因此滑动油缸只能以较慢的速度回升。

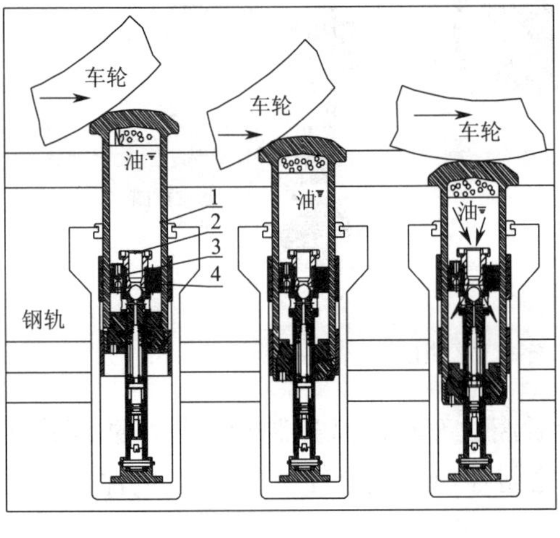

图4-29　减速制动时

1—滑动油缸;2—压力阀;3—活塞;4—单向阀。

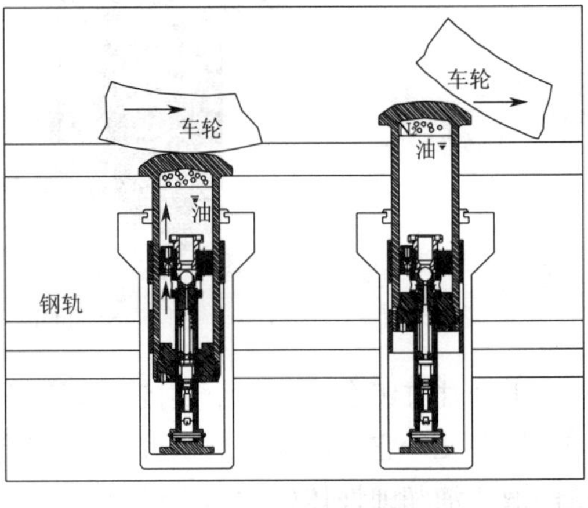

图4-30　回程时

当列车以较高的速度通过停车顶时(如牵出、发车等),停车顶回程慢的特性使其滑动油缸只能在较低的位置与车轮接触，对车辆少起或不起制动作用。车辆的速度越高、轴距越短，这种效果就越明显。所以停车顶既满足了对正常溜放车辆的制动停车、止轮防溜的要求，又降低了列车高速通过时车轮与停车顶的冲击，减少了不必要的磨耗，提高了运输作业的安全性。

3. 止轮防溜时

如图 4-31 所示，当溜放车辆被停车顶制动停车且车轮压在顶的滑动油缸上时，滑动油缸被车轮压下一段行程，其上腔的容积减小，迫使氮气压缩，上腔压力升高，滑动油缸对车轮产生了垂直反力和水平制动分力，制止车轮向前滚动。由于在活塞头部的单向阀处于关闭状态，并且活塞与滑动油缸内壁之间设有密封装置，使得滑动油缸上腔能长时间地保持在高压状态，此时停车顶能对车辆长时间地保持较大的水平制动分力，起到对车辆的止轮防溜作用。

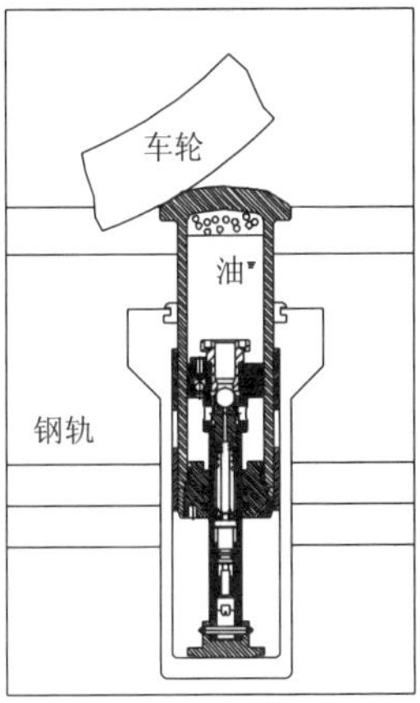

图 4-31　止轮防溜时

三、停车顶停车、止轮、防溜的理论分析

停车顶主要用于铁路编组站的调车场尾部，作为停车防溜的停车设备，其次是用在编组站的到发线、存车线以及车站的客车停留线、货物线、专用线和路外厂矿企业铁路线对车辆止轮防溜。停车顶与减速顶在结构原理上基本相同，安装和维修方法也是一样的，但在工作性能和作用方面并不一样，停车顶没有临界速度（或者说它的临界速度为“0”），不论车辆的走行速度如何，对经过它的车辆都要施行制动，因此它没有阻力功，只有制动功一个技术性能指标，这是与减速顶的根本不同。其次，它有比较长时间的保压、不泄荷的特点，这是它与减速顶在结构设计上的第二个不同，因此具有止轮防溜功能。

（一）停车顶停车能力的分析与计算

停车顶的停车作用是靠群体实现的，分析停车顶的停车能力，实际上与停车顶群的布置是分不开的，为了保证调车场尾部车辆的安全停车，要求停车顶群要有足够的停车能力。

停车顶油缸的运动规律，下滑速度与接触角 β 的正切、车辆经过停车顶的速度成正比，即 $u=\dfrac{v}{\cos\alpha}\tan\beta$。停车顶的作用力也与减速顶相同，其轴向力 F 分解为三个力：垂直反力 F_y、水平制动力 F_x、横向力 F_z，他们与轴向力的关系分别为：

$$F_y=F\cos\alpha;$$

$$F_z=F\sin\alpha;$$

$$F_x=F\cos\alpha\cdot\tan\beta$$

在分析停车顶的停车、止轮和防溜过程中，主要应用的是停车顶的水平制动力和制动功。

停车顶的制动功与减速顶是一致的，它也是由压力阀液流阻力、氮气的压缩力和摩擦力等三部分产生的制动功，制动功可参见减速顶制动功计算公式。

1. 钩车停车的充分和必要条件

假如某条线路的尾部一段坡度为 i、长度为 L，在该段上有若干个顶群，共安装停车顶

N 台，钩车在第一个顶群的入口速度为 v_c，钩车的总质量为 $\sum m$，分析钩车停车的条件。其能量方程为：

$$\frac{1}{2}v_c^2\sum m=\sum mg(\omega_0\pm i\pm\zeta\omega_f)L_1+4nE \tag{4-37}$$

式中：$\sum m$ ——钩车的总质量，kg；

ω_0——钩车的平均单位基本阻力，N/kN；

ω_f——空气单位阻力，逆风取"正"，顺风取"负"，N/kN；

ζ——风向系数，正逆风 $\zeta=+1$，正顺风 $\zeta=-1$；

L_1——钩车从顶群入口到停车的走行距离，m；

n——车轮经过停车顶的数量；

E——每台停车顶的制动功，J/轮次；

i——坡段的坡度，上坡取"+"，下坡取"−"，‰。

钩车停车的充分和必要条件：(按不利条件)

$$4nE\geqslant\frac{1}{2}v^2\sum m-\sum mg(\omega_0-i-\zeta\omega_f)\cdot L_1 \tag{4-38}$$

2. 影响尾部停车系统的可靠性之因素

公式(4-38)表明了停车可靠性与各方面因素的关系，其中有些可变条件必须认真研究，确保钩车停车的可靠性。

(1)停车顶的制动功

它是保证停车可靠性的主导因素，必须使每个停车顶始终处于良好状态，使其能发挥出满负荷的功能，在生产和日常维修过程中，要达到产品的设计指标。

(2)布顶方案设计

在布顶方案设计中，停车顶的安装数量主要是根据钩车到达顶群前的动能计算的，如果钩车动能超过停车顶的设计能力，很难保证溜放车辆停在预定地点，也很可能冲出警冲标，这就要求确保车辆在停车顶前的入口速度 v_0 不超过规定值。另外，一钩车的总质量 $\sum m$ 是确定其动能大小的另一个因素，在方案设计时肯定要规定一个允许的最大值，所以在调车作业过程中，钩车总质量不要超过该值。

(3)线路坡度 i

坡度的变化是一个活的因素，特别是在调车场线路的维修质量一般远低于正线，线路的坡度经常发生变化，原设计的坡度是平坡或小上坡，经过一段时间后，该坡段变成了小下坡，从公式(4-38)可知，i 由正到负，对车辆的走行阻力影响是很大的，因此要求调车场的线路坡度经常处于良好状态。

(4)空气阻力 (风阻力)

这是人为无法控制的，所以在布顶方案设计过程中，要按照当地可能出现的最不利的风向和风力考虑。

(5)车辆的基本阻力

它也是受自然环境影响，冬季和夏季，晴天和雨天，车辆的走行阻力是不一样的，所以在设计过程中，取最易行车、走行有利的自然环境下的最小阻力。

(二)停车顶止轮防溜能力的分析与计算

1. 最佳制动能力的分析

停车顶的止轮、防溜作用也是靠群体实现的，为了保证调车场尾部的安全停车且不溜逸，要求停车顶群要有足够的制动能力，停车是靠制动功，止轮防溜是靠制动力，顶群要有尽可能大的制动能力，换言之，顶群要有尽可能多的停车顶同时与车轮接触做功。因此，要用科学的方法设计各个顶群的位置和布顶数量。中国货车车辆种类繁多，虽然绝大多数的车辆都是四轴车，但心盘距和轴距的尺寸有一定差异，为了能使一钩车有更多的车轮同时与停车顶接触，使系统产生更大的制动力，所以要经过实际调研，用统计方法和概率计算，找出车辆轴距和心盘距的变化规律，确定出最佳当量值。并依此为根据，进行研究、设计、模拟停车顶的布顶方案。应用 $x^2-x-1=0$ 的正根“0.618”优选法，设计计算出合理的、最佳的各个顶群的位置和顶的数量。

假定某钩车停留在当量坡度为 $-i_k$ 的坡道上，有 n 个停车顶同时与车轮接触止轮，每个停车顶的水平制动力为 $F_x=F\cos\alpha\cdot\tan\beta$，总的水平制动力为 nF_x。但是，n 个停车顶分别与车轮的接触角 β 是不同的，接触点 B 距离轨面越高，则接触角越大，所以将总的水平制动力写成这样的形式：

$$\sum F_x=F\cos\alpha(\tan\beta_1+\tan\beta_2+\tan\beta_3+\cdots+\tan\beta_n)$$

$$\sum F_x=F\cos\alpha\sum_{\beta_0}^{0}\tan\beta \tag{4-39}$$

β 的最大值是车轮与停车顶的初始切入角，最小值是“0”。当钩车停在停车顶群上的时候，各个车轮与油缸的接触角可能是不同的，应该在 $\beta_{max}\sim0$ 之间，$\beta=\beta_{max}$ 时，制动力并不是最大，因为此时氮气的压强等于 P_0（初始充氮压力），当油缸下移一定高度后，氮气压力达到压力阀额定压力 P_e 时，停车顶才有最大的制动力。根据气态方程 $p_0V_0^n=pV^n$ 可知：

$$V_e=V_0\sqrt[n]{\frac{p_0}{p_e}}$$

而
$$V_e=\frac{\pi D^2}{4}h_e,V_0\ \frac{\pi D^2}{4}h_0$$

因此，达到压力阀开启压力时，油缸的下移高度：

$$h_0-h_e=\frac{4}{\pi D^2}(V_0-V_e)$$

$$\Delta h=\frac{4V_0}{\pi D^2}\left(1-\sqrt[n]{\frac{p_0}{p_e}}\right) \tag{4-40}$$

式中：p_0——停车顶充氮压力，MPa；

p_e——油缸氮气压力达到额定（开启）的压力，MPa；

V_0——氮气的初始容积，mm^3；

V_e——氮气压力达到额定压力时的容积，mm^3；

D——油缸内径，mm；

h_0——油缸内氮气的轴向初始高度，m；

h_e——氮气压力达到额定压力时氮气的轴向高度，mm；

Δh——氮气压力达到额定压力时油缸的下移高度，mm。

假设：$p_0=0.784$ MPa，$V_0=48\times10^3$ mm^3，$D=52$ mm，$p_e=6.076$ MPa，气体多变过程指数$n=1.4$，可计算出：$\Delta h=0.94$ cm$=9.4$ mm。

如果车轮与停车顶接触点B处的油缸工作总行程 $H_1=80$ mm，则此时油缸的工作行程还剩 $H_2=80-9.4=70.6$ (mm)，根据接触角与线量关系，可以计算出油缸压力达到定压时的接触角 β_e。

$$\tan\beta_e=\frac{\sqrt{R_1^2-(R_1-H_0)^2}}{R_1-H_0}$$

按中国标准车轮半径 $R=420$ mm 计算，则 $R_1=445$ mm，求得：

$$\tan\beta=\frac{\sqrt{445^2-(445-70.6)^2}}{445-70.6}=0.6424$$

因此：
$$\beta_e=32.7°$$

通过上述分析可知：当 $\beta>\beta_e$ 时，油缸内的压力小于 p_e 尚未达到停车顶的定压，所以水平制动力 F_x 偏小；而当 $\beta<\beta_e$ 时，由于 $\tan\beta$ 减小，使 F_x 降低。因此，只有当 $\beta=\beta_e$ 的特定情况下，停车顶的制动力达到最大值，我们可以把 β_e 称为最大制动力的“临界角”。当然，由于车轮横动量不同，车轮与停车顶油缸头部横向接触点的位置不同，β_e 的数值也不同，B点的位置越高，β_e 的数值就越大，故 $\beta=32.7°$不是 β_e 的定值。因此$\sum F_x<nF\cos\alpha\cdot\tan\beta_e$。

为了提高顶群总体制动能力，希望在布顶方案设计中，力求每段顶群与车辆的轴距相匹配，使更多的车轮能同时与停车顶接触，并能使他们的接触角 β 尽可能接近 β_e，这样使停车系统的总制动力接近$\sum F_x<nF\cos\alpha\cdot\tan\beta_e$ 的最佳值。因为停车顶群有足够的制动功，所以钩车才能停车，而且停车时，第一对车轮的接触角不会太小，从现场连挂区观察到，即将停车时的钩车已经没有多大动能，遇到障碍能立即停车，所以多数情况下，最前面的车轮往往是与停车顶刚一接触而停车，接触角相对比较大，如果停车顶的间隔位置与车轮的轴距相当，后面的车轮接触角也会比较大，这样对保证安全停车有利。

2. 停车系统止轮的充要条件

根据图4-32得出：

$$F_i=Q\sin\delta\approx Q\cdot i_k \tag{4-41}$$

如果钩车是两辆以上，则 $Q=\sum mg$。

止轮的充要条件：

$$F\cos\alpha\sum_{\beta_0}^{0}\tan\beta\geqslant i_k\sum mg \tag{4-42}$$

式中：F_i——钩车的下滑力，N；

δ——坡度角($\delta\approx i_k$)，°；

i_k——钩车所在的当量坡度，°；

Q——钩车的总重，N；

N——车辆对线路的正压力，N；

F——停车顶的轴向力，N；

α——停车顶的安装角，°；

β——车轮与停车顶油缸头部的接触角，°。

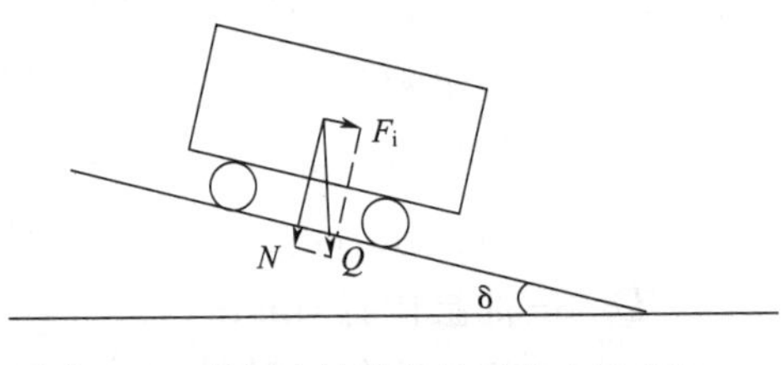

图4-32 车辆在坡道上的下滑力示意图

3. 影响止轮稳定安全的主要因素

(1)停车顶的轴向力

停车顶对车轮的轴向力 F 主要取决于停车顶的压力阀的开启压力，即：

$$F=\frac{\pi}{4}D^2 p_e$$

p_e 为压力阀的开启压力，D 为停车顶油缸内径，因此轴向力 F 与 p_e 成正比。停车顶有保压功能，维持较长时间油缸不泄荷，但不是永远能保持 p_e 值不降低，而且它是随着时间的延续而逐渐减小的，从而使停车顶的制动力逐渐下降，当停车系统总的制动力小于钩车在坡道上的下滑力时，止轮可能会失去平衡，钩车发生移动。不过，停车系统的停车顶完全泄荷要经过十几个小时，甚至 20 多个小时，一般情况下，停留车早已经转线或发车，不会出现因“泄荷”而发生车辆溜逸。

(2)停车顶的水平制动力

停车顶对车轮的止轮能力取决于制动力，因此停车顶的水平制动力 F_x 是关键，而 F_x 的大小又与 β 密切相关，β 的最佳值是 $\beta=\beta_e$，如何使停车时的接触角接近 β_e，这是要从实际设计和运用中不断探索的问题。

(3)坡度的影响

影响止轮的另一个重要因素是坡度 i_k，如果坡度不能保持良好状态，其大小远离设计值，下坡坡度变大，则原来布置的停车顶数量不足，造成止轮困难，可能钩车出现溜逸。

(三)关于防溜问题

钩车从驼峰溜放到调车线尾部，在停车顶区段，经过停车、止轮和防溜的三个过程，亦即需要研究停车顶的制动功和制动力的对应能力。

车辆的溜逸过程是从车辆启动、由位能变动能的过程，不溜逸的充要条件是：

$$F\cos\alpha\sum_{\beta_0}^{0}\tan\beta>(\omega_q\pm i_k\pm\omega_f)\sum mg \tag{4-43}$$

式中：ω_q——车辆启动附加阻力，它比车辆的基本阻力大得多，N/kN；

ω_f——空气阻力(风阻力)，N/kN。

钩车在停车顶群中停下之后，能否溜逸，将受到不少因素的影响，在一般情况下，一旦车辆停下再启动，它要克服的阻力是比较大的，停车时间越长，启动阻力越大，所以溜逸是不容易的。但是，由于受外界因素的作用，已经停留的车辆也有可能溜逸。影响溜逸的外部条件如下所述。

1. 启动附加阻力

如图 4-33 所示，车辆停留以后，由于车轮对钢轨的压力，使钢轨产生弹性变形，在车轮的下方钢轨出现下凹，车轮前方形成一个凸起，多个车轮的凸起，明显增加了车轮的滚动摩擦阻力；另外，车辆停留后，各个摩擦副间的润滑油流到摩擦副的下方，运动过程中形成的油膜逐渐消失，因而使启动阻力大大增加。因为上述两个原因，停留的时间越长，启动附加阻力也越大，它对防止钩车的溜逸是有利的。

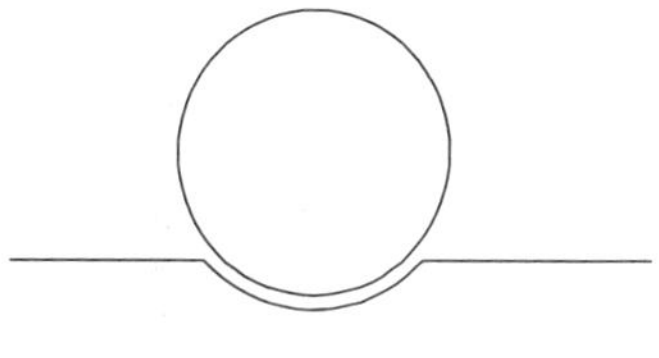

图 4-33　车轮作用下钢轨的弹性变形示意图

2. 空气阻力:它是千变万化的因素,钩车从走行过程到停车瞬间,风向和风力可能对停车有利,然而经过一段时间,风向和风力变了,增加了车辆溜逸的外力,有可能在比较大的风力作用下,车辆发生溜逸。

3. 自然条件:冬天车辆的走行阻力大,不容易溜逸,可是在气温比较高的情况下,可能会发生车辆溜逸;晴天和雨天车辆的走行阻力不一样,雨天轮轨间的摩擦系数小,溜逸的可能性就大;有风和无风对防溜的影响更加突出。总之,自然条件对车辆的溜逸影响是比较大的。

4. 振动对溜逸的影响:停留车辆的邻线如果有车辆在走行,特别是有车列牵出或列车发车,车速逐渐提高,对附近的线路振动比较大,停留车在邻线振动的作用下,其本身也产生振动,这种振动产生了向前的冲力,从而使车辆发生溜逸。

5. 钩车的冲撞:停留车在后续溜放钩车的连挂过程中,肯定有冲撞,后钩车的动能几乎全部转移给停留车,连挂后的车组可能向前移动,如果停车系统的制动功大于车组的动能,车组走行一段距离后,会自动停车,反之,车组不能停下,车速逐渐加快,动能逐渐加大,从而出现溜逸。尤其是当后车与前车没有连挂上的时候,前车在后车给予的动能作用下,很可能发生溜逸,冲出警冲标,这是非常危险的。

为了防止车辆溜逸,要采取各种积极措施,例如加强对车钩的检查,防止车钩不良现象的产生;对大风等不利天气,要加强尾部的人工看护,以防万一。

停车顶自动停车系统经过多年的实际运用,在铁路编组站、车站和厂矿企业的铁路线上应用,对车辆停车、止轮和防溜发挥了重要作用,基本没有发生大的问题,为保证运输安全、提高运输效率作出了贡献。

四、停车顶的主要品种介绍

(一)TDJT—101、102A 型停车顶

TDJT—101、102A 型停车顶是一种能对溜放车辆起制动减速和停车防溜作用的液压设备,其外形如图 4-34、图 4-35 所示,它的主要结构和技术特点如下:

1. 停车顶取消了速度阀,在活塞与滑动油缸之间设有 O 形密封圈,滑动油缸上腔始终处于密封状态。当车轮压下停车顶时,油缸上腔的油液没有任何泄漏,致使上腔氮气压力迅速升高并将压力阀打开,因此停车顶的做功行程大,制动功也比较大;并且停车顶对压在其上的车轮具有保压功能,对车辆能起到止轮防溜的作用。

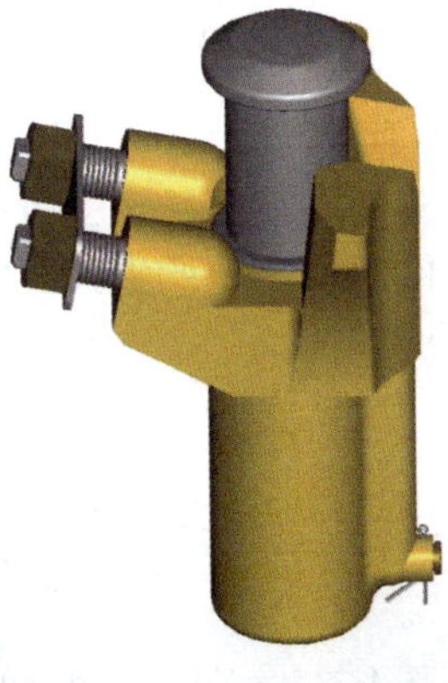

图 4-34　TDJT—101 型停车顶外形图

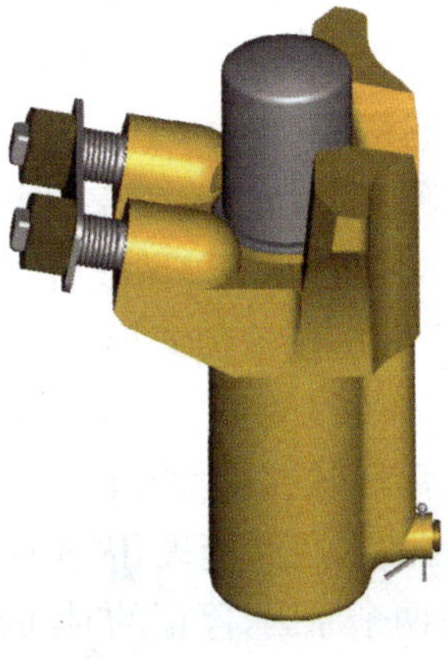

图4-35　TDJT—102A 型停车顶外形图

2. 压力阀采用球阀结构，取消了减速顶结构中的回程阀，在活塞上设有均布的可调节开量的单向节流阀。当车轮通过停车顶后，滑动油缸在氮气压力作用下向上回升，压力阀在弹簧作用下被迅速关闭，下腔油液只能通过单向节流阀以较小的流速返回上腔，因此停车顶具有慢回程功能。能提高车辆通过停车顶时的安全性并减少维修工作量。

3. 壳体采用了新颖的防脱线壳体，当车辆通过成对安装的停车顶时，壳体的翅状挡块可以起到类似护轮轨的作用，对容易浮起的轻车具有护轮复轨作用，从而提高了停车顶使用的安全可靠性。

4. 针对不同地区的环境和使用工况，在壳体上设计了高度不同的排气管。对在北方寒冷地区使用的停车顶，采用高排气管，从而解决了水害、冻害等问题；而对一般地区则采用普通排气管。

5. 该产品为内侧安装，安装高度可通过壳体底部的调整垫进行调整，密封盖与活塞杆的配合采用组合密封，使停车顶的密封效果好，维修周期长。

6. 根据调车线和到发线、客车线的不同使用条件和工况，设计了不同场所使用的停车顶。TDJT—101 型停车顶的滑动油缸帽头为蘑菇形，TDJT—102A 型停车顶的滑动油缸帽头为球面形，二者的区别只是外形、结构尺寸和性能参数有所不同，其功能和原理是完全相同的。

（二）TDW904—N 型防溜顶

1. TDW904—N 型防溜顶的结构和技术特点

TDW904—N 型防溜顶的外形如图 4-36 所示，基本结构如图 4-37 所示，它的结构和技术特点如下：

（1）活塞杆头部设计成空腔，压力阀座、压力阀等部件囊括其中，取消了活塞杆下部的压力调整机构，不但能减少活塞杆的长度，使产品结构紧凑，方便了加工，降低了成本；而且杜绝了从该处漏油、漏气的隐患。

（2）在结构上采用多种密封方式确保滑动油缸上下腔之间的良好密封：在活塞头部镶有 O 形密封圈实现与滑动油缸的动密封，压力阀座与活塞杆之间采用 O 形圈实现静密封，从加工工艺上保证压力阀座与压力阀芯的同心度以实现阀口的密封，单向阀钢球与阀芯的良好接触保证单向阀的密封，因此该产品具有优良的静态保压性能和很强的防溜能力。

图 4-36　TDW904—N 型防溜顶

（3）将做功和复位时的液流通路分开，达到最佳控制效果。做功时液流打开压力阀的阀口，经压力阀的通孔流入下腔；而回程时液压油经锥形阀的通孔打开单向阀，从阀芯的内孔流回上腔，因此只要控制回油通路的节流孔大小就可以控制顶的回程快慢。新颖的慢回程结构，可实现对高速通过防溜顶的机车车辆不做或少做制动功，保证机车车辆安全通过；同时节能减耗，大大提高了作业效率。

（4）采用组合式压力阀弹簧，使压力阀弹簧预紧力可达到 800 N 左右，机车车辆高速通过时压力超调小。使用安全可靠。

(5)根据现场的实际需要设计了不同安装高度的防溜顶,可满足机车车辆不同的限界要求。

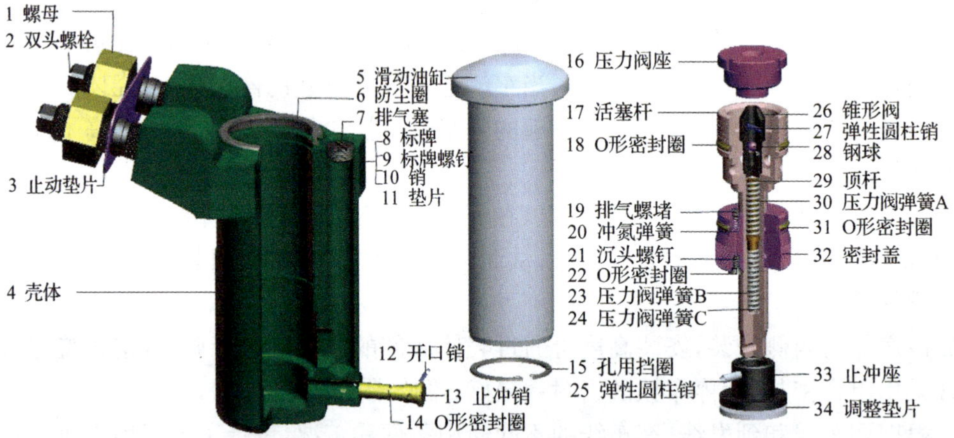

图 4-37 TDW904—N 型防溜顶结构图

2. TDW904—N 型防溜顶的工作原理

(1)止轮防溜时

当停留在线路上的车辆受外界因素影响产生溜逸趋势时,车轮压上防溜顶的滑动油缸帽头,油缸被车轮滚压向下运动,使上腔的压力升高,油缸帽头会对车轮产生一个制动反力阻止车轮滚动,此时滑动油缸中的压力阀并未打开,这个制动反力可以长时间保持,防止车辆溜逸。除非使车辆运动的外力能克服所有被车轮压住的防溜顶的制动反力,车辆是不会发生溜逸的。

(2)制动停车时

如果车轮已经滚动,滑动油缸被车轮滚压向下运动,使油缸上腔的压力持续升高而将压力阀打开,上腔的液压油通过压力阀座上的阀口以一定的压力流到下腔,此时防溜顶对车轮做制动功,将已滚动的车辆制动停车,并可防止车辆再次溜逸。

(3)回程时

当机车或由机车牵引的车辆通过防溜顶后,滑动油缸在上腔被压缩氮气的膨胀作用下向上回升,此时压力阀关闭,下腔的液压油只能经压力阀芯上的回油节流孔向上顶开单向阀的钢球而缓慢流回上腔,使滑动油缸慢速回升,防溜顶恢复到初始状态。

3. TDW904—N 型防溜顶的派生产品——TDW904—NQ 型防溜顶

如图 4-38 所示,TDW904—NQ 型防溜顶的壳体为卡式壳体,即壳体设计成阶梯形嵌入式壳体,施工时不需要在钢轨上钻孔,具有安装灵活,维修方便的特点。该产品为内侧安装,其他结构特点和技术特点与 TDW904—N 型防溜顶相同。

(三)TDJT—2000 型高负荷停车顶

为了适应高速、重载车辆不断发展的需要,在 TDJT—101 型停车顶的基础上开发研制了 TDJT—2000 型高负荷停车顶,它的外形如图 4-39 所示,基本结构如图 4-40 所示。该产品的主要结构和技术特点如下:

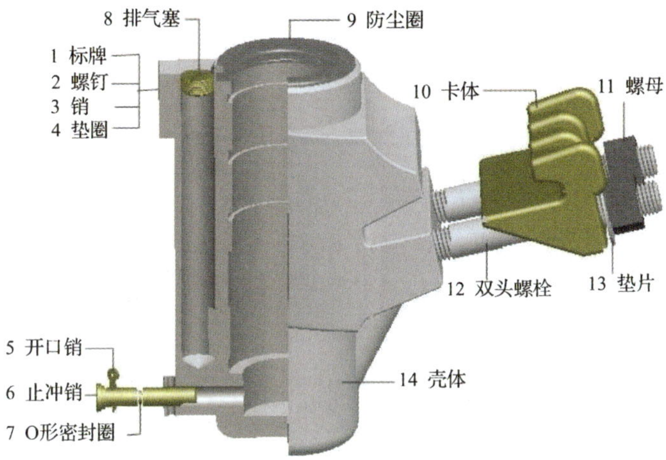

图 4-38　TDW904—NQ 防溜顶壳体结构图

(1)该产品的主要部件壳体、滑动油缸、活塞杆和密封盖的结构尺寸明显加大，具有外形尺寸大、导向长度长、整体强度高的结构特点，提高了滑动油缸组合件的最大工作行程和顶的安装高度。因此制动功比 101 型停车顶提高了 15%以上，具有更大、更好的抗冲击性和耐磨性，特别适用于对高速、重载车辆的减速制动和停车防溜。

(2)压力阀采用设有导流平台的锥阀结构，压力阀座的过流孔采用了阶梯状细长孔，使其压力阀开启后快速趋于稳定；增大了压力阀弹簧的预压缩量，以减小因流量过大对压力阀的不利影响。因此该产品具有压力超调小，做功平稳，示功图波形饱满等特点，对需要止轮防溜的车辆能产生一个较大的初始垂直反力，提高了停车顶对车辆的止轮防溜能力，并且安全性能进一步提高。

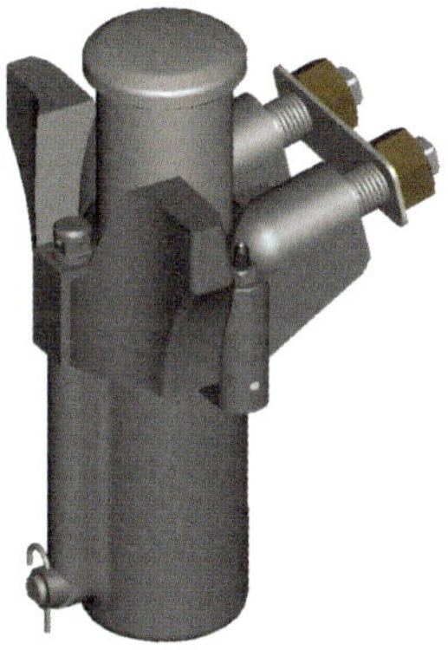

图 4-39　TDJT—2000 型高负荷停车顶外形图

(3)活塞采用一体化新型结构，活塞头上设有 4 个单向节流阀，以适应高负荷、大流量的需要。

(4)注油量比 101 型停车顶增加了 60%以上，使顶在做功时的散热效果大大改善，同时由于密封性能的提高，可减少维修作业量和节省维修费用，进一步延长顶的使用寿命。

(5)产品具有自润滑功能：壳体上设有外部注油嘴和储油杯，注油方便；在壳体内部设有 O 形密封圈，可防止润滑油流失，大大延长了顶的润滑周期，减轻劳动强度，便于养护、维修。

(6)排气管座采用尼龙材料，减轻了重量，改善了防松性能。

(7)其余结构和技术特点与 101 型停车顶基本相同。

(四)TDJ—GST201、202 型高速锁闭停车顶

1. TDJ—GST201、202 型高速锁闭停车顶的结构特点

TDJ—GST201、202 型停车顶是在 TDJT—101、102 型停车顶和 TDJGS—601 型双临

界速度减速顶的基础上开发研制的一种新产品，它的核心部件活塞组合件结构如图 4-41 所示，其主要结构特点如下。

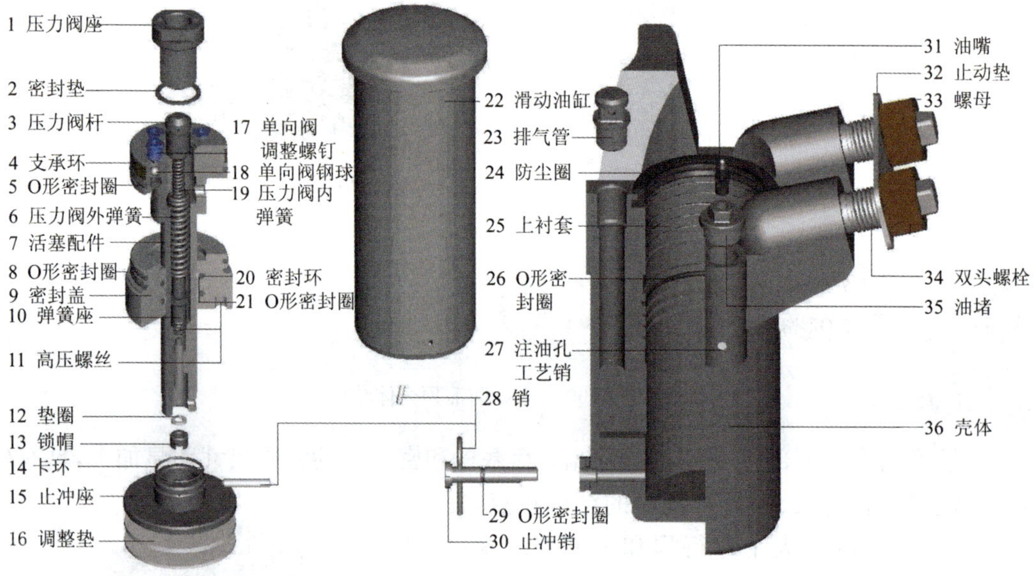

图 4-40　TDJT—2000 型高负荷停车顶结构图

(1)滑动油缸内的活塞杆上设有双极速度阀装置，第一级速度阀设有速度阀弹簧，仅由单向阀板(9)和活塞头上端面组成，当车辆压下停车顶时，单向阀板始终处于关闭状态，当车轮离开停车顶时，油缸下腔的油液通过活塞上的小孔顶开单向阀板返回上腔。第二级速度阀由二级速度阀板(11)、二级速度阀弹簧(12)和滑阀杆(13)组成。该装置可将过顶车速分为低速、高速两个区间，其功能是对通过的车辆进行判速以确定是否需要高速锁闭。

(2)活塞杆上设有双级压力阀装置——第一级压力阀为高压压力阀，采用的是 102 型停车顶的球阀结构，当过顶车速在低速区段时，高压球阀开启，产生较高的压力，对车辆做制动功；第二级压力阀为低压压力阀，由滑阀杆(13)与压力阀内弹簧(14)、压力阀外弹簧(16)等组成，当过顶车速在高速区段时，低压压力阀可在车辆第一轮高速过顶时起到快速卸荷作用。

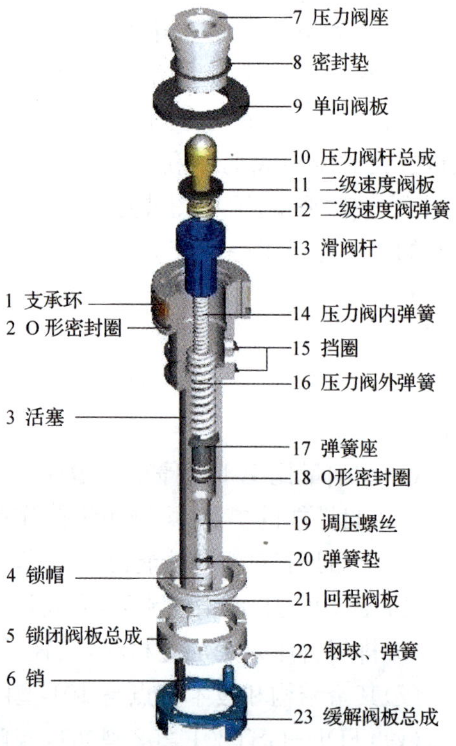

图 4-41　TDJ—GST201、202 型高速锁闭停车顶活塞组合件结构图

(3)活塞杆上装有对超过一定速度的车辆

起高速锁闭作用的组合回程阀，它由叶片式锁闭阀板总成(5)和回程阀板(21)组合而成，回程阀板上开有均布的节流孔和微小泄油槽，其尺寸大小可根据制动回程时间和锁闭回程时间的需要而设计。

(4)在活塞杆上的组合回程阀下面装有缓解阀板总成(23)，它由缓解阀板和解锁销等组成。其功能是使顶在每次高速锁闭后都能慢速自动恢复到原始状态。

(5)活塞组合件上设置的单向阀板(9)采用了金属骨架和非金属材料相结合的结构，密封性能好，提高了止轮防溜的可靠性。

(6)根据调车线和到发线、客车线的不同使用条件和工况，设计了不同场所使用的高速锁闭停车顶。TDJT—GST201 型停车顶的滑动油缸帽头为蘑菇形，TDJT—GST202 型停车顶的滑动油缸帽头为球面形，二者的区别只是外形、结构尺寸和性能参数有所不同，其功能和原理是完全相同的。

(7)其余结构特点与 101 型停车顶基本相同。

2. TDJ—GST201、202 型高速锁闭停车顶的工作原理

(1)减速制动时

如图 4-42 所示，当溜放车辆以低于顶的第二临界速度通过顶时，车轮将顶的滑动油缸(1)压下，压力阀座下面，活塞杆上端面的单向阀板(2)关闭。滑动油缸上腔的容积减少，迫使上腔的氮气急剧压缩，使压力迅速上升。当压力上升到压力阀预定开启压力时，压力阀(3)打开，液压油以一定的压力通过压力阀，流到滑阀杆(9)的上腔，再经过二级速度阀板(4)边缘及滑阀杆的过流孔流入滑阀杆下腔，经活塞杆中部下腔过流孔流入滑动油缸下腔，此时停车顶对车辆起减速制动作用。

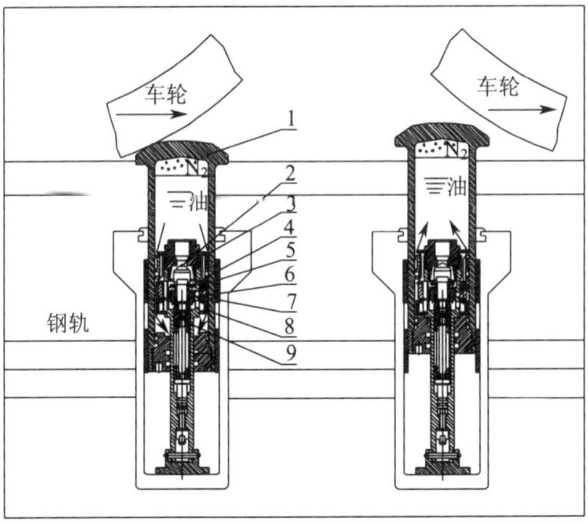

图 4-42 减速制动时

1—滑动油缸；2—单向阀板；3—压力阀；
4—二级速度阀板；5—回程阀板；6—二级速度阀弹簧；
7—锁闭阀板；8—缓解阀板；9—滑阀杆。

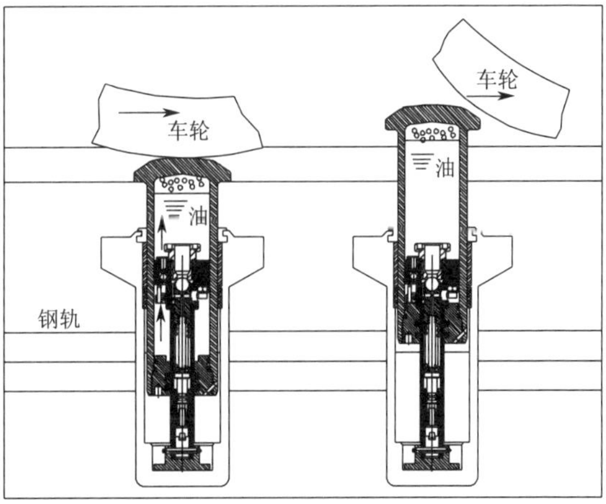

图 4-43 回程时

(2)回程时

如图 4-43 所示，当溜放车辆车轮将顶的滑动油缸压下到最低点后，由于锁闭阀板(7)

上的过流槽与回程阀板(5)上的节流孔、活塞杆上的过流孔保持相通状态，被压到最低点的滑动油缸，由于上腔压缩氮气的膨胀力作用，下腔的液压油沿这一通道冲开单向阀板(2)，由滑动油缸的下腔返回上腔，滑动油缸以一定的速度平稳回升到最高位置，顶恢复到正常工作状态。

(3)止轮防溜时

如图 4-44 所示，当停留车辆的车轮与顶的滑动油缸接触，滑动油缸被压下时，其上腔的容积减小，迫使氮气压缩，上腔压力上升，使滑动油缸对车轮产生一垂直反力与水平分力，此水平分力可制止车轮滚动。由于单向阀板采用了金属骨架与非金属密封材料相结合的结构，并且活塞与滑动油缸之间设有密封装置。因此，滑动油缸上、下腔的油路及间隙被截断，滑动油缸上腔能长时间保持高压状态，使该顶能对车辆长时间保持较大水平制动力，起止轮防溜作用。

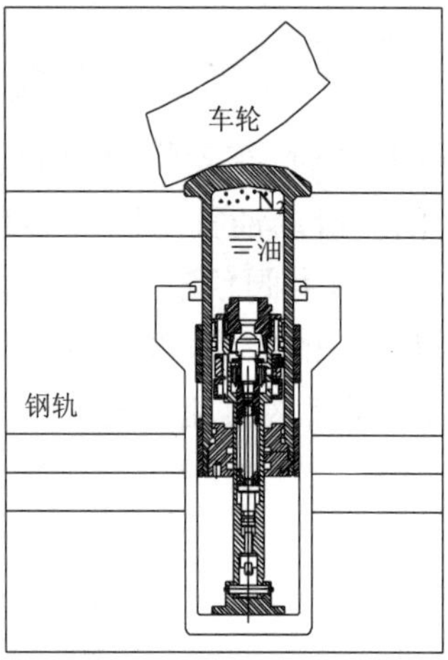

图 4-44　止轮防溜时

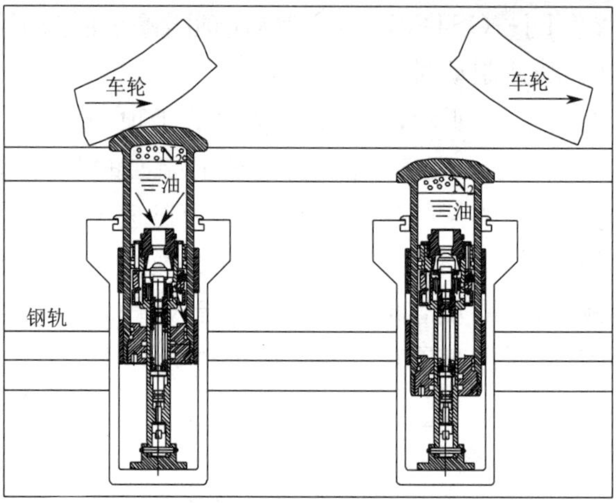

图 4-45　高速锁闭时

(4)高速锁闭时

如图 4-45 所示，当车辆以高于顶的第二临界速度通过时，车轮将顶的滑动油缸以较高速度压下，压力阀打开后，液压油以较大的流量经压力阀流入滑阀杆(9)上腔，再沿二级速度阀板(4)边缘及滑阀杆的过流孔流入滑阀杆的下腔，当这个流量增大到一定值时，二级速度阀板上、下面的压差急剧增加，当二级速度阀板(4)上面的压力足以克服二级速度阀弹簧(6)的预压力时，二级速度阀板关闭，滑阀杆上、下腔的油路被截断。此时，滑阀杆上腔内的液压油推动滑阀杆向下移动，打开活塞杆中部上层过流孔，液压油从过流孔射出。射出的液压油喷到锁闭阀板斜槽的外侧面上，由于喷在斜面上液压油的作用，使锁闭阀板(7)逆时针旋转一角度，使回程阀板上的节流孔被封闭。当滑动油缸被压下到最低位置后回程时，由于锁闭阀板(7)封闭了回程阀板的节流孔，滑动油缸上、下腔的油路被截断，滑动油缸下腔的液压油不能正常回流到上腔，滑动油缸被锁闭在钢轨面以下的位置，此时，该顶对后面通过的车轮不起制动作用。

(5)解锁复位时

如图 4-46 所示，当高速车辆通过后，滑动油缸下腔的油液在氮气压力作用下，通过微小泄油槽的微泄漏缓慢回升到最高位置，此时密封盖与缓解阀板总成(8)接触，缓解阀板总成上的解锁销顶在锁闭阀板总成(7)的斜面上，使锁闭阀板顺时针旋转一定的角度，将回程阀板(5)的过流孔接通，使减速顶恢复到正常工作状态。

3. TDJ—GST201、202 型高速锁闭停车顶的技术特点

TDJ—GST201、202 型停车顶的主要技术特点如下。

(1)具有判速功能，可将过顶车速判别为低速区和高速区，判速准确、精度较高，为实现对高速车辆不做功提供了技术基础。

(2)具有高速锁闭功能，当车辆速度高于顶的第二临界速度时，锁闭阀板旋转一定角度，将回程阀板上的节流孔关闭，顶回程时的油路被截断，滑动油缸被锁闭在壳体下部，对后面高速过顶的车辆不再起制动作用。

(3)双级压力阀可实现对车辆不同的垂直反力和制动功。当过顶车速在低速区时，第一级压力阀(球阀)开启，可保持较高的垂直反力，此时停车顶对车辆做制动功；当过顶车速达到高速区时，车辆第一轮使顶的第二速度阀关闭，同时将第二级压力阀(大截面低压滑阀)打开，此时顶处于卸荷状态，顶的垂直反力较小，所做的功仅为正常时的 1/3，更有利于行车安全。

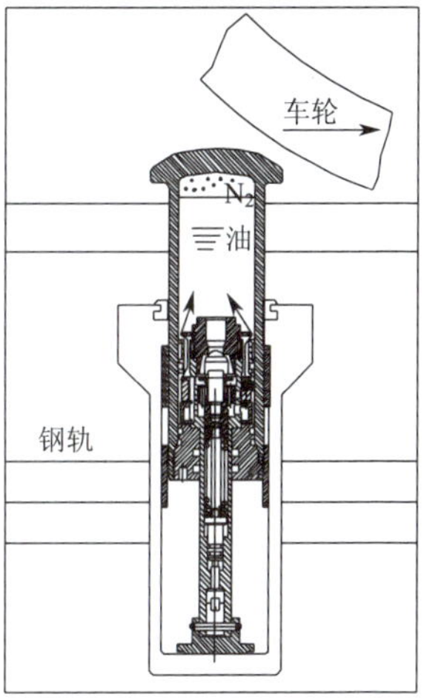

图 4-46　解锁复位时

(4)采用了锁闭阀板总成和回程阀板的组合结构，通过合理设计节流孔和微小泄油槽的结构尺寸，可调节和控制制动回程时间和锁闭回程时间，实现对车辆制动时的快回程和高速锁闭后的慢回程功能。

(5)在对车辆起高速锁闭作用后，具有慢速自动复位功能和自动解锁功能，复位后不损失做功轮次。

(6)互换性和通用性强，该顶的功能在普通停车顶的基础上有重大突破，但仍采用 101、102 型停车顶的壳体、滑动油缸及充氮打压等维修设备，有利于新老产品的替换和调车场既有停车顶的改造，可节省投资。

(7)该产品属于内侧顶，除上述特点外，还具有 101 型停车顶的其他技术特点。

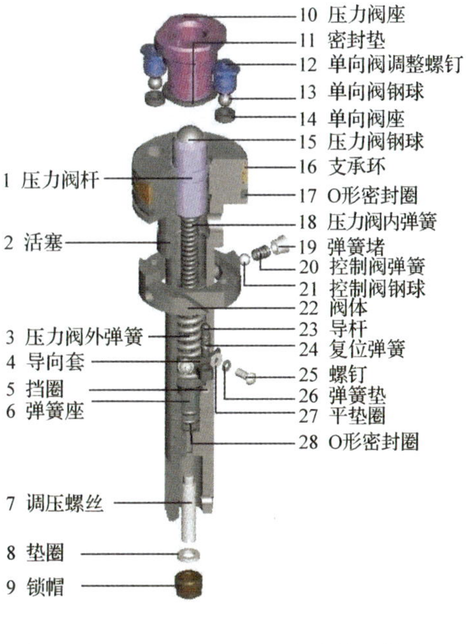

图 4-47　TDJ—GST301 型高速锁闭停车顶活塞组合件结构图

(五)TDJ—GST301、302 型高速锁闭停车顶

1. TDJ—GST301、302 型高速锁闭停车顶的结构特点

TDJ—GST301 型停车顶是在 101 型停车顶的基础上开发研制的一种新产品，它的核心部件活塞组合件的基本结构如图 4-47 所示，其主要结构特点如下。

(1)在活塞头部装有两个均布的单向节流阀，它由单向阀调整螺钉(12)、单向阀钢球(13)、单向阀座(14)组成；活塞杆下部装有能转动一定角度的叶片式控制阀体(22)，阀体上开有过油孔和锁闭回油孔，当阀体转动一定角度时，可将过油孔与单向节流阀的回油孔断开或连通；阀体上装有可判定锁闭速度的控制阀，它由控制阀弹簧(20)、控制阀钢球(21)和弹簧堵(19)组成。

(2)在活塞杆下部装有解锁装置，它由导杆(23)、导向套(4)、复位弹簧(24)、螺钉(25)、弹簧垫(26)、平垫圈(27)等组成。其功能是使高速锁闭停车顶在慢速回升至最高点时能自动复位到正常工作状态。

(3)GST301 型停车顶的滑动油缸帽头为蘑菇形，GST302 型停车顶的滑动油缸帽头为球形。他们的其余结构特点与 TDJT—101、102 型停车顶相同。

2. TDJ—GST301、302 型高速锁闭停车顶的工作原理

(1)减速制动时

当溜放车辆通过高速锁闭停车顶时，车轮将滑动油缸压下，其上腔的容积减小，迫使上腔的氮气急剧压缩，使压力迅速升高，当压力超过压力阀开启压力时，压力阀打开，油液以较高的压力通过压力阀流到下腔(此时的油液压力不足以冲动叶片，使阀体转动)，使滑动油缸在向下滑动的同时对车轮产生较大的制动力。由物理学定律可知，被车轮压下的滑动油缸对车轮做了功，因此对车辆起了减速作用。当高速锁闭停车顶做的功与车辆的动能相等时，车辆就被制动停车。

(2)回程时(低于临界速度)

当车轮将滑动油缸压至最低点后离开时，滑动油缸由于被压缩氮气的膨胀作用而向上回升，下腔油液通过阀体上的过油孔和活塞上的单向阀返回上腔。因此滑动油缸便以较快的速度回升。

(3)止轮防溜时

当停留车辆的车轮与高速锁闭停车顶滑动油缸相接触时，滑动油缸被压下一段行程，其上腔的容积减小，迫使氮气压缩，上腔压力升高，使滑动油缸对车轮产生了垂直反力和水平制动分力，制止车轮滚动。由于在活塞与滑动油缸内壁之间设有密封装置，使得滑动油缸上腔能长时间地保持高压状态，所以使高速锁闭停车顶对车辆保持了长时间的水平制动分力，起到了对车辆止轮防溜作用。

(4)高速锁闭时

当车辆以较高的速度通过高速锁闭停车顶时，车轮将滑动油缸压下，其上腔的容积急剧减少，压力迅速升高，打开压力阀，油液以很高的流速通过压力阀口及活塞过油孔，以较大的液动力作用于控制阀体上与过油孔成一定角度的叶片，使其带动阀体，克服弹簧力轴向转动。控制阀上的过油孔与单向阀孔错开形成“断”的状态，此时下腔油液只能通过锁闭回油孔缓慢流回上腔，当车辆高速通过时，停车顶始终处于相对的锁闭状态。

(5)解锁复位时

当高速车辆通过后，滑动油缸下腔的油液在氮气压力作用下，通过控制阀体上的锁

闭回油孔缓慢流回上腔，当油缸复位至最高点时，密封盖与导杆接触，推动导向套中的导杆，使导杆球面在阀体斜面上滑动，推动阀体向另一方向转动，使阀体上的过油孔与单向阀孔相通，油缸上下腔处于“通”的状态，高速锁闭停车顶解锁并恢复到正常工作状态。

3. TDJ—GST301、302 型高速锁闭停车顶的技术特点

TDJ—GST301、302 型高速锁闭停车顶的主要技术特点如下。

(1)具有判速功能，可将过顶车速判别为低速区和高速区，为实现对高速车辆不做功提供了技术基础。

(2)具有高速锁闭功能，当车辆速度高于停车顶设定的锁闭速度时，锁闭阀板在高速液流的冲击下旋转一定的角度，将回程阀板上的节流孔关闭，停车顶回程时的油路被截断，滑动油缸被锁闭在壳体下部，对后面高速过顶的车辆不再起制动停车作用。

(3)在对车辆起高速锁闭作用后，具有慢速自动复位功能和自动解锁功能，复位后不损失做功轮次。

(4)互换性和通用性强，该顶的功能在普通停车顶的基础上有重大突破，但仍采用101、102 型停车顶的壳体、滑动油缸及充氮打压等维修设备，有利于新老产品的替换和旧调车场停车顶的改造，可节省投资。

(5)该产品属于内侧顶，除上述特点外，还具有 101 型停车顶的其他技术特点。

(六)TDW906—N、906A—N 型高速锁闭停车顶

1. TDW906—N 、906A—N 型停车顶的结构特点

TDW906—N 、906A—N 型停车顶是在 TDW904—N 型防溜顶的基础上开发研制的一种具有高速锁闭功能的新产品，它的外形如图 4-48 所示，基本结构如图 4-49 所示，它的主要结构特点如下：

(1)活塞杆(39)头部设计成圆柱形空腔，它容纳了压力阀座(14)、压力阀(17)和特有的判速机构，包括判速阀板(15)、判速弹簧(16)、锁定圈(20)、锁簧(40)、复位垫片(19)、复位推杆(31)等。

(2)TDW906—N 、906A—N 型停车顶在设计中分别选用不同的判速弹簧(16)，可使停车顶产生不同的锁闭临界速度。

(3)在滑动油缸(5)内采取了多项新颖的密封结构设计——在活塞杆(39)头部外圆柱面装有 O 形密封圈(18)，有效隔离了油缸的上、下腔，从设计结构和加工工艺上确保锥形压力阀(17)阀口的密封，阀芯内的单向阀钢球(30)被上腔的高压油紧压在其座孔上，压力阀座(14)与活塞头部上端面装有 O 形密封圈，防止螺纹间隙的泄漏，从而可靠地实现了停车顶长时间保压防溜的功能。

图 4-48　TDW906—N 、906A—N 型停车顶外形图

(4)在锥形压力阀(17)的内部设计了带有球形单向阀的回油控制通路，工作时它能保证停车顶制动力的形成，回程时油缸下腔的液压油能自动打开单向阀而顺利流回上腔，确保停车顶的正常工作。

(5)取消了活塞杆下部的压力调整机构，这样，不但能减少活塞杆的长度、简化结构、

降低加工成本，而且杜绝了此处漏油漏气的隐患。

(6)该产品还具有 TDW904—N 型防溜顶的基本结构特点。

2. TDW906—N 、906A－N 型停车顶的工作原理

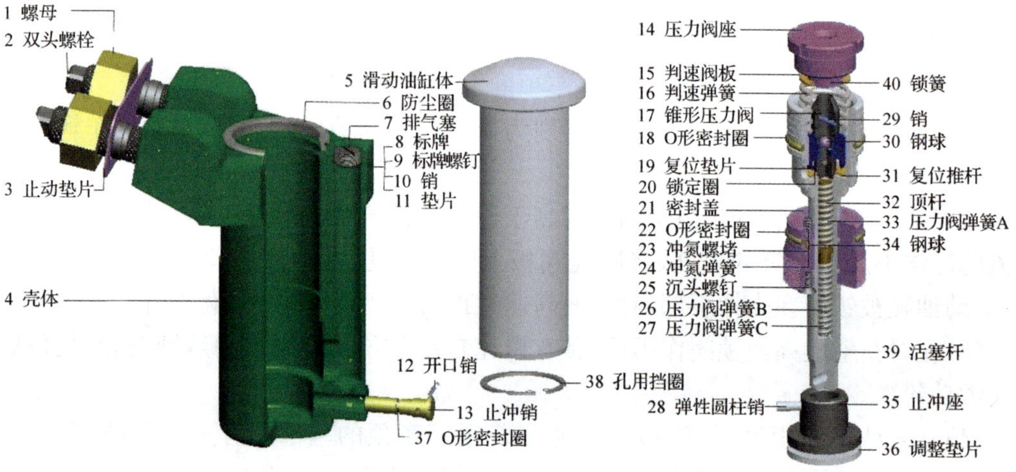

图 4-49　TDW906—N 、906A－N 型高速锁闭停车顶结构图

(1)减速制动时

当车辆以较低的速度通过停车顶时，滑动油缸(5)被车轮滚压向下运动，此时单向阀的钢球(30)关闭了回油通路，使油缸上腔氮气压力迅速增加，当上腔压力克服压力阀弹簧(26、27、33)的预压力而达到开启压力后，锥形压力阀(17)被打开，液流经压力阀座(14)的内腔，从均布的通孔推开判速阀板(15)，再由活塞杆(39)内腔的通孔流入下腔。这时判速阀板虽然被推动，但是其控制作用的锁定圈(20)还没有通过锁簧(40)，因此阀芯上的回油孔保持畅通。

(2)回程时

当车轮将停车顶的滑动油缸(5)压至最低点并离开后，判速阀板(15)在判速弹簧(16)的作用下迅速复位，液流顺畅地经阀芯回油孔，穿过压力阀(17)的中心油道顶开单向阀钢球(30)，从下腔流向上腔。滑动油缸以较快的速度回升到初始位置。

(3)高速锁闭时

当通过停车顶的车速超过锁闭临界速度后，从压力阀下部流出的液流以较大的力向下冲击判速阀板(15)，使锁定圈(20)落到锁簧(40)下面，将压力阀(17)上的回油孔遮挡住，油液只能经锁定圈上的节流小孔缓慢地流回油缸上腔，这时滑动油缸(5)处于相对锁闭的状态，只能以相当缓慢的速度回升，在下一个车轮到来时，油缸只回升了很小的高度，所以它基本不对车辆起制动作用。

(4)解锁复位时

当高速牵出的列车通过以后，处于相对锁闭状态的停车顶在经过一段时间的缓慢回程后，滑动油缸(5)回升到接近最高点，此时密封盖(21)托起复位推杆(31)，由复位推杆顶起复位垫片(19)和锁定圈(20)向上移动，在通过锁簧(40)后，压力阀(17)下面的回油孔重新开启，停车顶又恢复到能对低速通过的车辆连续做制动功的初始工作状态。

(5)止轮防溜时

当停留车辆的车轮压在停车顶的滑动油缸(5)帽头上，油缸被车轮滚压向下运动，使上腔的压力升高，油缸帽头会对车轮产生一个制动反力阻止车轮滚动，此时滑动油缸中的压力阀并未打开，这时能提供制动反力的关键就是油缸上腔的氮气压力，由于停车顶具有很高的保压性能，它对车轮的制动反力可以长时间保持，无论将滑动油缸压到某一高度，停车顶始终能对该车轮起到止轮防溜作用。

3. TDW906—N 、906A—N 型停车顶的技术特点

(1)具有高速锁闭功能，并且锁闭临界速度根据实际需要分为 3 个档次：Ⅰ档(8±2) km/h、Ⅱ档(10±2.5) km/h 和Ⅲ档(12±2.5) km/h。当溜放车辆的速度低于锁闭临界速度时，防溜顶对车辆起制动作用；当车速达到或超过规定的锁闭临界速度时，滑动油缸被锁闭在钢轨轨面以下，对高速通过的车辆几乎不起制动作用，使列车牵出时不产生冲击和噪声，可大大提高防溜顶使用的安全性，有效提高编组站的作业效率。

(2)TDW906—N 、906A—N 型高速锁闭停车顶制动功大，特别是低速时(3 km/h 以下)能达到 1 000 J 以上，对车速低于锁闭临界速度的车辆都能做饱满的制动功。

(3)对停留车辆有止轮防溜作用，保压性能好，防溜能力强，能长时间保持对车辆的水平制动力。

(4)在整列车高速牵出后，停车顶经过缓慢回程(一般不超过 20 s)后能自动解锁并恢复到做制动功的初始状态。

(5)该产品属于内侧顶，它还具有 TDW904—N 型防溜顶的基本技术特点。

4. TDW906—N 型停车顶的派生产品——TDW906—N—FT 型停车顶

如图 4-50 所示，该产品由 TDW906—N 型高速锁闭停车顶的滑动油缸组合件和 906－FT 型防脱线壳体组成，它除了具有 TDW906—N 型高速锁闭停车顶的全部技术特点外，当该产品在线路的两根钢轨上对称安装时，还具有很好的防止轻车脱线的功能，因此使用的安全性能得到进一步提高。

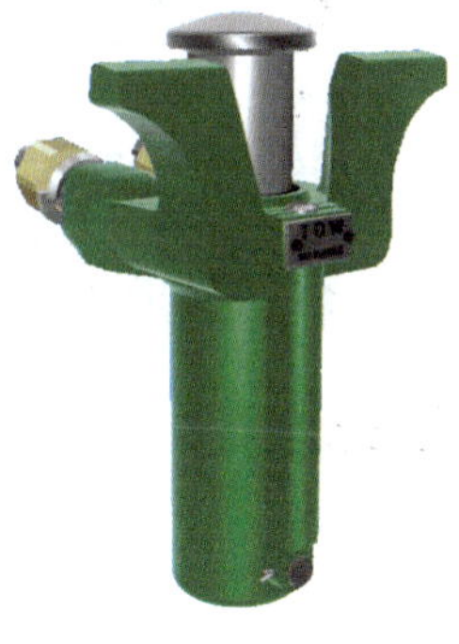

图 4-50　TDW906—N—FT 型停车顶外形图

(七)TDW907—N 型高速锁闭防溜顶

1. TDW907—N 型防溜顶的结构特点

TDW907—N 型防溜顶是在 TDW904—N 型防溜顶和 TDW906—N 型停车顶的基础上开发研制的一种具有高速锁闭功能的新产品，它的外形如 4-51 所示，结构如图 4-52 所示。其主要结构特点如下：

(1)设计了带有导向筒的压力阀座(14)，保证了锥形压力阀(17)与压力阀座座孔的同轴度，使阀口泄漏得到根本的控制，进一步提高了顶的保压防溜特性。

(2)设计了独特的可调节的判速机构：由判速阀板(15)、判速弹簧(16)、锁定圈(20)、锁簧(40)、复位垫片(19)、复位推杆(31)等零件组成，可实现对车辆速度的自动

判别。

(3)新颖的压力阀弹簧设计,将三个弹簧(26、27、33)通过弹簧套圈、顶杆(32)及活塞杆中两段不同直径的导孔,使三个并联弹簧串联布置,巧妙地利用了活塞杆内的空间,因此防溜顶能够调整到最合适的开启压力,弹簧也不会超负荷工作。

(4)壳体设计成阶梯形嵌入式结构,施工时不需要在钢轨上钻孔。

(5)该产品还具有 TDW906—N 型停车顶的基本结构特点。

2. TDW907—N 型防溜顶的技术特点

(1)可满足机车、车辆对防溜顶安装高度的限制,当安装高度小于或等于 25 mm 时,防溜顶每轮次的制动功可达到 600 J 以上。

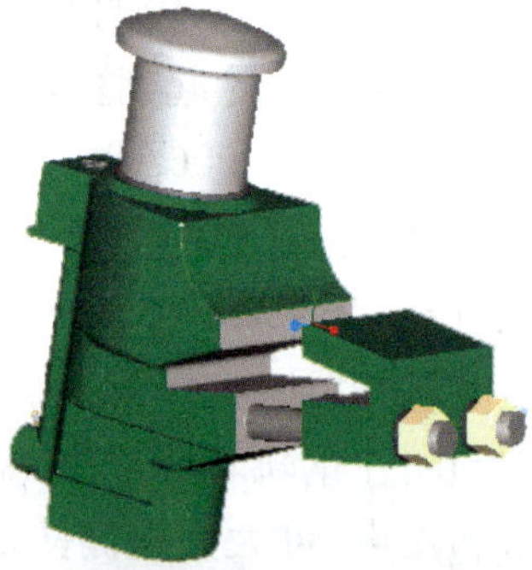

图 4-51 TDW907—N 型防溜顶外形图

(2)具有高速锁闭功能,并且锁闭临界速度根据实际需要分为Ⅰ档(4±1) km/h 和Ⅱ档(6±1.5) km/h,当车辆低于锁闭临界速度时,防溜顶对车辆起制动作用;当车速达到或超过规定的锁闭临界速度时,滑动油缸被锁闭在钢轨轨面以下,对高速通过的车辆几乎不起制动作用,使列车牵出时不产生冲击和噪声,可大大提高防溜顶使用的安全性能。

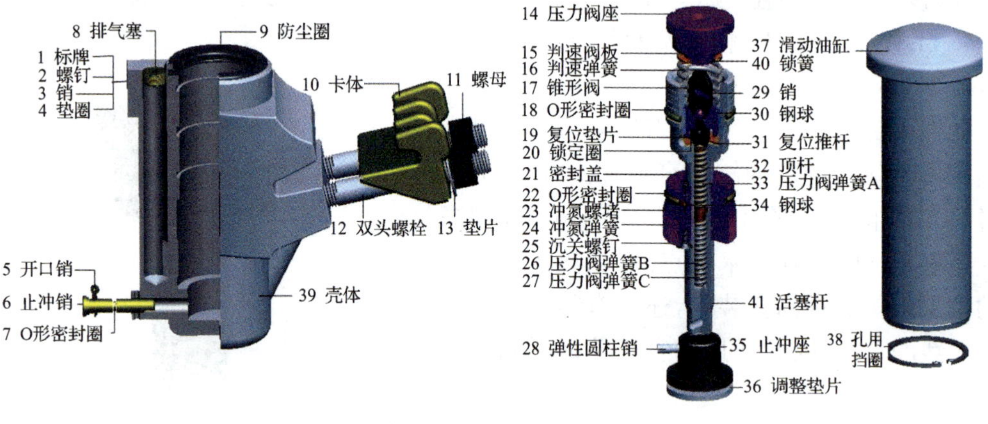

图 4-52 TDW907—N 型防溜顶结构图

(3)保压性能好,防溜能力强,能长时间保持对车辆的水平制动力。

(4)TDW907—N 防溜顶采用卡式壳体安装在钢轨内侧,具有安装灵活,维修方便的特点。

(5)该产品属于内侧顶,它还具有 TDW906—N 型停车顶的基本技术特点。

五、停车顶的主要技术指标

1. 几种常用的停车顶的主要技术指标如表 4-8 所示。

表 4-8　几种常用停车顶的主要技术指标

序号	项目	参数		
		TDJT—101	TDJT—102A	TDJT—104
1	制动功(J)	≥1 000	≥850	≥900
2	水平制动力(N)	≥8 800(24 h 内不低于 7 000)	≥7 000(24 h 内不低于 6 000)	≥8 800(24 h 内不低于 7 000)
3	单向阀开量(mm)	$0.75^{+0.125}_{-0.125}$(可调)		(1.5～2)±0.0 125(可调)
4	制动回程时间(s)	0.3～1.5(可调)		
5	抬起高度(mm)	≤6		
6	安装高度(mm)	58^{0}_{-3}	38^{+2}_{0}	50^{0}_{-3}
7	钻孔高度(mm)	72^{+1}_{-2}	73^{+1}_{-2}	85^{+1}_{-2}
8	安装角(°)	10	13	15
9	最大工作行程(mm)	92	70	75
10	工作介质	1. LHV22 或 LHV32 低凝液压油(冬季最低气温在－20℃以上地区); 2. 10＃航空液压油(冬季最低气温在－20℃以下地区)。		
11	适用轨型(kg/m)	43、50		60
12	构造速度(km/h)	25		
13	环境温度(℃)	－50～60		
14	质量(kg)	16	14	14

表 4-9　几种常用停车顶的主要技术指标

序号	项目	参数		
		TDJT—2000	TDJT—203	TDW904—N(NQ)
1	制动功(J)	≥1 150	≥1 000	≥600(J)(高度:25^{+3}_{0}) ≥750(J)(高度:35^{+3}_{0})
2	水平制动力(N)	≥8 800(24 h 内不低于 7 000)		24 h 内压力下降≤10%
3	单向阀开量(mm)	$1.0^{0}_{-0.125}$	$1.5^{+0.125}_{0}$	—
4	制动回程时间(s)	≥0.5(可调)		≤0.5
5	抬起高度(mm)	≤6		
6	安装高度(mm)	61^{0}_{-3}	62^{+2}_{-3}	25^{+3}_{0}或 35^{+3}_{0}

续上表

序号	项目	参数		
		TDJT—2000	TDJT—203	TDW904—N(NQ)
7	钻孔高度(mm)	74^{+1}_{-2}	80^{+1}_{-2}	74^{+1}_{-2}
8	安装角(°)	13	10	10±0.5
9	最大工作行程(mm)	100	92	58
10	工作介质	1. LHV22 或 LHV32 低凝液压油（冬季最低气温在－20 ℃以上地区）； 2. 10＃航空液压油（冬季最低气温在－20 ℃以下地区）。		减速顶专用液压油
11	适用轨型(kg/m)	43、50、60、65	60、65、RE132、RE133	43、50、60
12	构造速度(km/h)	25		
13	环境温度(℃)	－50～60		－40～50
14	质量(kg)	20		11.5(TDW904—N) 13.5(TDW904—NQ)

2. 几种常用的高速锁闭停车顶的主要技术指标如表 4-9、表 4-10 所示。

表 4-10　几种常用的 TDJ 系列高速锁闭停车顶的主要技术指标

序号	项目	参数		
		TDJ—GST201	TDJ—GST202	TDJ—GST301
1	锁闭速度(km/h)	8～13(可调)	5～10(可调)	10±3
2	制动功(J)	≥1 000	≥750	≥1 000
3	水平制动力(N)	≥8 800(24 h 内不低于 7 000)	≥7 000(24 h 内不低于 6 000)	≥8 800(24 h 内不低于 7 000)
4	制动回程时间(s)	≥0.5(可调)		0.7～1.5(可调)
5	锁闭回程时间(s)	≥12		≥10
6	抬起高度(mm)	≤6		
7	安装高度(mm)	58_{-3}^{0}	38^{+2}_{0}	58_{-3}^{0}
8	钻孔高度(mm)	72^{+1}_{-2}	73^{+1}_{-2}	74^{+1}_{-2}
9	安装角(°)	10	13	10
10	最大工作行程(mm)	92	74	92

续上表

序　号	项　　目	参　　数		
		TDJ—GST201	TDJ—GST202	TDJ—GST301
11	工作介质	1. LHV22 或 LHV32 低凝液压油（冬季最低气温在－20℃以上地区）； 2. 10＃航空液压油(冬季最低气温在－20℃以下地区)。		
12	适用轨型(kg/m)	43、50		
13	构造速度(km/h)	40		
14	环境温度(℃)	－50～60		
15	质量(kg)	16	13	16

表 4-11　几种常用的 TDW 系列高速锁闭停车顶的主要技术指标

序　号	项　　目	参　　数	
		TDW906A—N	TDW907—N
1	临界速度(m/s)	2.22±0.56 2.78±0.69 3.33±0.69	Ⅰ挡位 1.11±0.28 Ⅱ挡位 1.67±0.42
2	制动功(J)	≥1 000	≥600
3	水平制动力(N)	24 h 内压力下降≤10％	
4	制动回程时间(s)	≤0.5	
5	锁闭回程时间(s)	8～30	≥7.5
6	抬起高度(mm)	≤6	
7	安装高度(mm)	55^{+3}_{0}	25^{0}_{-3}
8	钻孔高度(mm)	74^{+2}_{-1}(50 轨)，92^{+2}_{-1}(60 轨)	
9	安装角(°)	10	
10	最大工作行程(mm)	92	58
11	工作介质	减速顶专用液压油	
12	适用轨型(kg/m)	43、50、60	
13	构造速度(km/h)	40	
14	环境温度(℃)	－50～50	
15	质量(kg)	13.6	10

六、停车顶的适用范围及应用

(一)停车顶的适用范围

TDJT—101 型停车顶、TDJT—2000 型高负荷停车顶、TDJ—GST201、TDJ—GST301、TDW906A—N 型高速锁闭停车顶可以广泛应用于铁路编组站的尾部和无本务机车进入的段管线以及铁路、冶金、矿山、港口等部门的货物线和专用线,对车辆进行制动停车和止轮防溜。其中 TDJT—2000 型高负荷停车顶更适用于重载车辆较多的站场和线路,TDJ—GST201、TDJ—GST301、TDW906A—N 型高速锁闭停车防溜顶更适合于编发线以及对列车牵出速度要求较高的站场和线路。

TDJT—102A 、TDW904—N、NQ 型停车防溜顶、TDJ—GST202、TDJ—GST302、TDW907—N 型高速锁闭停车防溜顶可广泛应用于客车站、客技站、机务段、车辆段和机车车辆的车库内以及有本务机车进入的到发线、段管线、货物线和专用线。当旅客列车或货车车辆由于受到坡度、风力、震动等外界因素的影响而产生溜逸时,停车防溜顶能起到止轮防溜作用。其中 TDJ—GST202、TDJ—GST302、TDW907—N 型高速锁闭停车防溜顶更适合用于对车辆牵出速度要求较高的站线。

(二)停车顶的应用

目前,TDJT—101 型停车顶已在哈尔滨南、三间房、江村、丰台西、兰州西、石嘴山、大新等数十个站场安装使用,TDJT—2000 型高负荷停车顶已在让胡路站投入应用,TDJ—GST201 型高速锁闭停车顶已在哈尔滨客技站、徐州北站子场等站场使用,TDJ—GST301 型高速锁闭停车顶已在哈尔滨南站使用,TDW906A—N 型高速锁闭停车顶已在武威南、嘉峪关、兰州西、迎水桥等站场安装应用。

TDJT—102A 、TDJ—GST202 型停车顶已在齐齐哈尔、牡丹江、西安等客车站应用,并在麻城、满洲里、集宁等站的到发线安装应用,TDW904—N(NQ)型防溜顶已在上海、南昌、鹰潭等机务段安装使用。TDW907N 型高速锁闭防溜顶主要应用于丰台西站、成都机务段和上海新客站的客技站。

第四节　防溜铁鞋

一、防溜铁鞋的基本结构

防溜铁鞋(也可称为止轮器)是一种放在静止状态的机车、车辆车轮下对其进行阻挡的安全防溜装置。图4-53所示的是它的外形图,防溜铁鞋是在编组站最早使用的车辆停车防溜设备。20 世纪 50 年代末,防溜铁鞋就作为一种主要的停车防溜工具在简易驼峰开始应用。

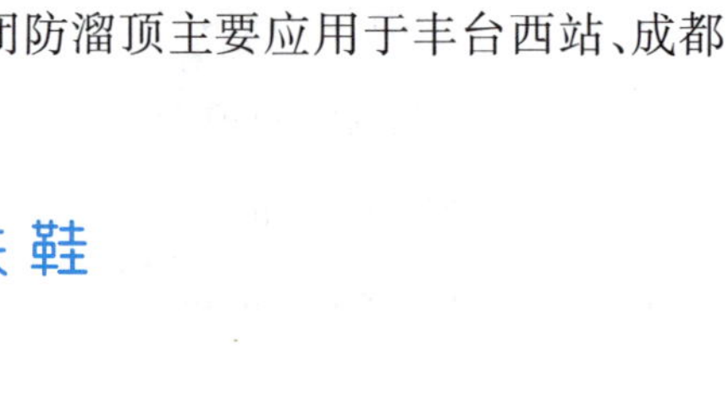

图 4-53　防溜铁鞋外形图

防溜铁鞋由鞋尖、鞋底、裙边、立板、踏面及鞋尾六个部分组成。鞋尖是用来插入车轮与钢轨之间的间隙,使车轮与防溜铁鞋以及钢轨之间处于密贴状态;鞋底及踏面是车轮与防溜铁鞋之间的主要接触面,他们和立板相结合构成防溜铁鞋的主要受力面，因此要求这几部分具有较高的强度和硬度；裙边具有限位和导向作用，它既能使防溜铁鞋在钢轨上保持稳定，同时当铁鞋在钢轨上滑行时，又能起到导向作用；鞋尾向上翘起一定的角度，主要是防止铁鞋在滑行时被卡住而造成事故。

二、防溜铁鞋的技术要求

根据铁道行业标准 TB/T 3162.3—2007《铁道车辆停车防溜装置 第 3 部分：防溜铁鞋(止轮器)》的有关规定，防溜铁鞋应满足以下技术要求。

1. 外形尺寸及公差要求

防溜铁鞋的外形尺寸示意图如图 4-54 所示，其基本尺寸及公差如表 4-12 所示。

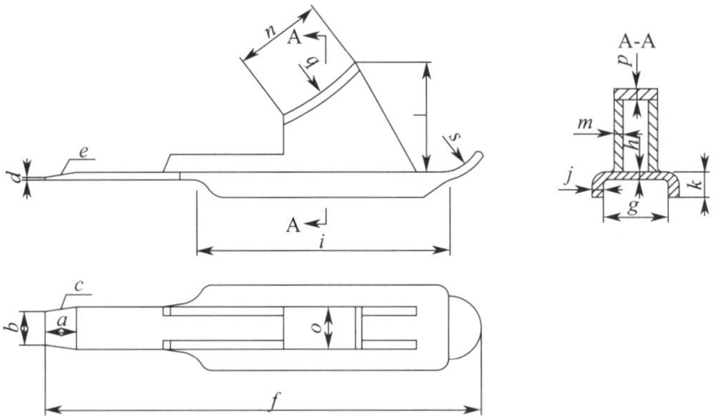

图 4-54 防溜铁鞋尺寸示意图

表 4-12 防溜铁鞋外形基本尺寸(单位：mm)

项 目		铸造防溜铁鞋	钢板防溜铁鞋	图 4-54 所示部位
鞋尖	长度	25^{+10}_{0}	25^{+10}_{0}	a
	宽度	35^{+5}_{0}	35^{+5}_{0}	b
	尖与底宽度	直线过渡	直线过渡	c
	厚度	2^{+1}_{0}	2^{+1}_{0}	d
	尖与底厚度	直线过渡	直线过渡	e
鞋底	长度	400±10	400±10	f
	裙边内侧宽度	76^{+4}_{0}	76^{+4}_{0}	g
	厚度	6^{+2}_{0}	5^{+3}_{0}	h
裙边	长度	150+10	150+10	i
	厚度	6^{+2}_{0}	5^{+3}_{0}	j
	高度	20^{0}_{-2}	20^{0}_{-2}	k
立板	高度	118±3	118±3	l
	厚度	6^{+2}_{0}	5^{+3}_{0}	m

续上表

项　　目		铸造防溜铁鞋	钢板防溜铁鞋	图 2 所示部位
踏面	长度	100±2	100±2	n
	宽度	55^{+5}_{0}	55^{+5}_{0}	o
	厚度	6^{+2}_{0}	5^{+3}_{0}	p
	上面弧度	车辆 R420 机车 R470	车辆 R420 机车 R470	q
鞋尾	起高度	25^{+10}_{0}	25^{+10}_{0}	r
	起弧度	R40	R40	s

2. 外观质量要求

(1)铸钢防溜铁鞋表面应干净平整、不应有影响外观及使用的毛刺,与车轮和钢轨接触的面不应有粘砂现象等;

(2)钢板防溜铁鞋焊接部位不应有虚焊、脱焊现象,边际不应有厉角;

(3)表面应均匀涂上红色或白色油漆(按用户要求)。

3. 材质要求

(1)铸钢防溜铁鞋材质应符合《一般工程用铸造碳钢》(GB/T 11352—1989)的规定,牌号取 ZG230—450,所含成分与机械性能应符合技术标准的相关规定。

(2)钢板防溜铁鞋材质为 25 号钢板材,所含成分应符合《碳素钢结构钢》(GB/T669)的规定,所含成分与机械性能应符合技术标准的相关规定。

4. 加工工艺要求

(1)铸钢防溜铁鞋使用专业模具浇注而成,铸造角半径应大于 10 mm,铸造后应进行抛丸处理,外观整洁无毛刺。外形的几何尺寸应符合表 4-12 的规定。

(2)铸钢防溜铁鞋需要补焊加修的,所用焊条成分不应低于母材性能,补焊面积超过 GB/T 11352—1989 中 8.6 条规定时,应经回火处理。

(3)钢板防溜铁鞋各部件应用工装进行焊接,焊接按《焊接质量要求金属材料的熔化焊　第 3 部分:一般质量要求》(GB/T 12467.3)规定的方法进行,焊接部位的强度应大于或等于母材。

三、防溜铁鞋的使用要求

根据铁道行业标准《铁道车辆停车防溜装置 第 3 部分:防溜铁鞋(止轮器)》(TB/T 3162.3—2007)的有关规定,防溜铁鞋应满足以下使用要求:

1. 车轮踏面密贴在防溜铁鞋踏面上时的碾压点应在其鞋尖向后 45～50 mm 处。

2. 防溜铁鞋底部及尖部应平直与轨面密贴,尖部上翘量不应超过 2 mm。

3. 防溜铁鞋应有防盗装置,锁闭、开启方便;防盗装置不应影响线路、车辆设备安全。

4. 当防溜铁鞋出现以下情况时不应继续使用:

(1)立板发生歪曲变形、出现裂纹;

(2)底部扭曲不能与轨面密贴，尖部断裂或宽度超出轨面；
(3)焊接部位开焊、断裂；
(4)裙部有裂纹或变形；
(5)防盗装置失效或影响使用。

四、防溜铁鞋的主要特点和优点

在简易驼峰以及到发线、专用线、货物线的作业中，铁鞋作为一种最简便的防溜工具一直应用到现在，并且仍有很大的使用价值，它的主要特点和优点如下所述。

1. 制造简单，维修方便，成本低廉。相对于其他停车防溜设备，铁鞋的加工制造最简单，维修也最方便，因此它是所有防溜设备中投资成本最低的一种。

2. 操作简单，使用方便，防溜效果及安全性都比较好。

3. 与传统的手闸制动相比，防溜铁鞋具有劳动强度小、作业效率高、节省人员等优点。

五、防溜铁鞋的适用范围及应用

防溜铁鞋的主要作用就是对机车车辆起停车和防止溜逸的作用。其使用场合主要有以下几种：

1. 用于调车线尾部，对溜放车辆进行制动停车和止轮防溜，这种铁鞋由尾部防溜员负责使用。

2. 用于到发线、货物线、专用线、检车线、禁溜线等线路，对需要较长时间停留的车辆进行止轮防溜。

3. 用于中间站、技术站停留车辆的止轮防溜。

4. 防溜铁鞋也可以作为一种简易的调速设备，在简易驼峰调车作业中配合脱鞋道岔对溜放车辆进行调速，使溜放车辆达到安全连挂的目的，这种铁鞋由调车场的制动员负责使用。

第五章　减速顶调速系统的设计与应用

第一节　概　　述

一、减速顶调速系统的分类

减速顶调速系统包括仅由各种顶(减速顶、可控顶、加速顶、停车顶等)组成的全顶调速系统,以及由各种顶与其他调速设备(减速器、停车器等)相结合所组成的调速系统。目前在中国研制成功并投入实际运用的减速顶调速系统,按照他们建成时间的先后,主要有以下 8 种。

1. 点连式调速系统

该调速系统是指由“点式”和“连续式”两类调速设备组合而成的调速系统。其中的“点”指减速器,其设备一般集中在几点(如一、二、三部位)铺设,控制长度较短;“连”主要指各种顶,其设备连续布设,且控制距离较长,能不间断地对溜放车辆的速度进行连续控制。前者主要用于驼峰溜放部分的“间隔制动”和“减速制动”;后者主要用于调车场股道内的“目的制动”。目前国内各大型路网性编组站大多采用这一调速系统,如:哈尔滨南、沈阳西、丰台西、郑州北、济南西、南京东等站的驼峰调速系统,均由减速器与减速顶、加速顶等设备组合而成。20 世纪 80 年代,有一些中、小型站场,由于初期设备资金不足或股道数较少,曾采用由脱鞋道岔与减速顶相结合的简易点连式调速系统进行过渡,然后在条件具备时,再用减速器置换脱鞋道岔,构成通常的点连式调速系统。

根据驼峰调车场线路纵断面的不同,点连式调速系统按减速区和连挂区的联结方式不同,又分为设打靶区和不设打靶区两种。前者适用于空车流较大和大组车较多,且调车场内的线路坡度较缓的站场;后者则适用于调车场内线路坡度较陡的站场。如:原哈尔滨站下行调车场,其调车线股道内的平均坡度已大于 3‰,因而就没有必要再设置一个打靶区,以免引起股道内部的线路坡度变得更陡,给布设减速顶、实现车辆安全连挂和编尾停车防溜带来一系列问题。

点连式调速系统适用于要求解编能力较大的大、中型编组站。其主要优点是:它既具有“点式”调速设备的效率较高、调速能力较强、控制较灵活的特点,同时又具有连续式调速设备的可靠性高、施工安装简便、节省能源、用人较少、养护维修和运营费用较低的特点。

与全顶调速系统相比较,点连式调速系统的不足是:系统复杂、造价较高;遇到“三轮”(大轮、油轮、薄轮)车溜放,“点式”控制的制动力会大大衰减,容易引起失控事故,且设备的养护维修和操控用人较多,运营和维修费用较大。

2. 股道全顶调速系统

这种调速系统在驼峰溜放部分不设调速设备,只在股道内设置减速顶调速。它利用驼峰溜放部分的线路平纵断面,拉开前后溜放车组之间的间隔;在调车场股道入线区,设置减速顶大顶群进行减速制动；在股道内车辆连挂区安装减速顶进行目的制动。这种调速制式适用于调车场内股道数较少且纵断面又比较理想的中小型调车场。1980 年 3 月，在原广州北站建成了中国第一个 9 股道的股道全顶调速系统。

3. 驼峰全顶调速系统

驼峰全顶调速系统是从驼峰加速坡开始，直至调车场尾部，其调速设备完全由各种减速顶组成。系统在驼峰加速区、道岔区及股道入线区，安装不同档次临界速度的减速顶对溜放车辆进行间隔制动和减速制动；在股道内的车辆连挂区安装低档减速顶，确保车辆安全连挂。中国第一个驼峰全顶调速系统于 1982 年 3 月在杭州艮山门站建成投产。系统进行车列解体作业时，调车人员只需在驼峰峰顶提钩，溜放车辆的间隔制动、减速制动和目的制动不需要人工干预就可全部自动完成。因此它是一种车辆溜放速度全部自动控制的调速系统。

由于驼峰全顶调速系统完全由各种减速顶组成，它不需要任何外部控制设备和能源，因而系统可靠、能耗小、施工安装容易、工期短、养护维修简单、用人少、运营费省。但它对驼峰溜放线路和股道的平纵断面有较高的要求。这种调速系统特别适用于车种比较单一、冬夏温差不大的站场。

4. 驼峰计算机可控顶调速系统

驼峰计算机可控顶调速系统是在驼峰全顶调速系统的基础上发展起来的。它具有驼峰全顶调速系统的所有优点，又比驼峰全顶调速系统的功能有所发展和创新。它对驼峰溜放部分和调车场内线路纵断面的要求不如驼峰全顶调速系统严格，比较适合于对既有中小型驼峰站场进行技术改造。自 1989 年中国铁路在韶关站建成第一个驼峰计算机可控顶调速系统后，接着又在漯河、沈阳东、大官屯、南岔、嘉峪关等站以及国外多个站场建成此种调速系统并投入运营。

驼峰计算机可控顶调速系统在驼峰溜放部分和调车场入口处(相当于股道内三部位减速器的位置)，安装有不同临界速度的可控减速顶，在股道内连挂区安装普通减速顶。由计算机实时控制可控减速顶的滑动油缸上升或吸下，对溜放车辆的速度进行自动调速，它也是一种自动化的调速系统。

与驼峰全顶和股道全顶调速系统相比，驼峰计算机可控顶调速系统对难行车调速的效果更好、更明显。但其系统设备稍复杂，投资和维修费用较多。

5. 驼峰反坡调速系统

驼峰反坡调速系统是中国铁路首创的一种具有全新调速理念的调速系统。它打破了传统的驼峰调速设计的理论，即驼峰峰高按照“三难”条件设计的旧框框，创造性地在调车场头部(相当于三部位减速器的位置)，按中行车的走行特性设计了一个反坡，使驼峰溜放线路纵断面构成“马鞍形”，利用这个反坡来代替传统的三部位减速器。系统在计算机的控制下，利用可控减速顶、加速顶、普通减速顶和线路平纵断面对车辆调速，让难行车和易行车的溜行速度向中行车的溜行速度逼近，以实现对驼峰溜放车辆速度的自动控制。该调速系统特别适合对调车线纵断面呈“锅底形”的既有调车场进行技术改造。中国铁路于 1986 年在深圳北站建成此系统，投入运营至今已 20 多年，取得了十分良好的效果。

6. 编尾平面调车调速系统

编尾平面调车作业的自动化调速，不仅是中国铁路，而且也是世界各国铁路存在已久的技术难题。20 世纪 90 年代，中国铁路经过反复研究试验和运营实践，终于在兰州西编组站驼峰调车场，建成中国第一个编尾平面调车自动化调速系统。该系统由可控减速顶（或单向顶）与停车顶等组成，由计算机对可控顶进行实时控制，实现编尾平面调车调速作业自动化。实践证明，该系统有利于协调调车场头尾的解编能力，而且对实现调车场完全、彻底甩掉铁鞋，确保编尾调车作业安全，提高编组站的整体解编效率和作业能力都有重大作用。目前，中国铁路的兰州西、牡丹江、徐州北等编组站的调车场尾部均已采用了此种调速系统。

7. 停车顶自动停车防溜系统

该系统是由停车顶或高速锁闭停车顶等组成的连续式停车防溜系统。与其他停车设备组成的停车防溜系统相比，它具有投资省、上马快、施工安装和维修简便、不需要外部能源、系统安全可靠、调整灵活、维修费用低、使用寿命长等一系列优点。目前已在哈尔滨南、兰州西、三间房、江村、徐州北、丰台西等编组站调车场尾部，以及齐齐哈尔和牡丹江等站的客货列车到发线共 30 多个站场推广应用。

该自动化停车防溜系统，不仅在中国铁路推广运用，而且已打入国际市场。2001 年，中国生产的 TDJT 型停车顶已在美国奔森维尔编组站安装了 3 000 多台交付使用。另外，在美国圣保罗、斯壮、亨克尔等编组站以及俄罗斯的后贝加尔编组站，也成功地运用停车顶对驼峰溜放车辆进行停车防溜。

8. 箭翎线调速系统

箭翎线是一种专门用于编组多组号列车的特殊配线，因其股道布置形式呈箭的尾翎状而得名。20 世纪 60 年代由日本铁路首创，曾在该国郡山、武藏野、周防富田等编组站使用。但由于日本铁路的箭翎线调速系统均采用以减速器为主的调速设备，其投资大、维修费用高、可靠性差，特别是中行车、难行车要想溜入箭翎线后半部的存车段较困难。为克服上述缺点，中国铁路研究、设计的箭翎线调速系统，采用了由控制计算机、减速顶、加速顶、可控顶、停车顶、挡车器等设备组成的全顶调速系统。它具有投资省、上马快、效率高、运营费少、维修容易、可靠性好、自动化程度高等许多优点。中国铁路建成的第一个箭翎线调速系统，于 1993 年 4 月在石家庄编组站投入运营。

二、减速顶调速系统的优越性

由于减速顶固有的一些优异特性，所以它一经问世，就得到极为迅速的推广应用。从国内到国外；从中国铁路系统内部的各个铁路局，到路外的各省、市、自治区的冶金、电力、石化、港务局等部门；从铁路编组站、区段站，到工业站、港湾站、货运站和专用线等，都广泛应用减速顶来对车辆进行调速、定位、停车、防溜。

大量的实践雄辩地证明，由减速顶（含可控顶、加速顶、停车顶等）组成的调速系统具有以下明显的优越性：

1. 先进性：减速顶作为一种无需外部能源和控制的自动化调速设备，它利用液压原理能自动识别车辆的溜放速度，构思巧妙，结构新颖，技术指标（制动功、阻力功、临界速度等）先进；可控顶、单向顶、双临界速度顶以及加速顶、停车顶等都具有独特的功能和技术性能。由他们组成的调速系统，自动化程度高，调速效果理想，具备先进性。

2. 安全可靠性：减速顶结构简单，动作可靠，性能稳定，故障率低。减速顶调速系统一般都是由连续安装的几十台或上百台顶组成，其中的一台或几台减速顶偶尔发生故障，并不影响整个系统的正常使用，因而它具有系统稳定可靠、安全性高的优点。

采用减速顶调速系统可以保证调车作业安全和人身安全，其溜放车辆安全连挂率在各类调速系统中最高，可达到95%以上（如：艮山门全顶驼峰调速系统的车辆安全连挂率为97%，深圳北站反坡调速系统的车辆安全连挂率为99%）。

由于减速顶是通过滑动油缸帽头与车轮轮缘或踏面接触而对车辆做功的，因而不会发生"点式"控制中钳式减速器对"三轮"（大轮、油轮、薄轮）车制动能力下降而导致车辆超速的现象，系统的安全性很高。

安装使用减速顶以后，调车组制动员不再需要白天、黑夜、严冬、酷暑、雨天、雪天在调车场内来回奔跑、"飞上飞下"拧手闸、下铁鞋。据统计，中国铁路调车作业在未采用减速顶调速以前，每年发生的调车重大和大事故达二三百起之多，调车人员死亡和致残达四五百人。采用减速顶调速以后，由于实现了车辆钩钩安全连挂，不仅调车人员的劳动强度大大降低，更为重要的是基本避免了调车作业人员的伤亡。例如：艮山门站驼峰全顶调速系统运营10年，未发生过调车重大、大事故和调车作业人员伤亡事故；又如济南西站点连式调速系统，安装减速顶前3年内共发生调车事故20件，安装减速顶以后3年中未发生调车事故等。

3. 灵活性：减速顶体积小，重量轻，组装、运输、安装都特别方便，在现场可根据实际情况随时进行位置、数量、档次的调整；减速顶还可以和减速器、停车器等多种调速设备配合使用，组成不同的调速系统，因此具有很大的灵活性。

4. 实用性：普通减速顶每台仅十几公斤重，运输、安装、拆卸非常方便，并且不需要敷设电缆、风管路、油管路、基础等复杂的辅助设施，因此减速顶调速系统的施工工期短，对运输干扰小。如要对布顶方案进行调整，也很简便易行。日常维修也十分方便，一般都不需要封锁线路，这些特点深受用户欢迎。

5. 经济性：减速顶调速系统的造价较低，建设工期短，不仅工程费少，而且建成后，由于普通减速顶工作时不需要外部能源和控制设备，日常养护维修费用也少，人工费和维修费低，因而运营费省。

另外，与采用铁鞋作为目的制动调速相比，采用减速顶调速系统后，能大大减少股道连挂区的"天窗"数，不但提高了股道的容车数，还可减少调车机下峰整场作业的次数。在列车编组时也不需要再逐个撤出铁鞋，因而可大大缩短列车的编组时间。根据统计，一般可提高驼峰调车场的解编作业效率8%～15%。

6. 广泛性：由于减速顶调速设备品种众多，自成系列，可用于调车场的驼峰，股道内和编尾调速、停车、防溜，以及铁路客货列车到发线、货物线、专用线等停车防溜；还广泛用于冶金、矿山、电力、化工、港口等企业的车站、专用铁道上；而且它具有耐寒、耐热、抗冲击、耐腐蚀、防风雪等性能，因此他们应用的范围不受气候、地域等条件的限制。

三、减速顶调速系统的设计工作

（一）设计工作的分类

根据减速顶调速系统设计工作的深度和掌握设计资料的多少，以及设计的用途不同，按铁道部基建项目的规定，一般分为两阶段设计和三阶段设计。两阶段设计为初步设计和施工图设计；三阶段设计为初步设计、技术设计和施工图设计。设计工作完成后，提交设计文件和图纸，通过评审、批准，才能交付施工。

1. 初步设计

在受条件限制、时间紧急、掌握资料有限等情况下，可先做初步设计。根据批准的可行性报告或设计任务书编制初步设计文件，初步设计文件由设计说明书、设计图纸、主要设备和材料的数量和型号及投资概算等内容组成。

2. 技术设计

技术设计是在初步设计文件经上级评审、批准后，再根据比较详细的设计资料做出的。设计中应包括设计说明(设计依据、设计范围、设计参数、设计指标)，详实的布顶设计图(标明布顶的位置、方式、长度、型号、数量及电缆、箱盒的型号和位置)，计算机模拟验算图、主要设备及材料表(包括总的设计布顶数和考虑了备用数的合同购顶数以及专用维修设备和专用工具等)，工程投资概预算等内容。如用户需要，还应提供减速顶维修间的平面布置图以及维修设备和人员配置、减速顶在使用和维修中应注意的事项及作业办法等内容供用户参考。

3. 施工图设计

在初步设计或技术设计文件经上级评审、批准后，可开展施工图设计。为使现场施工技术人员能顺利准确地进行设备的施工安装，电缆箱盒和道岔区布顶等部分还需提供一些更加详实的技术资料和尺寸，用来直接指导现场减速顶等设备的施工、安装。对于一般区段普通减速顶的安装，只要保证在某一段距离内完成设计要求的总布顶数安装就可以了。具体到每一台顶的安装位置，在条件允许时，应尽可能做到均匀布顶，但在遇到钢轨接头、道岔尖轨、辙岔心、绝缘保护区段、防爬器等不能安装减速顶的地方，施工时可视具体情况，将安顶的位置适当前后移动，进行调整。

(二)设计前的准备工作

1. 收集有关的图纸、数据和资料

设计前，需要尽可能详细地收集与设计有关的各种数据和资料，对于既有站场的改造，必要时还应直接到现场进行调研和测量。应收集的图纸、技术数据和资料如下所述。

(1)驼峰平面布置图：

了解各种设备的相互位置、线路数量和线间距、线路有效长、驼峰峰高以及峰顶平台前后的情况、道岔的位置和道岔号、道岔转辙机型号、曲线起止点位置、曲线半径、曲线长、警冲标和信号机位置等。

(2)驼峰溜放线路纵断面资料：

收集相关线路的纵断面资料。如果线路纵断面需调整，要了解是否有调坡的限制。一般来说，新建或新设计的站场，由于刚刚投入使用不久，使用工程竣工时的纵断面资料就可以了。

(3)驼峰线路的钢轨型号、重量、断面图(特别是国外钢轨)。

(4)轨枕型号(木枕、混凝土枕等)、根数/公里以及钢轨防爬设施等。

(5)钢轨轨距大小(标准轨距 1 435 mm，窄轨轨距 1 000 mm、1 067 mm，宽轨轨距 1 520 mm、1 600 mm 等)。

(6)驼峰溜放的最轻和最重车辆的型号、自重、总重、每辆车的轴数、车轮尺寸大小。

(7)溜放车辆走行阻力(含冬、夏季难、中、易行车基本阻力;道岔、曲线附加阻力)。

(8)风向、风速。

(9)冬、夏季气温(按有关设计规范取值)。

(10)车流情况:每昼夜作业辆数;空、重车比例;大、小组车比例;溜放最大组车的辆数和总重。

(11)驼峰和编尾调车机车型号。

(12)减速顶维修场所的设置地点、房屋面积和使用条件。

(13)用户的其他特殊需求和要求。

对于计算机可控顶调速系统、反坡调速系统和箭翎线调速系统等有控制设备的设计,还需要调查:

(1)供电情况(供电能力及是否具有两路电源)。

(2)室内控制设备的房屋面积及安装位置等。

如果是既有老站场改造,还应了解车站目前的一些作业方式和规定,如:有无固定的空车线、重车线、编发线,有无反向发车线;调车机车反牵作业的频繁程度;线路的控制距离;驼峰是连续作业还是间隙作业;既有调速或防溜设备的数量、型号、位置、作业情况;哪些设备需要改造或拆除,哪些设备还要保留;调车场尾部是否采取分区作业;车辆取送作业过程等等。

2. 纵断面测量

由于线路的纵断面决定车场内的位能大小,它与布顶的总数、车辆的溜行距离以及系统的连挂率有直接的关系。对于老站场进行技术改造,因车场已经过多年的运营使用,或已经工务部门多次养护维修,线路的平纵断面,特别是纵断面常会发生很大变化。在做布顶设计前,一定要对既有线路纵断面重新进行测量,然后再根据运营部门的要求,设计布顶线路的合理纵断面,最后再进行布顶设计。

3. 对安装减速顶的线路的要求

(1)安装减速顶的线路,应符合铁路线路的相关技术要求,以及减速顶调速系统设计的要求。

(2)安装减速顶的线路应正向设置防爬器。一般布顶区段:木枕线路每 12.5 m 不应少于 3 对;顶群区段:木枕线路每 12.5 m 不应少于 5 对,混凝土枕线路每 12.5 m 不应少于 3 对。对反牵较多的线路还应反向设置防爬器:木枕线路每 12.5 m 不应少于 2 对,混凝土枕线路每 12.5 m 不应少于 1 对。

(3)安装外侧减速顶的木枕线路,还应设置轨距杆和轨撑以保持轨距。连挂区每12.5 m设置轨距杆不应少于 3 根;Ⅱ档及以下顶群区段每 12.5 m 不应少于 5 根,并设置轨撑不应少于 3 对,Ⅱ档以上顶群区段还应增加 30%。装设轨道电路的线路,应设置绝缘轨距杆。

(4)安装外侧减速顶的线路轨距应为 $1\,435_{-4}^{+2}$ mm,有条件时应尽量采用混凝土枕。

(5)单侧安装减速顶的直线线路,外侧安装时,布顶一侧应比另一侧水平低 5～8 mm;内侧安装时,布顶一侧应比另一侧水平高 5～8 mm。

(6)钢轨肥边宽度,安装内侧减速顶时不应大于 2 mm;安装外侧减速顶时不应大于 1 mm。

(7)如必须在一个轨枕空内布置 2 对顶时(或钢轨同一侧布 2 个顶),轨枕应按每公里 1 440根布设。

(8)在水害严重地区需要在枕木上安装铁支座,冻害严重地区应在作业前及时清理冰雪。

第二节　点连式调速系统设计与应用

一、点连式调速系统的组成

点连式调速系统由减速器(点)和连续式调速设备(连)组成。目前国内的连续式调速设备主要有减速顶、加速顶、可控顶以及绳索牵引小车等设备。在驼峰的溜放部分根据需要设置 1～3 个部位的减速器。一部位减速器(主减速器)主要担当调整前后溜放钩车通过道岔时的安全间隔,并确保溜放车辆进入二部位减速器时不超速;二部位减速器(线束减速器)除承担调整前后溜放钩车通过各道岔和股道入口警冲标时的安全间隔,以及确保溜放车辆进入三部位减速器不超速外,还要辅助三部位减速器进行减速制动;三部位减速器(减速制动减速器)安装在各股道入口区,主要担当溜放车辆的减速制动,并辅助目的制动调速设备进行目的制动。其中三部位减速器设在点式调速区与连续式调速区的联结处,起着承上启下的作用,是确保点连式调速系统调速效果的关键部位。

点连式调速系统,由驼峰溜放线路平纵断面和调速设备组成。它要保证在峰顶一定的推峰速度下,溜放车辆经过间隔制动、减速制动和目的制动设备的调速,在通过各分路道岔和警冲标时,具有安全溜放间隔和安全溜放速度,并在股道内实现与其他停留车辆安全连挂,或在股道末端警冲标内方停车。

二、点连式调速系统驼峰调车场线路平纵断面设计

驼峰的平面设计通常由专业设计部门提供,无论是新场设计或老场改造,作为调速系统的设计,其主要任务是紧密配合站场的平面布置,着重做好溜放线路的纵断面设计。线路的纵断面实际上蕴含有车辆的位能。对减速顶调速系统来说,调车场股道内的线路纵断面情况显得尤为重要,因为它关系到车辆的溜行距离、安全连挂率和系统的总造价。在做驼峰调车场溜放车辆纵断面设计时,既要重视驼峰的峰高,又要重视股道内的纵向高差。对采用减速器和铁鞋进行全场点式打靶的调速系统,股道内一般设计成 0.6‰～1‰的纵坡,就可以满足车辆调速作业的要求。但对于减速顶调速系统,必须考虑从峰顶至股道末端的总高差。点连式调速系统的线路纵断面如图 5-1 所示。

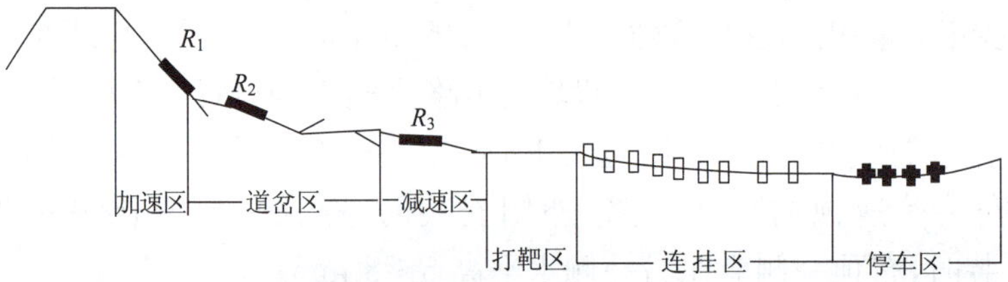

图 5-1　点连式调速系统的组成及线路纵断面示意图

▬—减速器　▯—普通顶　✚—停车顶

(一)驼峰峰高的计算确定

机械化驼峰的峰高,根据“三难”原则设计,即难行车在冬季不利溜放的难行条件下,溜到难行线计算点确定。驼峰点连式调速系统的峰高($H_{点连}$),目前虽然仍按“三难”原则计算确定,但前者只要求难行车能溜到难行线警冲标内方 100 m 处停车,但后者则要求难行车溜到车场减速器后“打靶区”末端还具有车辆安全连挂速度($v_{挂}$)。点连式调速系统的峰高可按下式计算:

$$H_{点连}=[L_{溜}^{难}(W_{溜基}^{难}+W_{溜风}^{难})+L_{场}^{难}(W_{场基}^{难}+W_{场风}^{难})+(8\sum\alpha+24N)]\cdot10^{-3}]+\frac{v_{挂}^{2}-v_{0}^{2}}{2g'_{难}} \tag{5-1}$$

式中: $L_{溜}^{难}$——自峰顶至难行线警冲标的距离,m;

$L_{场}^{难}$——自难行线警冲标至“打靶区”末端的距离,m;

$W_{溜基}^{难}$、$W_{溜风}^{难}$——难行车在驼峰溜放部分的溜行基本阻力和风阻力,N/kN;

$W_{场基}^{难}$、$W_{场风}^{难}$——难行车在车场部分的溜行基本阻力和风阻力,N/kN;

$\sum\alpha$——难行车溜经难行线的道岔和曲线总转角,°;

N——难行车溜经难行线的道岔数,组;

$g'_{难}$——考虑轮对转动影响在内的难行车重力加速度,m/s²;

v_0——峰顶推送车列解体速度,m/s。

(二)驼峰溜放部分线路纵断面设计

点连式调速系统驼峰溜放部分线路纵断面的设计,对于新建驼峰,应按“最小时差纵断面”的理论和方法设计,对于既有机械化驼峰改建的站场,为了减少对运营的干扰和节省工程投资,也可仍保留原机械化驼峰溜放部分的三坡段设计,即加速坡段、中间坡段、道岔区坡段。由于目前中国货车已基本实现滚动轴承化,难行车的基本阻力有所减小,因而可适当下调中间坡和道岔区坡,并根据具体情况抬道调坡,将获得的高差转移到调车场连挂区,以提高车辆连挂率和增加难行车的溜行距离。或者还可加长、加陡加速坡,以提高钩车通过中间坡和道岔区坡的速度,达到提高峰顶推送车列解体速度的运营要求。

(三)车场“打靶区”坡段设计

点连式调速系统调车场“打靶区”坡段的长度和坡度应根据下列原则设计:

1. 难行车在冬季不利溜放条件下,从峰顶以 5 km/h 速度解体后,溜到“打靶区”末端仍有不高于 5 km/h 的安全连挂速度进入连挂区。

2. 易行车在夏季有利溜放条件下,以最低速度溜出调车场减速器以后,行至“打靶区”末端时,车速不超过车辆安全连挂速度。

根据理论分析和运营实践表明,“打靶区”的长度可采用 50～120 m,坡度可采用 0.6‰～1‰为宜。在一些旧站场改造过程中,经常会遇到连挂区内车场位能不足的情况,这时可以通过减缓打靶区的坡度和增加打靶区长度的办法,为连挂区多争取一些位能高,这时打靶区的坡度可采用平坡甚至不超过 1‰的反坡,但长度不宜超过 120 m。

(四)连挂区坡度设计

连挂区坡可设成 3 段,按不同的车辆溜行阻力值设置不同的坡度,分别对应于冬季难行车、中行车和夏季易行车的车场溜行阻力。中国南方地区车场连挂区的坡度可设为

2.5‰、1.8‰、0.6‰，北方地区的坡度可设为2.8‰、2‰、1‰，东北地区可设为3‰、2.2‰、1‰。三个坡段的长度比例可视情况设为1∶2.5∶1。

（五）停车区坡段设计

停车区坡段可设成100 m左右的平坡，后面再接一段1‰～2‰的反坡与编尾的道岔区相连结。

三、点连式调速系统的调速设备数量和布置设计

（一）驼峰溜放部分的减速器数量及其布置

驼峰溜放部分一、二部位的减速器数量及其布置，已在专业设计单位提供的驼峰溜放部分线路平面图中标明，可直接供调速系统设计时使用。

（二）调车线入口处的三部位减速器数量及其布置

1. 三部位减速器制动能高的计算

三部位减速器所需制动能高，应满足在溜车有利条件下，最易行车经全制动后，车速不超过车辆允许的安全连挂速度，并留有15%至30%的余量。有条件的车站还可再适当增强一些三部位减速器的制动能力，以增加作业时的灵活性。三部位减速器所需制动能高按式(5-2)计算：

$$H=K\left[\frac{v_{入}^2-v_{出}^2}{2g'_{易}}+(i-w)\cdot l\cdot 10^{-3}\right] \tag{5-2}$$

式中：H——三部位减速器制动能高，m；

$v_{入}$——车辆溜入减速器时的入口速度，m/s；

$v_{出}$——车辆溜出减速器时的出口速度，m/s；

i——减速器所在位置的坡度，‰；

w——易行车总阻力，N/kN；

l——减速器总长度，m；

$g'_{易}$——包括轮对转动影响在内的易行车重力加速度，m/s^2；

K——大于1.0的能高系数。

为保证系统能快速、密集地解体车列，一般$v_{入}$取5 m/s，$v_{出}$取1.1 m/s，三部位减速器总制动能高选取1.5～1.7 m。

由于近年来载重70 t的新型重载车辆逐渐普及，易行车的总重增加，相应的三部位减速器的制动能力也应予以增强。

2. 三部位减速器的基本安装要求

三部位减速器一般应安装在直线段。为方便风管路或油管路的铺设，三部位减速器通常设置在车场最外侧股道最后道岔联接曲线切点以后，其他各股道设置减速器的位置应向它对齐。在特殊情况下，如果该场大组车较多，也可将个别股道的三部位减速器位置再适当后移，使大组车在三部位上减速制动时不影响后续钩车的安全溜放间隔。

（三）三部位减速器后打靶区的设计

点连式调速系统中三部位减速器后的打靶区与三部位减速器配合使用，能更好地对大组空车实施“让头拦尾”调速，同时提高大组空车通过三部位减速器的速度，改善前后溜

放车辆之间的安全间隔,使驼峰峰顶的推送解体速度提高。

在有些情况下,点连式调速系统也可不设打靶区,如:中国铁路1978年4月建成的第一个点连式调速系统——哈尔滨站下行场点连式系统,以及为波兰拉兹编组站设计的点连式调速系统,都没有在减速器点式调速区与减速顶连续式调速区之间设置打靶区。究其原因是:这两个站场都是老场技术改造,调车场内原有的股道纵坡都比较陡:前者平均纵坡为3.9‰,而后者平均纵坡为4.8‰。在这么陡的调车场股道纵断面条件下,如果再设计一段纵断面比较平缓的打靶区,不但增加了技术改造的工作量和总投资数,而且使调车场后部的线路纵断面变得更陡,必然会给布顶和今后运营使用带来很多困难。何况既有股道坡度较陡,已为难行车溜行提供了足够位能,没有必要再设一个打靶区为难行车的溜行增加动能了。布顶时只需在距减速器出口后约20 m(大于一辆车的外轴距)处开始安装减速顶即可。

(四)小顶群设计

小顶群是指位于打靶区末端密集安装的一组减速顶。设置小顶群的作用是:弥补减速器打靶的控制误差,普遍提高溜行车辆通过减速器出口的速度,因而有利于提高峰顶的推送速度以及溜放车辆的安全连挂率。小顶群的制动能力一般以能将易行车的速度由7 km/h降到5 km/h为宜,当然也可根据用户的特殊要求专门设计。由于普通减速顶组成的小顶群对空车的制动能力较大,且不能灵活调整,所以空车经过小顶群后速度降较大,建议在有条件的站场采用由可控顶组成的小顶群,并将对小顶群的控制与减速器联动,这样能有效地提高空车的溜行距离。

根据计算机模拟和已建成的点连式调速系统的运营情况来看:设有小顶群,无论冬夏对易行重车的溜行距离并无影响;对单辆和大组空车,在夏季也没有明显影响,只是在冬季−10 ℃以下时才会对大组空车的溜行距离产生一定的影响。如果不设小顶群,虽在冬季能改善一些大组空车的溜行距离,但使易行车全年的超速溜行和超速连挂等隐患大大增加。编组站的日常作业,都以安全为首要前提,确保调车作业的安全是设置调速设备的基本出发点。由此可见,小顶群虽然只安装了三四十台减速顶,但是它对弥补三部位减速器打靶控制误差、确保溜放车辆安全溜行、提高溜放车辆的安全连挂率以及有利于编尾安全停车和防溜等等都发挥了极其重要的作用。所以在目前采用的点连式调速系统中,设置小顶群是十分必要的。

小顶群布顶数可按公式(5-3)计算确定。

$$n=\frac{v_{入}^2-v_{出}^2}{2g'}\cdot\frac{Q_{易}}{4E}\cdot(1+r_1)+\frac{(i-w)\cdot l\cdot Q_{易}\cdot 10^{-3}\cdot(1+r_2)}{4E} \tag{5-3}$$

式中:n——小顶群布顶数(取偶数),台;

$v_{入}$——车辆溜入小顶群时的入口速度,m/s;

$v_{出}$——车辆溜出小顶群时的出口速度,m/s;

g'——受转动惯量影响的车辆重力加速度,取9.6 m/s^2;

r_1——小顶群安全系数,一般取0.1;

r_2——连挂区布顶安全系数,取0.05;

l——小顶群占用连挂区第一段的长度,m;

i——连挂区第一段的坡度,‰;

$Q_{易}$——易行车总重，N；

w——易行车夏季车场基本阻力，N/kN；

E——减速顶的制动功，J/轮次。

小顶群一般由临界速度为Ⅰ档（1.25 m/s）的减速顶组成。为作业安全起见，布顶时内侧顶应采取双侧对称安装。个别小顶群如果设计的数量较多，也可在小顶群的前半段安装一些Ⅱ档（2.0 m/s）减速顶。对安装有三部位减速器辅助控制系统的站场，小顶群的减速顶全部换成了可控顶，此时小顶群对难行车的溜行阻力更小，系统的调速效果会更好、安全更有保障。

（五）连挂区布顶设计

连挂区安装的减速顶，绝大多数为Ⅰ档（临界速度为 1.25 m/s）的顶，以控制车辆溜行速度不超过安全连挂速度。连挂区各段的布顶数可按公式（5-4）计算确定。

$$N=\frac{(i-w)\cdot L\cdot Q_{易}\cdot 10^{-3}(1+r)}{4E} \tag{5-4}$$

式中：N——各段的减速顶布顶数（取偶数），台；

i——各段的坡度，‰；

L——各坡段的长度，m；

w——易行车夏季车场基本阻力，N/kN；

$Q_{易}$——易行车总重，N；

E——减速顶的制动功，J/轮次；

r——安全余量，一般取 $r=0.05$。

坡度小于等于 1‰的坡段上可以不安设减速顶。

另外，不同的线路和位置可根据具体的情况选用不同类型的减速顶：如在编发线可在其连挂区的尾部安装慢回程减速顶或双临界速度减速顶，这样在列车出发车速较高时，可以减轻本务机车的牵引阻力，提高列车的出发速度，减轻轮顶磨耗，提高减速顶的使用寿命；在调车作业中反牵上峰作业比较频繁的车站，可以选用单向减速顶来减轻调机反牵上峰的阻力等等。

（六）停车区布顶设计

在停车区安装停车顶，使溜行车辆停妥并防溜。其布顶数量和安装方式可参见本章第九节“停车顶自动停车防溜系统”中的阐述。

四、点连式调速系统设计方案的计算机模拟验算

系统设计方案完成以后，还需对各种不同季节、不同钩车组合等困难条件的车辆溜放情况用计算机进行模拟，以检验系统设计中调速设备的能力和系统的安全可靠性。

模拟验算图包括以下内容：

验算图底部有简易平面图（包括驼峰、道岔、曲线位置）、纵断面及里程（m）；图的左侧为时间的刻度（s）、右侧为速度刻度（m/s）；中间为车辆溜放的时间曲线和速度曲线。此外还标有减速器、减速顶等调速设备的位置，图的右上角列有溜放车辆的参数（车型、车种、辆数、总重）。

1. 图 5-2 是在溜车有利条件下，大组重车与后面两组单辆重车连续溜放的计算机模拟验算图。峰顶推送车列解体速度为 7 km/h。表 5-1 是溜放车辆通过各分路道岔和警冲标的间隔时间统计表。从图 5-2 中可以看出：单辆重车在以 7 km/h 的速度溜出三部位减速器，经打靶

区末的小顶群调速，车辆溜行速度可降到安全连挂速度以下。由此可见，小顶群的减速顶数量能满足运营要求。从表 5-1 中可看出，溜放车辆通过所有道岔和警冲标的间隔时间都满足要求。因而在正常溜放作业条件下，大组重车(10 辆以下)未对后续钩车溜行造成影响。

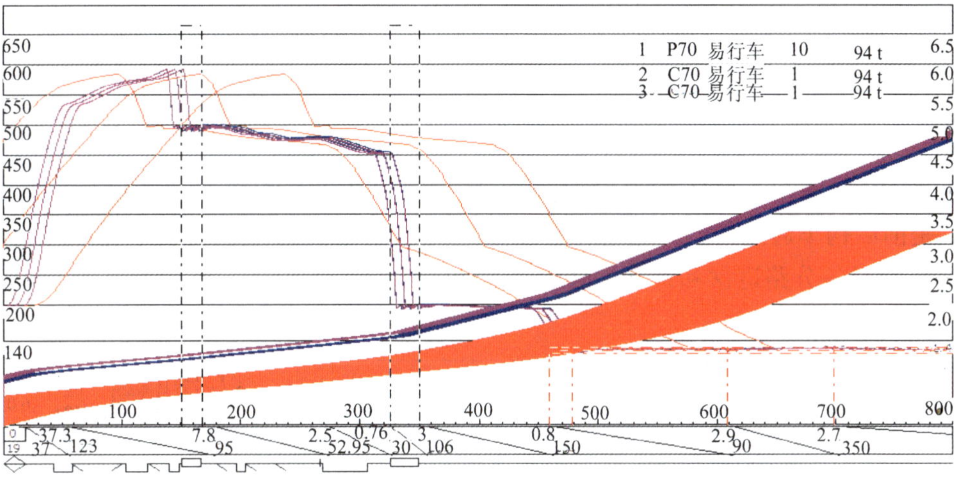

图 5-2　溜车有利条件下，大组重车与两组单辆重车连续溜放模拟验算图

表 5-1　溜车有利条件下，大组重车与两组单辆重车通过各分路道岔与警冲标处的间隔时间(单位：s)

序号	第 1 分路	第 2 分路	第 3 分路	第 4 分路	第 5 分路	第 6 分路	警冲标
1	28.52	29.37	29.28	27.95	27.68	27.63	29.72
2	1.91	2.56	2.64	1.94	1.96	1.88	4.19

2. 图 5-3 是溜车不利条件下，大组空车后面跟着溜两组单辆重车的计算机模拟验算图。从图中可见，第三组车与第一组如果是隔钩车时，单辆重车没有追上大组空车，驼峰可以连续作业。

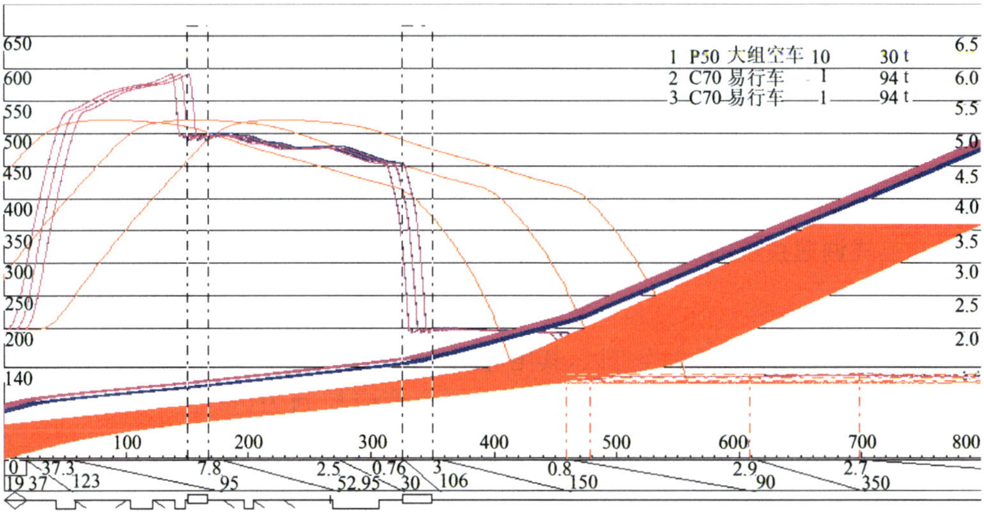

图 5-3　溜车不利条件下，大组空车与单辆重车的溜放模拟验算图

从表 5-2 的统计时间可看出，溜放车辆通过所有道岔和警冲标处的间隔时间都能满足要求。

表 5-2　溜车不利条件下，大组空车与单辆重车通过各分路道岔和警冲标处的间隔时间(单位：s)

序号	第 1 分路	第 2 分路	第 3 分路	第 4 分路	第 5 分路	第 6 分路	警冲标
1	25.21	25.24	24.95	23.96	23.73	23.63	25.41
2	1.91	2.56	2.64	1.94	1.96	1.87	4.17

3. 图 5-4 是溜车不利条件下，难行车—易行车—难行车溜放的计算机模拟验算图。表 5-3 是前后钩车通过各分路道岔和警冲标处的时间间隔统计表，从表中可看出，易行车与难行车通过各分路道岔和警冲标处的时间间隔都能满足要求。

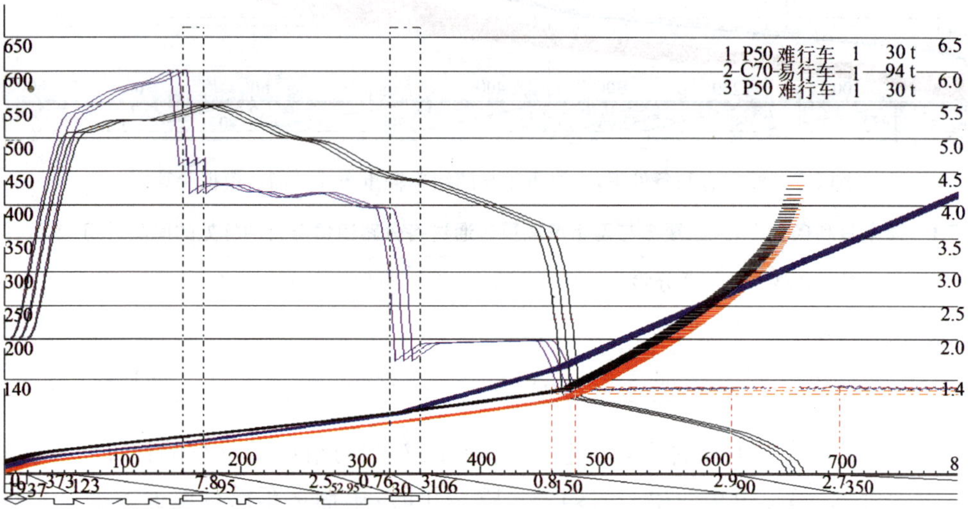

图 5-4　溜车不利条件下，难行车—易行车—难行车溜放模拟验算图

表 5-3　溜车不利条件下，难、易行车通过各分路道岔和警冲标处的间隔时间(单位：s)

序号	第 1 分路	第 2 分路	第 3 分路	第 4 分路	第 5 分路	第 6 分路	警冲标
1	1.25	1.13	1.09	1.04	1.50	2.69	6.9
2	2.35	3.51	3.76	3.02	1.79	1.01	0.96

五、点连式调速系统的作业要求和注意事项

1. 车列开始解体作业前，必须将溜放车辆制动缸内的残余空气排净、手闸松开。

2. 如前一溜放钩车已停在连挂区，其尾部距小顶群出口的距离还能容纳下后一钩溜放车时，则后钩溜放车在三部位减速器的出口速度应控制为：重车 6～7 km/h，空车 10 km/h；如前一溜放钩车停在连挂区，但其尾部距小顶群的出口距离容纳不下后一钩溜放车时，则后一钩溜放车在三部位减速器的出口速度应控制为：重车 5 km/h，空车 8 km/h。

3. 前钩车已压在小顶群上时，后钩重车三部位减速器的出口速度应控制在5 km/h，空车三部位减速器的出口速度应控制在 6 km/h;前钩车停在打靶区内时,无论空、重车,三部位减速器的出口速度均应控制在 5 km/h 以下。

4. 严禁峰顶溜放作业漏钩,以及溜放车辆通过三部位减速器时不按规定速度出口。一旦发生溜放车辆通过三部位减速器时超速出口,或三部位减速器失控,应立即采取相应补救措施,以防止车辆超速连挂酿成事故。

5. 机车在普通减速顶的布顶区内的走行速度不得超过 20 km/h。

6. 当机车挂有空车通过普通减速顶的布顶区时,其走行速度不得超过 15 km/h。

7. 机车挂车在布顶区停留后,应缓慢启动、平稳运行。

8. 安装减速顶的区段严禁使用铁鞋。

9. 轮重小于 1.54 t 的车辆不应通过安装减速顶的线路。

第三节 股道全减速顶调速系统设计与应用

一、股道全顶调速系统的组成

股道全顶调速系统,由线路平纵断面、减速顶调速设备等子系统组成。溜放车辆以一定的推峰解体速度从峰顶溜下后,在驼峰溜放部分不安设任何调速设备,而是利用溜放部分线路固有的平纵断面保证前后溜放钩车之间的安全间隔。然后,钩车经过设在各条调车线头部的减速顶群减速,使车速降到允许的安全连挂速度以下,进入股道连挂区,在连挂区线路纵断面的位能和减速顶的共同作用下,使溜放车辆始终保持安全连挂速度一直向前溜行,直至与调车线内的其他停留车安全连挂,或溜到股道尾部警冲标内方停车。

二、股道全顶调速系统的线路纵断面设计(图 5-5)

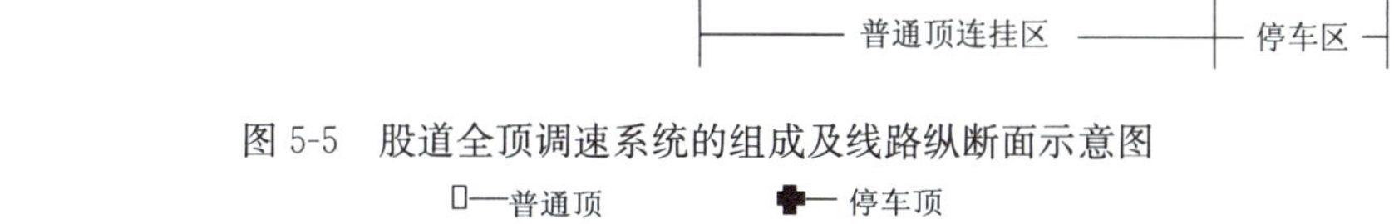

图 5-5 股道全顶调速系统的组成及线路纵断面示意图

□—普通顶 ✚—停车顶

(一)股道全顶调速系统的驼峰峰高和溜放线路纵断面设计

1. 峰高设计

驼峰调车场的平面布置主要取决于调车线的数量。中国建成的股道全顶调速系统大都是在既有的站场上加以改造完成的,同时股道全顶调速系统对驼峰溜放部分的平面布置并无特殊要求,因此有关系统平面部分的设计这里不再多述。而对系统的纵断面设计,一个很重要的内容是驼峰的峰高。大家知道，一座驼峰的解体能力取决于峰顶车列解体时的推峰速度，而推峰速度的高低又取决于溜放车辆的过岔速度。最终，车辆过岔速度的大小直接影响到驼峰的峰高。在设计峰高时，要在满足用户运营要求的推峰速度的前提下，尽量降低驼峰的峰高，以减少工程投资和调速设备的数量。按照《铁路驼峰及调车场设计规范》(TB 10062－1999)的相关规定，驼峰峰高应按公式(5-5)计算。

$$H_{峰}=[L_{易}(W_{夏基}+W_{夏风})+8\alpha_{易}+24N_{易}]\times10^{-3}+\frac{v_{入}^{2}-v_{0}^{2}}{2g_{易}'}+\Delta h \tag{5-5}$$

式中　$H_{峰}$——计算峰高，m；

$L_{易}$——峰顶至易行线车场制动位入口的距离，m；

$W_{夏基}$——夏季易行车在溜放部分的单位基本阻力，N/kN；

$W_{夏风}$——夏季易行车在溜放部分的风阻力，N/kN；

$\alpha_{易}$——峰顶至易行线顶群入口的曲线总转角和道岔总转角之和，°；

$N_{易}$——峰顶至易行线顶群入口间换算逆向道岔总数；

$v_{入}$——易行车在易行条件下溜入易行线顶群入口的速度，m/s；

v_{0}——峰顶车列解体推峰速度，取 1.4 m/s；

$g_{易}'$——考虑受转动惯量影响的易行车的重力加速度，m/s²；

Δh——易行线顶群入口与难行线计算点处的轨面高差，m；前者比后者高时取正值，反之取负值，相同时为 0，驼峰峰高还应保证在溜车不利条件下，以 1.4 m/s的速度推峰解体时，使难行车能溜出难行线顶群出口。

2. 溜放部分线路纵断面设计

驼峰溜放部分的线路纵断面应符合下列要求：

(1)加速坡的坡度宜采用 35‰～40‰，坡段长度宜采用 30 m；

(2)中间坡可设计成 1 段坡，坡度宜采用 6‰～15‰；

(3)道岔区坡可设计成 1～2 段坡，设 2 段坡时，第 1 段坡度宜采用 2‰～3.5‰，第 2 段坡度宜采用 0～3‰。

(二)调车场内的线路纵断面要求

调车场内线路纵断面应符合以下要求：

1. 顶群区的线路坡度宜采用 4.5‰～5.5‰，其长度应稍大于布设顶群的长度。顶群的起点位置关系到调速设备占用线路有效长的多少和股道容车数，同时由于大组空车通过减速顶群时降速较快，常对后续溜放车组的安全产生不利影响，进而会影响峰顶的推峰速度。顶群的起点位置宜设在线路警冲标内方 25～30 m 处；大组空车较多的站场，还应适当往后再延长一些。

2. 连挂区的线路纵断面可设计成 4 段坡(适用于东北和北方地区)或 3 段坡(适用于南方地区)。按 4 段坡设计时，第 1 段坡宜采用 2.5‰～3.5‰，坡段长度宜采用 80～100 m；第 2 段坡宜采用 1.8‰～2.5‰，坡段长度宜采用 200～350 m；第 3 段坡宜采用 0.6‰～1‰，坡段长度宜采用 100～150 m；第 4 段坡宜采用平坡，长度约 100 m，最后再接反坡作为停车区。如按 3 段坡设计，第 1 段坡宜采用 2.0‰～2.5‰，坡段长度宜采用150～350 m；第 2 段坡宜采用 0.6‰～1‰，坡段长度宜采用 150～250 m；第 3 段坡宜采用平坡，长度约 100 m。

三、股道全顶调速系统的布顶设计

股道全顶调速系统的布顶设计应遵循以下原则：

1. 股道全顶调速系统在驼峰溜放部分不布减速顶，只在各股调车线的入口端设置一个减速顶群。顶群的总顶数依据单辆易行车在夏季有利条件下溜至顶群入口处的速度而定。易行车在夏季有利条件下溜至顶群入口时的速度，采取下列两种方式确定。

(1)深入现场调研或测试；

(2)将驼峰平纵断面、气象条件、推峰速度和车辆重量和溜行阻力等参数输入计算机，通过计算机模拟获得。

2. 由于股道全顶调速系统对顶群的制动能高要求较大，需布设的减速顶数较多，因此应尽量选用制动能力较大的减速顶并密集布置，以减少顶群的布顶总数和缩短顶群区的长度。

3. 为了保证难行车在顶群上有一个较快的通过速度并避免在顶群上途停，需适当加大顶群区的坡度。因为顶群对难行车的阻力较大，即使顶群上所有的减速顶都做阻力功，他们对难行空车所造成的速度降也是很大的，因此应尽量提高难行车的顶群入口速度，同时把顶群设在一个比较陡的纵断面上。

4. 为避免难行空车在顶群上停车，并使难行车有一个较远的溜行距离，需要对顶群内减速顶的临界速度进行分档。分档的方法除可采用公式(可参见驼峰全顶一节)手工计算以外，也可在计算机上进行模拟确定：选择一定的计算步长，取单辆易行车在易行条件下进行模拟，随着车辆溜入顶群后车速的不断下降，按车辆的最后一根轴在顶群上的速度来划分顶群的各个档次的减速顶数，以保证单辆易行车溜经顶群时，顶群上每台顶的各个轮次都能对车辆做制动功。

5. 股道全顶调速系统在顶群后直接连接连挂区，连挂区部分的线路坡度和长度以及布顶数量的计算方法，与点连式调速系统连挂区的布设要求相同。

四、股道全顶调速系统设计方案的计算机模拟验算

股道全顶调速系统设计方案的计算机模拟主要检算以下内容：

1. 在设定的推峰速度下，难一中一难钩车组合在溜车不利条件下，各道岔和警冲标的时间间隔是否能满足要求。

2. 大组空车对后续溜放车组的影响：在溜车有利条件下大组空车后溜放单辆重车时，各分路道岔和警冲标时间间隔是否能满足要求。

3. 难行车在溜车不利条件下的溜放距离。

4. 易行车在溜车有利条件下是否能够以安全连挂速度进入连挂区。

图 5-6 是在溜车有利条件下，大组重车与后面两钩单辆重车连续溜放的计算机模拟验算图。表 5-4 是道岔和警冲标处的间隔时间统计表。从上图中可以看出大组重车和单辆重车在出清顶群后，其溜行速度都能够降到安全连挂速度。由此可见，顶群的减速顶数量能满足要求。第 3 钩溜放的单辆重车没有与大组重车连挂，峰上可连续推峰。但是如果大组重车的数量超过 10 辆，隔钩溜放车辆需要等大组车离开顶群后再继续溜放，或变更作业计划将其溜入其他股道。从表 5-4 中可见溜放车辆通过所有道岔和警冲标的间隔时间都满足要

求。在正常溜放作业条件下大组重车(10 辆以下)不会对后续溜放车辆造成影响。

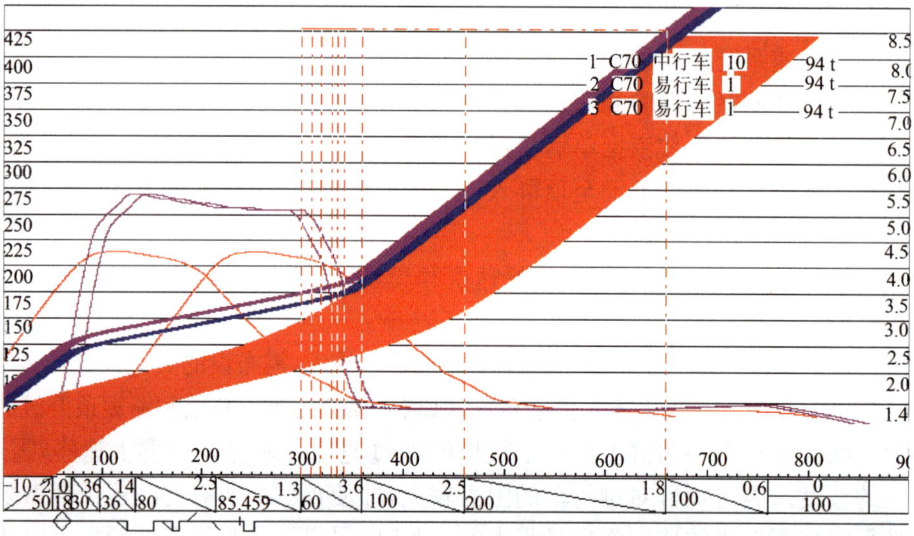

图 5-6　溜车有利条件下,大组重车与两钩单辆重车连续溜放模拟验算图

表 5-4　溜车有利条件下,大组重车与两钩单辆重车在道岔和警冲标处的间隔时间(单位:s)

序号	第 1 级	第 2 级	第 3 级	第 4 级	警冲标
1	33.24	31.52	30.08	28.49	27.77
2	4.89	5.31	5.22	5.17	7.27

图 5-7 是溜车不利条件下,模拟大组空车后面连续溜放 3 钩单辆车,从图中可见:如第 3 钩溜放车辆与第 1 钩溜放车辆是隔钩车时,其连挂速度较高,所以,当大组空车后的隔钩车如果是溜入同一股道时,为安全起见,这时峰上必须减速推峰或停轮,或变更计划将后钩车溜入其他股道,以保证作业安全。另外从图中还可看出:最后一钩难行车能溜出顶群。

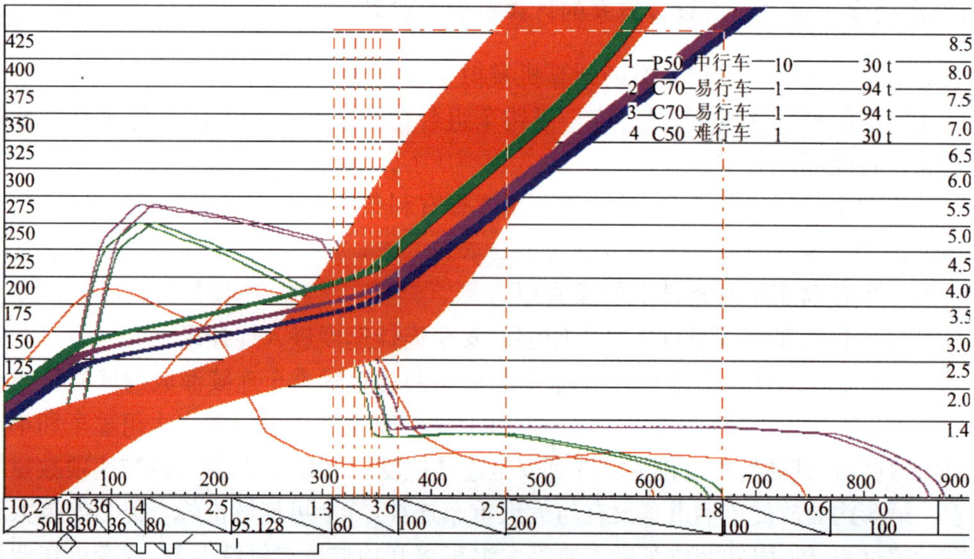

图 5-7　溜车不利条件下,大组空车与 3 钩单辆车的计算机模拟验算图

从表 5-5 的统计时间可看出：溜放车辆通过所有道岔和警冲标的间隔时间都能满足要求。

表 5-5　溜车不利条件下，大组空车与 3 钩单辆车在各分路道岔和警冲标处的间隔时间(单位：s)

序号	第 1 级	第 2 级	第 3 级	第 4 级	警冲标
1	28.18	26.34	23.60	20.60	18.12
2	4.86	5.26	5.22	5.13	7.23
3	5.32	6.01	6.32	6.67	9.76

图 5-8 是溜车不利条件下，难行车—易行车—难行车钩车组合溜放验算图，表 5-6 是溜放车辆通过道岔和警冲标的时间间隔统计表，从图和表中可见，易行车与难行车通过所有道岔和警冲标的时间间隔都能满足要求。

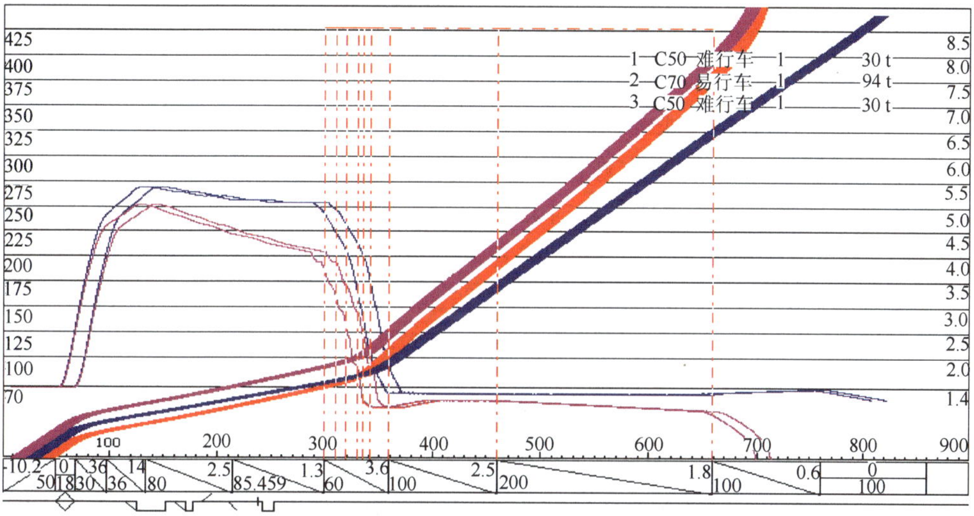

图 5-8　溜车不利条件下，难行车—易行车—难行车组合计算机模拟验算图

表 5-6　溜车不利条件下，难行车—易行车—难行车组合在各道岔和警冲标处的间隔时间(单位：s)

序号	第 1 级	第 2 级	第 3 级	第 4 级	警冲标
1	4.03	3.83	3.24	2.55	3.79
2	5.36	6.29	6.61	7.04	10.29

五、减速顶布顶方式

1. 各坡段的减速顶应均匀布设(但应避开钢轨接头、道岔尖轨、护轮轨、辙岔心等处)。

2. 减速区的顶应尽量密集布设，在保证安全的前提下，每个轨枕空可布 2 对顶(但Ⅰ档顶应每枕空布 1 对顶)。

3. 连挂区安装的减速顶，内侧顶应双侧对称布设，外侧顶应单侧布设。

4. 编尾停车顶应双侧对称布设。

5. 其他调速制式中的连挂区和编尾停车顶的布顶方式也与 3、4 项相同。

六、全顶调速系统的作业要求和注意事项

在减速顶安装、调试完成后，线路开通使用之前，使用部门应根据各种减速顶的使用要求和调速系统竣工文件的有关规定，结合本站场的实际情况，制定相应的作业方法和管理办法，确保减速顶调速设备和系统的正常使用。重点应遵守以下各项原则和要求。

1. 进入减速顶布顶区作业的机车，其排障器限界应符合设有减速器的机械化驼峰调车场机车车辆下部限界的要求，如有撒砂管及扫石器碰减速顶的应进行调整。

2. 溜放车辆进入减速顶区段的入口速度不应超过系统设计规定的最大值；机车车辆通过减速顶的最高速度不应大于各种顶的构造速度。

3. 安装减速顶的区段严禁使用铁鞋。

4. 轮重小于 1.54 t 的车辆，不得进入布顶区。

5. 驼峰解体溜放作业前，待解车辆必须做到风放尽、闸松开。

6. 峰顶推峰解体速度，除空车以外应按设计的平均推峰解体速度匀速推峰。

7. 如条件许可，调车场内应尽可能设置专门的空车线。

8. 大组空车可以按 7～9 km/h 的速度推峰解体。

9. 冬季车列解体时，如果是在峰顶停轮时间很长以后才开始恢复溜车作业，遇有前空后重钩车组合并在最后分路道岔分路时，后钩重车应停轮观察，确保安全后再开始作业。

10. 因各种原因在顶群上停有车辆，或者车辆虽已溜出顶群，但停留位置至顶群出口的距离不足以容纳后钩即将溜入的车组时，峰顶禁止继续向该股道解体溜车，这时应由调机下峰整理后，或采用人工拧闸保护，方可继续向该股道进行溜车作业。

七、股道全顶调速系统的适用范围和特点

股道全顶调速系统比较适合用于南方地区、车种比较单一、能力要求不大的中小型编组站。也可作为一种将来向计算机可控顶调速系统或点连式调速系统过渡的调速方案使用。

股道全顶调速系统具有以下主要特点：

1. 股道全顶调速系统也是一种自动化的调速系统，系统安全连挂率较高，解体作业时不需要人工干预。

2. 不消耗任何外部能源和控制设备，造价和运营成本都很低。

3. 系统简单，安全可靠，便于安装和维护且不影响日常调车作业。

第四节　驼峰全减速顶调速系统设计与应用

一、驼峰全顶调速系统的组成

从驼峰加速坡开始，在道岔区和股道内部布设各种减速顶组成的调速系统称为驼峰全减速顶调速系统。

驼峰全顶调速系统，由驼峰平面、纵断面、减速顶等设施组成。

驼峰全顶调速系统在驼峰溜放部分布设高档临界速度的减速顶；在调车线入线区前部布设由各种临界速度的减速顶组成的顶群；在顶群后根据线路坡度的大小，安装不同密

度、临界速度为Ⅰ档(4.5 km/h)的减速顶，来保证溜放车辆以安全连挂速度与停留车连挂，或溜至股道尾部警冲标内方停车。

艮山门编组站驼峰全顶自动化调速系统，是中国铁路建成的第一个驼峰全减速顶调速系统。1980 年 5 月铁道部批发《关于艮山门辅助编组站驼峰全顶方案审查意见的通知》后，由哈尔滨铁路局减速顶调速系统研究中心、铁道科学研究院运输及经济研究所、上海铁路局三方密切配合，从 1981 年 1 月至 1982 年 1 月经过 6 个阶段的试验和调整，终于在 1982 年 3 月 1 日建成正式投产运营。

二、驼峰全顶调速系统线路平面设计

(一)驼峰溜放部分线路平面设计

艮山门站驼峰溜放部分平面布置如图 5-9 所示，该驼峰按 2 个峰顶、2 股溜放线设计，第一分路为 6.5 号交叉渡线，第二分路为 7 号对称三开道岔，其余分路均为 6.5 号对称双开道岔。峰顶至最后分路道岔中心的距离为 180 m。

(二)驼峰平面设计特点

上述驼峰平面布置具有以下特点：

1. 采用双推双溜作业机动灵活，能实现车列预推，有利于提高驼峰的作业效率和对设备进行养护维修。

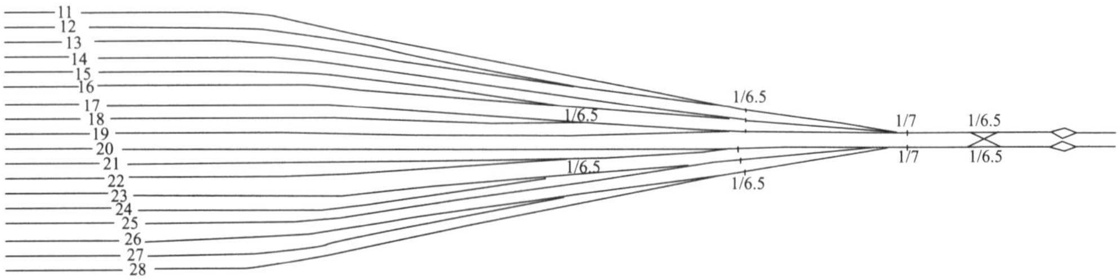

图 5-9　艮山门站驼峰平面布置示意图

2. 由于在道岔内(除道岔尖轨和辙叉心部分外)和曲线部分均可布顶，不需为布设减速顶专门延长线路，同时又采用 7 号对称三开道岔和 6.5 号对称双开道岔连接，使驼峰溜放部分的道岔和线路紧密配列，从而缩短了溜放部分的长度约 60 m 左右(与设 2 个减速器制动位的驼峰溜放区长度比较)。

3. 车辆的共同溜放径路较短，有利于溜放车辆迅速分散。

4. 车辆溜经各条径路所经过的道岔数大致相等，车辆的溜行总阻力也基本相等，难、易行线差别不大，有利于控制各径路的车辆溜放速度和保证溜放车辆之间的安全间隔。

5. 由于溜放部分最易行车的最高溜放速度受到等速区系统控制上偏差值 4.25 m/s 的约束，低于一般的机械化驼峰的溜放车速 6.5 m/s，因此，道岔保护区段的短轨长度可以缩短。根据计算，6.5 号道岔短轨可设为 4.5 m；7 号三开道岔短轨可设为 7 m。这样，既可缩短驼峰咽喉区的总长度，又可减少车辆通过道岔的占用时间，也有利于布顶时避开绝缘节内的短轨，为保证驼峰作业安全和提高作业效率创造了有利条件。

三、驼峰全顶调速系统线路纵断面设计

全顶驼峰调车场线路的纵断面与机械化驼峰有所不同。如图 5-10 所示，它按溜放车辆的走行过程分为五个区，即：加速区——从理论峰顶至加速坡终端；等速区——从加速坡终端至最后分路道岔警冲标内方 30 m 处；减速区——股道警冲标后30 m处至减速区顶群终端后一辆车的外轴距处；连挂区——减速区终端后的车辆连挂区；停车区——调车线尾部警冲标内方车辆停车区。其中第(1)、(2)区为驼峰溜放部分调速区，第(3)、(4)、(5)区为车场部分调速区。

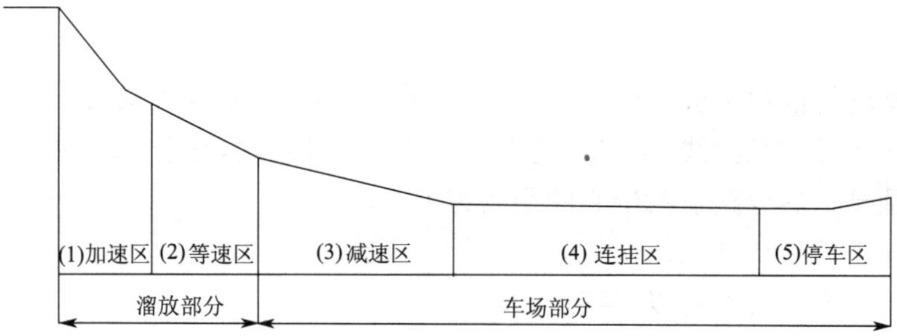

图 5-10　驼峰全顶调速系统线路纵断面示意图

(一)各调速区的基本功能

驼峰全顶调速系统各调速区的基本功能如下：

1. 加速区——使溜放车辆以一定的推送速度自峰顶脱钩溜下后，尽快加速，达到所需的目标速度。

2. 等速区——使各种难、中、易行车以基本相同的速度通过驼峰溜放部分，并确保前后溜放车辆在各分路道岔和警冲标处的安全间隔。

3. 减速区——使所有溜放车辆通过减速区后，由较高的溜放速度降到安全连挂速度。

4. 连挂区——使所有溜放车辆之间实现安全连挂。

5. 停车区——使所有溜放车辆停在股道末端线路警冲标内方。

全顶驼峰纵断面的设计步骤是：首先计算并确定峰顶的推峰速度(根据解体作业能力需要)，然后确定在保证实现该推峰速度时，使难、易行车通过各分路道岔和警冲标有必要的安全溜放间隔的溜放速度。即等速区的车辆合理溜放速度，最后再设计加速区、等速区、减速区、连挂区、停车区各个坡段。

(二)等速区坡度的设计和合理溜放速度的确定

1. 等速区坡度的设计

等速区坡段的范围一般是从加速坡末端至最后分路道岔的股道警冲标内方 30 m 处。结合艮山门编组站的实际，由于受峰高及车场内桥涵标高的限制，等速区坡只能拉到最后分路道岔后，因而在等速区坡段和减速区坡段之间加进了一段 3.6‰的缓坡。

等速区坡度值应按难行车在不利溜放条件下的总阻力当量值设计，其表达式为公式(5-6)。

$$i_{等}=W_{基}^{难}+W_{风}^{难}+W_{曲}+W_{岔}+W_{顶阻}^{难等} \tag{5-6}$$

式中：$W_{基}^{难}$——冬季难行车单位基本阻力，N/kN；

$W_{风}^{难}$——冬季难行车单位风阻力，N/kN；

$W_{曲}$——等速区单位曲线阻力，N/kN；

$W_{岔}$——等速区单位道岔阻力，N/kN；

$W_{顶阻}^{难等}$——等速区均匀布设的减速顶，对低于其临界速度的难行车产生的单位阻力，N/kN。

由于上式中右端的 $W_{顶阻}^{难等}$ 是个未知数，不能直接求解，经推导后，直接计算等速区坡度值的公式为：

$$i_{等}=W_{基}^{难}+W_{风}^{难}+W_{曲}+W_{岔}+\frac{W_{基}^{难}+W_{风}^{难}-W_{基}^{易}-W_{风}^{易}}{\frac{EQ_{难}}{E_{阻}\ Q_{易}}-1} \tag{5-7}$$

式中：$Q_{难}$、$Q_{易}$——分别为难、易行车的总重，N；

E——减速顶的制动功，J/轮次；

$E_{阻}$——减速顶的阻力功，J/轮次；

$W_{基}^{易}$——夏季易行车单位基本阻力，N/kN；

$W_{风}^{易}$——夏季易行车单位风阻力，N/kN。

根据上式计算，设计等速区坡为 8.5‰，通过试验，加陡至 9‰。

2. 等速区坡段的合理溜放速度与减速顶临界速度档次的确定

等速区坡度和长度确定以后，下一步应计算确定布设在等速区的减速顶的临界速度，以保证难、易行车以合理的溜放速度通过驼峰道岔区。由于等速区的合理溜放速度对加速区的坡度、坡长和布顶数量设计有决定性的影响，同时又考虑到减速顶的临界速度存在一定的系统误差，会使难、易行车在等速区坡度内的溜行速度产生一定的偏移量，因此为了确保难、易行车在最后分路道岔的安全溜放间隔，必须计算减速顶临界速度系统误差对溜放间隔的影响。为此，等速区难、易行车的合理溜放速度应满足：

$$T_{占}^{后}\leqslant T_0-\Delta T$$

$$T_0=(L_{难}+L_{易})/2v_0$$

$$\Delta T=\Delta T'+\Delta T''$$

$$\Delta T''=L/v_{下}^{难}-L/v_{上}^{易}$$

式中：T_0——前、后溜放车辆在峰顶的最初间隔时间，s；

$L_{难}$、$L_{易}$——难、易行车的车辆长度，m；

v_0——峰顶推峰速度，m/s；

$\Delta T'$——难、易行车在加速区的走行时差，s；

$\Delta T''$——难、易行车由加速坡底至最后分路道岔前的走行时差，s；

L——由加速坡底至最后分路道岔绝缘区段始端减去半个难行车外轴距的长度，m；

$v_{上}^{易}$——易行车按减速顶临界速度上偏差值溜行的速度，m/s；

$v_{难}^{下}$——在不利条件下，前行的难行车按减速顶的临界速度下偏差值溜行的速度，m/s。

溜放车辆占用最后分路道岔的延续时间，当道岔为电气或电空集中时为：

$$T_{占}^{后}=[(L_{外轴}^{难}+L_{外轴}^{易})/2+L_{绝}^{后}]/v_{下}^{难}+T_{继}$$

式中：$L_{外轴}^{难}$、$L_{外轴}^{易}$——难、易行车的外轴距，m；

$L_{绝}^{后}$——道岔绝缘区段的长度，m；

$T_{继}$——继电器的转换时间，0.5 s；

$v_{下}^{难}$——在不利条件下，前行的难行车按减速顶的临界速度下偏差值溜行的速度，m/s。

通过上式检算，如能满足不等式要求，就可将 $v_{下}^{难}$ 和 $v_{上}^{易}$ 的中值作为合理的溜放速度，否则应再修改溜放速度，使其满足上述不等式的要求。

根据计算，艮山门编组站驼峰等速区布设的减速顶的临界速度为 4.1 m/s。

（三）加速区坡段设计

1. 加速区坡段设计应满足的条件

加速区段的长度和坡度设计应满足以下几个条件：

（1）在不利溜放条件下，能保证难、易行车以规定的推峰速度顺序溜放时通过第一分路道岔的安全间隔；

（2）在不利溜放条件下，能保证难行车进入等速坡时达到规定的溜放速度；

（3）有利于加速坡末端密集布设减速顶群。

为了达到上述目的，艮山门编组站驼峰的加速坡采用了两坡段设计方案：第一加速坡段的功能，是使易行车加速到规定的等速区合理溜放速度；第二加速坡段的功能，是使难行车继续加速到规定的等速区合理溜放速度。为使易行车保持第一加速坡底时的溜放速度，必须从第二加速坡始端前半个易行车外轴距长度处开始布顶，以控制易行车不再加速（见图 5-11 中 CB 延到 CB′）。

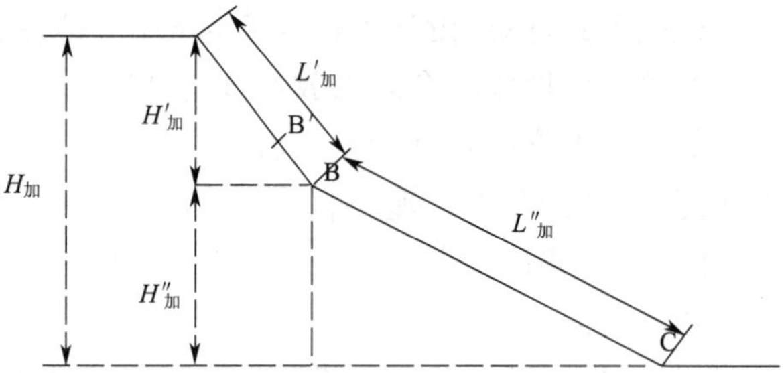

图 5-11　驼峰加速坡分段示意图

2. 加速区坡段设计步骤

加速区坡段的具体设计步骤和方法如下。

（1）第一加速坡的长度计算

第一加速坡的长度可按公式（5-8）计算：

$$L'_{加}=\frac{v_{等}^2-v_0^2}{2g'_{易}(I'_{加}-W_{总}^{易})\cdot 10^{-3}}+\frac{L_{外轴}^{易}\cdot w_{顶阻}^{易}}{4(I'_{加}-W_{总}^{易})} \tag{5-8}$$

式中：$v_{等}$——要求难行车进入等速区达到的溜放速度，m/s；

v_0——峰顶车辆溜放初速，m/s；

$g'_{易}$——考虑转动惯量后的易行车重力加速度，m/s^2；

$I'_{加}$——第一加速坡坡度，‰；

$W_{总}^{易}$——易行车在加速坡段溜行的总阻力，包括基本阻力、风阻力、曲线和道岔阻力（加速坡段设有曲线或道岔时），N/kN；

$W^{易}_{顶阻}$——减速顶对低于其临界速度的易行车产生的单位阻力，N/kN；

$L^{易}_{外轴}$——易行车外轴距长，m。

(2)第一加速坡末端的难行车溜放速度计算

第一加速坡末端的难行车溜放速度，可按公式(5-9)计算：

$$v_{难}=\sqrt{v_0^2+2g'_{难}L'_{加}(I'_{加}-W^{难}_{总})\cdot 10^{-3}-2g'_{难}W^{难}_{顶阻}(L^{难}_{外轴}+L^{易}_{外轴})\cdot 10^{-3}/4} \tag{5-9}$$

式中：$g'_{难}$——考虑车辆转动惯量后的难行车重力加速度，m/s^2。

(3)第二加速坡的坡度计算

第二加速坡的坡度采用易行车总阻力与按减速顶最大密度布置时的易行车单位制动力之和的当量坡度，但考虑减速顶制动力的安全量，宜采用稍缓的坡度值，即：

$$I''_{加}\ngtr W^{易}_{总}+W^{易}_{顶制} \text{ 和 } I''_{加}\nless W^{难}_{总}+W^{难}_{顶阻}$$

式中：$W^{易}_{顶制}$——减速顶对高于其临界速度的易行车产生的单位制动力，N/kN。

(4)第二加速坡的长度计算

第二加速坡的长度，可按公式(5-10)计算：

$$L''_{加}=[v^2_{等}-v^2_{难}-2g'_{难}\cdot 0.5L^{难}_{外轴}(0.5W^{难}_{顶阻}-0.5W^{难等}_{顶阻})\cdot 10^{-3}-2g'_{难}(0.5L^{难}_{外轴}-0.5L^{易}_{外轴})W^{难}_{顶阻}\cdot 10^{-3}]/[2g'_{难}(I''_{加}-W^{难}_{总}-W^{难}_{顶阻})\cdot 10^{-3}]+0.5L^{易}_{外轴} \tag{5-10}$$

式中：$W^{难}_{顶阻}$、$W^{难等}_{顶阻}$——分别为加速坡密集布置和等速区均匀布置的减速顶对低于其临界速度的难行车产生的单位阻力，N/kN。

(5)加速区的峰高计算

加速区段的峰高可按公式(5-11)计算：

$$H_{加}=H'_{加}+H''_{加}=I'_{加}\cdot L'_{加}+I''_{加}\cdot L''_{加} \tag{5-11}$$

式中：$I'_{加}$、$I''_{加}$——为第一、第二加速坡的坡度，‰；

$L'_{加}$、$L''_{加}$——为第一、第二加速坡的长度，m。

根据以上计算，艮山门站驼峰的第一加速坡坡度为40‰，长20 m；第二加速坡坡度为21‰，长14 m。

(四)减速区坡段设计

减速区的线路坡度，应使难行车能在不利条件下顺利通过减速区，其坡段长度需延伸到顶群后不少于一辆车外轴距的长度处，使难行车溜出顶群后不减速。但由于受纵断面高差的限制，实际上采用的是4.5‰～4.7‰的坡度。从冬季试验的结果看，难行车能按要求溜出顶群。

(五)连挂区坡段设计

连挂区的坡段设计应遵循以下原则：

(1)应使大部分车辆能溜到调车线的尾部反坡前；

(2)在常温顺风条件下，使最易行车在车场尾部不会加速运行，且在任何情况下不会溜出线路尾部警冲标。

据此，连挂区的坡度设计，应按照前陡后缓并在尾部设反坡以保证车辆停车的原则设计。陡坡坡度相当于冬季难行车溜放总阻力的当量值；次陡坡坡度相当于中行车溜放总阻力的当量值；缓坡坡度按常温条件下易行车总阻力的当量值设计，同时借助车辆串挂和能量转移，以达到绝大多数钩车均能溜到调车线末端或与其他停留车连挂。

根据艮山门站的具体情况，连挂区设计的坡段依次为：3‰，长 150 m；2‰，长 200 m；1.7‰，长 200 m；平坡长 100 m；尾部设 5‰左右的反坡，反坡最短的长度为 36 m。

四、驼峰全顶调速系统布顶数量及位置的设计

全顶驼峰所需减速顶的布设数量，取决于各调速区坡度、长度以及易行车总阻力和减速顶制动功等因素，一般可按下式计算：

$$N=Q_{易}(i-W_{总}^{易})\cdot L\cdot 10^{-3}/(4\cdot E) \tag{5-12}$$

式中：N——计算的布顶数量，个；

$Q_{易}$——计算易行车总重量，N；

i——布顶区线路坡度，‰；

$W_{总}^{易}$——计算易行车溜行总阻力，N/kN；

L——布顶区段的长度，m；

E——减速顶的制动功，J/轮次。

（一）加速区布顶设计

根据上述从第一加速坡末端至第二加速坡段均需布顶的原则，减速顶数量按下式计算：

$$N_{加}=Q_{易}\cdot(I''_{加}-W_{易}-W_{曲}-W_{风})\cdot L''_{加}\cdot 10^{-3}/(4\cdot E) \tag{5-13}$$

考虑到钩车前转向架制动能高的损失和减速顶的控制误差以及峰顶推峰速度的变化对易行车速度的影响，故第二加速坡段的布顶数量应增加 20%的安全量。

（二）等速区布顶设计

在等速区，设置一定数量的减速顶对易行车进行制动，以保证难、易行车以基本相同的速度通过等速区，等速区所需减速顶数量按公式(5-14)计算：

$$N_{等}=Q_{易}[i_{等}-(W_{基}^{易}+W_{风}^{易}+W_{岔}+W_{曲})]\cdot L_{等}\cdot 10^{-3}/(4\cdot E) \tag{5-14}$$

式(5-14)中，$N_{等}$、$i_{等}$、$L_{等}$ 分别为等速区布顶数、等速区坡度及长度。

由于等速区坡段处于驼峰道岔区，道岔区布顶应避开尖轨、护轮轨、辙岔心、绝缘保护区段、防爬器、轨距拉杆等设备，因此均匀布顶受到一定条件限制。为了确保车辆的安全溜放间隔，在做方案设计时利用电子计算机模拟，进行验算和调整，并考虑了 8%的安全量，使车辆在整个等速区得以基本保持匀速溜行状态。

（三）减速区布顶设计

1. 等速区与减速区过渡段布顶设计

过渡段减速顶的数量，应按保证易行车以不高于 4.25 m/s 的速度进入减速区计算确定，此外，还应考虑风速风向的变化以及减速顶临界速度误差等因素，在每股道增加了相当于0.05 m能高的减速顶数量。

2. 减速区布顶设计

减速区的减速顶数量，应保证所有车辆的速度能从 4.1 m/s 降低到 1.39 m/s 出顶群来确定。为缩小难、易行车通过减速区的时差，并使大组难行车通过减速区时不过早地降速，艮山门站减速区的减速顶群由 4.1 m/s(Ⅴ档)、3.5 m/s(Ⅳ档)、2.5 m/s(Ⅲ档)、2.0 m/s(Ⅱ档)、1.39 m/s(Ⅰ′档)5 个档次临界速度的减速顶依次递减排列组成。布设方式为Ⅰ′档减速顶每枕空布设 1 对，其余档次的减速顶每枕空布设 2 对。

为增加线路的容车数，一方面尽可能地缩短减速顶群的布设长度(除I′档顶以外，尽可能在1个轨枕空内布设2对顶)，同时将减速顶群的起点位置前移至距警冲标25～35 m处。

(1)减速顶群前端高档(Ⅴ、Ⅳ档)减速顶布置数量和长度，按下式计算：

$$X_{高}=[H_{高}Q_{易}+(i_{减}-W_{基}^{易}-W_{风}^{易})Q_{易}\cdot L_{外}^{易}\cdot 10^{-3}-4m_2E_2L_{外}^{易}]/[8m_1E_1-(i_{减}-W_{基}^{易}-W_{风}^{易})Q_{易}\cdot 10^{-3}]$$

$$H_{高}=(v_0^2-v_1^2)/2g'_{易} \tag{5-15}$$

$$N_{高}=X_{高}m_1 \tag{5-16}$$

式中：$X_{高}$——布设高档顶区段长度，m；

$W_{风}^{易}$——夏季易行车平均风阻力，N/kN；

$i_{减}$——布顶区线路坡度，‰；

$W_{基}^{易}$——夏季易行车基本阻力，N/kN；

$Q_{易}$——易行车总重，N；

$L_{外}^{易}$——易行车的外轴距，m；

m_1——高档顶区段布顶密度，对/m；

m_2——与高档顶区段相邻的中档顶区段布顶密度，对/m；

E_1——高档顶平均制动功，J/轮次；

E_2——中档顶平均制动功，J/轮次；

$H_{高}$——溜放车辆速度能高差，m；

v_0——溜放车辆前轮进入高档顶区段时的入口速度，m/s；

v_1——溜放车辆后轮出清高档顶区段的时的出口速度，m/s；

$g'_{易}$——包括轮对转动影响在内的易行车重力加速度，m/s^2；

$N_{高}$——高档顶区段布顶数量，对。

(2)减速顶群中部中档(Ⅲ档、Ⅱ档)减速顶布置数量和长度，按下式计算：

$$X_{中}=(H_{中}Q_{易}+4m_2E_2L_{外}^{易}-4m_3E_3L_{外}^{易})/[8m_2E_2-(i_{减}-W_{基}^{易}-W_{风}^{易})Q_{易}\cdot 10^{-3}] \tag{5-17}$$

$$H_{中}=(v_1^2-v_2^2)/2g'_{易} \tag{5-18}$$

$$N_{中}=X_{中}\cdot m_2 \tag{5-19}$$

式中：$X_{中}$——中档顶布设区段长度，m；

m_3——与中档顶区段相邻的低档顶区段布顶密度，对/米；

E_3——低档顶平均制动功，J/轮次；

v_1——溜放车辆后轮进入中档顶区段时的入口速度，m/s；

v_2——溜放车辆后轮出清中档顶区段时的出口速度，m/s；

$N_{中}$——中档顶区段布顶数量，对。

(3)减速顶群末段低档(Ⅰ′)减速顶布设数量及长度，按下式计算：

$$X_{低}=(H_{低}Q_{易}+4m_nE_3L_{外}^{易})/[8m_nE_3-(i_{减}-W_{基}^{易}-W_{风}^{易})Q_{易}\cdot 10^{-3}] \tag{5-20}$$

$$H_{低}=(v_{n-1}^2-v_n^2)/2g'_{易} \tag{5-21}$$

$$N_{低}=X_{低}\cdot m_n \tag{5-22}$$

式中：$X_{低}$——低档顶布设区段长度，m；

m_n——低档顶区段布顶密度，对/m；

E_3——低档顶平均制动功，J/轮次；

v_{n-1}——溜放车辆后轮进入低档顶区段时的入口速度，m/s；

v_n——溜放车辆后轮出清低档顶区段时的出口速度，m/s；

$N_{低}$——低档顶区段布顶数量，对。

经设计计算，各股道(包括过渡段、减速区和连挂区)布顶情况如表 5-7 所示。

表 5-7 车场内各股道布顶表

档次 / 股道号	过渡段 (301)	V 4.1 m/s	Ⅳ 3.5 m/s		Ⅲ 2.5 m/s		Ⅱ 2.0 m/s	Ⅰ′ 1.39 m/s	Ⅰ 1.11 m/s	合计
		(301)	(301)	(204)	(301)	(204)	(204)	(204)	(204)	
12	21		20		38	42	54	92	150	417
13	43		19		30	56	54	89	150	441
14	25		38		71		54	84	163	435
15	34		24		12	59	24	34	135	322
16	6	43	30	30		92	54	88	179	522
17	29		28			94	55	87	182	475
18		32		32		94	55	88	182	483
19		34		35		95	55	97	191	507
20		28		35		95	55	89	192	494
21	8	46		35		94	55	89	173	500
22	27	26		35		94	55	89	173	499
23		57		31		93	54	85	175	495
24	40			31		93	53	88	176	481
25	29		37		26	62	55	89	174	472
26	40			31		93	54	90	173	481
27	21		25			93	54	88	167	448
合　计	323	266	221	295	177	1 249	840	1 366	2 735	301 型：987 204 型：6485

注：在股道内部曲线半径小于 300 m 的线段采用 301 型减速顶，其余线段均采用 204 型减速顶。

(四)连挂区布顶设计

连挂区的布顶数量按下式计算：

$$N_{连}=Q_{易}(i_{连}-w_{易})\cdot L_{连}\cdot 10^{-3}/(4E) \tag{5-23}$$

式中：$N_{连}$——连挂区每个坡段布顶数量，个；

$Q_{易}$——易行车总重，N；

$i_{连}$——连挂区坡度，‰；

$w_{易}$——夏季易行车基本阻力，N/kN；

$L_{连}$——连挂区每个坡段的长度，m；

E——减速顶的制动功，J/轮次。

五、驼峰全顶调速系统的计算机模拟验算和运营效果

艮山门编组站驼峰是中国铁路建成的第一座采用驼峰全顶调速系统的驼峰，为了全面深入地掌握该系统的能力和性能，对其进行了大量细致的理论研究和实践探索。从方案设计论证到施工安装调试，经过了多次运营试验，收集和积累了许多宝贵的数据和资料。使参与这项试验的有关人员，对驼峰全顶调速系统的一些较深层次的问题，有了一个比较全面和深入的了解。

(一)利用计算机进行模拟验算

在方案设计阶段，从理论上利用计算机进行动态模拟，验算艮山门编组站驼峰全顶自动调速系统的平纵断面和布顶设计是否能满足预定的运营要求。将难、易行车的各种参数、驼峰平纵断面资料和布顶数据输入计算机，按照冬、夏季不同气象条件，采取不同的推峰速度和难—易—难、难—易—易、大组—单辆等不同的钩车组合形式进行模拟，分析前后溜放车辆自峰顶脱钩以后，溜经各分路道岔和警冲标的安全溜放间隔以及溜入各股道的安全连挂率。如不能满足要求，则采取调整减速顶的布顶数、布顶密度、布设位置和减速顶的临界速度等方法，使其最终达到设计和运营要求。

(二)现场施工验证试验

在工程施工安装和调试阶段，为验证艮山门站驼峰全顶调速系统是否符合铁道部鉴定的设计文件要求，从 1981 年 1 月至 1982 年 1 月共进行了六次现场验证试验。

1. 1981 年 1 月 15 日～20 日对该站 17、18、19 道 3 条线路的纵断面及布顶设计作了探索性验证试验。

2. 1981 年 6 月 3 日～25 日对 17、18、19 道线路的纵断面及布顶修改设计作验证试验。

3. 1981 年 9 月 2 日～6 日对 17、18、19 道试验线进行了夏季运营性验证试验。

4. 1981 年 10 月 28 日～11 月 12 日对 20、21、22 道作了修改设计验证试验。

5. 1981 年 11 月 13 日～15 日对 17、18、19、20、21、22 共计 6 股道作补充运营性验证试验。

6. 1982 年 1 月 4 日～14 日，对难行线的困难钩车组合进行冬季运营性验证试验。

在各次试验中，根据每次试验的目的和要求，对试验车辆的车种、车重以及试验方法和内容，都进行了有针对性的安排。每次专门扣用 85 t、75 t、34 t 的重车和 22 t 空棚车、16 t 守车以及 13 t 的空平板车 8～16 辆，试验组织工作在秒表测试组、仪表测试组、数据分析组以及作业联络组的具体分工下进行。

通过各次验证试验，对加速区坡度与布顶设计、道岔区坡度设计、减速区坡度与布顶设计以及道岔绝缘保护区段插入短轨的长度等，分别根据所测数据先后作了修改。在试验过程中，还成功解决了交叉渡线内的布顶、曲线内外轨对减速顶临界速度的影响、道岔区末端半径为 300 m 的曲线内以及曲直线连接部分减速顶的布置等一系列疑难问题。在进行设计方案验证试验和运营试验的过程中，也对 301 型减速顶进行了研究改进，进一步提高了顶的控制精度。与此同时，还总结出一套全顶驼峰调车作业的组织和管理办法。

验证试验充分证明：艮山门编组站驼峰全顶调速系统的平纵断面和布顶设计，在冬、夏季条件下均能达到铁道部鉴定文件规定的要求，即在推峰速度为 5 km/h 的情况下，34 t难行车在前，85 t 最易行车在后，通过各分路道岔时均能保证具有一定的安全间隔。

(三)运营测试

1.测试日期:在艮山门编组站驼峰全顶自动调速系统交付车站正式运营9个月以后,于1982年12月1～3日进行。

2.测试线路:全场12～27道,共16股道。

3.测试时的气象条件:晴天,风力2～3级,气温10～15 ℃。

4.测试结果:平均推峰速度达到4.5 km/h(有一个班组的平均纯推峰速度达5.9 km/h),能保证各分路道岔和警冲标的安全间隔。系统连挂率为97.3%,安全连挂率为96%,驼峰解体一列3 300 t列车(平均46.5辆)的平均解体时间为9.1 min(不包括送禁溜车和预推时间)。驼峰机车下峰整理次数平均0.5次/列。

六、驼峰全顶调速系统的技术特点

艮山门驼峰全顶调速系统的调速设备全部由各种不同临界速度的减速顶组成,它不需要任何外部控制设备,也不需要提供任何外部能源。整个系统实施群体控制,个别减速顶发生故障对系统无明显影响。由于减速顶对车辆产生制动力是靠车辆的轮缘与减速顶的滑动油缸接触实现的,不存在像减速器那样,遇到大轮、油轮、薄轮车时,由于减速器的钳口对车轮的正压力或摩擦系数发生变化,使减速器的制动能力大幅下降,因此系统安全可靠,不会失控。驼峰全顶调速系统中调车机车下峰整理的次数很少,加之日常设备养护维修不需专门停轮而影响驼峰作业,因此提高了驼峰的利用率。另外,减速顶施工安装和维修很容易,上马快,投产使用后的耗能费、运营费和日常养护维修费用也很节省、用人较少。因而驼峰全顶调速系统是一种经济效益很好的自动化调速制式。

第五节 驼峰计算机可控顶调速系统设计与应用

一、驼峰计算机可控顶调速系统的诞生起因

减速顶在中国诞生以后,首先应用在哈尔滨站下行场的点连式调速系统中,随后在原广州北站(现棠溪站)建成了股道全顶调速系统,1982年又在杭州艮山门站建成驼峰全顶调速系统。驼峰全顶调速系统的调速设备是完全由各种不同档次的普通减速顶组成的,它对前后溜放钩车在各分路道岔和警冲标的安全间隔控制,主要是靠在驼峰溜放部分布设的特定临界速度的减速顶并配合溜放线路的平纵断面来保证的。这些减速顶对车速高于顶的临界速度的车辆做制动功,而对低于其临界速度的车辆做阻力功,由于减速顶的阻力功只占其制动功的5%左右,因而可利用此特性来调整不同速度的车辆,使车速趋于一致,以确保前后钩车之间的安全溜放间隔。由于每台减速顶的临界速度都存在上下偏差,而成百台顶的整个系统偏差则更大,因而在实际运营当中,难行车的溜行速度总是趋近顶的下偏差,而易行车的车速则趋近顶的上偏差。即难行车的溜行速度较慢,易行车的溜行速度较快。这两种车的速度差在前后两钩车的共同溜放径路较长时,就有可能在最后分路道岔处分不开钩或在线路警冲标处引起侧面冲突。

为了克服驼峰全顶调速系统存在的上述不足,1985年,中国研制成功可控减速顶用来解决这一问题。可控顶是在普通减速顶的壳体上增加了一个控制阀,用以控制减速顶的滑动油

缸吸下(锁闭)或伸出。在驼峰溜放部分采用可控顶来代替普通减速顶,可增强对难、易行车溜行速度的调控力度:可控顶对易行车的调速功能与普通减速顶相同;但对于难行车,当可控顶的滑动油缸处于吸下(锁闭)状态时,不仅可减少顶对车辆产生的阻力功,而且由于滑动油缸的高度降低,顶本身的临界速度向上偏移,也可降低顶对难行车做制动功的次数,从而使难行车的溜行速度普遍得到提升。这样可缩小难、易行车溜行的速度差,有利于保证不同钩车组合溜经各分路道岔和警冲标的安全间隔。此外,设在各股道入线区相当于三部位减速器位置的可控顶群,还可利用控制系统实现车辆变速出口和对大组车实施"让头拦尾"的功能,以增加对钩车调速的灵活性和针对性。这些都有利于改善驼峰的作业条件,提高峰顶的推峰解体速度以及调速系统的安全连挂率。计算机可控顶调速系统为中国首创,它是对驼峰全顶调速系统的继承、发展和创新,同时开创了中国应用微型计算机控制可控顶来调整驼峰车辆溜放速度的先河。

采用计算机对可控顶进行控制的技术,起始于 1984 年,先在南京东站反坡调速系统中进行试验,后在深圳北站的反坡调速系统中得到了充分的实践和考验,接着又经过西昌南站采用人工手动按钮形式来控制可控顶进行进一步运营使用,这些都为 1989 年 5 月,在广铁(集团)公司韶关站建成中国第一个由计算机控制的可控顶全自动调速系统奠定了基础。韶关站计算机可控顶调速系统 1991 年获哈尔滨铁路局科技进步一等奖,铁道部科技成果三等奖,1994 年 12 月通过铁道部技术鉴定。

二、驼峰计算机可控顶调速系统的组成

驼峰计算机可控顶调速系统,由峰上推送解体速度控制子系统、车辆溜行线路平纵断面子系统、调速设备子系统等三个子系统组成。其中,线路平纵断面子系统和调速设备子系统是驼峰计算机可控顶调速系统的核心和主体。

如图 5-12 所示,调速设备子系统由驼峰溜放部分的加速区、道岔区,以及峰下调车场内的大顶群区、打靶区、连挂区等五部分组成。

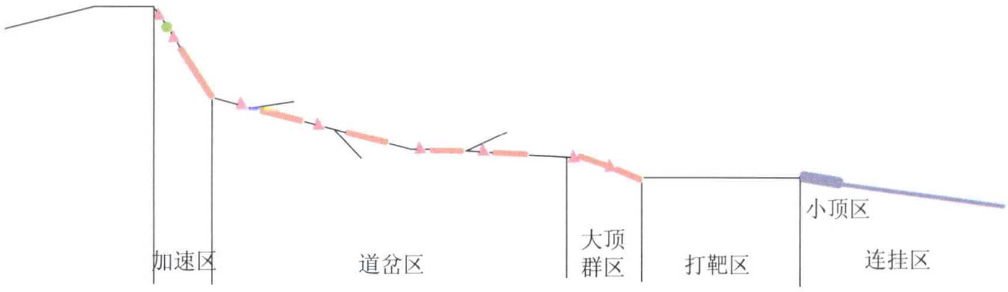

图 5-12　计算机可控顶调速系统基本组成

1. 驼峰溜放部分的加速区和道岔区:这两个调速区的主要功能是利用可控顶并结合线路的平纵断面,调整前后溜放车辆的溜放速度和间隔,使难行车尽可能快速地顺利通过,并对易行车和中行车适当调速,使他们的溜行速度向难行车的溜行速度靠拢。在此调速区选择临界速度较高、滑动油缸常吸下(锁闭)式可控顶。

2. 峰下调车场内的大顶群区:它是整个计算机可控顶自动调速系统的核心,吸取了减

速器“点式”调速和全顶“连续式”调速两方面的优点，是一种可靠性高、控制灵活、对大组车可实施“让头拦尾”及车辆变速出口功能的调速系统。一般情况下，其前半部的可控顶采用滑动油缸常立式的可控顶，而后半部的低档可控顶则采用滑动油缸常吸下的可控顶。这样布设有利于保证调速系统的安全和调速效果，也使难行车能比较容易地溜出大顶群。

3.打靶区和连挂区：其作用与功能与点连式调速系统相似。

三、驼峰计算机可控顶调速系统的线路平纵断面设计

由于采用驼峰计算机可控顶调速系统的既有站场，他们的线路平面布置大多已固定，现着重论述线路纵断面设计的问题。

(一)峰高设计

参考站场设计规范规定，驼峰峰高设计的计算公式为：

$$H_{峰}=[L_{溜难}(W^{冬难}_{溜基}+W^{冬难}_{溜风})+L_{场难}(W^{冬难}_{场基}+W^{冬难}_{场风})+8\sum\alpha_{难}+24N_{难}]\times10^{-3}+\frac{v_{连}^2-v_0^2}{2g'_{难}}+\frac{4N_{顶}E_{阻}}{Q_{难}} \tag{5-24}$$

式中：$H_{峰}$——设计峰高，m；

$L_{溜难}$——由峰顶至难行线警冲标内方 50 m 处的距离，m；

$L_{场难}$——由难行线警冲标内方 50 m 处至打靶区末端的距离，m；

$W^{冬难}_{溜基}$——冬季难行车在溜放部分的单位基本阻力，N/kN；

$W^{冬难}_{溜风}$——冬季难行车在溜放部分的单位风阻力，N/kN；

$W^{冬难}_{场基}$——冬季难行车在车场部分的单位基本阻力，N/kN；

$W^{冬难}_{场风}$——冬季难行车在车场部分的单位风阻力，N/kN；

$\sum\alpha_{难}$——峰顶至难行线打靶区末的曲线转角和道岔转角之和，°；

$N_{难}$——峰顶至难行线打靶区末端换算逆向道岔总组数，顺向道岔和菱形交叉换算系数取 0.5；

$v_{连}$——钩车安全连挂速度，取 1.4 m/s；

v_0——推峰解体速度，取 1.4 m/s；

$g'_{难}$——难行车受车辆转动惯量影响的重力加速度，m/s^2；

$N_{顶}$——从峰顶至难行线打靶区末端可控顶的总数，台；

$E_{阻}$——可控顶的阻力功，J/轮次；

$Q_{难}$——难行车总重，N。

(二)驼峰溜放部分线路纵断面设计

1.加速坡的坡度宜采用 35‰～40‰，坡段长度宜采用 25～30 m。

2.中间坡可设计成一段坡，坡度宜采用 5.0‰～10‰。

3.道岔区坡宜采用 0～3‰。

(三)调车场线路纵断面设计

1.调车场顶群区线路坡度宜采用 2.0‰～3.0‰的下坡，坡段长度可依据顶群长度而定，一般为 40 m 左右。由于可控顶的滑动油缸吸下(锁闭)以后对车辆产生的走行阻力变小，如调车场线路的纵断面改造有困难时，大顶群区也可采用不小于 1‰的下坡。

2. 打靶区线路的坡度宜采用 0.6‰～1.0‰的下坡，坡段长度宜采用 60～100 m。

3. 连挂区线路纵断面可设计成 4 段：第 1 段坡宜采用 2.5‰～3.5‰，坡段长度宜采用 50～120 m；第 2 段坡宜采用 1.8‰～2.2‰，坡段长度宜采用 150～350 m；第 3 段坡宜采用 0.6‰～1‰，坡段长度宜采用 80～150 m；第 4 段坡宜采用平坡或反坡，长度可根据线路的有效长及调车场尾部坡度的情况而定。

四、驼峰计算机可控顶调速系统布顶数量及位置的设计

(一)车辆从峰顶溜放至计算股道所经过的总顶数($N_{顶}$)的计算

$$N_{顶}=\left\{\begin{array}{l}H_{峰}-[L_{溜}(W^{夏易}_{溜基}-W^{夏易}_{溜风})+L_{场}(W^{夏易}_{场基}-W^{夏易}_{场风})+\\8\sum\alpha+24N]\times10^{-3}-\dfrac{v^2_{连}-v^2_0}{2g'_{易}}\end{array}\right\}\div(\frac{4E}{Q_{易}}) \qquad (5\text{-}25)$$

式中：$N_{顶}$——由峰顶至计算股道打靶区末的可控顶数量，台；

$H_{峰}$——设计峰高，m；

$L_{溜}$——由峰顶至计算股道警冲标内方 50 m 处的距离，m；

$L_{场}$——由计算股道警冲标内方 50 m 处至打靶区末端的距离，m；

$W^{夏易}_{溜基}$——夏季易行车在溜放部分的单位基本阻力，N/kN；

$W^{夏易}_{溜风}$——夏季易行车在顺风条件下溜放部分的单位风阻力，N/kN；

$W^{夏易}_{场基}$——夏季易行车在车场部分的单位基本阻力，N/kN；

$W^{夏易}_{场风}$——夏季易行车在顺风条件下车场部分的单位风阻力，N/kN；

$\sum\alpha$——峰顶至计算股道打靶区末的曲线转角和道岔转角之和，°；

N——峰顶至计算股道打靶区末换算逆向道岔总组数(顺向道岔和菱形交叉换算系数取 0.5)；

$g'_{易}$——易行车受车辆转动惯量影响的重力加速度，m/s^2；

E——可控顶的制动功，J/轮次；

$Q_{易}$——计算易行车总重，N。

(二)布顶设计实例

1. 平顶山站计算机可控顶调速系统布顶设计

以平顶山站驼峰计算机可控顶调速系统的设计为例，其布顶设计如图 5-13 所示，该站调车场共安装可控顶 1 429 台，使用效果良好。

2. 布顶原则

计算机可控顶调速系统的布顶应遵循以下原则。

(1)各区段所布的顶的档次，应使易行车在夏季溜车有利条件下溜过该区段时的车速均高于该段顶的临界速度，以保证易行车溜过时，可控顶均能做制动功，对易行车起减速作用。

(2)在驼峰加速坡和道岔区应尽可能地多布可控顶。因为在加速坡和道岔区每多布设一台顶，受其控制的调车场内的各个股道就可以少布一台顶，这样对减少全场总布顶数、降低工程造价，减少设备投资有很大的好处。其次，增加加速坡及道岔区的调速设备能力，对调整难、易行车之间的溜行间隔更为有利。在此区段布设的可控顶一般应采用常吸下(锁闭)型的可控顶。

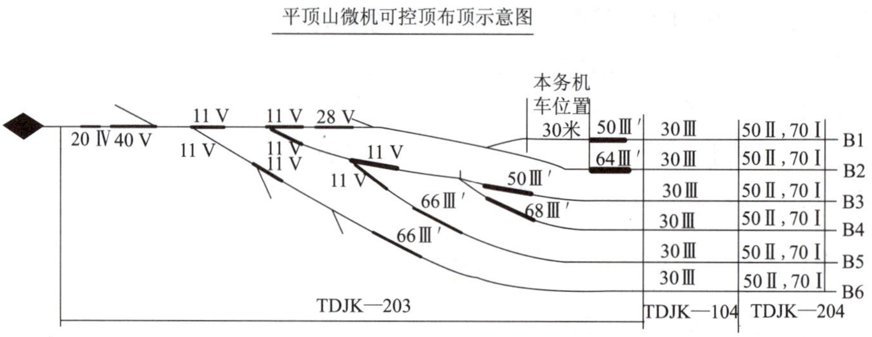

图 5-13　平顶山站驼峰溜放部分及大顶群布顶示意图

注:1. TDJK－203、TDJK－204 型可控顶为常吸下型,TDJK－104 型为常立型;

2. 图中阿拉伯数字为顶数,罗马数字为顶的临界速度档次。

(3)大顶群区一般布设 100～160 台可控顶。顶的临界速度由高到低分成 3 至 4 种档次。各档次的顶数按每台顶均能对易行车做制动功的原则确定,而且其中的高档顶应密集布设,以尽可能地缩短大顶群区的长度。如大顶群布设 160 台可控顶后,其总的制动能力仍不能满足需要,则可先在最后分路道岔后处加布一些顶。

(4)连挂区及小顶群的布顶方式,与点连式调速系统相同。

五、驼峰计算机可控顶调速系统设计方案的模拟验算

以某站为例,进行驼峰计算机可控顶调速系统设计方案的计算机模拟验算。

1. 图 5-14 为易行条件下,难—易—难组合的验算图。由于易行条件下车辆的安全溜放间隔时间一般都可保证,主要是看单辆易行车在大顶群出口处的速度能否降至钩车的安全连挂速度。

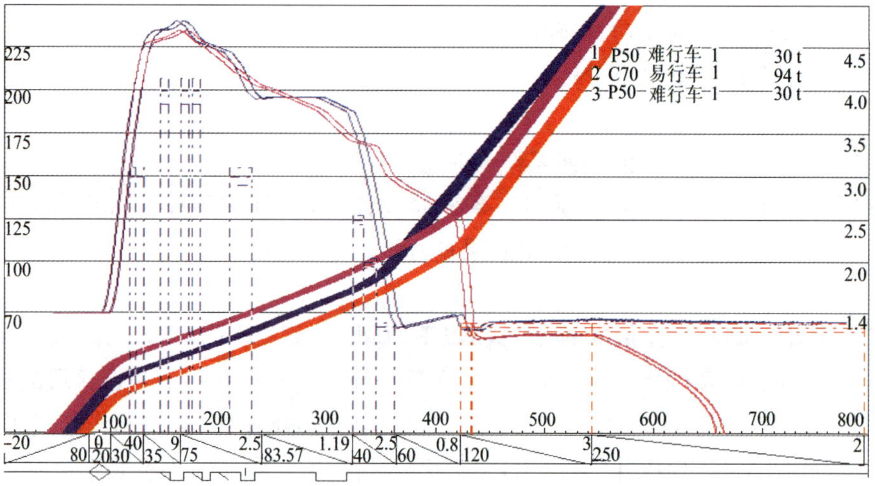

图 5-14　易行条件下难—易—难钩车组合计算机模拟验算图

2. 由图 5-15 可见,由于中、小驼峰调车场的股道数量较少,尽管在难行条件下采用难—易—难的溜放组合,在溜经道岔最多的股道时,各分路道岔处的车辆溜放安全间隔时

间表(5-8),一般也都能满足要求。

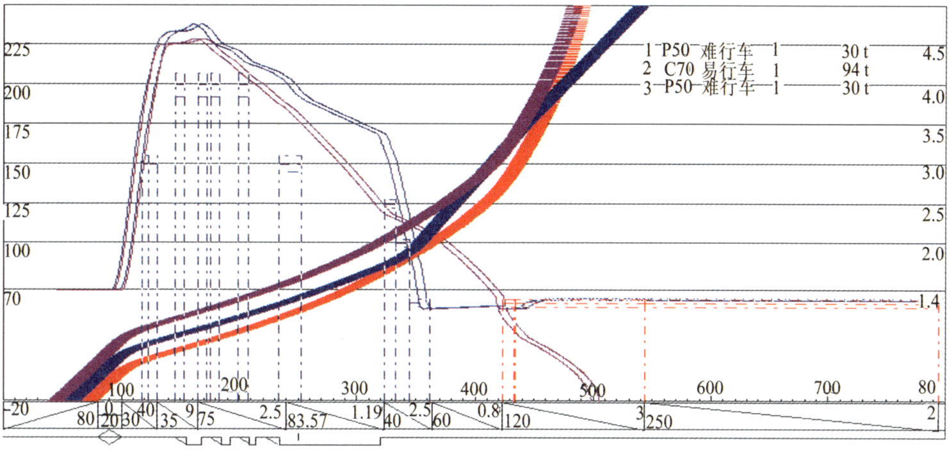

图 5-15　难行条件下,采用难—易—难组合计算机模拟验算图

表 5-8　难行条件下,难—易—难组合各分路道岔及警冲标处溜放间隔时间(单位:s)

序号	第 1 级	第 2 级	第 3 级	第 4 级	警冲标
1	3.45	3.26	2.76	1.95	3.59
2	5.35	5.62	5.51	5.52	8.73

六、驼峰计算机可控顶调速系统的适应性及特点

(一)驼峰计算机可控顶调速系统的适用范围

驼峰计算机可控顶调速系统主要适用于中、小驼峰。其调车场的股道数量,在北方不宜大于 16 股道;在南方不宜大于 20 股道。

(二)驼峰计算机可控顶调速系统的技术特点

中国采用驼峰计算机可控顶调速系统对车辆进行间隔制动、减速制动和目的制动调速,为国内外铁路首创。它具有下列技术特点:

1. 实现溜放车辆速度调节全自动控制,完全摆脱了对人工的依赖,可消除由于人为因素导致的各种事故。

2. 系统可靠性高、安全性好。

3. 驼峰峰高低、能耗少、投资省、运营费少。

4. 推峰速度快,作业效率高、能力大。

5. 系统结构简单、调速工具单一,虽然需计算机控制,但施工、安装方便,维修保养较易。

七、驼峰计算机可控顶调速系统的推广应用

1989 年 5 月,中国第一个计算机可控顶调速系统首先在广铁(集团)公司韶关站建成投入使用,取得良好的运营效果,并积累了宝贵的实践经验。至今已推广到西昌南、漯河、湖东、大新、密地、大官屯、沈阳东、阳泉、麻城、南岔站等全国 40 多个中、小驼峰安装使用。

图 5-16 为 2002 年在嘉峪关站建成的驼峰计算机可控顶调速系统布顶图。驼峰溜放

部分共安装可控顶 2 219 台，投入运营使用后，效果良好。

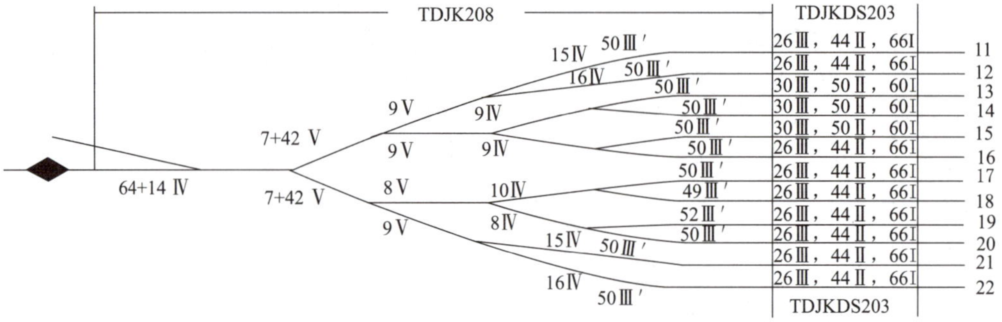

图 5-16　嘉峪关站驼峰溜放部分可控顶布顶图

注：1. 阿拉伯数字为可控顶的数量（台）；其后的罗马数字为该顶的临界速度（档次）；

2. Ⅰ、Ⅱ、Ⅲ、Ⅲ′、Ⅳ、Ⅴ档顶临界速度分别为 1.25 m/s、2.0 m/s、2.5 m/s、3.0 m/s、3.5 m/s、4.0 m/s。

第六节　反坡调速系统

一、反坡调速系统的创建背景

1983 年，南京东站调车场进行技术改造。该调车场有 33 股调车线，技术改造前驼峰溜放部分一、二部位间隔制动的设备为 66—11 型液压减速器，车场内的目的制动采用人工下铁鞋方式。驼峰日均解体约 76 列 3 000 辆，调车场内线路纵断面呈锅底形。技术改造的一项重要内容是要将调车线的有效长由 850 m 延长到 1 050 m。如果保持车场原线路纵断面不加以改造，那么绝大部分解体车辆将溜不到头，线路有效长也得不到充分利用。作业时，将需用调机频繁下峰推送，这样会严重影响驼峰的作业效率。众所周知，单纯使用减速顶作为调速设备的股道，线路必需具有一定的纵向坡，溜放车辆才能不断地往前走，从而达到一定的溜行距离。为了解决该调车场内位能不足问题，就得想方设法挖掘位能，或者对溜放车辆补充动能，才能使车辆溜到更远的位置。

根据当时的实际情况，决定将南京东站的技术改造分成两步走：第一步先解决连挂区车辆目的制动调速和溜放距离不够远的问题；第二步再解决三部位减速制动，采用先进的调速设备取代人工下铁鞋。

1982 年 5 月，我国低速加速顶在哈尔滨研制成功以后，首先用在南京东站各股调车线中部的连挂区对溜放车辆调速。从 1983 年 6 月起至 1984 年 7 月止，在各股道的中间抬起一个坡度为 0.4‰、长 190 m 的小反坡，在该小反坡段安装低速加速顶和减速顶，解决各道车辆的目的制动调速和车辆溜不到头的问题，使车场的编解能力提高了大约 8%。以该站 29 道为例，其连挂区线路纵断面改造及布顶情况如表 5-9 所示。

1984 年，高速加速顶研制成功以后，先用于南京东站的 31 道做试验，在该道线路警冲标内方相当于三部位减速器的位置，抬起一个坡度为 13‰、长 30 m 的大反坡，配合计算机控制加速顶、可控顶，同时采用普通减速顶等调速设备，组成了反坡自动调速系统来代替传统的三部位减速器。这个试验后来又扩大到 28、29、30 道。

表 5-9 南京东站调车场 29 道连挂区纵断面调整及布顶表

原线路纵断面	7.6 / 110	0 / 15	39 / 35	21 / 30	13.8 / 30	7.5 / 80	3.4 / 140	1.6 / 80	1.4 / 200	1.2 / 340	0		
改造后断面	8.6 / 107	0 / 15	39 / 38	21 / 30	13.8 / 30	7.5 / 80	3.4 / 90	0.6 / 230	3.5 / 150	0.4 / 190	2.5 / 60	2 / 80	1 / 90
减速顶（台）									100	43	25	20	
加速顶（台）										90			

注：表中框内横线或斜线上方的数值代表线路坡度(‰)；下方数值代表长度(m)；从左至右，线条向上为上坡，向下为下坡，水平横线为平坡。

1984 年 10 月，中国铁路的第一个反坡调速系统在南京东站的驼峰调车场 28—31 道建成投产运营（见图 5-17），经过 4 年多的成功实践和运营试验，充分反映了这种新型调速制式具有强大的生命力，同时为后来在深圳北站建设新的反坡调速系统打下了坚实基础。

1986 年 1 月，深圳北站驼峰采用反坡调速系统进行技术改造，它吸取了南京东站反坡调速系统设计和建设的成功经验，并作了进一步的优化和改进（见图 5-18）。该系统 1988 年建成投入运营，至今已有 20 多年，取得了十分令人满意的效果。

图 5-17 南京东站反坡调速系统

图 5-18 深圳北站反坡调速系统

反坡调速系统之所以能够建成，是建立在以下条件基础上的：

1. 加速顶的研制成功并投入实际运用。
2. 可控减速顶的研制成功和实际应用。
3. 减速顶控制系统的研制和实践。
4. 新型反坡调速系统理论的研究和创立。

二、反坡调速系统的设计原则和参数选取

驼峰的车辆解体过程其实质也是一个能量形式不断转化的过程：车辆由到达场经调车机推至驼峰峰顶，消耗了调机的燃料，将燃料的热能转化成车辆的位能。钩车从峰顶上溜下后，经过加速坡，车辆的速度迅速加大，将它在峰顶的部分位能转化成动能（速度），并迅速拉开前、后钩车之间的空当，形成“空间差”，以便于道岔的转换和溜放车辆顺利分路。

反坡是一个廉价、节能、具有重力式效果的制动器。它不但可代替三部位调速设备（减速器），而且溜放车辆经过反坡以后，将他们通过道岔区时所具有的部分高速动能转化

为新的位能，为在调车线的中后部设置线路纵坡、安装运用减速顶创造了必要条件。

根据铁路调车作业部门的统计，驼峰溜放的车辆，按溜行性能划分，约 80%为中行车，10%为易行车，10%为难行车。反坡调速系统的基本设计原理是：让“少数服从多数”，将 10%的易行车和 10%的难行车利用可控减速顶和加速顶调速，使其溜行速度与中行车的溜行速度相同或逼近。它的峰高、线路平纵断面和速度控制按中行车的溜放条件和速度曲线设计。按照这个设计原则，溜放车辆调速的幅度和频次，比传统驼峰点式调速方式中，将占 90%的中行车和易行车的溜行速度，向难行车的溜行速度“看齐”，即“多数服从少数”的调速方式大为减小和减少，而且峰高低、能耗省、车速控制难度小。因此在反坡调速系统的设计中，中行车的车型、阻力值的选取尤为重要。

反坡调速系统的设计应满足下列基本要求：

1. 在冬季溜放困难条件下，占 90%的中行车和易行车能自行溜出反坡调速区的缓冲段且不需加速顶加速。

2. 在夏季溜放有利条件下，易行车以规定速度溜入反坡调速区，经反坡和调速区可控顶、减速顶制动后，其出口速度能降到 5 km/h 以下的安全连挂速度。

3. 难行车经反坡调速区的加速顶加速后能达到中行车的速度并出清缓冲段。

4. 反坡调速区应具有能根据股道停留车位置和作业的具体情况使溜行车辆变速出口的功能。

5. 大组空车进入反坡调速区时能迅速出清最后分路道岔和警冲标，并尽可能地提高钩车在二部位的出口速度，以便提高峰顶平均推送速度。

6. 对低速到达反坡调速区的各种难行车，加速顶应能起阻止车辆倒溜的作用。

三、反坡调速系统的线路平纵断面设计

(一)反坡调速系统平纵断面的设计原则

驼峰反坡调速系统溜放部分的平面设计，应遵循以下原则：

1. 为尽可能地使平面布置紧凑，应多采用三开道岔或长度较短的小号码对称道岔按线束连结，使车辆从峰顶溜至各股调车线的距离尽量缩短并相接近。

2. 使车辆由峰顶溜入各股调车线所通过的曲线转角(包括侧向通过道岔时的辙叉角)度数和道岔数尽量减少并相接近，以缩小难、易行线车辆溜行阻力的差别。

3. 尽量缩短车辆共同溜放进路的长度，使车辆能迅速分散，有利拉开前后钩车的间隔，提高驼峰效率，保证作业安全。

4. 满足正确布设调速设备的要求，使道岔和调速设备的铺设及股道间距等符合安全条件。

南京东站的反坡调速系统由于是老场改造，其平面部分延用既有站场的原设计，没有变动，仅对线路纵断面作了一些调整。以东站 31 道为例，其反坡调速系统的纵断面调整设计如表 5-10 所示。

表 5-10　南京东站反坡调速系统纵断面

10.4	0	40	15.3	9	2.5	15	1.7	3	2	1	0
46	20.5	43	40	100	149	30	181	100	200	100	85

注：表中框内横线或斜线上方的数值代表线路坡度(‰)；下方数值代表长度(m)；从左至右，线条向上为上坡，向下为下坡，水平横线为平坡。

(二)深圳北站驼峰反坡调速系统设计

深圳北站驼峰调车场共有 9 股调车线和 4 股尽头存车线。其驼峰咽喉区设计得较短,道岔连接紧凑,平面部分保持原设计不动(见图 5-19)。

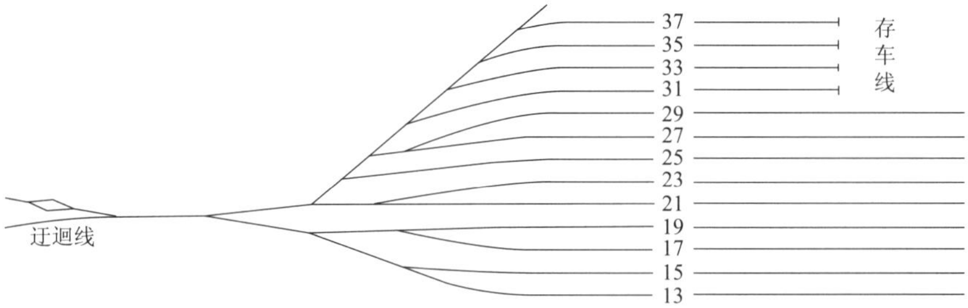

图 5-19 深圳北站驼峰咽喉区平面布置示意图

为了使深圳北站驼峰的运营效果更好,在做驼峰反坡调速系统的线路纵断面设计时,将原设的峰顶平台前移了 13.5 m,溜放线路纵断面按"最小时差曲线"进行优化。采用非线性规划的方法,通过计算机求解出一个驼峰溜放线路纵断面,使难、易行车在这个断面上的溜行时间差最小。由于该站调车机采用的是内燃机车,所以将加速坡设计成 46‰、长 25 m 的坡段,突破了以往驼峰设计中加速坡一般不大于 40‰的旧规定,有效地改善了驼峰溜放车辆的分路性能,有利于提高峰顶的车辆解体推送速度。

深圳北站驼峰反坡调速区的起点设在各股道警冲标内方 20～25 m 处,反坡调速区的长度为 25 m。反坡的坡度由公式(5-26)确定:

$$\frac{v_1^2-v_2^2}{2g'}=L(W_{基}+W_{风}+i)\cdot 10^{-3} \tag{5-26}$$

式中:v_1——中行车到达反坡调速区前的入口速度,m/s;

v_2——中行车到达反坡顶的速度,m/s;

L——反坡长度,m;

$W_{基}$——冬季中行车的单位基本阻力,N/kN;

$W_{风}$——冬季中行车在通过反坡时的单位风阻力,N/kN;

i——反坡坡度,‰;

g'——中行车考虑转动惯量后的重力加速度,m/s^2。

中行车到达反坡前的速度可到现场实测,也可将中行车的各项参数输入计算机进行模拟计算,求得中行车到达反坡前的速度值。这里 v_1 取 15 km/h。中行车到达反坡顶的速度可视情况设为3～5 km/h,此次设计取 3 km/h。由于其他参数已知,最后按照上面公式计算出反坡坡度为 16‰。

四、反坡调速系统的调速设备数量与配置设计

(一)调速设备

反坡调速系统的调速设备由减速顶、加速顶和可控顶组成。各调速区所需的设备数量依据各调速区的线路平纵断面及选用顶的类型,结合溜放车辆的溜行阻力计算确定。

现依据深圳北站驼峰溜放线路平纵断面和选用的顶型，结合溜放车辆的阻力计算得出的各调速区布顶数量如表 5-11 所示。

表 5-11 深圳北站反坡调速系统线路平纵断面及布顶设计

纵断面											
坡度(‰)	10	0	46	8	2.9	0	16	1.9	2.5	2	1
长度(m)	52	21.5	25	45	45	56.5	25	144	60	165	50

平面

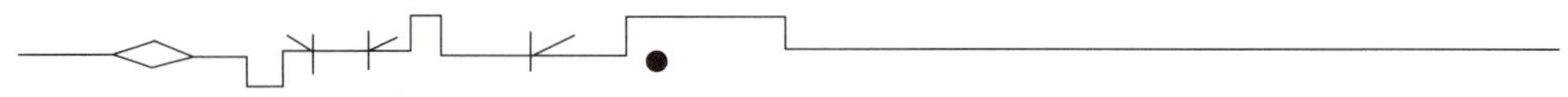

布顶方案												
加速顶	距离(m)			25	18.5	32	81				
	顶数(台)			56	11	19	8				
可控顶	距离(m)				7	29.5	4				
	顶数(台)				12Ⅱ	42Ⅰ	9Ⅰ				
减速顶	距离(m)		15					51	15	183	
	顶数(台)		29Ⅴ					7Ⅰ	18Ⅰ	50Ⅰ	

注：表中框内横线或斜线上方的数值代表线路坡度(‰)；下方数值代表长度(m)；从左至右，线条向上为上坡，向下为下坡，水平横线为平坡。

其中，反坡调速区分成 3 个单元：Ⅰ单元从最后分路道岔的岔根起至股道警冲标附近，共布设 TDJ—302 型高档减速顶 330 台，用来对入口速度较高的溜行车辆进行初步减速，同时调整进入同一股道的溜行钩车之间的间隔；Ⅱ单元为反坡区，在长 25 m、16‰的反坡段共布置了 $TDJ_{(+)}$—102 型高速加速顶 355 台以及钢轨支撑 612 个，其作用是调整难、易行车的溜行速度向中行车溜行速度逼近。利用反坡对易行车和中行车起减速器的作用，使他们减速。对难行车，通过反坡上布设的高速加速顶的作用，增加其溜行动能，使他们都能顺利溜过反坡。在反坡坡顶设置可控顶顶群，用以增加反坡调速单元的变速出口能力，使其易于实现对大组车"让头拦尾"。Ⅲ单元为缓冲区，在这一区段共布设 $TDJ_{(+)}$—102 型加速顶 330 台及 TDJK—101 型可控顶 619 台，这些顶对不同的溜行车辆实施不同的调速控制。对于大组空车和难行车，使可控顶滑动油缸处于吸下(锁闭)状态，并用加速顶快速推动，使他们尽快出清缓冲区。对于易行车则让加速顶不动作，只用可控顶和减速顶进行减速制动。在缓冲区出口端设置一小减速顶群，在小顶群后面布一段轨道电路。如果股道内停留车位置较远，没有压上轨道电路，计算机将控制反坡调速Ⅲ单元，使各种溜行车辆以7 km/h的速度出口，经过小顶群后再将车辆速度降到 5 km/h 以下，与股道内的停留车安全连挂；如股道内停留车接近满线、已有车辆压上轨道电路，则计算机控制反坡调速Ⅲ单元将所有溜行车辆的出口速度都降到 5 km/h 以下，确保溜行车辆与股道内停留车安全连挂。连挂区内共安装 TDJ—303 型减速顶 756 台，用来保证溜行车辆钩钩安全连挂，或能溜到股道尾部停车。

(二)供风系统

由于加速顶以压缩空气为动力，所以调速系统需配置供气设备，向加速顶提供气源。在空压机房内设 3 台 3L-10/8 型空气压缩机，主管路由 700 m(Dg100)的无缝钢管制成环形供气管路，可保证对支管路进行双侧供气，达到供气速度快、压力损失小，并保证在维修时不影响使用。在主管路中设 2 个立式油水分离器及 4 个 4 m^3 的主储气缸。各股道之间设异径三通，连接着总计 1 800 m 的支管路（Dg50 镀锌管）。每股道还设有闸阀和电控阀，由计算机根据采集到的车重、车速等作业情况控制是否给加速顶供风。

（三）停车器和液压泵房

为配合深圳北站反坡调速系统的实施，在调车场内彻底甩掉铁鞋，同时使驼峰的头尾能力相协调，实现车辆驼峰溜放调速作业完全自动化，当时在深圳北站调车场的尾部还曾安装了哈中心研制的 TWK 型停车器作为调车场尾部的车辆停车防溜工具。并于 1988 年初完成了编尾 13—29 道共 9 股道的停车器安装调试。

TWK 型停车器是一种双轨条液压重力式停车器，它主要由三部分组成：即机体和基础、液压控制和电控部分。

机体主要包括制动轨、制动钳和使其动作的四连杆机构。基础部分有过渡道床和基础块，每台停车器有两块过渡道床和五块基础块，在每个基础块上有一个油缸，由来自蓄压器中的高压油驱动其作往复运动，通过四连杆使制动轨制动或缓解。

液压控制部分主要包括液压泵房和室外控制阀。在液压泵房内设有 3 台 3 kW 电机，带动 3 台 10 L/min 的齿轮泵，在自动（手动）控制下，将油液从油箱（1 m^3）注入蓄压器（0.6 m^3）。室外控制阀有二位四通电液换向阀和液控单向阀，用来直接控制油缸的动作，并保持停车器的最大锁闭压力。

电控部分主要有控制台和控制柜，集中控制泵房内的 3 台电机，并反馈 3 块电接点压力表的信号，形成自动控制。同时还要监测各股道停车器和泵房各器件的工作状态，并具有灯光显示和蓄压器的压力不稳报警功能。为方便检修，室外控制阀部分既可统一控制，也可手动控制。

五、反坡调速系统设计方案的计算机模拟验算

（一）反坡调速区的作用

反坡调速系统的核心是反坡调速区。设计反坡调速区的基本要求和目的是：保证驼峰在冬季溜放困难条件下，使占 80％的中行车不用加速顶加速，就能在反坡调速区出口处达到车辆安全连挂速度进入缓冲区，同时也不需要布设在缓冲区的加速顶加速，就可溜出缓冲区而进入车辆连挂区。使占 10％的易行车通过反坡和减速顶的制动后，以安全连挂速度进入缓冲段。使占 10％的难行车经过反坡调速区布设的加速顶加速以后，也能以安全连挂速度进入缓冲区和连挂区。大组空车溜入反坡调速区和缓冲区后，在这两区段内布设的加速顶同时对车组前拉后推作用下，让大组空车迅速地溜出最后分路道岔和溜进线路警冲标内方，保证峰顶可以不间断地溜放车辆。

（二）反坡调速区的计算机模拟验算

反坡调速区的坡度和长度也可借助计算机来确定。将驼峰溜放线路的平纵断面和各种参数输入计算机，然后在冬季困难条件下将一辆中行车的各项参数输入计算机进行模拟溜放，得到车辆溜至反坡调速区前的速度，再将此速度转换成速度能高。反坡的坡度和长度

应确保约占 10%的易行车和 80%的中行车，在不需加速顶加速的情况下，溜到反坡坡顶还具有 3～5 km/h 的速度能高，如有多余的速度能高则由布设在反坡顶和缓冲区的可控顶和减速顶的制动能高来消减。其余 10%左右的难行车，则由布设在反坡区的加速顶加速，保证其溜过反坡。在股道后部连挂区布设普通减速顶，保证所有车辆以 5 km/h 以下的速度与其他停留车安全连挂或一直溜行到股道尾部警冲标内方停车。

六、反坡调速系统的适用范围和经济技术指标

(一)反坡调速系统的运营试验效果

深圳北站的反坡调速系统投入运营后的实践证明：系统安全、可靠、效率高。1987 年 4 月，由广深铁路公司、深圳北站、哈尔滨铁路局减速顶调速系统研究中心、铁道部科学研究院运经所等单位联合组成的测试小组对深圳北站的驼峰调车场 27、29 道进行运营测试，其测试结果如下：

1. 平均推峰解体速度：6.2 km/h。
2. 平均车辆连挂速度：4.27 km/h。
3. 溜放车辆连挂率：100%。
4. 溜放车辆安全连挂率：97.3%。
5. 控制距离：440 m 以上。
6. 计算机控制系统工作正常，能满足运营要求。
7. 每钩车的调车作业时间由 3.5 min 压缩到 0.6 min，比人工拧手闸时提高效率 5.8 倍。
8. 平均车辆在站停留时间由 14.4 h 压缩到 7.3 h，每年节约了 153.36 万车辆小时，合 1 656.4 万元。
9. 采用该系统可大量节约能源，每年可节省电费 16.7 万元。

(二)反坡调速系统的主要优点

通过深圳北站 20 多年的运营实践证明，反坡调速系统具有以下突出优点：

1. 系统合理地利用了车辆在峰顶的位能，将钩车入线后产生的有害的高速动能转化成位能储存起来，提供给后面连挂区使用，化害为利。同时利用反坡线路纵断面这个稳定、廉价、具有重力式效果的“减速器”，既可对易行车和中行车进行减速，又可对难行车利用布设在反坡区的加速顶进行加速。系统控制灵活、安全、可靠。

2. 系统的调速能力和设计峰高是按中行车的溜行条件设计的，作业时使难、易行车的溜行速度向中行车的溜行速度逼近，缩小了溜放车辆调速的幅度，并可降低驼峰的设计峰高，比点连式驼峰的峰高约可降低 0.5 m。

3. 系统造价低、能耗省、运营费少。用反坡调速区来代替减速器，不仅可节省减速器的投资，而且其控制系统也较减速器大大简化，因而一次性投资可大大减少。另外，在日常作业当中，反坡调速区只需对 10%左右的难行车加速，能源消耗大大减少。而一般机械化和点式调速驼峰中的减速器需要对 90%以上的中行车、易行车进行不间断地制动，消耗能源较多，因而反坡调速系统的运营费用相对较省。

4. 系统自动化程度高、运营效果好。其控制方式既保持了减速顶群控制可靠的优点，

又吸取了减速器控制灵活的长处，因而可确保减速顶群上无途停，大组重车出口不超速，难、易行车连挂不超速，大组空车溜放不影响峰顶效率。峰顶的推峰速度可达 5～6 km/h，钩车的连挂率和安全连挂率都很高，因而驼峰调车场的解编效率大大提高。

5. 调速系统的日常养护维修十分方便，维修时不需峰上停轮，对正常调车作业的干扰很小；同时维修费用小、用人少。

综上所述，反坡调速系统是一种比较理想、先进的新型调速系统，它特别适用于对一些车场内位能不足的大中型调车场，在不抬峰、不改变溜放部分线路纵断面的情况下进行自动化改造。该系统既可以与减速顶、加速顶方案相结合构成一种全顶调速制式，也可与减速器相结合，成为一种包含减速器与加速顶、减速顶的新型点连调速制式。它既适用于新建的驼峰调车场，也可用于对既有的机械化、非机械化驼峰调车场进行自动化改造。

第七节　箭翎线调速系统设计与应用

箭翎线是一种适合编组零摘多组号列车的高效能特殊站场配线，中国从 20 世纪 60 年代末开始对箭翎线进行研究和探索。经过多年的不断努力，至 80 年代，已先后研制成功三开道岔、减速顶、加速顶、可控顶、停车顶和挡车器等一系列硬件设备；同时，采用计算机控制可控顶的调速控制系统，以及采用计算机进行道岔集中的进路控制系统，也先后在中国铁路多处站场建成投入运营，并在运用中对各种调速和控制设备进行了长时间的考验。经过不断的改进和完善，各系统的功能和可靠性大为提高，从而为中国铁路建设箭翎线调速系统奠定了良好的基础。

石家庄站是中国铁路的一个路网性编组站，其下行系统调车场有 24 股调车线，原先在其下行调车场尾部外侧建有 5 股长约 200 多米的辅助调车线(其布置呈刷子状，现场简称为“刷子线”)，专门用来编组摘挂列车用。由于摘挂列车的组号较多，而“刷子线”的数量不足，又未安装任何调速设备，解编作业时只是采用由调车机平面推拉车辆，由人工下铁鞋或拧手闸调速的作业方式。工人的劳动强度大、效率低、安全没有保证。同时，由于返钩活较多，作业效率很低，编组一列摘挂列车少约 50 min，多约 2 h。特别在下行系统调车场的股道延长至1 050 m以后，调车场与出发场之间的咽喉区更短，只要一开始编组沿零摘挂列车，就要占用出发场的股道，并影响直通列车的接车作业。如将“刷子线”改造成箭翎线，则每天可缩短摘挂列车编组作业时间 6～8 h。这样既可解决编尾能力紧张问题，又可使驼峰与编尾的能力相协调，更好地满足编组站的解编作业量不断增长的需要。

1990 年 5 月由原石家庄分局牵头，开始酝酿在石家庄编组站下行系统修建箭翎线。经过广泛调研和收集国内外的各种资料，并进行多方案的反复论证对比，同时进行了必要的合理分工：由铁科院运经所和哈中心负责箭翎线的平面和纵断面的研究与设计；铁科院通号所负责计算机进路集中的设计和软件开发；哈中心负责调速设备的研制生产、布顶方案设计和调速设备的施工安装，以及车辆速度控制系统的设计施工和软件开发；原石家庄分局装卸机具厂负责挡车器的研制和施工；分局其他单位分别负责线路的铺设和改造、信号楼以及供气管路等房舍和设备的安装和建设。经过两年多的攻关研制和设计施工，1993 年 6 月 1 日石家庄站箭翎线调速系统全部建成投入运营。这是一个结合中国国情、路情，全部采用国产调速和控制设备，完全用计算机进行车辆溜放进路和车辆溜放速度自动控制的调速系统。它集中反映了当代中国铁路在列车编组调车作业调速技术方面所达到的先进水平，不仅实现了中国铁路建设箭翎线调速系统的技术突破，填补了中国铁路编组站的一项技术空白，而且为今后在全路推广应用箭翎线及其调速系统提供了丰富的理论和实践经验。

一、箭翎线调速系统的基本组成

箭翎线按照其平面布置方式的不同，可分为双向箭翎线和单向箭翎线两种类型。

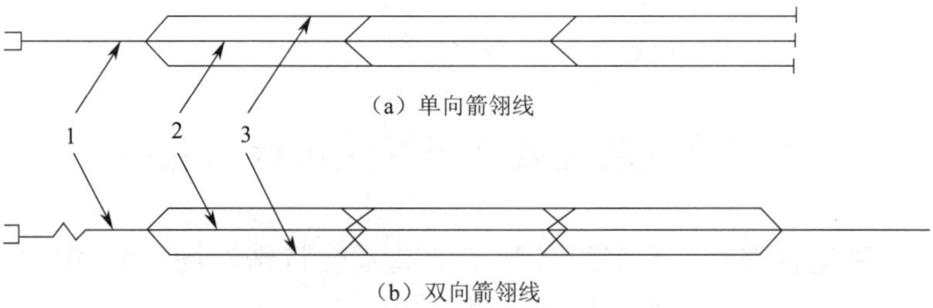

图 5-20 箭翎线布置方式示意图

1—牵出线；2—车辆溜行线；3—存车线。

1. 单向箭翎线

如图 5-20(a)所示，单向箭翎线在一个方向作业，一般由 3～5 股贯通线组成。其中间的一股道为车辆的溜行线，两侧股道为分组号的车辆集结、停留的存车线，在中间股道上设置三开道岔与各段存车线连通。各段存车线的末端设有挡车器，用以阻挡溜放车辆溜出。始端的牵出线与编尾牵出线连接，也可在单向箭翎线的牵出线上，另建一小驼峰，自成调车系统。这种配置结构简单，施工维护容易，造价较低。

2. 双向箭翎线

如图 5-20(b)所示，可供两个方向作业，一般设于主驼峰调车场内，它的内部线路和分段线布置与单向箭翎线大致相同。其前部连接驼峰溜放线；后部连接编尾牵出线。

中国建成的石家庄箭翎线为单向箭翎线，它由四大部分组成：车场线路配置及其平纵断面，车辆溜放速度调速及控制设备，车辆溜放进路及控制设备，挡车器及控制设备。

二、箭翎线调速系统的线路平纵断面设计

下面，以石家庄箭翎线为例，对箭翎线调速系统的平纵断面设计加以介绍。

(一)线路平面设计

1. 因地制宜地进行线路平面设计

根据石家庄站下行调车场尾部的特定情况，在设计石家庄箭翎线的平面时，因地制宜地利用该场原有的“刷子线”加以适当改造，在其始端的牵出线上修建了一座小驼峰，专门解体溜入箭翎线的车辆。避免了某些国外箭翎线的弊端：他们的车辆是由主驼峰解体直接溜入箭翎线的，由于进入箭翎线的钩车之间共同径路很长，为保证钩车在最后分路道岔能安全分路，常需降低主驼峰的推送解体速度，而直接导致对主驼峰能力的影响。

2. 箭翎线存车线的分段数和长度设计

根据对石家庄站下行摘挂车流的统计得知：零摘列车每列的最多组数为 8 组，其中每个组号的辆数在 13 辆以下的约占 92%，20 辆以上的组号，去石太线方向的占 3.4%，去南京广线方向的占 0.9%。据此确定的该箭翎线存车线段数应为 8 段及以上，每段的容车数不应小于 13 辆，个别存车段应能容车 20 辆以上。经过讨论和征求意见，最后选定采用以下线路平面布置方案(见图 5-21)。用 3 组 7 号三开对称道岔将车辆溜行线和存车线连接起来，除进入 01 和 09 段的道岔为 6 号对称道岔外，其余均为 9 号单开道岔。其中的 01～09 段为存车线，10 段和 11 段为车辆溜行线。01 段可存车 20 辆；09 段可存车 30 多辆；其余各段均可存车 13 辆。

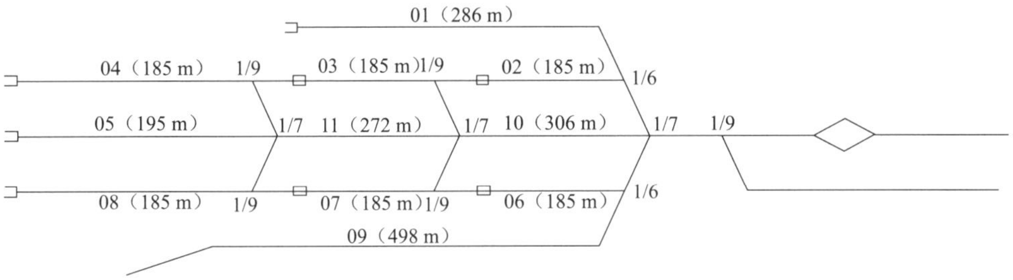

图 5-21　石家庄箭翎线平面布置示意图

1. 01—11 为分段线序号；2. 括号内数字为线路有效长；1/7、1/6、1/9 为道岔号。

(二)线路纵断面设计

1. 小驼峰峰高计算

由于箭翎线的小驼峰是设在调车场的尾部，其溜车方向与大驼峰的溜车方向相反，同时两边又有其他线路，为了便于线路连结、处理排水、减少挖方，要求小驼峰峰高不要太高，只需满足解体作业时前后钩车能开分钩，并使难行车在冬季困难条件下，能溜到 02 和 06 分段线警冲标内方具有 9 km/h 的速度即可。

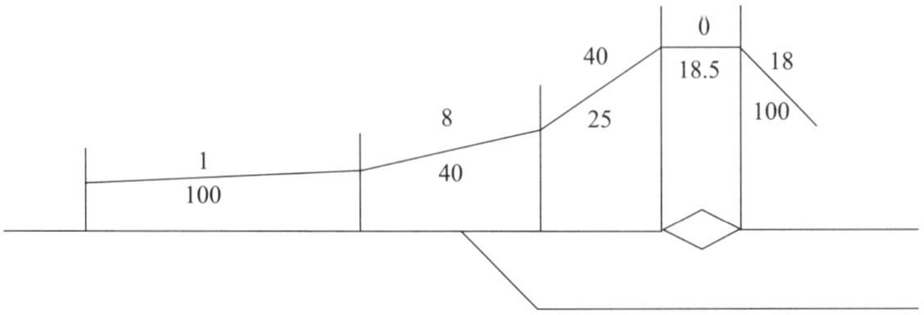

图 5-22　石家庄箭翎线溜放部分线路纵断面示意图

小驼峰峰高按下式计算：

$$H_{峰}=[L(W_{基}^{难}+W_{风}^{难})+24\cdot N+8\sum\alpha]\cdot 10^{-3}+\frac{4M\times E_{阻}}{Q_{难}}-\frac{v_0^2-v_{难}^2}{2g} \tag{5-27}$$

式中：L——车辆溜行距离，m；

$W_{基}^{难}$——冬季难行车基本阻力，N/kN；

$W_{难风}$——冬季难行车风阻力，N/kN；

N——道岔数，组；

$\sum\alpha$——曲岔总转角，°；

M——溜放进路上安装的可控顶数量，台；

$E_{阻}$——可控顶的阻力功，J/轮次；

$Q_{难}$——难行车重量，N；

g'——考虑车辆转动惯量的难行车重力加速度，m/s²；

v_0——峰顶推峰速度，m/s；

$v_{难}$——难行车入线速度，m/s。

经过计算：$H_{峰}=1.42$ m。它可保证冬季难行车能溜到 10 道警冲标内方并具有 9 km/h以上的速度。然后，难行车可借助布设在溜行线上的加速顶来补充动能，保证车辆能顺利溜入最远端存车线内。

2. 车辆溜行线(10、11 道)纵断面设计

因为在车辆溜行线上安装有加速顶，为了减少加速顶的布顶数，节省工程投资和运营费，综合各方面因素，将其坡度设为 1.2‰，长度设为 547.845 m，使占 90%以上的中行车和易行车在大多数情况下均不需加速顶的加速就可以继续往前溜行。

3. 存车线坡度设计

每段存车线的纵断面，其始端为 0.6‰，比溜行线的坡度缓；中间坡为 1.8‰～2.3‰比溜行线的坡度陡，终端坡与溜行线的坡度一致，为 1.2‰。

10 段和 11 段是车辆溜行线，以 1.2‰的坡一坡到底，存车线的纵断面围绕着走行线而变化，但每段存车线末端的挡车器和走行线上的三开道岔均处在同一个坡段上，这样道岔区的断面比较平顺，施工和养护维修起来也比较容易。

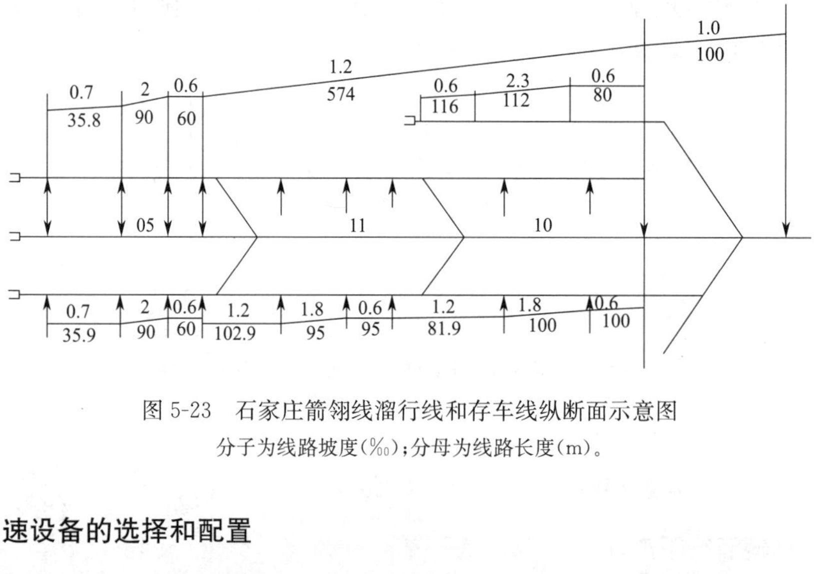

图 5-23　石家庄箭翎线溜行线和存车线纵断面示意图

分子为线路坡度(‰)；分母为线路长度(m)。

三、调速设备的选择和配置

石家庄站箭翎线，从峰顶至第三分路三开道岔前的距离长达 600 多米，这比一般大型

驼峰的溜放条件还要困难得多。要在这么长的距离内，从峰顶以 4～5 km/h 的速度连续推送车辆溜放，还要确保各种溜放钩车组合在最后分路道岔前分开路，是箭翎线能否成功的关键所在。日本铁路武藏野编组站箭翎线调速系统采用的是减速器点式打靶，其车辆溜放速度控制精度很难掌握，为了保证各钩车能在最后道岔分开路，常需降低峰顶的推峰速度，这样也就必然会影响到整个驼峰的作业效率。而中国铁路车辆的走行阻力离散度较大，如也采用点式控制，其效果必然更不理想。因此设计人员决定选用连续式调速制式，即让各种类型的钩车，基本都保持等速、等间隔溜行，这样无论前后钩车之间的共同径路有多长，都能保证他们在最后分路道岔安全分路。

(一)车辆在溜行线等速溜行的速度确定

显然，如要求各种钩车在溜行线上等速运行，其等速值应为溜放车辆通过各三开道岔时能确保安全间隔的过岔速度。

当峰顶以 5 km/h 的速度解体时，钩车在峰顶的间隔时间为 10 s。

如三开道岔绝缘区段长为 7.462 m，保护区段短轨长为 4.5 m，则道岔绝缘保护区段总长为：

$$7.462+4.5=11.962(\mathrm{m})$$

P_{50}难行车外轴距为 11.58 m，C_{62}易行车外轴距为 10.45 m，则：

$$(11.58+10.45)/2+11.962=22.977(\mathrm{m})$$

如车辆通过三开道岔的速度为 3.0 m/s，且难、易行车完全等速溜行，则最后分路道岔的富裕时间为：

$$10-22.977\div3=2.3(\mathrm{s})$$

如果车辆过岔速度为 3.5 m/s，则最后分路道岔富裕时间为：

$$10-22.977\div3.5=3.4(\mathrm{s})$$

在实际运营作业当中，由于难、易行车很难保持完全等速，一般还是难行车溜得稍慢一些，易行车溜得稍快一点。由于难、易行车溜放的共同径路很长，累积的溜行时间差较大，为留有一定的余地，确保峰顶有较高的推送速度，应将车辆的过岔速度选得稍高些，最终将其定为3.5 m/s。同时，将第一分路道岔的保护区短轨设计为 5 m，经验算，易行车的最大速度为4.5 m/s，按照道岔转换时间需 1.2 s 计算：

$$4.5\times1.2=5.4(\mathrm{m})$$

三开道岔基本轨缝至尖轨头的长度为 1.225 m，则：

$$5+1.225=6.225>5.4(\mathrm{m})$$

因此，可以保证道岔安全转换。

如最后分路道岔保护区段短轨取 4.5 m，车辆溜放速度为 3.5 m/s，则：

$$3.5\times1.2=4.2(\mathrm{m})$$

$$4.5+1.225=5.725>4.2(\mathrm{m})$$

也可保证最后分路道岔安全转换。但允许的车辆过岔速度较低，富余量较小。

(二)调速设备的设计

在驼峰溜放部分和每一段存车线的始端布设由不同临界速度的可控顶组成的可控顶群，在存车线中部按线路坡度值布设普通减速顶，在其终端安装停车顶和设置活动式或固定式挡车器。在车辆溜行线的入口处，布设临界速度为 3.5 m/s 的可控顶群。紧接其后，在一侧钢轨上以均匀间隔布设加速顶和风动可锁闭减速顶，这一部分的加速顶只要有车辆溜入就对其加速，而在溜行线的另一侧钢轨上，每段溜行线内安装 4 组加速顶群，由计算机根据钩车的速度和重量，控制加速顶群和可控顶的动作，使各种钩车保持相同的速度在溜行线上走行，并在最后分路道岔安全分路。各段存车线竣工布顶情况如图 5-24 所示。

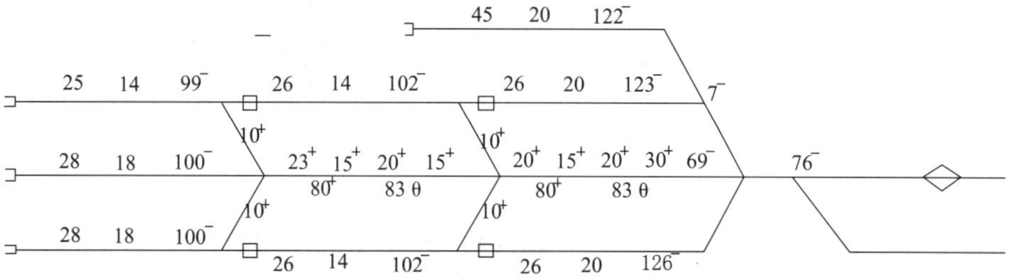

图5-24　箭翎线各段存车线和溜行线调速设备布置示意图

+：为加速顶数；-：为可控减速顶数；θ：为风动可锁闭减速顶数；

ᒣ：为固定式挡车器；⊟：为活动式挡车器；其余数字为普通减速顶数。

箭翎线内安装的加速顶和气动可锁闭减速顶的供气，从大驼峰 TJK 型减速器的供气系统引入，并在箭翎线的头部和尾部各设一个 10 m^3 和 4 m^3 的储气缸，给加速顶和可锁闭减速顶及风动道岔供气。

四、箭翎线车辆溜放进路控制系统设计

为适应在箭翎线上的这种既有类似峰上的溜放解体作业，又有类似编尾平面调车的编组作业方式，通常的继电自动集中设备已不能满足作业要求。为此，箭翎线吸收了成熟的编尾计算机联锁的技术和经验，结合箭翎线的特殊作业要求，铁科院通号所研制开发了一套专门满足箭翎线作业要求的计算机联锁集中进路控制系统。该系统依据信号平面布置图及作业要求确定系统的基本功能。其系统构成如下：硬件部分包括控制监视机、联锁机、动态集电器等；配备了控制监视机软件，联锁机软件及图像再现软件。系统的主要功能有：屏幕图像显示，按钮操作处理与提示，调车进路选岔，溜放记录储存、存盘打印以及溜放进路控制，调车进路控制，输入输出通信，自检等功能。为简化技术条件以节省投资，只在小驼峰顶设了一架驼峰信号机，箭翎线区内不设信号机，在出入口处设两架并置的矮柱调车信号机。分路道岔为双区段轨道电路，保护区段 4.5 m，在每个分路道岔前设一组计轴踏板，以判断车组是否追钩。在溜放作业时，溜放状态的建立要检查：①所有挡车器在竖起位置；②所有有关防护道岔均锁在规定位置；③分路道岔控制手柄在自动位；④没有敌对进路；⑤机车下峰按钮拔起（与速度控制系统联锁）。在进行编组作业时，由于机车要下峰进行串挂，而箭翎线内没有设调车信号机及进路表示器，机车进入箭翎线时，实行退路锁闭。箭翎线入口信号机的开放，除检查道岔位置是否正确外，还需检查挡车器是否在落下位置。

五、挡车器的设计与研制

挡车器是箭翎线的关键设备之一。如图 5-25 所示，它安装在箭翎线各段存车线的末

端，用以阻挡车辆溜越。挡车架与速度控制、进路控制设备结合使用。小驼峰开始溜放车辆时，挡车架竖立处于挡车状态，阻止车辆溜越、挤岔进入下一存车线；调机要进行编组串挂作业时，先把进路排好，再检查挡车器是否落下，否则不能开放进入箭翎线的调车信号，以保证机车车辆不会被挡车架阻挡而发生事故。有了挡车器，才能做到一线多用，提高线路利用率，简化作业过程，提高编组效率。石家庄箭翎线采用的是由原石家庄铁路分局研制的 DCQ—Ⅰ型挡车器。它能承受的冲撞力为 100 kN。它由缓冲风缸、挡车架、起落机构、滑动体、滑道等部分组成。国外的挡车器一般都是液压的，石家庄箭翎线的挡车器是因地制宜，利用大驼峰减速器的压缩空气气源，采用空气阻尼原理制造的。其结构比国外的液压挡车器简单，造价也相对较低；而且其缓冲性能好、安全可靠，升降机构运用灵活。当挡车架升起时，溜放车辆的车钩与挡车架的头部接触，压缩缓冲风缸内的活塞杆，缓冲风缸吸收能量，阻挡溜放车辆。当挡车架落下后，其任何部位都不侵入机车车辆限界，可使车辆安全通过。

挡车器的操作控制简单，动作灵活，可以由人工现场操作，也可以与信号联锁，集中自动控制。

石家庄箭翎线鸟瞰图如图 5-26 所示。

图 5-25　箭翎线存车线尾部的挡车器

图 5-26　石家庄箭翎线鸟瞰图

六、箭翎线车辆解编作业过程

在小驼峰进行车辆解体作业前，先将各存车线末端的挡车架立起，把解体的钩序输入计算机安排进路。确认控制机和各种调速设备正常以后，开放驼峰的主体信号。钩车从小驼峰上溜下后，首先由测重和测速传感器测出溜放车辆的重量、速度，计算出每钩车的辆数。控制机决定位于驼峰加速坡底和道岔区中的可控顶滑动油缸吸下（锁闭）或伸出，用来调整车辆的速度和前后钩车之间的溜放间隔。对进入溜行线的车辆，先由设在 10 段线入口处的Ⅳ挡可控顶将各种车辆的速度都降到 3.5 m/s，以后依靠设在溜行线一侧轨道上的加速顶和临界速度为 3.5 m/s 的可锁闭减速顶的共同作用，使各种车辆的溜行速度都保持在 3.5 m/s 左右。对于个别难行车，则通过布设在溜行线另一侧的各组加速顶群前的测速踏板测出车速以后，决定是否启动加速顶对其加速，以改善各钩车之间的溜放间隔。溜行车辆进入存车线后，由在其始端安装的大可控顶群将车速降到 5 km/h 以下，经过打靶区进入普通减速顶布顶区，以安全连挂速度与停留车安全连挂或一直溜到存车线末端的挡车器前停下。

在调机进行编组作业前，先按下机车下峰按钮，让供气管路排气，使加速顶不起作用，同时可控顶及锁闭减速顶在车轮压过以后其滑动油缸都处于吸下(锁闭)状态，以减少调机的牵引阻力和轮顶的磨耗。将挡车架放倒，预排好进路，开放信号以后，调车机就可下峰编组，窜挂各段存车线内集结停留的车辆。

七、箭翎线调速系统的经济技术指标分析

编组站采用箭翎线编组摘挂列车，可提高作业效率，降低劳动强度，确保作业安全，经济效益十分明显。以石家庄站箭翎线为例，原"刷子线"编组一列车的时间平均为 74 min，采用箭翎线后只需 18 min，每列车节省作业时间 56 min，提高效率达 3 倍。以 1990 年统计数据为依据，石家庄站下行场箭翎线日均编组摘挂车 250 辆，约 7 列，增加经济效益计算如下：

(一)节省车辆小时的效益

$$M_1 = T \div 60 \times N \div 24 \div T_{周} \times Q_{净} \times S_{平} \times 10^{-4} \times A \times 365 \times 10^{-4}$$
$$= 56 \div 60 \times 250 \div 24 \div 2.35 \times 57.1 \times 300 \times 10^{-4} \times 75.23 \times 365 \times 10^{-4}$$
$$= 19.46(\text{万元/年})$$

式中：T——每编组一列车节省的作业时分，min；

N——编组车流量，辆；

$T_{周}$——货车平均周转时间，天；

$Q_{净}$——货车平均净载重，t；

$S_{平}$——货物的平均运程，km；

A——每万吨公里收入率，元。

(二)节省调机小时的效益

$$M_2 = T_{节} \div 24 \times B \times 365 \times 10^{-4}$$
$$= 8 \div 24 \times 1743.88 \times 365 \times 10^{-4}$$
$$= 21.22(\text{万元/年})$$

式中：$T_{节}$——每天节省调机占用时间(h)；

B——一台机车每日节约支出(元)。

(三)社会效益预测

$$M_3 = T \div 60 \times N \div 24 \div T_{周} \times Q_{净} \times C \times 365 \times 10^{-4}$$
$$= 56 \div 60 \times 250 \div 24 \div 2.35 \times 57.1 \times 2000 \times 365 \times 10^{-4}$$
$$= 17\,244.74(\text{万元/年})$$

式中：C——石太线产生的晋煤运往华东各地每吨效益，元。

所以，采用箭翎线后，铁路年增收效益为：19.46＋21.22＝40.68(万元)。

其社会效益为 17 244.74 万元。此外，由于减少了对主驼峰的干扰，减少了对接发干线直通车的影响，减少了列车等线时间，使整个下行系统的综合能力相应提高，其经济效益十分可观。

中国铁路目前担当货物列车解编作业的技术站有 175 处，其中编组站达 49 个，设有

驼峰70座，其他技术站约有180多座驼峰，在地区车流较多的各技术站推广应用箭翎线技术，以提高调车场编尾编组能力，使调车场的头（驼峰解体）尾（编尾编组）能力协调，进而提高整个技术站的综合能力，前景十分广阔。

第八节　编尾平面调车调速系统设计与应用

一、研究编尾平面调车调速自动化的紧迫性

20世纪80年代，中国各类编组站纷纷采用各种调速制式进行技术改造，在驼峰溜放部分安装减速器，上半自动和自动控制设备，在连挂区应用减速顶、绳索牵引小车等设备，实现车辆溜放速度控制自动化，大大提高了调车场驼峰头部和连挂区的自动化水平，同时工人的劳动强度有所降低，作业安全情况大有好转，调车场的解体能力有了显著的提高。然而在调车场尾部，编组列车的调车方式和调速设备十分落后，作业方式原始。编组作业大多是采用平面调车方式，车辆从尾部溜入股道后，靠工人拧手闸、下铁鞋进行调速。调车人员跳上跳下，极易造成人身伤亡事故；尾部溜入车辆如果速度控制不当常发生撞车；尾部牵出车辆万一忘了撤铁鞋，会造成带鞋挤岔脱线等事故。总之，尾部调车人员劳动强度大，作业效率低，运输生产安全和人身安全得不到保证。同时，调车场的头、尾能力不协调，使编组站的综合作业能力得不到提高。因此急需探索出一条实现调车场尾部平面调车调速自动化的途径来改变这一现状。

兰州西站是中国西北地区最大的区域性编组站，其站场布置为单向三级三场式，调车场有调车线32股道。由于横贯东西的连云港至新疆阿拉山口欧亚大陆桥的通车以及兰新复线的开通，使兰州西站的运量不断增长，解编作业量也显著增加。1984年兰州西站开始进行技术改造，到1989年8月，驼峰溜放部分和第三部位半自动控制设备以及调车场连挂区内的减速顶相继投入使用，使兰州西站调车场驼峰形成了点连式调速系统，结束了驼峰调车采用铁鞋制动的历史，峰上的解体能力得到了显著提高。然而，由于兰州西站调车场尾部的作业量较大，且技术设备和作业方式十分落后，尾部编组能力亟待提高。为了改变当时尾部平面调车的落后面貌，使驼峰解体和编尾编组能力相互协调，进而提高整个编组站的综合能力和作业效率，因而对编尾进行技术改造已非常必要。另外，有鉴于调车场的调车事故，尤其是大事故，大多出在编尾，如：撞车、拉鞋、车辆溜逸（越出警冲标）造成车辆侧面冲突或挤道岔等等。为确保编尾调车作业安全，取消编尾防溜铁鞋和人工拧手闸已十分紧迫。从1990年开始，兰州铁路局决定对兰州西站编尾进行技术改造，实现编尾平面调车的调速自动化。

二、编尾平面调车调速系统的设计原则

编尾平面调车作业与驼峰头部调车作业比较，有其特点和难点，而且头、尾作业既相互联系又相互制约，必须整体考虑。因此，设计编尾平面调车调速系统时，应遵循下列一些原则：

1. 头、尾必须同时兼顾，应把调车场作为一个整体来研究解决尾部的问题。在保证不影响驼峰作业能力的前提下，考虑头尾能力匹配与协调，实现头尾平行作业。

2. 编尾调速系统要适应尾部编组平面调车作业的特点，要考虑尾部摘挂作业车多，正、反向大组车牵出作业多、速度高，机车频繁进出，摘挂调车作业中车辆脱钩点不固定，以及不少调车场还划分头、尾作业区等工况。

3. 编尾调速系统要适应尾部既有平纵断面的条件，以达到减少工程量、节省投资、对正常运输干扰小的目的。

4. 编尾调速系统要确保作业安全。首先要考虑人身安全，同时也要考虑设备安全；既要注意尾部作业的安全，又要保证驼峰头部作业的安全。

5. 编尾平面调车调速系统要实现自动化，甩掉车辆调速、停车采用铁鞋和手闸的落后作业方式，减轻调车人员劳动强度，改善作业环境。

三、编尾平面调车调速系统的可行性研究

由于大多调车场尾部的坡度普遍比较平缓、车场位能不足、线路控制长度有限，编尾的配线多呈梯形布置，另外还要考虑资金、场地、能源、运营费等因素，特别是要进一步研究解决钩车在连续溜放过程中，因车辆的空重不同、阻力值不同、脱钩的地点和速度不同的情况下，都能达到较理想的连挂效果，最终选择了以可控顶为主的全顶连续调速制式。采用计算机实时控制可控顶，使其对入口速度较高的易行车进行制动减速，对难行车和空车少制动或不制动，这样可以保证绝大多数车辆能在较平缓的断面上以容许的安全连挂速度溜行较远的距离。兰州西编组站驼峰调车场尾部选用此种调速制式，对编尾既有纵断面未作任何变动。同时，为了满足编尾频繁高速牵出车列的作业要求，又特别选用了单向锁闭式可控减速顶(带防脱线壳体)。这样在车列牵出时，使顶的滑动油缸处于吸下状态，以保证作业安全，同时也减少了可控顶对车轮的撞击，减少了轮顶的磨耗，提高了可控顶的使用寿命和车列牵出速度，最大限度地满足编尾调车作业的要求。

由于计算机可控顶调速系统当时已在国内许多编组站的驼峰调车场头部大量运用，它是一种比较成熟的调速制式，其设备比较简单，施工安装容易，特别是它能对难、易行车调速实行“区别对待”，又能对大组车实施“让头拦尾”调速，既可用于间隔调速又可用于目的调速，而且不需人工操作，自动化程度较高。所以，将计算机可控顶调速系统的基本架构移植到编尾，并结合编尾平面调车的具体条件和作业要求，采用单向锁闭减速顶和停车顶构成编尾平面调车全顶调速系统，实现编尾平面调车的调速自动化不仅是可行的，而且也是一种最佳选择。

四、编尾平面调车调速设备数量的确定和布置设计

(一)设计的主要依据

1. 摘车的脱钩速度(相当于驼峰峰顶的推送速度)

从兰州西站编尾平面调车作业的实际情况出发，以最易行车脱钩速度为 9 km/h 作为计算依据，确定易行车、难行车、大组车的摘车脱钩速度，并用各种钩车组合进行验算。

2. 控制距离

各股道在空线条件下，难行车从脱钩点开始，进入股道后经过调速设备，以安全连挂速度溜行到隔离区，并在停车顶的作用下，使车辆停在隔离区内(其范围为从编尾道岔区

开始至各股道的头、尾分界线止)。

3. 平纵断面参数

编尾平面调车调速系统的线路平纵断面,沿用既有调车场的线路平纵断面不作变动,以尽量减少工程数量和节省投资,同时尽可能不引起既有作业方式的变动。兰州西编组站调车场尾部线路纵断面示意图如图 5-27所示。

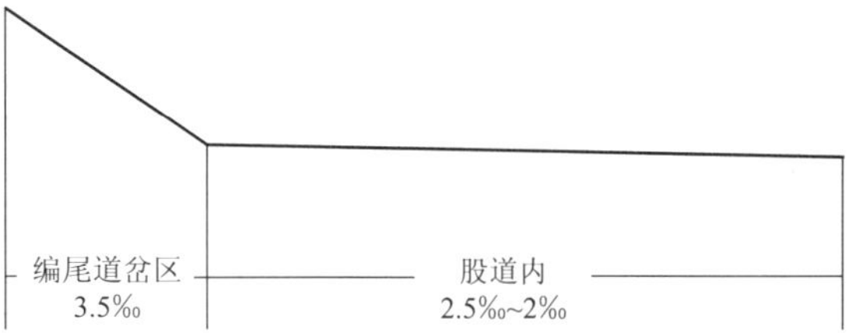

图 5-27　兰州西编组站调车场尾部线路纵断面示意图

(二)调速系统方案的选定

根据兰州西编组站调车场尾部的具体条件和平面调车作业的过程和要求,编尾平面调车的调速系统,选定采用以计算机可控顶为核心设备的调速制式,配套的调速设备是单向可控顶和停车顶。

由于兰州西站编尾的编组作业中存在大量的反牵作业,故采用单向可控顶,使反向牵出作业不需任何控制,也不用耗电。应用单向可控顶,在正向作业时根据车辆的重量及钩车的大小不同,实现车辆变速出口,以提高编组作业的效率;在反牵时,则利用单向顶的内部结构自动判定车列的运动方向,控制可控顶滑动油缸吸下,以减少机车牵引阻力,减少耗电,减轻轮顶磨耗,保证作业安全,提高车列牵出速度和编组作业效率。

(三)调速设备的配置

根据编尾平面调车作业工况,结合其调速作业的具体要求,编尾调速设备配置的设计原则如下:

1. 由于钩车脱钩点的位置不固定,编尾道岔区内不安装调速设备。

2. 因编尾平面调车作业的控制距离较短,线路纵断面也较平缓,车辆溜行速度较低,调速设备采用分段集中布置,并与线路纵断面结合,实施对钩车的速度控制。

3. 系统不需测重、测长设备,应依据分段调速要求,选择顶的合理档次(临界速度)和数量,以及各控制段之间的距离,确保车辆的溜行速度始终控制在 3～5 km/h 之间。

编尾股道内布顶情况如图 5-28 所示。

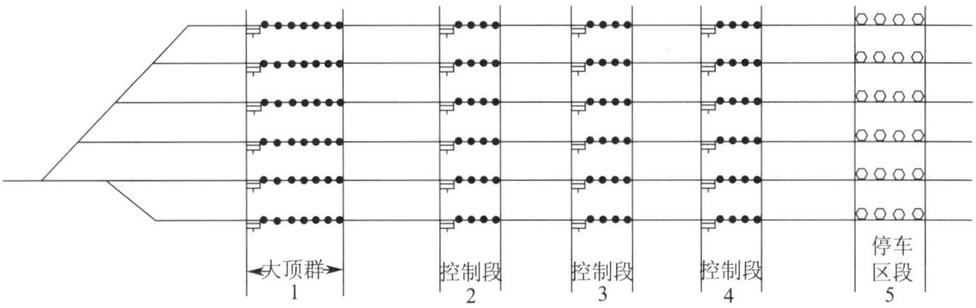

图5-28　兰州西站编尾布顶示意图

⊟—测速传感器;•—可控顶;○—停车顶。

如图 5-28 所示,编尾各股道内布设的调速设备,按不同档次组成几个控制段。其中大顶群是主控段，其作用是完成车辆由高速到低速的调速，把车辆溜行速度从 12 km/h 降低到 3.6 km/h 的安全连挂速度，然后使离开大顶群的车辆在线路坡度的作用下逐渐增速后，仍能在相当长一段距离内继续保持以不大于车辆安全连挂的速度往前溜行。控制段 2、控制段 3、……的可控顶群实施对车辆的打靶控制，即在车辆溜行速度高于 5 km/h时，对其施加制动，以确保车辆安全连挂。停车区设在调车场头部和尾部的隔离区附近，用设在停车段内的停车顶进行停车制动，以保证隔离区两侧的作业安全。

（四）调速设备数量计算

1. 计算原始资料

(1)气象资料：夏季 $t=26℃$，冬季 $t=-5℃$；

(2)车辆资料：$Q_{易}=84t$，$Q_{空}=20t$，$g'=9.6\ m/s^2$；

(3)车辆脱钩速度：$v_{重}=7\sim10$ km/h，$v_{轻}=10\sim12$ km/h；

(4)线路坡度：$i_{岔}=3.5‰$，$i_{连}=2.5‰$；

(5)$v_{入}$：顶群入口速度，按 2.7 m/s 计算；

(6)$v_{出}$：顶群出口速度，按 1.0 m/s 计算；

(7)E：可控顶制动功，为 883 J/轮次；

(8)$N_{顶}$：布顶数量，台；

(9)L：顶群长度，m；

(10)$W_{基}$：车辆基本阻力(N/kN)。

2. 大顶群安装数量计算

大顶群是车辆调速的重要组成部分，它的数量取决于溜放车辆的脱钩速度、线路纵断面、平面布置以及要求的顶群出口速度等。根据兰州西站编尾作业的具体情况，计算大可控顶群顶的数量条件是：夏季易行重车的脱钩速度为：10 km/h(四线束)，7 km/h(三线束)，顶群出口速度为 3.6 km/h。大可控顶群顶的数量可按如下步骤进行计算。

(1)按车辆速度的降幅需布顶数

$$N_{顶1}=(v_{入}^2-v_{出}^2)/(2g')\times Q_{易}/(3\times E) \tag{5-28}$$

式中：$N_{顶1}$——大顶群布顶数量，台；

$v_{入}$——顶群入口速度(按脱钩速度考虑)，m/s，；

$v_{出}$——顶群出口速度(按 1m/s 考虑)，m/s；

$Q_{易}$——易行车总重，N；

E——可控顶制动功，J/轮次。

(2)按线路坡度需布顶数

$$N_{顶2}=(i_{岔}-W_{基})\times L\times Q_{易}\times 10^{-3}/(3\times E) \tag{5-29}$$

式中：$i_{岔}$——线路坡度，‰；

$W_{基}$——车辆溜行基本阻力，N/kN；

L——布顶区长度，m。

以三线束为例：

$$N_{顶1}=(1.94^2-1^2)/(2\times9.6)\times823.2\times10^3/(3\times883)=46(台)$$

$$N_{顶2}=(3.5-1)\times 30\times 823.2/(3\times 883)=23(台)$$

(3)大可控顶群合计需布顶数

大可控顶群合计需要的布顶数为：$N_{顶}=N_{顶1}+N_{顶2}=46+23=69$(台)

3.小顶群安装数量计算

在大顶群后 40 m 处布设第一个小顶群，易行重车从大顶群以 $v_1=1$ m/s 的速度出口，走行 $L_1=40$ m 后的速度 v_2 的计算公式为：

$$v_2^2/2g'=v_1^2/2g'+L_1\times(i_{连}-W_{基})\times 10^{-3} \tag{5-30}$$

经计算：　$v_2=1.52$(m/s)

(1)将易行重车由 1.52 m/s 的速度降至 1 m/s 所需的布顶数为：

$$\begin{aligned}N_{顶1}&=(v_2^2-v_1^2)/2g'\times Q_{易}/4E\\&=(1.52^2-1^2)/(2\times 9.6)\times 823.7\times 10^3/(4\times 883)\\&=16(台)\end{aligned}$$

(2)设小顶群长度为 10 m，克服线路纵坡位能需布顶数为：

$$\begin{aligned}N_{顶2}&=(i_{连}-W_{基})\times L\times Q_{易}\times 10^{-3}/(4\times E)\\&=(2.5-0.6)\times 10\times 823.7/(4\times 883)\\&=4(台)\end{aligned}$$

(3)小顶群实际需要的布顶数为：

$$N_{顶}=1.05\times(N_{顶1}+N_{顶2})=22(台)$$

根据以上公式确定的兰州西尾部 28 道布顶方案如表 5-12 所示。

表 5-12　兰州西站调车场 28 道尾部平面调车调速系统布顶表

坡度(‰)	2.5								
布顶数量(台)	40	32	36	空 40 m	22	空 40 m	22	空 50 m	22
档　次	Ⅱ	Ⅰ	3/4		3/4		3/4		3/4
区　段	大顶群				小顶群 1		小顶群 2		小顶群 3
型　号	可控顶				可控顶		可控顶		可控顶

注：表中框内斜线从左至右向下为下坡。

为有利于尾部调车作业安全，所有可控顶和停车顶均采用防脱线壳体，大顶群后半部的可控顶为常吸下式，其余可控顶为常立式。

(五)编尾平面调车车辆调速控制过程

在编尾平面调车作业中，调速设备具体的控制过程是：车辆脱钩后首先经过测速传感器，测出钩车各轴的速度，并将速度信息传送到计算机，计算机根据速度信息综合处理后，确定大顶群是否对车辆实施制动。大顶群由不同档次的可控顶组成，它的作用是将溜行车辆从高速调到低速。大顶群后每隔 40～50 m 设置一段小可控顶群，计算机通过对每段小顶群前的测速踏板，跟踪采集溜放车辆的速度信息，借以继续控制后面的各段可控顶，实现对溜行车辆打靶控制，使车辆溜行速度始终保持在 3～5 km/h 之间。在调车场头、尾作业隔离区布设停车顶，它既起到了使溜行车辆在隔离区停车的作用，又保证了调车场头、尾能同时平行作业的安全。

五、编尾平面调车调速系统设计方案的计算机模拟验算

将编尾的各种平纵断面资料和计算车辆、气象条件以及运营部门给定的难、易行车脱钩速度值输入计算机进行模拟验算。由于调速设备是采用分段打靶，集中控制的方法布设的，它通过分成几段的可控顶来调速，是一种分散的小能量调速方式。其速度曲线图是一种小波浪曲线。由于目的调速实现了自动控制，可以使钩车能连续溜放，这样就大大提高了编尾的作业效率。通过查看速度曲线可以发现车辆是否超速，如果发现超速，则应调整安顶的数量或顶的档次，使其达到运营要求。

六、编尾平面调车调速系统的技术特点及推广应用前景

兰州西站编尾平面调车调速系统投入运营以来，使用效果比较理想。实践证明，编尾平面调车调速系统具有以下主要技术特点：

1. 这是一种投资省、见效快，而且能满足大多数调车场尾部平面调车作业要求的新型调速制式。它很好地解决了调车场头、尾能力协调问题，并有利于提高编组站的综合作业能力。这种调速制式不仅适用于驼峰调车场尾部的平面调车作业，而且也适用于一些没有驼峰仅有平面调车作业的区段站。它已通过铁道部的技术鉴定，具有较好的推广应用价值。

2. 兰州西站编尾平面调车调速方案采用了可控顶群集中控制、分段打靶的方式，对空车、重车的调速效果都比较理想。

3. 该调速制式特别适用于编尾为反坡的调车场，因为编尾的反坡能为溜放车辆提供一些位能，可减少溜行车辆途停或溜放不到位的现象；反之，如编尾为平坡或下坡，其调速效果和溜车控制距离则都会受到一定的影响。

4. 在采用这种新的调速制式时，不限制车站原有的一些作业条件和环境，如车辆或车列的牵出速度问题。在设计布顶方案时，已考虑到利用可控顶的滑动油缸吸下功能，以及所有的顶全部采用防脱线的壳体，以满足车辆或车列高速牵出时的安全要求。

5. 现有的兰州西站编尾调速模式，其控制系统还可继续优化，如采用模糊控制理论及单板机技术，可实现在现场实地自动控制，并取消控制台，这不仅能简化系统结构，减少控制操作人员，还可降低投资费用，降低设备故障率和维修率，使其更加适合平面调车作业的技术要求。

第九节　停车顶自动停车防溜系统

一、停车顶在中国的问世

减速顶在中国研制成功以后，立即得到极为迅速的推广应用，起初减速顶主要是用在编组站驼峰的溜放部分和调车场的连挂区，接着人们开始考虑将临界速度为 0 m/s 的 0 档减速顶安到调车线的尾部，作为一种停车和止轮防溜设备来使用。1981 年 8 月，在呼和浩特铁路局包头北站的翻矿线上安装使用减速顶以后，就曾经采用 0 档减速顶来进行车辆的停

车和防溜试验。然而最终试验的效果并不理想,主要原因是由于0档减速顶不能保压,车辆虽然每次过顶时0档减速顶都要做制动功,车辆的速度也降了下来,但就是停不住,车辆仍然会慢慢地一点一点地往前移动,不能止轮防溜。直到1989年,为了解决哈尔滨铁路局齐齐哈尔站客车到发线上停留的客车体的溜逸问题,哈尔滨铁路局才正式立项研制停车顶。与普通减速顶相比,停车顶除具有对车辆减速制动的功能以外,还增加了保压功能、慢回程功能,同时设计有防脱线和防风雪的壳体。这些特性使停车顶能很好地完成对车辆的停车、防溜、定位任务。所以停车顶一经问世,就被广泛地用在客、货列车到发线以及调车场尾部和路外一些厂矿企业的专用线上。齐齐哈尔客站及哈尔滨南站安装的停车顶如图5-29、图5-30所示。

图5-29　齐齐哈尔客站安装的停车顶

图5-30　哈尔滨南站调车场尾部安装的停车顶

二、停车顶自动停车防溜系统的基本组成

停车顶自动停车防溜系统由缓冲区、停车区、和反坡区三部分组成。如图5-31所示。

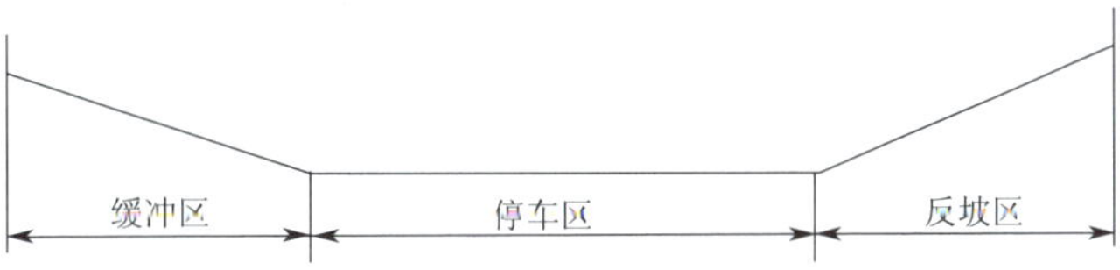

图5-31　停车顶自动停车系统纵断面示意图

缓冲区是调车线连挂区的一部分,在此坡段不安装减速顶和停车顶。其坡度相当于夏季易行车的溜行阻力值,它的作用是使易行车溜入此区段后还能够继续向前走,有利于延长车辆的溜行距离,使车辆停留的位置更接近于调车场尾部。

停车区安装停车顶,是停车系统最重要的区域。其作用是使进入此区段的车辆由溜行状态过渡到停车状态,并且在车辆停车后还能对后续钩车起缓冲作用。溜行车辆的停车位置允许越过停车区进入反坡区,但最终不得越过股道尾部的线路警冲标或信号机。

反坡区是指从停车区平坡的末端至尾部警冲标的区段。主要用于防止个别停留在停车顶以外的车辆因发生“拳头钩”与其他停留车没有连挂上,一旦受到撞击或自行起动后窜出尾部警冲标或信号机。此反坡区段也可在一定程度上弥补停车区的制动能力不足。

反坡区如果坡度较大、坡段较长，一般不需再布停车顶。如果反坡区的坡度较小，或是平坡，甚至是下坡，则应在线路警冲标内方 20～40 m 处再设置一些“把门”停车顶，用以防止个别单辆或小组未连挂上的车辆被撞击或自行起动后溜出警冲标或信号机。

三、停车顶自动停车系统的线路纵断面设计

由于编尾车辆牵出速度较高，而停车顶对所有的车辆都要进行制动，停车顶的制动功比普通减速顶的制动功要大，所以停车顶宜安装于直线段上。为提高编尾作业效率，尾部平面应尽量采用具有较多平行进路的形式。

缓冲区是连挂区的最后一部分，其坡度根据易行车的走行阻力值确定，一般在 0.6‰～1.2‰；其长度根据股道有效长来确定，一般为 100～150 m。停车区坡度应为平坡，长度为 100～150 m。反坡区的坡度和长度应根据编尾岔区的标高及平面位置来确定，其坡度宜采用 1.5‰～2.5‰，长为 100～200 m。困难条件下，反坡区范围内的高差不应小于 0.2 m。当调车场尾部采用多组列车编组能平行作业的线束形布置时，该反坡可加大到 4‰，但应满足车列牵出时能顺利起动的要求。

四、停车顶自动停车系统的调速设备数量确定和布置

停车顶的布顶数直接与工程总投资有关，在满足作业要求的前提下，应尽量少布顶。布顶数是由线路的纵断面、车辆进入停车顶区的最大速度、股道容车数、每钩最大车辆数和车辆总重，以及现场允许的布顶位置等因素决定的。最终达到能使车辆停车，并且在各股道集结满一列车以后，车列最前端的车辆不越出编尾线路警冲标、信号机或其他规定限界的目的。

根据现场钩车溜放作业的经验，系统所需的停车顶布顶数应在车辆易行条件下满足以下条件。

1. 单辆易行车以规定的最高允许入口速度 $v_{入\max}$（一般按 8 km/h 考虑）溜入停车区经停车顶和坡道施加制动以后能停车。此时所需停车顶数量 $N_{停}^{单}$ 为：

$$N_{停}^{单}=\frac{Q_{易}\left[\dfrac{v_{入\max}^{2}}{2g_{易}'}-l_{停}(i_{停}-\omega_{基}^{易})10^{-3}\right]}{4E} \tag{5-31}$$

式中：$N_{停}^{单}$——溜放单辆易行车时停车顶需布数量，台；

$v_{入\max}$——单辆易行车溜入停车顶群的最高入口速度，m/s；

$Q_{易}$——计算易行车总重，N；

$g_{易}'$——考虑车辆转动惯量的易行车重力加速度，m/s²；

$l_{停}$——停车区长度，m；

$i_{停}$——停车区坡度，‰；

$\omega_{基}^{易}$——易行车基本阻力，N/kN；

E——停车顶制动功，J/轮次。

2. 多钩单辆或小组车结集满线以后车辆不越标。可用计算机进行模拟。

3. 最大钩重车组通过停车顶制动后，车组的最前端不越标；根据能量守恒原理，图 5-32的车辆能量平衡式如下：

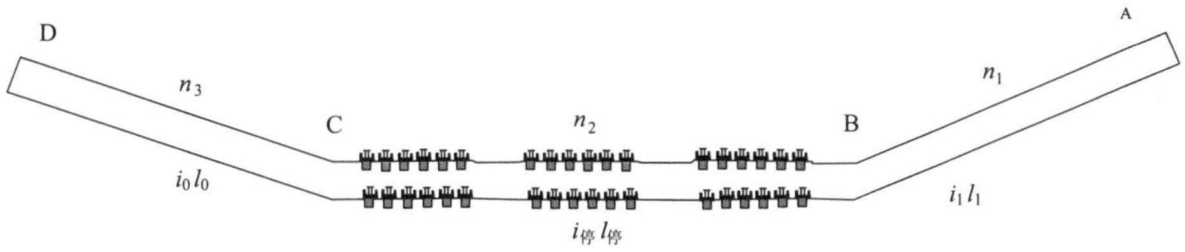

图 5-32　车辆在编尾部分停车示意图

$$\left[\left(n_1+\frac{n_2}{2}\right)\cdot 4\cdot E_{停}\cdot N_{停}^{大组}\right]=\left[\frac{n\cdot Q_{易}\cdot v_{入}^2}{2g'_{易}}+(i_0-\omega_{总}^{易})\cdot l_0\cdot\left(\frac{n_3}{2}+n_2+n_1\right)\cdot Q_{易}\cdot 10^{-3}\right]+$$
$$\left[(i_{停}-\omega_{总}^{易})\cdot l_{停}\cdot\left(\frac{n_2}{2}+n_1\right)\cdot Q_{易}\cdot 10^{-3}\right]+\left[(i_1-\omega_{总}^{易})\cdot l_1\cdot\frac{n_1}{2}\cdot Q_{易}\cdot 10^{-3}\right] \tag{5-32}$$

式中：$v_{入}$——大组重车进入停车顶布顶区的车速，m/s；

n——最大组重车的总辆数，辆；

n_1、n_2、n_3——分别为 AB/BC/CD 段的停车数，辆；

$N_{停}^{大组}$——溜放大组重车时需布停车顶数量，台；

i_1、$i_{停}$、i_0——分别为 AB/BC/CD 段的坡度，‰；

l_1、$l_{停}$、l_0——分别为 AB/BC/CD 段的长度，m；

$g'_{易}$——考虑车辆转动惯量的易行车重力加速度，m/s²；

其余符号同前。

设每辆车长为 $l_{车}$，则 AB、BC、CD 各段停留车数量分别为：

$$n_1=\frac{l_1}{l_{车}}、n_2=\frac{l_{停}}{l_{车}}、n_3=\frac{l_0}{l_{车}},$$
$$n=n_1+n_2+n_3$$

由公式(5-32)可推导出所需停车顶数量。

$$N_{停}^{大组}=\frac{Q_{易}\cdot 10^{-3}}{4E(2l_1+l_{停})}\left[\frac{v_{入}^2\cdot n\cdot l_{车}}{g'_{易}}\cdot 10^3+(i_0-\omega_{总}^{易})\cdot l_0\cdot(l_0+2l_1+2l_{停})+\right.$$
$$\left.(i_{停}-\omega_{总}^{易})\cdot l_{停}\cdot(2l_1+l_{停})+(i_1-\omega_{总}^{易})\cdot l_1^2\right] \tag{5-33}$$

由公式(5-31)和公式(5-33)的计算可求得所需布的停车顶数量，但最终要取两个结果中的较大值作为停车顶的布顶数。由于车辆在停车后再启动的阻力较大，同时车辆之间相互串挂存在能量损失，所以一般情况下，如果停车顶的布顶数能满足条件 1 和 3 的情况，则条件 2 的情况也能满足。

$$N_{停}=\max\{N_{停}^{单},N_{停}^{大组}\}$$

4.如果编尾纵断面为平坡或下坡，为防止个别车辆因出现“拳头钩”未与其他车辆连挂，在受到后续钩车撞击后容易窜出尾部线路警冲标，在这种情况下还应该设置“把门顶”，“把门顶”所需的数量，可根据编尾的线路坡度和溜车距离或用计算机进行模拟求得。一般布置6～16 台(按车辆转向架的轴距双侧对称布设)。如果编尾的反坡较大较长，也可不设“把门顶”。

五、停车顶自动停车系统设计方案的模拟验算

(一)模拟验算数据

停车顶自动停车系统一般按照以下条件进行模拟验算：

1. 采用易行车：总重 94 t 的 C_{70}；

2. 夏季易行条件；

3. 大组车辆数：20 辆。

(二)模拟验算结果

1. 单辆重车以 8 km/h 速度进入停车区，能停在停车顶群内，距尾部警冲标 262.8 m（见图 5-33）。

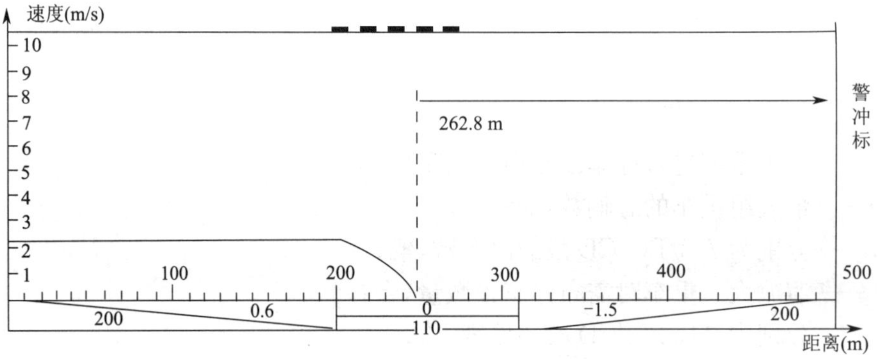

图 5-33　单辆重车在编尾停车计算机模拟图

注：纵坐标为车辆速度值(m/s)；横坐标为里程(m)；里程下方是线路坡度；262.8 m 是车辆停车位置距警冲标的距离；图中的曲线为速度曲线。

2. 两钩 20 辆的大组重车以 5 km/h 速度进入停车区后，最终能停在尾部警冲标内方 59.6 m处（见图 5-34）。

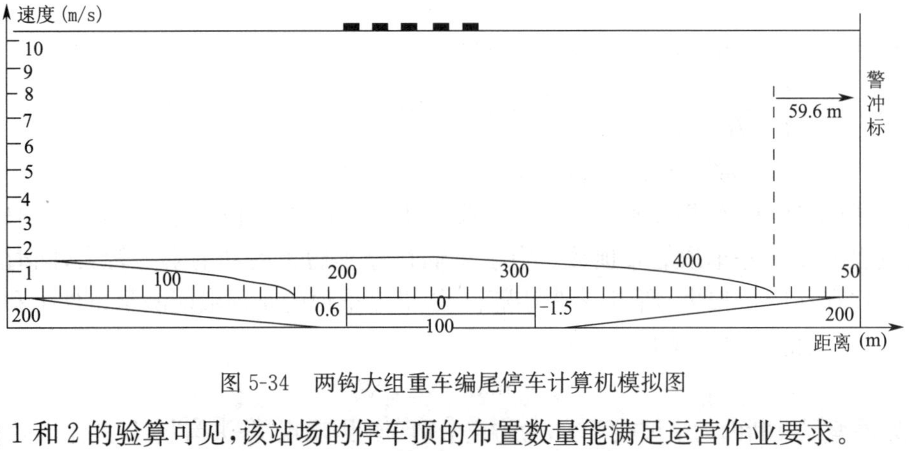

图 5-34　两钩大组重车编尾停车计算机模拟图

由 1 和 2 的验算可见，该站场的停车顶的布置数量能满足运营作业要求。

六、停车顶自动停车系统的特点和适用范围

停车顶自动停车系统的主要特点如下：

1. 安装了停车顶自动停车系统后能彻底甩掉编尾调速和防溜用的铁鞋，取消尾部防溜铁鞋制动员，实现停车防溜作业自动化。

2. 系统简单、安全、可靠，不会失控，不需要外部能源，个别停车顶产生故障不会影响整个系统的正常使用。

3. 工程投资少、运营费用省、施工干扰小、养护维修易。

4. 如采用可控停车顶，还可大大减少顶对机车车辆牵出的阻力，提高车列牵出速度，减轻轮、顶的磨耗，延长顶的使用寿命。

5. 系统布顶方式灵活，调整十分方便，能满足各种作业工况的需求。

6. 应用范围广，适应性强。

七、停车顶自动停车系统的应用实例

哈尔滨南站是双向三级六场路网性编组站，2009 年对其上下行调车场进行改造后，两场各有调车线 32 股道，全部安装使用了 TDJT—101 型停车顶进行尾部停车防溜，运营效果良好。其布顶情况见图 5-35。

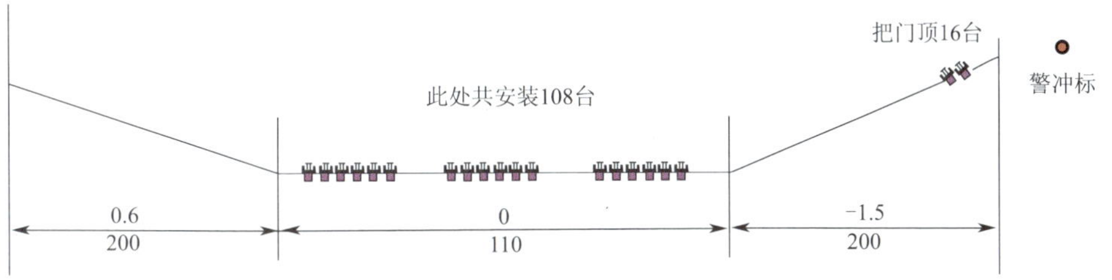

图 5-35　哈尔滨南站调车线尾部停车顶布设示意图

俄罗斯后贝加尔编组站调车场停车顶工程于 2005 年建成投入使用，该场共有 8 股道，全部使用 TDJT—101 型停车顶，运营效果也十分良好。由于该场尾部的纵断面比较理想，所以未安装“把门”顶。其布顶示意图如图 5-36 所示。

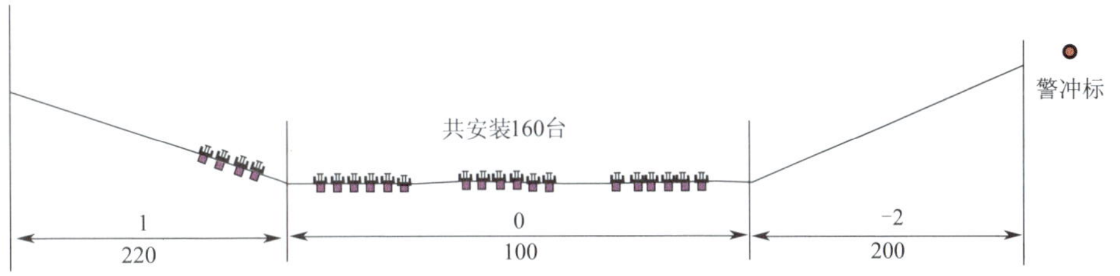

图 5-36　俄罗斯后贝加尔站停车顶布设示意图

第十节　减速顶及其调速系统在路外的应用

一、减速顶及其调速系统已引起路外单位的重视和青睐

30 多年来的研究、设计和运营实践，已雄辩地证明：减速顶及其调速系统由于其固有的一些优异特性，不仅在全国铁路系统内部得到非常迅速的推广应用，已覆盖了路内绝大多数的编组站和其他技术站；而且在路外的冶金、电力、石化、港口等企业和部门的专用铁道和专用线也得到了十分广泛的应用。例如：从 1981 年起，减速顶及其调速系统就开始应用于武汉钢铁公司和包头钢铁公司等企业内部的专用铁道上，1982 年又应用在攀枝花和太原钢铁公司的翻矿线上，对这些单位的厂内铁路运输生产和作业安全起了很大的作用。

二、减速顶在路外企业的应用形式

(一)在大型厂矿企业内部工业编组站的应用

一些大型厂矿企业内部的专用铁道设有为本企业服务的工业编组站。减速顶在企业工业编组站的应用与在铁路编组站的应用基本相似,采用的调速制式主要有点连式和全顶制式两种。例如:太原钢铁公司和酒泉钢铁公司的工业编组站,采用了全部由减速顶组成的全顶调速制式,而在武汉钢铁公司和鞍山钢铁公司的工业编组站则采用减速器和减速顶相结合的点连式调速制式。这些工业编组站调车场的布顶方案设计,与铁路编组站调车场的布顶方案设计基本相同,唯一需要注意的是:要了解在这些工业编组站调车场内,是否存在企业内部使用的一些特殊车辆,而这些车辆的自重、总重或轴重与国铁使用的车辆是否相同?如其车辆轴重小于或大于国铁车辆的最轻轴重或最大轴重,而且这些车辆又要进入调车场内进行作业,则应用于该调车场内减速顶的设计参数和布顶方案都要随之作相应的调整,以适应其运营作业的条件和要求。

(二)安装于翻车机内调整溜入翻车机的车辆速度

翻车机是大型企业使用的一种高效卸车设备,重车送入翻车机内固定好位置后,随后翻车机转动,将整个车辆旋转约180°,把车内装载的货物倾倒入下面的料槽内,然后由下面的传送带运走。当一辆辆装满煤、焦炭或矿石的车辆由调车机或牵车铁牛往翻车机内推送时,车辆的速度很难掌握:车速如果过小,车辆溜不进翻车机,不能正常翻转卸车,影响翻车机作业的效率;如车速过大,翻车机上的挡车器强度和制动能力有限,会造成挡车器损坏或发生其他险情。为使车辆能以适合的速度溜入翻车机并停妥,在临近翻车机前的钢轨上,安装一些临界速度为2～3 km/h的减速顶,当车速大于3 km/h时,减速顶对车辆制动,使车辆低速溜至翻车机上的挡车器停妥;当车辆以小于3 km/h的速度进入翻车机时,减速顶不对车辆做制动功,使车辆能顺利地溜进翻车机。这样就可以比较精确地把车辆的速度控制在3 km/h以下,确保车辆既可缓慢地溜入翻车机到位停妥,又不会造成车速过高,撞坏挡车器等设备,从而保证翻车机能顺利地进行下一步作业。减速顶布顶的数量,应按进入翻车机重车的最大速度能降到挡车器所容许的最大速度的要求而定。由于现场的布顶位置十分有限,一般也就能布置10～20台减速顶。国内各大电厂,如辽宁电厂、锦州电厂、唐山电厂、通辽热电厂、大庆电厂、富拉尔基电厂,以及南京港务局、鞍钢、本钢、武钢、太钢、酒钢、马钢等30多个企业的翻车机上都安装了减速顶进行调速。

(三)用于翻车机下的空车集结线

1.空车集结线的布置形式

车辆从翻车机上作业完了,重车变成了空车从翻车机溜出,进入翻车机下面的空车集结线,待集结到一定数量以后,再由调车机车拉走。按照翻车机与空车集结线的相对位置和地形不同,可分为以下几种布置形式。

(1)直通式(图5-37)

重车送入翻车机将车内货物倾卸完毕后,由推车装置将空车推出翻车机,溜入直接对着翻车机的空车集结线停留,等待调车机车拉走。

(2)折返式

①弹簧道岔折返(图 5-38)

空车从翻车机溜出以后,通过一个很陡的下坡使其加速,在坡底安有一副弹簧道岔,车辆到达坡底时车速已很高,车轮挤开弹簧道岔的尖轨后爬上对面向上的坡,车辆溜到一定的高度后,停下来然后接着往回溜,再经过弹簧道岔转入旁边的空车集结线。

图 5-37 波兰森兹米拉钢厂直通式翻矿线上安装的 TDJ 减速顶

图 5-38 波兰森兹米拉钢厂折返式翻矿线(右侧为翻车机房,坡底为弹簧道岔)

②移动平台折返

空车从翻车机推出后,先溜上一个平台,然后让平台连同这辆空车一起平行移动,对好另一股道,再由平台上的推车器将空车推出,溜入空车集结线。

2. 空车集结线调速所需减速顶数量的计算确定

翻车机下的空车集结线上,溜行的都是卸完货的空车。由于现场和钢轨上的粉尘较多,车辆的走行阻力均较大,特别对采用弹簧道岔进行车辆折返的翻车机,为了使车辆能挤过弹簧道岔并顺利地溜回来,车辆需要有较大的动能,因此这种翻车机下的溜车线路坡度都设计得比较陡,以保证冬季空车都能溜到线路的末端。但是这种断面在夏季必然会造成车辆越溜越快,为了保证车辆安全连挂,在空车集结线上需安装一些减速顶以代替人工拧手闸、下铁鞋。例如:某企业的翻车机下面的空车集结线,其纵断面为:6‰的坡,长 10 m;5‰的坡,长 60 m;3‰的坡,长 120 m;1.7‰的坡,长 45 m。空车为 C_{62A},夏季易行空车阻力值取 1.1,空车自重 21 t,空车入线速度为 10 km/h,减速顶采用 TDJ—302 型Ⅰ档顶,小顶群设在 6‰坡段上。其布顶数可由两部分组成:

(1)小顶群布顶数量计算

根据现场纵断面资料,采用计算机模拟或现场实测,求得车辆进入空车集结线入口的速度。在线路入口处设置一小顶群,将车辆速度降到 5 km/h(1.39 m/s)以下。假设空车集结线入口车速为 10 km/h(2.78 m/s),车重为 21 t,车辆走行阻力为 1.1 N/kN,减速顶的制动功为 0.095 t · m。其小顶群布顶数计算如下:

将车辆速度由 10 km/h(2.78 m/s)降至 5 km/h(1.39 m/s)需要消耗的能高为:

$$(2.78^2-1.39^2)\div(2\times9.1)=0.32(\text{m})$$

需要的停车顶数为: $0.32\times21\div(4\times0.095)=18$(台)

小顶群的布顶长度为 10 m,为克服线路坡度的影响,还需再布顶:

$$21\times(6-1.1)\times10\times10^{-3}\div(4\times0.095)=3(\text{台})$$

总计布顶数为: $18+3=21$(台)

(2)其余坡段布顶数量计算

①5‰坡段布顶数：

$$(5-1.1)\times10^{-3}\times60\times21\div(4\times0.095)=13(台)$$

②3‰坡段布顶数：

$$(3-1.1)\times10^{-3}\times120\times21\div(4\times0.095)=13(台)$$

③1.7‰坡段布顶数：

$$(3-1.1)\times10^{-3}\times45\times21\div(4\times0.095)=5(台)$$

因此，全线共需布顶数为：21+13+13+5=52(台)

山西焦化厂、清河电厂、梅山钢厂、原北京焦化厂，鞍山、太原、本溪、攀枝花、武汉、酒泉钢铁公司等企业，以及波兰的奥勃兰电厂和森兹米拉钢铁厂的翻车机下面的翻矿线上，均采用了中国的减速顶来调速。安装减速顶后，车辆破损的情况基本避免了，因而以往每年厂矿企业需付给铁路的车辆破损赔偿费大为减少，企业的经济效益和社会效益十分显著。同时工人的劳动强度大幅降低，安全生产得到保证，劳动生产率有所提高。

(四)对车辆停车、定位和防溜

停车顶是中国研制的减速顶系列产品中派生出的另一新产品，它既可用于使车辆停车，又可用于车辆定位防溜。与普通减速顶相比，停车顶的内部结构重新做了设计，使它赋有制动功更大、保压时间长、回程慢、能防脱线、防风雪等新的功能。可以更好地满足各种用户的需要。

1.安装在企业工业编组站调车线尾部，使车辆停车和防溜

酒泉钢铁公司的工业编组站，其调车线尾部是一顺的下坡道，在线路前半部安有减速顶，保证车辆都能以不大于 5 km/h 的速度往前溜行。由于线路都是下坡，车辆的溜行速度虽然不高，但就是停不下来。原先采用人工拧手闸或下铁鞋才使车辆停车，但当车辆不断集结、窜挂时，就存在越过警冲标、信号机或挤道岔溜出去的危险。为了防止这种险情出现，在调车线尾部安装了停车顶，以实现车辆自动停车防溜，而不用人工干预。由于停车顶具有保压功能，在 24 h 内其水平制动力不小于其最大值的 80%，所以它能防止车辆溜逸。车辆在集结完毕后由调机连挂牵出，由于停车顶具有慢回程的特性，停车顶滑动油缸帽头将跟不上车辆的第 2、4 两根轴，这样也就减轻了停车顶对机车的牵引阻力。另外，停车顶还设有防脱线的壳体，能有效防止车辆脱线，作业安全情况也大有好转。由于停车顶具有以上这些优异性能，大大扩展了它的使用范围，长春一汽、兰州化学厂、抚顺石油一厂、首都钢铁公司等单位均已应用停车顶进行车辆停车防溜。

2.对车辆进行定位作业

在上海宝钢和鞍山钢铁公司，应用停车顶来对车辆和铁水罐车进行定位防溜(见图 5-39)。上海宝钢在生产中使用一种自重为220～260 t 的混铁车(计算总重量为 320 t)，它的走行部分有两个大转向架，每个转向架下有 8 根轴，整个车辆共有 16 根轴、32 个车轮，每个转向架的外轴距为 7.6 m。生产中，混铁车需送到清渣车间将混铁车罐口的铁渣清除掉，为了使混铁车能够转动并将铁渣倾倒入

图 5-39 宝钢清渣车间轨道内安装的 TDJTS-104 型停车顶

下面的排渣坑，需将混铁车两个转向架中间的一段 4.9 m 长的活动钢轨移走。清渣作业时，混铁车跨在无轨道的排渣坑两边，为了防止在外力作用下(清渣作业)，混铁车发生位移坠入坑内，决定采用停车顶定位止动。

TDJTS—104 型停车止轮顶是一种专门为宝钢设计的停车顶。其制动功大于 900 J，水平制动力在 24 h 内不低于 7 000 N，最大为 8 800 N，安装高度 50_{-3}^{0}mm。混铁车走行线全部由60 kg/m钢轨铺成，清渣车间内铺设整体道床，上面还铺有 5 cm 厚的钢板，下面是钢筋水泥基础。为了能安装上停车顶，减少钢轨下面的刨坑工作量，特别是减少刨坑的深度，免得触及更多的钢筋，需要对原有的普通停车顶进行重新设计，缩短其总高度，由原 315 mm 降为 295 mm。

布顶时要避开钢轨接头，按照车辆的停留位置，将顶布在车轮的停留区，并尽可能使更多的顶同时与车轮接触，让停车顶能充分发挥其最大的止动防溜效果。在现场确定好布顶的位置以后，打上标记，将准备装顶处的钢板切割去。施工中在钢轨轨腰钻孔时，一定要对准位置，免得孔位发生偏差将来装不上顶。在安装顶时如果有困难，也可把停车顶的螺栓先卸下来然后再安装。停车顶应在两侧钢轨上成对布置，在渣坑的西侧布了 27 对 54 台顶，东侧布了 26 对 52 台顶，总计布顶 106 台。

由于是第一次对这么重的车辆进行定位防溜，如果一旦有误，将对宝钢的生产产生很大的影响。为慎重起见并彻底弄清顶的性能和指标，1997 年 8 月，首先在宝钢内的其他相似线路上安装了 82 台 TDJT—102A 型停车顶，安装的高度为 43～45 mm。安装完毕后做了以下几项试验。

(1)观察机车车辆过顶情况；

(2)将一辆混铁车停在停车顶上，由机车单机去连挂；

(3)单机以 3～5 km/h 的速度冲撞停在停车顶上的混铁车；

(4)单机带着另一辆混铁车以 3～5 km/h 的速度冲撞停在停车顶上的混铁车。

试验取得了比较满意的结果。

1998 年 2 月正式在清渣车间内安装停车止轮顶。由于装顶数比 1997 年 8 月试验时多，顶的安装高度也提到 50 mm，安顶密度又增大了，所以安装以后进行的测试效果比试验时更好：清罐机在混铁车上方作业时，混铁车纹丝不动；调车机分别以 3 km/h、5 km/h 的速度冲撞停在停车顶上的混铁车时(不连挂)，混铁车的窜动距离均不大于 0.2 m，能够保证作业安全。该项目取得了十分令人满意的效果，它的投产为宝钢的安全生产提供了可靠保证。

第六章　减速顶及停车防溜设备的控制技术

第一节　概　　述

由于普通减速顶在工作时不需要外部能源和外部控制，这使减速顶比其他调速设备具有更加节省能源和安装使用方便的优点，因此深受运输部门的欢迎。但随着减速顶调速设备的广泛应用，人们逐渐认识到这一优点并不是万能的，在某些场合使用普通减速顶并不能得到最佳的调速效果。比如在驼峰全减速顶调速系统的溜放部位和三部位使用普通减速顶，就不能像减速器那样实现对大组车的"让头拦尾"，其结果必然会影响调车作业效率。为了获得更好的调速效果，有必要引入减速顶的控制技术。

减速顶控制技术的应用目的，就是通过对减速顶调速设备的实时控制，实现调速设备的可控功能，改善和提高调速系统的效果，进一步提高驼峰解编作业的效率和系统的安全连挂率，实现编组站调车作业自动化。

计算机可控顶调速系统就是采用控制技术对减速顶进行控制，实现调车作业自动化的一个应用典范。它是可控减速顶与计算机智能控制技术相结合的一种调速控制技术。通过系统配置的各种传感器，将溜放钩车的辆数、重量、速度、走行位置等信息传递给系统控制机，经过控制计算机的计算、分析和优化处理后，将控制指令发送给可控减速顶，使可控顶根据需要对车辆做制动功或阻力功，实现对溜放钩车灵活、可变的调速。这样，一方面可确保难行车（含大组空车）溜得更远，另一方面可确保中、易行车能按照所要求的速度溜行，从而使溜放钩车都能以规定的速度到达预定的停车位置或与停留车组安全连挂。

图 6-1 是一计算机可控顶调速系统布顶方案示意图，图例所示"控制段"是相对集中成组的可控顶群。

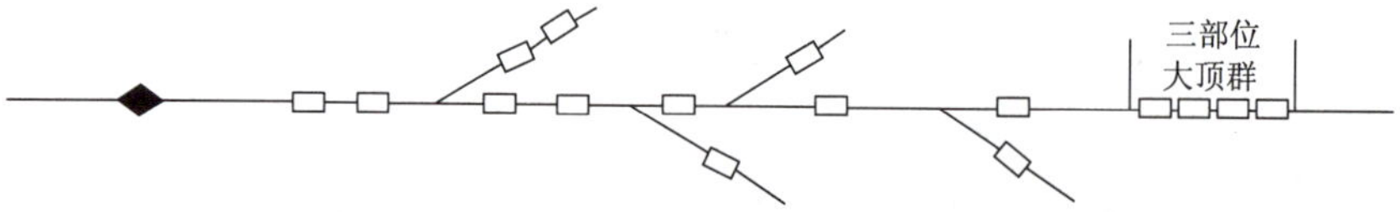

图 6-1　计算机可控顶控制系统的控制段

□—控制段。

减速顶控制技术是驼峰车辆溜放速度控制领域内的一门全新的技术，是减速顶调速技术的重要组成部分，它使减速顶调速技术形成了更加科学、完整的体系，使减速顶调速系统的调速性能得到了进一步的提高和完善。它的开发和广泛应用是中国铁路对世界铁路减速顶调速技术的一大创新和发展。

一、减速顶控制系统的分类

(一)按照硬件结构分类

按照系统的硬件结构不同可分为两大类:集中控制模式与分布控制模式。

1. 集中模式的减速顶控制系统

如图 6-2 中的图(a)所示,集中模式的减速顶控制系统由计算机、传感器、驱动伺服环节三大部分组成。集中方式的“集中”之意是指计算机同驱动伺服环节、传感器之间的信息通道一一对应,集中于一个计算机主控制器。设备 1 到设备 6 是各项传感器、驱动电源等。信息采集和输入以及控制指令的输出都集中在这台计算机的主控制器上进行测试、计算分析、发布命令。其安装位置是集中放置于信号楼的机房内。广铁(集团)公司的“韶关站计算机可控顶调速系统”就是采用这种控制模式。

2. 分布模式的减速顶控制系统

相对于集中模式,分布式控制系统中使用多台计算机。如图 6-2 中的图(b)所示,从控制器 1 到控制器 6,由各个控制器分别进行信息的采集、分析和控制指令的发出。这些设备的安装位置并不是集中于同一地点,各个计算机之间以可靠的“现场通信总线”沟通。由于传感器、驱动伺服环节等并没有一一对应连接到一个计算机上,所以当某一股道的个别环节发生故障时,只会影响到这个局部的某一台计算机,而不至于造成整个系统出现故障。这就大大提高了系统的安全度。驱动伺服环节及相关计算机一般都分布在现场或其他有利位置,可节约信号楼的土建工程造价、节省通道电缆、节约能源。因此这是一种安全度较高、较为经济的结构模式。哈尔滨铁路局的“南岔站计算机可控顶调速系统”采用的就是这种控制模式。

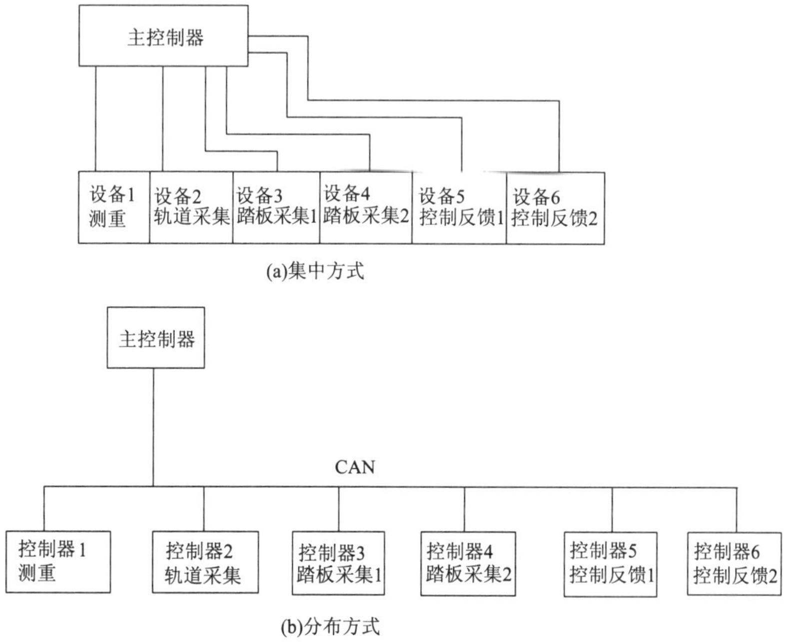

图 6-2　集中控制模式与分布控制模式

(二)按照使用的用途分类

1.驼峰头部车辆溜放速度控制系统

用于调车场驼峰头部溜放部分对解体的车辆速度进行调速的计算机可控顶控制系统。

2.调车场尾部平面调车调速系统

用于调车场尾部对车辆速度进行调速的控制系统。

3.加、减速顶自动控制系统

通过可控减速顶与加速顶和反坡的配合使用,对易行车、中行车减速,对难行车加速而实现对溜放车辆速度自动控制的系统。主要用于对“锅底形”断面的站场进行技术改造。

4.停车顶停车、防溜控制系统

对停车顶组成的溜放车辆自动停车、防溜系统进行实时控制和安全监测的系统。该系统一般用于调车场尾部。

5.箭翎线调速控制系统

该系统通过对可控减速顶和加速顶的控制,实现溜放钩车在共同进路走行线上的间隔调速和存车线的目的制动。它可以大大提高调车场沿零摘挂列车的解编作业效率,如北京局石家庄站下行场的箭翎线自动调速系统。

6.三部位辅助调速控制系统

针对三部位减速器的制动能力不足或三部位车辆出口速度控制误差较大的状况,在三部位减速器后设置可控顶顶群,辅助补充三部位调速能力的系统。

(三)按照信息的类型分类

1.模拟量信息控制系统

使用一般传感器直接将开关量、模拟量信息作为元素的控制系统。

2.数字化信息控制系统

使用智能传感器数字化信息为元素,并且以网络方式传输数字化信息的控制系统。

二、减速顶控制系统的基本功能和特点

(一)减速顶控制系统的基本功能

1.数据采集功能

通过控制系统安装在不同部位的测重、测速传感器和轨道电路,系统能采集到溜放车辆的辆数、重量、速度、走行位置等动态信息。

2.数据分析、处理功能

控制系统将采集到的信息传递给系统控制机,控制计算机内装有预先编制的控制软件,经计算机进行数据分析和优化处理后,将控制指令适时发送给控制机构。

3.实时控制功能

当控制系统的执行机构收到控制计算机的指令后,能及时对可控减速顶、加速顶、可控停车顶进行实时控制,使调速设备根据需要对溜放车辆进行机动、灵活的调速,以实现系统的最佳调速效果。

4. 安全监控功能

控制系统还具有完备的安全监测功能。在操控终端(控制台)上设置了测重、测速传感器、轨道电路以及各调速设备控制段的标记，当溜放车辆通过某一调速设备控制段时，控制台上会显示其控制段的速度和车辆占有位置。当测重、测速传感器、轨道电路或执行机构发生故障时，控制台会在该部位显示故障标识并音响报警。

5. 系统管理功能

控制系统还具有数据存储、打印等功能。当需要了解调速系统对某一钩车的实时控制效果，或由于发生超速连挂等撞车或脱线事故时，可以很方便地调阅或打印相关的钩车溜放控制数据，对事故原因进行有的放矢的分析。

减速顶控制技术的应用进一步提高了减速顶调速系统的调速功能和运用效果，实现了对编组站溜放车辆的自动化和智能化控制。

(二)减速顶控制系统的技术特点

1. 减速顶控制系统能对各种顶类设备实现连续式调速控制，因此与“点式调速系统”相比较，该系统具有自动化程度高、控制灵活、可靠，控制距离长，控制范围广等特点。

2. 减速顶控制系统的控制对象是各种调速顶，当个别顶发生故障时对整个系统的调速效果影响不大。由于各种顶是通过顶的滑动油缸帽头对车辆做功，因此当车辆的轮对通过顶时不会发生“丢轮”、“丢辆”现象，能有效解决“钳夹式”调速设备存在的对“三轮”车(即:“大轮”、“油轮”、“薄轮”车)控制的失灵问题，从而大大提高了系统的安全可靠性。

3. 控制系统采用结构简单、可靠性高的电磁测速踏板、应变式测重传感器和轨道电路等进行信息采集和传递，这些信息稳定性好、干扰少、容易处理，使硬件系统的基础部分稳定可靠，为软件的编制奠定了良好的基础，达到软硬结合、优势互补的目的。

4. 可实现控制数据的远程监测、调整和存储，实现设备的自诊断功能，及时报警、定位和处理故障，能够实时采集、显示系统各控制段的作业信息和数据。对当前及以往 12 个月内的各种数据可按照时间进行分段检索和查询。通过对数据的统计与分析处理可实现调速系统的现代化管理。

5. 系统适应性强，适用地域广，不受气候、环境以及风、霜、雨、雾等复杂气象条件的限制和影响，可以避免在上述环境下的系统失控。

6. 系统硬件大都采用集成度高、功耗小的微电子设备，占用空间小，一般无需电力增容，所以系统工程造价较低。同时施工周期短，安装、调试方便，施工对正常运输作业影响和干扰很小。

三、减速顶控制系统的设计依据和要点

(一)减速顶控制系统的设计指导思想

驼峰调车作业就是将车辆推送至驼峰峰顶，再根据预先设定的进路使车辆自由溜放至相应的股道。在溜放过程中，车辆由驼峰峰高所获得的位能逐渐转化为动能，而对溜放车辆速度控制的过程，就是通过调速设备适当地分配或消耗车辆的能量，最终实现溜放车辆的安全连挂。

在此之前，驼峰溜放车辆速度控制大多使用减速器，即采用精确控制的“点式打靶”调

速系统，由两三个点来控制溜放车辆的速度。系统要求精确测量车组的各项数据，然后按照“打靶方程”计算出减速器的出口定速值，再控制减速器实施精确调速。这个过程中只能依靠减速器这几个“点”对溜放车辆进行调速，因此，其调节速度的能力受到区域的限制。

相比之下，减速顶调速系统是一种由峰顶至股道尾部的全过程连续式调速，而减速顶控制系统就是通过采集溜放车辆的重量、速度以及车组数量等信息，通过计算机对分段设置的可控顶、加速顶或可控停车顶进行最优化的实时控制。因此，与其他各种调速系统相比，采用有控制的减速顶调速系统具有更加灵活、安全、可靠的技术优势。

（二）减速顶控制系统的设计理论依据

在驼峰调车作业中，车辆的溜放过程是一个随机变量多、运动状态十分复杂的动态过程。溜放车辆在运动过程中受到各种因素的影响，例如车辆的脱钩速度、道岔阻力，线路坡度，车辆自身的重量、速度、溜行阻力，减速顶的制动功、阻力功，股道空闲长度以及风速，风向等诸多因素都直接影响车辆溜放的过程和结果。所以，即便是全顶连续式调速系统，虽已建立了一定的安全保障基础，但仅仅依靠普通减速顶进行调速，采用传统的运算公式和数学模型只是反映理想状态下的车辆运动规律，并不能达到对车辆速度进行控制的最佳效果。

而减速顶控制系统的设计思想是建立在模糊控制的理论基础上，将车辆的运动规律用模糊函数进行描述。模糊控制论建立在模糊数学基础上，能较好的处理一些无法建立精确数学模型的问题。它不仅能够成功地实现控制，而且能够模拟人的思维方法，对一些无法构造数学模型的问题进行控制。模糊控制论以隶属函数、模糊关系、模糊矩阵等概念为基础。设计模糊控制器需要做好以下几方面的工作：

1.模糊控制算法的设计。

2.将相关参数的变量，按照约定转化为若干个论域上的模糊子集。

3.模糊函数的设计。

减速顶控制系就是采用模糊控制的理论，对车辆溜放过程中的诸多不确定因素进行动态检测和诊断，以自适应方式实现对多个可控顶控制段的“动态调节”，并且在硬件设计、程序设计中充分考虑故障导向安全的要求，将溜放车辆的速度始终控制在系统设计的范围内，达到最佳的调速控制效果。

（三）减速顶控制系统设计需要的资料

1.站场平面、纵断面资料。

2.布顶设计资料。

3.调速系统对控制方面的主要功能要求。

4.气象资料。

5.用户要求（运输作业中的某些特殊要求、自动化程度要求及安全性要求等）。

6.与控制系统相关的技术标准与规范。

7.现场调研、测量的原始资料，其中包括：

（1）站场基本资料——站场类型、特点、股道数、作业量和安全情况等。

（2）车流资料——大小车组、空重车流情况。

(3)线路资料——线路有效长、线路纵断面及使用状况、线间距、钢轨、枕木类型、钢轨磨耗情况、道床、防爬设施等。

(4)房屋情况——确定控制室、计算机室的位置及面积等。

(5)供电情况——既有供电能力、是否具有两路电源。

(6)对可控顶、测重、测速设备、控制电缆、箱盒等的现场安装位置或走向等进行定位测量,为控制系统设计提供依据。

四、停车器自动控制系统的基本要求

停车器是实现调车场尾部、到发线、专用线对车辆停车、防溜的基础设备。

对于安装在调车场尾部的停车防溜器,它的最大特点是常位为制动位,即:无论调车场头部是否有溜放作业,只要尾部调机不进行牵出作业或越出停车器进行取送作业,停车器就始终处于制动状态;只有调机在尾部进行牵出作业或越过停车器进行取送作业时,停车器才处于缓解位(由于停车器距尾部线路警冲标有一段距离,所以尾部溜放作业时一般不越过停车器),一旦作业结束,停车器就应立即恢复制动位。因此,停车器是否缓解,只与尾部作业有关。实时采集编尾调车作业信息,根据这些信息的变化自动生成停车器制动或缓解控制命令,是系统设计的关键,也是实现编尾停车防溜自动化的重要途径。

目前全路调车场尾部调车系统,绝大部分已实现集中控制,其中路网性及区域性编组站大都实现了计算机联锁。调车场尾部调车作业均由尾部电器集中指挥,编尾调车作业过程以及进路排列、信号显示、调机及车列走行位置等信息,可通过编尾电器集中的表示系统完整、准确、及时、可靠地反映出来。因此,利用计算机网络通过采集尾部集中表示信息,经过计算机的分析判断,就能够方便、快捷地实现对停车器的实时控制。

对于到发线、专用线使用的停车防溜器,同样要求其处于常制动位,以确保对动、静态车辆的停车防溜。

停车器自动控制系统应在可靠性、安全性、经济性、可维护性等多方面综合考虑,其主要技术条件及基本功能如下:

1. 当调机进入股道内进行整场或转场作业以及越过停车器进行取送作业时,相应股道内的停车器应自动转换成缓解状态。

2. 当编尾或到发线、专用线调车作业结束时,相应股道内的停车器应自动恢复制动状态。

3. 控制台上应设置自动、手动切换按钮和手动优先功能。

4. 采用计算机屏幕模拟站场图形显示停车器的状态,有图形信息储存及再现功能,有控制及表示信息,以及调车进路、信号及其他作业信息的记录、查询及打印功能。

5. 当溜放车辆越出停车器,并溜逸至股道牵出调车信号机接近区段时,系统能自动发出报警信号。

6. 有多种安全保护功能,一旦计算机故障或通信中断,处于缓解位的停车器应自动恢复到制动位。

7. 电源系统采用双路自动切换、在线式 UPS,计算机系统采用双套热备、上下位机间采用总线式切换。

第二节 计算机可控顶控制系统(集中模式)

计算机可控顶控制系统是计算机可控顶调速系统的一个重要组成部分,它主要用于铁路中小型驼峰调车场对溜放车辆的速度进行控制。结合调车场平、纵断面的优化设计和布顶优化设计,形成了峰上至股道内的多个控制段,对不同临界速度档次的可控顶进行实时控制,最终使溜放车辆的速度都达到安全连挂速度,实现车辆调速自动化。

一、计算机可控顶控制系统(集中模式)的基本组成

集中模式的计算机可控顶控制系统采用一台主控制计算机,对现场设置的所有可控顶群进行集中、统一的控制。该系统由室内设备、室外设备、计算机软件、控制电缆和防雷设施五部分组成。

室内设备有测重机、控制机、操控终端及多功能接口柜、数据监测系统、远程诊断系统、电缆分线盘、两路电源自动转换供电装置、不间断电源 UPS 等。控制机、测重机、驱动电源在硬件设计上使用了加密狗,保证了设备的可靠运行。外部设备和计算机之间均采用光电隔离,保证了系统不受外来干扰的影响。

室外设备由信息采集设备和执行设备组成。信息采集设备有测重传感器、测速传感器、计轴传感器、轨道电路等;执行设备有可控顶驱动电源、电缆箱盒和可控顶电控阀等。

计算机软件包括用于系统配置的系统软件和自主编程的应用软件。

控制电缆包括室内各控制设备间敷设的电缆和现场连接可控顶、测重、测速传感器及各箱盒的电缆等。

防雷设施包括室外防雷地线等基础设施和用于电源、通道、计算机板卡以及各种传感器的防雷设施。

(一)室内设备

1. 控制机柜

如图 6-3 所示,控制机柜的结构可分为三至六层,一般为五层。由上至下,第一层为测重机,第二层为控制机,第三、四层为功能类机匣,第五层为电源层。控制机和测重机均采用 AT96 总线嵌入式结构,可用于恶劣的工作环境,具有较高的抗干扰能力。该结构灵活方便、利于扩充、模板标准化、便于维护和查找故障。

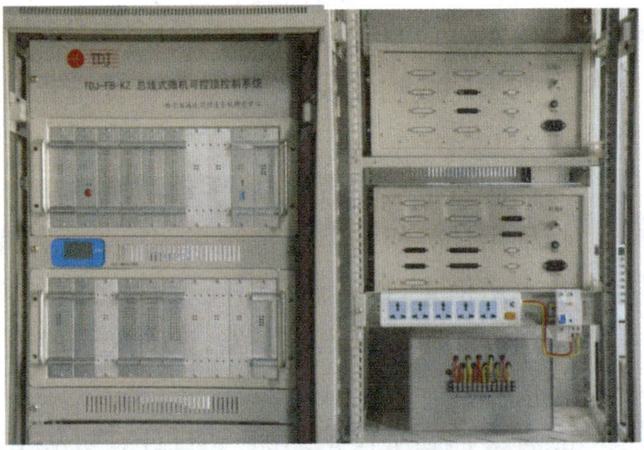

图 6-3 控制机柜内部结构

(1)测重机:用于采集车辆轴重信息并进行平均,然后和分钩信息一起发送给控制机。其硬件系统基本组成包括 CPU 板、CTC 板、光电隔离输出板、A/D 转换板、总线匹配板。

(2)控制机:用于采集车辆速度信息,并根据车辆的速度、重量和走行情况对可控顶进行实时控制。其硬件系统基本组成为 CPU 板、光电隔离输入板、光电隔离输出板、监测通

信板、总线匹配板。

(3)控制机电源：它采用专用的计算机电源，具有较高的抗干扰能力。电压输出有3档：+5V/10A，+12V/2A，-12V/1A。机柜内共有3台电源：一台用于控制机；一台用于测重机；第三台作为接口外电源，用于控制机和测重机的接口外电源可以互为备用。

(4)控制继电器板机匣：将室内的手动控制、自动控制条件转换成控制输出条件，提供给可控顶执行电源并实时反馈控制结果。

(5)轨道继电器板机匣：轨道电路的交流电压经它转换成开关量信息，送入控制机进行打靶控制处理和提供给控制台面的轨道占用表示使用。

2. 操控终端/多功能接口柜

早期使用的操控终端是机械控制台，改进后的第二代操控终端又称为触摸式电子控制台，如图6-4所示，它是由电子屏幕与鼠标构成的数字化人机对话平台，以鼠标/触摸方式结合屏幕替代了传统模式的按钮/光带式机械控制台。作为控制值班人员的工作站，可以在屏幕上动态显示溜放车辆调速控制的作业过程：实时显示溜放车组的速度、重量等信息和各个数据随同车组走行的传递状况，实时显示系统发布的自动控制命令和系统的运行状态等。可办理调速作业、调速设备检修等各种手续；能在车辆溜放作业过程中，根据数据变化的实际情况及时对可控顶段进行人工干预控制(手动操纵)；同时，可以借助远程诊断系统将数据通过空网GPRS回传至“诊断中心”，经专家系统分析处理后用于现场指导。

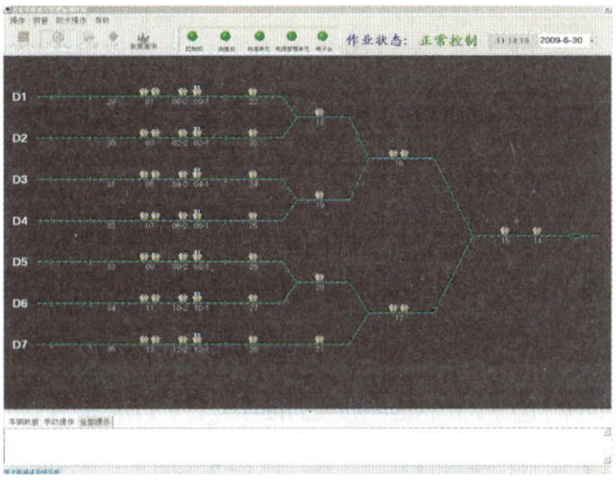

图6-4　触摸式电子控制屏

在操控终端的台面下设有多功能接口柜。该柜采用浓缩的框架式结构，除具有室内外的电缆分线功能外，还设有各种模板化的功能板。

3. 监测机

如图6-4所示，监测机又称为“监测维护工作站”，是一台工业控制系统PC机，采用C^{++}可视化语言编制软件，编程效率高、执行速度快，具有图形化的工作界面。它与操控终端同步接收来自控制机的自动控制指令、动作反馈以及车辆辆数、重量、速度等数据，并在控制界面上实时显示车辆运行的数据。系统的单元控制机、测重机、可控顶驱动电源板、测重头、测速踏板等设备如发生异常情况，都有报警信息显示出来，设备维护人员可直接在显示屏上观察到故障发生的位置和故障原因，使设备维修更加方便。

监测维护工作站不允许参与操纵作业，它的主要任务是在多任务的工作状态下监视车辆溜放作业情况，并将溜放车辆的辆数、重量等级、速度等数据记录在硬盘上，所有监控数据都能实时备份并可存储一年。工作人员可以通过它监视溜放车辆的作业情况，进行数据的查询、检索、拷贝和打印等工作，分析设备故障和事故原因。

4. 可控顶驱动电源柜

如图6-5所示，可控顶驱动电源柜负责供给可控顶电控阀的电源，通过对可控顶电控阀送电

图6-5　可控顶驱动电源柜

或不送电，使可控顶滑动油缸处于吸下(锁闭)状态或立起状态，实现对溜放车辆的调速控制。它的基本电路为可控硅调压控制电路及各种过载保护报警电路，具有短、开路声光报警和负载短路自动保护的功能。驱动电源柜的内部结构大体可分为以下几部分：

(1)驱动电源板——是控制系统的核心部件。

(2)电源变压器——负责为系统提供所需的特定电压。

(3)电源板载体——由电源板的金手指插座及其机匣配线、滑道等组成。

(4)控制触发端和功率输出端。

可控顶驱动电源板的主要技术指标：

(1)输入电压：	30 V(AC)、150 V(AC)
(2)输出电压：	40 V (DC)(80%FS)
(3)启动时间：	<0.1 s
(4)切换时间：	<0.2 s
(5)精度等级：	0.05
(6)环境温度：	−40～80 ℃
(7)相对湿度 RH：	0～80%

5. 动力供电系统

(1)两路电源自动切换装置：其输入端接有两路三相 380 V 电源，当其中一路断电时，另一路自动切换，从而保证整个系统得到持续正常供电。

(2)不间断电源(UPS)：平时对控制系统的设备起稳定电压的作用，当外部电源出现临时故障断电时，它能利用内部蓄电池储存的电能释放 220 V 交流电，提供给控制机柜的设备继续工作(一般不包括对可控顶驱动电源的供电)。

(二)室外设备

1. 测速传感器(简称测速踏板)

第一代测速踏板为早期使用的机械式踏板。目前广泛使用的是第二代非接触式的 TDJ—DCSF—1 型磁簧感应式无源测速踏板，其外形如图 6-6 所示。测速踏板安装在每一组可控顶群的入口处，其特点是动作灵敏、性能可靠、维修量小、使用寿命长、具有较高的抗电磁干扰能力，能适应高、低各种速度。踏板开关可直接与光电隔离输入模板相连接，不需要其他整形电路设备。测速踏板安装在钢轨内侧，当车轮通过时，就会引起一次干簧管触点动作(电路闭合或断开)，从而产生一个电脉冲传递给计算机。每个对应控制段的测速点上装有一对踏板，用以对溜放车辆测速、计轴和采集数据的传递。

TDJ—DCSF—1 型磁簧感应式测速传感器的主要技术指标：

(1)动作时间：	<0.4 ms
(2)释放时间：	<0.5 ms
(3)绝缘电阻：	>10MΩ
(4)动作宽度：	15～20 mm(进入)，30～40 mm(释放)
(5)横向水平作用距离：	0～50 mm
(6)垂直安装高度：	40 mm
(7)接点容量：	5～220 V(AC)<1A，5～24 V(DC)<0.5A

(8)允许车辆速度： ≤40 km/h
(9)环境温度： −40～80 ℃(运行)，−55～90 ℃(贮存)
(10)相对湿度 RH： 5%～90%

2. 测重传感器(简称测重头)

第一代测重头是早期使用的硅力敏应变片式测重头。目前广泛使用的是第二代 TDJ—DCA—2 型电阻应变片式测重头，其外形如图 6-7 所示。第二代测重头具有动作灵敏度高、测试精度高、防雷性能好等特点。它像塞钉一样安装在钢轨轨腰部的圆孔中，通过检测车轮对钢轨作用力的大小来实现测重。当车轮通过装有测重头的钢轨时，重力使钢轨轨腰产生形变，这个形变作用在测重头上，破坏了测重头内部设定的电桥平衡，通过电桥电压的输出并放大后，将测重信息传送到测重处理机。

图 6-6 磁簧式测速踏板外形图

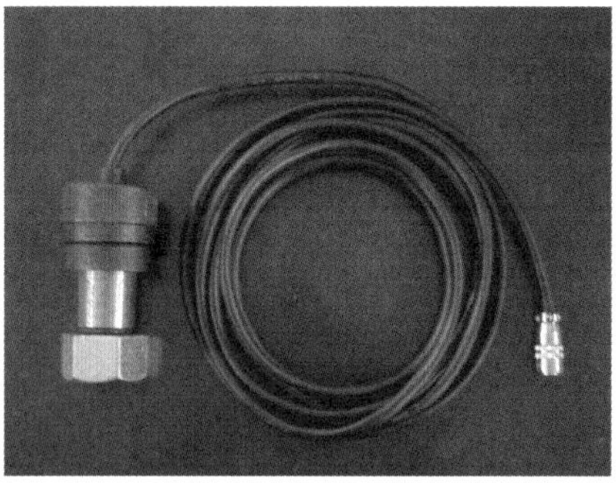

图 6-7 电阻应变片式测重传感器

TDJ—DCA—2 型电阻应变片式测重传感器的主要技术指标：
(1)最大负荷(单个轮重)： 15 t
(2)允许车辆速度： ≤30 km/h
(3)电源电压： 12 V(±5%)(DC)
(4)最大输出电压： ±5 V(DC)
(5)传输距离： ≤500 m
(6)精度等级： 0.05
(7)灵敏度： 2 mV/V(43 kg/m 轨)，1 mV/V(50 kg/m 轨)
(8)绝缘电阻： >500 MΩ
(9)允许超载范围： 100%
(10)环境温度： −40～80 ℃

3. 轨道电路

轨道电路属于交流闭路式轨道电路，通过它能够判断出溜放车组的走行和停留位置，并且能计算出股道内的存车情况和线路空置情况，从而为实现对溜放车组“让头拦尾”及变速出口控制提供重要的信息条件。

4. 调速设备

控制系统的最终控制目标是可控减速顶，可控顶由减速顶和电控阀两部分组成。根据需要可控顶又分为常立起和常吸下(锁闭)两大类，他们分别采用常开式电控阀和常闭式电控阀。控制机通过可控顶驱动电源柜向可控顶的电控阀送电或断电，对可控顶进行控制，实现对溜放车组的调速功能。

(三)计算机软件系统

计算机可控顶控制系统是一个比较复杂的自动化实时控制系统，其软件系统相当于这个控制系统的大脑，它的设计思想和程序的可靠运行是控制系统能否正常工作的关键。软件系统由系统配置的系统软件和自主编程的应用控制软件两大部分组成。

控制系统的核心部分——控制机、测重机采用的系统软件以 DOS(磁盘操作系统)为开发、运行平台，侧重于信息采集和实时控制处理。在硬件资源较为有限的条件下，要求保证控制程序运行可靠。操控终端、监测机的软件系统是在 Windows 环境下，采用 C++可视化语言编程的多任务、多进程处理技术，主要侧重于相关信息的综合处理、集中管理及信息共享。

应用控制软件由多个不同功能的控制模块组成，图 6-8 是计算机可控顶控制系统(集中模式)的控制模块结构图，体现了各控制模块的作用和功能。

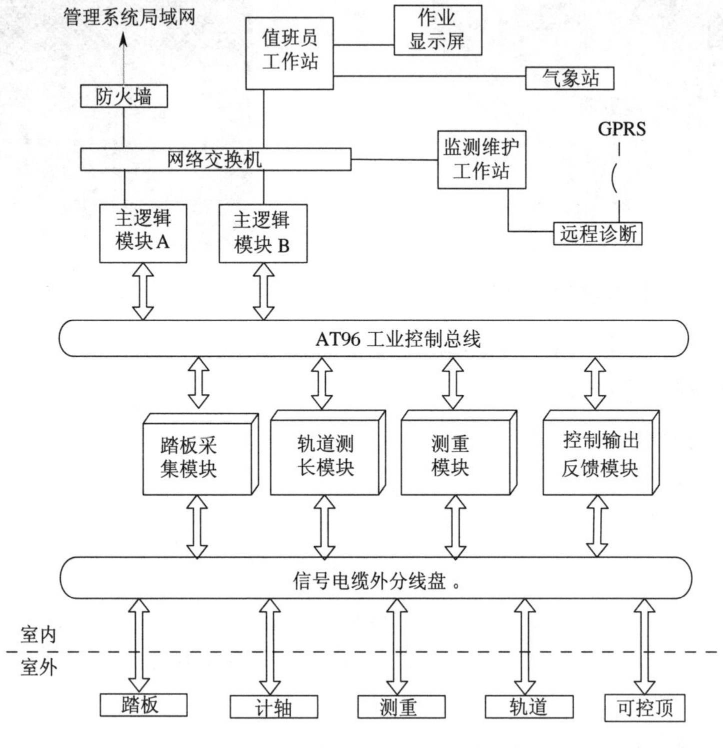

图 6-8 计算机可控顶控制系统模块结构图(集中模式)

1. 主逻辑控制 CPU 模块

主逻辑控制 CPU 模块设置为 A、B 两套备份，是新一代以嵌入式为核心的 APCI 总线工业计算机，由于具有高可靠性而大量应用在工业控制领域。其中运行的主控制程序起到统领全局的总体作用，可分为调用采集、运算、轨道处理、传递处理、控制输出、反馈处理、整理监测数据等各个子程序。

2. 踏板采集模块

踏板采集模块在硬件上设置有 I/O 电平接口，有内、外电源隔离功能。它的主要任务是：通过模块的 I/O 接口采集车辆转向架的脉冲信息，获得钩车的速度并完成信息的传递。监测每个脉冲的宽度以及一组脉冲在时域上的分布关系，以便随时处理丢轴和误动的现象，弥补硬件失灵时产生空白信息。

踏板采集模块的功能有：

(1)对于测速踏板，以每个有效脉冲中心点来采集各轴速度。

(2)能识别车辆前后转向架，正确判断分钩，统计车组辆数。

(3)能识别外来的各种干扰信号，并立即将伪信号剔除。

(4)能确定车辆各轴信息的顺序，并能在甄别出错误信息之后进行回归补偿，在故障出现时，能够通过对较少信息的处理来构成完整数据。

3. 测重模块

测重模块又称为测重信息处理模块，它的主要任务是：当车辆通过设在峰上加速坡区段的测重传感器时，测重模块对产生的电信号分析处理后，实时完成对溜放车辆轮重、辆数等信息的参数量化，并将数据传输给控制机。测重软件将溜放车辆的重量分为 4 个等级：1 级车为 0～35 t、2 级车为 36～50 t、3 级车为 51～65 t、4 级车为 65 t 以上。

运营实践表明：峰顶推峰速度的变化以及环境条件等因素对测重传感器的影响都很大，而且应力变化的理论分析十分复杂，难以得出准确的数学模型，因此，需要通过实时采样、跟踪，分析多点的幅值和时刻，以线性标定来确定重量等级；以周期计轴、抓住正溜和反牵波形的不同特点判定增轴或减轴。为了获得正确的信息，该模块采取了以下措施：

(1)在测重区无车时，系统使传感器处于调零工作状态。

(2)以屏蔽、滤波、采样平均以及线性回归等手段对外部干扰进行处理。

(3)波形的取样要满足“采样定理”的要求。

(4)将车辆单轴 0～25 t 分为 255 级，一个级的误差小于±0.1 t。

4. 信息传递模块

信息传递网是由信息初始环节、中间道岔环节、最后分路环节和三部位轨道环节组成的车场线路网络。其传递原理是：通过传感设备提供的车辆速度、重量和辆数等信息，实时跟踪车组的溜放径路并进入股道。信息传递模块的主要功能如下：

(1)使溜放车组的信息准确无误地随车组溜放径路向目标环节传递。

(2)对进入分类线的车组辆数进行累计。

(3)计算车组首轴从最后分路到股道入口的走行时间，根据车组辆数、重量和线路阻力等参数，判定车组的入线速度，并传递到股道环节，作为控制程序的备用数据。

由于现场工况十分复杂，如机车下峰或反牵、测速踏板抖动等因素都可能造成信息传递的错误，为此采取了以下措施：

(1)当检测到踏板发生抖动时，通过软件对脉冲信号的前沿、后沿进行整形处理。

(2)当确认溜放车组带有完整的信息时，才能发生传递关系，以防止由于机车下峰或反牵作业造成的错误。

(3)每个传递环节容纳 3 个钩车信息，预留足够“栈”空间，以防止信息被错误覆盖。

(4)针对长钩车的第一轴进入股道时，辆数信息还未传到股道这一特殊情况，系统规定：长钩车在峰上一旦分钩，辆数信息将越过中间环节直接传递到股道。

5. 轨道测长模块

轨道测长模块的功能是计算并向主控制模块提供股道的空闲长度和存车辆数，为目的制动提供打靶控制参数。轨道测长设备由两段轨道电路组成，每段轨道电路上都设有测速踏板。当车辆占用某段轨道电路后，轨道测长模块通过踏板测速和计轴采集到车辆速度和辆数等参数，进而可计算出占用轨道电路的钩车辆数和占用距离，然后利用轨道的占用/出清时间、计轴辆数、踏板速度之间的关系，计算出轨道的空闲长度和大致的存车辆数，使主逻辑控制 CPU 模块能够按照股道的空闲程度进行打靶控制。

6. 控制输出反馈模块

控制输出反馈模块根据采集到的不同车种、轴重、长度等钩车信息，同时跟踪这些钩车信息，按照各种数学模型进行分析和优化处理后发出指令，通过执行机构对可控顶进行实时控制，同时将动作信息反馈给操控终端和监测机。

7. 故障处理模块

如果计算机控制系统出现故障而不能很好处理，就会对驼峰调车作业安全造成严重后果。因此，仅仅做到发生故障后系统报警并由人工介入是远远不够的。控制系统的安全目标是将故障报警、人工处理升级为故障导向安全的自动化处理，即系统任何一处出现故障，不应造成整个系统失控，而应实现系统自动导向安全处理，使控制继续进行，并根据故障性质给予不同报警。该模块的主要功能为：

(1)测重子系统出现故障时，系统向下一部位传递的起控速度全部自动上升为中上档次9～10 km/h，三部位将提升制动级别，自动进行“故障—安全”模式控制，此时的故障报警只提示给维修人员。

(2)三部位入口前的轨道电路 IG 是一个重要装置，程序模块规定：如果溜放车组在进入三部位的轨道电路后 3 s 内无速度数据，系统将按照预先设定的备用数据进行控制，直至车组出清 IG 轨道电路。

(3)模块具有程序自检功能，当程序运转正常时，系统将发出一系列脉冲信号，使报警设备处于关闭状态，如系统发生软、硬件故障时，脉冲信号消失，报警设备启动报警。

(4)当执行设备发生故障，如可控顶电控阀、驱动电源板、连接电缆等发生局部短路或开路，系统会立即报警，通知维修人员进行修复。

(四)控制电缆系统

控制电缆相当于整个控制系统的神经系统，它采用信号标准规格 PZYV 型电缆。通过它将测重、测速、轨道电路、控制命令、可控顶电源等各种信息传输到各相关设备的终端盒上。控制电缆按照铁路信号工程的有关规范进行施工，电缆埋设深度应大于 70 cm，过道电缆埋设深度应大于 90 cm 并加防护管。

(五)防雷设施

计算机可控顶控制系统的防雷功能对于系统的安全可靠、稳定工作具有十分重要的意义。防雷设施以对计算机工作电源、各种传感器和功能板 I/O 接口的防护为主要目的。

根据铁道部有关防雷的指导意见以及现场应用的实际经验，防雷措施着重面向交流电源系统以及外部通道所涉及的板卡和部件。

1. 防雷基础设备

在控制室的建筑物上设置避雷带或避雷网，在控制室内设置电磁屏蔽柜，在室外设置环形地线、接地极和等电位连接端，使雷电能量直接入地来保护设备。

2. 电源防雷

为了防止由供电端的交流动力电源引接雷电直接进入控制系统造成设备损坏，采用两级递减防雷措施。第一级是在交流电源引入处设置放电入地保护系统，以高速放电器件将雷电引入专用低阻防雷地极；第二级是在计算机系统稳压电源的前端设置放电入地保护系统，同样是以高速放电器件将雷电引入专用低阻防雷地极。

3. 通道防雷

对于室外可控顶电控阀、测速踏板、测重传感器，安装防雷器件就地释放。同时在室内计算机信息采集接口，采用限位的放电元件来释放雷电感应的能量。

图 6-9 是安装在室外的防雷装置原理图。以可控顶电控阀为例，安装浪涌抑制器和并联耗能元件 R，能够使得雷电感应能量在并联的回路中震荡并吸收掉，可起到保护驱动电源板的作用。同样，在测速踏板处加装浪涌抑制元件，一方面可以保护踏板本身，另一方面也对计算机的 I/O 接口起到防雷作用。

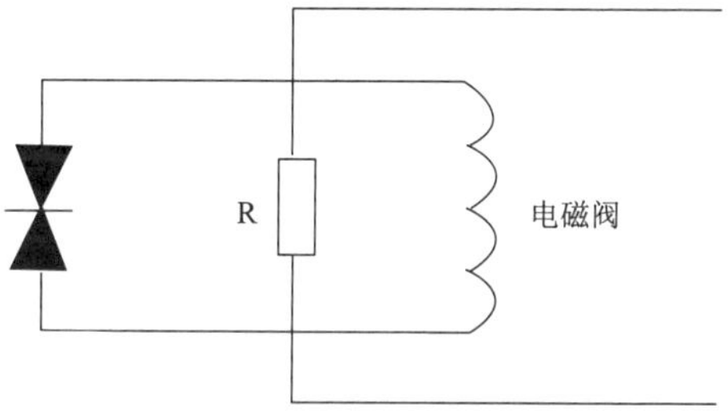

图 6-9　室外浪涌抑制防雷原理图

4. 分线盘防雷元件与电路内部的防护

进户电缆一律先经分线盘设置的防雷组件防护后，再进入计算机模块内部；同时，在计算机模块内部也设置了保护器件，所以计算机模块对外部具有两级雷电防护。

5. 网络通道防雷

在室内、室外网络接口处安装专用的网络通道防雷器件。

二、计算机可控顶控制系统(集中模式)的工作原理

由于中国编组站驼峰溜放的运营条件十分复杂，车辆结构和货物装载方式又要求溜放车辆的安全连挂速度不能太高，因而对减速顶调速和控制系统提出了更高的要求。

计算机可控顶控制系统(集中模式)的工作原理如图 6-10 所示，控制机的工作流程原理如图 6-11 所示。该系统在驼峰加速坡、各分路道岔及股道内的三部位设置了不同数量和不同档次的可控顶制动段，同时还在轨道上安装了测重头、测速踏板和轨道电路。当溜放钩车由峰上解体自由溜下时，安装在轨道上的测重、测速踏板就会将溜放钩车的辆数、平均重量、速度等信息实时采集后传递给测重机和控制机，经预先编程的计算机软件对这些信息进行一系列的分析、计算和优化处理后，控制机根据优化结果自动向执行机构—可控顶驱动电源柜发布控制指令，执行机构就会对各制动位的可控顶群进行实时控制，使该段可控顶吸下(锁闭)或立起，实现对溜放钩车的调速控制。同时测重机和控制机还会将各种车辆信息传递给操控终端和

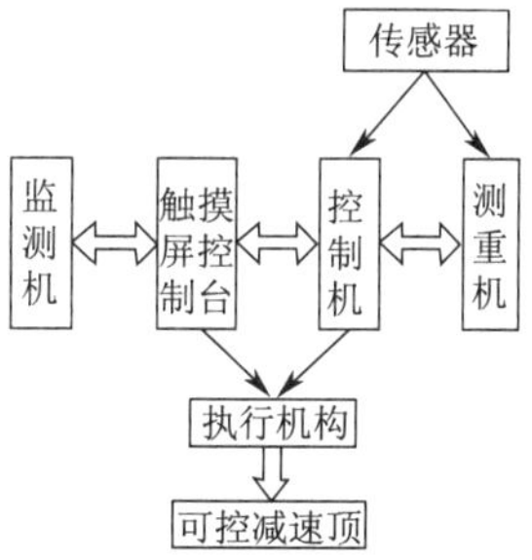

图 6-10　计算机可控顶控制系统(集中模式)框图

监测机，在操控终端上可显示溜放车辆在各个可控顶控制段的动态数据，当控制机或信息采集设备出现临时故障时，可以在操控终端上进行人工控制。

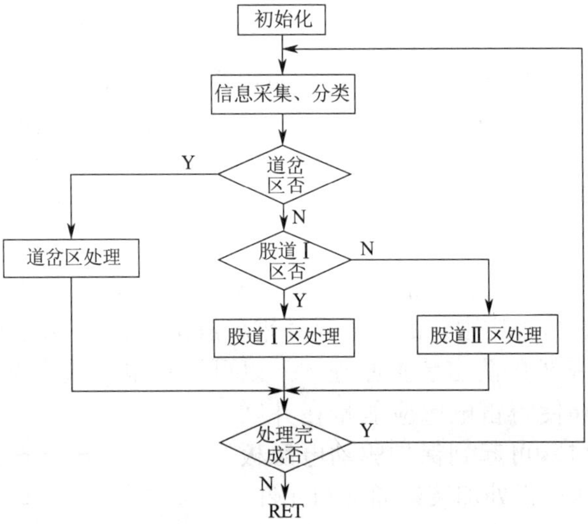

图 6-11　控制机工作流程原理图

在间隔制动位的控制系统，根据采集到的钩车重量等级、溜放速度、车组长度等信息，通过计算机发布指令自动控制可控顶群吸下（锁闭）或立起。确保前后车组之间能保持合理的溜放间隔，尽快通过各分路道岔，避免追勾或侧面冲突，提高峰顶作业效率。而设置在股道内目的制动位的可控顶群，根据由道岔区传递过来的溜放钩车的辆数、平均重量、车组长度和采集到的股道空闲长度、车组速度等信息，通过控制机进行数据分析和优化处理后发出指令，控制可控顶吸下（锁闭）或立起，实现对溜放车组的目的制动调速控制。最终使车辆在股道内与停留车安全连挂，或以较低的速度（不高于 5 km/h）溜行至股道尾部。

监测机的工作原理如图 6-12 所示，它随同主控制机的工作，以串行数据通信方式实时接收控制过程中的各种数据，同时显示各控制点的工作状态。监测系统只能对控制系统的数据进行监测，而不能参与实际控制（包括手动控制）。监测系统需要与主控制机联机工作，随着车辆溜放作业的进行实时完成以下工作：

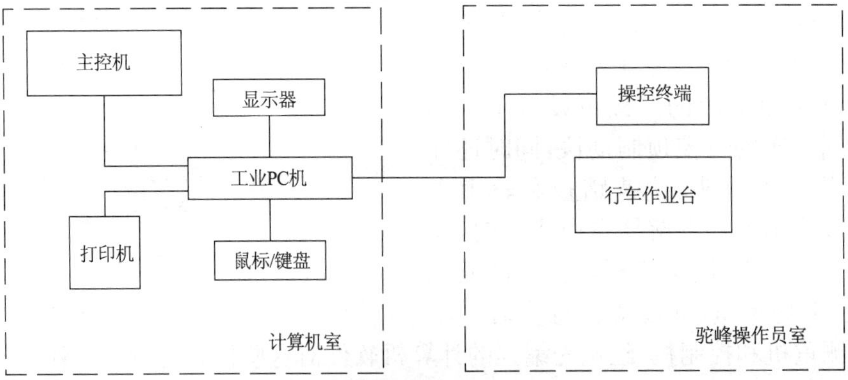

图 6-12　监测机工作流程原理图

1. 实时显示每钩车的重量等级和钩车辆数。
2. 实时显示每辆车经过任意测速点的入、出口速度。

3. 显示机车下峰按钮的状态。
4. 显示测速踏板是否故障的信息。
5. 显示测重系统是否故障的信息。
6. 显示股道区的大约存车数。
7. 显示控制机采取控制的各种信息。
8. 显示控制结果的反馈信息。
9. 显示人工操纵的动作信息。
10. 显示控制机的内存数据区数据。
11. 检查控制机输入、输出口的状态。
12. 显示各种数据的存盘保护。
13. 可从存盘的各种数据中提取电子文档或打印文档(文档一旦记录后，不可修改)。
14. 对日常记录和存储的各点溜放速度，可以在检索调用时形成速度曲线，供今后对调速系统分析之用。通过分析，能够掌握可控顶制动能高的变化趋势，以便对可控顶的维修工作做出更加合理的安排。

三、计算机可控顶控制系统(集中模式)的功能和特点

1. 对溜放车辆的分钩处理功能

峰顶溜放时，控制系统能对溜放车辆进行测重、计轴、计辆，准确识别出溜放车组的分钩，给出分钩后溜放车组的平均重量等级和辆数，并随着车组的溜放，自动跟踪和传递信息，为控制系统提供溜放车组在各个制动位的辆数和重量数据。

2. 对车辆溜放间隔的控制功能

如图 6-1 所示，控制系统在驼峰加速坡及各分路道岔，设置了起间隔制动作用的制动段，针对不同的难、易行车溜放组合，这些可控顶能够通过计算机的实时控制而吸下(锁闭)或立起，实现对易行车制动或对难行车放行来调整钩车的溜放速度，确保溜放车组之间的安全间隔，力求在最大效率前提下使困难组合的钩车能安全通过最后分路道岔。

3. “让头拦尾”控制功能

对大组车特别是大组空车，控制系统能实施“让头拦尾”控制。当大组车以不高于某一设定值的速度进入道岔区或三部位的可控顶群时，控制系统发出指令让可控顶群处于非制动状态，使车组的头部能尽快通过各分路道岔或三部位。当车组速度高于某一设定值时，系统会发出指令使可控顶群立起，对大组车的后半段(尾部)进行制动调速。这种控制方式既可以节省能源，避免对溜放钩车做无用功，又可以提高峰顶推峰速度和避免追钩，在整体上提高了驼峰的解编效率。

4. 变速出口(打靶)控制功能

在三部位可控顶群出口处后设置一段打靶区。控制系统可以根据股道内停留车的位置，溜放车辆的重量、辆数、速度以及钩车的走行状态等因素，对可控顶群实施不同等级的控制，实现溜放钩车的变速出口(一般分为 9 km/h、7 km/h 和 5 km/h)，力求使钩车的溜行距离最远，充分利用线路有效长来提高股道容车数，同时保证与前钩车实现安全连挂。

5. 对股道入口速度偏高或满线的自动控制

当溜放车辆在股道三部位可控顶群的入口速度高于设定的上限值时，控制系统会自动发出指令对车辆实施全力制动，而不受“让头拦尾”调速规则的限制。当股道满线或打

靶距离不够时，控制系统会自动报警，并发出指令停止“让头拦尾”控制功能，而对车辆实施全力制动。

6. 机车下峰作业和反牵的自动控制

机车下峰作业和反牵上峰时，控制系统能命令道岔区和股道大顶群的可控顶全部处于吸下(锁闭)状态，这样既可以减少调机牵引阻力，减轻可控顶对机车、车辆轮缘的磨耗，又能够提高机车上下峰的走行速度和调车作业效率。

7. 控制状态动态显示功能

在控制系统的操控终端上能够自动显示溜放车辆在各个可控顶群的入口和出口速度、股道占用长度、钩车重量、车辆辆数等采集参数和控制参数，并能显示现场传感器和控制设备的状态以及系统运行状态，为操作人员和维修人员提供了钩车溜放全部控制过程的动态信息和直观、简便的对话窗口。

8. 故障导向安全功能

当控制系统发生故障时，系统能够自动报警并进行安全处理，使故障导向安全：

(1)电力中断的自动处理：系统采用主、副两路电源供电，同时还设有 UPS 备用电源。当发生意外电力中断时，系统能够自动报警，并自动进行两路电源的切换；当两路电源都发生临时故障时，系统还可以依靠后备的 UPS 电源进行短时的接续工作，及时对正在溜放的车辆进行速度控制，避免事故发生。

(2)当测重头发生故障时，系统自动报警，并立即启动安全等级控制，以满足对不同重量等级车辆的速度控制。

(3)当某个部位的测速踏板发生故障时，系统自动报警，同时控制机采用模糊控制技术对该段可控顶进行最优化控制，以保证溜放车组的作业安全。

(4)当轨道电路发生故障时，系统自动报警，计轴测速踏板作为冗余设施可对测长功能进行补偿，并正常完成对车组的控制。

9. 自动报警功能

除了故障导向安全功能中提到的报警功能之外，控制系统还具有以下自动报警功能：

(1)追钩报警：系统能正确判定溜放车辆在某一可控顶制动位发生的追钩并自动报警，提示信号员立即采取相应措施，以防止后续钩车发生事故。

(2)途停报警：系统能正确判定溜放车辆在各可控顶区段的走行速度，当车辆速度低于设计规定值或发生途停时，系统自动报警，提示值班人员立即采取相应措施，以防止后续钩车发生事故。

10. 对工作单元的初始化处理功能

当系统判定并确认驼峰由推峰作业转为停轮后，即针对初始化程序中的某些单元进行初始化，清除前次作业中的有关单元参数，并重新设置必要的参数。经过这样的初始化处理，使整个控制系统重新处于初始状态，保证系统对后续的溜放作业车辆能进行安全可靠的控制。

11. 手动优先功能

系统设置有自动和手动两套控制方式，正常使用时以自动控制为主，手动控制为辅。但在需要进行手动控制时，手动控制优先于自动控制。

12. 防雷功能

系统在工作电源、系统通道以及各种传感器和功能板 I/O 接口处都设置了防雷设施，能有效防止雷电对系统设备的干扰和破坏。

13.气象站功能

系统能够根据现场的风向、风速、温度等气象参数的变化自动调整控制参数，也可以通过人工对控制参数进行季节性调整。

14.监测维护工作站的功能

监测维护工作站除与主控系统同步工作之外，还担负着维护工作站的任务。它具有以下主要功能：

(1)具有图形显示功能：能在 CRT 电子屏上显示站场的平面线路图形，并设有可控顶群的位置显示和控制动作显示、踏板和测重头故障报警显示、测重区段和轨道电路占用显示等。

(2)具有推峰速度的监测和数据记录、显示功能，能动态显示溜放钩车经过各个测速点的走行速度，数据显示直观、形象。管理人员可以在室内的显示终端了解调速控制的工作情况。

(3)可对解编作业的各项数据进行统计分析。对于各个股道一段时间(如每班、每昼夜等)溜放车辆数量、轻重车流以及作业效果(连挂率)等进行统计，定期形成统一报表，便于分析判断有关作业规律。

(4)监测数据既可按照溜放钩车的钩序存盘，也可以按照制动点的时间顺序存盘。

(5)数据查询、检索功能。根据需要能够随时检索需要的控制过程数据，为分析行车事故提供依据。现在，简单介绍按照时间要求和钩车进入的股道要求进行的检索。

①按照时间检索数据。

如图 6-13 所示，当现场某一股道出现超速情况，操作人员在屏幕上观察到：15:20，5 道 3 辆重车的出口速度是 6.99 km/ h，应及时通知维修人员。维修人员在监测机屏幕上以鼠标点下“监测查询”图标，进入查询界面，由时间窗口填入 15:15、15:30 为起始截止时间，点下“开始查询”图标，这个时间内的所有控制数据就会全部在屏幕上列表生成。

图 6-13 按时间查询数据表格

②按照溜放钩车进入的股道检索数据。

如图 6-14 所示，维修人员在监测机屏幕上以鼠标点下“监测查询”图标，由股道窗口填入数字 5，便指定了对第 5 道调车线所有控制过程进行数据查询，点一下“开始查询”图标，则当日所有关于第 5 道的有关数据列表生成。此时，可以由原有解体计划中确定要查找的数据。

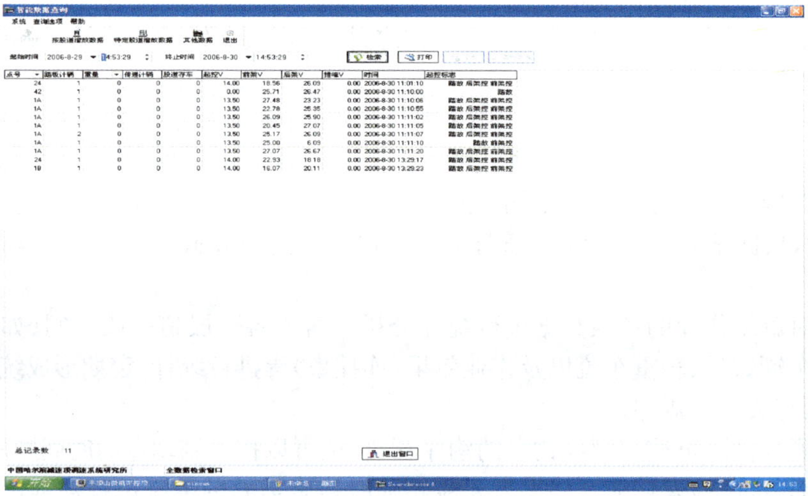

图 6-14　按股道查询数据表格

(6)通过速度曲线对调速系统进行综合分析的功能。图 6-15 所示的是通过监测系统绘制的某股道车辆溜放速度曲线，工作人员可以将它与设计验算得到的标准速度曲线相对比，分析减速顶调速系统的制动能力和变化趋势。如某股道的实际速度曲线值高于标准曲线，应查看该股道的控制记录。如果控制关系正确，则表明这一区段可控顶群的制动能力不足，应该进一步提高可控顶的维修质量。因此，通过对溜放数据和速度曲线的分析，能够及时掌握当前可控顶的性能状态和调速效果，以便更好的使用和维护可控顶。

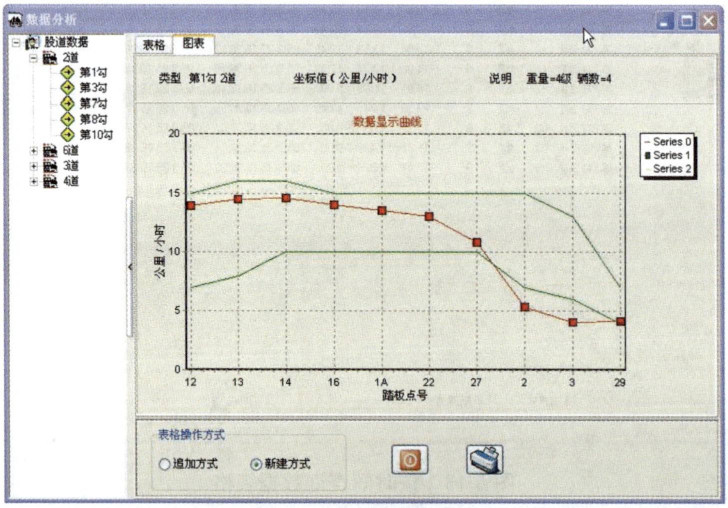

图 6-15　车辆溜放速度曲线

(7)“黑匣子”功能:如果编组作业一旦发生事故,安全监测系统可以起到“黑匣子”的作用,通过监测系统提供的整个作业过程的记录,帮助用户分析事故的经过,找到事故发生的关键所在,为分析事故原因提供了一种有效的技术保证。

(8)当系统发生故障时,监测维护工作站能够通过空网 GPRS 将相关数据回传至中心服务器,经“专家系统”将数据自动分析、解算、故障定位并提出优化的解决方案,可及时处理现场故障。

15. 系统自动化程度高

控制系统具有很高的自动化程度,其中心控制机能根据车辆的速度、重量并结合车辆的走行情况进行全自动化的实时控制,实现溜放车辆的安全连挂。操作人员只需要监视系统的工作状态和钩车走行情况,只有在设备检修以及发生临时故障或进行特殊作业时,才需进行人工手动控制。

四、计算机可控顶控制系统(集中模式)的安装与调试

计算机可控顶控制系统(集中模式)的安装与调试分室外、室内两大部分。

施工前要向建设部门提交施工申请、施工作业组织和安全协议等文件,经过批准后再开工。

施工期间要与用户协调好,尽可能减少行车干扰,保证施工安全与运输作业安全。

施工完毕后,除将竣工图纸交给用户之外,还要在施工单位将有关文件和资料办理存档。

这些都是保证运输安全、设备养护维修以及将来进行技术改造的重要前提和基础。

(一)室外控制设备的施工安装与调试

1. 测速踏板的安装与调试

TDJ—DCSF—1 型测速踏板安装在钢轨内侧,它采用无源磁簧感应开关,平时开关处于开路状态,通过车轮轮缘的滚动,在磁感应的作用下使开关闭合,产生一个开关信息量。测速踏板必须成对安装,才能检测出通过车辆的速度。

(1)测速踏板的配置标准

测速踏板的施工设计符号表示为:▲。它采取成对设置的原则,两个测速踏板为一组,构成一个速度采集点。两个踏板必须按照规定的间距安装于钢轨内侧。当车辆经过这组踏板时,可测得车轮在单位距离内的走行时间,根据公式(6-1)可计算出车辆经过该点的速度。

$$v = L/T \tag{6-1}$$

式中:v——车辆经过测速踏板的速度,m/s;

L——一组测速踏板间的间距,m;

T——车辆经过一组测速踏板的时间,s。

(2)测速踏板定标原则

在现场安装测速踏板前,需要对每一组踏板“定标”,即确定其具体的安装位置。定标需要的相关的资料有:站场平面图、调速系统布顶方案设计、用户对作业的特殊要求、对调速控制指标的特殊要求、设计提出的预留扩展方案等等。对于每个可控顶段来讲,每对测速踏板都必须执行的一项标准是:在可控顶群第一台顶前 1.5 m 处确定为该组测速踏板的中心点。

(3)测速踏板的安装尺寸

①水平距离:两个测速踏板的水平间距为 1 m,以两个踏板的中心为准(或两个传感器同侧边缘为准),可使用钢板尺或卷尺进行测量。

②垂直安装高度：如图 6-16 所示，测速踏板的“垂直安装高度”是踏板上平面距钢轨轨面的距离。由于测速踏板是通过车轮轮缘产生磁感应采集信号的，所以它的垂直安装高度与车辆轮缘尺寸的大小及车轮踏面的磨耗等有直接关系，同时还与踏板磁感应的敏感范围密切相关。经过理论计算和实际试验，测速踏板的“垂直安装高度”确定为 $40_{-3}^{\ 0}$ mm，可使用带水平显示的高度尺或专用模块进行测量。

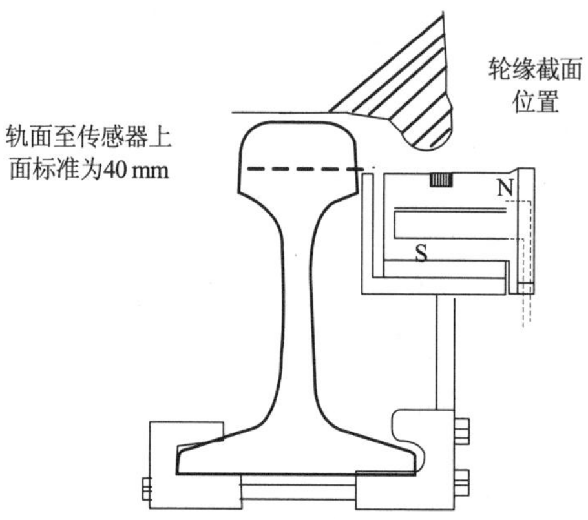

图 6-16　测速踏板安装示意图

(4)测速踏板的调试标准

①垂直安装高度：应符合 $40_{-3}^{\ 0}$ mm 的标准。使用铁质的模拟车辆轮缘的多功能“调整样板”，可方便地调试出垂直安装高度。

②对进入动作宽度值和释放动作宽度值的调试：以测速踏板中心线为基点，沿钢轨于踏板一侧向中心线平行移动调试卡块，进入触发感应点(进入动作点)，继续移动并越过中心线至释放感应点(离开动作点)为止，其间的距离长度为调试参数。其中进入动作宽度值应为 15～20 mm。当卡块继续移动通过中心线后，释放动作宽度值应为 30～40 mm。

(5)测速踏板的安装调试注意事项

①当系统采集测量值偏差大于标准值时(超差)，应通过调整踏板相对钢轨的距离来调整，即在允许范围内使踏板水平方向贴近钢轨或远离钢轨来调整。通常要根据数据偏差的正负情况调整踏板相对于钢轨的方向、距离，但要注意不可改变踏板传感器相对钢轨面的垂直尺寸。

②如果前项办法不能将输出动作数据调整好，要注意不可将踏板相对于钢轨的距离调整得过近，而应该调整干簧管的安装尺寸，具体方法是：松开干簧管的紧固螺丝，以专用扳手调整干簧管定位六角螺帽，使干簧管产生位移。再进行测试，根据动作数据的变化趋势进一步重复调整，直到符合标准为止。注意要保持干簧管触点处于水平位置。

③若开始调整就出现了“不工作”状态，应检查干簧管是否出现质量问题。具体做法是松开干簧管的紧固螺丝，将干簧管从传感器中取出，观察干簧管外观有无异常，包括是否有裂痕、断线、引线根部松动等现象。若外观上没有异常，应进行特性测试。具体办法是：将干簧管的两条引线接入欧姆表(即万用表的欧姆档)，将干簧管接近传感器，如果欧姆表的读值没有变化，说明没有导通，则证明干簧管已经失效，需要更换。

2. 测重头的安装与调试

本控制系统所采用的测重头是“塞钉式力敏荷重传感器”。它是通过检测车轮对钢轨产生的应变量来计算重量的方式，具有不需要单独设置水泥基础、安装方便、调试简单、精确度较高、造价较低等许多优点。该传感器一般都安装在峰上加速坡区段。

(1)测重头的配置标准

TDJ—DCA—2 型电阻应变片式测重头由两部分组成：一是塞钉式传感器主体(简称测重头)；二是配套的前置放大器。测重头的安装如图 6-17 所示，测重头与钢轨的配合部位有较高的安装工艺要求。测重头是一个带有 1∶20 锥度的圆锥体，带有 3.6 m 长的引线和插头，可插入放大器的对应插座上。

(2)测重头的定标原则

测重头的安装位置应设在峰顶平台下方单辆车已完全脱钩的地方,一般要通过人工在现场的实际观察来确定。具体的定标原则是:从驼峰峰顶平台上推送单辆车时,车辆开始完全脱钩的实际位置。

(3)对安装测重头区段的线路要求

安装测重头的线路,包括钢轨的轨距、水平标高、钢轨磨耗情况等应符合工务部门的线路养护维修标准,轨枕石砟应夯实无空隙。对磨耗超限的钢轨应在安装测重头之前及时更换,否则在开通使用后再进行换轨,将造成重复施工并对运输生产造成不利影响。

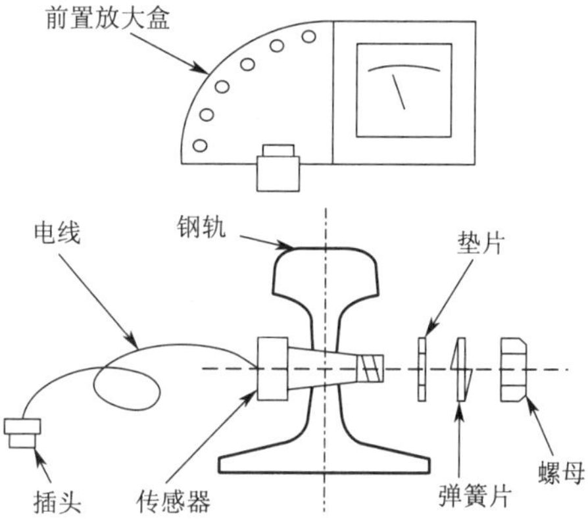

图 6-17　测重头安装示意图

(4)测重头的安装、调试工具

①钻头:直径为 ϕ28.5 mm。

②专用绞刀:锥度为 1∶20,刃长为 120 mm,小径为 ϕ26 mm,大径为 ϕ32 mm。

③万用表:电压档应具有 200 mV 量程,以便在测量 OUT1、OUT2(模拟量输出端)时读值准确。

④小螺丝刀:用以调整前置放大器的“放大”、“调零”两个电位器。

⑤套筒扳手(M5 螺母):用以安装前置放大器的接线端子。

⑥对讲机:用于室外、室内进行联合调试。

(5)测重头的安装

塞钉式传感器的安装方法是在钢轨轨腰部打孔,然后将传感器“塞入”钢轨之中安装。图 6-18 所示的是测重头轴向旋转的安装位置,钻孔的位置应在钢轨轨腰的中性轴上,如图 6-19 所示。测重传感器的安装步骤如下:

①用 ϕ28.5 mm 的普通钻头在钢轨轨腰上钻孔。

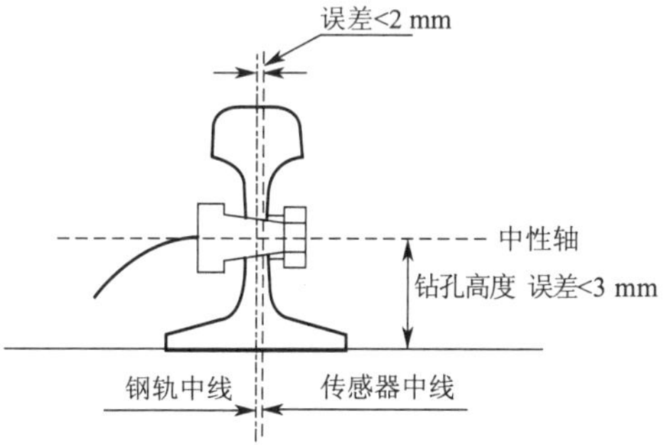

图 6-18　绞孔位置图

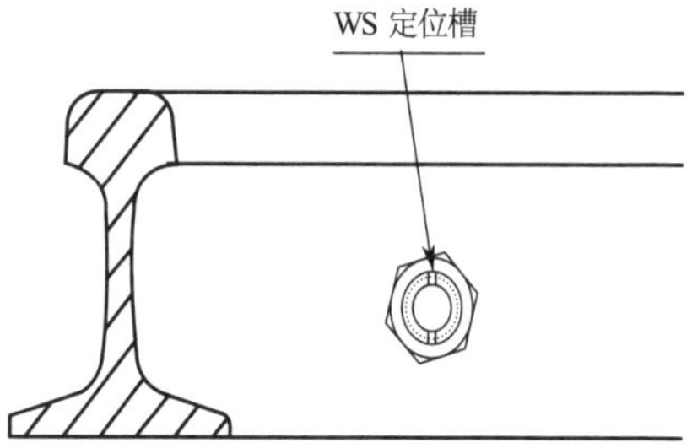

图 6-19　测重传感器头部示意图

②用专用绞刀对已钻的孔进行绞孔。注意绞孔过程不可一次完成,要循序渐进,一边绞,一边用测重头塞入孔中进行试验,观察塞入的深度是否已达到标准:在测重头塞入孔中并与钢轨密贴的情况下,大直径一端应剩余6 mm左右。绞孔过大会使剩余量过小,而绞孔过小会使剩余量过大,这都将使传感器不能在车轮轮对经过时产生最大的剪应力,也

就不能产生最大信号。因此，必须通过不断的试验来完成绞孔。要防止盲目绞孔而使孔径过大造成废孔。

③由钢轨的内侧向外侧安装或反向安装测重头都是允许的，只要注意将图 6-19 中 WS 定位槽垂直或平行于钢轨面即可。

④在测重头的伸出端装入弹簧垫片和螺母，用扳手紧固螺母。

(6) 测重头的调试

测重头安装之后，应进行必要的调试。

①测重前置电路的安装调试

a. 在安装调试前置放大板之前，首先要与控制室内联络进行送电，检验电缆连接是否准确。将万用表调至直流电压 200 V 档，测量 OUT5、OUT6 直流 24 V 的正负极性是否符合说明书的规定，若极性相反，则应将 OUT5、OUT6 端子电缆对调后再行测量。

b. 端子的极性确认无误后，在端子柱上安装前置放大板。应注意放大板安装是否平整，必要时应使用端子平垫来找平，以防止电路板安装后发生形变而出现故障。

②调整电路“零点”(调整工作点)

调整零点，是将传感器的前置放大器电路初始工作点确立在最佳区域，目的是使重车轮压过时产生的大信号不致饱和，轻车轮压过时产生的小信号不致失真，各种因素带来的工作域飘移不致影响数据的准确性，最终能确保测重头的正常可靠工作。测重头的零点调整步骤如下：

a. 测重头桥压零点调整(桥臂电流平衡调整，即是传感器的工作点调整)。测重头桥压零点调整的目的是在没有车轮压过时使传感器输出信号为零。方法是：将测重机面板上的“桥压平衡电阻”的表针旋转至五点十分的位置，此时传感器两个桥臂的支路电流处于平衡状态，所以没有信号输出。

b. 调整前置放大器工作点。对测重头的工作点调整之后，还要进行放大器工作点的零点调整，即对前置放大器的“调零电位器”进行调整。具体方法是：将万用表调至直流电压 200 mV 档，测量放大板 OUT1(信号端)、OUT2(地端)的读值，同时调整调零电位器，直到测量的电压接近“零”为止。注意调试后的读值越小，效果越好。

这两个步骤进行完毕之后，测重头工作点已处于最佳的区域，可以对各种飘移、各种车辆大范围的轴重具有很好的适应能力，能够保证控制过程的稳定。

③测重等级的标定与调整

a. 采用硬件标定重量等级的方法。测重等级的标定涉及车辆重量等级的最后测量结果，所以对测重单元进行标定需要在上述各项工作完成之后通过实际溜车来进行。要求溜车的组合：首先用机车或重载车通过测重头，测量出的重量等级应为 4 级；然后再用空车通过测重头，测量出的重量等级应为 1 级。若与上述标准有偏差，则应通过调整“放大电位器”进行调整。具体方法是：用小螺丝刀调整放大板上的电位器后，观察车辆溜放测量结果的变化趋势，再根据变化的情况逐步进行调整，直到符合正确结果为止。

b. 采用软件标定重量等级的方法。控制系统在室内配置有测重传感器物理量(波形曲线)的屏幕显示，在调零步骤完成后，当进行车辆溜放时，在屏幕上可以显示出传感器转换出的模拟量图形。只要模拟量图形基本符合规律，无论图形是具有双极性或是只有单一极性(正负对称或不对称都可),都可在溜放过程中不停轮,根据车辆实际重量用键盘按键进行标定。具体的操作方法是:一边对照当前溜放钩车的作业票据,一边用键盘按键标定计算系数,在解体作业的同时将测重级别确定。这样可以省去停轮、调整电位器、再溜车进行调整的标定过程。

3. 室外电缆工程的施工

室外电缆工程属于规范化的铁路信号电缆工程施工。先期的调研、设计、概预算由设计部门根据布顶方案来设计,内容包括:测速踏板的电缆和箱盒、测重头的电缆和箱盒、可控顶驱动电源柜的电缆和箱盒、轨道电路的电缆和箱盒等。施工程序、施工质量都应符合电务部门信号系统的规范和要求,监理部门应按照规范的监理程序和手续对现场的电缆工程进行监管。

(二)室内控制设备的安装与调试

1. 室内控制设备的安装

(1)控制机机柜安装

控制机机柜为标准 21 英寸机柜(高度为 1.8 m),由上至下一般分为五层,安装于机房防静电地板上,在地板下面敷设室内电缆到操控终端、综合接口柜和监测机系统。

(2)多功能接口柜和操控终端的安装

多功能接口柜提供了值班员工作台功能,操作人员可以通过操控终端办理、操纵和观察可控顶调速的各项作业。为了节省空间,在多功能接口柜内部集成了操控终端主机、电缆分线盘、轨道电路板机匣、控制触发机匣、室内通道电缆 D25 型接口等多种设备。

多功能接口柜遵循标准驼峰控制台的结构尺寸和安装工艺,一般安装在驼峰控制室内瞭望视野较好的进路操纵控制台旁边。

(3)外分线盘电缆施工

外分线盘的电缆施工属于控制台安装的一部分,它应遵循铁路信号工程的施工规范。外分线盘设在控制台的多功能接口柜内,在施工工艺上电缆要盘存适当余量,电缆芯线还要做成符合防静电、防雷电的几何式样。

(4)电力引入装置——交流自动转换盘的安装

交流自动转换盘引自两路三相四线电网的入户处,在电路设计上属于标准系列产品。在当前使用的主电网离线时自动转换到另一路电网,也可根据需要由人工切换。它遵循标准安装工艺,悬挂于机房墙壁动力电的引入处。安装时应注意将各个负载在三项回路中均衡匹配,避免负载失衡。

(5)室内通道电缆施工

室内通道电缆是多功能接口柜(含操控终端)、控制机柜和可控顶驱动电源柜之间的连接通道,在机房内部防静电地板下面扎结铺设,跨房间时可以走地槽,也可以走室内电缆架铺设。室内电缆工程的施工也应符合铁路信号工程的技术要求,在施工时对防火、防鼠等都要采取相应措施,同时注意预留一定的备份电缆并全部编上序号,以备今后扩展、检修或更换之用。

2. 室内控制设备的调试

(1)屏幕显示同室外设备的一致性调试

对于新建的站场，在控制设备安装调试期间一般还没有车辆运行，或只有少数车辆运行，因此需要通过在分线盘电缆端子的“电平模拟”来调试系统中的通道是否符合设计要求。具体应进行以下调试：

①对站场平面线路形状的确认调试。

②对信息采集点(测重点、各测速踏板点及各轨道电路段)的位置、编号的确认调试。

③对控制输出点位置、编号的调试，确认其是否正确。

通过调试，使上述各类信息在屏幕上的显示正确无误，从而可以确认室内配置的通道电缆是否正确，系统接口驱动程序和硬件的关系是否一致。

(2)主控制机调试

主控制机调试包括踏板采集程序调试和控制传递程序调试。

①踏板采集程序调试。

踏板采集程序虽然已经基本固定，但现场仍需要根据各踏板安装点的曲线半径、路基的震动程度、安装限制等因素进行大量的反复观察和测试，在程序上进行有针对性的细化调整。

②控制传递程序调试。

控制传递程序需要针对各控制点布局的差异性，通过调试来最后确定。控制点的布局随可控顶群的位置而定。在实际溜车过程中，各个溜放钩车的溜行轨迹常由于布局的关系会出现不应有的混合交叉，如有些隔钩车在相邻线束或股道发生“时序倒置”，即后钩车先于前钩车将信息进行了传递，导致信息错位，传递关系错乱，使后续的控制不能正常运行，所以必须在运行时通过发现钩车“时序倒置”的故障来对控制传递程序进行改进完善，最后确定可运行的程序版本。

(3)测重机程序的安装调试

测重机的程序在施工之前已经初步调试完毕，施工时需要在现场测量以下数据：测重头、测速踏板配置而成的“测重区段”距第一制动位(加速坡上第一段可控顶群)起始点的距离、变坡点距测重区段的距离。同时，还应在溜车中结合货票提供的车重信息，实际观察车载状况来进行软件的调试，以便能够正确测量钩车的重量等级。目前，一般将重量等级分为四级。由于各站场测重区段的坡度不尽相同、钢轨型号以及路基质量不同等，测重程序都需要根据这些条件的变化来进行具体的调试。

(4)输出与反馈的调试

输出反馈的含义：驱动电压向负载送出后，必须通过反馈信息来确认负载已通电并且正常工作。这样可以避免因短路、断路、混线等故障而导致可控顶动作失控，它是保证可控顶能否正常工作的重要环节。

调试的方法：通过屏幕图标的显示状态结合电压表的极性测量，当对某一可控顶制动位发出控制指令后，操作显示屏对应的图标应显示“状态正常”，否则应测量相应端子是否有电压极性改变。若没有极性改变，则需要检查、调试驱动电源板一侧的各个环节，包括室内通道电缆、继电器转换匣、驱动电源板、室外电缆通道以及可控顶电控阀。如在没有操控指令时就出现电压极性改变的话，则需要检查、调试“操纵反馈检查”一侧的各个环节，包括 PC 总线 I/O 板、室内通道电缆、防抖动电容盒、采集软件程序。整个调试过程概括起来说，就是通过对外分端子的电压极性逐一进行测量和检查，确定“输出端”或“反馈端”是否有非正常现象，然后对故障一侧的相关设备进行检查和调试。

(5)分线盘轨道电路调试

在分线盘轨道电路输入端测量轨道电路交流电压，需要室内、室外同步配合进行测量与调整，最终要求轨道电路的交流端电压满足 8～12 V 的范围内。

轨道电路示意图如图 6-20 所示。系统中采用交流轨道电路来测量溜放车辆的走行速度、走行距离(测长)、停留车位置等。轨道电路安装后应进行电压调试，标准是：在室内的交流端电压应该为 9 V。由于轨道电路的电压是由室外送到室内，所以必须室内、室外同时进行联调，将所有轨道电路的电压逐个调至标准值。方法是：在室内用电压表测量轨道电路电压输入值的同时，在室外通过调整轨道变压器的绕组串并联组合(使用不同档次跳线)，或通过限流电阻器来改变送电值，然后经反复测量调整，直至达标。

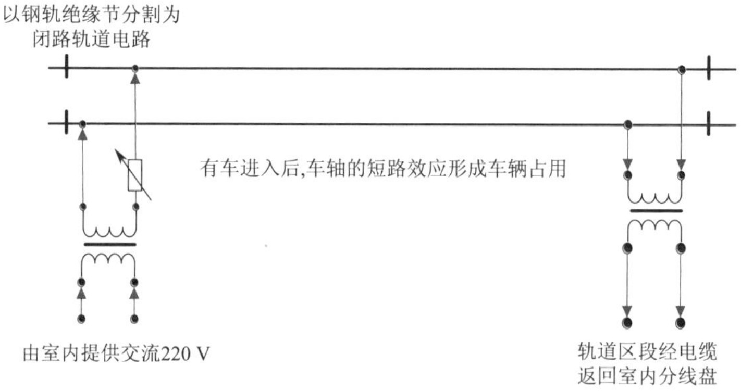

图 6-20　轨道电路示意图

┃—钢轨绝缘节。

五、计算机可控顶控制系统(集中模式)的应用实例

集中模式的计算机可控顶控制系统目前已在中国数十个站场安装应用。现以广州铁路(集团)公司的韶关站计算机可控顶控制系统为例加以介绍。

韶关站是中国首个采用计算机可控顶调速系统的站场，是铁道部几大限制口之一的“坪石”口下行方向的第一个编组站，长期以来素有“插翅难飞、过车必停”之称，足见其繁忙程度和重要性。为了提高其编组能力，历史上曾经对韶关站驼峰进行过两次重大改造：1989 年该站为了提高驼峰解编能力，在原有的 7 条调车线上使用了计算机可控顶调速系统，将原先的脱鞋道岔＋手闸制动的“土驼峰”改造成为具有自动调速功能的驼峰；2003 年，根据韶关站运输生产的发展，广州铁路(集团)公司对韶关站驼峰又进行了多项技术改造，其中包括增加两股调车线并对计算机可控顶调速系统进行全面的改造升级，可控顶采用了高负荷系列产品，控制系统的各项设备也全面升级，其结构和功能也得到进一步提高。

(一)控制系统的设备构成及功能

1. 控制机柜

控制机柜是采用分层结构的标准 21 英寸机柜，由上而下，第一层为测重机，第二层为控制机，第三层为电源层。第一代控制机和测重机均采用 Z80 总线结构工控计算机，2003

年，控制系统升级改造后采用了 AT96 总线嵌入式工业控制系统计算机，将原来各个无动态监测功能的 I/O 功能板提升为具有动态显示功能的系统采集板，原测重机中的 CTC 板、A/D 转换板、光电隔离输入板、光电隔离输出板也都提升为多功能板，可以直接观察到传感器的动作显示，便于掌握传感器的工作状态是否正常。AT 总线嵌入式工业控制系统计算机设备结构灵活方便，利于扩充，模板标准化、功能单一，便于维护和查找故障，具有较高的抗干扰能力，可用于恶劣的工作环境。控制机柜内的设备有控制机、测重机、供电电源。

（1）控制机

控制机的硬件系统由 CPU 板、CTC 板、光电隔离输入板、光电隔离输出板、监测通信板和总线匹配板等组成。它的功能是采集车辆速度信息，根据车辆的速度、重量和走行情况进行控制处理。

（2）测重机

测重机的硬件系统由 CPU 板、CTC 板、光电隔离输出板、A/D 转换板、放大板、总线匹配板和 14 英寸显示器等组成。它的功能是采集溜放钩车的重量信息并进行平均，然后和分钩信息一起发送给控制机。测重系统经过升级改造后，运行时可以在屏幕上动态显示测重过程的各种参数，如动态显示车辆每一轴的重量曲线和采集次数等。工作人员可以通过测重机屏幕上的显示直接确认系统的运行是否正常，为控制系统的操控、维护、管理和故障处理都提供了便利条件。具体需要确认的项目有：

①测重机的各个工作环节及测重传感器的实时工作状态。

②模拟量传输过程中有无噪声伴随。

③信号放大系数是否合理，放大器有无出现意外震荡。

④前置放大器工作点是否处在合理区域内。

⑤传感器的输出曲线是否正常，传感器、放大器、传输线路在整个链条中是否出现故障。

（3）供电电源

韶关站的测重机与控制机采用专用的计算机电源，具有较高的抗干扰能力。电压输出为＋5 V/10 A，＋12 V/2 A，－12 V/1 A。机柜内共有三台电源：一台用于控制机；一台用于测重机；还有一台作为外电源，用于控制机和测重机的电源，可以互为备用。

2. 操控终端/多功能接口柜

韶关站最初使用的操控终端为机械式控制台，其外形尺寸与标准的驼峰信号控制台相同。2003 年升级改造为电子触摸屏/鼠标驱动的视窗系统操控终端。电子屏幕图形的总体布局对应股道图形并设置有可控顶控制段、测重区段。能够通过屏幕图形直观地观察车辆的分钩辆数、重量等级，实时跟踪和动态监视溜放车辆调速的全过程：各个控制点的车辆走行速度、控制命令、控制动作反馈等。操作人员还可以在设备发生临时故障时，通过电子触摸屏或鼠标对相关的可控顶群进行手动控制。

在操控终端的台面下设有多功能接口柜。该柜采用浓缩的框架式结构，除具有室内外的电缆分线功能外，还设有各种模板化的功能板。

接口柜的内部结构，由下而上，共分五层。

第一层：踏板和测重信息输入层。

第二层：控制信息输出层。

第三层：轨道信息输入层(包括轨道继电器板)。

第四层：控制继电器板层。

第五层：工业控制 PC 系统机(操控终端主机)。

综合接口柜内插件板有控制继电器板和轨道继电器板。

控制继电器板：将室内的手动控制、自动控制条件转换成控制输出条件，提供给可控顶执行电源。

轨道继电器板：轨道电路的交流电压经它转换成开关量信息，送入控制机进行打靶控制处理和供给轨道占用显示使用。

3. 监测机

韶关站使用的是一台工业控制 PC 系统机，为研华科技 610H 工业控制品牌机。监测机的系统软件也在逐步完善提高，由最初的 DOS 操作系统升级为 WINDOWS 视窗操作系统，监测机接收控制机提供的车辆辆数、速度、重量等级、控制动作等数据，记录在硬盘上，同时以数据格式显示出来，检索、再现更加直观，并且具备了统计和分析等管理功能，数据可以保存一年以上。车站作业人员及设备维护人员可以通过它监视车辆溜放作业情况和对可控顶的控制情况，利用存储的数据分析故障原因。

监测机的图形中可显示 60 余种元素，动态组合更是在 540 种以上。除此之外，在图像更新、显示“实时性”指标方面也取得了重大突破。监测机系统软件达到了设计要求的实时性，成功解决了以下两个瓶颈：

(1)中断响应在操作系统运行前提下，相关设备驱动程序运行的最大延迟响应时间小于 15 ms。

(2)中断处理程序的最大运行时间小于 10 ms。

4. 驱动电源柜

为满足韶关站计算机可控顶调速的需要，采用了三个可控顶驱动电源柜，总共担负 55 段可控顶的驱动控制，他们集中设置在信号楼机房相邻的电源间。可控顶驱动电源柜为可控顶电控阀提供电源，通过对可控顶电控阀进行送电或不送电的控制，使可控顶滑动油缸处于吸下(锁闭)或立起状态，实现对溜放车辆的调速功能。其基本电路为可控硅调压控制电路及隔离保护电路，具有开、短路声光报警和负载短路自动保护等多项功能。

5. 测速踏板

韶关站共有 9 条调车线、8 组分路道岔，根据布顶方案设计，共设置了 66 对 TDJ—DCSF—1 型磁簧感应式测速踏板。在峰顶设置了用于测量推峰速度的踏板；在测重区设置了测重计轴踏板；在各分路道岔的可控顶控制段前设置了测速踏板；在三部位及以下的股道区设置了可控顶控制和轨道测长踏板，用以完成溜放钩车的测重信息采集、钩车分钩、信息传递、可控顶区段测速与控制、轨道电路测速与打靶控制等。

6. 测重头

韶关站采用的是 TDJ—DCA—2 型应变片式测重传感器，它具有较好的防雷性能。由于韶关站峰顶平台以下加速坡的距离较短，为了解决加速坡布顶区段空间紧张的矛盾，将传统长 12 m 的测重区段缩短为 4 m,使加速坡的布顶数量提高了 50%,从而有效地提高了对钩车在加速坡进行间隔调速的能力。

7. 轨道电路

韶关站共设有 18 组轨道电路,每股道从三部位起,连续布置两段交流轨道电路。第一段由警冲标开始到大顶群后 30 m 处;紧接其后第二段轨道电路长约 100 m。通过他们可以判断车组走行和停留的位置以及股道内的存车情况,为钩车变速出口控制和"让头拦尾"控制实时提供信息条件。

8. 两路电源自动切换装置

两路电源自动切换装置安装在韶关站驼峰控制楼的动力电入口处,在输入端接有两路三相 380 V 低压电源屏,当其中一路断电时,可以自动切换到另一路来保持供电,从而保证对整个系统的正常供电。

9. 不间断电源(UPS)

在韶关站机房的控制机柜附近安装了 UPS 电源,其型号为山特 UPS－C2K 电源,额定容量为 2 kW。平时起稳定电压作用,当输入电网断电时,不间断电源能利用内部蓄电池储存的电能释放出 220 V 交流电,提供给控制机柜。

10. 传输电缆

传输电缆采用信号标准规格 PZYV 型电缆,通过它将测重、测速、轨道电路、控制命令、可控顶电源等信息传输到各个终端盒上,电缆的埋设深度应大于 70 cm,穿越股道的电缆埋设深度应大于 90 cm,并加防护管。

(二)系统的运用情况

韶关站的计算机可控顶控制系统经过升级改造后,系统的安全性、可靠性进一步提高,所有控制系统的硬件设备都经过精心设计,全部采用模板化结构,其中一路发生故障并不影响其他模板工作,便于进行维修。计算机工作稳定,采用两路电源供电,能保证设备的连续工作。系统配置有手动控制台,一旦控制机发生故障时,可以利用手动控制台由人工直接操纵调速设备动作。

韶关站驼峰调车场采用集中模式的计算机可控顶调速系统,用可控顶代替落后的铁鞋和手闸制动,系统安全连挂率达到 95%左右,进一步提高了列车解编效率和调车作业自动化水平,减轻了工人的劳动强度,保证了人身安全和作业安全,取得了很好的运营效果。

第三节　分布式计算机可控顶控制系统

一、分布式计算机可控顶控制系统的基本组成

分布式计算机可控顶控制系统是在集中式控制系统的基础上发展而来的,由室内设备、室外设备、计算机软件、控制电缆和防雷设施五部分组成。该系统与集中式的控制系统大部分设备都是相同的,现仅就不同之处加以介绍。

分布式控制系统室内的主要设备是监控机,它把操控终端和监测机合二为一。监控机触摸屏上各部位顶端都设有"手动"和"自动"两种按钮,手动控制优先于自动控制。手动控制作为一种应急和辅助控制手段可以使调速控制达到最佳效果。

为了进一步节约资源、提高系统的安全等级，分布式控制系统的硬件结构采用分散的拓扑形式：在室内不设主控制机，而是将一台主机的功能拆分为多个相对独立的控制单元，每个控制单元由一台控制单片机和智能驱动电源组成。这些控制单元分布在现场距可控顶较近的位置，电缆铺设也不是由室内主电缆引出，而是根据各个控制单元的设置直接在室外铺设，通过CAN现场总线技术将拓扑结构的控制单元有机地连接在一起，形成安全性能更高的局域网。

二、分布式计算机可控顶控制系统的工作原理

分布式控制系统的工作原理与集中式的控制系统基本相同，都是将踏板、测重头等传感设备采集到的速度、重量等信息，经控制计算机分析、处理后发出命令，控制现场的可控顶吸下（锁闭）或立起，实现对溜放车辆的调速控制。不同之处在于：分布式控制系统不是由一台主控制机进行控制，而是由多个相对独立的控制单元对可控顶进行控制，它的系统框图如图6-21所示。分布式控制系统采用了先进的CAN现场总线技术。CAN总线又称为控制器局域网CAN(Controller Area Net)，它综合了数字通信技术、计算机技术、自动控制技术、网络技术和智能仪表等多项技术手段，从根本上突破了传统的"点对点"式的模拟信号或数字—模拟信号控制的局限性，构成了一种全数字化、多变量、多节点的通信与控制系统。分布在现场的各个可控顶控制单元通过CAN总线连接后，形成了拓扑结构的局域网，各控制单元可以通过这个局域网进行数字通信，传递和共享各种信息，获得溜放车辆的数量、重量、速度等信息，完成对可控顶的控制。当局域网的连锁传递关系出现意外故障时，各控制单元还能独立按照速度信息对溜放车辆进行控制并及时对故障报警，同时还可以将控制信息反馈到控制室内的监控机上。

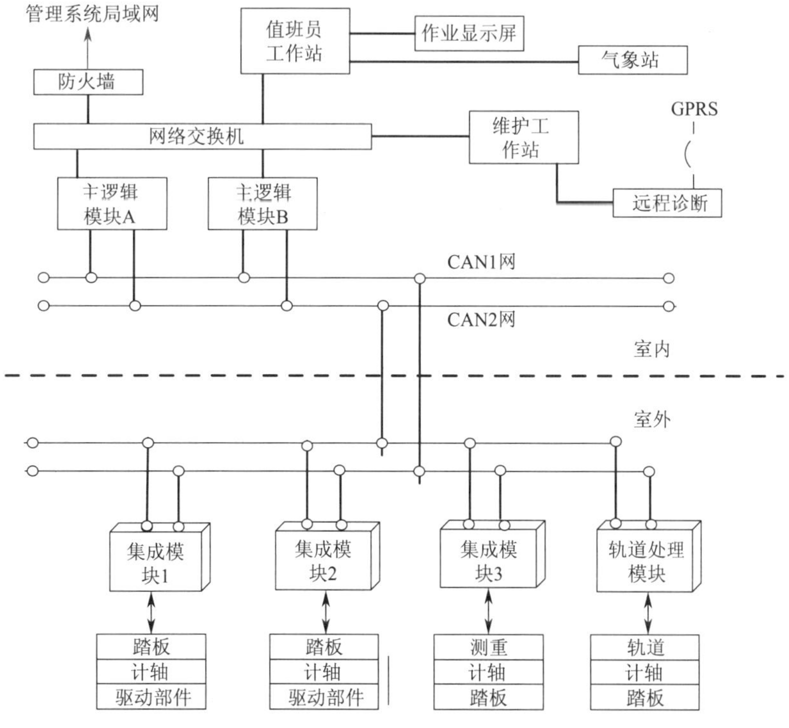

图6-21　分布式控制系统框图

监控机接收测重机和各分散控制机提供的重量等级、辆数、速度、控制命令等数据，记录在硬盘上，同时在车辆运行的路线相对应的位置显示出来，操作人员可以通过它监视车辆作业情况，还可利用它分析故障原因。系统各部分设备如发生异常情况都有报警信息传递到上位机显示出来，包括单元控制机、测重机、控制电源板、车轮检测器(踏板)故障报警信息显示及故障查询等功能。设备维护人员可在显示屏上直接观察到发生故障的设备位置和故障原因，使维修更加快捷方便。

当作业出现异常情况时，监控操作人员可及时进行手动控制，直接操控现场控制电源箱，对某一可控顶段给出起控或消控命令，保证行车安全。系统在每次溜放作业之前只需点击一次触摸屏上的“溜放作业”按钮，系统即进入全自动状态。当一列车溜放完毕，在调车机下峰之前，按下“机车下峰作业”按钮，系统进入机车下峰作业状态，机车可及时进入调车场作业。

三、分布式计算机可控顶控制系统的功能和特点

分布式控制系统除能够实现与集中式控制系统相同的各项功能外，还具有以下功能和特点。

1. 采用先进的 CAN 总线技术。

分布式控制系统采用了具有 ISO-11898 国际标准的 CAN 现场总线技术，该项技术已广泛应用于各种工业控制和过程检测，它有以下特点。

(1)CAN 可以是对等结构，即多主机工作方式，网络上任意一个节点可以在任意时刻主动地向网络上其他节点发送信息，不分主从，通信方式灵活。

(2)CAN 网络上的节点可以分为不同的优先级，满足不同的实时控制需要。

(3)CAN 采用非破坏性仲裁技术，当两个节点同时向网络上传送信息时，优先级低的节点自动停止发送，在网络负载很重的情况下不会出现网络阻塞性的瘫痪。

(4)CAN 可以点对点、一点对多点、点对网络的方式发送和接收数据，最远通信距离为10 km(5 kb/ s)，节点数目可达 110 个。

(5)通信介质采用廉价的双绞线，无特殊要求，接口简单，容易构成用户系统。

2. 节约投资，安全可靠性进一步提高。

由于采用 CAN 总线技术可以就近连接现场的可控顶控制单元并形成网络，因此不需要由室内敷设主电缆，可以节约大量通道电缆和控制室的使用面积。另外，现场各控制单元具有自动测速和控制功能，当局域网信息传递出现故障时，控制单元可智能化地独立工作；而当控制单元局部出现故障时，也不会对控制系统的全局造成影响，进一步提高了系统的安全可靠性。

3. 系统软件具有冗余功能。

在分布式控制系统中，各控制单元一般按全场连锁式的数据传递进行控制，在此基础上系统软件冗余了各控制单元以速度限进行控制的功能，使系统具有双保险的控制手段，能有效防止溜放车辆在单元区段出现失控和超速现象。分布在可控顶附近的控制单元通常可根据测重机传递的数据信息，按重量等级分析处理后发出控制命令，对溜放车辆进行自动控制。一旦连锁传递关系出现故障，各控制单元能立即对故障报警，并适时启动冗余

的区段速度限控制软件，独立按照速度信息对溜放车辆进行控制。

4. 采用自适应理论和设置速度限，进一步优化控制。

系统采用自适应的模糊控制理论，针对溜放车辆不同的重量级别、速度、辆数，生成四个优化的基础控制模型。为应对测重等级偏差、数据传递失效等意外情况的发生，设计了以"速度限"作为唯一控制条件的冗余程序。当溜放车辆的相关信息不能联锁传递时，同时又出现了车速过高或过低的情况，系统将及时启动冗余程序，按照设定的"速度限"进行自动控制，以保证溜放作业的安全。

5. 手动控制具有"一键多控"功能。

为了进一步提高控制系统的安全可靠性，除了在发生意外事故或设备临时故障时，手动控制优先于自动控制之外，针对全场可控顶群的布局，对手动控制还设计了"一键多控"的优化方案。此时，只需要人工手动按下一键，就可以完成对道岔区多个可控顶控制段的控制，从而保证在道岔区走行的多钩车组的安全。

四、分布式计算机可控顶控制系统的安装与调试

分布式控制系统的安装与调试与集中式控制系统基本相同，其主要不同之处有：

1. 测重机的安装调试。测重机安装在现场峰顶平台下的测重头附近，主要调试指标是兼顾大组车与小组车的分钩距离、判定时间等参数。

2. 单元控制机与智能控制电源的安装调试。他们分别安装在现场加速坡、道岔区和股道可控顶群附近的标准 XB 型变压器箱内。根据自身所处的位置，各单元控制机需要分别调试不同的控制参数，各智能控制电源需要调试不同的电压输出参数。

3. CAN 总线的安装调试。CAN 总线需要在现场进行调试，主要参数有两项：一个是终端匹配电阻值与传输线电阻值，另一个是通信速率，需要通过试验确定最佳匹配值。

由于设备常年在室外工作，受气温、雷电、雨雪等外界环境的影响和干扰较大，因此需要对他们采取较好的防护措施，以确保设备在全天候条件下正常运行。

五、分布式计算机可控顶控制系统的应用实例

1998 年，哈尔滨铁路局南岔站在 15 股调车线上安装了分布式计算机可控顶调速系统，该站地处中国东北部严寒地区，冬季最低气温一般都在－35 ℃以上，经过 10 多年的应用，证明系统完全能够满足自动化驼峰调车作业的需要。

（一）控制系统的设备组成及功能

南岔站分布式计算机可控顶控制系统由室内的监控机和安装在现场的测重机、各单元控制机、控制电源箱、车轮检测器（踏板）及轨道电路等组成。

1. 监控机

南岔站的监控机软件用 Visual Basic 语言编写，所有操作全部在触摸屏的工作界面上完成。考虑实际的应用方便，所有信息都集中在一起显示，并实行数据库管理，采用两个层次的数据库保存当前数据及历史数据，便于查询和分析。

2. 控制单元（单元控制机）

如图 6-21 所示，控制单元为分布式控制系统框图中的集成模块 1、集成模块 2 等。南

岔站 15 股道设有若干控制单元，他们是局域控制总线拓扑下的各个“节点”，分别是独立的电脑并集成了接口等外围电路，根据不同的功能运行不同的软件。

单元控制机软件用 C51 编写，对由车轮检测器（踏板）检测到的车轮信息、测重单元传来的数据、其他控制单元的逻辑关联信息进行综合处理（逻辑关联是指需要同其他单元控制机共享的信息）。应用模糊控制理论，对不同的重量级别、速度、钩车辆数，在 4 个基础模型上通过软件自学习机理生成控制对策，对于各种类型的车辆和气候的变化，系统都能适应，可以达到最优控制的目的。图 6-22～图 6-25 所示的直方图是各种车辆在不同部位的速度限值。

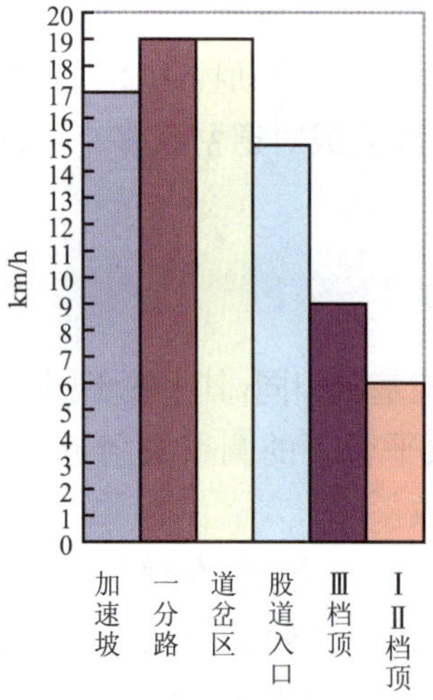

图 6-22　一级车速度限值

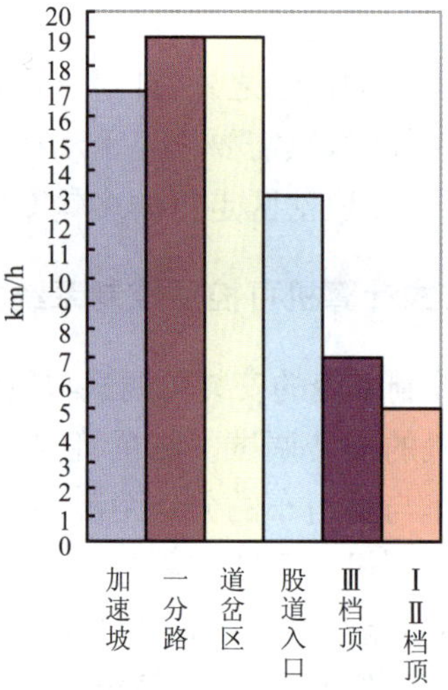

图 6-23　二级车速度限值

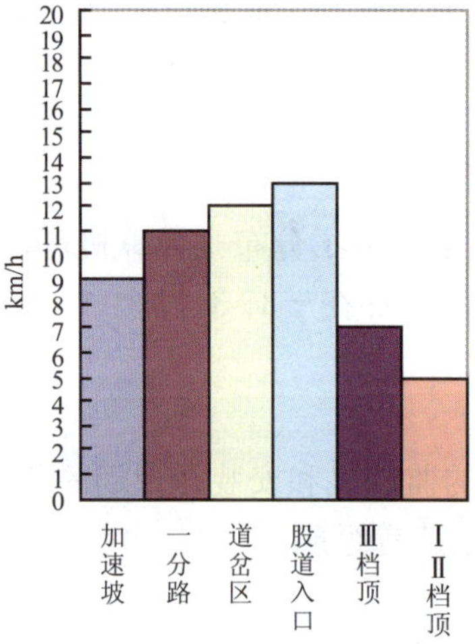

图 6-24　三级车速度限值

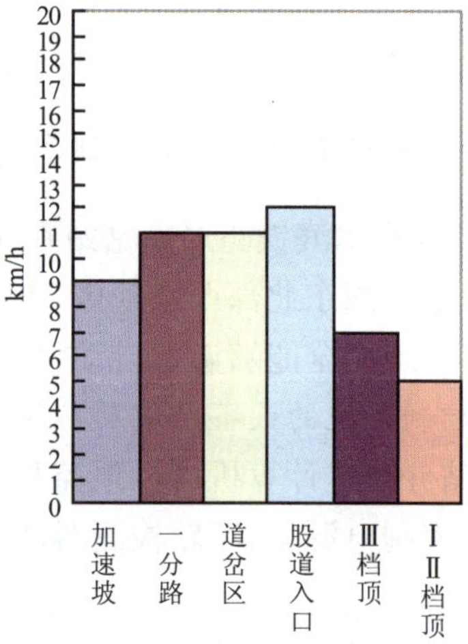

图 6-25　四级车速度限值

3. 测重机

测重机软件同样采用 C51 编写，根据车轮通过车轮检测器（踏板）的信息进行模糊处理，从而判别分钩。根据测重传感器的波形信息来计算车辆的重量级别和每钩车的辆数，车辆分钩后，立即把信息压缩送入网络。

4. 控制电源模块

电源板是整个系统的智能终端设备，由单片机控制。单片机采用通用插卡式，通过接收单元控制机或监控机下达的控制命令，对可控顶实施控制，并且向单元控制机和监控机反馈控制状态。

5. 引入 CAN 总线网络技术

南岔站分布式计算机可控顶控制系统采用先进的 CAN 现场网络技术，整个系统根据实际情况由若干个分布控制单元组成，各控制单元既受监控机统一管理同时又独立存在。各单元之间、信号楼的监控机和现场单元之间通过 CAN 现场总线的网络来交换信息。现场的调速设备——可控顶，不是由电缆集中到信号楼内统一驱动，而是由安装在现场的控制单元直接驱动。

6. 防雷设施

南岔站控制系统的供电电源进线和现场各控制单元全都安装有菲尼克斯防雷器，电源接入安装有两路电源互投箱，控制系统供电采用 UPS 不间断电源供电。

7. 操作界面的升级优化

如图 6-26 所示，为了在使用上更加方便人工操控，针对全场可控顶群的布局，对可控顶的手动控制菜单进行优化升级，将原先一一对应各可控顶群的人工控制方式，变更为“一键多控”的布局方式：将加速坡，一分路，二、三分路以及股道三部位分为 4 个一键控制区段，使对顶群的手动操控由原来的一个点扩大成一个“面”。当手动操纵设定的三部位控制图标时，可使全场 15 股道三部位的可控顶群全部收到控制命令，这就大大提高了控制的实时性，可以避免各个股道同时有车需要人工控制时难以同时操控的现象，有效地应对了站场股道多、面积大、人工操控可控顶时机情况复杂的局面。

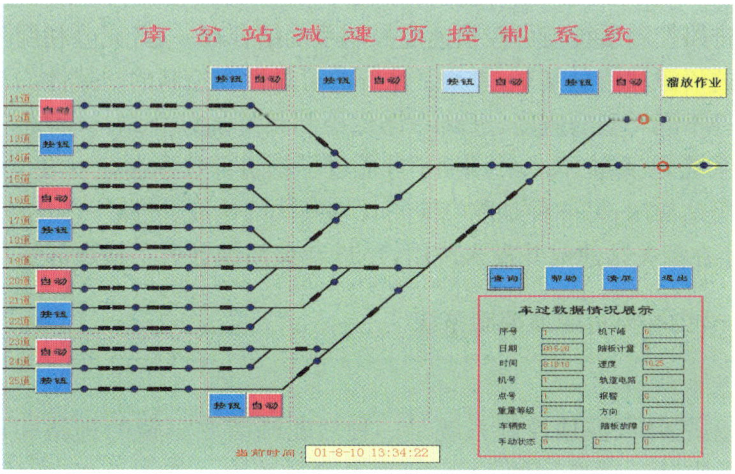

图 6-26　南岔站分布式控制系统操纵控制界面

(二)系统的运用情况

南岔站分布式计算机可控顶调速系统通过多年的应用和改进、完善，经历了冬季

—30 ℃以下恶劣气候条件的考验，使用安全可靠，实现了驼峰调车作业自动化，取得了十分显著的经济效益和社会效益。

1. 自动化程度高，安全可靠性好。

南岔站采用的分布式计算机可控顶控制系统具有安全、高效、全自动的特点，使调车作业实现了全自动化。在每次溜放作业前只需要在监控机上点击一次"溜放作业"按钮，系统即进入全自动状态，不需要人工操控，更不需要制动员在线路上参与工作。由于系统采用CAN总线技术，并且软件设计具有各控制单元独立工作的冗余功能，因此，当通过CAN总线网络传递的各种车辆信息出现意外故障时，各控制单元能独立对车辆进行控制，同时不受道岔等信号联锁关系的影响，系统具有很高的安全可靠性。

2. 提高了驼峰解编能力和作业效率。

该系统大大减少了机车下峰整理时间，提高了工作效率，节省了能源，减少了人员开支，改善了调车人员的工作环境和人身安全状况，调车作业不受气候条件影响。经测试，车辆溜放连挂率达到98%以上。

3. 现场设备操作和维护简单。

南岔站采用的新型监控设备操控简单方便，该站制定了完善的作业方法，使操作人员的作业规范化、专业化、科学化，有效地防止了故障发生。维护人员只需经过短期培训，即可独立工作。对有故障的设备，只需通过简单的更换备件即可完成。

第四节　溜放速度和进路控制一体化的计算机可控顶控制系统

20世纪90年代，计算机可控顶调速系统在中小驼峰的技术改造中得到了较快的推广应用，为了实现调车作业资源和信息共享，进一步提高自动化程度，有关研究部门又开发研制了驼峰溜放钩车速度控制与进路控制"合二为一"的计算机可控顶自动控制系统。该系统将驼峰进路控制系统与可控顶速度控制系统结合在一起，充分利用了外部设备，实现了溜放作业的资源和信息共享，提高了系统的可靠性和控制的一致性。

下面对两种不同类型的速度、进路一体化控制系统加以介绍：一种是TWD—2型驼峰可控顶控制系统，该系统于2000年10月通过了铁道部技术鉴定并在北京局简子沟等十多个驼峰编组站使用；另一种是驼峰应力计轴模式的速度、进路一体化计算机可控顶控制系统，1996年在韶关站建成并投入使用，1998年该系统通过了铁道部技术鉴定。

一、TWD—2型驼峰可控顶控制系统

(一)系统基本结构

TWD—2型驼峰可控顶控制系统是一种对驼峰溜放车辆的进路和调速实行一体化控制的系统，它是一种典型的DCS集散式控制系统。如图6-27所示，系统的基本结构由现场设备、控制室内设备、机房和机械室设备、电缆系统和系统软件等组成。

现场设备主要有道岔转辙设备、轨道电路、信号机、计轴设备、测重头、车轮传感器、可控顶和气象站等；控制室内设备主要有控制台、区长工作站、调车长工作站、调速工作站等；机房和机械室设备主要有控制机柜、电源屏和UPS电源、继电器组合架(柜)、分线盘

(柜)、维护工作站等;电缆系统包括室外电缆和室内电缆;系统软件采用控制级、管理级、操作级三级体系结构,由标准化、通用化、模块化、系列化的计算机组成 。

控制系统的控制级与管理级间,以及控制级内各控制器之间采用了 1 M 控制局域网(CAN)进行通信联系;操作级与管理级间以及各级内之间采用 10/100 M 以太局域网络(Ethernet)通信。控制级为 Intel80386 专用嵌入式计算机,操作与管理级采用工业 PC 机 80486、P2 或 P3 CPU。管理级采用 AMX386 实时多任务操作系统,操作级采用中文版 Windows NT Workstation 4.0 操作系统及多媒体技术。按控制功能和范围设定了不同的自动化独立节点,故障不扩散,最大节点数 32 个(可扩至 1 024 个)。操作级最多可接 10 个工作站,可选择光纤通道使传输距离大于 4 000 m,可与异网互连。管理级计算机集中了联网设备的所有信息,实现集中指挥与管理。

采用集散式 DCS 结构体系使 TWD—2 型可控顶自动控制系统具有以下优点:

(1)管理和控制一体化,特别是在管理方面使系统具有更大的发展空间。

(2)风险高度分散,一般驼峰设计有近 20 多个独立节点,避免了局部发生故障引发全场失控的可能性。

(3)下层用硬件组态,上层用软件组态的方法使系统针对不同站场规模,不同功能需求具有很强的灵活性。

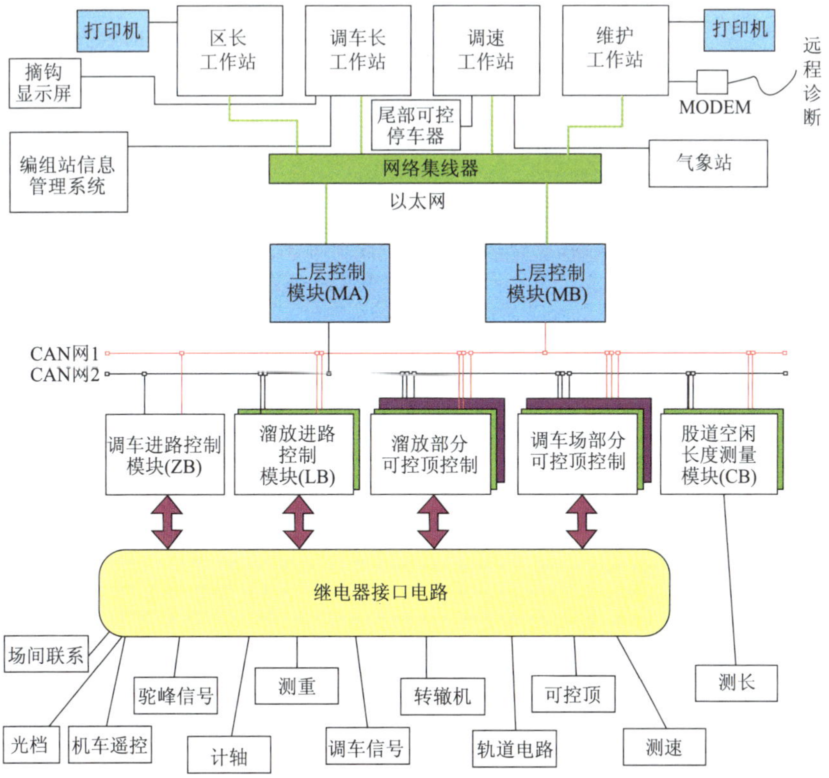

图 6-27　TWD—2 型可控顶自动控制系统结构示意图

(二)系统工作原理

TWD—2 型驼峰可控顶控制系统是一个功能较为完善和复杂的过程控制系统。该系统的功能绝大部分是由软件编程来实现的，通过实践逐步完善，使系统具有对驼峰溜放车辆的进路和可控顶调速一体化的自动控制功能。系统各功能分别在不同层进行处理，其分工原则是:实时性要求高的控制在控制级处理，信息相关联的综合控制在管理级处理;控制级侧重于分别控制，管理级侧重于集中管理，控制级负责信息的采集，管理级实现信息共享。系统的主要功能和工作原理如表 6-1 所示。

表 6-1　系统功能分工

主要功能	控制级	管理级	操作级
联锁	信息采集，联锁核对，道岔、锁闭、信号的输出执行，挤岔及设备故障逻辑运算	选路，完整的联锁逻辑运算	站场图形显示，进路始终端及其他办理操作接口
溜放进路控制	信息采集，钩车逻辑跟踪，道岔命令执行，追钩、钓鱼、分路不良、错道、道岔恢复、峰下分钩及设备故障等逻辑运算	调车作业计划的存储，钩车全程速度跟踪，途停、堵门、满线逻辑运算	调车作业计划输入、编辑、电子表格显示，溜放作业操作与电子表格滚动显示
测重及峰顶计轴	输入轴重，计算车辆平均重量，收集并统计每钩轴数，回牵减轴运算，测重及计轴的故障判断逻辑	计算钩平均重量，划分重量等级，判别空重混，将测重和计轴记录对应到钩并随溜放跟踪	重量等级信息在图形窗的显示
轨道封锁	分路道岔发令及锁闭的执行	封锁逻辑运算	相关封锁的操作与显示
间隔调速	信息采集，可控顶控制(半自动功能)，途停、追钩、设备故障等逻辑运算	控制溜放部分可控顶群出口速度数学模型计算	可控顶控制状态、计轴等信息在图形窗的显示
目的调速	信息采集，可控顶控制(半自动功能)，途停、追钩、设备故障等逻辑运算	控制调车场可控顶群出口速度数学模型计算及“让头拦尾”运算	可控顶控制状态、计轴等信息在图形窗的显示
测长	轨道电压输入及模数转换，走长计算，监停及停长计算，故障判别计算	动长计算	测长值在图形窗显示，测长窗信息电子表格显示
报警记录	产生各种信息源，信息基本分析	信息高级分析、整理，信息格式化	信息存入数据库，数据库检索人机界面处理

(三)可控顶调速自动控制的主要功能和特点

1. 系统具有间隔调速和目的调速功能。对于间隔调速，系统可根据钩车的间隔和下级可控顶入口速度要求，自动控制可控顶的出口速度。对于目的调速，系统可根据对股道停留车的测长以及钩车到达停留车位置时安全连挂的要求，自动给定可控顶群的出口速度，并自动确定钩车是否需要停在可控顶群上或减少"让头拦尾"，以保证溜放钩车在调车场内的安全连挂。

2. 通过测重头可获取钩车测重跟踪信息，或识别计划中空重车记标，以计算可控顶的速度控制参数。

3. 通过车轮传感器或计轴设备可获取钩车峰顶计轴信息，或识别计划中的钩车辆数，自动给定可控顶的出口速度和自动调节"让头拦尾"控制的可控顶数量。

4. 系统自动提供钩车通过可控顶群过程中详细的跟踪记录信息，并存入维护工作站数据库。对于错道钩车，可控顶能根据跟踪信息进行正常控制。

5. 系统具有方便的半自动控制功能，即具有人工参与可控顶控制的功能。在计算机工作站的应急台上设有手动操纵可控顶群制动、缓解的按钮，在紧急情况下可以手动直接操纵全场的可控顶。

6. 采用先进的双区段轨道电路原理作为测速工具。

7. 在调车进路上的可控顶群应处于缓解锁闭状态，以防止顶机车，并防止动长误计。

8. 系统具有多种故障导向安全的功能。工作站上具有可控顶区段轨道占用、可控顶控制状态等表示和相关设备发生故障时的状态表示，诸如钩车在可控顶群上途停的判别与报警，轨道电路故障（调整或分路不良）的状态表示与报警等。

9. 系统可通过气象站的测量自动调节速度控制参数，必要时也可根据气象变化人工调节对可控顶的速度控制参数。

10. 系统对大轮、油轮和薄轮车具有较好的控制效果。

（四）调速控制系统的主要技术指标

TWD—2 型驼峰可控顶控制系统能对多种型号的可控顶进行自动控制，诸如电动锁闭式可控顶、气动锁闭式可控顶、真空吸下式可控顶等。系统的主要技术指标：

1. 系统双区段轨道电路测速误差：	±0.2 km/h
2. 车轮传感器计轴器的测速范围：	1.5～30 km/h，采集误轴率＜0.6%
3. 测重范围：	8～108 t
4. 目的调速控制距离：	650 m
5. 安全连挂率：	≥90%
6. 自动化率：	≥95%
7. 人工修正调节等级：	9 个
8. 控制级延迟时间：	≤0.6 s

二、驼峰应力计轴模式的速度、进路一体化计算机可控顶控制系统

（一）系统的基本组成

驼峰应力计轴模式的速度、进路一体化控制系统由两大部分组成，速度控制系统与集中模式的计算机可控顶控制系统基本相同。驼峰应力计轴进路系统的设备主要有工业控制计算机、PLC 可编程工业控制器、应力计轴式轨道电路系统、驼峰信号电源屏、驼峰信号基础设备、驼峰信号机、快速转辙机、调车信号机和室外电缆通道系统。

应力计轴轨道电路的基本构成如图 6-28 所示，在道岔的前端设置一个计轴器，后端设置两个计轴器。他们采用的是调速系统中使用的 TDJ—DCA—2 型电阻应变片式测重头，在钢轨旁的箱盒中设置了单片机，与他们共同组成一个“应力计轴道岔区段”。如果前端计轴器和后端任意一个计轴器的计轴数相等，则自动报出区段内无车信息，否则自动报出区段内有车信息。考虑到故障导向安全的规则，在计轴器自检故障时也属区段内有车占用。

计轴传感器的安装调试方法与测重头的安装调试方法相同。

（二）应力计轴进路控制系统的工作原理

应力计轴进路控制系统的工作原理如图 6-29 所示。

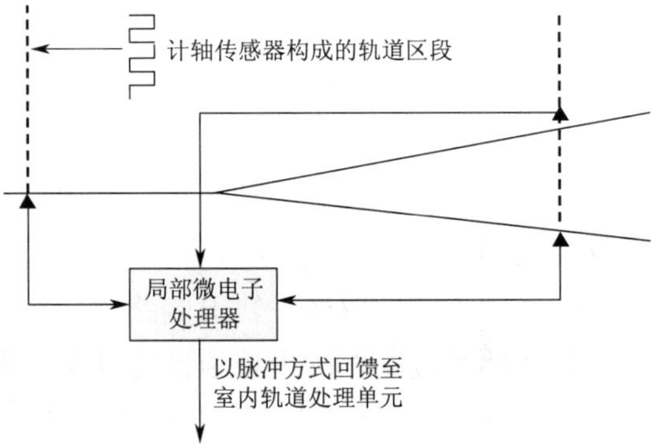

图 6-28　应力计轴轨道示意图
▲—应力计轴传感器。

由工业控制计算机（简称工控机）或网络通过人—机对话界面，发布命令办理驼峰调车作业计划或开放调车进路。工控机在得到“溜放开始”命令后，溜放钩车通过应力计轴道岔区段时，可连续自动检测钩车的轴数，判断道岔区段的占用和出清，按照作业计划自动发出道岔转换命令。工控机在得到“进路开始”命令后，系统按照调车进路命令检查道岔区段的占用条件，自动发出转换道岔命令，构成当前的调车径路；当自动开放相关信号机后，连续（实时）检查道岔密贴、区段占用条件等。道岔转换、联锁关系校核以及信号开放等过程由 PLC 控制器完成操作，其中手动应急台用于在溜放期间对道岔的应急操纵。

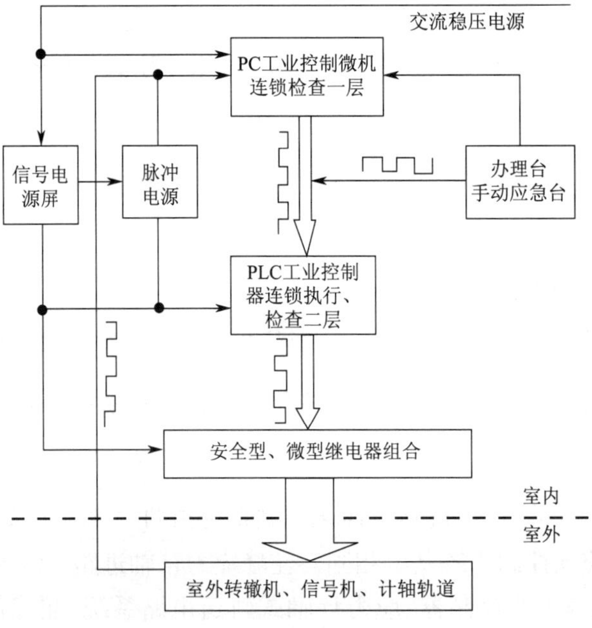

图 6-29　进路控制系统框图

如图 6-30 所示,由串联结构的工控机和 PLC 工业控制器组成“双机运行”的安全模式,共同完成信号联锁关系的建立和校核任务。工控机完成了联锁检查校核,再交给 PLC 工业控制器重复检查校核。其中的脉动链条是控制命令传输的安全模式:“脉冲电平为有效”,使微电子器件在故障时,无论随机导向“0”或“1”的任何一方,都失掉了脉冲电平,都能够有效阻塞错误命令而导向安全。这种“脉冲链”所获取的安全方式,可以替代庞大的“三取二”硬件系统,既可以降低成本又能保证安全。

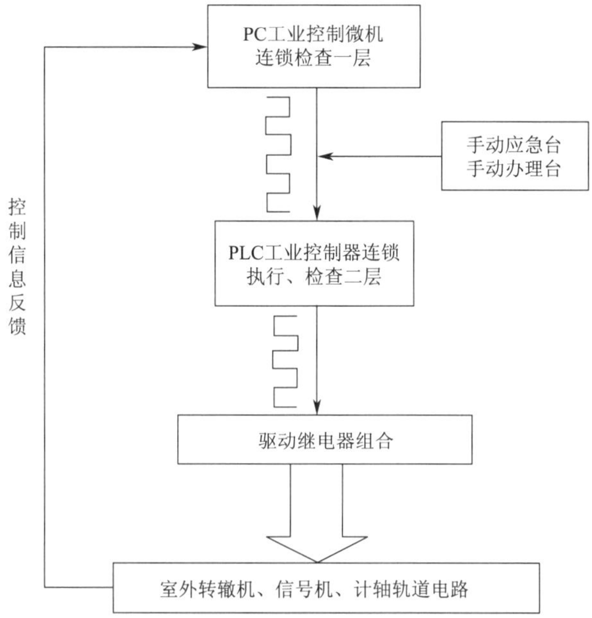

图 6-30　双层联锁及全貌示意图

(三)系统的功能和特点

1. 系统的基本功能

调速控制的功能与集中模式、分布式调速控制系统基本相同。进路控制部分的功能有:

(1)能够自动或人工输入解体计划。作业时可同时调用两个计划并人工或自动切换,在一个溜放计划执行完毕后,自动或人工转入另一执行计划。

(2)在溜放过程中,可任意修改、变更或调用其他计划实现套溜。

(3)具有联网功能,自动接收储存综合自动化系统的溜放计划。

(4)能够按照调用计划自动预排进路及溜放过程中进路命令自动逐级传递和跟踪,将钩车排往预定的股道。

(5)在道岔区如果发生追钩,能实现追钩自动处理。

(6)溜放中如发生车组溜错道,能够跟踪车组直至股道,并提供去向信息。

(7)在解体过程中若发生因为摘不开钩而产生“钓鱼”现象时,系统能够自动判断、自动处理,保证后续溜放计划的正确,而不发生跟踪、计辆等错误。

(8)道岔恢复保护处理。若发生道岔因故未能转换到底,应在规定时间内及时回转到位，并锁闭该道岔，经人工确认后方可办理解锁。

(9)对于轻车发生跳动现象，智能计轴轨道电路能杜绝区段占用与出清的逻辑混乱。

(10)能够利用区段条件测量车组的走行速度，实时确定车组走行位置，为调速系统提供速度、间隔距离等参数作为控制分路道岔参考。

(11)通过智能计轴轨道提供摘错钩报警，经识别和处理后发出回迁提示。

(12)具有满线检查功能，在三部位车组停留后自动封闭该股道的后续计划。

(13)能够动态显示进路命令、道岔区段占用、道岔转换位置、道岔封锁等情况。

(14)在车组溜放进行过程中，道岔人工单操办理优于计算机自动控制操纵。

(15)能够对溜放控制过程、人工干预情况、区段占用与出清、道岔转换、信号开放与复位等各项设备状态全面监测、记录，可由图像方式按时间顺序实现再现功能。

2. 主要技术特点

(1)采用智能化的应力计轴器替代传统的闭路式驼峰轨道电路，消除了一般轨道电路分路不良造成道岔中途转换的事故隐患。

(2)采用计算机和 PLC 可编程控制器，可完成驼峰信号联锁的办理、进路检查、进路锁闭、信号开放等各项功能，完成分路道岔的安全控制。当溜放过程发生错钩、错道时，可对后续钩车进行自动纠错。

(3)系统采用串联结构的工控机和 PLC 工业控制器组成“双机运行”的安全模式，当计算机或 PLC 的半导体元件发生意外故障及传输通道意外混入电平时，命令将不能传递，后续动作将不能产生(成功阻塞所有意外造成的假命令)，可实现“三取二”并联联锁系统的功能。

(4)使用 PLC 可编程控制器独有的“插锁”指令功能，当硬件不良致使工作电源短时中断后又意外重新供电(重新上电)时，能够保证程序不致中断和盲目运行。

(5)采用 PLC 可编程控制器，每组道岔可比传统的继电器驱动设备部件减少 2/3，道岔恢复时间由部颁规定的 3.4 s 缩短到 2.4 s，可使车辆溜放间隔距离缩短近 1/3，推峰速度和解编效率提高 10%以上。

(6)系统可将作业数据实时保存为文件，并能实现监测数据的图形化回放，为日常维护和事故分析提供了有效手段。如 NN 道岔在某一时刻转换到 X 位置，YY 信号机在某一时刻开放绿闪信号，ZZ 区段轨道在某一时刻被占用等，都可以按照时间顺序进行事后检索，并将各项动作以图像形式回放，使发生过的溜车情景一目了然。

(四)系统的安装与调试

调速控制部分的安装和调试本章第二节已介绍过了，现简要介绍进路系统的安装与调试的主要内容。

1. 计轴轨道的安装与调试

计轴器使用的是 TDJ—DCA—2 型电阻应变片式测重头，其安装调试方法参见本节二、(一)。钢轨旁箱盒中的单片机需要结合放大系数来调试程序参数，放大系数由专用的液压卡梁对传感器轨面施加 1.5 t 压力确定。在调定为标准压力值后再使用标准系数来运行程序。

2. PLC 编程控制器的安装与调试

PLC 控制器的安装，属于标准工控设备的安装 。一般将其安装在标准 21 英寸机柜内。

软件调试方面，先期 PLC 已经完成基本模块、基本逻辑程序功能，但由于配置的转辙机为不同的型号，其配线逻辑的标准有差异，需在现场借助转辙机、驱动部件来模拟调试。模拟调试的主要目的是将部颁要求的安全规定对照现场具体设置的转辙机参数来进一步对 PLC 程序进行调试。

图 6-31 表明了某个道岔转辙机在定、反位操纵控制程序中的一段程序，在由定位操向反位与由反位操向定位的过程中，相应的程序中具有四个计数器 CNT256＃6、CNT258＃6、CNT257＃6、CNT259＃6，目的是检查控制命令的“脉冲链”的脉冲个数，要求相关各计数器检查到 6 个脉冲时(＃6)，控制条件“为真”，否则程序不会继续进行对道岔的转换控制。类似信号机、计轴轨道电路等设备也应在现场调试。

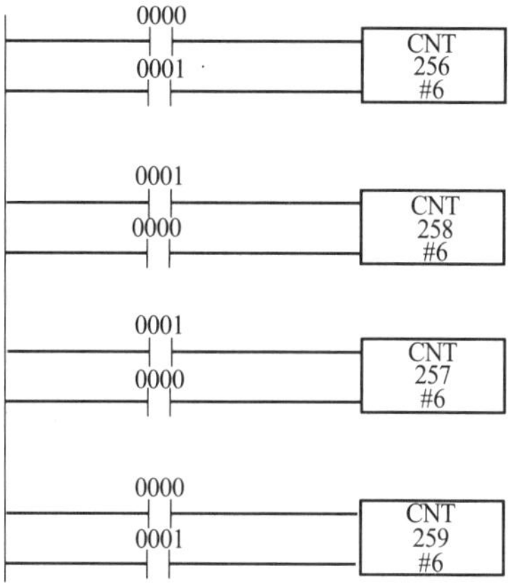

图 6-31　PLC 编程示例

3. 驼峰信号电源屏调试

驼峰信号电源屏的型号各不相同，它的电流、电压等具体参数、继电保护电路以及蓄电池的配置等都需要根据各站场的实际情况来调整和匹配。

4. 调试各项容错手段、故障导向安全试验

通过人为制造错误条件、极限工况来检验容错结果。

5. 系统联调

用模拟调试机构同系统对接，按照各种办理的联锁表逐项进行调试。如办理某一信号进路，由信号机、转辙机、轨道电路等分别作出模拟条件、故障条件，再由监测数据来查询办理过程是否达到了设计标准和符合故障导向安全的结果。

（五）驼峰应力计轴进路控制系统的应用实例

韶关站原驼峰调车场未设置调车进路信号机、电动转辙机和继电器式轨道电路，除去迂回线的一组电动道岔纳入场间联锁以外，驼峰溜放部分均为人工手扳道岔。为进一步提高驼峰调车场的自动化程度以应对日益增长的运输需求，1996 年在韶关站建成了速度、进路一体化计算机可控顶调速系统，哈中心配套研制了驼峰信号进路控制系统并于 1998 年通过铁道部技术鉴定。

1. 系统的设备构成及功能

该系统配置了华控系列 STD 总线工业控制机，作为人机交互办理的控制台，配置欧姆龙 C—200 型 PLC 可编程工业控制器，完成重复检查校核的故障—安全功能。在现场的溜放区和股道区设置了 16 段应力计轴区段，实现了电子计轴方式的轨道区段；设置了驼峰信号电源屏和 8 组 ZD7 型快速电动转辙机；增设了线束调车信号机、线路出发表示器，满足了韶关驼峰场的自动进路信号控制各项要求。

对于既有驼峰信号条件电路，由计算机采集、显示并输出必要的回执条件。系统中计轴轨道能够适合 13 t 平板车、内燃机车及多轴大跨距特种车等所有车种走行，能适应的车速为0～40 km/h，功率耗损比继电器轨道电路节电 40％。

2. 系统的运用情况

韶关站驼峰应力计轴速度、进路一体化控制系统于1996年开通使用。进路控制系统与调速控制系统配套之后，驼峰推峰速度由4 km/h提高到5 km/h，解编作业效率提高了20%，节省了扳道人员5～7人/班，杜绝了人工扳错道、异线进入等各类事故，保证了行车安全，真正实现了驼峰调车作业全自动化。

该系统不需要电力增容，电源容量仅需要3 kW，较原来的常规信号系统可节约大量能源。截止到2003年的8年运营期间，杜绝了在雨、雪、霜等恶劣气候下以及钢轨锈蚀、油污覆盖等特殊工况下，发生继电器轨道电路"短路不良"的现象，能保证驼峰作业正常运行。

第五节　驼峰反坡调速控制系统

如图6-32所示，驼峰反坡调速系统由反坡断面和加速顶等所组成的"反坡调速区"完成股道三部位的调速功能；由加速顶、可控顶和减速顶相配合完成对溜放车辆的目的制动控制。反坡调速控制系统的主要任务是对安装在不同部位的加速顶和可控顶进行实时控制，使溜放的难行车能顺利通过反坡调速区段，同时对股道内的溜放车辆进行打靶调速控制，最终实现车辆安全连挂。

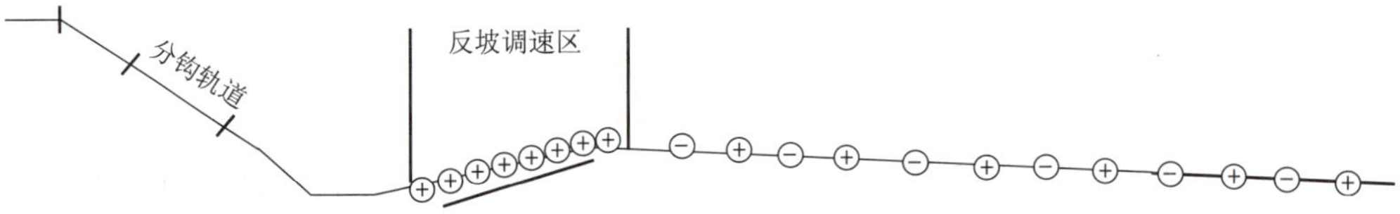

图6-32　反坡调速系统布顶示意图

⊕—加速顶；⊖—可控减速顶。

一、驼峰反坡调速控制系统的基本组成

驼峰反坡调速控制系统由室内设备、室外设备、计算机软件、控制电缆等组成，除需要采集车辆重量、辆数、速度等信息外，还需要与信号控制系统的道岔表示、轨道条件等具有联锁关系。

(一)室内设备

1. 控制台：是驼峰进路信号系统、反坡调速系统人机交互、办理行车的平台。在办理行车进路信号时，具有道岔操纵、道岔位置表示、信号开放等表示功能，同时还具有对加速顶、可控顶实行手动操纵的功能以及可控顶、加速顶工作状态信息反馈的显示功能。

2. 控制机系统：采用8000S系列Z80总线工业控制机，在一条公共总线上配置了主控制机、子控制机、测重机及系统管理机，各子机具有信息采集、计算分析、控制指令输出、系统报警提示的功能。

3. 可控顶驱动安全型继电器组合：反坡调速控制系统中采用DC36V安全型继电器组合作为可控顶电控阀的驱动开关，该继电组合具有开、短路报警功能。

4. 加速顶驱动安全型继电器组合：控制系统采用安全型继电器组合作为加速顶风管路

交流电控阀的驱动部件，通过交流电控阀来控制风管路的通断，达到控制加速顶的目的。

5. 信息采集组合：包括道岔位置表示、轨道电路信号安全型继电器组合等输入信息采集部件。

6. 交直流、恒流源综合电源屏：为系统提供控制机系统、轨道电路、测重头、测速踏板的工作电源以及可控顶、加速顶的驱动电源，其自身具有交流稳压和直流稳压功能。

（二）室外设备

1. 测速踏板

测速踏板采用 TDJ—DCSF—1 型磁簧感应式测速踏板。依照布顶方案设计，需要在反坡加速顶入口处以及后续的三部位、四部位加速顶、可控顶入口处分别设置一对测速踏板。

2. 测重传感器

测重传感器采用 TDJ—DCA—2 型电阻应变片式测重头，设置在加速坡的测重区段，同时要考虑到配轨和布顶的具体情况。

3. 直流 2.3 轨道电路

直流 2.3 轨道电路是一种驼峰溜放专用的轨道继电器，用于采集输入信息，具有灵敏度高、反应速度快的特点。每股道分别设置 1G、2G、3G 三个连续的轨道电路，在其中配合踏板的测速、计辆用以计算股道空闲长度、存车辆数，作为目的制动（打靶）的控制参数。

4. 调速设备

反坡调速控制系统的最终控制目标是加速顶、可控顶等调速设备。控制机通过驱动电源柜向可控顶电控阀或加速顶风管路交流电控阀送电或断电，控制可控顶和加速顶的动作，实现对溜放车组的调速控制。

二、驼峰反坡调速控制系统的工作原理

反坡调速控制系统的工作原理如图 6-33 所示。

1. 钩车分钩的初始信息传递

车辆由峰顶解体并溜下后，由安装在加速坡初始的测重设备采集钩车的重量和辆数信息，测重机对车组的第一轴测重后由并行接口电路传递至主控制机。当车组经过一分路道岔保护区段之后，测重机通过一分路保护区段、道岔主体区段的占用或出清关系判断钩车已经分钩以后，将整个车组的平均重量和辆数信息传递给主控制机。

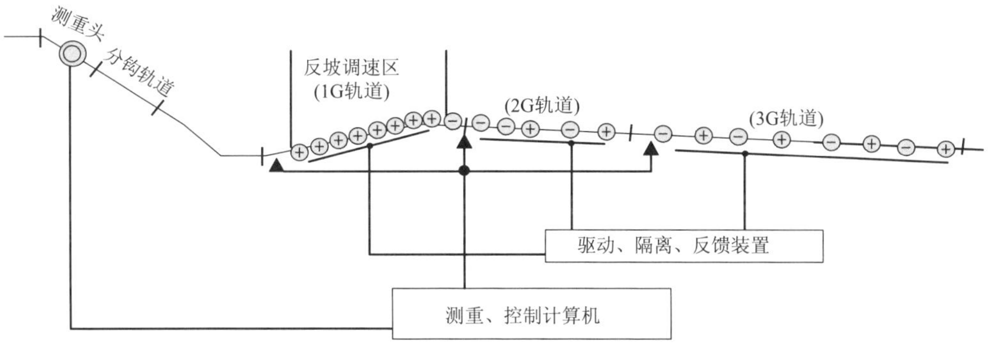

图 6-33　反坡调速控制系统原理示意图

2. 钩车进入股道的“反坡调速区”

当车组继续溜过最后分路道岔进入股道的“反坡调速区”时，主控制机通过安装在该区段前面的测速踏板获得车组的即时速度，会同由测重机传递过来的车组平均重量和辆数，经逻辑判断、计算分析后，确定是否对加速顶进行控制。反坡控制系统针对易行车、中行车和难行车的不同情况进行不同的调速控制。

(1)如果是难行车，控制机将指令“反坡调速区”的加速顶供风，同时指令反坡出口端的可控顶吸下，使难行车能顺利通过“反坡调速区”。这期间还要连续采集车组的速度，目的是掌控加速顶的供风时间，使车组以合适的速度进入连挂区。

(2)如果是中行车，控制机并不启动加速顶供风指令，只是指令“反坡调速区”出口的可控顶处于吸下(锁闭)状态，利用反坡阻力使钩车减速后，以安全连挂速度进入连挂区。

(3)如果是易行车，控制机不启动加速顶，也不控制可控顶。此时可控顶的滑动油缸立起对车辆做制动功，利用“反坡”和可控顶的共同作用，使钩车减速，以安全连挂速度进入连挂区。

(4)对大组空车，控制机指令“反坡调速区”的加速顶持续供风，并指令可控顶吸下(锁闭)，使大组空车在加速顶的推动下能快速通过反坡区。

(5)对大组重车，控制机则采取“让头拦尾”的控制方式。控制机对车组前一部分的车辆不发布控制指令，此时加速顶和可控顶都不对车辆做功，车组能以较快的速度通过“反坡区”；当车组的走行速度降至预先的设定值时，控制机开始指令可控顶对后一部分车辆做制动功，使车组以安全连挂速度进入连挂区。

由于溜放车组中易行车和中行车占绝大多数，这些车辆都可在“反坡势能”的作用下减速并以安全速度通过，只有少数难行车需要通过加速顶补充能量，使他们能顺利通过反坡区段。因此，该控制系统可充分发挥“反坡调速区”灵活多变的调速功能，是一种最为经济的调速控制方式。

3. 连挂区加速顶作用

在连挂区内，主控制机需要通过安装在该区段前面的测速踏板获得车组的即时速度，同时会同由测重机传递过来的车组平均重量和辆数，经逻辑判断和计算分析后发出指令，确定是否对加速顶或可控顶进行控制。

一般情况下，如果是难行车，主控制机会发出指令对连挂区内的加速顶进行控制，对难行车做加速功，同时让可控顶吸下(锁闭)，不对车辆做制动功，使难行车能够继续向前溜行；反之如果是易行车，主控制机会发出指令控制可控顶立起做制动功，并让加速顶不动作，使易行车减速至安全连挂速度；对中行车则需要根据车组的速度、重量等信息综合分析判断后，再确定对其的控制方式。

三、驼峰反坡调速控制系统的功能和特点

反坡调速控制系统不同于传统的减速器点式调速的控制模式，它利用“反坡调速区”的势能，采用新的“自适应”理论，将连挂区的减速和加速能量结合起来综合运用，只对少量车组的溜放进行加速，可节省能源，降低运营成本，系统的安全可靠性也得到较大的提高。

1.对“反坡调速区”采取多项安全措施

在反坡调速区对车组进行控制时，主要是防止难行车在反坡区段途停或倒溜，要求相关各个区段的可控顶处于吸下（锁闭）状态，并且根据车辆的不同阻力情况，对加速顶进行控制，以防止难行车组在反坡上途停、倒溜。

(1)对“速度过低”车辆的控制

当通过“反坡调速区”的难行车走行速度过低时，主控制机立即发出报警提示，同时控制加速顶对车辆进行加速，直至车辆通过该区段。此时如果操纵人员没有进行人工干预，主控制机就会要求加速顶持续对车辆做功，防止车速过低造成车辆在反坡上途停或倒溜。

(2)对“大组难行车”的控制

如果进入“反坡调速区”的是大组难行车，计算机将自动根据车组的长度启动加速命令，控制加速顶对车组提供推力，使其高速通过反坡进入连挂区，并为难行车的后续走行储备能量。同时，控制各个区段的可控顶都处于吸下（锁闭）状态。而对车组加速的时间则与车组的大小成一定的比例关系。

(3)对中行车组的控制

如果通过“反坡调速区”的是中行车组，主控制机将测得的车速和预先设定的速度进行比较，判断是否对中型车组进行加速控制。其对车组做加速的时间，以车组即时速度不高于允许的速度为准。

(4)对易行车的控制

当易行车通过“反坡调速区”时，主控制机一般不启动加速顶的控制，而是依靠反坡自身的能高对车组做制动功来调整车组速度。同时根据对车组的跟踪测速，适时启动反坡调速区出口的可控顶群做制动功，以防止钩车以高于安全连挂的速度进入连挂区。

2.动态测长功能

在股道连挂区设置2G、3G两段直流2.3电流型轨道电路，结合测速踏板，通过软件程序的计算和处理，替代了传统的音频测长设备，满足系统对“打靶控制”功能的需要。

3.测重设备的防干扰措施

对测重传感器采用恒流源供电、电缆金属护套接地、改变分布电容参数等措施，有效屏蔽现场各种电磁干扰，以保证对车组的准确测重。

4.故障导向安全措施

采取软件和硬件容错相结合，实现故障诊断以及故障后控制导向安全。例如反坡区段的测速踏板发生故障，无法准确测量到车组的速度并将信息传递给主控制机时，系统会启动按重量等级进行控制的程序。当溜放车组为轻车时，主控制机将会对处于反坡区段的加速顶发出控制指令，使加速顶对车辆持续加速，直到车辆通过反坡，从而可有效地防止车组在反坡区途停和倒溜。当测重系统出现故障，无法准确测量到车组的重量并将信息传递给主控制机时，系统会启动按速度参数进行控制的程序，通过钩车速度的变化及所处纵断面坡度来推断车辆的重量并加以利用。在实际测量车辆速度的同时，对任何低速车组连续做加速功防止车辆途停。

5.采取安全隔离措施

系统采用独立的接口电路，使用高可靠、高耐压的电源隔离变压器将内、外部电源隔离，避免了外部电网的高压对系统的侵入。轨道、道岔复示条件采用独立电源，与信号机械室电源实行隔离，系统控制电源发生故障时，不会影响到信号系统。

6. 软件编程模块化

反坡调速控制系统应用软件由测速信息处理、测重信息处理、信息传递和故障处理等多个模块组成，各个模块的基本功能同前面章节所述大体一致。反坡调速控制系统功能模块图如图 6-34 所示。

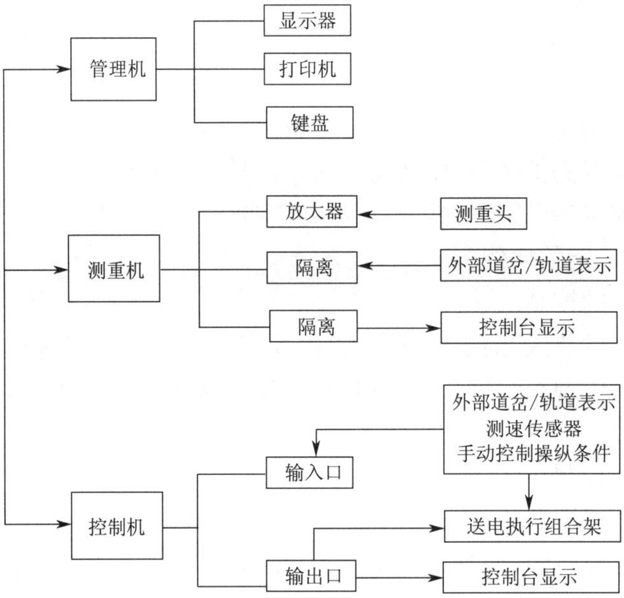

图 6-34　反坡调速控制系统功能模块图

(1)信息传递模块

①反坡的传递环节要求计算车组的首轴从最后分路道岔到反坡入口 1G 的走行时间，同时根据车组辆数、重量和线路阻力等参数，粗测车组的入线速度，作为控制程序的备用数据。

②系统需要及时识别反坡区段的倒溜车，一旦出现钩车倒溜，要求立即进行阻断处理，清理单元数据以防止后续传递发生错误，同时发出报警信号和对加速顶的控制命令，使加速顶始终处于供风状态。

(2)故障处理模块

①测重子系统出现故障时，系统自动提升制动级别来进行“故障—安全”模式控制，同时向维修人员报警。

②反坡入口前的轨道电路 1G 是一个重要装置，程序模块规定：溜放车组在进入反坡入口的轨道电路后 3 s 时间内如无速度数据，则立刻引用信息传递模块中的备用数据作为控制的依据。同时还规定车组只要未出清 1G 轨道电路，若控制命令已经发出，则维持控制命令。

③对于个别在反坡调速区的倒溜车，模块将发出特殊报警信号，提示调车人员注意。同时，指令加速顶群对倒溜车连续做功。现场运营证明：此时，加速顶不但可以对倒溜车起止轮作用，甚至可以助推车辆返回原处直至越过反坡。

多年的运营实践证明，驼峰反坡调速控制系统是先进的、合理的。系统不仅稳定可靠，而且结构简单，维修方便，适合在国内外推广应用。

四、驼峰反坡调速控制系统的安装与调试

在驼峰反坡调速控制系统中，控制台、测速踏板、测重头、电缆箱盒等的安装、调试与计算机可控顶控制系统基本相同，不同之处是驼峰反坡调速控制系统室内安装了安全型继电器组合架，它一方面是作为轨道电路、道岔位置表示的复示条件，另一方面是用于可控顶的驱动以及加速顶供风管路电控阀的驱动。

五、驼峰反坡调速控制系统的应用实例

广州铁路(集团)公司广深铁路股份有限公司于 1985 年 10 月在深圳北站 6 股道建成了反坡调速系统，1988 年又扩充到 9 股道。该驼峰的设计突破了传统的难行车、难行线、难行条件的“三难”以及“顺坡” 的设计原则，采用了“反坡调速”的新理论。峰高设计以占大多数的中行车为对象，采用反坡调速控制系统；调速设备采用加速顶、可控顶和减速顶。现对该系统作简要介绍。

(一)控制系统的基本构成

1. 控制机

控制机采用 8000 S 系列工业控制机，主要配置有管理主机、控制子机、测重机、磁盘控制器(数据终端管理器)。控制子机主频为 4 MHz。

2. 手动控制台

手动控制台属于机械类标准驼峰控制台，采用机械手柄控制，既可进行进路控制，又可对调速设备进行调速控制。

3. 光电隔离

光电隔离耐压 5 000 V，允许电流 1 A。

4. 安全型继电器组合

安全型继电器组合共有 32 个，分 4 个组合架，带熔丝自动报警功能。

5. 交流稳压信号电源屏

交流稳压信号电源屏功率为 3 kW，交流调压为磁耦合方式，内含两路恒流源电源。

6. 控制程序

控制程序采用 Z80 汇编语言，程序以固化的 EPROM 方式运行。

7. 信号采集设备

(1)测速踏板：采用 TDJ—DCSF—1 型磁簧感应式测速传感器，这是一种无源磁耦合干簧管非接触式踏板。深圳北站 9 股道共安装测速踏板 56 组。

(2)测重传感器：采用 TDJ—DCA—2 型电阻应变片式测重头，这是一种应变片塞钉式测重传感器，安装在驼峰加速坡分钩区段的轨道上。

(3)轨道电路：深圳北站每股道分 3 段轨道电路，9 股道总计安装 27 段直流轨道电路。

8. 执行设备

(1)电缆箱盒：深圳北站设置了多个标准的信号电缆箱盒，作为控制加速顶供风管路

的交流电磁阀、可控顶电控阀，重量和速度信息采集、轨道测长的引出终端。

(2)调速设备：深圳北站用于控制的调速设备有 $TDJ_{(+)}$103 型加速顶和 TDJK—102、TDJK—201 型可控顶。

9. 控制电缆

控制电缆构成与集中模式的计算机可控顶控制系统基本相同。

(二)系统的运用情况

深圳北站反坡调速控制系统自 1985 年 10 月正式投入使用起，系统运行一直稳定可靠。机器在正常条件下没有发生过故障，只是在雷电交加的恶劣气候条件下，曾发生过接口部件和 PIO 接口芯片损坏，而机器内部仍然能正常工作。

20 多年的运营实践证明，反坡调速控制系统采用计算机进行实时控制，不仅安全可靠，而且结构简单，使用、维修方便。经测试，深圳北站反坡调速系统能够满足 5～7 km/h 的推峰速度，系统安全连挂率达到 90%以上。

第六节　箭翎线调速控制系统

箭翎线是一种解编多组沿零摘挂列车的特殊配线，因其平面结构与箭的尾部相似而得名。采用箭翎线调速系统对车列进行解编作业，车辆只需要经过走行线到各存车线溜放一次，就能很方便地按照设定的到站顺序使多个车组各就各位，编组成出发列车。因此，箭翎线调速系统比一般的调车场尾部平面调车作业可提高效率 2～4 倍。箭翎线调速控制系统是通过对加速顶、风动锁闭顶、可控顶和挡车器等调速设备的控制，实现箭翎线的车辆溜放作业调速自动化。

一、箭翎线调速控制系统的基本组成

图 6-35 是箭翎线调速系统的线路平面示意图，图 6-36 是控制系统的结构示意图。箭翎线调速控制系统的基本组成和集中模式的计算机可控顶控制系统基本相同，该系统由室内设备、室外设备、计算机软件、控制电缆等组成。系统在传感器的信息采集上类似于反坡调速控制系统，除需要采集车辆重量、辆数、速度等信息外，还需要与信号控制系统的道岔表示、轨道条件和可控挡车器的操纵具有联锁关系。

1. 室内设备

(1)控制台：采用进路、调速控制一体化的机械式驼峰控制台，含有行车办理(交/授权等)、操岔手柄(单开与三开互锁式)、调车信号机办理与显示、驼峰信号机办理与显示、加速顶操控手柄与显示、可控顶操控手柄与显示、可控挡车器操控手柄与显示等。

(2)主控制机：采用 STD 总线工业控制机。

(3)测重机：采用 STD 总线工业控制机。

(4)双路交流电源自动转换屏。

(5)可控顶、加速顶控制指令转换板。

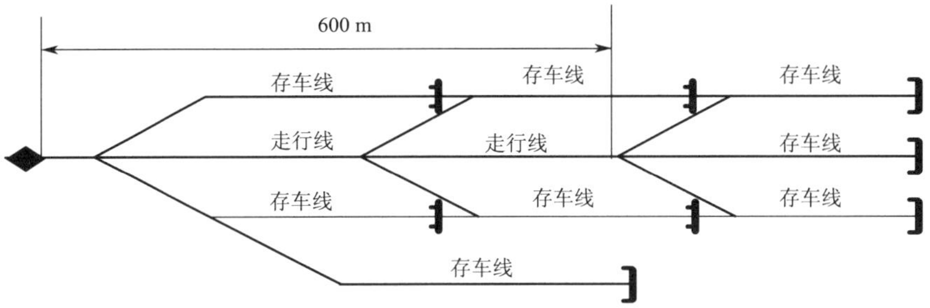

图 6-35　箭翎线平面布置示意图

—可控活动式挡车器；—固定式挡车器。

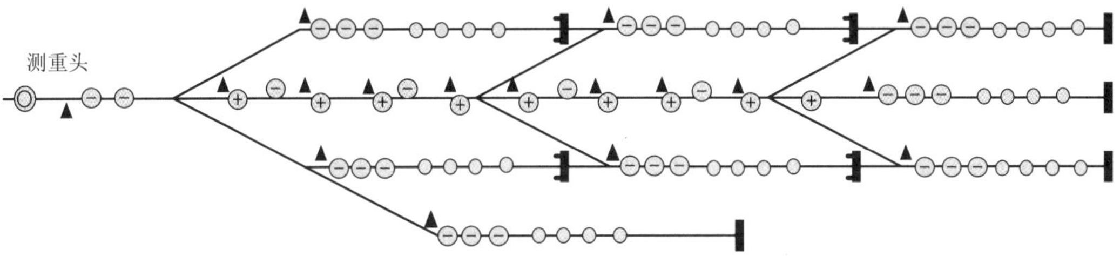

图 6-36　箭翎线调速控制系统结构示意图

—可控活动式挡车器；—固定式挡车器；⊕—加速顶；○—减速顶；

⊖—可控减速顶；▲—测速传感器；◎—测重传感器。

2. 室外设备

(1)测速踏板：采用 TDJ—DCSF—1 型磁簧感应式测速踏板。依照布顶方案设计，需要在每一条存车线的入口处设置一对测速踏板，而在每一段走行线内需要均匀设置四个速度监测点(四对测速踏板)。

(2)测重传感器：采用 TDJ—DCA—2 型电阻应变片式测重头，设置在加速坡的测重区段，同时要考虑到配轨和布顶的具体情况。

(3)交流轨道电路：每条走行线设置两段交流轨道电路，每条存车线分别设置两段交流轨道电路。

(4)由电务部门提供直流轨道电路条件和道岔表示条件。

(5)驱动电源柜：包括加速顶、可控顶、风动锁闭减速顶、可控挡车器的驱动电源柜，他们都安装在控制对象的附近。

(6)调速设备：控制系统的最终控制目标是加速顶、可控顶、风动锁闭顶等调速设备和可控挡车器。控制机通过驱动电源柜向这些调速设备和停车设备送电或断电，实现对溜放车组的速度控制和分段停车。

3. 计算机软件

计算机软件采用 Z80 汇编语言，用 EPROM 运行。

4. 控制电缆

控制电缆的构成与集中模式的计算机可控顶控制系统基本相同。

二、箭翎线调速控制系统的工作原理

箭翎线调速控制系统的工作原理与集中模式的计算机可控顶控制系统基本相同，即通过对溜放车组的重量、辆数、速度等信息的采集—计算、分析—控制、输出—反馈等基本工作流程，完成对溜放车辆的速度控制。

但由于箭翎线所具有的特殊平面结构，其调速控制点的分布结构不同于计算机可控顶控制系统。如图 6-36 所示，箭翎线调速控制系统在硬件传感器的设置上，必须紧密结合加速顶、风动锁闭顶、可控顶和可控挡车器等多种调速设备的平面布局。另外，除了采集车辆重量、辆数、速度等信息外，还必须利用道岔正、反位表示条件及轨道电路条件，作为故障出现时的辅助替补参数使用。

总之，控制系统综合了峰高、线路坡度、调速设备的设置等多项因素，对加速顶、风动锁闭顶、可控顶和可控挡车器等调速设备采取综合控制，同时对控制时间等参数进行优化，实现对溜放车组的最佳调速效果。

1. 对钩车通过三开道岔的速度控制

在三开道岔的前后配置了加速顶，通过对加速顶的控制，使溜放车组在三开道岔区间保持较高的过岔速度，以提高作业效率并保持在走行线上前、后车组的安全间隔。

2. 对钩车在走行线上的速度控制

根据需要，箭翎线的走行线一般都由若干段组成，图 6-35 中箭翎线的走行线分为两段。如果前、后车组需要进入最远端的两股不同的存车线时，就要求前、后钩车在很长的共同走行线路上保持合理的间隔。如果前后钩车的间隔较大，势必会降低峰顶推峰速度而影响系统效率；但如果间隔过小，轻者可能使钩车溜错股道，重者将在道岔处发生车辆侧面冲突。

箭翎线在车辆走行线上均匀布置了加速顶和风动锁闭顶，通过调控加速顶可以补充难行车的走行能量；同时利用风动锁闭顶辅助加速顶进行钩车间隔调整，防止易行车的走行速度过高。通过对加速顶和风动锁闭顶的实时控制，可实现加速和减速两种能量的最佳匹配，使前、后钩车在较长的共同径路中保持“等速、等间隔”，这也是箭翎线调速控制系统的重要原则。

3. 对钩车在存车线上的速度控制

在箭翎线的存车线上布置了可控顶、减速顶和可控挡车器。控制系统通过对可控顶的控制和普通减速顶的辅助调速，实现溜放车组在各条存车线的目的制动；通过控制可控挡车器处于“立起”或“落下”状态，以满足作业对车辆停车和进行调车的需要。

三、箭翎线调速控制系统的功能和特点

1. 对“长大共同进路”的调速功能

由于峰顶距离最后存车线的距离很远，这就形成了前后溜放钩车之间具有超常规的长大共同进路。系统通过对加速顶和风动锁闭顶的实时控制，可实现对溜放钩车在长大共同进路上的间隔调速，除必须保证钩车间的安全间隔外，同时还要保证钩车要有一定的过岔速度。根据布顶方案的验算结果，控制系统对进入走行线的钩车控制原则是：

(1)对于进入到走行线初始部位的车组,指令加速顶动作,将车辆加速到规定的上限速度,使其尽快走出道岔区。

(2)对于处在走行线中间部位的车组,允许走行速度有一定程度的下浮,系统指令加速顶和锁闭顶单独或同时动作,采取加速或减速混合控制的方式控制车辆的走行速度。

(3)对于处在走行线末端即将进入三开道岔的车组,仍然需要加速顶动作,使车组加速到速度上限,以期尽快通过道岔。

2. 对“短小存车线路”的调速功能

箭翎线各条存车线的有效长都比较短,一般只有300 m左右。因此,控制系统必须通过对可控顶的实时控制,配合普通减速顶和挡车器,在有限的距离内将溜放车辆由较高的过岔速度调整为安全连挂速度,实现在存车线路上的目的制动,并且保证车辆不堵门、不蹿出。根据布顶方案的验算结果,控制系统对进入存车线溜放钩车的控制原则是:

(1)与前方钩车的距离大于50 m小于100 m时,调整控制钩车的出口速度在6 km/h左右。

(2)与前方钩车的距离大于100 m时,调整控制钩车的出口速度在7 km/h左右。

(3)与前方钩车的距离小于50 m时,系统指令可控顶全部制动。

3. 峰顶分钩处理功能

峰顶溜放的车组分钩后,主控制机得到分钩信息,并将重量级别、辆数等信息随同车组的溜行进行数据传递。

4. 机车下峰、反牵作业控制

控制台上设有机车下峰、反牵控制按钮,按下该按钮时,系统自动指令加速顶关风、风动锁闭顶处于锁闭状态,存车线和走行线的可控顶全部处于吸下(锁闭)状态。

5. 可控挡车器的联锁功能

(1)当调车进路信号为“开放”状态时,系统控制进路中的可控挡车器处于“落下”位置并锁闭,反馈信息为“通行”标志。

(2)当调车进路信号为“关闭”状态时,系统控制进路中的可控挡车器处于“挡车”位置并锁闭,反馈信息为“挡车”标志。

(3)当调车进路信号没有状态变化时,可控挡车器的自动操纵、手动操纵均处于自锁状态,挡车器始终保持既有位置。监测系统会连续不间断地检查挡车器所处的位置及反馈标志。

(4)在驼峰溜放信号“绿”或“绿闪”开放前,必须检查并确认可控挡车器处于“挡车”位置。否则,要将挡车器操纵为“挡车”位置,才能开放驼峰溜放信号。

6. 三开道岔进路识别、处理功能

三开道岔通过转辙机的控制可以给出三条车辆溜放进路,它由两台转辙机拖动。系统通过采集和识别2台转辙机位置表示的“组合”来判断三开道岔的进路开向,将车组信息沿着正确的溜放进路传递,使调速控制得以顺利实施。

四、箭翎线调速控制系统的应用实例

1993年,由铁道部立项的中国首个箭翎线调速系统在北京铁路局石家庄站下行系统建成并投入运用。该项目由原石家庄铁路分局主持,组织哈中心、铁科院运经所、通号所、原石家庄分局设计所等单位共同研究开发。1995年通过铁道部技术鉴定，鉴定意见认为：该系统“效率高、安全好、投资省、建设快，达到国际先进水平”。该项目于1998年获铁道部科技进步二等奖。

（一）石家庄站箭翎线调速控制系统的特点

1. 走行线调速与控制设备的布局

石家庄站箭翎线调速系统走行线的调速与控制设备布置如图6-37所示。从峰下三开道岔到最后分路道岔，走行线的长度约600 m，其纵向坡取冬季中行车的溜行阻力值1.2‰。在每段走行线的一侧钢轨上均匀布设加速顶和风动锁闭顶，在另一侧钢轨上，还间隔设置了4个加速顶群。同时在每一加速顶群前设有一组测速踏板，以便实时检测和跟踪前后钩车的溜放速度和间隔。按照计算机的控制方案，系统发布指令，用均匀布设的加速顶增加车辆动能，解决难行车的减速趋势；用均匀布设的风动锁闭顶减少车辆动能，应对易行车的加速趋势。如果这样控制后，前后钩车的间隔仍不能满足要求时，系统将控制加速顶群，以较为集中的能量调节车组的间隔。通过这种配置使所有钩车都能够以合理的间隔在走行线上匀速运行。

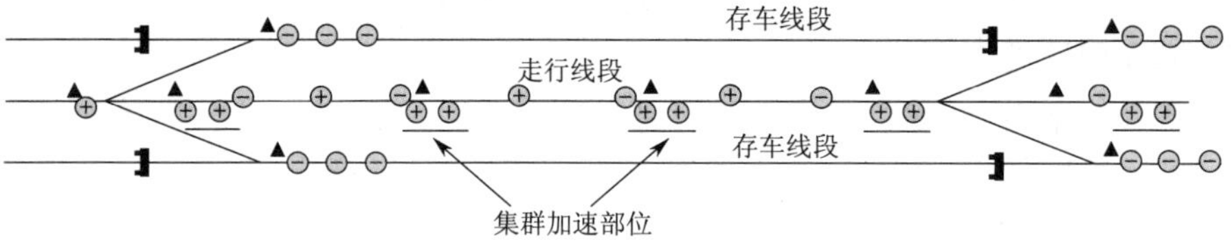

图6-37　箭翎线走行线中的加速顶群布置图

2. 走行线上钩车的间隔控制与过岔速度控制

如图6-38所示，一前难后易钩车组合，计划分别进入两条不同的存车线。当前钩车处于三开道岔之前，后钩车与前钩车的间隔为30 m，设前钩车的溜行速度为6 km/h，后钩车的速度为9 km/h。若一直保持速度不变，则极有可能在三开道岔上发生跟钩甚至侧面冲突。针对这种工况，控制系统需要立即采取下述措施：

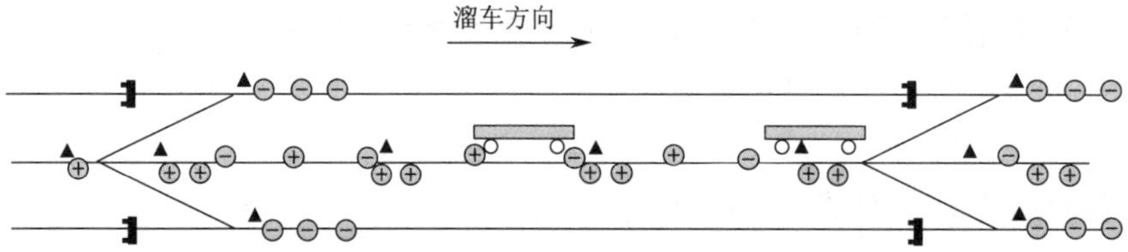

图6-38　溜放钩车前后间隔示意图

（1）对于后钩易行车组，指令处在后钩车组所在位置的均布加速顶和加速顶群停止供风，同时指令该部位风动锁闭顶全部立起，对后钩车进行制动减速。

（2）对于前钩难行车组，指令处在前钩车组的加速顶群全部做加速功，使前钩车加速。

（3）随时调整控制方式，对后钩易行车，前钩难行车组合控制之后，还需要在适当的时机进行调整。当前钩车在加速顶群的作用下，速度逐步升高，而后钩车的走行速度逐步降低时，根据对前、后钩车的速度监测，可指令风动锁闭顶处于锁闭状态，对后钩车组不做制动功，并根据其即时速度决定均布加速顶是否对其做加速功。

(二)控制系统的运用效果

石家庄站箭翎线调速系统自 1995 年开通使用后，通过多年的运用实践证明：由于系统调速设备组合优化，布局合理，满足了对走行线和短小存车线的调车作业的特殊要求。控制系统能够准确采集各种数据，逻辑分析判断正确，控制对策缜密，实时控制时机把握及时，实现了调速设备配置和调速控制时间的双重优化，使箭翎线的溜放钩车在走行线上的间隔控制、过岔速度控制以及存车线的目的制动控制等各方面都达到了预期的效果。

经测试，溜放钩车在走行线上的走行速度可达到 9～11 km/h，比采用传统的平面调车编组零摘列车提高效率 3 倍多；车辆连挂率达 95%以上，安全连挂率达 90%以上。不仅提高了作业效率和作业安全度，减轻了调车人员的劳动强度，而且经济效益十分显著。

第七节 编尾平面调车调速控制系统

为了实现编组站尾部平面调车自动化，使编组站头尾的作业能力配套，提高编组站的整体作业效率，而研制了编尾平面调车调速系统。编尾平面调车调速控制系统的任务就是通过对系统中的各种可控顶进行自动控制，实现编尾调车作业自动化。

一、编尾平面调车调速控制系统的基本组成

图 6-39 是编尾平面调车调速系统设备布置示意图。编尾平面调车调速控制系统的设备组成与集中模式的计算机可控顶调速系统基本相同，主要由室内设备、室外设备、计算机软件、控制电缆和防雷设施等组成。

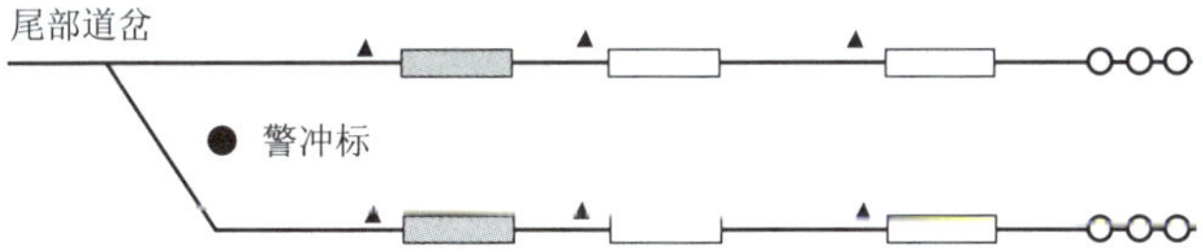

图 6-39 尾部平面调车调速系统设备布置图

▭—103 可控顶群；○—停车顶；▭—203 可控顶群；▲—测速踏板。

(一)室内设备

系统的室内设备包括主控制机、手动控制台、监测机、两路电源自动切换装置、执行电源柜等。

1. 主控制机

主控制机采用的是 STD 总线结构的工业控制机，各种模板具有专项功能，维修和扩展都很方便。这种控制机抗干扰性强，性能稳定可靠，能够适用于条件恶劣的环境。其主机板采用的是先进的 V20 系统，运行速度快，功能强，能够编译 C、BASIC 等高级语言。

2. 监测机

监测机结构上属于工业控制计算机。对于主控制机的运行状况、电网供电、控制过程的动作、人工手动干预、控制过程的结果反馈等相关数据，能实时进行监测并记录储存，并

可按照几种方式进行检索。

3. 手动控制台

手动控制台的外形按照铁路标准的信号控制台设计，内部采用浓缩方式，器件小型化、模板化。将继电器组合，输入输出分线盘等分散的设备均设于控制台内。控制台面上设有按比例制作的站场线路平面图，在对应的可控顶群处设有手动控制按钮，控制人员可以根据作业的需要随时参与控制。台面上设有各种表示灯，便于值班人员和维修人员进行观察和维护。在台面上根据线束和股道分别设有机车入线按钮，特别是根据线束设置的按钮使用起来非常方便，它能有效地区分机车入线整理作业和解体溜放作业，解决了机车入线整理作业的自动控制问题。

4. 执行电源（驱动电源柜）

按照多路输出模板化结构设计，一台驱动电源柜由 24 路组成，每路采用无触点开关方式输出供电，代替了以往的大电源供电和大电流控制继电器组合执行输出供电的方式，减少了室内设备。每块模板的输出电压可以根据需要调节，同时，该输出模板还具有短路自动保护和线路故障声光报警等功能。

5. 两路电源自动切换装置

两路电源自动切换装置的构成与集中模式的计算机可控顶控制系统基本相同。

（二）室外设备

1. 测速踏板

测速踏板采用 TDJ—DCSF—1 型磁簧感应式测速踏板。这是一种非接触式测速传感器，安装于可控顶群前，用来检测溜放钩车的速度，同时可以检测、传递车辆的走行位置信息。

2. 可控顶

在编尾平面调车调速系统中使用常开式和常闭式两种可控顶。控制系统通过驱动电源柜向可控顶的电控阀送电或断电，使可控顶处于立起或吸下（锁闭）的不同工作状态。

3. 电缆箱盒

控制系统采用标准的信号电缆箱盒，主要用于可控顶电控阀的驱动和测速踏板信号采集。

（三）计算机软件

计算机软件系统由若干个功能不同的控制模块组成，主要有踏板处理模块、溜放控制模块、机车反牵控制模块、机车入线控制模块等。

1. 踏板处理模块通过对踏板采集的信息进行分析处理，剔除干扰数据，对个别丢失的数据进行弥补，计算出车辆的速度、轴数和确定溜车的方向。当踏板发生故障时，踏板处理模块能根据车辆的走行规律进行故障处理和报警。

2. 溜放控制模块的作用是对溜放钩车从脱钩以后的走行全过程进行实时控制，直到实现安全连挂。

3. 机车反牵控制模块的主要任务是对机车反牵进行自动控制。它采用“逆向控制的方法”，即当机车反向行驶时，一旦机车经过后一段可控顶群前的踏板时，立刻对前一段可控顶顶群进行控制，使之不做制动功。

4. 机车入线控制模块的任务是对机车入线进行自动控制。在控制台面板上设有机车入线按钮，操作人员将按钮按下，控制机自动对机车经过的可控顶进行控制，使之不对机车做制动功。

（四）控制电缆

控制电缆的构成与集中模式的计算机可控顶控制系统基本相同。

二、编尾平面调车调速控制系统的工作原理

编尾平面调车不同于在驼峰头部的调车作业，编尾的反牵作业十分频繁，解体作业的脱钩地点也不确定，测重设备的安装位置很难固定，再加上车辆入口速度、坡度、道岔阻力等因素变化较大，没有现成的控制理论和精确的数学模型做参照。在编尾平面调车控制系统中以传统的驼峰设计理论为基础，应用了反馈控制、自适应和模糊控制等多种理论，对可控顶进行实时控制。图 6-40 是编尾平面调车控制系统的原理图。

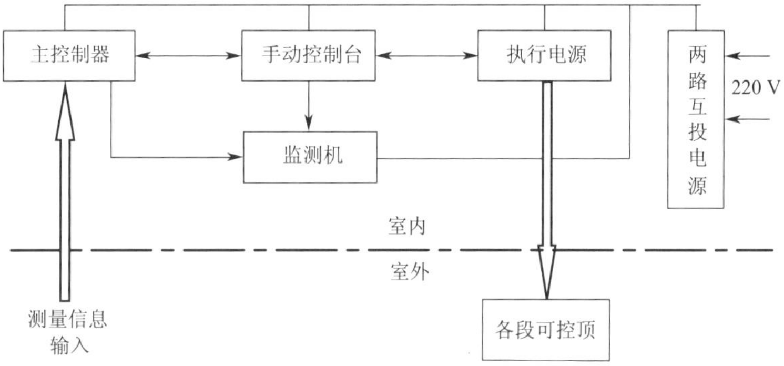

图 6-40　编尾平面调车控制系统示意图

一般的调车调速控制原则是：对溜放速度高的车辆需要进行控制，而对溜放速度低的车辆则不需进行控制。经过可控顶群控制后，车辆的溜放速度将会下降。速度下降的大小与车组的重量之间的关系是：经过同一可控顶群的控制，车重越大，则速度下降越小；车重越小，则速度下降越大。因此，可以根据溜放车辆进入大顶群的速度及其变化情况，大致判别出车辆的重量等级。将车辆在大顶群的速度变化作为模糊控制的反馈信息和输入函数，通过主控制机的优化处理，将可控顶的控制时间作为输出函数，实现对钩车的最佳控制，即：车组的速度变化小，则控制时间长；反之，车组速度变化大，则控制时间短。

编尾平面调车调速控制系统只采用测速踏板作为唯一的信息采集源，省去了测重和测长环节，通过对测速踏板信息的分析来确定车组重量。主控制机对各测速点的信息进行分析、处理后，向可控顶的执行电源发出控制指令，再由执行电源向可控顶的电控阀送电或断电，控制可控顶立起或吸下（锁闭）。除了计算机自动控制外，系统还具有人工控制功能，并且人工控制优先于自动控制。

三、编尾平面调车调速控制系统的主要功能和特点

1. 系统的主要功能

（1）调速控制功能

控制系统中不设测重和测长系统，只是通过测速踏板采集钩车的速度信息作为唯一

的数据依据。系统采用自适应和模糊控制理论对可控顶进行实时控制，通过进入可控顶群的钩车速度变化情况，来判别车辆的重量等级，再将判别的重量信息和速度信息反馈给主控制机，经数据分析、处理后，确定对可控顶是否进行控制以及控制时间，最终将钩车速度调整至3～5 km/h。

系统还可以灵活地对短钩车进行分段控制。可控顶是分段设置的，系统可以对任意一段可控顶进行单独控制，经过各段可控顶群的实时控制和反复调整，使短钩车的速度保持安全连挂速度。

(2)机车入线整理控制功能

当机车带车入线进行牵车作业时，可由人工按下"机车入线整理"按钮。如果此时机车作业和前面溜放作业正在同时进行，计算机能根据车辆不同的运动规律，分别进行控制处理。机车入线作业结束后，拔起"机车入线整理"按钮，系统继续进行正常的控制。

(3)动态检测处理功能

在控制过程中，计算机能够动态检查测速传感器的工作状态。当测速踏板发生故障时，系统能及时发出报警信息，同时在故障状态下继续对可控顶进行控制。计算机工作时将这些运行状态的信息表示出来，便于维修人员观察处理。

(4)静态检测处理功能

手动控制台内设有"检测"按钮，按下该按钮，维修人员可对各种硬件没备进行检测。

2.系统的主要特点

(1)取消了测重和测长设备，降低了系统的造价，减少了设备的故障率。

(2)系统采用自适应和模糊控制理论，通过对钩车溜放速度的变化获得车辆的重量和辆数信息，实现对各种车组的最佳控制，系统的自动化程度高。

(3)系统能对分段设置的多个可控顶群分别进行控制，具有控制简单、灵活、安全，可靠性高的特点。

(4)取消了编尾的铁鞋和手闸制动，改善了工作环境，节省了制动人员，提高了编尾的作业效率。

四、编尾平面调车调速控制系统的应用实例

兰州西站调车场尾部平面调车作业，过去一直采用原始的铁鞋和手闸制动，作业效率低，劳动强度大，安全得不到保障。

20 世纪 90 年代初，铁道部和兰州局决定对兰州西站编尾进行自动化技术改造。

由于该站尾部股道有效长较短，作业规律性差，脱钩地点不确定，机车入线整理频繁，反牵多而且速度快，所以在尾部采用点式或点连式调速系统进行自动化改造并不合适。而采用全顶调速制式又难以对重车和空车加以区别，不利于空车的走行和连挂，也不利于频繁的反牵作业工况。最后，由哈中心与兰州铁路局共同开发研制了编尾平面调车自动调速系统，并首先应用于兰州西站。

1992 年 1 月，先在兰州西站编尾 26、27 道进行了手动控制试验，取得了较好的效果。当年 11 月又在这两股道采用编尾平面调车调速系统进行自动化试验，试验数据如表 6-2 所示。系统在作业办法中规定：重车在顶群的入口速度不应高于 10 km/h，轻车入口速度

不应高于 12 km/h。在两股道试验的基础上，1995 年兰州西站尾部的 14 股道采用了该系统，成功实现了尾部平面调车的调速自动化。

兰州西站编尾平面调速控制系统采用可控顶为主要调速设备，根据需要将可控顶分为 2～4 群，利用停车顶进行防溜和隔离分区。控制系统采用计算机作为主控制机，取消了测重和测长设备，用非接触感应式测速踏板作为唯一的信息采集设备，通过对分段可控顶的灵活控制，实现了编尾调车作业的自动化。

表 6-2　兰州西站 26、27 道尾部部分测试数据

组号	辆数	车重	一区入口速度(km/h)	二区出口速度(km/h)
1	1	重	8.96	4.03
2	5	重	9.06	4.02
3	2	空	6.59	3.80
4	1	空	6.07	3.42
5	6	重	11.76	3.71
6	3	重	10.46	3.96
7	1	重	9.68	3.74
8	4	重	11.69	4.03
9	2	空	5.85	2.76
10	2	重	10.11	4.01

多年的运营结果表明：该系统结束了兰州西站调车场尾部依靠人工下铁鞋和手闸制动的历史，节省了制动人员，改善了工作环境，减轻了调车人员的劳动强度，减少了行车和人身伤亡事故，提高了调车作业效率。

第八节　驼峰三部位可控顶辅助调速控制系统

随着中国铁路编组站调速自动化的迅猛发展，各种减速器在驼峰调车场得到迅速的推广和应用。但在减速器大量使用的过程中，它的一些缺陷也开始显现出来，最主要的缺陷是对大轮车、油轮车和薄轮车（俗称“三轮”车）的制动能力下降，导致这些车辆在减速器的出口速度过高，出现了不安全的因素。另外，减速器属于点式调速设备，一旦控制系统或减速器本身发生故障，就会发生失控造成车辆出口速度过高，使车辆超速连挂，甚至导致调车作业事故发生。

目前，全国各调车场普遍存在驼峰三部位减速器的控制精度不够，特别是“三轮车”经过减速器控制后的出口速度偏高，存在较为严重的安全隐患。为了解决这一实际问题，近来开发研制了一种三部位可控顶辅助调速系统，使车辆在驼峰三部位的出口速度能达到设计要求。

一、驼峰三部位可控顶辅助调速控制系统的基本组成

驼峰三部位可控顶辅助调速系统的基本结构如图 6-41 所示。它的控制系统由硬

件设备、计算机软件和控制电缆三部分组成。在硬件设备中：主控制机和测重机都采用PC/104嵌入式计算机，后台配置的监测机采用工业控制PC机。在三部位减速器入口前方60 m处设置一组TDJ—DCA—2型电阻应变片式测重传感器，在减速器出口后30 m处设置一个可控顶群，顶群的数量和位置由布顶方案设计确定。在可控顶群入口前1 m和最后一段可控顶出口后1 m处各设置了一对TDJ—DCSF—1型磁簧感应式测速踏板，简称为入口踏板和出口踏板。在测重、测速设备附近设有信号采集箱盒。在可控顶群旁设置可控顶驱动电源箱。控制电缆将计算机控制设备与传感设备、执行设备以及可控顶联结起来，实现系统的控制功能。

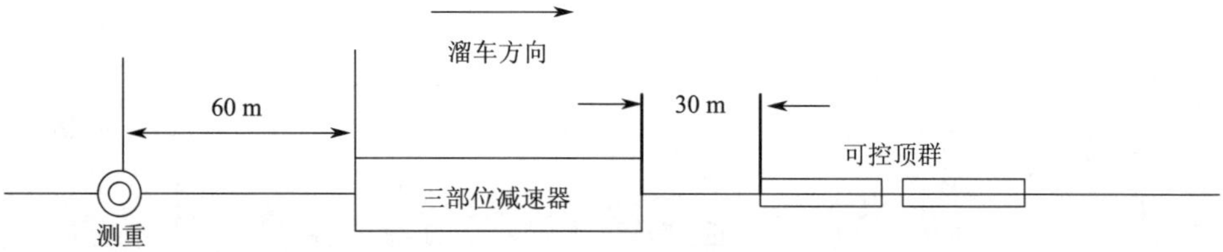

图 6-41　驼峰三部位可控顶辅助调速系统示意图

二、驼峰三部位可控顶辅助调速控制系统的工作原理

驼峰三部位可控顶辅助调速控制系统的工作原理如图6-42所示。

由测重头将溜放车辆的重量信息传递给测重机，经分析处理后确定钩车的重量等级，同时以数据通信方式传递给主控制机。主控制机根据车组的重量、辆数以及由测速踏板测到的入口速度等信息进行优化处理，适时发布指令使可控顶进行辅助调速控制。

在控制过程中，系统对于不同重量等级的车组设定了不同的起控速度值。当减速器发生“失控”现象时，车组将会以较高的速度通过减速器，这时如果辅助控制系统判别到驼峰三部位出口速度超过系统设定的起控速度，主控制机就会立即指令可控顶群立起，对减速器出口的超速车辆做制动功，有效地避免了车辆超速进入连挂区。

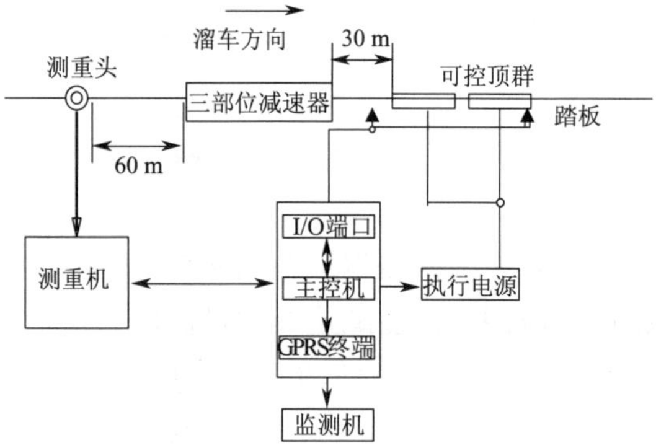

图 6-42　驼峰三部位可控顶辅助调速控制系统原理图

三、驼峰三部位可控顶辅助调速控制系统的设计依据和要点

(一)设计依据

1. 确认减速器正常出口速度控制的定速控制等级分布，共分为4级，每一级别定速出口的速度值一般分别设定为6 km/h、8 km/h、10 km/h、12 km/h。

2. 调查减速器出口超速情况的各种数据、工况、出现概率。如果多种车组在驼峰三部位出口“失控”,将他们分别纳入速度超限数值进行统计。

3. 规划、界定速度超限组合数据,并确定为可控顶辅助调速控制的“起控值”。

(二)控制要点

1. 重量信息应采集准确。按照每一钩车的平均重量取值作为数据,在分钩之前将钩车重量随时向主控制机传递,分钩之后再将整钩车的平均重量向主控机传递。

2. 主控制机要随时记录测重机传来尚未抵达的车辆的轴重,要做到顺序准确,避免错传车组之间的轴重信息。

3. 长钩车尚未分钩之际,主控制机要根据当前的车速、重量指令可控顶先给予一定的制动力,适当对车辆进行控制,以避免控制滞后而出现的车速过高情况。

四、驼峰三部位可控顶辅助调速控制系统的主要功能

1. 测重信息的采集、处理和交换功能

当车辆经过测重头时,测重头记录下波形信号并进行滤波处理,将钩车在运行中的丢轴、振动、误动等错误信息筛选掉,提取正确的数据,判断出正确的轴数和钩车运动的方向,给出钩车的重量级别和累计钩车的轴数,将准确的信息提供给主控机。

另外,测重系统还具有判别追钩的功能。

2. 智能调速控制功能

对溜放车辆的调速需要根据钩车的重量级别、运行速度、走行阻力、外界环境和执行机构的性能等来调整控制参数。主控制机根据测重机传来的钩车重量级别、运行速度对比设定的起控值,确定是否需要对可控顶发出控制指令来施加辅助制动,或者对控制参数做适时调整。当车辆在减速器的出口速度过高时,控制机会及时启动驼峰三部位可控顶群对通过的所有车辆做功,使其在可控顶群的出口车速达到规定的安全速度。

3.“让头拦尾”功能

在股道存车位置允许的条件下,控制系统对大组车特别是大组空车,将和减速器的控制保持一致,同步采取“让头拦尾”控制,使车组尽快通过驼峰三部位调速区,以利于提高峰顶的推峰速度和减少追钩的可能。

4. 机车下峰反牵控制功能

机车下峰或反牵作业时,控制系统能使驼峰三部位可控顶处于吸下(锁闭)状态,减少反牵阻力,提高机车上、下峰的走行速度,减少轮缘磨耗,延长可控顶的使用寿命。

5. 故障处理功能

由于嵌入式系统具有较高的性价比,系统采用双机设备。当各类传感器发生故障时,控制系统能在后台监测机上给出故障报警。对未能接收到重量信息的钩车,控制机可根据历史数据进行试探性控制,测出钩车通过可控顶群的速度变化差,大体上判出该钩车的重量级别作为控制参数,并将判出的级别传送到下一个控制点。通过这种模糊控制的方式保证系统出现故障时能导向安全。

6. 远程故障诊断功能

控制系统可以通过网络或无线通信的方式传递各种数据,可通过异地的专家系统对现场故障进行远程分析诊断,指导现场及时加以处理,防患于未然。

7. 自启动功能

在系统中设置了批处理文件，当设备因检修或停电后恢复供电时，系统能自动进入控制程序。

8. 数据储存、备份功能

在数据库管理当中，数据的备份是一个非常重要的环节。如果出现数据丢失，整个系统的数据管理都将受到严重影响，甚至导致整个系统数据都处于无效状态。在数据备份方面采用了增量备份和拷贝备份相结合的方式，即从：周一到周五自动采用日常的增量备份，可以减少日常备份所占用的空间；周六或周日对一周的数据自动进行拷贝备份。两种备份方法的结合，可以使备份功能达到最优。同时按照特定格式的数据方式，以无线空网GPRS 传输到站场的数据中心，可以实时了解和分析现场的控制情况。

五、驼峰三部位可控顶辅助调速控制系统的应用实例

2003 年初，经铁道部立项，哈中心在哈尔滨南站上行驼峰调车场 17 道安装了驼峰三部位计算机可控顶辅助调速系统，在驼峰三部位减速器 30 m 后共安装 TDJK—201 型可控顶 60 台。这是一种新的基于嵌入式系统的计算机可控顶控制系统，利用可控顶调速系统来辅助驼峰三部位减速器的自动控制，弥补减速器点式控制的不足。一旦驼峰三部位减速器由于某种原因发生失控，特别是对大轮车、油轮车和薄轮车的控制达不到预期的效果而超速时，可控顶辅助调速控制系统能及时有效地对当前溜放钩车补充制动能量，进行辅助控制，防止车辆失控发生事故。

该系统经过一年多的运营试验，系统的硬件和软件都经受住了全面考验。运行结果表明，4 辆 63 t 重载煤车组模拟在减速器失控状态下（采取有监护和防护措施条件下放行），在到达可控顶群入口时的速度为 16 km/h，经驼峰三部位可控顶辅助系统进行自动控制后，速度降至11 km/h，达到了预期的效果。

第九节　停车器自动控制系统

现分别介绍用于编组站尾部的 T · TK—92 型停车器自动控制系统和用于到发线的 T · FD—06型防溜器自动控制系统。

一、T · TK—92 型停车器自动控制系统

T · TK—92 型停车器自动控制系统的总体设计结构如图 6-43 所示，该系统由硬件系统、软件系统和执行机构组成。

（一）控制系统硬件的构成、功能和特点

T · TK—92 型停车器自动控制系统采用分布式多计算机系统，计算机间采用网络控制方式。硬件系统主要由上位机、下位机、维修机、控制台、图形显示器、总线模式切换装置、UPS 稳压电源和输入输出接口电路组成。

1. 上位机采用专用工业控制机。这种控制机具有高可靠性，兼容性好，开放模块结构，组态灵活，便于开发和易于维护，功耗低，工作范围宽，适应铁路现场恶劣环境等特

点。上位机的主要功能是完成整个系统的调度和指挥，包括：尾部集中调车作业过程信息的采集；根据可控停车器自动控制系统技术条件，自动生成控制命令；将控制命令以特定的方式下达到下位机(即执行表示控制机)；采集可控停车器状态以及设备监测；大屏幕彩色监视器的显示驱动等功能。

2. 下位机(执行表示控制机)选用高可靠性 STD 工业控制计算机，其可靠性指标 MTBF(平均无故障时间)为 20 年，其主要功能是：

(1)实现与上位机间的通信。

(2)实现可控停车器控制逻辑处理。

(3)驱动动态继电器控制停车器动作。

(4)采集可控停车器状态信息。

(5)采集控制台按钮状态信息。

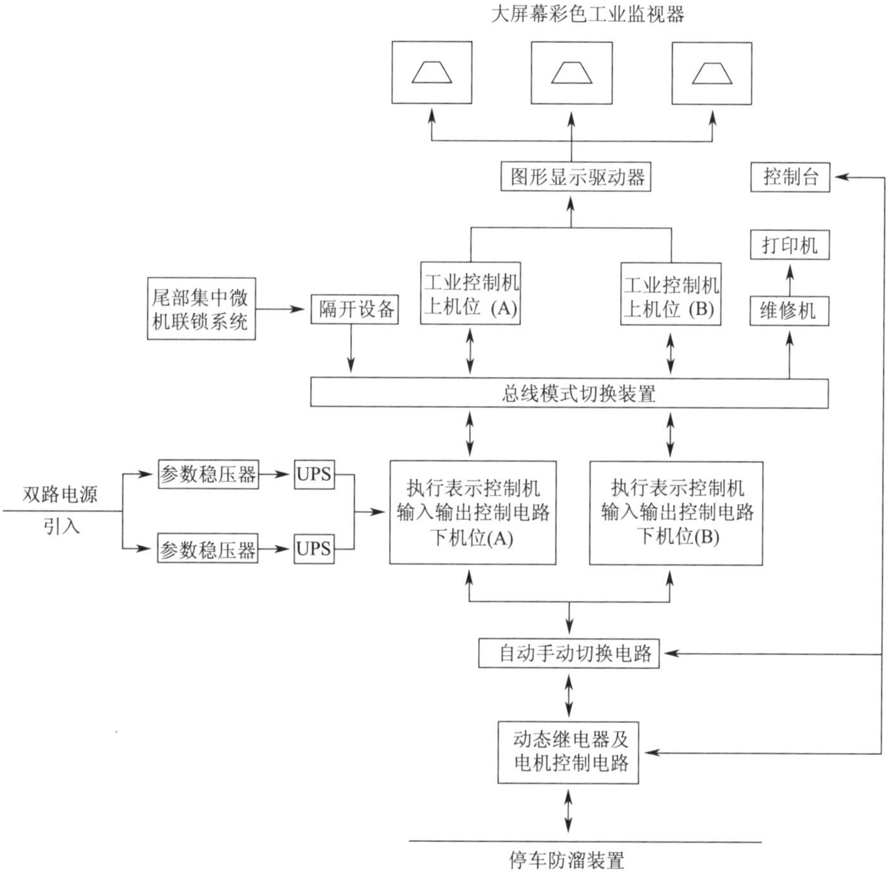

图 6-43 调车场尾部停车防溜器控制系统结构图

3. 维修机完成系统最近一个月内全部信息的记录、存储、再现及打印功能。包括：

(1)以图形方式再现全部显示信息，具有日期选择、正常重放、步进、快进、步退、快退等功能。

(2)可随时查询系统命令输出、表示、操作及报警信息。

(3)可根据需要全部或分类打印选定日期的各种信息。

4. 上位机和下位机均为双套热备。上位机与下位机之间采用总线式切换，即上位机A或上位机B可随时与任意一台下位机配套工作，大大提高了系统的可靠性。

5. 计算机间的通信均采用SR－NET高可靠智能型工业控制网络系统，传输速率可达1 Mbit/s，最大传输距离为1.2 km，数据编码为不归零反相编码，可完成在强干扰条件下的实时工业控制，并保证不对信号联锁设备的电气特性产生任何影响。

6. 输入、输出接口电路均由高可靠性的固体元件组成，在工作中处于动态脉冲状态。如输入、输出接口电路中有一个元器件发生故障，则控制系统立即终止脉冲的输入输出，并迫使动态继电器落下或由计算机做出导向安全的信息处理，同时发出报警信号，使整个停车防溜系统由故障导向安全。

7. 系统设有手动和自动两种控制方式，手动控制优先于自动控制。当计算机自动控制系统出现故障或停机维修时，可直接采取手动控制方式，不影响设备的正常使用。系统处于自动方式时，无需任何转换方式即可直接进行手动控制，对选定股道可以采取预先锁闭或解锁，实现部分股道的可控停车器为手动方式，而其余股道仍为自动方式。这样，既方便停车器维修调试，又能满足特殊作业的要求。

8. 大屏幕高分辨率图形显示器不仅能以图形方式实时显示停车器状态，同时还可显示整个尾部咽喉的信号、道岔、进路以及调车作业的全过程。对尾部的作业状态一目了然，给使用和维护带来极大方便。

9. 控制系统设计中采用了一系列的抗干扰措施，提高了系统运行的稳定性。除采用UPS稳压电源外，在电力电源引入中设置了参数稳压器，外部设备和计算机间均采用光电隔离，保证了系统不受外来干扰的影响。

(二)控制电路的设计特点

1. 电机电路采用交流接触器，实现强电流控制。停车器的液压站电机为直流双向电机，额定电流为2.0 A。由于直流双向电机没有类似电动转辙机的自动开闭器，用继电器分断直流电流，接点极易烧损，而目前市场上销售的直流接触器既笨重且成本高，故采用直流操作的交流接触器与继电器一起构成安全电路来完成电机电路的启动和切断，既安全可靠又方便经济。

2. 计算机接口电路采用了安全型动态继电器，是为了使计算机控制系统具有“故障导向安全”特性而专门设计的。只有当特定的脉冲信号输入时，继电器才能可靠吸起，否则只要输入输出电路或动态继电器本身的任何一个元件失效，都会导致信号的变化而使动态继电器可靠落下，保证了编尾停车器自动控制系统工作的安全可靠。

3. 在电机控制电路中，采用了延时继电器，一旦制动或缓解时间超过了规定的电机动作时间，系统通过延时继电器及时切断电路，使电机停止转动，防止电机因长时间工作而烧毁，起到保护电机和液压设备的作用。

(三)控制系统软件的构成、功能和特点

控制系统软件由计算机通信、调车作业信息采集、停车器控制逻辑分析与控制命令生成、显示驱动、监测记录以及报警系统等几大功能模块组成。

1. 控制系统软件设计遵循闭环原理，由硬件实现模块间的闭环沟通，再由软件使整个系统闭环运转起来,实现了控制系统的自我恢复及故障处理等功能。当控制系统发生通信中断或其他原因而不能正常工作时,控制系统软件与硬件密切配合使已缓解的停车器自动恢复制动位,实现故障导向安全。

2.控制系统软件采用多层次结构的容错设计,将编码技术、冗余技术、复算技术以及一系列容错技术有机地结合起来,使得故障每经过一个层次时,能被发现定位,或者切除故障模块,最终将故障的危险性降到最低。控制系统软件还设计采用了一系列抗干扰措施,保证了控制系统不受外来干扰,提高了运行的稳定性。

3.编尾停车器自动控制系统与尾部计算机联锁系统间的信息传输,除采用常规通信中的校验技术外,对传输的信息码采用特殊的编码和重复发送等冗余技术,以确保信息准确无误,并且不对尾部集中的联锁条件产生任何影响。

4.控制系统具有控制命令、表示信息、图形信息自动记录和储存功能,数据可保留1个月。记录数据可按类别、按时间查询打印。系统提供图像再现功能,尾部作业及停车器状态可随时以重放、快进、快退、步进、步退等方式复现,为系统维护及故障分析判断提供了可靠依据。

5.为防止预排调车进路时,使停车器过早处于缓解状态,导致停留车辆发生溜逸,控制系统设计为当机车车辆驶入一定距离时,可控停车器开始缓解。这样,既保证机车车辆进入可控停车器之前已处于缓解状态,又能防止停留车辆发生溜逸。

6.系统具有多种报警功能:

(1)当头部溜放车辆越过停车器并溜至股道牵出调车信号机接近区段时,计算机自动发出"××股道车辆溜逸"语音报警信号,并通过广播设备通知值班员和现场防溜人员及时对溜逸车辆采取应急措施。

(2)当电源屏内的主、副电源进行切换时,控制台有电源切换报警。

(3)当可控停车器制动或缓解转换时间超过规定动作时,控制台有超时报警。

(4)当计算机发生故障或通信中断时,系统报警并使停车器处于制动状态。

(5)当输入输出电路或动态继电器元件失效时,系统报警,同时动态继电器落下,使停车器处于制动位。

7.系统具有多种信息显示功能:

(1)计算机及控制台均有控制方式、停车器位置及转换方向表示信息。

(2)计算机屏幕有停车器锁闭状态及尾部调车电器集中全部表示信息,包括进路排列及锁闭、信号开放、轨道电路占用等。

(3)控制台有主副电源工作表示灯、超时报警表示灯以及电机电流指示等。

(四)控制系统的执行机构

T·TK—92型可控停车器是编尾调车防溜控制系统的执行机构,该设备具有以下主要技术特点:

(1)T·JK—92型可控停车器常态为制动位。停车器制动力由弹簧产生,并且制动时机构处于自锁状态,因此制动力稳定可靠,不会因油路等其他机械故障而失效。

(2)安装简便。T·JK—92型可控停车器可直接安装在基本轨的内侧,对运输干扰小,投资费用低。

(3)由于T·JK—92型可控停车器处于制动状态的时间远大于处于缓解状态时间，因此液压系统工作时间很短，不仅节省能源，而且还大大延长了密封件的使用寿命，易于维护。

(五)控制系统的主要技术指标

T·TK—92型停车器自动控制系统的主要技术指标：

1. 电源： A380 V(双路)
2. 功耗： 2 kW(室内设备)，室外设备根据实际股道确定
3. 信息储存： 1个月内全部信息记录
4. 工作方式： 自动与手动方式并存，手动优先
5. 报警方式： 铃音和语音广播
6. 股道与可控停车器数量： 不限
7. 工作温度： 0～+40 ℃(室内)，－40～+70 ℃(室外)

二、T·FD—06型停车防溜器自动控制系统

(一)控制系统的基本构成

T·FD—06型停车防溜器(以下简称防溜器)自动控制系统是以工业控制计算机为硬件平台，集RS485现场总线和可编程控制器(PLC)技术于一体的数字化控制系统。如图6-44所示，该系统由硬件系统、软件系统和执行机构组成。

硬件系统包括2台工控机、若干个室外控制箱和若干台可编程控制器、1台UPS稳压电源、1台19英寸液晶显示器、1个键盘、1个鼠标器、1台通信用C－NET通过串口连到工控机上。置于室内的工业控制计算机为该系统的上位机，若干台可编程控制器(PLC)为该系统的下位机，上下位机之间由RS485通信方式组成网络。

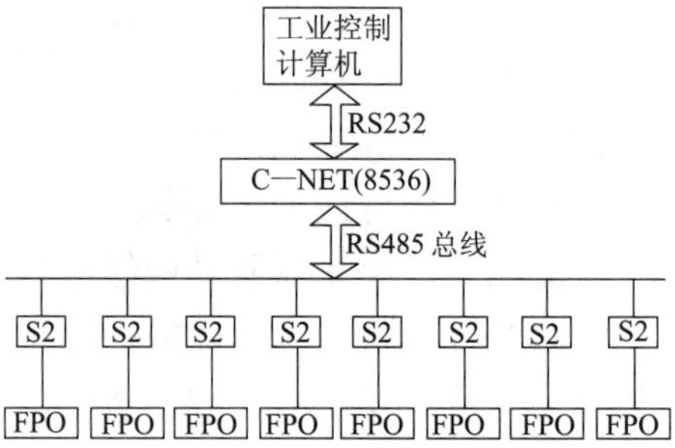

图6-44　上位机与网络通信系统结构图

1. 上位机系统

上位机有2台工控机，一台作为主控机，另一台为后备机。2台工控机中都安装了屏幕控制系统程序和工作记录数据库，其中包括在工控机并行口上安装的系统程序所需的运行狗(注：使用后备机时运行狗应与后备机相连通)，如果主控机出现故障，后备机可以马上投入工作。

工控机上有2个电源开关，主开关在机箱的后面，副开关在机箱的正面。开机时应先开主开关，然后再打开副开关。开关都打开后，工控机即开始运行，直接进入到屏幕控制系统。

2. 可编程控制器(PLC)系统

可编程控制系统设置在现场股道间的控制箱内，每个控制箱控制1股道防溜器，并设有自动控制系统和手动控制系统。控制箱由可编程控制器、线性电源、空气开关、固态继电器、风扇和加热电阻等元件组成。空气开关共有2个：1个单相开关用于对控制箱自身供电的控制；另外一个三相开关控制相应股道的2台或3台防溜器动力电的开关和保护。

3. T·FD—06型防溜器

T·FD—06型防溜器是控制系统的控制对象，在每股到发线或专用线上，可根据需

要设置2台或3台(2+1模式)防溜器。

(二)控制系统的工作原理

值班操作人员可以通过鼠标点击计算机屏幕上的相关图标发出控制信号,控制信号被送至现场控制箱内的可编程控制器,由可编程控制器根据计算机发出的指令控制防溜器的制动与缓解。当线路的调车作业完成后,控制系统即发出指令使防溜器制动,并始终保持在制动位。当车辆需要牵出时,控制系统发出指令使防溜器缓解。当防溜器运行到制动或缓解位置时,安装在防溜器上的开关将信号传送给可编程控制器,可编程控制器根据该信号停止对防溜器的控制,即完成一次对防溜器的控制。屏幕根据防溜器的状态,显示出不同的信息。值班人员根据现场的需要可以对全场的防溜器进行手动控制或自动控制,并对防溜器的状态进行监视。

(三)控制系统的功能和操作

控制系统有屏幕控制和现场手动控制两种方式,正常工作一般均采用屏幕控制。在屏幕控制发现故障报警时,工作人员应根据屏幕报警的提示确定故障位置及类型,并及时到现场进行排除故障。故障排除后,应采用手动方式控制防溜器至制动位或缓解位,然后恢复使用屏幕控制方式。

1.屏幕控制方式

工控机启动之后,屏幕界面如图6-45所示,信号员使用鼠标即可操控防溜器。

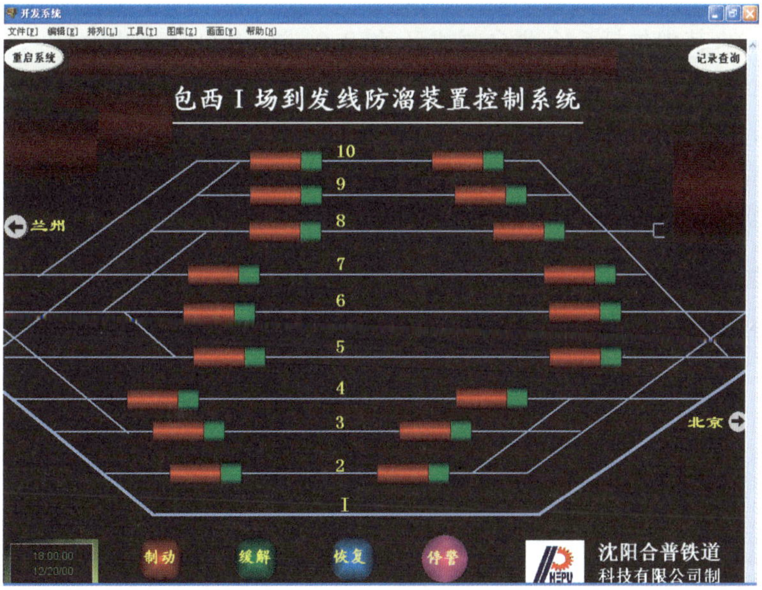

图6-45　T·FD—06型防溜器控制系统屏幕显示图

(1)屏幕上防溜器控制界面的组成

①系统操作菜单:工作记录查询,返回上层画面。

②股道和防溜装置:界面上的每一条直线表示站场上的一股道,直线上的矩形图表示防溜器,每股道安装两台防溜器。

③5个按钮:制动、缓解、恢复、警停、视频按钮。

(2)屏幕控制操作过程

对某股道上的防溜器进行制动和缓解的控制过程如下：

①单击该道上的代表防溜器的任一矩形图，被点击矩形开始闪烁。（注：矩形为红色表示该防溜器处于制动到位状态，绿色则为缓解到位状态，矩形闪烁为选择状态。）

②若选错防溜装置，可点击下面的恢复按钮，取消对该防溜器的选择。

③若所选防溜器正确，红色闪烁可按缓解按钮缓解；绿色闪烁可按制动按钮制动，单击制动或缓解按钮后，防溜器图示显示“制动中…”或“缓解中…”。若制动或缓解超时，则屏幕出现故障显示并报警，值班员应通知维护人员到现场检查发生故障的防溜器，及时处理故障后用手动方式控制防溜器。

④按“警停按钮”可停止报警。

⑤看现场实景，可按视频按钮(本系统暂时无此功能)。

⑥系统操作菜单：单击该菜单，可按日期和时间查询或打印工作记录。单击“系统操作菜单”中的“工作记录查询”，屏幕出现如图 6-46 所示的界面：

输入开始时间和结束时间，单击“数据查询”即可显示查询结果。查询结果包括：年、月、日、时、分、秒，股道数，防溜装置号，防溜装置状态。

2. 手动方式

工作人员可通过安装在现场的控制设备，对相应股道的防溜器进行手动控制。每台控制设备可操控 2～3 台防溜器的制动和缓解。如图 6-47 所示，设备控制面板上有 3 个或 4 个旋转开关，其中包括 1 个非自复式开关，2 个或 3 个自复式开关。

(1)非自复式开关

非自复式开关为“手动及自动”开关，其作用是设置手动和自动两种状态。维修及维护防溜器时，应将开关调至手动位置(现场控制方式)。维修及维护结束后，要将开关调至自动位置，即恢复屏幕控制(室内集中控制方式)。

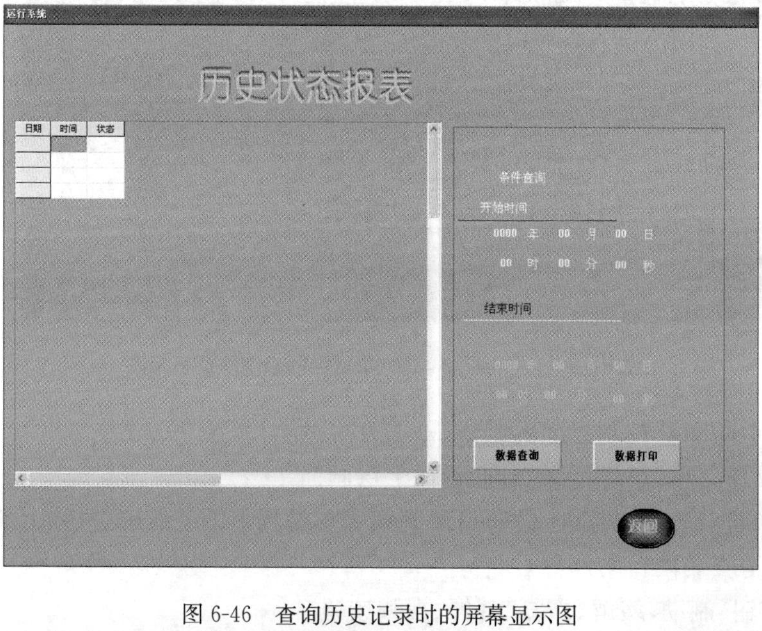

图 6-46　查询历史记录时的屏幕显示图

(2)自复式开关

自复式开关由“制动 1 缓解”开关、“制动 2 缓解”开关及“制动 3 缓解”开关组成。其作用是在手动方式下分别控制相应轨道的第 1、2、3 台防溜器的制动或缓解。开关向左转时控制防溜器制动，向右转则控制防溜器缓解，不转即停止。但要特别注意，使用手动方式对防溜器进行制动或缓解时，一定要观察 PLC 面板上输入端显示灯的变化。手动操纵自复式旋钮对防溜器进行制动或缓解的过程中，通过制动、缓解行程开关及程序控制，能使防溜器动作到位后自动停止，不会发生超程现象。

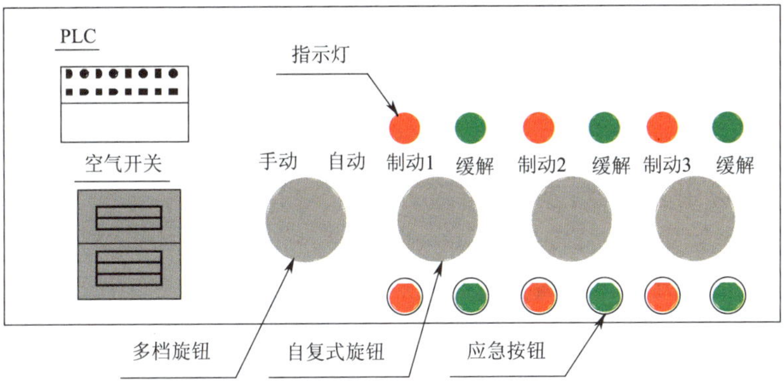

图 6-47　手动控制设备示意图

3. 防溜器行程控制及超行程保护

当控制箱收到上位机制动或缓解指令时，控制箱控制防溜器制动或缓解。当防溜器运行到位时，发送信号给控制箱，控制箱使防溜器停止工作。

当行程开关失效或故障时，超行程时间 12 s 后，继电器给控制箱发出信号使电机立即停止运行。控制箱同时发送故障信息至上位机，上位机显示该台防溜器处于故障状态，以便通知维修人员处理。

4. 控制箱内的温度控制

为保证控制箱内元器件的正常工作，控制箱内设有温度控制设施：当箱内温度超过 50 ℃ 时，系统启动风扇降温；当箱内的温度低于 0 ℃ 时，系统启动箱内的加热电阻加温。同时系统将温度过高或过低的信息及时传递到上位机，屏幕上会显示降温信息或加热信息。

第十节　可控停车顶控制系统

停车顶不但可以作为驼峰调车场尾部的停车设备以及驼峰头、尾部同时作业的隔开设备，还可作为客货列车到发线、货场装卸线的停车防溜设备。在调车场尾部，有较多调车作业或牵出速度较高的站场，有必要采用具有控制功能的可控停车顶。2002 年哈中心开发研制了可控停车顶控制系统，并在广铁集团公司江村编组站安装试验，取得了较好的效果。

编尾可控停车顶控制系统的应用，实现了对车辆停车防溜的自动控制，保证了作业安全。这种控制系统在需要时，可让可控停车顶处于吸下(锁闭)的缓解位，既可以提高运输效率，又能延长停车顶的使用寿命。控制系统具有对控制数据的自动监测、记录、查询、储存和打印的功能，为事故分析和减速顶、停车顶的运用、管理、维护提供了可靠的依据。使用该系统可显著地提高编尾运输生产效率，改善作业条件、保证运输安全和人身安全，为编组站带来较大的经济效益和社会效益。

一、可控停车顶控制系统的基本组成

可控停车顶控制系统的设备构成与计算机可控顶控制系统基本相同，只是系统中没有测重环节。图 6-48 是该系统的室外设备布置图，它主要由主控制机、监测机、数字输出/输入接口、定时器、光电隔离板、可控停车顶驱动电源、数字传输通道、打印机、远程通信模块、系统软件、应用软件、测速传感器、电缆及控制箱盒及可控停车顶群等组成。测速踏板又分为预警踏板和作业辨识踏板两种类型。

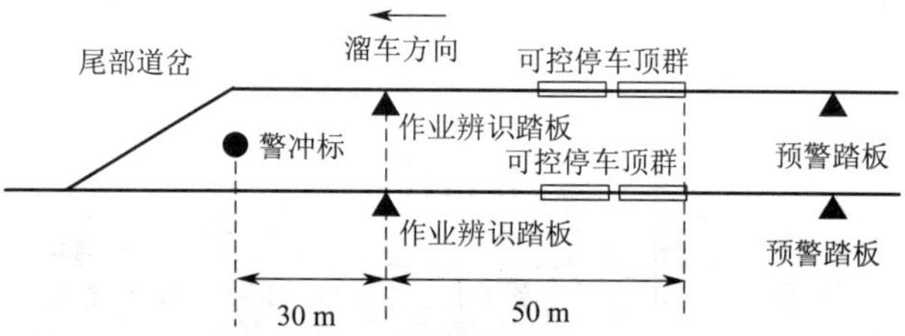

图 6-48　可控停车顶控制系统室外设备布置图

二、可控停车顶控制系统的工作原理

如图 6-49 所示，在可控停车顶的入口处设置有预警功能的测速踏板，它负责采集溜放钩车的信息，并将采集到的信息传送给控制机。控制机结合调车场尾部的作业特点，判断出钩车的溜行方向及作业方式，并计算出钩车速度。当控制机判断钩车由峰顶方向溜入可控停车顶，并且入口速度超过设定值时，控制机控制语音报警系统报警，然后根据钩车的速度、辆数等数据控制可控停车顶立起，对溜放钩车制动停车、止轮防溜，保证钩车能够停在尾部警冲标内方。当该股道编组作业完成，车列准备牵出时，控制系统指令可控停车顶吸下（锁闭），使车列能够顺利牵出。通过作业辨识踏板，控制系统还能对从尾部进入的车组进行识别，判断其属于尾部溜放、顶车连挂、车列牵出等哪种工况，并指令可控停车顶立起或处于吸下（锁闭）状态。同时，将溜放钩车的各项数据、停车顶的控制情况以及线路解编车流数量等信息实时传输给控制室内的监测机，监测机自动记录和储存所有数据。工作人员可以通过屏幕上的图形显示及时准确地了解现场的作业情况，做到心中有数。

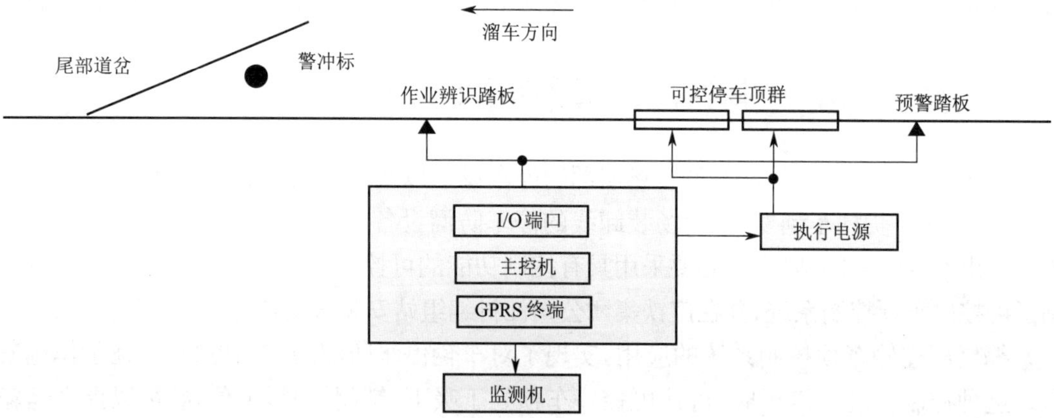

图 6-49　可控停车顶控制系统框图

三、可控停车顶控制系统的设计依据

可控停车顶控制系统在设计时需要掌握下列资料：

1. 车流调查，空重车的比例。
2. 调车线长度，平时作业占用程度（包括第一钩车溜下后的停留部位）。
3. 可控停车顶布顶位置距警冲标的距离。
4. 尾部作业方式：摘挂、调站顺、开行列车、推车等情况。
5. 现场电磁干扰情况。
6. 调车场各调车线尾部的平、纵断面图。根据各调车线不同的纵断面和运用情况，可以确定各股道预警踏板的具体位置。

四、可控停车顶控制系统的安装与调试

可控停车顶控制系统的设备安装与计算机可控顶控制系统基本相同。其间安装控制系统最主要的是需要通过一系列的试验来调定系统参数。由于系统没有和电务信号系统进行任何联锁，因此需要应用系统的"尾部作业辨识"功能，自行判断出尾部各种不同的作业工况。主要有下列作业工况：

1. 是否进入挂车。
2. 是否挂车牵出。
3. 是否列车出发。
4. 是否窜出。
5. 是否调机顶车。
6. 是否单机开出。
7. 是否头部溜入车辆。

这些工况都要经过现场的试验来进行调试和验证，直到最后确定各项参数。

控制系统的最终调试还要求进行困难条件下实际工况的测试：即组织大组重车的溜放作业，检验可控停车顶控制系统能否准确识别、报警以及可控停车顶的停车效果等一系列指标。

五、可控停车顶控制系统的功能和特点

1. 对高速溜入车辆进行预先报警

如果溜放车辆在预警测速踏板处的速度高于入口速度设定值，主控制机指令可控停车顶对车组进行制动，并立即启动报警提醒工作人员注意，以便采取相应措施，同时对驼峰头部溜放速度过高，或是减速器、减速顶制动力下降等给出一系列作业管理上的提示。

2. 对窜出车辆进行报警

控制系统对窜出停车顶群的车辆进行报警，使车务人员能及时采取有效措施，最大限度地防止车辆溜逸事故的发生。

3. 对于从尾部进入车辆的处理

对于由尾部进入的机车或推入的车列，包括从尾部向驼峰方向反牵车列，控制系统都

能作出准确判断，并及时发出控制指令，使可控停车顶处在吸下（锁闭）的缓解状态。

4. 反牵延时处理

机车由尾部向股道内进入或推送车组时，若在 20 min 之内有车牵出，则指令可控停车顶处在缓解状态；在超时之后有车牵出，则指令可控停车顶处在制动状态。

5. 图形化数据处理与分析

控制系统能以图表形式对数据进行智能化的趋势分析，能以图形方式检索当月任意时间内车辆溜放速度的变化趋势，有利于更好的使用和维护停车顶。

6. 事故分析

一旦在调车作业过程中发生事故，安全监测系统可以记录整个现场作业过程，帮助用户了解事故的经过，为科学分析事故原因提供依据。

7. 数据存储功能

控制系统可对调车作业的数据长期保存（1 个月内为动态保存）。所有数据既可以用硬盘拷贝，也可以编制成电子文档进行保管和在线网络传输。

第七章　减速顶及停车防溜设备的检测技术

第一节　概　　述

减速顶调速设备及停车防溜设备的开发研制、生产和现场应用都离不开检测技术，检测技术的水平高低直接影响到新产品的技术先进性、产品的出厂质量和现场的使用性能。因此，为了更好地发展减速顶调速技术，就必须加大力度研究和开发各种减速顶调速设备及停车防溜设备的检测技术。

随着减速顶调速技术的不断发展和广泛应用，减速顶调速设备及停车防溜设备的检测技术也得到了迅速发展。

一、减速顶调速设备测试系统

（一）减速顶调速设备测试系统（简称为减速顶测试系统）的分类

1. 按功能分类：可分为单一功能和多功能减速顶测试系统。

2. 按用途分类：可分为实验室用、出厂检验用和现场使用的减速顶测试系统。

3. 按试验方式分类：可分为轮压式和非轮压式减速顶测试系统。

（1）轮压式减速顶测试系统是采用铁路车辆车轮（或其他轮子）直接对减速顶调速设备滚压进行测试的系统，它又可分为四种。

①试验线路减速顶测试系统（简称为试验线路测试系统）：在符合试验条件的铁路线路上安装减速顶调速设备，用铁路车辆轮对滚压安装在线路上的减速顶，对顶的性能参数进行检测的系统。

②圆轨式减速顶模拟试验台：在符合试验条件的圆形轨道上安装减速顶调速设备，用铁路车辆轮对滚压安装在轨道上的减速顶，对其性能参数进行检测的系统。

③直轨式减速顶模拟试验台：在符合试验条件的直线轨道上安装减速顶调速设备，用铁路车轮（或部分车轮）滚压安装在轨道上的减速顶，对其性能参数进行检测的系统。

④车载式减速顶测试系统：将测试设备安装在检测车辆上，通过车辆在线路上行走，车轮滚压安装在该线路上的减速顶调速设备，对其性能参数进行检测的系统。

（2）非轮压式减速顶测试系统：通过垂直冲击减速顶调速设备的帽头，对顶的各项性能参数进行模拟测试的系统。根据其采用的动力不同，又可分为三种。

①液压储能式减速顶模拟试验台：以液压储能为动力，垂直冲击减速顶调速设备的帽头，对顶的性能参数进行模拟测试的系统。

②气动减速顶模拟试验台：以压缩空气为动力，垂直冲击减速顶调速设备的帽头，对顶的性能参数进行模拟测试的系统。

③电动减速顶模拟试验台：以变频电动机为动力，垂直冲击减速顶调速设备的帽头，对顶的性能参数进行模拟测试的系统。

(二)减速顶测试系统的功能和作用

1.减速顶测试系统的功能

减速顶测试系统应具有以下全部或部分功能：

(1)能对减速顶的制动功、阻力功、临界速度及上下偏差、抬起高度、回程时间和构造速度等项技术指标进行检测。

(2)能对具有特殊性能的减速顶的特殊功能和技术指标进行检测。

(3)能对加速顶的加速功进行检测。

(4)能对停车防溜顶的水平制动力和保压时间等项技术指标进行检测。

(5)能对减速顶及停车顶的密封性能、止冲性能、最大工作行程以及安装尺寸等项指标进行检测。

(6)能对减速顶调速设备和停车防溜设备的寿命指标进行检测。

(7)现场使用的减速顶测试系统应能实时、快速、便捷地对各项技术指标进行检测，并且尽可能减少对运输生产的干扰。

(8)能对减速顶的新产品或用户要求的其他技术指标进行检测。

2.减速顶测试系统的作用

(1)为开发研制减速顶新产品提供技术支撑。通过对减速顶新产品的测试而提供的大量科学试验数据，确定新产品的各项性能是否达到预期的设计指标；通过对测试数据的深入分析研究，帮助科研人员最大限度地提高新产品的各项技术指标，使之更具有先进性、适用性。

(2)对批量生产的各种减速顶产品进行出厂质量检验。按照规定的产品技术标准对产品出厂需要检验的各项技术指标进行测试，以确定该批产品的质量是否满足出厂检验的要求，从而判定该批产品是否合格。

(3)对减速顶产品进行型式检验。当发生需要进行型式检验的情况时，比如减速顶新产品需要鉴定或定型批量生产，或某种已定型生产的减速顶在结构、工艺、材料等方面进行了较大改进而可能影响到产品性能时，必须由减速顶测试系统对产品进行型式检验，以确定该产品的技术性能指标是否符合设计要求。

(4)对正在使用的减速顶或停车顶的各项性能指标进行现场检测，以确定这些产品是否满足使用要求。

(5)根据减速顶或停车顶相关技术标准的规定，对现场使用年限和滚压次数已达到大修或报废规定的产品进行现场检测，以确认这些产品是否具有剩余使用价值。

(三)减速顶测试系统的总体技术要求

1.各种减速顶测试系统根据不同的需要，应具有全部或部分上述各项功能。

2.测试系统应具有较高的自动化程度及较高的安全性、稳定性和可靠性。在室外使用的测试系统应能适应各种不同的气象条件和环境要求。

3.测试数据应具有较好的重复性和一致性。

4.测试软件应具有对各种数据的采集、分析、处理和管理的功能。模拟测试系统软件应科学合理地选取修正系数，使测试数据更加具有真实性和合理性。

5.现场减速顶检测系统应具有测试速度快、效率高、功能齐全、安全可靠等技术特点，并尽可能减少对运输生产的干扰。

二、停车防溜设备的性能检测

由于停车防溜器、停车防溜顶和防溜铁鞋三种主要的停车防溜设备在结构上和工作原理上都有较大的差异,因此对他们的性能检测需要采用完全不同的方法进行。

停车防溜器的性能检测必须在测试线路上进行。首先需要将停车器按照现场使用的各项要求安装在测试线路上,然后按具体的测试项目逐项进行试验。

停车防溜顶的性能检测与减速顶基本相同,它可以采用试验线路测试系统进行,也可以采用圆轨式模拟试验台、直轨式模拟试验台或直冲式模拟试验台进行测试。与减速顶不同之处仅在于测试的基本条件和测试项目有所区别,普通停车顶的测试项目中没有临界速度及上下偏差,而增加了水平制动力和保压性能两个测试项目。

防溜铁鞋的检测包括共性性能检测和机械性能检测。共性性能检测包括外观检查,尺寸检查以及碾压点的测试等。机械性能检测则因材质不同需要采取不同的性能检测方法,对于铸造防溜铁鞋需要在浇注过程中提取样块,然后按相关的技术标准对样块进行拉力试验、冲击试验和硬度试验;对于钢板防溜铁鞋,则需要按相关的技术标准对用于焊接防溜铁鞋的钢板进行拉力试验和冲击试验。

第二节　减速顶测试系统介绍

一、试验线路测试系统

(一)试验线路测试系统的基本组成

如图 7-1 所示,试验线路测试系统主要由试验线路、试验车辆、动力系统、测量系统和辅助系统五部分组成。

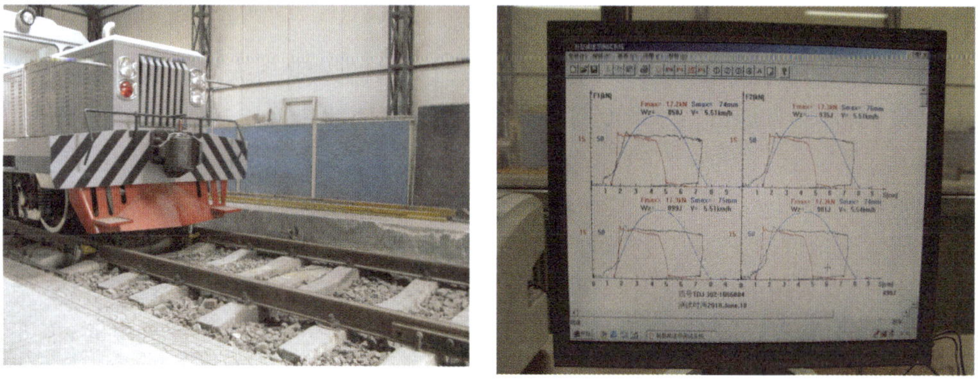

(a)试验线路与试验车　　(b)减速顶测试数据

图 7-1　试验线路测试系统

1. 试验线路

试验线路是试验线路测试系统的基础设施,也是减速顶调速设备的安装载体。试验车辆在试验线路上以不同的运行速度滚压减速顶完成对各种技术参数的测试。试验线路一般应为平直线段,也可以是环形线。采用环形线路测试时,应考虑与平直线段测试数据的误差而确定误差系数。由于需要测试高档减速顶,因此采用平直线段的试验线路应具有相应的长度。

2. 试验车辆

试验车辆是试验线路测试系统的主要设备,它以测试所要求的各种运行速度直接作用于减速顶调速设备,完成各项测试数据的采集。试验车辆可以是铁路在用车,也可以是报废车。试验车辆应能够通过加载或减载对轮重进行调整,以满足不同测试项目的需要。

3. 动力系统

动力系统是试验车辆运行的动力来源,在测试过程中,它为试验车辆提供动力,使之达到测试所需要的各种运行速度。动力系统一般采用能对运行速度进行控制的机车或轨道车。如果条件不具备,也可以采用具有一定位能的驼峰作动力来源,即通过将试验车辆拉到驼峰的不同位置,利用驼峰的位能,使溜放车辆获得各种不同的运行速度。无论采用何种方式,动力系统的功能都是使试验车辆获得测试所需要的车速。

4. 测量系统

测量系统包括测试硬件设备和测试软件两部分。

测试硬件设备包括传感设备,专用测试壳体、卡具,检测设备三类。传感设备有速度传感器、位移传感器、压力传感器、温度传感器、加速度传感器等;专用测试壳体和卡具包括各种型号的减速顶调速设备以及停车防溜顶的试验壳体,测试制动功、阻力功、回程时间和抬起高度的专用位移卡具等;测量设备包括各类检测信号采集设备、转换设备、计算机、打印设备以及电缆系统等。

测试软件包括减速顶临界速度及上下偏差测试软件,采用示功图法和动能差法对减速顶的制动功、阻力功、加速顶的加速功、停车顶的制动功进行测试的软件,抬起高度测试软件,回程时间测试软件,可控顶锁闭高度(吸下高度)测试软件,停车顶水平制动力及保压性能测试软件等。

5. 辅助系统

辅助系统是为了完成测试并得到正确结果而提供的保障系统。主要包括办公房间、通信及供暖设备(北方地区),水、电供应,供气系统(测试加速顶用),环境控制设备和校准设备等。

(二)试验线路测试系统的工作原理

将被测减速顶调速设备安装在试验线路上,并根据测量情况放置采集被测参数的信号传感器。比如,当采用示功图法对减速顶进行制动功、阻力功测试时,需通过测试支架安装测量垂直反力的负荷传感器和测量做功行程的位移传感器。当测试抬起高度时,需安装抬起高度测试支架和位移传感器。为测得试验车辆的车速,通常还需要在钢轨某一位置安装测速传感器(一般为光电踏板)等。当试验车辆在试验线路上按照所需的车速通过时,测量系统采集传感器信号得到各种所需数据并通过计算机进行分析计算,得到所需的测量结果。

(三)试验线路测试系统的基本试验条件

为了使测试结果具有较高的一致性和可比性,对试验线路测试系统的各个组成部分规定了具体的试验条件。根据铁道行业标准《铁道车辆减速顶》(TB/T 2460－2009)的规定，采用试验线路测试系统对减速顶调速设备进行测试应满足以下基本试验条件。

1. 车辆条件

(1)测试制动功、阻力功、临界速度及其误差时，车辆质量不应小于 20 t。

(2)测试抬起高度时应采用最轻车辆。

(3)测试内侧减速顶时，车轮轮缘高度应为 25^{+4}_{0} mm。

(4)测试外侧减速顶时，车轮踏面磨耗深度不应超过 2 mm。

(5)车轮踏面直径应为 840^{0}_{-30} mm。

(6)车轮轮缘厚度应为 32^{0}_{-5} mm。

2. 线路条件

(1)轨距应为(1 435±2)mm。

(2)测试区段两根钢轨水平高差不应超过 4 mm。

(3)测试区段应为平直线段。

3. 减速顶条件

(1)安装高度应为 H^{0}_{-1} mm(H 为产品规定的公称值)。

(2)滑动油缸温度应为 20～50 ℃。

(3)对被测的滑动油缸组合件应进行 4 轮次以上的滚压，滚压时的车速应使减速顶做制动功。(注：本条在标准中未作规定。)

4. 车辆速度要求

(1)测试制动功的车速应为 $v_{ls}{}^{+1.0}_{+0.5}$ km/h。

(2)测试阻力功的车速应为 $v_{lx}{}^{-0.5}_{-1.0}$ km/h。

(3)测试抬起高度的车速应为 v_{ls}～20 km/h。

5. 气象条件(用动能差法测试时)

(1)风力小于 2 级，无雨。

(2)气温为 10～30 ℃。

(四)试验线路测试系统的功能和特点

1. 试验线路测试系统的主要功能

(1)能采用动能差法和示功图法两种不同的试验方法对减速顶的制动功、阻力功进行测试，该测试系统是唯一一种可以用动能差法对减速顶制动功、阻力功进行测试的系统。

(2)能对减速顶的临界速度及上下偏差、抬起高度、回程时间和构造速度等项技术指标进行检测。

(3)能对具有特殊性能的减速顶，如可控顶、单向顶、双临界速度减速顶的特殊功能和技术指标进行检测。

(4)能对加速顶的加速功进行检测(当该测试系统设有供气系统时)。

(5)能对停车防溜顶的制动功、回程时间、水平制动力和保压性能等项技术指标进行检测。

(6)能对减速顶的新产品和用户要求的其他技术指标进行检测。

2. 试验线路测试系统的主要特点

试验线路测试系统是中国最早建成和使用的测试系统，也是各种测试系统中最符合减速顶实际使用工况的测试系统，该系统的最大特点是试验方法直观、真实，测试数据科学可靠。在目前的各种测试系统中，只有试验线路测试系统能够采用动能差法对减速顶的制动功和阻力功进行测试，而该测试方法是最基础和经典的测试方法，其测试数据具有真实性和可靠性。正是在动能差法测试的基础上，才进一步发展了更加快捷、方便的示功图法，且其他各种减速顶测试系统也都是在试验线路测试系统的基础上产生的。因此，可以说试验线路测试系统是其他各种测试系统的基础。

试验线路测试系统可以设置供气系统，用以完成对加速顶的加速功测试。该系统还可以配置先进的测试设备，以实现测试的自动化和高精度。

试验线路测试系统需要机车、车辆滚压被测的减速顶，因此使用该测试系统消耗能源大，测试效率低，成本较高。但由于其试验方法与减速顶在现场的实际使用工况几乎完全相同，因此，在可预见的将来，试验线路测试系统仍将是一种不可替代的主要测试系统。

二、圆轨式减速顶模拟试验台

(一)圆轨式减速顶模拟试验台的基本组成

圆轨式减速顶模拟试验台是一种利用货车车轮在圆形轨道上滚压减速顶的室内模拟检测设备。图 7-2 是它的外形图，图 7-3 是它的结构示意图。它由圆形轨道及基础、试验车轮及配重系统、动力及控制系统、测量系统和辅助系统五部分组成。

图 7-2　圆轨式模拟试验台测试系统外形图

1. 圆形轨道及基础

圆形轨道由三段 50 kg/m 新钢轨组成，每段钢轨都由专用设备冷弯成半径为 3.5 m 的圆弧形，三段钢轨用特制的弧形鱼尾板连接成直径为 7 m 的整体圆形轨道。轨道基础为环形钢筋混凝土结构，深度为 1.2 m。

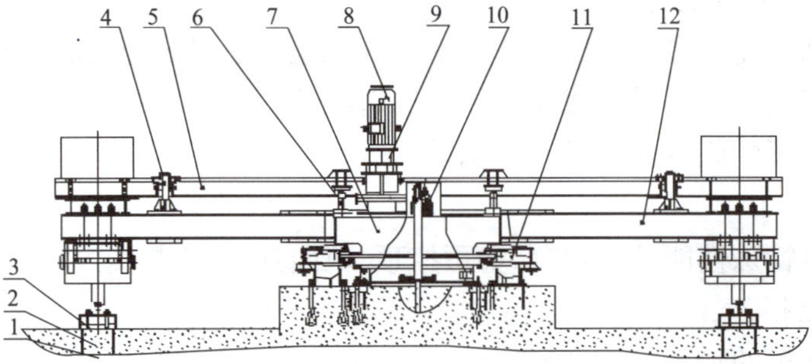

图 7-3　圆轨式模拟试验台结构示意图

1—钢轨枕；2—车轮；3—车架；4—销轴；5—配重梁；6—液压千斤顶；7—驱动装置；8—变频电机；9—减速器；10—集电装置；11—盘式气动制动器；12—大梁。

2. 试验车轮及配重系统

圆轨式减速顶模拟试验台的试验车轮由两个踏面直径为 ϕ840 mm 的铁路车辆标准

新轮和回转支承、大梁、车架、悬挂轴等组成，配重系统由配重梁及轮重调整器组成。配重系统采用手动液压传动方式升、降配重梁对轮重进行调整，以满足对不同载重车辆的测试。当配重梁处于顶升状态时，轮重为 2.0 t，相当于用轻车测量减速顶的抬起高度；当配重梁落在大梁上时，轮重可增加到 5.6 t，相当于用重车测量减速顶的各项性能参数。

3. 动力及控制系统

圆轨式减速顶模拟试验台的动力系统采用大功率直线变频调速电动机(22 kW)和一级摆线针轮减速器，可满足试验车轮在短时间内达到 25～28 km/h 的要求。圆轨式减速顶模拟试验台的制动系统由空压机和气动盘式制动装置组成，制动压力为 0.7 MPa，可对高速运转的车轮实施平稳、快速制动。圆轨式减速顶模拟试验台的控制系统采用无触点计算机智能化控制，由电气控制柜、控制开关、控制元件等组成。

4. 测量系统

测量系统与试验线路测试系统基本相同，主要包括测试硬件设备和测试软件两部分，虽然采取的试验方法不同，测试软件和各种硬件设备也有许多不同之处，但总的内容和作用是基本一样的，这里就不再详细介绍了。

5. 辅助系统

辅助系统也与试验线路测试系统基本相同。主要包括办公房间及水、电供应，低温试验设备，各类测试顶的安装工具，安全防护设施，圆形轨道、试验车轮及配重系统、动力及控制系统相关设备的维护工具和校准设备等。

(二)圆轨式减速顶模拟试验台的工作原理

圆轨式减速顶模拟试验台测试系统采用大功率变频电动机与摆线针轮减速器协同工作，驱动大梁水平旋转，带动两端的铁路货车车轮在直径 7 m 的环形轨道上按照设定的速度运行，使两个车轮模拟室外铁路专用线上的直线运动。通过操作控制台上的加速或减速按钮，可使车轮在轨道实现无级调速，车轮的运行速度范围为 1.5～30 km/h(此速度范围可满足减速顶调速设备和停车顶的各项技术指标检测的需要)。该设备加速和制动能力强，从启动到25 km/h 的加速时间不大于 25 s。在转速 25 km/h 时，紧急制动至停轮的制动距离小于30 m(约 1.5 圈)。由于电动机功率和试验台转动动能较大，所以车轮通过减速顶之后，运行速度下降率不大于 0.4%。根据检测项目对轮重的不同要求，在配重梁两端配重，采用手动液压千斤顶升降配重装置，调节车轮轮重。当配重梁处于顶升状态时，轮重为 2.0 t，用于测量减速顶的抬起高度；当配重梁落在大梁上时，轮重增加到5.6 t，用于测量减速顶的制动功等其他性能指标。环形轨道上装有内、外两组分别用来测试内侧和外侧减速顶性能的功值测试装置(底部装有压力传感器，侧面装有位移传感器)、测速装置(装有光电开关)、抬起高度测试装置(装有位移传感器)。将减速顶安装在功值测试装置上，车轮以不同的速度滚压减速顶或停车顶，测试数据由测量系统进行采集和处理，最终测出减速顶调速设备和停车顶的各项技术指标。

圆轨式减速顶模拟试验台在初始测试时，需要与试验线路测试系统进行比对试验，即以试验线路测试方法为基础，将圆轨方式测得的各项性能参数与试验线路测试方法测得的数据进行对比和分析，最终确定圆轨式测试系统对各项技术参数测试时的修正系数。只有这样，采用不同的试验方法对同一台减速顶进行测试时，其数据才具有可靠性和一致性。

（三）圆轨式减速顶模拟试验台的基本试验条件

根据铁道行业标准《铁道车辆减速顶》(TB/T 2460－2009)的规定，采用圆轨式减速顶模拟试验台对减速顶调速设备进行测试应满足以下技术要求。

1. 试验台条件

(1)测试制动功、阻力功、临界速度及上下偏差时，轮对总质量不应小于 5.5 t，测试抬起高度时应具有模拟最轻车辆调节轮重的功能。

(2)测试内侧减速顶时，车轮轮缘高度应为 25^{+4}_{0} mm。

(3)测试外侧减速顶时，车轮踏面磨耗深度不应超过 2 mm。

(4)车轮踏面直径应为 840^{0}_{-30} mm。

(5)车轮轮缘厚度应为 32^{0}_{-5} mm。

(6)试验台应满足在速度 1.5～30 km/h 范围内工作平稳，速度误差应小于 3%。

2. 圆轨条件

(1)圆形轨道直径不应小于 7 m。

(2)圆度误差不应大于 4 mm。

(3)水平高差不应大于 4 mm。

3. 减速顶条件

(1)安装高度应为 H^{0}_{-1} mm(H 为产品规定的公称值与模拟修正量之和)。

(2)滑动油缸温度应为 20～50 ℃。

(3)对被测的减速顶滑动油缸组合件应进行 10 轮次以上预滚压，预滚压时车轮通过速度为测试制动功的速度。

4. 轮对控制速度要求

(1)测试制动功的速度应为 $v_{ls}{}^{+1.0}_{+0.5}$ km/h。

(2)测试阻力功的速度应为 $v_{lx}{}^{-0.5}_{-1.0}$ km/h。

(3)测试抬起高度的速度应为 v_{ls}～20 km/h。

(4)测试构造速度时的速度应为 25^{+3}_{0} km/h。

（四）圆轨式减速顶模拟试验台的功能和特点

1. 圆轨式减速顶模拟试验台的主要功能

(1)该测试系统能在室内全天候检测普通减速顶的制动功、阻力功、临界速度及上下偏差、回程时间、抬起高度和构造速度等项性能参数。

(2)能对具有特殊性能的减速顶，如可控顶、单向顶、双临界速度减速顶的特殊功能和技术参数进行检测。

(3)能对停车防溜顶的各项技术参数进行检测。

(4)能在室内高效地进行减速顶的密封寿命和使用寿命试验。

2. 圆轨式减速顶模拟试验台的主要特点

(1)圆轨式减速顶模拟试验台用货车车轮在环形轨道上做回转运动，模拟车轮的直线运动来检测减速顶的性能参数，具有测试效率高、试验成本低、重复精度好、工作安全可靠等优点。由于是在室内模拟测试，因此可以全天候工作，不受时间、气象条件和外部环境的影响。

(2)采用大功率变频电动机驱动大梁水平旋转，带动车轮在圆形轨道上滚动，可实现无极调速，启动速度快，加速时间短，能使车轮转速在很短的时间内达到要求的测试速度，并确保回转运动速度均匀。

(3)设计了可对圆形轨道的平面和圆心进行微调的机构，提高了圆形轨道的制造和安装精度，车轮在圆形轨道上滚动的横向位移比在直线轨道滚动时更小，可进一步提高测试精度。

(4)车轮可以绕悬挂轴摆动。车架采用弹簧与大梁相连接，且装有轮重调整器，可将部分轮重转移到配重梁上，即部分减轻车轮重量，提高抬起高度测试的灵敏度。

(5)采用手动液压传动方式升降配重装置，以满足不同车重的测试需要，操作简单方便、省力。

(6)采用气动盘式制动装置，制动平稳有力，制动性能好。

(7)为确保检测传感器准确采样和延长使用寿命，设计和制造了气动控制的可控测功器和可控测高器，使数据采集和处理更加科学。

(8)大梁可以绕定位装置上下摆动，当减速顶发生故障滑动油缸不能被压下时，车轮可以顺利地爬过减速顶油缸顶部，不至于发生设备损坏事故。

(9)设计过程中尽量采用铁路车辆和汽车等设备上的标准零部件，既可以缩短设计时间，降低制造成本，又能提高试验台的性能和工作可靠性。

(10)采用了多项安全和环保措施。

①对重要的零部件进行了强度校核，以确保设备的安全使用。

②为确保操作人员的人身安全，在圆轨式减速顶模拟试验台周围设置了智能安全防护栏，只要防护栏的门没有关好，设备就无法启动和运行，同时安装了故障报警电铃。

③对空压机进气端安装了进气消声器以减少噪声。

(五)圆轨式减速顶模拟试验台的主要技术指标

1. 圆轨式减速顶模拟试验台

(1)轨道直径：	7 m
(2)车轮直径：	$840_{-30}^{\ 0}$ mm
(3)车轮质量：	2.0～5.6 t（可调）
(4)运行速度：	1.5～30 km/h(可调)
(5)运行速度误差：	3%
(6)变频电机功率：	22 kW
(7)千斤顶顶升质量：	2.5 t×4
(8)制动压力：	0.7 MPa
(9)制动距离(25 km/h 制动停轮)：	≤30 m(约 1.5 圈)
(11)加速时间(由 0 至 25 km/h)：	≤25 s
(12)总质量：	14 t

2. 测试设备

(1)位移传感器精度：	0.1 级以上

(2)压力传感器精度：　0.1 级以上
(3)时间测量仪表精度：　0.01 级以上
(4)速度传感器间距(1 m)误差：　≤1 mm
(5)A/D 数模转换设备：　>8 位
(6)采样速率每通道：　>1 000 次/s

三、减速顶动态综合检测仪

直冲式减速顶模拟试验台测试系统是模拟车轮滚压减速顶的工况，通过对减速顶滑动油缸帽头的垂直冲击，对减速顶各项性能参数进行测试。该测试系统因采用的动力不同，可分为液压储能、电动和气动三种直冲式减速顶模拟试验台。在此我们仅重点介绍液压储能直冲式减速顶模拟试验台——减速顶动态综合检测仪。

(一)减速顶动态综合检测仪的基本组成

减速顶动态综合检测仪由液压动力冲击装置、测试与控制系统和辅助系统三部分组成。它的外形如图 7-4 所示，主要结构如图 7-5 所示。

1. 液压动力冲击装置

液压动力冲击装置由机架和液压冲击动力单元两部分组成。液压冲击动力单元由液压泵站、高速冲击阀块(可根据减速顶临界速度对冲击速度进行调节)、蓄能器、冲击油缸等组成。液压泵站由油箱、电动机、液压泵和液压元件等组成。

2. 测试与控制系统

测试与控制系统由冲击压力控制传感器、位移传感器、动态采集压力传感器、液压控制阀、专用测试壳体和卡具、高速动态控制数据采集卡、计算机软硬件设备等组成。

3. 辅助系统

辅助系统主要有设备机架基础、安全防护设施、消音降噪设施、液压动力及控制设备、检测系统的常用维护工具和校准设备等。

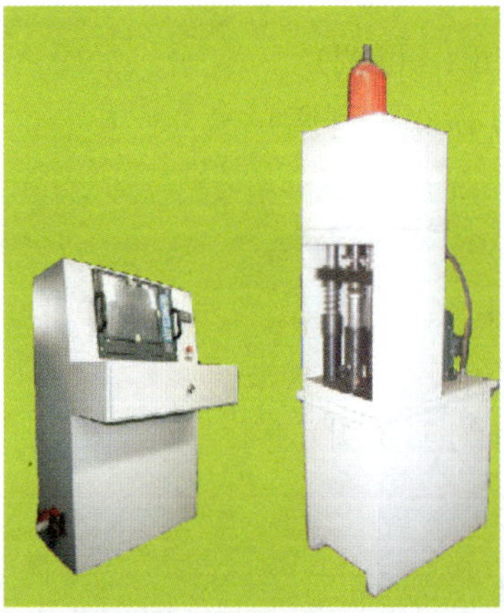

图 7-4　减速顶动态综合检测仪外形图

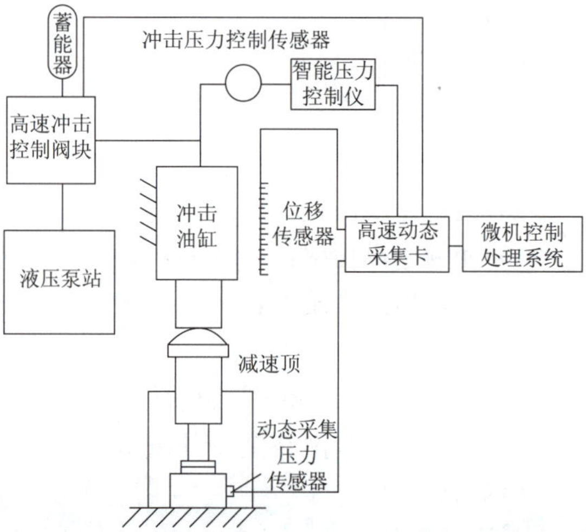

图 7-5　减速顶动态综合检测仪基本结构图

(二)减速顶动态综合检测仪的工作原理

减速顶动态综合检测仪以液压储能为动力源,模拟车轮滚压减速顶的实际工况,通过冲击油缸对减速顶滑动油缸帽头的垂直冲击,采集检测减速顶在不同冲击负荷条件下的动态数据,并将动态数据进行智能化处理,完成对各种减速顶性能参数的测试。

将被测试的减速顶油缸组合件装入卡具中并夹紧后,启动液压动力单元,液压泵开始给蓄能器蓄能,由压力传感器监测蓄能器的冲击压力值,冲击压力控制传感器随压力变化而变化。当冲击压力值达到智能压力控制仪设定的上限值时,计算机发出指令给采集卡,再由采集卡发出信号使油泵停止工作。

当冲击压力达到智能压力变送器的调定值时,智能压力变送器发出触发信号给采集卡,采集卡发出信号使蓄能器瞬间向冲击油缸释放能量,使冲击油缸快速向下运动冲击减速顶。冲击的同时采集卡开始采集位移及冲击压力信号,当采到的位移信号与预设的位移值相同时,采集卡发出指令,使冲击油缸停止下冲并向上回升,当到达预设的位移零点时,冲击油缸停止回程,一次冲击结束。同时,计算机系统对采集的动态数据进行记录和处理。

由于动态测试有较多的随机因素,所以要对每个顶进行多次冲击试验,去掉偏离较大的数值后,对其余值进行平均,得出最终的测试结果。做完预设的冲击次数后,计算机即可给出运算后的数据表格(图 7-6),用户对测试数据可选择存储或打印。

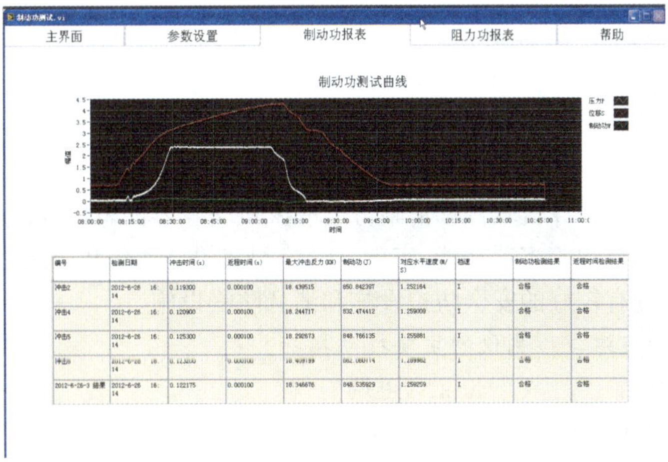

图 7-6　测试数据及动态曲线

在开始采用减速顶动态综合检测仪或其他直冲式测试方法对减速顶测试时,也和圆轨式减速顶测试系统一样,需要以试验线路测试系统为基础,对两种方法测得的数据进行统计、对比和分析,确定相应的修正系数,以确保各种测试系统的试验数据具有真实性和一致性。

(三)减速顶动态综合检测仪的基本试验条件

1. 试验台条件

(1)测试制动功、阻力功、临界速度及上下偏差时,冲击头的最大冲击力不应小于 30 kN,并且冲击力可根据需要调节。

(2)冲击头的冲击速度应能满足对0～Ⅵ档(0～4 m/s)减速顶临界速度测试的需要，并可根据测试的档次不同进行调节。

(3)冲击头的回程时间不应大于0.2 s。

2. 减速顶条件

(1)安装高度应为 H_{-1}^{0} mm(H 为产品规定的公称值)。

(2)滑动油缸温度应为20～50 ℃。

(3)对被测的减速顶滑动油缸组合件应进行2次以上预冲击，冲击速度应使减速顶做制动功。

(四)减速顶动态综合检测仪的功能和特点

1. 减速顶动态综合检测仪的主要功能

(1)能自动检测普通减速顶的制动功、阻力功、临界速度及上下偏差、回程时间等项性能参数。

(2)能对可控减速顶、双临界速度减速顶的特殊功能和技术参数进行检测。

(3)能对停车防溜顶的各项技术参数进行检测。

(4)能在室内高效地进行减速顶的密封寿命和使用寿命试验。

2. 减速顶动态综合检测仪的主要特点

(1)与其他几种测试系统相比，具有设备简单、实用、节省投资、加工方便、占地面积小、检测快捷、测试效率高、可在室内全天候测试等优点。

(2)设计新颖、构思巧妙，采用独特的液压储能装置，能在瞬间产生20～30 kN的爆发压力，可满足高档减速顶测试的需要。在同类直冲式检测设备中具有最小的体积和重量。

(3)采用了高精度压力传感器、位移传感器及高速动态数据采集卡，进一步提高了设备的测量精度。

(4)编制了先进的计算机软件和清晰方便的人机交互界面，具有数据动态采集、分析、图形化显示、存储和打印等多项功能，实现了系统测试的自动化和智能化。

(5)该设备还具有较好的安全防护设施和消音防噪设施。

(五)减速顶动态综合检测仪的主要技术指标

1. 最大冲击力：	30 kN(可调)
2. 临界速度测试档次：	0～Ⅵ档(0～4 m/s)
3. 冲击头回程时间：	≤0.2 s
4. 重复精度：	≥95%
5. 检测时间：	≤25 s(含换顶时间)
6. 电动机功率：	3 kW
7. 工作电压：	AC380 V±10%
8. 环境温度：	10～55 ℃
9. 质量：	300 kg

四、直轨式减速顶动态性能模拟试验台

JXNSY-30-5型全液压驱动减速顶动态性能试验台是一种直轨式减速顶模拟试验

台，它的外形如图 7-7 所示。通过液压蓄能、比例闭环控制调速，真实车轮垂直加载、水平滚压的方式，可按铁道行业标准《铁道车辆减速顶》（TB/T 2460—2009）的要求，对各种内、外侧减速顶进行全方位的动态性能检测。具有模拟性好、自动化程度高、操作方便，试验效率及精度高、冲击能量可部分回收、车轮运动不需预加速、耗能低等优点。

图 7-7　直轨式减速顶动态性能模拟试验台外形图

（一）直轨式减速顶动态性能模拟试验台的基本组成

直轨式减速顶动态性能模拟试验台由冲击单元总成、返程单元总成、液压弹簧和液压泵站组成液压系统、主框架及水平运动车轮机架、控制与采集测试系统和辅助装置四部分组成。其主要结构如图 7-8 所示。

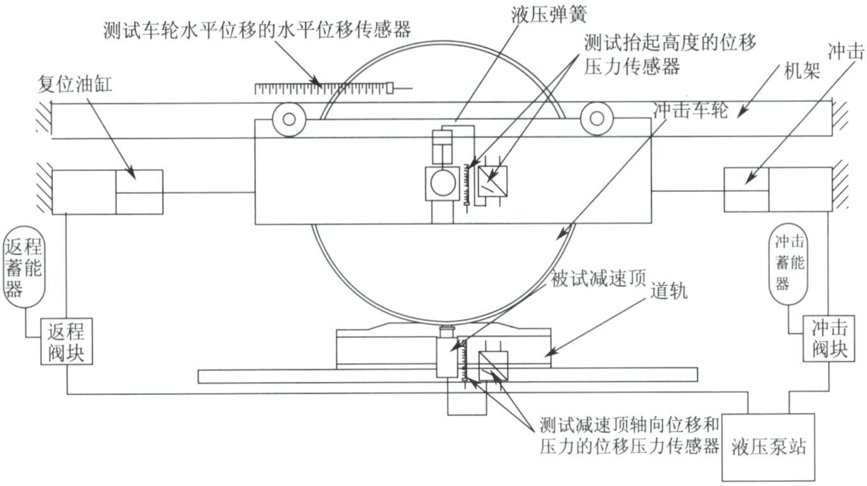

图 7-8　直轨式减速顶动态性能模拟试验台结构图

1. 液压系统：包括冲击油缸、冲击蓄能器、冲击阀块组成的冲击单元总成；复位油缸、返程阀块、返程蓄能器组成的复位单元总成；作用于车轮轴、可调节车轮垂直压力的液压弹簧系统和液压泵站四部分。单元总成中集成了由进口比例控制阀组和反馈传感器组成的闭环控制精密调速阀组，以对冲击和返回速度进行精密调节。

2. 主框架及水平运动车轮机架：由主框架、直线导轨、车轮机架、道轨和车轮组成，能保证车轮以直线方式运动。

3. 控制与采集测试系统：由液压控制阀、冲击压力控制传感器、复位压力控制传感器、车轮水平运动位移传感器、减速顶直线位移及动态压力传感器、测试抬起高度的位移和压力传感器、专用测试壳体和卡具、高速动态控制数据采集卡、控制通讯总线及计算机软、硬件等组成。

4. 辅助装置：主要有设备基础、安全防护罩、检测系统的常用维护工具和校准测量仪器等。

（二）直轨式减速顶动态性能模拟试验台的工作原理

将被测减速顶油缸组合件装入专用壳体，固定好位移传感器，使车轮处于起始位置。设定好测试项目和各种参数，把冲击调速和复位调速调到适当位置后，按下“开始测试”按钮，启动液压系统，依次对液压弹簧蓄能器、返程蓄能器、车轮水平运动蓄能器蓄能。待蓄能值均达到预设值后，蓄能停止。

当压力降至系统设定值时，液压阀组将蓄能器和冲击油缸连通，高压油进入冲击油缸，以设定好的速度推动车轮滚压减速顶，通过安装在专用测试壳体和机架上的位移传感器与压力传感器，把动态变化的位移和压力值通过通讯总线和信号调理器，传入计算机的动态信号采集卡，将动态数据按试验要求进行数学运算处理，最终测出减速顶在滚压负荷条件下的的各项动态性能指标。图 7-9 为模拟测试程序主界面。

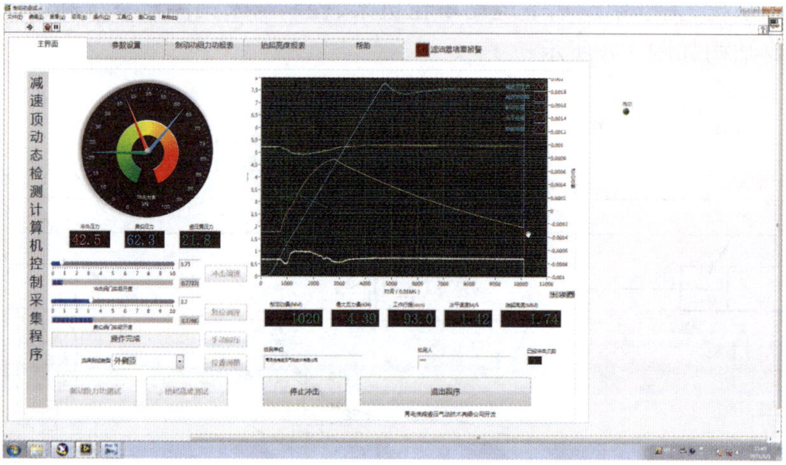

图 7-9　测试程序主界面

当水平位移传感器检测到车轮滚过减速顶到达预定位置后，计算机发出指令使车轮快速刹车，部分惯性能量由返程蓄能器接收。停车稳定后，返程蓄能器控制阀打开，压力油进入返程油缸，推动车轮复位，一个测试循环结束。

为使测试得到更准确的数值，需要对每个顶进行多次冲击试验，去掉偏离较大的数值后，对其余数值进行平均，从而得出较为精确的测试结果。

在开始采用直轨式减速顶动态性能模拟试验台对减速顶测试时，需要以试验线路测试系统为基础，对两种方法测得的数据进行统计、对比和分析，确定相应的修正系数，以确保各种测试系统的试验数据具有真实性和一致性。

(三)直轨式减速顶动态性能模拟试验台的基本试验条件

1. 试验台条件

测试减速顶的试验台应满足如下要求：

(1)测试制动功、阻力功、临界速度及上下偏差时，液压弹簧对减速顶的垂直压力不小于30 kN，测试抬起高度时压力不大于18 kN，并可根据需要调节。

(2)车轮的水平运动速度应能满足对0～Ⅵ档(0～4 m/s)减速顶临界速度测试的需要，并可根据测试的档次不同进行调节。

2. 减速顶条件

用于测试的减速顶应满足如下要求：

(1)安装高度应为 H^{0}_{-1} mm(H 为产品规定的公称值)。

(2)滑动油缸温度应为20～50 ℃。

(3)对被测的减速顶滑动油缸组合件应进行两次以上预冲击，冲击速度应使减速顶做制动功。

(四)直轨式减速顶动态性能模拟试验台的功能和特点

1. 直轨式减速顶动态性能模拟试验台的主要功能

(1)该测试系统可自动检测普通减速顶的制动功、阻力功、临界速度及上下偏差、回程时间、抬起高度等动态性能参数。

(2)能对可控减速顶、双临界速度减速顶的特殊功能和技术参数进行检测。

(3)能对停车防溜顶的各项技术参数进行检测。

2. 直轨式减速顶动态性能模拟试验台的主要特点

(1)该试验台结构及布局合理，无需修建长距离轨道而具有良好的仿真性。设备投资少、维护费用低、占地面积较小，测试精度及测试效率高，操作维护方便，可在室内全天候测试。

(2)采用超大流量液压系统，能在瞬间使自重近800 kg的车轮及车轮机架等运动部件加速到所需速度，且在过顶时无速度衰减。过顶后能快速刹车，并且可储存部分惯性能源。

(3)采用了进口高精度压力传感器、位移传感器、比例闭环调速系统及高速动态数据采集卡，可实现对减速顶动态性能参数的高精度动态测试。

(4)系统采用最先进的Labview软件编制了计算机控制采集程序和清晰方便的人机交互界面，具有自动控制、数据动态采集、分析计算、图形化显示、存储和报表打印等多项功能，控制及数据处理全部由计算机自动完成。实现了系统测试的高度自动化和智能化。

(五)直轨式减速顶动态性能模拟试验台的主要技术指标

1. 最大水平冲击力：	60 kN(可调)
2. 最大垂直加载力：	30 kN(可调)
3. 临界速度测试档次：	0～Ⅵ档(0～4 m/s)
4. 重复精度：	≥95%
5. 单次检测时间：	≤10 s

6. 总功率：　　　　　　6.25 kW
7. 工作电压：　　　　　AC380 V±10%
8. 环境温度：　　　　　10～55 ℃
9. 外形尺寸：　　　　　5 500 mm×850 mm×2 500 mm
10. 质量：　　　　　　5 800 kg

五、减速顶测试系统的测量不确定度分析

(一)概　　述

测量技术的发展包括测量结果不断接近真值的过程。但是,我们得到的任何测量结果都不能确定为真值,都有一定的不确定性。也就是说,任何测量都存在一个测量质量的问题。在报告测量结果时,应该对测量结果的质量给出说明,以确定测量结果的可信程度。表示测量结果质量的方式多种多样,1993 年国际标准化组织(ISO)等 7 个国际组织发布了《测量不确定度表示指南》(GUM),我国也据此发布了中华人民共和国国家计量技术规范《测量不确定度评定与表示》(JJF 1059—1999),规范地给出了常见情况下评定与表示测量不确定的原则、方法和简要步骤,并于 1999 年 5 月 1 日起发布实施。

(二)测量不确定度的评定

测量不确定度评定首先确定测量不确定度来源,即影响测量结果的标准不确定度分量。然后根据情况对所有分量进行不确定度的 A 类评定或 B 类评定。当所有标准不确定度分量评定完成后,计算出合成标准不确定度。如需要,可根据分布情况、自由度和置信概率等得到包含因子,从而算出扩展不确定度。其中 A 类评定方法相对简单,它采用计算出测量数据的平均值标准差的统计分析方法。

依据中国《测量不确定度评定与表示》(JJF 1059－1999),测量不确定度评定包括:

1. 标准不确定度的 A 类评定:用对观测列进行统计分析的方法,来评定标准不确定度。

2. 标准不确定度的 B 类评定:用不同于对观测列进行统计分析的方法,来评定标准不确定度。

3. 合成标准不确定度的评定:当测量结果是由若干个其他量的值求得时,按其他各量的方差和协方差算得的标准不确定度。

4. 扩展不确定度的评定:确定测量结果的合理区间,使被测量值的分布可望大部分含于此区间。

(三)影响减速顶测试系统测量不确定度的因素

1. 参数的定义不完善

减速顶参数的定义虽然通俗易懂,但却有不完善、不尽合理和可操作性较差等缺陷。比如,临界速度上限定义为“减速顶不起制动作用的最高车速”,而在实际测量过程中则无法确实得到减速顶不起制动作用的最高车速,无论数据如何接近,都会存在一定的差别,从而产生测量不确定度。

2. 参数的测量方法不理想

每个参数的测量都要规定测量方法,而任何测量方法都不可能在理想状态下进行,都会构成一定的不确定度。铁道行业标准《铁道车辆减速顶》(TB/T 2460－2009)中规定的

试验方法有两种：一是采用试验线路测试系统进行测试；二是采用“圆轨式模拟试验台”进行测试。其给出的试验条件都具有一定的范围，在此范围内进行的试验虽然都能满足标准要求，但由于试验条件的某些变化，可能使测量结果产生一定的差别。

3. 对测量过程的控制偏差

在实际测量中，如果对能够产生不确定度的某个试验条件认识不够而没有加以控制，就会产生测量过程的控制偏差，这是构成不确定度的一个主要来源。

4. 测量设备本身的不确定度

减速顶测量设备本身都存在不确定度，在向上一级计量基准的溯源过程中也会产生不确定度，这些都是构成不确定度的来源。

5. 计算过程带来的不确定度

减速顶的主要性能参数需要通过计算获得，在计算过程中往往会使用如重力加速度 g、圆周率 π 等恒定参数，这些参数的取值不同，计算过程中的进位取舍以及模数转换的阶梯效应等，也会产生不确定度。

6. 测量参数在重复测量中的离散

对减速顶在相同的条件下进行若干次测量，其结果经常会有一定的离散度，即多次测量的结果不完全相同，也是构成不确定度的来源。

上面列举的不确定度的来源并不完全，也可能在不同的测试系统中具有不同的表现。不确定度评定中最困难的就是影响因素的确定，尤其在使用 B 类评定方法时更是如此。但是，只要结合具体测试系统找出主要因素进行评定，基本就能满足要求。至于那些次要因素，对不确定度的影响很小，适当忽略，基本不会影响测量结果的质量。

第三节　减速顶的性能检测

一、普通减速顶的性能检测

(一)临界速度及上下偏差的测试

1. 临界速度的实际意义和作用

临界速度是减速顶最重要的技术参数之一，为了能够更好地掌握和理解减速顶临界速度的实际意义和对溜放车辆所起的作用，在铁道行业标准《铁道车辆减速顶》(TB/T 2460—2009)中引入了以下有关临界速度的概念：

(1)临界速度(v_l)——减速顶对车辆是否起制动作用的边界车速。

(2)临界速度公称值(v_{lg})——设计规定的临界速度值。

(3)临界速度上限(v_{ls})——减速顶不起制动作用的最高车速。

(4)临界速度下限(v_{lx})——减速顶起制动作用的最低车速。

(5)临界速度中值(v_{lz})——临界速度上限和临界速度下限的平均值。

(6)临界速度上偏差(Δv_s)——临界速度上限与临界速度公称值的差值。

(7)临界速度下偏差(Δv_x)——临界速度下限与临界速度公称值的差值。

临界速度的技术特性是由减速顶内部的速度阀结构产生的。从理论上说，每台减速顶的临界速度应该是一个固定值，但实际上由于机械产品动作误差的影响，每台减速顶的临界速度都只能是一个范围，即由临界速度上限和临界速度下限所组成的速度范围，其中临界速度上限的值应该大于临界速度下限的值。

如图 7-10 所示，由减速顶的临界速度上限和临界速度下限将速度坐标分成了三个区域：

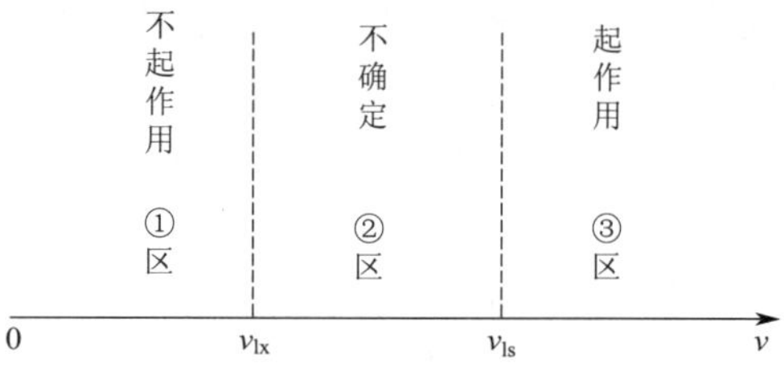

图 7-10　临界速度相关参数特性示意图

v_{lx}—临界速度下限；v_{ls}—临界速度上限

(1)当车辆通过减速顶的速度在①区范围内，即车速低于减速顶的临界速度下限时，减速顶不对车辆起制动作用，只对车辆产生很小的阻力，吸收车辆很少的动能，此时减速顶对车辆作阻力功。

(2)当车辆通过减速顶的速度在③区范围内，即车速高于顶的临界速度上限时，减速顶将对车辆起制动作用，减速顶对车辆产生一个很大的阻力，吸收车辆较多的动能，此时减速顶对车辆作制动功。

(3)当车辆通过减速顶的速度在②区范围内，即车速高于减速顶的临界速度下限而低于临界速度上限时，减速顶是否对车辆起制动作用是不确定的，即处于临界状态，有时候做制动功，有时候做阻力功，由临界速度下限和临界速度上限组成的速度范围就是这台减速顶的临界速度。

由于减速顶对车辆所做的制动功和阻力功相差很大，其比值能达到几十倍之多，所以通过对减速顶临界速度这种特性的设定和调整，减速顶就能够自动控制溜放车辆速度并实现安全连挂。这就是对减速顶临界速度相关参数在实际应用中最真实和最本质的描述。

在实际的临界速度测试中，主要是检测出某台减速顶的临界速度上限和临界速度下限，然后将他们与临界速度公称值相比较，得出临界速度上偏差和下偏差。当上下偏差都在产品技术标准规定的范围之内时，这台减速顶的临界速度就是合格的。

衡量减速顶的临界速度好坏的标准就是：临界速度上限和临界速度下限越接近所规定的临界速度公称值越好，即临界速度上偏差和下偏差越小越好，而临界速度中值(v_{lz})并不具有重要的实际意义。比如：Ⅰ档减速顶的临界速度公称值为 4.5 km/h，那么一台临界速度上限为 4.6 km/h，临界速度下限为 4.4 km/h 的减速顶与另一台临界速度上限为 4.8 km/h，临界速度下限为 4.2 km/h 的减速顶相比较，虽然两台减速顶的临界速度中值都是 4.5 km/h，但由于前一台顶的临界速度上下偏差为±0.1 km/h，而后一台顶的临界速度上下偏差为±0.3 km/h，显然前一台顶的临界速度比后一台要好。

2.临界速度及上下偏差的测试

减速顶临界速度及上下偏差的测试原理如图 7-11 所示。通过安装在减速顶试验壳体底部的压力传感器，可测得减速顶的垂直反力。由于减速顶在制动或不制动状态下对车轮的垂直反力相差很大，因此可以通过垂直反力的大小判断减速顶的工作状态，即在某一车速时，减速顶对车轮是做制动功还是做阻力功。车轮速度可由速度传感器测得，由此可测得该顶的临界速度下限和临界速度上限，再通过公式(7-1)、公式(7-2)可求得临界速度上下偏差。

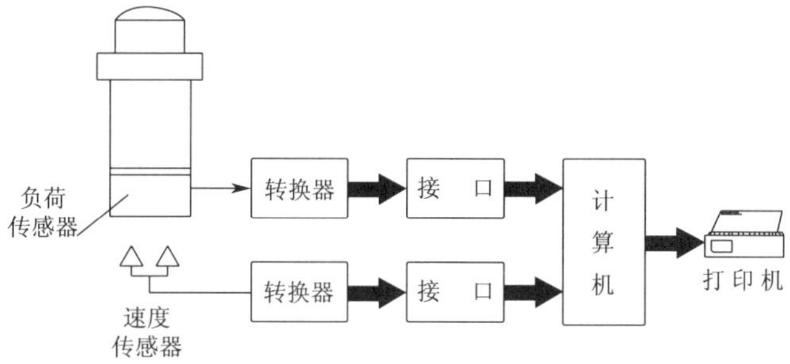

图 7-11　临界速度测试系统框图

$$\Delta v_s = v_{ls} - v_{lg} \tag{7-1}$$

$$\Delta v_x = v_{lx} - v_{lg} \tag{7-2}$$

临界速度及上下偏差的测试可按如下步骤进行：

(1)首先确认相关的试验条件是否符合铁道行业标准《铁道车辆减速顶》(TB/T 2460)和前述试验条件的有关规定，在室外试验时需要确定气象条件是否符合规定。

(2)将被测减速顶的滑动油缸组合件插入专用的试验壳体(或卡具)中，并按照测试要求，将顶的安装高度调整到规定的尺寸。

(3)采用轮压式测试系统时，应使车轮以临界速度公称值(v_{lg})一定范围内的速度依次滚压被测减速顶。通过专用试验壳体上安装的压力传感器，测得某一速度时减速顶对车轮的反力，判断在该速度下顶的工作状态，直到测得该顶的临界速度下限(减速顶对车轮起制动作用的最低车速)和临界速度上限(减速顶对车轮不起制动作用的最高车速)为止。采用直冲式测试系统时，冲击头下滑速度应模拟车轮滚压减速顶的工况，由低至高依次冲击被测顶的滑动油缸帽头。通过安装在专用卡具上的压力传感器测出的压力值，判断某一速度下减速顶的工作状态，测出减速顶的临界速度上限和临界速度下限。

(4)通过公式(7-1)、公式(7-2)可计算出被测减速顶的临界速度上偏差(Δv_s)和下偏差(Δv_x)。

(5)根据需要，由计算机系统存储或打印试验顶的临界速度相关数据。

减速顶临界速度的测试就是以不同的速度滚压或冲击减速顶滑动油缸帽头并判断减速顶是否起制动作用，从而得出临界速度上限和临界速度度下限，并进一步计算出减速顶的临界速度上下偏差。目前，最直观和实际的测试方法仍然是采用试验线路减速顶测试系统。这种方法是将试验减速顶安装在线路上，通过试验车辆以不同的车速对其进行滚压，测得减速顶的临界速度数据。通过这种方法测得的临界速度数据与现场实际使用的工况几乎是完全一致的，而采用其他试验方法，则需要和试验线路测试系统测试的数据进行比对试验，以确定系统的修正系数。

(二)制动功、阻力功的测试

当溜放车辆通过安装在线路上的减速顶时，减速顶会产生一个向上的力作用于车轮，随着减速顶被车轮压下，溜放车辆的一部分动能被减速顶吸收。制动功是减速顶在制动状态下对车辆每一轮次所做的功，阻力功是减速顶在非制动状态下对车辆每一轮次所做的功。他们是减速顶的两个最重要和最基本的技术参数。

由于制动功和阻力功都是减速顶对车辆每一轮次所做的功，所以测试原理是相同的。区别在于被测的减速顶分别处于制动状态和非制动状态，测得的数值大小不同，二者相差数十倍。在铁道行业标准《铁道车辆减速顶》(TB/T 2460－2009)的技术要求中规定“Ⅰ档及以下减速顶阻力功与制动功的比值不应大于 0.05，Ⅰ档以上不应大于 0.07”。目前常用的测试方法有示功图法和动能差法两种。

1.示功图法测试制动功和阻力功

示功图法的测试原理如图 7-12 所示。当溜放车辆(或冲击头)压下减速顶时，减速顶在向下运动的同时会产生一个向上的力作用于车轮(或冲击头)，其中在垂直方向的分量称为垂直反力，而在垂直方向的位移称为做功行程。通过安装在减速顶试验装置上的位移传感器和压力传感器，可测得减速顶的动态做功行程和垂直反力，由于功等于作用力和行程的乘积，因此根据公式(7-3)、公式(7-4)，通过对动态做功时的位移和相对应的垂直反力的乘积求和，就可以得到减速顶对车辆所做的制动功和阻力功。

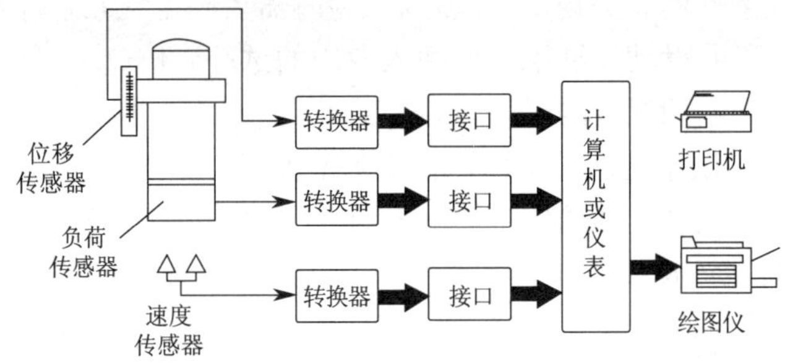

图 7-12　制动功、阻力功示功图法测试系统框图

$$W_{zd}=\sum_{n=1}^{N-1}\frac{F_{cn}+F_{cn+1}}{2}\cdot(S_{n+1}-S_{n}) \tag{7-3}$$

$$W_{Zl}=\sum_{n=1}^{N-1}\frac{F_{cn}+F_{cn+1}}{2}\cdot(S_{n+1}-S_{n}) \tag{7-4}$$

式中：W_{zd}——制动功，J；

W_{zl}——阻力功，J；

N——采样点数；

F_{cn}——第 n 采样点的垂直反力，N；

S_n——第 n 采样点的做功行程，m。

示功图法测试制动功和阻力功的具体步骤如下：

(1)确认相关的试验条件和安装被测减速顶的滑动油缸组合件的内容与临界速度测试的(1)、(2)项相同。

(2)采用轮压式测试系统测试制动功时，应使车轮以($v_{ls}{}^{+1.0}_{+0.5}$ km/h)的速度滚压被测减速顶；测试阻力功时，应使车轮以($v_{lx}{}^{-0.5}_{-1.0}$ km/h)的速度滚压被测减速顶。通过试验装置上安装的位移传感器和压力传感器，测得该速度下滑动油缸的做功行程和对应的动态垂直反力。采用直冲式测试系统测试制动功和阻力功时，冲击头的下滑速度应模拟轮压式测试系统中车轮滚压减速顶的速度，通过安装在专用卡具上的位移传感器和压力传感器，测出滑动油缸的做功行程和对应的动态垂直反力。

(3)通过公式(7-3)、公式(7-4)可计算出被测减速顶的制动功和阻力功。

(4)根据需要，由计算机系统存储或打印试验顶的制动功和阻力功数据。

由于示功图法不受气候和线路等外部条件影响，能准确、快速、直观地测出制动功和阻力功，测试精度高，测试数据一致性好，节省能源，测试成本低，因而具有很好的实用性，它是目前被广泛采用的试验方法。

2. 动能差法测试制动功和阻力功(仅适用于试验线路测试系统)

动能差法测试制动功的原理如下：首先，使试验车辆在自由溜放状态下以 $v_{ls}{}^{+1.0}_{+0.5}$ km/h 的速度通过未安装减速顶的测试区段，测得溜放车辆的入口速度和出口速度，求出车辆通过测试区段前后的动能变化，这个动能差就是该测试区段的线路、空气和车辆等阻力对车辆所做的功。然后，在线路的测试区段内安装一群减速顶(一般为 4 台)，溜放车辆再以同样的速度通过装有减速顶的测试区段，求出车辆在测试区段前后的动能变化，这个动能差就是减速顶以及线路、空气和车辆等阻力对车辆所做的总功。二者相减即为这群试验顶对车辆实际所做的制动功，同时也就能计算出每台减速顶的制动功。

采用动能差法测试阻力功的原理与测试制动功时基本相同，只是溜放车辆应以 $v_{lx}{}^{-0.5}_{-1.0}$ km/h的速度进入测试区段，其计算方法也与制动功相同。

用动能差法测试时，测试区段安装的减速顶数量，应以能够明显看到溜放车辆通过测试区段前后的动能变化为宜。由于这种方法一次测量误差较大，因此测量过程需要重复若干次，测试结果是安装在测试区段的多台减速顶多轮次做功的平均值。

$$W_{zd1}=E_1=m(v_{r1}^2-v_{c1}^2)/2 \tag{7-5}$$

$$W_{zd2}=E_2=m(v_{r2}^2-v_{c2}^2)/2 \tag{7-6}$$

$$W_{zd}=\frac{W_{zd2}-W_{zd1}}{n} \tag{7-7}$$

式中：W_{zd}——单台减速顶的制动功，J；

W_{zd2}——被测减速顶区的总功，J；

W_{zd1}——测试区段线路、空气和车辆等阻力产生的功，J；

E_1——溜放车辆通过无顶测试区段前后的动能差，J；

E_2——溜放车辆通过有顶测试区段前后的动能差，J；

v_{r1}——溜放车辆进入无顶测试区段的入口速度，m/s；

v_{c1}——溜放车辆通过无顶测试区段后的出口速度，m/s。

v_{r2}——溜放车辆进入有顶测试区段的入口速度，m/s；

v_{c2}——溜放车辆通过有顶测试区段后的出口速度，m/s；

m——试验车辆的质量，kg；

n——被测减速顶的台数。

动能差法测试制动功和阻力功的具体步骤如下：

(1)确认相关的试验条件是否符合铁道行业标准《铁道车辆减速顶》(TB/T 2460—2009)和基本试验条件的有关规定，并确认测试时的气象条件是否符合规定。

(2)使试验车辆以规定的速度进入未安装减速顶的测试区段，如测试制动功时，车速

应为 $v_{ls}{}^{+1.0}_{+0.5}$ km/h；如测阻力功时，车速应为 $v_{lx}{}^{-0.5}_{-1.0}$ km/h。根据公式(7-5)，可得到该测试区段的线路、空气和车辆等阻力对车辆产生的功。

(3)在测试区段安装若干台减速顶(一般为 4 台)。如测内侧减速顶时应在线路上对称安装；如测外侧减速时应单侧安装。同时应将所有试验减速顶的安装高度调整到规定的尺寸。

(4)溜放车辆再以和步骤(2)中相同的速度进入安装减速顶的测试区段，通过车辆前后的动能变化，根据公式(7-6)，可得到总功。

(5)通过公式(7-7)可得到单台减速顶的制动功。

(6)按照试验规定，重复步骤(2)～(5)项，根据多次测得的数据，求出单台减速顶制动功或阻力功的平均值。

(7)根据需要，由计算机系统存储或打印试验顶的制动功和阻力功数据。

动能差法是一种最基本和经典的测试方法。这种测试方法原理直观，测试系统构成简单、可靠，易于操作；多次测量的平均值趋近于真值。但是，这种试验方法的一次测量误差较大，需要通过多次测量的平均值去趋近；且这种方法受外界气象和环境的影响较大，对测试环境的一致性要求较高，测试效率较低，测试成本相对较高，因此不适用于产品的常规测试，一般仅在各种测试系统及试验方法进行校准和比对时使用。

(三)抬起高度的测试

抬起高度是减速顶对车辆做功时，车轮踏面离开轨面的高度。当车辆通过减速顶时，减速顶会产生一个向上的力作用于车轮，使车轮产生向上运动的趋势，在一定条件下会导致车轮踏面离开钢轨。因此，减速顶在使用过程中，车辆产生一定的抬起高度是正常的。但是，如果抬起高度过高，就容易造成车辆脱轨，直接威胁行车安全。规定减速顶的抬起高度是为了保证减速顶使用时的行车安全。

抬起高度与车辆质量、减速顶的垂直反力及顶对车辆的作用时间有关，车辆越轻，顶对车辆的作用时间越长，抬起高度越大。随着中国铁路重载运输的不断发展，车辆重量越来越重，现有减速顶的抬起高度呈越来越小的趋势。但随着减速顶的发展，未来针对重载运输的新型减速顶的研制和老产品的改进，还是会涉及抬起高度的问题。因此，抬起高度作为保证行车安全的技术参数应该得到重视。在铁道行业标准《铁道车辆减速顶》(TB/T 2460—2009)的技术要求中规定“减速顶内侧安装时抬起高度不应大于 6 mm，外侧安装时不应大于 8 mm”。

如图 7-13、图 7-14 分别是内侧减速顶和外侧减速顶对车辆的抬起高度测试示意图。抬起高度的测量原理是：在被测减速顶的钢轨另一边安装专用的抬起高度测试支架，支架可以固定在专用试验壳体上，也可以直接固定在钢轨底部。在测试支架的垂直方向上装有一位移传感器，并使之与测试接收设备或仪表相连接。当最轻车辆按试验规定的速度通过减速顶时，车轮被减速顶抬起的高度通过位移传感器转换成电信号，输入计算机或其他仪表进行处理，得到抬起高度波形如图 7-15 所示。抬起高度可通过公式(7-8)计算得到。

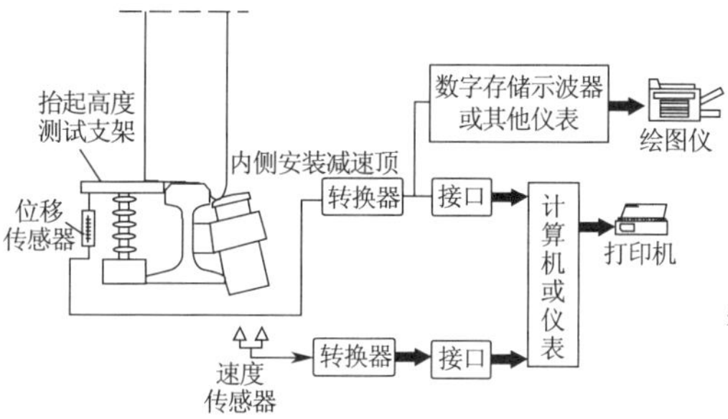

图 7-13　内侧减速顶抬起高度测试系统框图

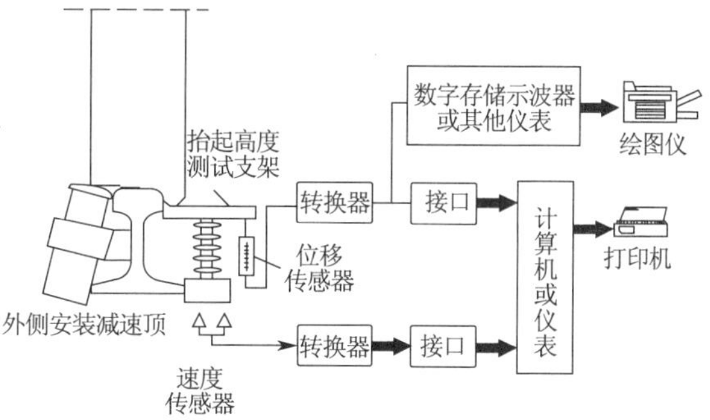

图 7-14　外侧减速顶抬起高度测试系统框图

$$h=\frac{U_0-U_1}{U_i} \tag{7-8}$$

式中：h——抬起高度，mm；

U_0——抬起高度为零时对应的电压值，V；

U_1——车轮被减速顶抬起某一高度时对应的电压值，V；

U_i——车轮被减速顶抬起 1 mm 时对应的电压值，V/mm。

用于减速顶抬起高度测试的最轻车辆在不同的时期和不同的国家是不一样的。在 20 世纪 70～90 年代，中国使用的最轻车辆通常为 13 t 平板车；进入 21 世纪，中国已基本淘汰了 13 t 平板车，最轻车辆一般按照 16 t 考虑。出口减速顶的抬起高度，则需要按照出口国家的最轻车辆进行测试。

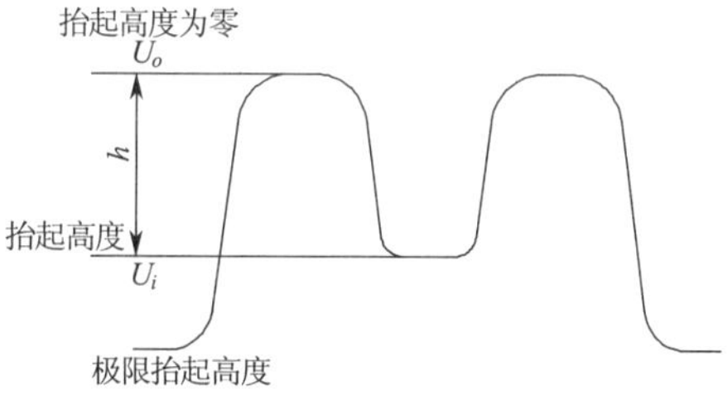

图 7-15　抬起高度波形图

（四）回程时间的测试

回程时间是减速顶滑动油缸被车轮压下后，由最低点回到最高点的时间。它是反映减速顶回程特性的一个技术性能参数，由减速顶内部的回程阀结构决定。当减速顶被车轮压到最低点后，滑动油缸在被压缩的氮气（或其他弹性体）的作用下开始向上运动，对车轮的作用力将会使车辆起加速作用，这是不希望得到的结果。为了避免这种情况，在减速顶内部设计了能够控制滑动油缸回程速度的回程阀结构。这种结构限制了减速顶向上运动的速度，使其跟不上车轮运动，从而使减速顶在回程过程中不与车轮相接触，也就避免了对车辆的加速作用。这就是设计减速顶回程时间这个参数的真实意义。

在铁道行业标准《铁道车辆减速顶》（TB/T 2460—2009）中对普通减速顶的回程时间的要求是“在冬季困难条件下，减速顶对正常溜放车辆做功时，回程时间应小于车辆同一转向架两轮的过顶时间”。随着减速顶调速技术的不断发展，回程阀的作用及其结构也有了更多的变化。目前，为了满足减速顶的不同功能，已经设计了多种不同的回程阀结构，有目的、有意识地对回程时间加以控制使其达到各种要求，回程时间的测试也变得越来越重要。

回程时间的测量原理比较简单，就是通过试验，测得减速顶滑动油缸帽头由最低点上升至最高点的时间。回程时间通常不需要单独进行测试，在采用示功图法测量减速顶的制动功时，通过读取位移传感器在整个回程过程的位移曲线所占用的时间即可获得。

(五)其他参数的测试

除了需要通过减速顶测试系统的测试得到的参数之外，普通减速顶还有其他一些必须关注的参数，比如：安装尺寸、密封性能、止冲性能、构造速度、使用寿命和外观等。这些参数的测量原理比较简单，一般不需要比较复杂的测试系统，只需要通过简单的测量和观察就可以得到。因此，在减速顶测试技术研究中通常不作为重点关注的对象，但并这不是说这些参数不重要，这些参数和主要性能参数一样，都是保证减速顶正常安全使用的重要组成部分。

1. 安装尺寸测试

安装尺寸包括滑动油缸帽头边缘与钢轨轨头侧面的水平最小间隙和安装高度。前者是为了确保减速顶安装后，滑动油缸在往复运动中其帽头不致与钢轨轨头卡死；后者是滑动油缸帽头最高点至钢轨顶面中心的高度，它直接影响到减速顶的临界速度、制动功和阻力功这三大技术参数。因此，对出厂的减速顶必须进行安装尺寸的检测。

测试方法：按照产品的安装要求，在外形尺寸符合《43 kg/m～75 kg/m 热轧钢轨订货技术条件》(TB/T 2344—2003)中的规定且无磨耗的钢轨上安装减速顶并将其紧固后，用卡尺测量滑动油缸帽头边缘与钢轨轨头侧面的水平最小间隙，用高度尺测量顶的安装高度。

2. 密封性能测试(当弹性体为气体时)

密封性能是减速顶最重要的使用性能之一。它的指标好坏直接关系到减速顶的耐用性和使用周期。在铁道行业标准《铁道车辆减速顶》(TB/T 2460—2009)的技术要求中规定"减速顶在正常使用条件下，一个维修周期的密封寿命不应少于 15 万轮次或 6 个月，以先到为准"。

测试方法：将装配好的滑动油缸组合件倒置并在密封部位表面覆盖少量液压油，将活塞杆压下至最大工作行程的 60%以上并保持在该位置，观察密封情况，如无任何气泡溢出，则该产品的密封性能合格。

3. 止冲性能测试

止冲性能是减速顶的安全使用性能之一，在铁道行业标准《铁道车辆减速顶》(TB/T 2460—2009)的技术要求中规定"减速顶的止冲装置应能可靠地防止滑动油缸组合件窜出壳体"。

检测方法：将组装后的减速顶壳体固定，用工具或用手把住滑动油缸帽头，在相互垂直的两个位置分别向上拔起，减速顶的止冲装置应能阻止滑动油缸的拔出。

4. 构造速度试验

构造速度是减速顶自身结构允许车辆通过的最大速度。构造速度由减速顶自身的结构所决定，它是减速顶设计时的重要依据，决定了减速顶的选材和结构以及某些参数的数值，是减速顶在现场使用时允许车辆通过的极限速度。一旦车辆通过减速顶的速度大于这个值，减速顶的结构强度将难以承受，往往会造成顶的损坏。在铁道行业标准《铁道车辆减速顶》(TB/T 2460—2009)的技术要求中规定"普通减速顶的构造速度分为两种，可根据站场的作业工况和用户需求选取：第一种构造速度为6.95 m/s(25 km/h)；第二种构造速度为 8.33 m/s(30 km/h)”。

现场实际允许车辆通过减速顶的最大速度并不仅仅由减速顶的构造速度决定,具体还与车辆、线路、环境以及作业方式等多种因素有关。因此,现场允许车辆通过减速顶的最大速度应该综合考虑各种因素而确定,但这个速度绝不能大于构造速度。

在铁道行业标准《铁道车辆减速顶》(TB/T 2460—2009)中,没有给出构造速度的试验方法。在被其替代的铁道行业标准《减速顶测试方法》(TB/T 2774—1997)中曾对构造速度的测试作过规定:“通过减速顶的车速为 25^{+3}_{0} km/h,轮重大于 4 t,轮压 36 次正常工作,无损坏”(当时标准规定减速顶的构造速度不得小于 25 km/h)。可见,当时对构造速度主要关注的也是减速顶本身的结构强度,是属于减速顶寿命指标的范畴。

5. 使用寿命试验

在铁道行业标准《铁道车辆减速顶》(TB/T 2460—2009)中,增加了使用寿命这个技术参数,其目的是为现场运用的减速顶调速设备的大修和报废提供依据。标准中规定“在正常使用和维修条件下,普通减速顶和可控顶(含控制阀)的使用寿命不应少于滚压 300 万轮次或 6 年,以先到为准”。

减速顶的构造速度和使用寿命这两项技术指标,是通过减速顶的结构强度计算和理论分析以及几十年来现场实际运用的实践而确定的,标准规定的指标是能够满足不断发展的运输生产需要的。这两项技术指标测试原理虽然很简单,但如果按照实际要求对被测减速顶滚压 300 万轮次,所需时间很长,效率很低,可操作性差。因此,在铁道行业标准《铁道车辆减速顶》(TB/T 2460—2009)中,对这两项技术参数的试验方法均未作明确规定,各设计、生产单位可以根据自身产品的特点确定相应的试验方法。

目前在很多领域已经有比较成熟的模拟寿命试验方法,比如通过超强度的较少次数的模拟试验来确定产品的使用寿命和结构强度等,但对减速顶领域来说目前还缺乏一种科学、高效的模拟试验方法,还有待于从事减速顶测试技术研究的技术人员进一步努力。

6. 外观检查

在铁道行业标准《铁道车辆减速顶》(TB/T 2460—2009)的技术要求中规定:

(1)壳体涂漆应均匀一致,宜采用铁路设备通用颜色,不应采用红色。

(2)滑动油缸组合件表面镀层不应有斑点、剥落。

根据规定的要求,我们可以通过简单的观察就很容易确定减速顶的外观是否合格。

二、具有特殊性能的减速顶的性能检测

特殊性能减速顶是指在普通减速顶的基础上,为了适应现场运输生产需要而增加了其他特殊功能的减速顶。目前常用的有可控减速顶、单向减速顶、双临界速度减速顶等。他们既具有普通减速顶的技术性能,又具有某些特殊性能。

(一)可控减速顶的性能检验

1. 可控减速顶的可控性能试验

(1)将被测试的可控减速顶按规定的要求安装在测试区段上。

(2)对于常立式真空吸下可控顶,向电控阀送电并用试验车辆滚压可控顶,观察可控顶的滑动油缸应始终处于吸下状态;然后对电控阀断电,可控顶的滑动油缸应能自动弹起

至最高点。

(3)对于常吸下式的真空吸下可控顶，在电控阀断电时用试验车辆滚压可控顶，观察可控顶的滑动油缸应始终处于吸下状态；然后向电控阀送电，可控顶的滑动油缸应能自动弹起至最高点。

(4)对于常立式锁闭可控顶，向电控阀送电并用试验车辆滚压锁闭可控顶，观察可控顶的滑动油缸应始终处于锁闭状态；然后对电控阀断电，锁闭可控顶的滑动油缸在试验车辆第一轮滚压后，应能解锁并弹起至最高点。

(5)对于常锁闭式可控顶，在电控阀断电时用试验车辆滚压锁闭可控顶，观察可控顶的滑动油缸应始终处于锁闭状态；然后向电控阀送电，锁闭可控顶的滑动油缸在试验车辆第一轮滚压后，应能解锁并弹起至最高点。

为了简化试验，也可以采用某种装置模拟车轮滚压可控减速顶来完成可控性能试验。

2. 可控减速顶的性能参数测试

(1)立起时可控顶的性能参数测试

可控顶在立起状态时的各项性能参数，如临界速度及上下偏差、制动功、阻力功、抬起高度、回程时间等的测试与普通减速顶的测试完全相同。

(2)吸下(锁闭)状态时可控顶的性能参数测试

对于锁闭式可控顶来说，由于滑动油缸被锁闭在壳体内，油缸帽头处于钢轨面以下较低的位置，与车轮基本不接触或只有轻微接触，锁闭式可控减速顶不对溜放车辆起任何作用，因此在这种状态下不需要对减速顶的性能做任何测试。

对于真空吸下式的可控顶，理想的状态是达到和锁闭式可控顶一样的效果。但实际上这种可控减速顶采用的是真空负压的原理，当滑动油缸在上下端压差的作用下处于吸下状态时，由于油缸体内被压缩氮气的反作用力，会使油缸帽头仍具有一定的高度，有时甚至高出轨面。我们把可控顶在滑动油缸立起时的高度与吸下时的高度之差定义为吸下高度。它是影响可控顶性能的主要技术参数之一。吸下高度的大小直接影响到可控减速顶的吸下性能以及临界速度、制动功和阻力功等技术参数。吸下高度越大，减速顶的可控性能越好，减速顶的临界速度也就越高，制动功和阻力功就越小。

①吸下状态时，真空吸下式可控顶吸下高度的测试方法：首先将可控顶按规定的要求安装在测试区段上，使之处于立起状态，用高度尺测得其高度为 h_1；然后通过电控阀的控制及试验车辆的滚压使其保持在吸下状态，再测得其高度为 h_2；h_1 和 h_2 的差值即为吸下高度。

②吸下状态时，真空吸下式可控顶的性能参数测试：可控顶在吸下状态时的临界速度及上下偏差、制动功、阻力功等技术参数的测量原理和方法与普通减速顶相同，其区别仅在于试验车辆通过减速顶的速度需要有较大的提高。不论是从理论分析，还是实际应用的情况来看，吸下后的可控顶的临界速度会升得越高，制动功和阻力功会变得越小。

3. 电控阀的性能试验

电控阀是可控顶的重要组成部分，也是可控顶区别于普通减速顶的标志，它的性能直接决定可控顶的控制效果。电控阀的性能试验主要分为动作性能、物理性能、密封性能和寿命指标等。不同类型的电控阀的性能试验项目不尽一致，试验方法也各不相同。

(1)动作性能试验

电控阀的动作性能试验一般都是结合可控顶的可控性能测试同时进行,也就是说:在可控顶整顶的性能试验的同时,检验电控阀的动作性能是否符合整顶试验的要求。如果可控顶整顶的性能测试合格了,就可以说明电控阀的动作性能是合格的。该项试验也可以单独进行。

(2)绝缘电阻测试

由于电控阀常年在室外工作,日晒雨淋,工作环境十分恶劣,因此,对电控阀的绝缘性能要求比较高。通常采用兆欧表直接测量电控阀的线圈端子与外壳之间的电阻,应达到规定的要求。

(3)工作电压试验

电控阀只有在规定的工作电压范围内才能正常工作,如工作电压过高,电控阀线圈有可能因电流太大而过热或被烧坏;如工作电压过低,电控阀就不能正常工作。测试的方法就是用电控阀规定的最小工作电压和最大工作电压分别向电控阀送电,观察电控阀在模拟工作条件下是否能正常动作。

(4)密封性能试验(用于真空吸下式可控减速顶的电控阀)

真空吸下式可控顶在吸下状态时,壳体下腔以及与之相连接的电控阀进排气通道需要保持较高的真空度,因此对这类电控阀的密封性能有较高的要求。对电控阀的密封性能试验一般也都是与真空吸下式可控顶整顶的可控性能试验结合起来进行。对电控阀送电或断电,并用车轮或某种装置压下可控顶,如可控顶的滑动油缸能被吸下并始终稳定地保持在吸下状态,则该电控阀的密封性能是合格的。如滑动油缸不能被吸下,或虽然被吸下但在规定的时间内却缓慢地回升,则需要分别检查减速顶壳体与电控阀的密封性能,直到满足真空吸下式可控顶整顶的可控性能要求为止。

(5)通电时间试验

某些可控顶使用的电控阀对通电时间是有一定要求的。通电时间是指电控阀在额定工作电压下允许的持续通电时间。在这个通电时间内,电控阀能够安全正常的工作,而超过这一通电时间,电控阀可能会因线圈长时间通电发热而被损坏。因此对于这种电控阀需要进行通电时间的试验。试验一般采用直接向电控阀送最大工作电压并持续至产品规定的通电时间,检查电控阀是否损坏或有异常发热。

(6)使用寿命试验

可控顶及电控阀的使用寿命与普通减速顶一样,不应少于滚压 300 万轮次或 6 年,以先到为准。对电控阀寿命指标的规定也是通过结构设计和理论分析,以及多年来现场的实际运用情况而确定的。电控阀的寿命试验可以模拟现场的实际工作条件,对其进行 300 万次的动作试验,观察电控阀是否损坏。但这种试验方法耗时费力,并且和现场使用工况并不完全相同,因此一般只在产品研发时采用,而不作为产品出厂的检验。在铁道行业标准中也没有对电控阀的寿命指标给出相应的试验方法。各设计生产单位可以根据产品的特点自行加以规定。

(7)环境性能试验

环境性能试验是对电控阀在正常工作时,抵御外界环境影响的能力进行试验。对可控顶电控阀来讲,其外界影响主要有振动、冲击、潮湿、高低温和腐蚀等。因此,其环境性能试验也基本分为抗振动性能、抗冲击性能、耐潮湿性能、耐高低温性能和耐腐蚀性能的试验等。目前这些试验还缺乏专门的试验设备和手段,主要还是通过电控阀在现场的恶劣环境下,密切观察和注意其能否持续正常、稳定地工作。

(二)单向减速顶的性能检测

单向减速顶在普通减速顶的基础上增加了单向锁闭功能,即车辆反向通过减速顶时,减速顶被压下后即处于锁闭状态,滑动油缸在低处需要相对较长的时间才能回升到最高点,达到不对后续车辆起制动作用的目的。单向减速顶在车辆正方向通过时的功能、作用以及性能参数的检测与普通减速顶完全相同。

1. 单向功能的试验

将单向减速顶安装在测试区段内并按产品的技术要求调整好安装高度,首先用试验车辆分别以低于和高于临界速度的车速正向通过单向减速顶,单向减速顶应能起到普通减速顶的作用;再用试验车分别以低于和高于临界速度的车速反向通过单向减速顶,单向减速顶应在车轮的滚压作用下处于锁闭状态,即滑动油缸应能锁闭在壳体内并以很缓慢的速度回升。此时单向减速顶基本不对车辆起制动作用。

2. 反向回程时间的测试

反向回程时间是单向减速顶在车辆反向通过时,滑动油缸被车轮滚压后处于锁闭状态下,由最低点回到最高点的时间。反向回程时间的测试原理与普通减速顶的回程时间测试相同,可以通过读取位移曲线回程部分的时间获得。但区别有两点,第一,试验车辆必须是反向通过单向减速顶;第二,反向回程时间要比普通减速顶的回程时间大很多。对某些反向回程时间很长的单向顶也可以使用秒表等计时工具直接读取:当车辆反向通过单向减速顶,滑动油缸被车轮压到最低点时开始计时,至滑动油缸回到最高点时停止计时,这段时间即为单向减速顶的反向回程时间。

(三)双临界减速顶的性能检测

双临界速度减速顶在普通减速顶的基础上增加了一级判速装置,具有双级速度阀,从而具有第二临界速度。当车辆的过顶速度高于第二临界速度时,滑动油缸被锁闭在壳体内,油缸帽头处于低位,需要经过一定的时间才能缓慢升起,减速顶对后面的车轮不再起制动作用,从而能实现双临界速度减速顶对高速通过的车辆不做功的目的。双临界速度减速顶在低速状态下的各项性能参数测试与普通减速顶完全相同,它增加的主要技术参数为第二临界速度和锁闭回程时间。

1. 第二临界速度及上下偏差的测试

第二临界速度是指双临界速度减速顶被车轮以较高速度压下时,是否处于锁闭状态的边界速度,它也是一个速度范围,在这个范围内,双临界速度减速顶是否能锁闭是不确定的。只有车速高于第二临界速度上限时,才能确保双临界速度减速顶处于锁闭状态;而车速低于第二临界速度下限时,双临界速度减速顶则肯定不会锁闭。

第二临界速度的测试原理与普通减速顶的临界速度测试原理基本相同,测试基本方法是使试验车辆以第二临界速度公称值一定范围内速度依次通过双临界速度减速顶,判断双临界速度减速顶是否处于锁闭状态,测得第二临界速度上下限,他们与第二临界速度公称值的差值就是第二临界速度上下偏差。这里需要注意的是，由于受结构设计和加工精度的影响，双临界速度减速顶的第二临界速度上下偏差要比普通减速顶的临界速度上下偏差大。另外，对于某些第二临界速度较低的双临界速度减速顶要注意和第一临界速度的区分。

2. 锁闭回程时间的测试

锁闭回程时间是指双临界速度减速顶被车轮压下处于锁闭状态时，滑动油缸由最低点回到最高点的时间。锁闭回程时间的测试原理和方法与单向减速顶的反向回程时间测试完全相同。

第四节 加速顶的性能检测

加速顶是一种以压缩空气为介质，安装在钢轨上，通过加速顶杆帽头与车轮接触对车辆起加速作用的设备。加速顶的主要性能参数是加速功，目前对加速功的测试主要是采用试验线路测试系统的动能差法进行测试。在哈尔滨铁路局企业标准《TDJ(＋)$^{101}_{102}$型加速顶》(Q/HBT 503－1985)和《加速顶测试方法》(Q/HBT 507—1987)中对加速顶的性能参数和试验方法都做了相应的规定。

一、测试加速顶的基本试验条件

1. 车辆条件

(1)车辆质量不小于 20 t。

(2)车轮轮缘高度为 25^{+4}_{0} mm。

(3)车轮踏面直径为 840^{0}_{-30} mm。

(4)车轮轮缘厚度为 32^{0}_{-5} mm。

2. 线路条件

(1)轨距为 $1\ 435^{+4}_{-2}$ mm。

(2)测试区段两根钢轨水平高差不超过 4 mm。

(3)测试区段坡度不超过 0.2‰。

3. 供气系统条件

(1)空压机的额定工作压力应不小于 0.78 MPa。

(2)供气系统应设有储气缸，以确保不间断地向加速度提供符合条件的压缩空气。

4. 加速顶条件

加速顶的安装高度应符合产品规定的公称值。

5. 车辆溜放速度

(1)测试低速加速顶的加速功时，车辆溜放速度应为(4±0.2)km/h。

(2)测试高速加速顶的加速功时，车辆溜放速度应为(9±0.3)km/h。

6. 气象条件(用动能差法测试时)

(1)风力小于 2 级，无雨。

(2)气温为 10～30 ℃。

二、加速功的测试

加速顶的加速功主要采用动能差法进行试验，其测试原理与减速顶采用动能差法测试制动功基本相同。不同之处在于计算加速功时，加速顶的加速功(W_{js})应为安装加速顶时测得的总功(W_{js1})与测得的由该区段线路、空气和车辆等阻力产生的功(W_{zd1})的和，两者应相加而不是相减。具体计算如公式(7-9)、公式(7-10)和公式(7-11)。

$$W_{zd1}=E_1=m(v_{r1}^2-v_{c1}^2)/2 \tag{7-9}$$

$$W_{js1}=E_2=m(v_{c2}^2-v_{r2}^2)/2 \tag{7-10}$$

$$W_{js}=\frac{W_{js1}+W_{zd1}}{n} \tag{7-11}$$

式中：W_{js}——单台加速顶的加速功，J；

W_{js1}——被测加速顶区的总功，J；

W_{zd1}——测试区段线路、空气和车辆等阻力产生的功，J；

E_1——溜放车辆通过无顶测试区段前后的动能差，J；

E_2——溜放车辆通过有顶测试区段前后的动能差，J；

v_{r1}——溜放车辆进入无顶测试区段的入口速度，m/s；

v_{c1}——溜放车辆通过无顶测试区段后的出口速度，m/s；

v_{r2}——溜放车辆进入有顶测试区段的入口速度，m/s；

v_{c2}——溜放车辆通过有顶测试区段后的出口速度，m/s；

m——试验车辆的质量，kg；

n——被测加速顶的台数。

第五节　停车防溜设备的性能检测

一、停车防溜器的性能检测

(一)制动功和制动能高的测试

将2台测速踏板分别安装在停车防溜器制动轨的两端(紧靠制动轨端头)，用机车推送95 t的车辆首次以(10±0.5)km/h的速度溜入制动状态的停车防溜器。如果车辆被夹停在停车防溜器上，则需将停车防溜器缓解，机车拉回车辆后继续进行试验，此后车辆溜入速度应以1 km/h 的速度递增，直到车辆溜出停车防溜器时为止。用仪表或计算机记录下第一轮对进入停车防溜器的入口速度 v_1 和第四轮对溜出停车防溜器的出口速度 v_2。由公式(7-12)可计算出停车防溜器的制动功；由公式(7-13)可计算出停车防溜器的制动能高。

$$W=m(v_1^2-v_2^2)/2 \tag{7-12}$$

$$H_b=(v_1^2-v_2^2)/2g \tag{7-13}$$

式中：W——单台停车防溜器的制动功，J；

m——车辆质量，kg；

v_1——溜放车辆第一轮对进入停车防溜器的入口速度，m/s；

v_2——溜放车辆第四轮对溜出停车防溜器的出口速度，m/s；

H_b——单台停车防溜器的制动能高，m；

g——车辆重力加速度，m/s^2。

（二）制动、缓解时间的测试

操作停车防溜器使其制动和缓解，用秒表测定制动时间和缓解时间。制动、缓解时间也可以通过安装在制动位和缓解位的限位开关的接触或断开，并通过相关的仪表和计算机测试得到。为了减小误差，应进行多次测试后，取其平均值。

（三）尺寸测试

操作停车防溜器使其分别处于制动位和缓解位，用量具测量上述两个位置时制动轨两作用面间的距离和上部尺寸。

（四）线路钢轨间电阻试验

在 25 m 长的试验线路上安装停车防溜器，并在雨天（或人工用水淋）条件下，用万用表测量停车防溜器部位两钢轨间的电阻。

（五）结构强度试验

操作停车防溜器使其处于制动位，用机车推送 95 t 的车辆以（20±1）km/h 的速度溜入停车防溜器后，检查停车防溜器各部件是否有损坏。

（六）手动转换操作试验

切断电源，用手动方式操作，使停车防溜器至制动位和缓解位，操作应方便快捷和可靠。

（七）制动力稳定性能试验

操作停车防溜器使其处于制动位，使车辆溜入停车防溜器（或用专用试验卡具夹在停车防溜器制动轨作用面上），测量停车防溜器对车辆（或专用试验卡具）的正压力；保持该制动状态 24 h 之后，再测量一次，此时的正压力不应小于产品规定的技术指标。

（八）整机动作试验

操作停车防溜器制动和缓解各 5 次，停车防溜器的活动部位应运动自如，无卡滞现象，液压系统无渗漏。

（九）车辆浮起试验

操作停车防溜器使其处于制动位，用机车推送 16 t 的车辆以（20±1）km/h 的速度溜入停车防溜器后，车辆不应爬上钢轨。

（十）外观检查

1. 目测检查停车防溜器制动轨等部件的焊接质量，焊缝不能有明显的漏焊、虚焊、夹渣、气孔等影响强度的缺陷；焊缝周围表面不应有残留焊皮、焊药。

2. 目测检查停车防溜器的涂装质量，涂装表面不应有油漆流淌皱纹、漏漆、油漆颜色明显深浅不均等影响外观质量的缺陷。

二、停车防溜顶的性能检测

（一）普通停车防溜顶的性能检测

停车防溜顶是一种由减速顶延伸出来，可以替代铁鞋和手闸的专门用于停车、防溜的设备。因此它与减速顶具有许多共同的特性。普通停车防溜顶的主要性能参数包括制动功、水平制动力、保压性能、抬起高度和回程时间等。铁道行业标准《铁道车辆停车防溜装置第 2 部分：停车防溜顶》(TB/T 3162.2—2007)的第 6 条中规定了停车防溜顶的各项性能参数的试验方法，制动功、抬起高度和回程时间的测试均与减速顶基本相同，水平制动力和保压性能为停车防溜顶所独有。

1.制动功的测试

停车防溜顶制动功的测试与减速顶制动功的试验方法基本相同，既可以采用示功图法，也可以采用动能差法，目前常规测试用的是简单、快捷、方便的示功图法。与减速顶制动功测试的不同之处仅在于：测试停车顶制动功时要求试验车辆的溜放速度为(5±0.5) km/h。

2.水平制动力的测试

水平制动力是停车防溜顶对车轮沿钢轨方向的水平作用力。它是停车防溜顶的一个重要技术参数，它的大小和在一定作用时间内的变化情况直接影响到对车辆的停车防溜效果。水平制动力可采用间接测试和直接测试两种方法得到。

(1)间接测试法：通过测试顶的垂直反力得到水平制动力。

停车顶的水平制动力与垂直反力是相互关联的，他们之间的几何关系如图 7-16 所示。当通过测试得到停车顶的垂直反力后，由公式(7-14)可计算出停车顶的水平制动力。由于停车顶没有速度阀装置，因此当车轮压上停车顶后，垂直反力会很快达到最大值并维持一定的数值，水平制动力也很快达到最大值并保持在一定数值。

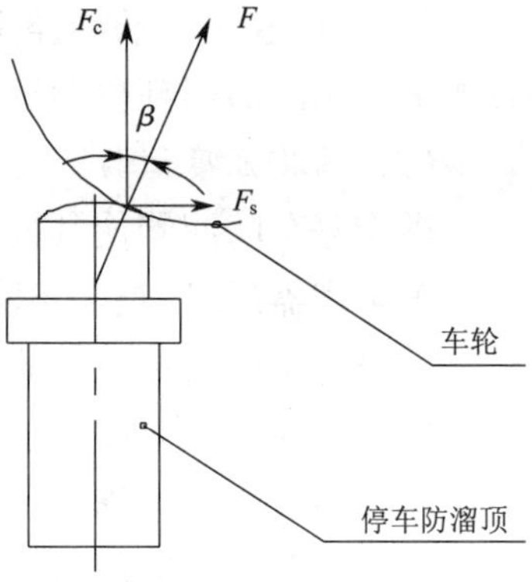

图 7-16　水平制动力与垂直反力关系图

停车顶的水平制动力计算公式：

$$F_s = F_c \times \tan\beta \tag{7-14}$$

式中：F_s——水平制动力，N；

F_c——垂直反力，N；

β——停车顶对车轮的作用力与垂直反力的夹角，°。

β角是一个变量，它与停车顶的安装高度、车轮的半径以及顶被车轮压下时的做功行程有关，β角的分析计算可参考本书第四章第三节中的相关内容。

由公式(7-14)可知，通过测量停车顶的垂直反力即可得到水平制动力，测试原理如图 7-17 所示。

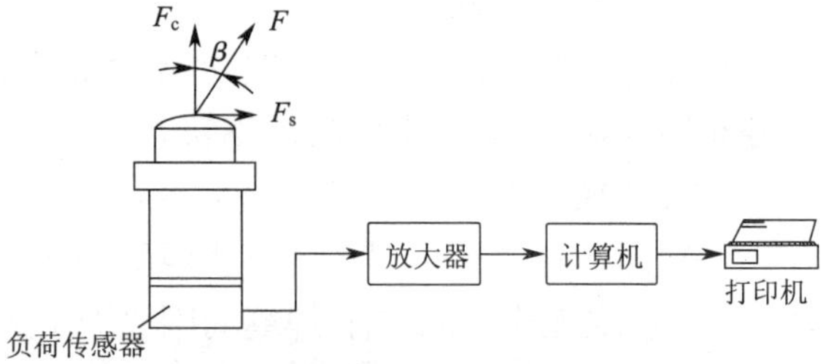

图 7-17　垂直反力测试原理图

(2)直接测试法。

水平制动力也可以通过试验线路测试系统直接测得。将停车顶安装在试验线路的测试区段上，用质量不小于20 t的试验车辆慢慢压下停车顶，此时停车顶会对车轮施加一个水平制动力，这个力可以通过安装在试验车辆上的测力装置测得。当车轮继续向前运动时，停车顶对车轮的水平制动力将逐渐增大，当水平制动力达到最大值时，试验车辆不再向前运动而是停留在该状态并保持一定的时间(铁道行业标准中规定为 24 h)。测力装置可测得停车顶的最大水平制动力和保压一定时间后的水平制动力，使用计算机绘制出车轮压下停车顶和保压一定时间水平制动力的变化曲线。

从理论上说，这种直接测试的试验方法原理简单、直观，也比较容易实现。但实际上，由于试验车辆和加力装置的各部分结构间隙和材料本身的弹性，以及试验线路的误差等原因，使测得的水平制动力处于不稳定状态。尤其是当需要测试停车顶在保持一段时间后力的变化时，由于上述原因往往使水平制动力下降很快，甚至导致无法判断停车顶的保压性能好坏。其次，这样测得的力实际上是停车顶的水平制动力与车辆、线路阻力的水平分量之和，要想得到比较精确的水平制动力，还应该减去车辆及线路阻力的水平分量。

这种直接测试水平制动力的方法影响因素多，测试数据的可靠性和稳定性较差，因此，只是在产品研制和应用初期，对各种停车顶的性能做对比试验时采用，而不作为一种常规的测试方法。

3. 保压性能的测试

停车顶的保压性能是指水平制动力在作用时间内的变化情况。当停车顶对车辆起止轮防溜作用时，要求水平制动力尽可能保持不变。但由于机械加工和密封件存在的误差，使活塞下腔的油液向上腔缓慢渗漏，常导致水平制动力下降。水平制动力在规定的作用时间内下降越小，说明停车防溜顶的保压性能越好，其止轮防溜效果也越好。因此，对于停车顶来说，保压性能是一项十分重要的技术参数。

铁道行业标准《铁道车辆停车防溜装置第 2 部分：停车防溜顶》（TB/T 3162.2—2007）中对水平制动力和保压性能均做出了明确的规定："在安装高度为 58 mm 的情况下，停车防溜顶水平制动力的最大值不应小于 7 000 N，24 h 内不应小于最大值的 80%"。

同时标准也规定了保压性能的试验方法："水平制动力可通过测量垂直反力获得，当停车防溜顶被压下至压力阀开启时，垂直反力达到最大值，此时停车顶的水平制动力也达到最大值。将停车防溜顶缓慢压下，当压力达到最大并不再增加时，保持在该位置并测试垂直反力，维持 24 h 后再测一次"。将测试的垂直反力通过上述公式(7-14)可计算出水平制动力。将 24 h 后的水平制动力与初始值进行比较，如果它不小于初始值的 80%，停车顶的保压性能即为合格。

4. 回程时间的测试

回程时间是指滑动油缸帽头被车轮压下后，由最低点回到最高点的时间。目前使用的停车顶都具有慢回程功能，对回程时间都有相应的技术要求。由于停车顶大多用于调车场尾部，当车列编组完成后将以较高的速度从尾部牵出，因此停车顶应具有比减速顶更好的安全性。停车顶的回程时间既要保证对作业的溜放车辆做功饱满（不能因回程慢而损失制动功），又要对高速牵出的车辆尽可能不做或少做无用功。铁道行业标准《铁道车辆停车防溜装置第 2 部分：停车防溜顶》（TB/T 3162.2—2007）的技术要求中规定"普通停车防溜顶应具有慢回程功能，回程时间不宜小于 0.5 s"。

停车顶回程时间的试验方法与减速顶完全相同，可通过读取制动功测试时位移传感器信号回程部分所用的时间获得。

5. 抬起高度的测试

铁道行业标准《铁道车辆停车防溜装置第 2 部分：停车防溜顶》（TB/T 3162.2—2007）的技术要求中规定"停车防溜顶的抬起高度不应大于 6 mm"。

停车防溜顶抬起高度的测试与减速顶基本相同。区别仅在于测试时试验车辆的溜放速度不同。测试停车顶的抬起高度时，车辆溜放速度应为(2.78±0.278)m/s 或(10±1)km/h。

(二)具有特殊性能的停车防溜顶的性能检测

具有特殊性能的停车防溜顶主要有可控停车顶、单向停车顶、高速锁闭停车顶等。分类方式与特殊性能的减速顶相同，控制方法也完全相同。因此，其特殊性能方面的技术参数的测试原理和试验方法也与特殊性能减速顶基本相同。

三、防溜铁鞋的性能检测

1. 外观及尺寸检测

(1)外观检查：在自然光线条件下目测，防溜铁鞋的外观应符合技术标准的相关规定。

(2)尺寸检测：使用相应精度的游标卡尺、钢直尺、专用样板等对防溜铁鞋的各部位尺寸进行测量。应符合表 4-12 所规定的要求。

(3)尖部上翘量的检测：将防溜铁鞋平直放在轨面上，测量尖部的上翘量，应符合技术标准中的规定。

2. 铸钢防溜铁鞋的化学分析

(1)每炉钢液应做炉前和炉后两次分析。

(2)炉前试样在钢液溶化 95%左右时制取，炉后分析试样在浇注过程中制取。

(3)化学分析试样的取样方法按《钢的成品化学成分允许公差》(GB/T 222)的规定执行。

(4)分析方法按《钢铁及合金化学分析方法》(GB/T 223)的相关规定执行。

(5)每炉的炉后化学分析结果，应符合技术标准中对材质成分的规定。

3. 铸钢防溜铁鞋材质的机械性能测试

(1)关于样块的制备：用于测试机械性能的样块应在浇注中途单独铸出，或在本体中制取。样块的尺寸应符合技术标准的规定。除非另有规定，单铸试块与其所代表的铸件应采用相同的方法进行热处理。

(2)拉力试验：按《金属材料室温拉伸试验方法》(GB/T 228)的有关规定对样快进行拉力试验。

(3)冲击试验：按《金属材料夏比摆锤冲击试验方法》(GB/T 229)的有关规定对样快进行冲击试验。

(4)布氏硬度试验：从防溜铁鞋的鞋尖到向后的 100 mm 范围内进行布氏硬度试验，试验应按《金属布氏硬度试验　第 1 部分：试验方法》(GB/T 231.1)的规定进行。

4. 钢板防溜铁鞋材质的机械性能测试

(1)拉力试验：按《优质碳素结构钢》(GB/T 699)的有关规定对制造防溜铁鞋的钢板材质进行拉力试验。

(2)冲击试验：按《优质碳素结构钢》(GB/T 699)的有关规定对制造防溜铁鞋的钢板材质进行冲击试验。

5. 碾压点的测试

将车轮踏面密贴在防溜铁鞋踏面上，用量具测量碾压点距鞋尖的距离。该距离应符合产品标准规定的使用要求。

第八章　减速顶及停车防溜设备的安装与调试

第一节　安装减速顶调速设备的施工机具

一、钢轨钻孔机

(一)TDJ 型电动双孔钻机

1. TDJ 型电动双孔钻机的基本结构和特点

TDJ 型电动双孔钻机的外形如图 8-1 所示,结构如图 8-2 所示。它主要由电器系统、传动系统、冷却系统和机体及调整装置四部分组成。钻机采用三相 YD1001.5/2.26/4B5 型防护式扇冷却异步电动机为动力,采用四芯橡胶防水电缆做动力线。电动机的起动和停止由倒顺开关控制,钻机的变速由万能开关控制。传动系统的齿轮箱设有手动和自动进给机构,可实现手动和自动进退刀。冷却系统由水箱、供水管和给水阀门等组成,可使切削中的钻头得到理想的冷却与排屑。钻机的机体坚固而轻便,两端采用了双轮缘和单轮缘,使钻机能在钢轨上安全、平稳移动。钻机中后部设有水箱支架,可根据需要提高水箱的高度,以增大冷却水的压力,达到需要的冷却效果。钻机设有高度调整装置和钻孔锁定装置,使之钻削平稳,保证钻削精度。钻机还设有升降装置,使钻机能顺利通过钢轨接头、轨枕上的长螺栓以及线路中的障碍物。钻机前端两侧及钻机尾部均设有抬把,抬动钻机极为方便。

图 8-1　TDJ 型电动双孔钻机外形图

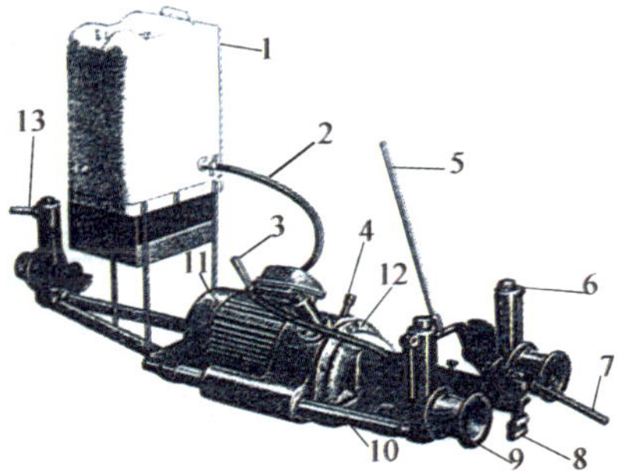

图 8-2　TDJ 型电动双孔钻机结构示意图

1—水箱;2—水管;3—手动进给手柄;4—自动进给手柄;5—升降杆;6—高度调整装置;7—锁定手柄;8—锁定压杆;9—双轮缘行走轮;10—进给导杠;11—变速电机;12—齿轮箱;13—抬把。

2. TDJ 型电动双孔钻机的工作原理

TDJ 型电动双孔钻机由三相交流电动机为钻机提供动力,通过传动系统的齿轮箱和变速装置带动装有钻头的输出轴旋转,实现手动和自动进退刀。三相交流电动机还为自动进给装置提供动力输入,通过离合器啮合、齿轮传动和变速,带动丝杆旋转以控制钻孔的进刀量。电器系统通过倒顺开关控制电动机顺时针或逆时针旋转,并可实现钻机的开机和停机。设置在钻机中后部的水箱处于钻机的最高位,通过水的自然压力和给水阀门的控制,经由冷却水管向一对钻头的切削刃口提供冷却水。

3. TDJ 型电动双孔钻机的主要技术指标

(1)功率:	1.5/2.2 kW
(2)转速:	1 450 r/min
(3)工作电压:	三相 380 V(50 Hz)
(4)钻头转速:	150～210 r/min
(5)钻头自动进给速度:	0.12 mm/r
(6)可安装钻头直径:	ϕ23.5～ϕ31.5 mm
(7)两孔间距:	(90±1)mm
(8)钻孔中心至轨面最低距离:	80 mm(连续可调)
(9)钻头中心调高范围:	1～13 mm
(10)电机允许温升:	80 ℃
(11)机体允许温升:	90 ℃
(12)外形尺寸:	1 600 mm×480 mm×480 mm
(13)质量:	100 kg

4. TDJ 型电动双孔钻机的使用步骤

(1)将钻机运送到需要钻孔的轨道上,将行走轮安放在同一股道的两根钢轨上,输出轴对准需要钻孔的钢轨。

(2)如钻机已分解,需要重新进行组装:将钻机导轨筒插入齿轮箱铝壳套内,在导轨筒上装入挡圈,拧紧顶丝,加装弹性挡圈,然后将钻机后梁插入导轨端子内,旋拧六角螺丝,然后摇转进给手柄,使丝杠与丝母咬合,这样即完成组装。

(3)使用前,应对各传动部分和走行部分进行适当润滑。

(4)接通电源后,扳动倒顺开关观察电机和输出轴运转是否正常。使钻机空转 10～15 min(在正常使用时可适当缩短时间),如发现电机温度过高、两相启动或有不正常声音等情况,应立即断电检查,排除故障后,方可使用。

(5)钻孔前,应将钻机前端升起,装入已经磨削好的两根钻头,松开高度调整锁帽,旋动高度调整丝杆,将钻头中心调至所需的钻孔高度,注意保持钻机在两根钢轨上应处于水平位置,旋紧锁帽。

(6)将水箱内注满水,打开给水阀门,观察冷却水是否浇在钻头的切削刃口处,如有误差应适当调整出水口位置。

(7)扳动倒顺开关使钻头按顺时针方向旋转,同时摇转手动进给手柄,当钻头接触钢轨时,开启水箱的阀门,挂上自动进给手柄,待孔要钻透时摘下自动进给手柄,轻轻用手摇转进刀,直至钻通。

(8)完成孔钻后,应及时关闭水阀,手动退回钻头,然后关闭电源。

(9)检查已钻的孔是否符合规定的技术要求,确认满足要求后,升起钻机并推移至新的钻孔位置。

(10)重复步骤(7)～(9),继续进行钻孔,直到完成整个钻孔任务。

5. TDJ 型电动双孔钻机的使用注意事项

(1)应及时检查钻头切削刃的磨损情况,刃口磨损后,应及时更换。

(2)同时使用的两根钻头应尽可能保持长度一致,不要使用过短的钻头。

(3)钻孔时要随时保持冷却水畅通和钻头冷却良好,不得中断冷却水。

(4)要注意观察传动部分和运行部分的润滑状态,对传动和运行部分要及时润滑。

(5)所加进给压力不应过猛,发现钻速过低或接近钻透时应减少轴向力。

(6)钻孔过程中,如钻头被卡住不转时,应立即切断电源,分离自动进给手柄,轻轻退出钻头,以免烧坏电机或损坏钻头。

(7)注意电机壳,齿轮箱的温度不能过高,如发现温度超过规定的标准,应立即停机检查处理,确认设备状态良好并在冷却后方可继续使用。

(8)钻机要接通地线,钻机的电缆线连接处要做好绝缘、防水,以免短路造成事故,严禁钻机两相运转,以防烧坏电机。

(9)工作结束后,应将钻机放置于室内干燥、通风良好和无腐蚀的环境中,以免损坏电机绝缘和零部件,各连接部位和啮合部位应涂抹润滑油。

(10)在放置时间较长,第一次使用钻机前,务必对钻机进行细致的检查,具体检查项目如下:

①用万能表测试插头接地端子与机体之间,以及插头电源端子之间是否绝缘良好,接地电阻不得大于 0.5 Ω。

②用 500 V 欧姆表,在插头接地端子与电源端子之间测量绝缘电阻,如低于 1 Ω ,应将电机进行干燥处理。

③电源线路中应有可靠的接地系统,同时应在线路中装有保险丝,其额定电压为 500 V,额定电流为钻机额定电流的 2.5～3 倍。

④检查轴承及齿轮箱内的润滑是否良好,在正常使用情况下,每 3 个月或半年应更换一次润滑油。齿轮箱内应加锂基脂和少量黏稠齿轮油搅拌成糊状。

⑤拧紧各紧固件,确保相关零部件不得松动。

(二)TDW 型双孔钻机

1. TDW 型双孔钻机的基本结构

如图 8-3 所示,TDW 型电动双孔钻机主要由传动系统、电器系统、冷却系统和机体及调整系统四部分组成。传动系统由机械变速装置、手动进给装置自动进给丝杆、自动进给拨叉等组成;电器系统由电动机、电器控制箱、倒顺开关和连接电缆等组成;冷却系统由水阀、水箱、传输管、出水口等组成;机体及调整系统由机架、固定导柱、钻孔位高度调节装置、横向位移及支撑滚轮、夹紧装置、锥柄麻花钻头等组成。

2. TDW 型双孔钻机的特点

TDW 型电动双孔钻机是一种在钢轨轨腰上钻孔,以便安装 TDW 系列减速顶的一种现场施工工具。它具有以下特点:

①一次装夹能同时钻 2 个孔,既能保证钻孔质量,又能提高工效。

②两孔中心距可调节。可按照 TDW 系列减速顶两孔中心距的具体要求进行钻孔。

两孔中心距为(90±1)mm或(96±1)mm(孔径为ϕ29～ϕ32 mm)。

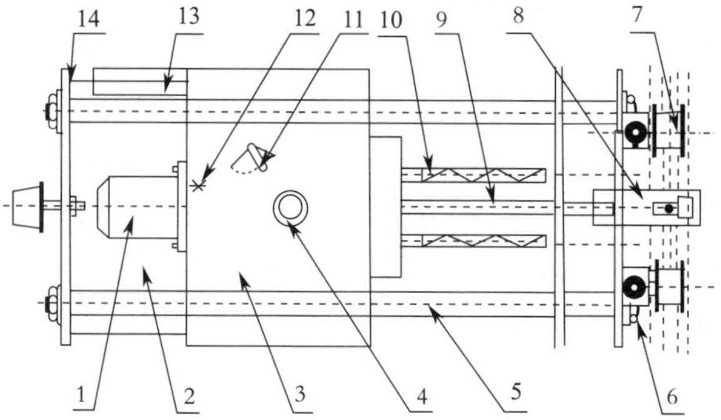

图8-3 TDW型电动双孔钻机结构示意图

1—电动机;2—冷却系统;3—机械变速装置;4—手动进给装置;
5—固定导柱;6—钻孔位高度调节装置;7—横向位移及支撑滚轮;
8—夹紧装置;9—自动进给丝杆;10—锥柄麻花钻头;
11—自动进给拨叉;12—水阀;13—电器控制箱;14—机架。

③钻孔高度可调范围较大。孔中心距基本轨轨面的距离可根据不同轨型和减速顶的安装高度进行调整。43 kg/m和50 kg/m轨钻孔高度为74～75 mm和78～79 mm;60 kg/m轨钻孔高度为91～92 mm。

3. TDW型双孔钻机的工作原理

如图8-4所示,TDW型电动双孔钻机由电动机提供动力,电动机转速为940 r/min,工作电压为三相380 V(50 Hz)交流电,通过传动系统的齿轮转动和变速装置的变速,带动装有钻头的输出轴旋转,输出转速为143 r/min。自动进给装置同样由电动机提供动力输入,通过离合器啮合、齿轮传动和变速,带动丝杆旋动控制钻孔的进刀量,自动进刀量为0.13 mm/转。

电器系统通过倒顺开关实现钻机的开机和停机,同时可控制电动机顺时针或逆时针旋转。冷却系统的水箱置于双孔钻机的最高位,通过开关和调节水阀,利用水的自然压力,由传输管流向出水口,对钻头的切削刃口进行冷却。

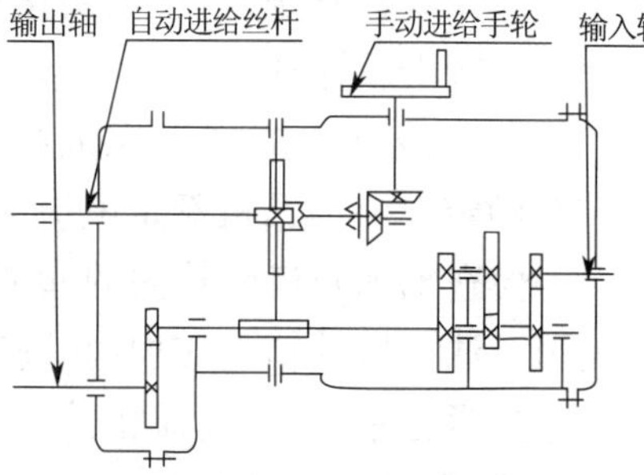

图8-4 TDW型电动双孔钻机传动系统示意图

4. TDW型双孔钻机的主要技术参数

(1)功率:	2.2 kW
(2)转速:	940 r/min
(3)工作电压:	三相380 V(50 Hz)
(4)钻头转速:	143 r/min
(5)钻头自动进给速度:	0.13 mm/r
(6)可安装钻头直径:	ϕ29 mm(另配钻套)、ϕ32 mm
(7)两孔间距:	(90±1)mm、(96±1)mm
(8)钻孔中心至轨面距离:	65～85 mm(连续可调)

(9)冷却水流量：　1 L/ min

(10)外形尺寸：　1 500 mm×650 mm×500 mm

(11)质量：　160 kg

5. TDW 型双孔钻机的使用步骤

(1)将钻机运送到需要钻孔的轨道上，将支撑滚轮安放在同一股道的两根钢轨上，输出轴对准需钻孔的钢轨。

(2)对各传动部分(齿轮箱、轴承、丝杆)，运行部分(滚轮轴、进给手轮、固定导柱)等运动部分注润滑油。

(3)将 380 V(50 Hz)交流电接入倒顺开关，扳动倒顺开关观察电动机和输出轴运转是否正常。

(4)将两根已经磨削好的 ϕ29 mm 锥柄麻花钻头安装在随机附带的钻头套内，然后整体安装在输出轴的钻套内(如使用 ϕ32 mm 的锥柄麻花钻头，应直接安装在输出轴的钻套内)。

(5)将水箱内注满水，把传输管一头套在水阀上，另一头套在出水口上，打开水阀，观察出水口是否有水流出及是否淋在钻头的切削刃口处。如有误差应适当调整，直至水流能够直接淋在切削刃口处。

(6)通过钻机横向位移调整，使钻头中心对准已定好的位置；通过钻孔位高度调节装置调整，使钻头中心与轨面的距离达到规定的钻孔高度要求。

(7)通过偏心轮手柄使钻机的夹紧装置动作，将钻机固定在钢轨上。

(8)扳动倒顺开关使钻头按顺时针方向旋转，同时摇动手动进给手轮，当钻头接近轨腰处时，将自动进给拨叉拨向自动进给挡，打开水阀，开放冷却水。

(9)待钻孔完成后，扳动倒顺开关并关闭水阀的冷却水，然后关闭电源，并将自动进给拨叉拨向手动进给挡，反向摇动手动手轮，将钻头退回。

(10)检查已钻的孔是否符合规定的技术要求。

(11)通过偏心轮手柄使钻机的夹紧装置动作，将钻机松开，使机身抬起，推动钻机移至新的钻孔位置。

(12)重复步骤(6)～(11)，完成整个钻孔任务。

6. TDW 型双孔钻机的使用注意事项

(1)在钻孔过程中应保证冷却系统状态良好，确保淋在钻头切削刃口处的冷却水不间断。

(2)注意观察传动部分和运行部分的润滑状态，对传动和运行部分定时加油，以保证其充分润滑。

(3)注意检查钻头切削刃的磨损情况，及时更换刃口不良的钻头。

(4)换挡前务必停机，有时需要用进给手轮及自动进给拨叉同时操作方可使离合器可靠啮合。

(5)工作结束后，要将钻机移至室内和专用架上保存。

(6)定期对钻机进行检修保养，向齿轮箱注油孔加油，保证传动部分和运行部分处于良好的润滑状态。

(7)运输和搬运时，应使用专用台架或专用箱进行保护。

二、其他施工工具

在减速顶调速设备的安装过程中还需要其他一些施工工具。使用电动扳手、风动扳手、棘轮扳手、手提砂轮等，使用他们可以对钢轨肥边进行打磨，提高紧固减速顶双头螺栓的速度和施工效率；使用扭矩扳手、高度尺、游标卡尺等，可以准确测量减速顶的钻孔高度、安装高度和双头螺栓的紧固力矩；使用自制的道砟扒子，在安装减速顶时可将壳体底部的石砟扒出。另外，还有一些，如手锤、螺丝刀、克丝钳、活扳手、钢丝刷等通用施工工具以及万用表、试电笔等电工用工具。

第二节　减速顶调速设备的安装与调试

一、减速顶调速设备安装的基本要求

1. 减速顶调速设备的施工应尽可能减少对运输生产的干扰。

2. 对施工人员应进行技术培训和安全教育，经考核合格后方可上岗。

3. 减速顶调速设备的施工应设有安全防护人员，确保施工作业过程中的运输安全和人身安全。

4. 在正常使用条件下，安装后的减速顶调速设备对车辆做功不应造成车辆脱轨。

5. 安装在线路上的减速顶调速设备外部尺寸不应侵入《标准轨距铁路机车车辆限界》(GB 146.1)中规定的机车车辆下部限界。

6. 减速顶的安装数量应有安全余量，安全余量应符合《铁路驼峰及调车场设计规范》(TB 10062)中的有关规定，即：在驼峰调车场溜放部分和顶群区段，减速顶的安全余量应为10%，可控减速顶的安全余量应为15%；在其他区段所有减速顶的安全余量均为5%～8%。

二、普通减速顶及慢回程、防脱线、防风雪型减速顶的安装与调试

图8-5是TDJ－302、302P、302CP型减速顶的安装图。各种普通型减速顶的安装图基本相同，只是安装尺寸有所不同。

(一)安装准备工作

1. 确认需要安装减速顶的线路轨距、钢轨磨耗等技术参数符合铁路线路的相关技术要求，线路的平、纵断面和防爬设施等符合调速系统设计的技术要求，线路周边环境已达到正常进行减速顶施工的条件。

2. 确认减速顶施工人员已经过技术和安全教育培训并考核合格。

3. 确认减速顶调速设备和施工机具已发到需要施工的站场。

4. 对钢轨钻孔机、电动扳手等主要施工机具应进行检查和试运行，确认其处于良好状态。检查各种施工工具是否齐全、完好。

5. 如采用电动钢轨钻孔机和电动扳手，应确认施工现场附近具有可供使用的电源和水源。

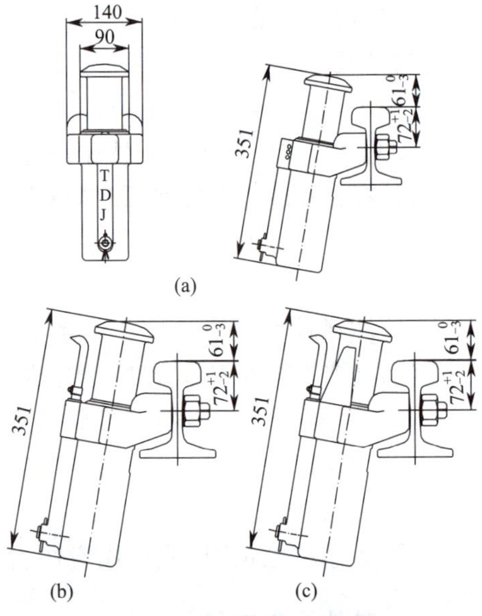

图8-5　TDJ－302、302P、302CP型减速顶安装图(单位：mm)

6. 提前向建设部门申请办理减速顶施工许可和用电许可，得到批准后方可进点施工。

7. 在夏季高温地区施工时，应做好防暑降温准备工作；在汛期和雷雨季节施工时，应做好防雨、防雷准备工作。

8. 施工前，与建设部门以及车站、机务、工务和电务等有关部门取得联系，制定施工计划；对需要施工的线路，预先向运输部门办理线路封锁的相关手续。确认减速顶施工的线路已处于封锁状态后，方可开始施工。

（二）安装与调试的作业过程

1. 按照系统设计的布顶方案，确定减速顶的钻孔位置和数量，并在钢轨上做出标记。

2. 将钢轨钻孔机及相关的施工机具运到现场，接通电源，按事先做好的标记进行钻孔作业。

3. 通过试钻确定钻孔高度。由于现场钢轨的磨耗情况以及钢轨垫板的不同，为减少对安装后的减速顶安装高度的调整数量，应先进行试钻孔，用 3～5 台减速顶进行试装并测量其高度，然后确定最佳的钻孔高度。

4. 在钻孔过程中，特别是在曲线上钻孔时应随时检查钻孔高度是否正确，如发现偏差，应及时纠正。

5. 钻孔后，应及时用钢丝刷清除安装孔周围的毛刺、铁锈和其他污物。

6. 用手提砂轮磨去钢轨轨头超限的肥边。如果减速顶安装位置处钢轨轨腰上有凸字标记的，应使用手提砂轮将其磨平。

7. 将需要安装的减速顶按照型号、档次分类，运到施工现场的安装孔旁。

8. 在安装孔对应的下部道床，用道砟耙子扒出安装坑，注意应将扒出的道砟均匀分布在附近道床上。

9. 检查将要安装的减速顶滑动油缸有无磕伤，壳体有无裂损，型号档次是否正确，在确认无异常后，再进行安装。

10. 卸下减速顶双头螺栓上的螺母，将减速顶的双头螺栓装进安装孔内，装上止动垫、弹簧垫圈或其他防松垫片，在双头螺栓的前两扣螺纹上涂少量润滑脂，用电动扳手、风动扳手或棘轮扳手将螺母拧紧，再用定扭矩扳手将螺母紧固到规定的扭矩。注意应轮番对两个螺母进行紧固，以达到最佳的效果。

11. 在曲线段安装有防脱线功能的减速顶时，应按照设计要求在壳体与钢轨轨腰之间加调整垫片进行调整，以保证壳体的翅状挡块既能起到防脱线的作用，又不至因车辆在曲线上的蛇行运动被刮碰，造成不必要的磨损或损坏。

12. 减速顶安装后，应检查滑动油缸在壳体内是否滑动自如，如发生滑动油缸卡在壳体内不能自动复位，或油缸帽头卡在钢轨上的现象，应及时处理或更换。

13. 用高度尺测量减速顶的安装高度（滑动油缸帽头最高点到钢轨面中心的距离），并通过增加或减少调整垫的方法对安装高度进行调整，使之符合产品相关技术文件和系统设计的要求。

14. 安装后的减速顶，一般经 2～3 天运营后，再用定扭矩扳手全面紧固一遍。

15. 在全部安装和调试工作结束后，施工部门应与运输部门共同办理该股道的开通手续，然后用调车机车进入安装减速顶的区段进行压道。在确认一切正常后，该股道的减速顶调速系统方可正式投入使用。

（三）安装与调试的技术要求

1. 由于内、外侧减速顶的受力方向不同，为提高减速顶对车辆做制动功时的安全性，安装内侧减速顶时应尽可能双侧对称布置，安装外侧减速顶时尽可能单侧布置，具体安装的数量、密度和位置应符合系统设计的要求。

2. 在道岔的绝缘保护区段内、钢轨接缝处及其相邻两侧的第一个轨枕空内应尽可能不安装减速顶。

3. 在钢轨上钻孔时应保持两孔中心线水平。减速顶两孔的中心距及钻孔高度应符合产品相关技术文件的规定。

4. 应尽量将减速顶安装在轨枕空的前部（即钢轨爬行的相反方向），并应尽可能避开在轨腰上的凸字标记上装减速顶。

5. 若必须在一个轨枕空内同一侧布置两台减速顶时，应保证两个减速顶的中心距符合规定的技术要求，以确保相邻两个减速顶不会同时对同一车轮做制动功。

6. 减速顶安装后不应与轨枕、防爬设备等接触，壳体底部与道砟的间隙应大于 15 mm。

7. 安装后的减速顶滑动油缸帽头边缘与钢轨轨头侧面的间隙，直线段内侧安装时应为 2～8 mm，外侧安装时应为 1～4 mm；曲线段应按照系统设计的要求适当加宽。

8. 减速顶安装在钢轨上，双头螺栓的紧固力矩应符合产品相关技术文件的规定。

9. 减速顶的安装高度应符合产品相关技术文件的规定。

10. 将减速顶滑动油缸压至最低点，滑动油缸在壳体内应能滑动自如，油缸的回程时间应符合产品相关技术文件的规定。

11. 曲线段应尽可能不安装外侧减速顶。

三、可控减速顶的安装与调试

图 8-6 是 TDJK－103、103C 型可控减速顶的安装图。除卡式可控顶之外，其他各种可控减速顶的安装图基本相同，只是安装尺寸有所不同。

（一）可控顶安装与调试的作业过程

1. 施工前首先应确认安装可控减速顶的线路是否已达到系统设计的要求，特别是可控减速顶区段的线路和轨距拉杆是否已设有绝缘保护。

2. 按照系统设计的布顶方案，确定可控减速顶的钻孔位置和数量，并在钢轨上做出标记。

3. 可控减速顶电缆连接线的现场测量与制作。为保证施工进度，此项工作可与钢轨钻孔工作同时进行。由于系统设计中只能给出各股道和各区段的布顶数量，并不能精确给出每个可控减速顶的具体位置，因此，可控减速顶的电缆连接线必须在现场进行实际测量和制作。在对每股道可控减速顶

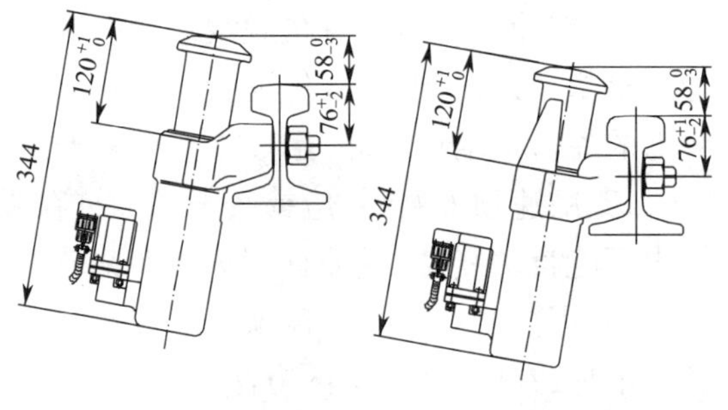

(a) TDJK－103 型可控顶　　(b) TDJK－103C 型可控顶

图 8-6　TDJK—103、103C 型可控减速顶安装图（单位：mm）

的具体位置进行测量之后，在电缆线上作出对应的标记，在标记处将可控减速顶的电控阀接线头与主电缆相连接并做好绝缘保护。

4. 可控顶的减速顶部分安装和调试与上述普通减速顶基本相同，其不同之处是：在可控减速顶装入钢轨时，应在壳体双头螺栓与钢轨之间装入电缆卡片。

5. 在减速顶部分安装、调试完成后，将电控阀运到现场，卸下可控减速顶壳体上的保护垫，将电控阀安装在壳体上。

6. 安装电动锁闭顶时，应先将电控阀预紧至可微动状态，然后将滑动油缸压下至锁闭状态，使滑动油缸锁闭槽的下端面与锁舌保持面接触，再拧紧螺栓，将电控阀真正紧固。

7. 将制作好的电缆连接线一端通过保护管接到线路间的电缆盒中，然后按顺序将电缆线固定到该区段每个可控减速顶的电缆卡片上。

8. 将电缆连接线上的接线头分别紧固在每个可控减速顶的电控阀上。

9. 对安装好的可控顶进行系统调试。具体方法是：用手动方式对可控顶分段送电或断电，检查每个可控顶是否工作正常。如发现异常，应及时处理或更换。

(二)可控减速顶安装与调试的技术要求

可控减速顶的安装与调试除应满足普通减速顶安装、调试的技术要求之外，还应满足以下技术要求：

1. 对真空吸下式可控减速顶，应确保电控阀与减速顶壳体之间的密封。

2. 应确保可控减速顶电缆连接线、接线头与电控阀的连接处的绝缘符合控制系统设计规定的要求。

3. 对安装一般电控阀的真空吸下式可控顶送电或断电，对安装双稳态电控阀的真空吸下式可控顶送正电或负电。TDJK—103 等系列的可控顶在断电时应处于立起状态，滑动油缸应能在壳体内滑动自如，通电后将滑动油缸压到最低点，滑动油缸应能被吸在壳体内并始终处于吸下状态；TDJK—203 等系列可控顶在通、断电时的状态应与 TDJK—103 等系列可控顶正好相反。

4. 电动、风动锁闭式可控顶在断电时，将滑动油缸压到最低点，滑动油缸应能被锁闭在壳体内并始终保持锁闭状态。送电后再压下滑动油缸，锁闭顶应解锁并始终处于立起状态，滑动油缸应能在壳体内滑动自如。

四、单向减速顶的安装与调试

由于单向减速顶仅对溜放车辆单方向工作，右侧单向顶的工作方向为油缸帽头顺时针旋转，锁闭方向为逆时针旋转；左侧单向顶则与其相反。因此，单向顶在安装、调试时，除应符合普通顶安装、调试的所有作业过程和技术要求外，还必须特别注意单向顶安装的方向性要求。

单向顶在线路上安装时，当背对驼峰，面向车辆溜放方向时，右手一侧应安装右侧单向减速顶，左手一侧应安装左侧单向减速顶。在现场安装时两种单向顶绝对不能装错位置。

单向顶安装后，应对每一台单向顶进行方向性检查：首先，用脚将滑动油缸踩下的同时使帽头向工作方向旋转，滑动油缸在壳体内应能滑动自如，且回程时间满足对车辆做功的要求；然后，再用脚将滑动油缸踩下并向锁闭方向旋转，滑动油缸应处于锁闭状态，并以十分缓慢的速度回升至最高点，此时的回程时间应大于 20 s 或符合产品相关技术文件的规定。当调车机车进入安装单向减速顶的区段进行压道时，应认真观察线路上安装的所有单向减速顶是否符合单向减速顶的技术特征并满足使用要求。在确认一切正常后，方可正式投入使用。

五、双临界速度减速顶的安装与调试

双临界速度减速顶的安装与调试应符合普通减速顶安装、调试的所有作业过程和技术要求。除此之外，还必须做好以下工作：

1. 双临界速度减速顶一般只在线路连挂区的中、后部安装，应特别注意不能将双临界速度减速顶与同股道的普通减速顶混装。

2. 认真了解系统设计中对双临界速度减速顶有无分段安装的要求，双临界速度减速顶第二临界速度有无分档。如有，则必须按照系统设计的要求，将第二临界速度低的双临减速顶安装在线路的最后区段，将第二临界速度高的双临界减速顶安装在线路相对靠前的区段。

3. 对已完成安装、调试的双临界速度减速顶还必须进行系统试验。首先，用调车机车或车辆以系统设计规定的工作速度通过双临界速度减速顶，所有双临界减速顶应能正常工作，双临界减速顶的回程时间应使对车辆同一转向架的前后两个车轮正常做功而不损失做功轮次。其次，再用调车机车牵引车辆以高于双临界减速顶第二临界速度的速度通过，双临界速度减速顶应处于锁闭状态而基本不对机车车辆做制动功。如其中的双临界减速顶未能达到上述要求，应及时进行处理或更换。

六、卡式减速顶的安装与调试

如图 8-7 所示，卡式减速顶与上述各类减速顶安装的最大不同在于它不用在钢轨上钻孔。安装时，只需将卡式减速顶的双头螺母、夹块以及弹簧垫、平垫圈等从双头螺栓上卸下，将卡式减速顶的壳体装入钢轨轨底的一侧，再将夹块卡在钢轨轨底的另一侧并套在壳体的双头螺栓上，然后依次将平垫圈、弹簧垫以及双头螺母装在双头螺栓上并紧固，其紧固力矩和安装高度应符合产品相关技术文件的规定。除不需要在钢轨上钻孔之外，卡式减速顶的各项安装与调试均应符合普通减速顶安装调试的有关要求。

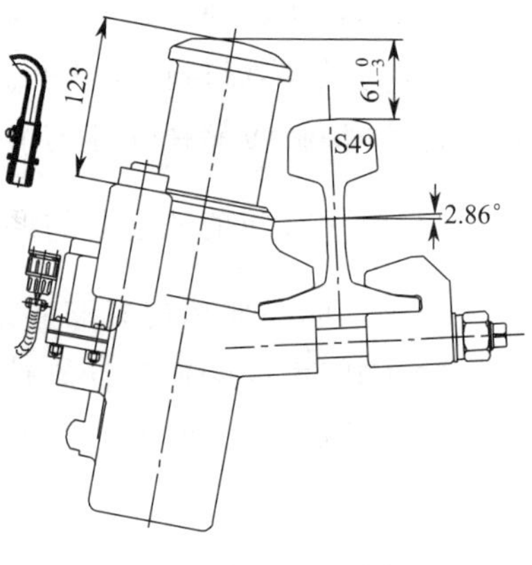

图 8-7　TDJK－208A 型高负荷卡式可控顶安装图(单位：mm)

七、减速顶安装的主要技术指标

1. 每台减速顶两个安装孔的中心距

根据相关的技术要求，每台减速顶两个安装孔的中心距如下：

(1) TDJ 型减速顶：(90±1)mm。

(2)TDW 型减速顶：

①上海调速中心产品：(90±0.5)mm，(96±0.5)mm；

②沈阳局科研所产品：(90±1)mm。

2. 安装在钢轨同一侧的相邻两减速顶的中心距

在钢轨同一侧相邻两减速顶的中心距的技术指标如表 8-1 所示。这项技术指标直接影响到运输安全，如果钢轨同一侧两个减速顶的中心距小于表 8-1 中的规定，就会造成两个减速顶同时对同一车轮做制动功，且每个减速顶对车辆做制动功时的垂直反力都接近最轻车的轮重，很容易造成轻车脱轨。当然，该中心距也不宜超过规定的中心距过大，这样容易使顶距离轨枕过近，不便于安装和维修。

表 8-1　钢轨同一侧相邻两减速顶的中心距

类　　别	中心距(mm)
TDJ－204 型减速顶(含安装高度在 52 mm 以下的减速顶)	>260
高负荷内侧顶	>290
其他内侧顶	>280
外侧顶	>300

3. 减速顶的钻孔高度

(1)TDJ 型减速顶在直线段的钻孔高度

TDJ 型减速顶在直线段的钻孔高度(设计值)见表 8-2～表 8-4。

表 8-2　TDJ 普通型、慢回程、防脱线、防风雪型减速顶的直线段钻孔高度

类　　别	型　　号	钻孔高度(mm)
内侧减速顶	TDJ－302(M、C、P)、TDJ－303、TDJ－402(M、C、P)	72^{+1}_{-2}
	TDJ－204、TDJ－2000、TDJ－2006	74^{+1}_{-2}
	TDJ－302－6、TDJ－402－6、TDJ－403(－1)、TDJ－801U(UE)、TDJ－2000U、TDJ－2006U	80^{+1}_{-2}
	TDJ－402R	90^{+1}_{-2}
外侧减速顶	TDJ－303B、TDJ－402B	72^{+1}_{-2}

表 8-3　TDJK 型可控减速顶的直线段钻孔高度

类　　别	型　　号	钻孔高度(mm)
可控减速顶	TDJK－108、208 (C、P、E)、TDJK－106(C、P)	74^{+1}_{-2}
	TDJK－103、203 (C、P)、TDJK－104、204 (C、P)、TDJ－DS203(A)	76^{+1}_{-2}
	TDJK－103－6、203－6、TDJK－108U、208U(UE)、TDJK－106U(UC)、TDJDS－106U(UC)	80^{+1}_{-2}

表 8-4　TDJ 型单向减速顶和双临界速度减速顶的直线段钻孔高度

类　别	型　号	钻孔高度(mm)
单向减速顶 双临界速度减速顶	TDJD－302、TDJD－402(M)、 TDJ－402BDM、TDJGS－601	72^{+1}_{-2}

注:(1)括弧内的数字或字母均代表是该型号中的一种产品,且字母之间还可以组合形成另一种具有组合功能的产品。

(2)M—表示该产品具有慢回程功能。

(3)C—表示该产品采用了防脱线壳体,对称安装时具有防脱线功能。

(4)P—表示该产品采用了防风雪壳体,具有防雨雪、冻害功能。

(5)E—表示该产品的壳体设有外部储油装置。

(6)U、R—表示该产品为出口减速顶。

示例:

(1)TDJ－302 为普通减速顶。

(2)TDJ－302C 为具有防脱线功能的减速顶。

(3)TDJ－302P 为具有防雨雪、冻害功能的减速顶。

(4)TDJ－302CP 为同时具有防脱线和防雨雪、冻害功能的减速顶。

(5)TDJ－402R 为出口国外的平板阀减速顶。

(6)TDJ－801UE 为出口国外的有外部储油装置的高负荷减速顶。

(2)TDJ 型减速顶在曲线段的钻孔高度

TDJ 型减速顶在曲线上钻孔时,除应考虑钢轨斜垫板对钻孔高度的影响外,还应重点考虑溜放车辆在曲线上行走的离心力作用及蛇形运动的影响。因此,在直线段钻孔高度的基础上,应将曲线内股和 S 弯处的钻孔高度增加 4 mm(参考值),曲线外股的钻孔高度减少 2 mm(参考值)。

(3)关于 TDJ 型减速顶钻孔高度的几点说明

①表 8-2～表 8-4 所标注的是 TDJ 型减速顶安装在直线段且无钢轨斜垫板情况下的钻孔高度。

②如在装有 1∶40 钢轨斜垫板或在混凝土轨枕上安装时,考虑到钢轨倾斜对减速顶安装高度的影响,应将内侧减速顶钻孔高度减去 2 mm(参考值),外侧减速顶钻孔高度增加 3 mm(参考值)。

③为提高真空吸下式可控减速顶的吸下效果,在设计和使用中,允许滑动油缸被车轮压至最低点时与下端的弹性充填垫接触并使其适当变形。所以,实际钻孔时,真空吸下式可控减速顶的钻孔高度可在表 8-2～表 8-4 给出的参数基础上适当减小。

④在施工过程中,由于钢轨的磨耗程度不同,以及受钢轨上是否安装了斜垫板、两根钢轨水平高差等的影响,实际的钻孔高度需要在现场进行试钻后确定。确定钻孔高度的原则是:尽可能减少在安装后对减速顶的高度再进行调整,并保证减速顶的安装高度能达到设计规定的最大值。

4. TDJ 型减速顶双头螺栓的紧固力矩

TDJ 型减速顶双头螺栓的紧固力矩见表 8-5～表 8-7。

表 8-5　TDJ 普通型、卡式顶、慢回程、防脱线、防风雪型减速顶的紧固力矩

类　别	型　号	紧固力矩 N·m(kgf·m)
内侧减速顶	TDJ—303、TDJ—402(M、C、P)	637～735(65～75)
	TDJ—204	686～735(70～75)
	TDJ—402—6、TDJ—302(M、C、P)、TDJ—402C、各种卡式顶	686～785(70～80)
	TDJ—302—6	735～835(75～85)
	TDJ—2000、TDJ—2006	882～930(90～95)
	TDJ—403(—1)、TDJ—402R 、TDJ—801U(UE)、TDJ—2000U、TDJ—2006U	980～1 030(100～105)
外侧减速顶	TDJ—303B、TDJ—402B	637～735(65～75)

表 8-6　TDJK 型可控减速顶的紧固力矩

类　别	型　号	紧固力矩 N·m (kgf·m)
可控减速顶	TDJKDS—208A(C、P)	490～588(50～60)
	TDJK—103、203 (C、P)、TDJK—104、204 (C、P)	637～735(65～75)
	TDJDS—203(A)、TDJK—103—6、203—6	686～784(70～80)
	TDJK—103P—6、203P—6	735～835(75～85)
	TDJK—108、208(C、P、E) TDJK—106(C、P)	882～931(90～95)
	TDJK—108U、208U(UE)、TDJK—106U(UC)、TDJDS—106U(UC)	980～1 030(100～105)

表 8-7　TDJ 型单向减速顶和双临界速度减速顶的紧固力矩

类　别	型　号	紧固力矩 N·m (kgf·m)
单向减速顶 双临界速度顶	TDJD—402(M)、TDJ—402BDM	637～735(65～75)
	TDJD—302、TDJGS—601	686～785(70～80)

5. TDJ 型减速顶在直线段的安装高度

TDJ 型减速顶在直线段的安装高度见表 8-8～表 8-10。

表 8-8　TDJ 普通型、慢回程、防脱线、防风雪型减速顶的直线段安装高度

类　别	型　号	安装高度(mm)
内侧减速顶	TDJ—204	49_{-2}^{0}
	TDJ—303、TDJ—402(M、C、P)、TDJ—402—6、TDJ—402R	58_{-3}^{0}
内侧减速顶	TDJ—403—1	60_{-3}^{+2}
	TDJ—302(M、C、P)、TDJ—302—6、TDJ—402C、TDJ—801U(UE)、TDJ—2000、TDJ—2000U、TDJ—2006、TDJ—2006U	61_{-3}^{0}
外侧减速顶	TDJ—303B、TDJ—402B	75_{-2}^{+1}

表 8-9　TDJK 型可控减速顶的直线段安装高度

类　　别	型　　号	安装高度(mm)
可控减速顶	TDJK－103、203(C、CP) TDJK－104、204(C、CP)、TDJDS－203(A)	58_{-3}^{0}
	TDJK－103－6、203－6、TDJK－108、208(P、C、E)、TDJK－106(C、P)、TDJK－106U(UC)、TDJK－108U(UE)、TDJDS－106U(UC)、TDJDS－208A(C、P)	61_{-3}^{0}

注:对于 K103、K104 系列可控减速顶,为保证真空吸下效果,允许滑动油缸将充填垫压变形,并将钻孔高度减去 4 mm(参考值),因此安装高度可调整为 60_{-2}^{0} mm。

表 8-10　TDJD 型单向减速顶和双临界速度减速顶的直线段安装高度

类　　别	型　　号	安装高度(mm)
单向减速顶	TDJD－302、TDJD－402(M)、TDJGS－601	58_{-3}^{0}
双临界速度减速顶	TDJ－402BDM	75_{-2}^{+1}

6. TDJ 型内侧减速顶在曲线段的安装高度

TDJ 型内侧顶在曲线段的安装高度见表 8-11。

表 8-11　TDJ 型内侧减速顶在曲线段的安装高度

类　　别	安装高度(mm)	
	曲线内股及 S 弯	曲线外股
具有蘑菇形帽头的可分档的内侧减速顶:包括普通减速顶、高负荷减速顶、可控减速顶、单向减速顶、卡式减速顶、出口减速顶等	54_{-2}^{0}	62_{-2}^{0}

注:曲线部分安装高度为参考值,施工前应由系统设计部门根据现场曲线半径的大小具体确定曲线内外股的安装高度。对不符合要求的,应使用调整垫进行调整。

八、加速顶的安装与调试

(一)加速顶的安装

TDJ 型加速顶安装在钢轨的内侧,通过两根双头螺栓紧固在钢轨上。它的安装、调试作业过程与普通减速顶基本相同,加速顶可安装于线路的直线段或曲线段。在直线段双侧布顶时,线路水平要求按《技规》执行;单侧布顶时,安装加速顶一侧应比另一侧水平超高 5～8 mm。在曲线段安装加速顶时,也应根据线路的实际情况,按照系统设计的要求并通过现场试钻孔和试装后,确定钻孔高度和安装高度。在钢轨接缝处及其相邻的两轨枕空内一般不安装加速顶。安装后的加速顶缸体、阀体底部与道砟之间应保持15 mm间隙。由于加速顶体积较大,安装时如遇轨枕间距较小时,可适当调整间距或更换安装位置。

加速顶安装时还需要注意以下几点:

1. $TDJ_{(+)}$－101、102 型加速顶分左侧加速顶和右侧加速顶,因此安装时应分清方向,不可装反。

2. 加速顶的安装高度不可调整，因此应严格按照技术要求进行钻孔，以确保加速顶的安装高度达到设计要求，使其对车辆所做的加速功饱满。

3. 加速顶安装后，还需要与供风管路连接。在安装加速顶连接软管时，应先取下阀体进气孔上的防尘堵，再将软管接头拧在进气孔接头上。注意未装连接软管时不得取下防尘堵，以免尘埃和各种杂物从进气孔进入加速顶。

（二）加速顶安装的主要技术指标

TDJ 型加速顶安装的主要技术指标：

1. 螺栓孔中心距：　(90±1)mm

2. 螺栓孔直径：　ϕ29 mm

3. 钻孔高度（孔中心线距轨面高度）：

(1) $TDJ_{(+)}$—101、102 型加速顶：　(72±1)mm

(2) $TDJ_{(+)}$—202 型加速顶　(74±1)mm

4. 双头螺栓的紧固力矩：　(637～735)N·m 或(65 ～75)kgf·m

5. 安装高度（直线段）：

(1) $TDJ_{(+)}$—101、102 型加速顶：　(60±2)mm

(2) $TDJ_{(+)}$—202 型加速顶　62^{+1}_{-2} mm

第三节　停车防溜设备的安装与调试

一、停车防溜器的安装与调试

安装停车防溜器的线路需要提前办理封锁业务，停车器安装完成后再办理开通手续。下面仅就 T·TK—92 型可控停车器和 DYT 型停车器的安装调试加以介绍。

（一）T·TK—92 型可控停车器的安装与调试

1. 安装托梁组件

(1)首先将支承臂和托梁解体，做好安装准备工作。

(2)根据停车器安装布置设计图纸和停车器总装图，确定制动支承臂的安装位置，并且在需要安装支承臂组件的线路基本轨上划线，确定各支承臂组件的安装位置。将划线的两轨枕间道砟挖空，将托梁从挖开的道砟处穿入基本轨底，利用轨卡将托梁固定在基本轨上，预紧螺栓。

(3)将支承臂安装在托梁上，并安装销轴和轴套，销轴的安装方向要保证开口销孔一端背离溜车方向，然后调整支承臂组件间的距离使之相等，使各组支承臂的间距为(1 340±3)mm，拧紧螺栓。

2. 安装制动轨

将各组支承臂上的螺栓孔尽可能调整成一条直线，抬上制动轨，用撬杠拨正螺栓孔，使制动轨与制动轨座上的螺栓孔对齐，从上向下放入螺栓，将螺母从制动轨座下面拧入螺栓，注意螺母要放在防松槽中。测量制动轨的上部尺寸（限界）和两根制动轨间的开口尺寸，如不符合设计图纸要求，应通过调整垫进行调整，直至符合图纸的技术要求为止，然后将连接制动轨与制动轨座的螺栓紧固好。

3. 安装液压控制系统和电气系统

(1)安装液压站

首先要固定好液压站基座：选好液压站在股道中间的安放位置，挖好坑，将液压站基座用石砟填埋、夯实、固定。基站的上端平面高度应使液压站固定后，其底面高于该站场的积水位(一般应与线路基本轨面持平)。固定好液压站基座后，将液压站用螺栓固定在液压站基座上。

(2)安装液压管路

油管在安装和使用前必须检查管内有无杂物，油管连接口要保持清洁并装好密封圈。将油管托板摆放好后，用三通、弯头依次将各个油缸、短油管、长油管、下部油管和线外油管连接好，并将线外油管由基本轨下穿过，将另一端连接到液压站输出接头，最后依次将各个接头螺母拧紧。油管连接紧固以后，上部罩上油管护罩，并使用"U"形螺栓将油管护罩与支承臂固定在一起。

(3)安装电路

依照电气控制系统的设计图纸将电机控制电路、行程开关电路连接完毕，所有电气线路连接好后应捆扎整齐，做好电器特性测试。同时，应绘制接线盒端子接线图存档备查。

4. 向油箱中注油。

打开储油箱的加油口，插入漏斗，通过过滤铜网，向已清洁好的油箱内加注合格的液压油。然后启动油泵电机，向液压油管路和油缸中泵油，打开低压表，观察停车器缓解时的压力。

5. T·TK—92 型可控停车器的调试

(1)缓解位、制动位的动作试验

T·TK—92 型可控停车器进行缓解、制动动作试验：可控停车器的动作试验需要地面人员与信号楼控制台操作人员通过对讲机配合进行。首先，控制停车器执行缓解动作，液压站向液压系统输入高压液压油并充入制动油缸内腔，使液压缸活塞杆向内移动压缩制动弹簧，使停车器的制动轨处于缓解位。缓解到位后行程开关触点被接通，经过延时后电机停止转动，液压系统保压使停车器处于缓解位。停车器缓解过程中系统压力不应超过 5 MPa。然后，控制停车器由缓解位转换到制动位，电机反转液压泵向缓解单向阀输出高压液压油，缓解单向阀打开，液压油路开通，在制动弹簧的作用力下，油缸活塞杆被拉出，直到制动弹簧恢复到制动状态。此时行程开关另一对触点被接通，经过延时电机停止转动，停车器处于制动位置。反复动作几次，使制动油缸内的空气完全排出。

经反复几次试验，停车器应位置准确、动作灵活。如缓解位和制动位制动轨两作用面间的距离未达到设计要求，则需要对液压系统压力和行程开关位置进行调整，二者的调整要相互配合、同时进行，最终必须满足技术要求的规定。

动作试验完成后，应使停车器处于防溜制动位。

(2)制动、缓解时间的试验

控制停车器制动、缓解，检测停车器的制动、缓解时间是否符合设计要求。如不符合，应采取措施进行调整。

(3)控制系统的调试

控制系统在控制停车器制动和缓解时，检查电机油泵启动、停止动作是否准确可靠，制动位、缓解位信号表示是否准确，所有控制命令的执行是否正确、快捷。

(二)DYT 型停车器的安装与调试

1. 安装托梁组件

(1)首先按设计要求的位置在需要安装托梁组件的线路基本轨上划线，确定各组托梁组件的安装位置。将划线的两轨枕间道砟挖空，将托梁从挖开的道砟处穿入基本轨底，将托梁组件挂在基本轨上，预紧螺栓，调整托梁两端露出基本轨的距离使之相等。

(2)每组托梁组件安放好后，应校正安装位置，将托梁之间的间距调整为(1 300±3)mm。

(3)在托梁和基本轨上安装防爬卡，与托梁端部靠平、拧紧。

2. 安装制动轨

将各组制动轨座上的螺栓孔尽可能调整成一条直线，抬上制动轨，用撬杠拨正螺栓孔，使制动轨与制动轨座上的螺栓孔对齐，从上向下放入螺栓，将螺母从制动轨座下面拧入螺栓，注意螺母要放在防松槽中。测量制动轨的上部尺寸(限界)，如超过规定的高度时，应在基本轨垫板与基本轨底之间加垫板，使基本轨适当抬高。调整好之后，再将制动轨与制动轨座的连接螺栓紧固好。

3. 安装液压控制系统和电气系统

(1)安装液压控制箱。

要制作基础：选好液压控制箱(简称液控箱)在股道中间的安放位置，按照液控箱的基础图挖好坑，再用砖、石、水泥砌一个平整、牢固的基础，其高度应使液控箱固定后，其底面高于该站场的积水位(一般应与线路基本轨面持平)。基础凝固后，将液控箱放上并垫平稳固。

(2)安装液压管路。

将 2 根金属主油管放在油管支架上并用管卡固定，将 2 根橡胶主胶管的一端通过直角弯头与液控箱相连接，将主胶管的另一端接头用塑料布包扎严密，由基本轨下的防护钢管中穿过，并与 2 根金属主油管相连。然后，再将分油管与各液压油缸相连接。油管在安装和使用前必须检查管内有无杂物，油管连接口要保持清洁。

(3)安装电器箱与相关电路。

根据液控箱的位置设计并安装好电器箱，依照电气控制图纸将所有电缆连接完毕，所有电气线路连接好后应捆扎整齐并做好电器特性测试。

4. 向储油箱和蓄能器中注油

打开储油箱的加油口，插入漏斗，通过过滤铜网，向箱内加注清洁合格的液压油。然后关闭总截止阀，将控制箱上的开关拨向自动位，启动油泵电机，向蓄能器中泵油，打开低压表，观察停机时的压力。

5. DYT 型停车器的调试

(1)制动位、缓解位的动作试验

采用手动控制对停车器进行动作试验：首先，打开总截止阀，手动控制电控阀换向，将液压油充入制动油缸的无杆腔，使停车器处于制动位。然后手动控制电控阀换向，将液压油充入制动油缸的有杆腔，使停车器处于缓解位。反复动作几次，使制动油缸内的空气完全排出。

经反复几次手动试验，停车器应位置准确、动作灵活、无卡滞现象。如伸缩臂制动、缓解动作有卡滞、不灵活现象，应查看并调整两边制动轨座与滑铁的前后间隙使其基本相等，拧紧托梁压铁螺栓。

最后使停车器处于防溜制动位，此时低压表的压力应在 2.6～3.2 MPa 之间。

(2)制动位、缓解位的尺寸调试

根据用户的要求和现场的实际工况，事先设定停车器在制动位和缓解位时制动轨两作用面间的距离，该指标直接影响停车器的制动能力。检测停车器在制动位和缓解位时两制动轨作用面间距离及上部尺寸(限界)，如不符合设定的要求应重新采取加垫等措施进行调整。

(3)制动、缓解时间的试验

检测停车器的制动、缓解时间应符合设计要求，如不符合，应采取措施进行调整。

(4)控制系统的调试

将控制箱上的开关拨到自动位，检查电机油泵自动启、停动作是否准确可靠，制动位、缓解位以及故障的信号表示是否准确，检查控制命令的执行是否正确、快捷。

二、停车顶的安装与调试

图 8-8 是 TDJT—101、102A 型停车顶的安装图。其他各种停车顶的安装图基本相同，只是安装尺寸有所不同。

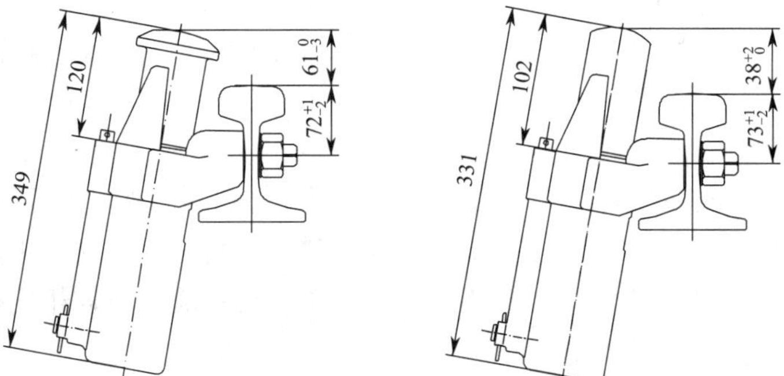

(a)TDJT—101 型停车顶　　(b)TDJT—102A 型停车顶

图 8-8　TDJT—101、102A 型停车顶安装图(单位：mm)

(一)安装与调试的技术要求

停车顶安装、调试的作业过程和技术要求与普通减速顶基本相同，除此之外还应重点做好以下几点：

1. 由于停车顶全部采用防脱线壳体，停车顶必须在股道的两根钢轨上对称安装，这样才能真正起到对车辆护轮和防脱线的作用。

2. 为最大限度地提高停车顶对溜放车辆的停车和防溜效果，停车顶在安装时应采取分段集中布置的方法。在系统设计时，应综合考虑现场各种类型车辆的轴距，将停车顶分段设计成若干小群，使尽可能多的停车顶同时对溜放车辆起减速制动和止轮防溜作用。

3.在曲线上安装停车顶时，应充分考虑到车辆蛇形运动可能对防脱线壳体造成的刮碰。根据线路曲线半径的大小、轨距大小和钢轨的磨耗程度不同，曲线段钢轨内侧安装的停车顶应在壳体与钢轨之间加装不同厚度的垫片，以确保防脱线壳体不被刮碰。

对于 TDW 型停车顶给出以下参考值：轨距为 1 440～1 443 mm 时，应加 3 mm 垫片；轨距为 1 443.5～1 446 mm 时，加 6 mm 垫片；轨距为 1 446.5～1 450 mm 时，加9 mm 垫片。如外侧钢轨磨损程度严重，还可适量增加垫片厚度。

4.如果装顶位置处于曲线且外侧钢轨磨损特别严重的，可以适当调整装顶位置，以避开钢轨磨损严重的部位。

5.为提高尾部停车防溜的安全可靠性，应根据系统设计的要求，在编尾警冲标之前合适的位置安装一个停车顶小顶群(俗称“把门顶”)。

6.由于停车顶不能人工压下，因此安装完毕后，应用调车机低速进入安装停车顶的区段进行压道，检查停车顶是否能工作正常。如发现滑动油缸卡在壳体内不能自动复位的，应及时处理或更换。

(二)安装与调试的主要技术指标

1.每台停车顶两个安装孔的中心距

根据相关的技术要求，每台停车顶两个安装孔的中心距如下：

(1)TDJT 型停车顶：　　(90±1)mm

(2)TDW 型停车顶：　　(90±0.5)mm

2.安装在钢轨同一侧相邻两停车顶的中心距(表 8-12)

表 8-12　钢轨同一侧相邻两停车顶的中心距

类　别	型　号	中心距(mm)
停车顶	TDJT－102A(－6)、TDJGST－202(－6)	>260
	TDJT－101(－6)、TDJT－203(－3)、TDJGST－201	>280
	TDJT2000、TDJT－2000(U)	>290

3.TDJT 型停车顶的钻孔高度

(1)TDJT 型停车顶在直线段的钻孔高度(表 8-13)

表 8-13　TDJT 型停车顶在直线段的钻孔高度

类　别	型　号	钻孔高度(mm)
停车顶	TDJT－101、TDJGST－201	72^{+1}_{-2}
停车顶	TDJT－102A、TDJGST－202	73^{+1}_{-2}
	TDJT－2000、TDJGST－301	74^{+1}_{-2}
	TDJT－101－6、TDJT－102A－6、TDJT－203(－3)、TDJT－2000U、TDJGST－202－6	80^{+1}_{-2}

(2)TDJT 型停车顶在曲线段的钻孔高度

当 TDJT 型停车顶在曲线上安装时,由于股道尾部的曲线半径一般较大,因此停车顶在尾部曲线段钻孔的调整量要比减速顶小,应将曲线内股和 S 弯处的钻孔高度比直线段增加 2～4 mm(参考值),曲线外股的钻孔高度减少 1～2 mm(参考值)。

(3)关于 TDJT 型停车顶的钻孔高度的说明

表 8-13 是 TDJT 型停车顶安装在直线段且无钢轨斜垫板情况下的钻孔高度(设计值),在实际钻孔时,应考虑钢轨磨耗、钢轨斜垫板、两根钢轨的水平高差以及在混凝土轨枕上安装的影响,应参考减速顶钻孔的有关说明,并根据现场的线路和钢轨实际状况先进行试钻和试装,然后确定最佳的钻孔高度。

4. TDJT 型停车顶双头螺栓的紧固力矩(表 8-14)

表 8-14　TDJT 型停车顶双头螺栓的紧固力矩

类　　别	型　　号	紧固力矩 N·m (kgf·m)
停车顶	TDJT－102Q	450～550(46～56)
	TDJT－101、TDJT－102A、TDJGST－201、TDJGST－202、TDJGST－301	700～800(71～81)
	TDJT－101－6、TDJT－102A－6、TDJGST－202－6	750～850(76～86)
	TDJT－2000	882～931(90～95)
	TDJT－203(－3)、TDJT－2000U、TDJT－101－6(出口)	990～1 050(101～107)

5. TDJT 型停车顶的安装高度

(1)TDJT 型停车顶在直线段的安装高度(表 8-15)

表 8-15　TDJT 型停车顶在直线段的安装高度

类　　别	型　　号	安装高度(mm)
停车顶	TDJT－102A、TDJGST－202	38^{+2}_{0}
停车顶	TDJGST－202－6 、TDJT－102A－6、TDJT－102Q	40^{0}_{-2}
	TDJGST－201、TDJGST－301、TDJT－101－6	58^{0}_{-3}
	TDJT－101、TDJGST－201、TDJT－101－6、TDJT－2000、TDJT－2000U	61^{0}_{-3}
	TDJT203(－3)	62^{+2}_{-3}

(2)TDJT 型停车顶在曲线段的安装高度

TDJT 型停车顶在曲线段钢轨内、外股的安装高度应在直线段的基础上加以调整。施工前由系统设计部门根据现场曲线半径的大小和线路的状况确定调整值,对不符合要求的,应使用调整垫进行调整。

6. 对停车顶保压性能的要求

TDJT 型停车顶安装、调试后,人工压下滑动油缸,并维持 2～3 min,滑动油缸下滑行程应不大于 8 mm。

第九章　减速顶调速系统的维护与管理

第一节　概　　述

一、减速顶调速设备维护管理的重要性

减速顶是一种在现场频繁使用的运输安全设备。减速顶调速系统是一个由许多减速顶构成的连续式调速系统，具有节省投资、施工维修简便、安全可靠性好等优点，广受欢迎。虽然每个减速顶是一个独立的工作单元，但最终的调速效果是依靠每股道减速顶群体的系统能力来实现的。因此，在维修工作中，人们往往存在一种误区，认为一股道有少量减速顶维修不好而失效，不会对系统产生多大的影响。在这种思想支配下，一部分站场的减速顶维修长期处于设备失修而“带病”工作的状态，致使调车作业的安全连挂率远远低于规定的标准，轻者造成车辆超速连挂和货物窜动，给运输安全带来很大的威胁；重者导致车辆破损或脱轨，造成更大的经济损失。同时，设备长期处于失修状态，必然会大大缩短减速顶的使用寿命，导致设备的提前报废。所以，必须加强现场减速顶调速设备和调速系统的运用、维护和管理，始终保持调速系统的良好状态，延长设备的使用寿命，充分发挥调速系统的功能和作用，提高运输生产效率，保证运输安全。

二、减速顶调速设备维修的基本要求

1. 减速顶调速设备的主管部门应对维修人员进行专业技术培训和安全教育，经考核合格后方可上岗。

2. 应根据站场使用的减速顶调速设备的类型和自身特点，制定各级管理人员和维修人员的岗位责任制。

3. 维修作业应严格遵守铁路部门各项安全规章制度和岗位责任制，现场维修时应设有安全防护人员，确保运输作业安全和人身安全。

4. 使用减速顶调速设备的各站场应备有一定数量的备用顶和零配件，溜放部分备用减速顶的数量不宜少于20%，其他部分不宜少于10%。备用减速顶和零配件的质量应符合铁道行业标准《铁道车辆减速顶》(TB/T 2460—2009)的有关要求。

5. 减速顶调速设备的维修应设专职或兼职技术人员进行管理。

6. 应建立减速顶调速设备管理台账和技术档案，及时有效地掌握设备的数量、技术状态、使用情况和零配件的库存情况，有条件的站场应实行减速顶调速设备维修的计算机管理。

7. 通过日常维修，减速顶调速设备及调速系统应处于正常、良好的工作状态。减速顶的失效率，同一进路溜放部分不应大于该区段布顶总数的1.5%，其他部分不应大于该区段布顶总数的3%，且不应有相邻两台减速顶同时失效。加速顶以及加、减速顶的失效率同减速顶。

8. 大修后的减速顶调速设备应能满足现场的使用要求。

第二节 减速顶维修场所和人员配置

一、减速顶维修场所的基本要求

1. 减速顶的维修场所应设有维修工作间、备品库和更衣、休息室，使用可控顶的站场还应设置电控维修间，对有夜间值班要求的站场应设置值班室，有条件的站场还可以设置油品储存间和办公室。

2. 为便于减速顶的运输、维修和日常值班，应将维修场所设置在使用现场的附近。

3. 维修场所与站场以及外部应设有交通通道。场所内应设置供水、供电(照明和三相动力用电)、防火、通信等必要的设施。国家规定冬季有供暖要求的地区，还应具有供暖设施。

4. 新建的站场及维修作业量较大的站场，应考虑配备计算机设备和必要的运输工具。

5. 在工作间内应设置一套减速顶专用检修设备和专用工具，并配备与检修有关的通用设备、工具和量具。

二、减速顶维修场所的设置

图 9-1 是两种减速顶维修间的平面参考图，减速顶维修场所的设置应遵循以下原则：

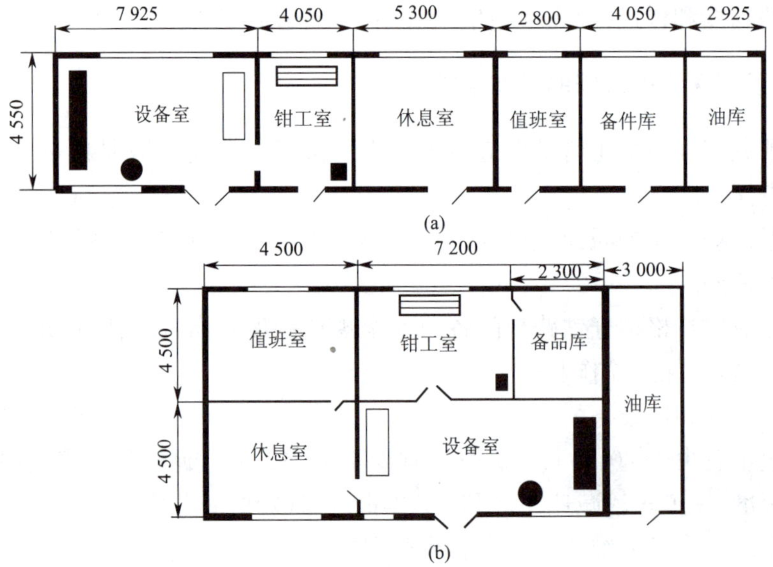

图 9-1 减速顶维修间平面参考图(单位：mm)

—综合试验台；—检修架；
—工作台；—砂轮机；—台式钻床。

1. 工作间的使用面积不宜小于 20 m^2，并应增加配备不小于 380 V(10 kW)三相交流电源。

2. 备品库的使用面积不宜小于 20 m^2，并应符合铁道行业标准《铁道车辆减速顶》(TB/T 2460—2009)中关于产品储存的有关规定。

3. 更衣、休息室(也可兼作办公室)的使用面积不宜小于 25 m^2。

4. 对需要夜间值班的站场，设置的值班室使用面积不宜小于 15 m^2。

5. 对使用可控顶的站场，设置的电控维修间使用面积不宜小于 15 m^2。

6. 新建的站场及有条件的站场，还宜设置不小于 15 m^2 的油品储存间，并配备必要的运输工具。

7. 使用减速顶数量超过 2 500 台的站场，维修场所中的工作间和备品库应适当加大。

三、减速顶维修人员的编制

维修人员的编制应按以下人均维修台数进行配备。在此范围内，使用部门可根据站场的作业量、气象、环境等工况条件具体确定。

1. 可控减速顶：200～400 台/人。

2. 其他减速顶：400～600 台/人。

3. 控制系统：2～4 人，其中应至少有 1 名专业技术人员。

第三节　减速顶维修设备与工具

一、减速顶专用维修设备

减速顶在日常使用中会产生一定的油气泄漏而造成顶的性能下降，根据铁道行业标准《铁道车辆减速顶运用、维修要求》(GB/T 2664—2009)的有关规定，需要对减速顶进行日常养护和维修，对油气泄漏较严重的油缸组合件则需要在室内通过一些专用维修设备来进行解体维修。减速顶专用维修设备主要有：单独的打压(调压)试验台、充氮试验台以及充氮、打压一体化试验台，拆装工作台，减速顶注油机，减速顶清洗机，减速顶油气压力检测仪，可控减速顶电控阀(气控阀)试验台，单向顶控制阀检修设备等。他们是对现场减速顶进行解体、清洗、注油、打压、充氮、组装等一系列工作所不可缺少的专用检修设备。下面仅就减速顶的打压、充氮专用维修设备加以介绍。

(一)哈中心 TDJ 型减速顶维修试验台

TDJ 型减速顶试验台是用于维修 TDJ 型减速顶油缸组合件的专用设备。早期使用的是功能单一的 TDJ 型减速顶打压台和 TDJ 型减速顶充氮台，他们分别负责完成对减速顶的压力阀压力检测、调整和充氮。其优点是体积较小，便于运输、安装；缺点是油箱体积较小，在南方等气温较高的地方以及连续维修量较大的场所，会造成油液温度过高，影响试验台的正常使用。

目前大量使用的都是打压、充氮一体化的 TDJ 型减速顶组合试验台，图 9-2 是它的外形图。打压、充氮一体化的 TDJ 型减速顶组合试验台能完成对油缸组合件的解体检查、压力检测调整、充氮和重新组装等综合性工作，具有结构紧凑、功能齐全、操作使用简单、工作稳定可靠、使用寿命长、安装及维修保养方便和节省能源等优点，适用于任何条件下的大维修工作量和流水作业。

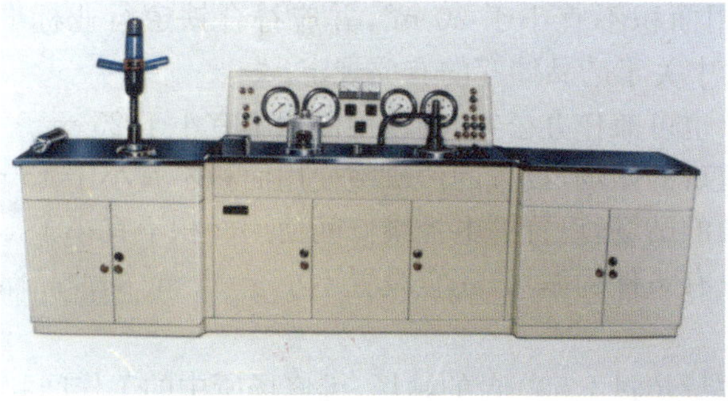

图 9-2　TDJ 型减速顶试验台外形图

1. TDJ 型减速顶试验台的基本结构

如图 9-3 所示，TDJ 型减速顶试验台由机体部分、液压系统、电气控制系统和充氮系统四大部分组成。机体部分由试验台台架、面板、电动机支座、电控阀支架等组成，是试验台的基础和支撑。液压动力系统由压力阀调压机组、充氮及夹具机组、4 块压力表、油箱以及液压控制和执行元件等组成。压力阀调压机组由电机（Y100L2—4）和轴向柱塞泵（10SCY14—1）驱动，充氮及夹具机组由电机（Y100L1—4）和变量叶片泵（VP—30—FA2）驱动。台面上由左至右设置了校对压力表、工作压力表、夹紧压顶压力表和充氮压力表，该系统为完成对油缸的夹紧、调压和充氮等功能提供动力来源。电气控制系统由电源开关、电压表、熔断器、启动及停止按钮、交流接触器、中间继电器、时间继电器、热继电器等电气元件组成。电气控制系统是试验台的控制指挥系统，通过对电器开关和按钮的操纵控制，可以操控液压动力系统实现对滑动油缸进行夹紧、压顶和松开等动作。充氮系统由氮气瓶、充氮胶管、充氮接头、氮气控制开关等组成，其主要功能是向油缸内充入一定压力的氮气。

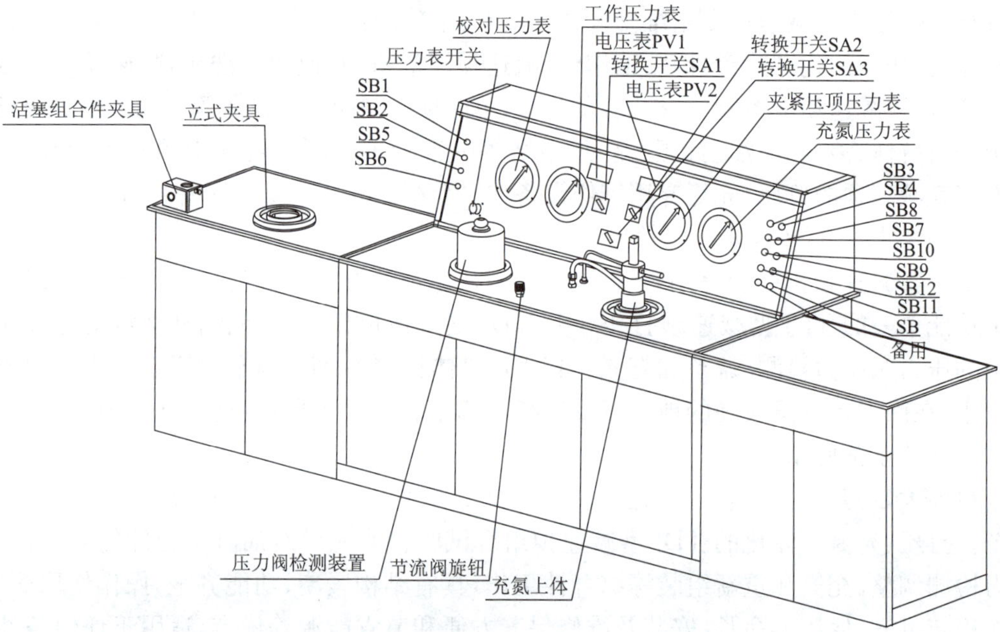

图 9-3　TDJ 型减速顶试验台结构示意图

2. TDJ 型减速顶试验台的工作原理

图 9-4 是 TDJ 型减速顶试验台液压系统工作原理图。其工作原理是：由操作人员对电器控制系统进行操作，通过控制电气系统的开关、按钮和继电器，使机械系统、液压系统和气动系统协同工作，实现对减速顶油缸组合件的各项试验。其主要功能如下：

(1)对减速顶活塞组合件的压力阀开启压力进行检查或重新标定。

(2)通过夹具对滑动油缸组合件实施夹紧和解体。

(3)完成对预装好的滑动油缸组合件的夹紧和压顶。

(4)向预装好的滑动油缸组合件的油缸内充入氮气。

(5)完成充氮后滑动油缸组合件的组装。

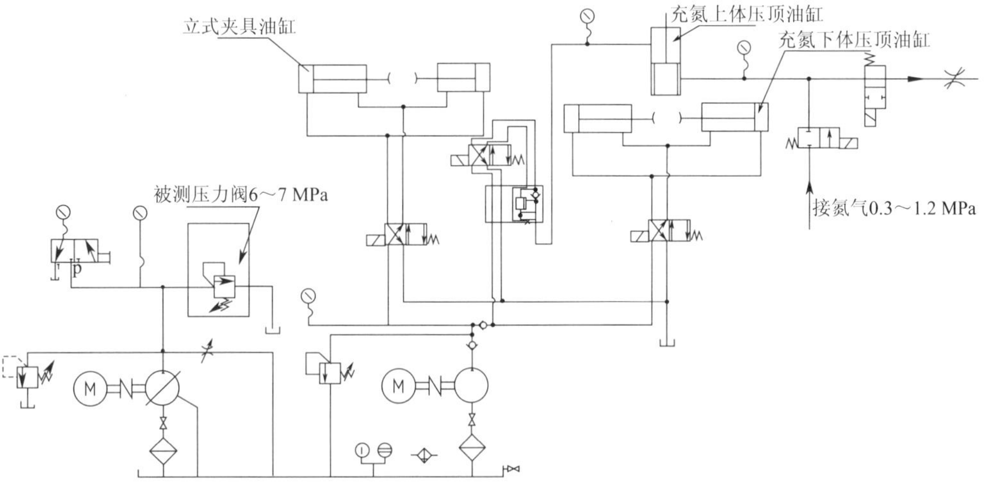

图 9-4　TDJ 型减速顶试验台液压系统工作原理图

3. TDJ 型减速顶试验台的主要技术指标

(1)压力阀调试机组：

①调试压力：　$P_n = 6.0 \sim 7.0$ MPa

②调试流量：　$Q_n = 10$ L/min

③最大额定压力：　$P_{max} = 8.0 \sim 9.0$ MPa

④最大额定流量：　$Q_{max} = 10$ L/min

⑤电动机功率：　3.0 kW

⑥电动机转速：　1 420 r/min

(2)充氮及夹具机组：

①充氮压力：　$P = 0.3 \sim 1.2$ MPa

②夹具压力：　$P_1 = 1.5 \sim 2.0$ MPa

③最大额定流量：　$Q_{max} = 25$ L/min

④电动机功率：　2.2 kW

⑤电动机转速：　1 400 r/min

(3)电气控制系统：

①额定电压：	三相 380/220 V(AV)，50 Hz
②电压波动范围：	±(5%～7%)
③总额定功率：	5.5 kW
(4)打压压力表量程：	0～10 MPa
(5)打压校对表量程：	0～10 MPa
(6)压顶压力表量程：	0～2.5 MPa
(7)充氮压力表量程：	0～1.6 MPa
(8)液压油型号：	LHV22 或 LHV32 低凝液压油
(9)环境温度：	室温
(10)外形尺寸：	3 268 mm×875 mm×1 190 mm
(11)质量：	800 kg
(12)使用寿命：	8 年

4. TDJ 型减速顶试验台的安装技术要求

(1)在试验台安装前，应将安装场地清扫干净，同时按设计要求配置好进户电源(三相四线制)的配电盘和照明以及供水、供暖(北方地区)等设施。

(2)安装时应注意保持设备台面水平一致，特别是主机放置应保持水平、稳固、可靠，不得只有三点落地和有摇动现象。

(3)油管路的安装和电气控制电路的接线都要准确对号接好，油管接头用煤油清洗并擦拭干净，油管内用压缩空气吹干净，防止脏物进入系统。螺纹连接部位安装时，应将螺纹对正再拧，拧紧力不宜太大，以免损伤零件，导致泄漏。

(4)油箱应在清洁后加注 LHV22 或 LHV32 低凝液压油，不得使用其他油液或两种油液混用。加注油量应达到油位指示器 2/3 时为止，油液内不得混有水、酸、碱等类物质。

(5)采用符合要求标准的电源线接在配电盘接线端上，按要求接好地线并检查接地电阻不应大于 10 Ω。合上配电盘上的开关，再打开控制板上的电源开关，点式启动油泵电机按钮，观察电机和油泵的转向是否正确。如果方向相反，则任意调换两根电源线的相位即可。

(6)把氮气瓶固定在试验台附近，装好压力调节器，接通氮气管路。

(7)在压力阀调压器的打压帽内装上活塞组合件并紧固，将油口封住。

(8)为保证电气元件和液压元件的正常工作，需保持电源电压稳定，电压波动值不应超过额定电压的±(5%～7%)。

(9)试验台安装完毕后，在检查系统各部位都满足要求的情况下，点式启动液压泵电动机，检查液压泵运转声音是否正常，各接头处有无泄漏。然后再点式按动其他各工作按钮，认真检查各油路、电路安装是否正确。在确认一切均正常之后，方可按下启动按钮，液压泵电动机连续空载运转 20～30 min 后，试验台即可正式投入使用。

(10)试验台附近不得有明火源。工作间内应有较好的照明条件，以便于试验台的操作及观察压力表读数。

5. TDJ 型减速顶试验台的使用方法

(1)合上总电源开关，接通试验台的电源。

(2)对滑动油缸进行解体:

将油缸组合件倒置于立式夹具内,按下电机启动按钮和夹紧按钮,将滑动油缸夹紧,取下止冲装置,打出弹性销,用密封盖专用扳手卸下密封盖,取出活塞组合件,按下停止按钮使夹具缓解,取出滑动油缸,再按下电机停止按钮关机。

(3)对压力阀开启压力进行检测和调试:

①将清洗、检修完毕的活塞组合件装入压力阀检测装置的打压帽内,罩上防护罩。

②按下电机起动按钮,慢慢调节节流阀,使系统压力升高,通过工作压力表检测压力阀开启压力是否符合规定的标准值。

③如开启压力不符,则需要调节节流阀,降低系统压力,再用调压钩扳手和锁帽扳手松开锁帽,用螺丝刀调整调压螺丝,将压力阀开启压力调整到规定的标准值后,拧紧锁帽。

④按照第②项的操作重新对开启压力复测一次,确认合格后,再按下电机停止按钮关机。

(4)向预装好的滑动油缸组合件内充氮。

①手动充氮。

a.将转换开关置于"0"位置,再把氮气压力调节器调至规定的压力值范围内。

b.将预装好的油缸组合件倒置于充氮下体内,通过升降螺丝调节充氮孔的高度,把充气上体套装在油缸组合件上,顺时针旋转30°,将充氮上体锁住。

c.按下电机起动按钮和夹紧按钮,将滑动油缸夹紧,再按下压顶按钮,把活塞杆组合件压下,最后按下充氮按钮充氮,同时拧动方孔扳手,将密封盖拧紧。

d.充氮结束后依次按下停止按钮,当氮气压力降至0.2～0.3MPa时,反时针旋转充氮上体,利用余气将充氮上体弹出。

e.取出油缸组合件,检查油缸组合件的充氮压力是否符合规定的要求,工作结束后按下电机停止按钮关机。

②自动充氮。

a.将转换开关置于"1"位置,把滑动油缸组合件倒置于充氮下体内,再套装好充氮上体。

b.依次按下电机启动按钮和夹紧按钮,按规定程序顺序进行夹紧、压顶、充氮工作。然后拧动方孔扳手,将密封盖拧紧。

c.充氮结束后只须按下停止按钮并逆时针旋转充氮上体,取出并检查油缸组合件的充氮压力是否符合规定的要求。工作结束后按下停止按钮关机。

6.TDJ型减速顶试验台的操作注意事项

(1)在使用前,应充分阅读TDJ型减速顶试验台的使用说明书,熟悉试验台各部位机构、按钮和开关的功能及作用,方可进行操作。

(2)在启动设备前,应检查所有运动机构及电控阀等是否处于原始状态;检查油箱油位是否符合要求,若发现油量不足时,不准启动油泵电机,要及时补充油液。

(3)经常保持试验台清洁,严格防止金属微粒、污物、棉纱头和纤维等杂物进入工作油液内造成污染,将工作油缸和液压元件拉伤和堵塞油管路,而造成液压元件失灵和系统故障。

(4)试验台在高温环境下连续工作时,应随时注意油液的温度,如果油温超过65℃时,要考虑适当停机散热。

(5)试验台的压力表,每使用半年要送计量单位校验一次,以保持压力表测量数据准确可靠。

(6)减速顶维修量每月在 200 台以上的单位,每年应至少更换一次油箱中的液压油。维修量每月在 200 台以下的单位,每两年应至少更换一次油箱中的液压油,并要用煤油清洗油箱和滤油器。

(7)试验台初始使用或放置较长时期(3 个月以上)重新使用时,特别是多雨潮湿季节,应对电气控制系统的绝缘程度进行检查后方能启动,并应空载运转 20～30 min。一般停机在半天以上,在开始工作时,也应空载运转 5～10 min。

(8)在空载运转时,应事先把活塞组合件装在压力阀检测装置的打压帽内将油路封住。

(9)为了保证操作人员的安全,试验台电气控制系统要做好接地保护。人工接地体不宜装设在工作间内,最好离开工作间的门及通往工作间的人行道 5 m,不得少于 2.5 m,以减少跨步电压。接地电阻应不大于 10 Ω。

(10)工作结束时,应切断总电源和关闭氮气瓶开关,并将试验台擦拭干净。

(11)对于液压系统,各元器件见图 9-4。系统中的连接管路多数为卡套式接头,规格分别为:

①卡套式端直通管接头 J12/M16X1.5(GB/T 3733.1—83)。

②卡套式端直通管接头 J14/M18X1.5(GB/T 3733.1—83)。

③卡套式铰接管接头 E12/M16X1.5(GB/T 3750.1—83)。

④卡套式铰接管接头 E14/M18X1.5(GB/T 3750.1—83)。其他一些接头可参看试验台的使用说明书或在现场进行实测。

(二)上海调速中心减速顶维修试验设备

1. ZDJ—Ⅰ型减速顶油缸充氮机

(1)ZDJ—Ⅰ型减速顶油缸充氮机的主要结构

ZDJ—Ⅰ型减速顶油缸充氮机是一种用于上海铁路站场调速技术中心有限公司生产的 TDW 系列减速顶油缸组合件进行充氮的专用设备。它具有结构新颖、使用操作方便,安全可靠等特点。采用 ZDJ—Ⅰ型减速顶油缸充氮机能很方便地对油缸组合件进行充氮。

如图 9-5 所示,ZDJ—Ⅰ型减速顶油缸充氮机主要由电器系统、液压系统、气动系统和机械系统四大部分组成。

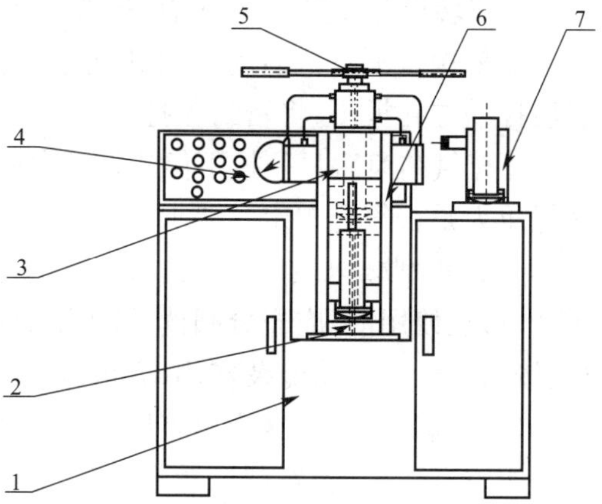

图 9-5　ZDJ—Ⅰ型减速顶油缸充氮机结构示意图

1—机架;2—液压顶升装置;3—充氮气室;4—电器、液压、气压仪表盘;5—旋转手柄;6—油缸组合件固定架;7—油缸体固定架。

(2)ZDJ—Ⅰ型减速顶油缸充氮机的工作原理

ZDJ—Ⅰ型减速顶油缸充氮机由操作人员对电器系统进行操作,电气系统控制机械系统、液压系统和气动系统协同工作,实现对减速顶油缸的半自动化充氮。图 9-6 是充氮机的液压系统工作原理图,图 9-7 是充氮机的气动系统工作原理图。

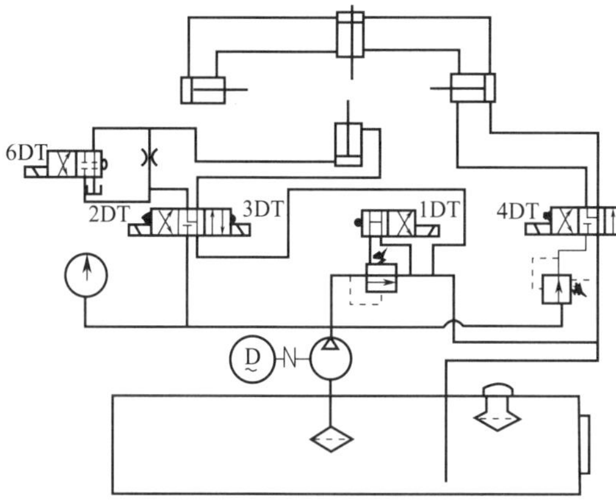

图 9-6　ZDJ—Ⅰ型充氮机液压系统原理图

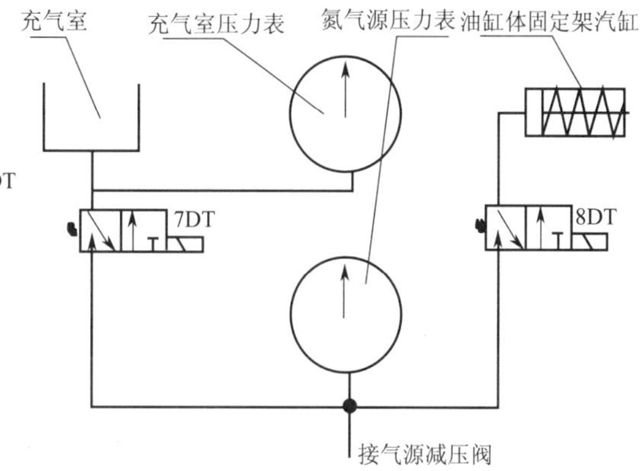

图 9-7　ZDJ—Ⅰ型充氮机气动系统原理图

(3)ZDJ—Ⅰ型减速顶油缸充氮机的安装和调试

①将 ZDJ—Ⅰ型减速顶油缸充氮机运至预先选定的安装位置,并用调整垫片将机架垫平。

②在充氮机安装位置 3 m 之内的墙上安设电源箱,箱内应设置带有三相开关的 50 Hz、380 V/16 A 的交流电插座。

③准备一个充满氮气并带有减压阀的氮气瓶,将其运至充氮机附近并固定位置。

④准备液压油约 30 kg。

⑤将充氮机的前面两扇门和后面三扇门全部打开。

⑥向液压油箱内注油:在左前门内的电动机旁有一个绿色的球形盖(空气滤清器),盖下有一个方形箱体是液压系统的油箱,油箱正侧面设有一个液位液温计(带温度计的油标)。逆时针方向打开绿色球形盖,向露出的注油孔内注入液压油,同时观察液位液温计上的玻璃柱,待玻璃柱内的油液面升至上限时,停止加油,顺时针方向拧紧绿色球形盖。

⑦在左后门内有一只脚踏开关,一个带有电缆线的三相插头和一块带两条槽的盖板。拧下盖板固定螺钉并取下盖板,将脚踏开关和三相插头从机架底面的方孔中穿出。脚踏开关放在 ZDJ—Ⅰ型油缸充氮机的右侧地上,将三相插头插入电源箱的插座内,合上三相电源。

⑧ZDJ—Ⅰ型减速顶油缸充氮机的各个按钮的作用和压力表的功能如图 9-8 所示。

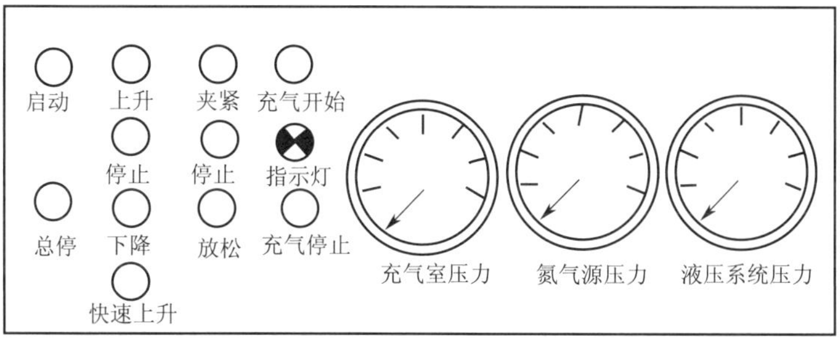

图 9-8　ZDJ—Ⅰ型减速顶油缸充氮机操作按扭面板

⑨按下启动按钮后立即按总停按钮，观察电动机的转向与所标红色箭头的方向是否一致。如不一致，应调整进线相位(应由专业电工操作)。

⑩将后中门内的橡胶管从控制面板的右下侧孔内穿出，连接到氮气瓶的减压阀上并扣紧胶管。打开氮气瓶开关，调整减压阀的压力，使控制面板上氮气源压力表上的压力值与减速顶规定的充氮压力值相一致。踩动充氮机右侧地上的脚踏开关，踏上时油缸体固定架内侧会伸出一个夹紧头，放开脚踏开关时，夹紧头会自行缩进，并能听到一声排气声。

⑪再一次检查确认油箱内的油液位置是否在液位液温计玻璃柱的上限位，电动机的转向及氮气压力是否符合规定要求，正确无误后关闭充氮机上的五扇门。

⑫关闭氮气瓶开关，切断墙上的总电源，ZDJ—Ⅰ型减速顶油缸充氮机的安装调试工作即全部完成。

(4)ZDJ—Ⅰ型减速顶油缸充氮机的主要技术指标

①液压系统压力范围：	0～10 MPa
②工作压力范围：	0～5 MPa
③电动机功率：	0.75 kW
④电动机转速：	1 440 r/min
⑤额定电压：	三相 380 V(AC)，50 Hz
⑥液压系统压力表量程：	0～10 MPa
⑦氮气源压力表量程：	0～25 MPa
⑧充气室压力表量程：	0～2.5 MPa
⑨液压油型号：	30＃液压油
⑩环境温度：	室温
⑪外形尺寸：	1 500 mm×800 mm×1 000 mm
⑫质量：	450 kg

(5)ZDJ—Ⅰ型减速顶油缸充氮机的使用方法

①接通总电源，打开氮气瓶开关。

②将已注入液压油的油缸孔口向上放入油缸体固定架内，用脚踩下脚踏开关，使油缸体固定架内的夹紧头夹紧油缸；再将装有密封盖总成的活塞组合件放入油缸内，将密封盖旋入油缸的螺纹内，旋入的深度应保证油缸上的充气口畅通(用直钢尺进行测量，密封盖的端面与油缸端面距离应控制在 13～16 mm)。

③放开脚踏开关，待夹紧头缩进后，取下油缸组合件放置在油缸组合件固定架内并保持垂直向上(如不能保持则用手扶正)。

④按启动按钮，再按上升按钮，油缸组合件会慢速上升，渐渐进入氮气充气室，控制面板上的液压系统压力表的压力将上升至 5 MPa。

⑤确认油缸体上升到位后按夹紧按钮，旋转手柄下降，约 1～2 s 后，油缸组合件被夹紧。

⑥按充气开始按钮，控制面板上充气室压力表指针逐渐升高达到氮气源压力表的读数。约 30 s 后指示灯亮，然后用双手握住旋转手柄顺时针方向转动直至将密封盖旋紧。

⑦按充气停止按钮并听到一声排气声后，油缸组合件的充气压力已达到减速顶规定

的充氮压力值。

⑧按放松按钮，此时旋转手柄上升，油缸组合件自动缓慢下降，当下降到底部后用手取出油缸组合件。数秒钟后，液压系统压力自动卸荷，液压系统压力表自动归零，整个减速顶油缸组合件充气工作结束。

⑨按照②～⑧继续对其他油缸组合件充氮。全部充氮工作完成后，应切断总电源，关闭氮气瓶开关。

(6)ZDJ—Ⅰ型减速顶油缸充氮机的操作注意事项

①油缸组合件在上升过程中应保持垂直向上，若不垂直，则需要用手扶正让其顺利进入充气室。

②如油缸组合件在上升过程中出现卡住现象时，应立即按停止按钮，再按下降按钮，待油缸组合件越过卡位后按停止按钮，再用手扶正油缸组合件重新按上升按钮，让油缸体顺利进入充气室。

③当油缸组合件进入或离开充气室时严禁直接使用快速按钮，以免损坏充气室内的密封件和油缸组合件固定架。只有在油缸组合件慢速上升或慢速下降时，再按住快速按钮，油缸组合件就会快速上升或快速下降。

④按下充气开始按钮后，在充气关闭按钮未按之前，其他按钮均处于自锁状态，以防误动作。

⑤当油缸组合件上升进入充气室并到位后，应等待液压系统压力表的压力上升至 5 MPa 后，再按下夹紧按钮，否则会损坏夹紧油缸。

⑥充气室压力表与氮气源压力表采用的精度为 1.5 级，在使用中压力表指针指示稍有误差属正常现象。

⑦所有压力表应按规定的要求定期进行校验。

2. SD—SKT 型减速顶开启压力调整仪

(1)SD—SKT 型减速顶开启压力调整仪的主要结构

SD—SKT 型减速顶开启压力调整仪是一种用于对上海铁路站场调速技术中心有限公司生产的 TDW 系列减速顶的压力阀开启压力进行测量和调定的专用设备。它由调整仪机架、BHR—8 型荷重传感器、数显称重仪(由华东电子仪器厂生产)和连接电缆四部分组成。该设备采用成熟的数显称重仪技术，具有体积小、重量轻、结构新颖、数字化显示、使用简单、操作灵活方便，安全可靠等优点。

图 9-9 是 SD—SKT 型减速顶开启压力调整仪结构示意图。机架部分的主要结构部件有：底板、测试工件支架、测试进给架、进给手轮、进给丝杆、立柱、提升齿条、提升齿轮、提升手柄、提升支架；测试部分的主要部件有：活塞杆调节螺钉、钢球、测试杆、活塞杆总成和 BHR—8 型荷重传感器。

如图 9-10 所示的是 BHR—8 型荷重传感器的结构示意图。它主要由测试杆连接头、讯号线连接头和外壳等组成。

图 9-11 是 SD—SKT 型减速顶开启压力调整仪的数显称重仪的结构示意图，它主要由外壳、面板、后面板等组成。

SD—SKT 型减速顶开启压力调整仪的连接电缆主要有：数显称重仪与 BHR—8 型

荷重传感器连接线、电源线。

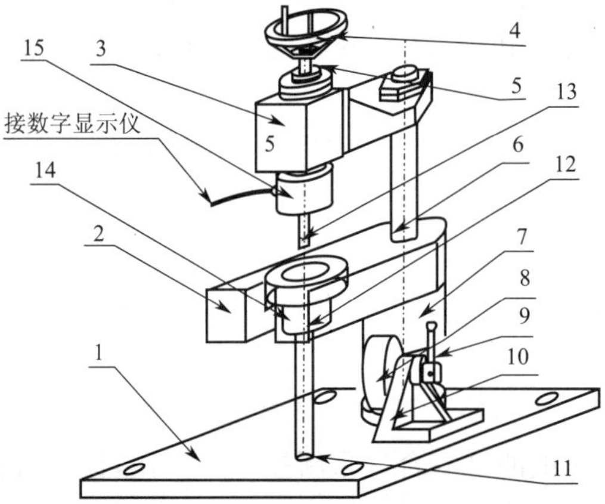

图 9-9 SD—SKT 开启压力调整仪结构示意图

1—底板;2—测试工件支架;3—测试进给架;4—进给手轮;5—进给丝杆;6—立柱;7—提升齿条;8—提升齿轮;9—提升手柄;10—提升支架;11—活塞杆调整螺钉;12—钢球;13—测试杆;14—活塞杆总成;15—BRH—8 荷重传感器。

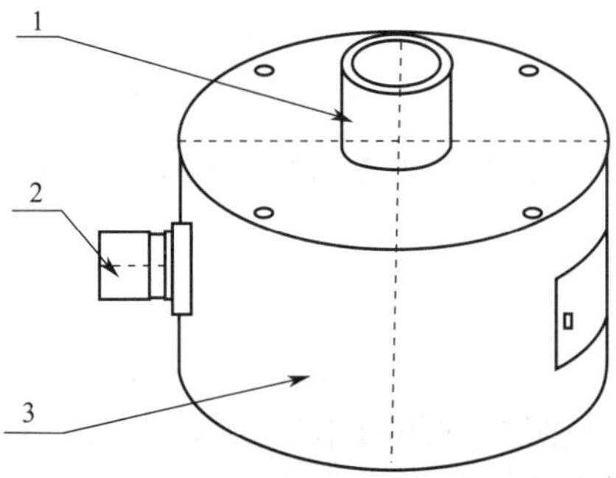

图 9-10 BHR—8 型荷重传感器结构示意图

1—测试杆连接头;2—讯号连接头;3—外壳。

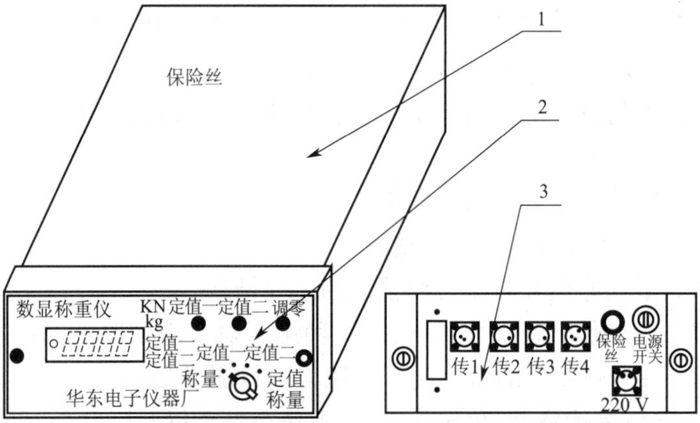

图 9-11 数显称重仪结构示意图

1—外壳;2—面板;3—后面板。

(2)SD—SKT 型减速顶开启压力调整仪的工作原理

减速顶的压力阀开启压力是保证减速顶能否安全工作的一项主要性能指标。采用 SD—SKT 型减速顶开启压力调整仪能很方便地对减速顶活塞杆组合件进行压力阀开启压力的测定和调整。减速顶压力阀弹簧的预紧力作用在荷重传感器上,传感器的工作原理是通过电阻的应变输出一个与所受弹簧预紧力成线性关系的电信号,完成非电量到电量的转换。该电信号经过放大器放大,再经过滤波,输入到 A/D 转换器,经 A/D 转换后的数字量经译码后在 LED 数码管(31/2 位)上显示。操作人员可根据显示的数值对减速顶的压力阀开启压力进行测量和调整。

(3)SD—SKT 型减速顶开启压力调整仪的主要技术指标

①显示方式： 数字自动显示(LED数码管显示，31/2位十进制数和正负符号，小数点位置可设定)
②显示范围： 0～±100.0
③显示允许误差： ≤0.5%(满量程)
④传感器供桥电压： 1组9 V(DC)，电流≤50 mA
⑤采样速度： 3次/s
⑥电源电压： 220 V(AC)，50 Hz
⑦电源电流： ≤0.25 A
⑧信号输出： 定值量的继电器接点输出
⑨环境温度： 0～40 ℃
⑩相对湿度： 30%～85%
⑪工作环境： 保持清洁，空气中不含有强烈腐蚀性的气体、杂质
⑫工作条件： 允许长期昼夜连续工作

(4)SD—SKT型减速顶开启压力调整仪的安装调试

①将SD—SKT减速顶开启压力调整仪机架放置在工作台上并用垫片垫平。在安放调整仪2 m之内应设有一个带开关的50 Hz、220 V/5 A的三相交流电源插座，其中有一相为地线。

②用4个M6螺栓、平垫圈和弹簧垫圈将BHR—8型荷重传感器安装在调整仪的机架上，注意应保证测试杆连接头的垂直度。

③将数显称重仪安放在SD—SKT型减速顶开启压力调整仪机架旁边，并用随机的包装泡沫将其垫平，以防倾斜和震动。

④用随机附带的两头有航空插头的屏蔽电缆线将BHR—8型荷重传感器与数显称重仪连接起来。电缆线的一端拧在BHR—8型荷重传感器信号线连接头上，另一端拧在数显称重仪后面板的接头上，并用力拧紧。

⑤用随机附带的一头为航空插头、另一头为220 V三相电源插头的电缆线将SD—SKT数字显示开启压力调整仪与外接电源连接起来，航空插头拧在数显称重仪后面板的220 V插座上，并用力拧紧；220 V三相电源插头插在带开关的50 Hz、220 V/5 A的三相交流电源插座上。

⑥确认以上工作完成后，合上开关，接通电源，使数显称重仪预热15 min。然后把切换旋钮拧至称重档，调节调零旋钮，使面板上的数字显示为“000”。

⑦将随机附带的测试杆拧在测试杆连接头上，注意旋紧力不要太大，以免损坏BHR—8型荷重传感器。

⑧对SD—SKT型减速顶开启压力调整仪的各润滑位注油进行润滑。

(5)SD—SKT型减速顶开启压力调整仪的使用方法

①将随机附带的ϕ8.5 mm钢球放入减速顶活塞组合件的压力阀座孔内，然后再将活塞组合件放入调整仪的测试工件支架的圆孔座内。

②扳动提升手柄，使测试工件支架上升至最高点，用随机附带的定位块紧靠测试进给架下部的立柱垫入。防止测试进给架在调整压力过程中向下滑动造成不必要的测量误差。

③顺时针旋转进给手轮，使 BHR—8 型荷重传感器的测试杆下移插入压力阀孔内，使测试杆与 ϕ8.5 mm 钢球逐渐接触。当数显称重仪上的读数达到 0.3～1.0 kgf 时，记住进给手轮的刻度值，然后继续转动进给手轮 180°(刻度值的四大格)，此时观察数显称重仪上的读数是否达到减速顶开启压力规定的数值(含公差范围)。如压力不在此范围内，则应调整活塞杆内的调节螺钉或活塞杆 ϕ13 mm 孔内的垫片，使数显称重仪上显示的数值达到要求。该项测量在同一个活塞组合件上应反复进行多次(不少于 4 次)，每次测量时应将活塞组合件旋转 90°，其测量值均应在规定的数值公差范围内。

④对于少数活塞组合件，经反复多次调整活塞杆内的调节螺钉或活塞杆 ϕ13 mm 孔内的垫片，但测量值仍超出规定的数值公差范围时，应确保测量值不超过规定数值的上偏差，以防止因减速顶压力阀开启压力过高，造成减速顶对轻车的抬起高度超差而危及行车安全。

⑤逆时针旋转进给手轮，使测试杆上移离开压力阀孔。扳动提升手柄同时取出定位块，反向扳动提升手柄，使测试进给架下降至最低点，从测试工件支架的圆孔座内取出已测试和调整好的活塞组合件，同时取出 ϕ8.5 mm 钢球。

⑥重复①～⑤，完成下一个活塞组合件的静态开启压力测量和调整工作。

(6)SD—SKT 型减速顶开启压力调整仪的使用注意事项

①测试杆装入 BHR—8 型荷重传感器的测试杆连接头应拧紧，但用力不宜过大。BHR—8 型荷重传感器与测试进给架采用螺栓连结时，应使用弹簧垫圈和平垫圈并拧紧，以防松动对测试精度造成影响。

②旋转进给手轮时应注意消除进给丝杆与丝杆螺母的间隙对测量造成的不利影响。当顺时针旋转进给手轮时，测试杆应逐渐向下移动，如测试杆向下移动量太大时，应逆时针超量旋转进给手轮，然后再顺时针旋转手轮，使测试杆逐渐向下移动逼近目标值。

③BHR—8 型荷重传感器是以电阻应变为工作原理的，当进给手轮旋转 180°(刻度值的四大格)时，测试杆没有压力阀弹簧作用时，垂直行程应为 1.0 mm；有压力阀弹簧作用时，垂直行程应为 0.7 mm。在测量过程中，垂直行程过大或过小都应认真查找原因，并进行调整。造成垂直行程过大或过小的原因有：

a. 进给丝杆与丝杆螺母之间磨损过大。

b. 丝杆螺母固定位置松动。

c. 测试进给架与立柱的间隙过大。

④操作者在读取数据时，双手应离开调整仪，以防止人为因素产生的测量误差。

⑤BHR—8 型荷重传感器和数显称重仪应配套使用。他们均属于标准计量器具，必须按使用说明书的要求进行定期检定，以保证精度。其检定周期可根据使用频度确定，一般为半年检定一次。

(三)沈阳铁路局科研所减速顶维修试验设备

1. TDWTY—SK 型调压试验台

(1)TDWTY—SK 型调压试验台的基本结构

TDWTY—SK 型调压试验台是一种用于对沈阳铁路局生产的 TDW 系列减速顶活塞组合件的压力阀开启压力进行调定的专用设备。如图 9-12 所示，它由机体、液压动力系统和电气控制系统三部分组成。机体部分由试验台台架、面板、电动机支座、集成块支架等组成，是试验台的基础和支撑。液压动力系统由电动机、轴向柱塞泵、油箱、溢流阀、电控阀及集成块、调速阀、油压盘、喷油嘴及防护罩、压力表、校对表等组成。设在面板左侧的是工作压力表，右侧为校对压力表，该系统为完成对活塞组合件的调压提供动力来源。电气控制系统由配电盘、控制电路及控制按钮等组成。通过对电器开关和按钮的操作，实现控制电路的功能和电控阀的动作，使液压系统产生一定压力的液压油，经过一系列连锁动作来完成调压过程。

该试验台具有构造简单、性能可靠、操作方便、使用安全等特点。

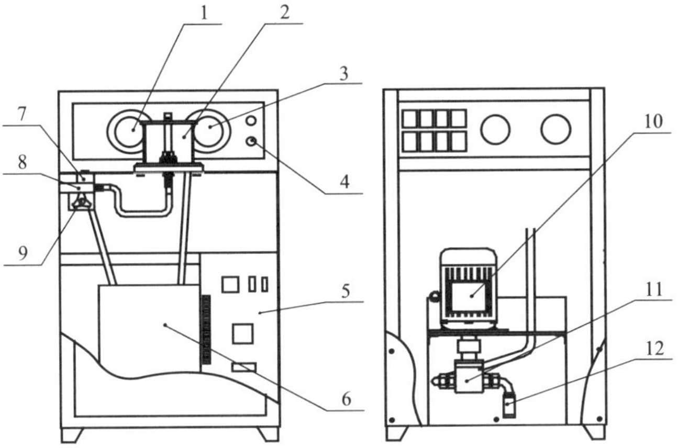

图 9-12　TDWTY—SK 型调压试验台结构示意图

1—压力表；2—防护罩；3—校对表；4—控制按钮；5—配电盘；6—油箱；7—调速阀；8—集成块；9—溢流阀；10—电动机；11—液压泵；12—滤油器。

(2)TDWTY—SK 型调压试验台的工作原理

如图 9-13 所示，TDWTY—SK 型调压试验台通过液压动力系统输出高压液压油，动力系统的压力由溢流阀预先设定。当需要对减速顶的压力阀开启压力进行调压时，将待调压的活塞组合件的速度阀座油孔对准喷油嘴并用压紧帽固定，盖上有机玻璃罩，液压管路的末端通过喷油嘴与活塞上的压力阀联通，系统中的液压油直接作用在压力阀上。通过调整液压回路中的调速阀的开量可控制液压油的流量，当液压油的流量达到一定值时，使压力阀开启泄油，此时压力表显示的压力值就是压力阀的开启压力。

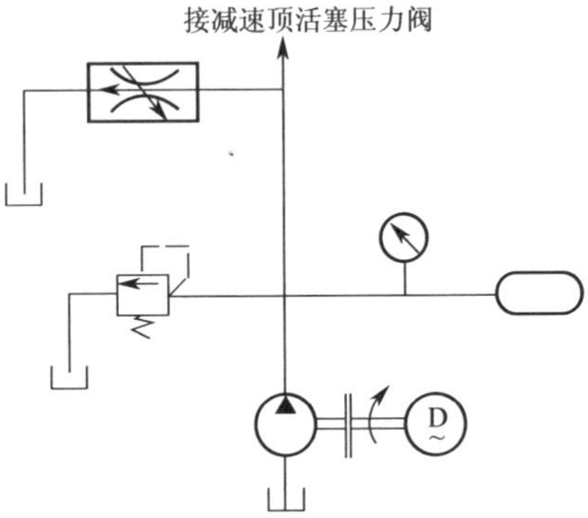

图 9-13　TDWTY—SK 型调压试验台液压原理图

(3)TDWTY—SK 型调压试验台的主要技术指标

①液压系统压力范围：　0 ～16 MPa

②工作压力范围：　0～10 MPa

③电动机功率：　3.0 kW

④电动机转速：　1 450 r/min

⑤额定电压：　380 V(AC)

⑥压力表量程：　　　　　0～16 MPa

⑦校对表量程：　　　　　0～16 MPa

⑧液压油型号：　　　　　30＃液压油

⑨环境温度：　　　　　　室温

⑩外形尺寸：　　　　　　700 mm×700 mm×1 200 mm

⑪质量：　　　　　　　　200 kg

(4)TDWTY—SK 型调压试验台的使用方法

①从油箱加油孔注入 30＃液压油,使油面达到油标的 2/3 处。

②接通外接电源,打开试验台机柜里配电盘上的电源开关。

③打开配电盘上的压力表开关,此时面板上两块压力表显示的数值应相等,然后关闭压力表开关,将调速阀开量旋至最大。

④按下油泵电机按钮,启动油泵电机。

⑤取下有机玻璃罩及压紧帽,将欲调压的活塞组合件的速度阀座油孔对准喷油嘴后放入油压盘内,拧紧压紧螺母,再罩上有机玻璃罩。

⑥调节调速阀的开量,直至活塞组合件的压力阀开启,压力表示值应为 8 MPa。继续调节调速阀开量,使活塞组合件的压力阀出油量达到最大喷涌状态,压力表示值应为8.5 MPa。

⑦活塞组合件的开启压力合格后,取下有机玻璃罩,旋开压紧螺母,取出活塞组合件。

⑧在调压过程中,如无论怎样调节调速阀的开量,试验台的压力都不能达到规定值,则应调节溢流阀使液压系统的压力达到规定值。

⑨工作完毕后,按油泵电机按钮(红),断开配电盘上的电源开关,然后再断开外接电源。

(5)TDWTY—SK 型调压试验台的操作注意事项

①工作前应先检查油箱内的油量,油面低于油标高度的 1/2 时为油量不足,应及时加油,使油面达到油标高度的 2/3。

②应根据液压油的清洁状况及时进行更换,一般情况下每年更换一次为宜。更换液压油时应将油箱清洗干净,管路接头应在清洁的状态下装配。

③试验台上的工作压力表和校对压力表应每半年送计量单位检定一次。

④在离开试验台时应再次检查确认电源是否切断。

⑤减速顶维修间内严禁烟火,并应设置必要的防火措施。

2. TDWCD—SK 型充氮试验台

(1)TDWCD—SK 型充氮试验台的基本结构

TDWCD—SK 型充氮试验台是一种用于对沈阳铁路局生产的 TDW 系列减速顶滑动油缸组合件进行充氮的专用设备,如图 9-14 所示,它由机体部分、液压动力系统、电气控制系统和充氮系统四部分组成。

机体部分由试验台台架、面板、电动机支座、电控阀支架等组成,它是试验台的基础和支撑。液压动力系统由电动机、齿轮泵、油箱、吸油管、上油管、溢流阀、夹紧电控阀、夹头电控阀、集成块、夹头体、夹紧装置及系统压力表等组成。该系统为完成各种夹紧、充氮等自锁、互锁动作提供动力来源。充氮系统由氮气瓶、充氮胶管、充氮接头、氮气常闭电控阀、氮气常开电控阀、氮气压力表等组成。其主要功能是向滑动油缸体内提供一定压力的氮气，面板的左侧为氮气压力表，右侧为液压系统压力表。电气控制系统由配电盘、控制电路及控制按钮等组成，由电器开关和按钮操纵控制电路和电控阀，使液压系统产生一定压力的液压油，对滑动油缸组合件进行夹紧和松开动作，同时通过对氮气常闭电控阀和氮气常开电控阀的控制实现对油缸体的充氮。

该试验台具有构造简单、性能可靠、操作方便、使用安全等特点。

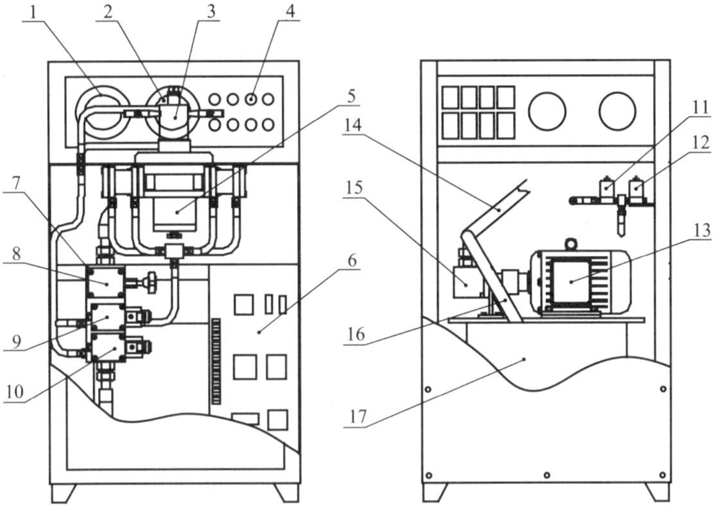

图 9-14　TDWCD—SK 型充氮试验台液压结构示意图

1—氮气压力表；2—系统压力表；3—夹头体；4—控制按钮；5—夹紧装置；6—配电板；7—集成块；8—溢流阀；9—夹紧电控阀；10—夹头电控阀；11—氮气常闭电控阀；12—氮气常开电控阀；13—电动机；14—上油管；15—齿轮泵；16—吸油管；17—油箱。

(2)TDWCD—SK 型充氮试验台的工作原理

如图 9-15 所示，TDWCD—SK 型充氮试验台由液压动力系统输出高压液压油，通过电气控制系统分别驱动夹紧油缸和夹头体油缸，完成对准备充氮的油缸组合件的夹紧固定和压下活塞的辅助准备工作。然后，通过对电控阀的开启和关闭，接通充氮系统与油缸组合件充氮孔的通道，将事先调定的高压氮气充入油缸体内，并在氮气压力表上显示充氮压力。

(3)TDWCD—SK 型充氮试验台的主要技术指标

①液压系统压力范围：　0～2.5 MPa

②充氮压力范围：　1.4～1.6 MPa

③电动机功率：　1.5 kW

④电动机转速：　1 450 r/min

⑤额定电压：　380 V(AC)

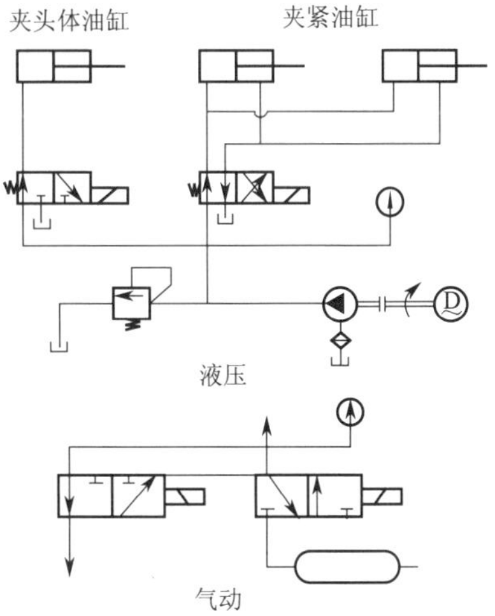

图 9-15　TDWCD—SK 型充氮试验台液压原理图

⑥液压系统压力表量程：　0～2.5 MPa
⑦充氮压力表量程：　0～2.5 MPa
⑧液压油型号：　30＃液压油
⑨环境温度：　室温
⑩外形尺寸：　700 mm×700 mm×1 200 mm
⑪质量：　200 kg

(4)TDWCD—SK 型充氮试验台的使用方法

①从油箱加油孔注入 30＃液压油，使油面达到油标的 2/3 处。

②用胶管将氮气瓶与充氮台上的充氮接头连通，用卡子卡紧接头。打开氮气瓶角阀，并将减压阀调至 0.9 MPa。检查氮气是否接通、有无泄漏，如有泄漏应及时处理。

③接通外接电源，打开充氮台机柜里配电盘上的电源开关。

④按下油泵电机按钮，启动油泵电机。

⑤将已注好液压油的滑动油缸组合件(注意：密封盖只旋入 2～3 扣)帽头向下放入夹紧装置内，将夹头体对正位置后压入并旋转 90°。

⑥依次按夹紧按钮(绿)、夹头体油压按钮(绿)及充氮按钮(绿)，试验台面板上的左侧压力表(氮气压力)数值应为 0.9 MPa，右侧压力表数值应为 2～2.5 MPa(系统液压油压力，可调节溢流阀将系统压力调至 1.4 MPa 左右)。

⑦用方头扳手旋紧密封盖。

⑧点按夹头体油压按钮(红)，当活塞回到上部后再按夹紧按钮(红)、充氮按钮(红)，待面板左边的氮气压力表值降至 0.3～0.4 MPa 的安全压力值时，迅速反向旋转夹头体至开启位置，靠氮气的余压将夹头体自动弹出，从夹紧装置内取出滑动油缸组合件。充氮的全过程完成。

⑨如需要连续作业时，可重复步骤⑤～⑧。

⑩工作完毕后，按油泵电机按钮(红)，关闭配电盘上的电源开关，断开外接电源。

(5)滑动油缸组合件拆卸工作台的使用方法

①接通外接电源，打开配电盘上的电源开关。

②调节溢流阀，将系统压力调整为 2.0 MPa 左右。

③将欲拆卸的滑动油缸组合件放入夹紧装置内，按拆卸按钮(绿)，确认油缸组合件被夹紧后，即可拆卸。

④拆卸完毕后，按拆卸按钮(红)，取出减速顶滑动油缸组合件。

⑤在与充氮试验台同时工作时，只重复步骤③～④即可。

充氮试验台的电源开关、断路器及液压系统与拆卸工作台共用。

(6)TDWCD—SK 型充氮试验台的注意事项

①工作前应先检查油箱的油量，如油面低于油标高度的 1/2 时为油量不足，应及时加油，使油面达到油标高度的 2/3。

②应根据液压油的清洁状况及时进行更换，一般情况下每年更换一次为宜。更换液压油时应将油箱清洗干净，管路接头应在清洁的状态下装配。

③试验台的充氮压力表和液压系统压力表应每半年送计量单位检定一次。

④在离开试验台时应再次检查确认电源是否切断，氮气瓶的角阀是否关闭。

⑤减速顶维修间内严禁烟火，并应设置必要的防火措施。

二、减速顶专用维修工具

1. 减速顶专用维修工具

减速顶专用维修工具和卡具主要有专用冲子、专用调压工具、弹性销专用钻孔模具、壳体专用铣刀、滑动油缸夹具、活塞杆夹具、密封盖扳手、壳体止冲销拔销器、壳体螺栓紧固扳手等。

2. 减速顶专用量具

减速顶专用量具主要有滑动油缸内孔塞规(通规、止规)、密封盖内孔塞规(通规、止规)、壳体内孔塞规(通规、止规)、减速顶安装高度专用高度卡尺(组合角尺)等。

三、减速顶通用维修设备和工具

1. 减速顶通用维修设备

减速顶通用维修设备主要有小型台式钻床、台式砂轮机、电动扳手、小型压力机、小型测力机等。

2. 减速顶通用维修工具

减速顶通用维修工具主要有：管钳子(250 mm)、手锤(0.7 kg)、钢丝钳(200 mm)、活扳手(200 mm、300 mm)、孔用弹性挡圈装卸钳子、铰刀(ϕ65 mm)、螺丝刀、棘轮扳手、手提砂轮机以及试电笔、电工刀等电工工具等。

3. 减速顶通用维修量具

减速顶通用维修量具主要有：0～25 mm 外径千分尺、25～50 mm 外径千分尺、50～75 mm 外径千分尺、50～75 mm 内径千分尺、150 mm 游标卡尺、深度卡尺、压力阀座力矩扳手、壳体螺栓紧固力矩扳手、量杯、万用表等。

第四节　加速顶维修场所与维修设备

一、加速顶维修场所

加速顶维修场所的基本要求与减速顶维修场所基本相同，至少应设有维修工作间、备品库和更衣、休息室，对有夜间值班要求的站场应设置值班室，有条件的站场也可设置办公室。在工作间内应设有风源，以便对检修好的加速顶进行通风检查。另外，还应配备加速顶的专用检修夹具以及与检修有关的通用设备、工具和量具。

二、加速顶维修设备

1. 加速顶专用夹具

加速顶缸盖组合件的组装需要专用夹具将顶杆固定住，才可以进行安装。专用夹具又分为室内、室外两种。

如图 9-16 所示，室内夹具可采用焊接或其他方式固定在工作台上。它采用斜锲式夹紧方式，因安装高度合适，维修人员可以方便、准确地将加速顶杆夹牢。室内夹具要求必须将维修的加速顶运回维修间内，主要用于加速顶的大规模集中检修和组装。如图 9-17 所示，室外夹具是利用股道空闲时间，将夹具固定在钢轨的加速顶安装孔上，维修人员可用夹具夹紧加速顶杆帽头，在现场进行加速顶的维修。但由于夹具安装在钢轨上，高度低，维修人员需要弯腰检修作业，而且紧固时用不上力，所以它只适用于对现场少量出现临时故障的加速顶进行检修。而且，还应特别注意作业的安全性(建议只在封锁的股道上使用)。

图 9-16　室内夹具

图 9-17　室外夹具

2. 风动扳手

由于加速顶的现场和工作间内都有风源，所以加速顶组装过程中使用风动扳手紧固螺栓，可大大减轻维修人员的劳动强度，提高工作效率。风动扳手一般分两种规格，一种额定扭矩为 100 N·m，主要用于规格较小的阀盖螺栓、阀体螺栓和缸盖螺栓的紧固；另一种额定扭矩为 900 N·m，主要用于加速顶杆的六角槽型螺母(M30)、缸盖的双头螺栓、螺母(M27)的紧固。只要室内工作间或现场加速顶的供风压力达到 0.6 MPa，就可正常使用风动扳手。

加速顶常用的维修用工具还有加速顶缸盖螺栓紧固扳手(M27)、缸盖螺栓力矩扳手(M27)、管钳子、手锤、螺丝刀、钢丝钳、活扳手、游标卡尺、棘轮扳手、手提砂轮机等。

3. 加速顶软管组合件

为了方便加速顶的使用与维修，在加速顶与供风支管之间设有软管组合件连接。目前使用的软管组合件两头采用标准螺纹的活接头，软管内有一层钢丝网，外裹耐油橡胶，可承受14 MPa的压力，具有耐压、耐用、抗腐蚀、节能，拆卸方便等特点。

经多次试验，确定股道内的低速加速顶所用的软管内径最佳为 ϕ15 mm，既能满足加速顶的使用，又减少了加速顶的用风量。

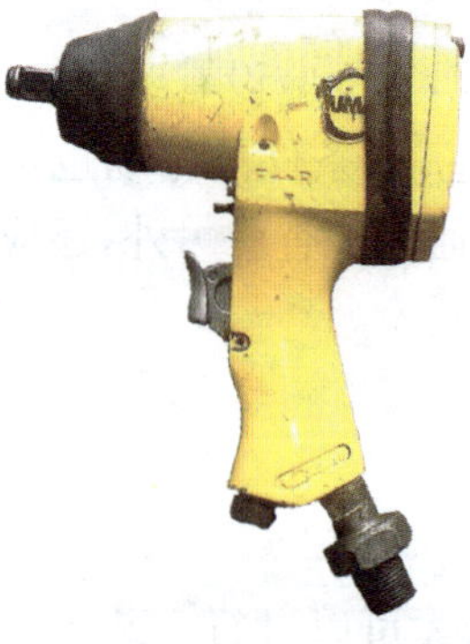

图 9-18　风动扳手

图 9-19　加速顶软管组合件

第五节　减速顶调速设备的维护与管理

一、减速顶的日常维修

减速顶的日常维修包括室外巡检、室外保养和室内检修三部分。

(一)减速顶的室外巡检

对安装在线路上的减速顶应进行巡视、检查和修理,巡检作业时须携带必要的工具及适当数量的备品和配件。发现有故障的减速顶应及时在室外进行修理,室外不便处理的应将故障减速顶或油缸组合件运回维修场所进行室内检修。

室外巡检的时间和周期可根据减速顶使用的年限、现场的作业量、气象、环境等工况以及检修的质量情况由维修部门确定。一般情况下,对于溜放部分的减速顶应每天巡检1～2次,对安装在其他线路的减速顶应每1～2天巡检1次。

1. 外观检查:检查各零部件是否完好,如有损坏、脱落应及时更换。

2. 检查防尘圈是否磨耗或损坏,防尘圈应无裂纹、变形和松动。检查防尘圈内径刃口上是否有磨耗后出现的倒角,对磨耗超限不起防尘作用或已损坏的防尘圈应及时更换,更换防尘圈后必须对顶进行重新润滑。

3. 检查双头螺栓是否松动或折断,对松动者要及时紧固,折断的螺栓应卸出,更换新螺栓。更换新螺栓时,应在螺纹处涂润滑脂防锈,螺栓进入壳体的紧固力矩应符合产品相关技术条件的规定。

4. 检查止冲装置是否起止冲作用。用工具或手向上拔滑动油缸,如能将油缸组合件从壳体中拔出,则说明止冲失效,应及时修理或更换止冲装置。

5. 检查滑动油缸外表面是否有黑色污渍,如有应及时进行去渍处理和润滑。

6. 检查滑动油缸帽头是否被碾压变形,如有应及时修理或更换。

7. 检查顶的油气压力是否正常,人工或工具将滑动油缸压至最低点,油缸组合件应能在规定的回程时间内自动复位到最高点。对油气压力不足、回程不正常的减速顶应及时进行检修。

8. 用第7条的方法将滑动油缸向下压,如不能压到最低点,应检查壳体内腔是否进水或存冰。如发现壳体下部有水或冰,应立即清除并更换防尘圈和止冲销上的O形密封圈;如果壳体内没有水或冰,应将滑动油缸组合件拔出运回室内分解,重点检查顶的油量是否增加或变质,速度阀座是否松动脱落、是否变成零档顶等。

9. 目测检查安装高度有无异常,对有异常的应及时进行处理。

10. 检查壳体是否与轨枕、防爬设备和道砟等接触,壳体底部与石砟的间隙应大于15 mm。如已接触应及时处理。线路积水、积雪不应超过壳体的排气孔位置。

11. 对有防脱线功能的减速顶,应检查防脱线壳体的翅状挡块,如有磨耗超过规定的尺寸或折断、损坏,应及时更换新壳体。

12. 对有防风雪功能的减速顶,应检查排气管,如有损坏或脱落应及时更换。更换时,应在排气管座螺纹上涂适量润滑脂,检查壳体上的螺纹孔无毛刺后拧入排气管座。用定扭矩扳手紧固,紧固力矩在20～30 N·m范围内。安装后,应保证排气软管弯头向外,喉箍上的紧固螺钉处于远离滑动油缸的一侧。

13. 对设有外部注油装置的 TDJ 型减速顶，应检查注油嘴，如有损坏、脱落应及时更换。注油嘴的紧固力矩应达到 10～15 N・m，紧固时不得损坏壳体螺纹。更换后的油嘴端面应尽量靠近壳体，紧固后间距大于 3 mm 的应更换新油嘴。

14. 对卡式减速顶，还应做如下检查：

(1)卡式壳体有无松动或窜动，如有应重新紧固螺栓或更换夹块。

(2)夹块或壳体卡口有无折断或裂纹，如有应立即更换。

(3)夹块或壳体卡口底部是否与轨枕、防爬设备和道砟等接触，如有接触，应及时清理以确保有 15 mm 以上的间隙。

15. 对可控减速顶还应做如下检查：

(1)检查可控减速顶在断电时的状态是否符合调速系统设计的规定。

(2)可控性能检查：对可控减速顶断电或通电，检查真空吸下式可控减速顶能否自动弹起或在车轮滚压后能可靠地处于吸下状态；机械锁闭式可控减速顶能否在车轮滚压后可靠地锁闭或立起。如发现性能达不到规定的要求，应及时处理。

(3)可控减速顶的电控阀或气控阀、连接线及插头有无松动或损坏，如有应及时处理。

(4)可控减速顶电控阀的电缆连接线是否在壳体的卡线片内，如脱落或压坏可能会造成短路或断路，应及时检修。

(5)检查可控减速顶电缆连接线、接线头以及电控阀线圈与壳体的绝缘程度，如有短路或断路应及时进行检修。

16. 对于单向减速顶应做如下检查：

(1)应进行单向做功性能的检查：当溜放车辆由峰上进入安装单向减速顶的区段时，单向减速顶应能始终处于立起状态作为普通减速顶使用，且回程时间能满足对车辆做功的要求；当机车或机车牵引车辆反向通过单向减速顶时，单向减速顶应处于锁闭状态，并以十分缓慢的速度回升至最高点，回程时间应符合产品相关技术文件的规定。如有不符，说明单向回程装置失效，应将油缸组合件从线路上拆回后分解检查和修理。

(2)用工具或手把住滑动油缸帽头顺时针或逆时针方向旋转，如滑动油缸组合件能在壳体内自由转动，说明单向止冲装置已失效，应及时修理或更换。

(3)观察滑动油缸的帽头，是否有车轮滚压痕迹所组成的均匀圆形，该圆形越小，说明车轮滚压滑动油缸帽头的位置越高；如没有均匀的圆形，说明车轮滚压滑动油缸帽头的位置已超过中心线，单向减速顶将不能实现单向做功，应根据车轮滚压帽头的具体情况在壳体与钢轨轨腰之间加调整垫。

17. 对双临界速度减速顶应进行双临界速度功能的检查：当溜放车辆以高于第一临界速度、低于第二临界速度通过时，双临界速度减速顶应能正常对溜放车辆做制动功且回程速度能满足对溜放车辆做功的要求；当溜放车辆速度高于第二临界速度时，双临界速度减速顶的滑动油缸应处于相对锁闭状态并以十分缓慢的速度回升至最高点，回程时间应符合产品相关技术文件的规定。

18. 室外巡检中凡是能在现场方便处理的故障，都应及时加以处理。对于少数被车辆占道和来不及处理的故障减速顶，应做好记录，并在条件允许时尽快予以处理。

19. 每次巡检后应按照规定的要求做好记录，应设有专用记录本并由专人保管。记录包括巡检的日期、巡检的股道与部位、检修的减速顶位置与编号、检修的内容、零配件更换情况、现场待修减速顶的具体位置与故障情况以及检修人员（签字）。有条件的站场应采用计算机进行管理。

（二）减速顶的常见故障及处理方法

减速顶的常见故障及处理方法分类见表 9-1～表 9-5。

表 9-1　普通减速顶的常见故障及处理方法

序号	故障现象	原因分析	处理方法
1	滑动油缸压下后不能复位到最高点	(1)密封不良造成油、气泄漏。 (2)密封盖损坏。 (3)ϕ56 挡圈断裂(TDW 减速顶)。 (4)滑动油缸 ϕ3 弹性销窜出。 (5)润滑状态不良。 (6)调整垫放置不正。 (7)壳体与油缸配合间隙过紧。 (8)活塞杆弯曲或表面拉伤。 (9)压力阀座脱落。 (10)滑动油缸表面严重拉伤。 (11)回程阀板回油小孔堵住。 (12)双头螺栓紧固力矩过大。 (13)速度阀座脱落，活塞与活塞杆连接松动。 (14)钢轨肥边卡住顶帽。 (15)滑动油缸帽头变形。 (16)液压油变质	(1)更换密封件，重新注油、充氮气。 (2)更换密封盖总成。 (3)更换挡圈，旋紧密封盖。 (4)重新打入弹性销，使销尾低于油缸外表面。 (5)对壳体进行润滑。 (6)将压坏的调整垫取出，重新加垫并按安装要求调整高度。 (7)用铰刀进行铰套，保证滑动油缸在壳体内动作自如。 (8)更换活塞杆。 (9)更换滑动油缸组合件。 (10)更换滑动油缸。 (11)清洗或更换回程阀板。 (12)松开螺母，按规定标准重新紧固。 (13)更换滑动油缸组合件。 (14)用手砂轮去除钢轨肥边。 (15)修复或更换滑动油缸。 (16)更换合格的液压油
2	双头螺栓折断	(1)壳体底部被道砟垫死。 (2)轨距不符合标准。 (3)双头螺栓松动	(1)将壳体底部道砟扒出 15 mm 间隙。 (2)由工务部门按标准调整轨距。 (3)更换新螺栓按规定力矩重新紧固
3	滑动油缸组合件窜出壳体	(1)止冲销折断。 (2)止冲销脱落或漏装。 (3)销轴折断或窜出。 (4)活塞杆断裂。 (5)止冲座脱落	(1)更换新止冲销。 (2)重新安装止冲销及开口销。 (3)更换或重新安装销轴。 (4)更换滑动油缸组合件。 (5)重新组装止冲座，更换弹性圆柱销
4	壳体损坏	(1)轨距不符合标准。 (2)壳体安装在曲线上未进行调整。 (3)壳体底部被道砟垫死	(1)由工务部门按标准调整轨距。 (2)更换新壳体并按规定要求在壳体与钢轨轨腰之间加垫片调整。 (3)将壳体底部道砟扒出 15 mm 间隙

续上表

序号	故障现象	原因分析	处理方法
5	临界速度不准	(1)压力阀座松动。 (2)速度阀弹簧损坏或变形。 (3)减速顶的档次与帽头标记不符	(1)解体检修,按标准拧紧压力阀座。 (2)更换速度阀弹簧。 (3)重新确认减速顶的档次

表 9-2 单向减速顶的常见故障及处理方法

序号	故障现象	原因分析	处理方法
1	不能正确判断正、反向通过车辆	(1)安装在曲线上未调整。 (2)导向定位槽轮未装。 (3)O形圈损坏或脱落。 (4)多功能阀板上销轴脱落。 (5)组装时回程阀板错误。 (6)左右安装位置错误	(1)在壳体与轨腰之间按规定要求加调整垫。 (2)解体后安装。 (3)解体后重新安装O形圈。 (4)更换多功能阀板。 (5)重新安装回程阀板。 (6)调换安装位置
2	正向锁闭不能解锁	(1)开关阀体上回油节流孔被堵死。 (2)油缸帽头上有油或水。 (3)止冲座总成损坏	(1)解体清洗。 (2)将油擦干净。 (3)更换止冲座总成
3	反向不锁闭	(1)开关阀体上回油节流孔不能被多功能阀板遮盖。 (2)定位销或支承销轴漏装	(1)更换开关阀体、多功能阀板或导向定位槽轮。 (2)检修定位销或支承销轴并重新安装

注:单向减速顶作为普通减速顶使用时出现的故障见表9-1普通减速顶的常见故障及处理方法。

表 9-3 双临界速度的常见故障及处理方法

序号	故障现象	原因分析	处理方法
1	锁闭阀板锁不住	锁闭阀板与回程阀板之间有异物	解体清洗后修复
2	滑动油缸压下后不能复位到最高点	回程阀板小回油孔堵住	解体清洗或更换回程阀板
3	滑动油缸复位到最高点不能解锁	(1)解锁装置损坏。 (2)缓解阀板或锁闭阀板与键卡住,造成不能上下运动	(1)更换解锁装置。 (2)解体修理或更换零件后重新组装
4	车速高于第二临界速度时不锁闭	(1)第二速度阀弹簧力偏大。 (2)第二速度阀开量偏大或动作不灵活。 (3)液压油不符合要求	(1)更换第二速度阀弹簧。 (2)调整开量,选配滑阀杆。 (3)更换符合要求的液压油

续上表

序号	故障现象	原因分析	处理方法
5	车速低于第二临界速度时锁闭	(1)第二速度阀弹簧力偏小。 (2)第二速度阀开量偏小或动作不灵活。 (3)液压油不符合要求	(1)更换第二速度阀弹簧。 (2)调整开量，选配滑阀杆。 (3)更换符合要求的液压油

注：双临界速度减速顶作为普通减速顶使用时出现的故障见表 9-1 普通减速顶的常见故障及处理方法。

表 9-4　真空吸下式可控减速顶的常见故障及处理方法

序号	故障现象	原因分析	处理方法
1	作为可控顶使用时滑动油缸不能保持正常吸下	(1)壳体内密封圈或止冲销上密封圈损坏。 (2)电控阀电磁线圈损坏或引线拉断或未通电。 (3)航空插头松动或脱落。 (4)电控阀阀口有异物或阀口胶垫损坏。 (5)电控阀阀口、阀座间隙过大。 (6)壳体漏气，密封性差。 (7)充填垫漏装。 (8)电控阀不能正常工作。 (9)滑动油缸表面有严重磕伤。 (10)钻孔高度过低。 (11)壳体与电控阀间密封不良	(1)更换损坏的 O 形密封圈。 (2)修理或更换线圈检查电源接通状况。 (3)紧固航空插头。 (4)清除阀口异物，更换阀口胶垫。 (5)调整阀口、阀座间隙达到设计要求。 (6)更换密封性好的壳体。 (7)重新安装充填垫。 (8)更换电控阀。 (9)更换滑动油缸。 (10)使用附加填充垫。 (11)更换壳体与电控阀间的密封垫
2	作为普通顶使用时，滑动油缸压下后不能复位到最高点	(1)电控阀损坏或电压不足。 (2)其余各条与普通减速顶相同	(1)更换电控阀，提高电压至 36 V。 (2)其余各条与普通减速顶相同
3	双头螺栓折断	(1)壳体底部被道砟垫死。 (2)轨距不符合标准。 (3)双头螺栓松动	(1)将壳体底部道砟扒出15 mm间隙。 (2)由工务部门按标准调整轨距。 (3)更换螺栓按规定力矩重新紧固
4	壳体翅状挡块折断或壳体损坏	(1)轨距不符合标准。 (2)壳体安装在曲线上未进行调整。 (3)壳体底部被道砟垫死。 (4)双头螺栓松动或损坏	(1)由工务部门按标准调整轨距。 (2)更换壳体并按规定要求在壳体与钢轨轨腰之间加垫片调整。 (3)将壳体底部道砟扒出15 mm间隙。 (4)按规定力矩重新紧固或更换螺栓
5	滑动油缸组合件窜出壳体	(1)止冲销折断。 (2)止冲销脱落或漏装。 (3)销轴折断或窜出。 (4)活塞杆断裂	(1)更换新止冲销。 (2)重新安装止冲销及开口销。 (3)更换或安装销轴。 (4)更换滑动油缸组合件
6	壳体窜动	双头螺栓松动或损坏	按规定力矩重新紧固或更换新螺栓

表 9-5　电动锁闭可控减速顶的常见故障及处理方法

序号	故障现象	原因分析	处理方法
1	锁闭状态时，滑动油缸不能锁闭在壳体下方	(1)锁舌被卡住或伸出不到位。 (2)锁舌折断。 (3)锁销磨损或卡住。 (4)永磁铁组合损坏或卡住。 (5)滑动油缸锁闭槽的锁闭角严重磨损。 (6)电动锁闭阀上各螺丝松动。 (7)锁销连接件损坏。 (8)电控阀电磁线圈损坏或引线拉断或未通电。 (9)航空插头松动或脱落。 (10)电控阀损坏或电压不足	(1)消除锁舌毛刺，清洗异物，检查复位弹簧。 (2)更换锁舌。 (3)更换或清洗。 (4)维修或更换永磁铁组合。 (5)修复或更换油缸。 (6)拧紧各螺丝。 (7)更换锁销连接件。 (8)修理或更换线圈，检查电源接通状况。 (9)紧固航空插头。 (10)更换电控阀，提高电压至 36 V
2	作为普通顶使用时滑动油缸不能复位到最高点	(1)锁舌卡住不能缩回。 (2)锁舌折断。 (3)永磁铁组合损坏或卡住。 (4)锁销连接件损坏。 (5)锁舌的锁闭角磨损。 (6)电控阀电磁线圈损坏或引线拉断或未通电。 (7)航空插头松动或脱落。 (8)电控阀损坏或电压不足。 (9)滑动油缸锁闭槽有毛刺或磕伤。 (10)其余各条与普通减速顶相同	(1)消除锁舌毛刺和异物。 (2)更换锁舌。 (3)维修或更换永磁铁组合。 (4)更换锁销连接件。 (5)修复锁闭角或更换锁舌。 (6)修理或更换线圈，检查电源接通状况。 (7)紧固航空插头。 (8)更换电控阀，提高电压至 36 V。 (9)修理锁闭槽或更换油缸。 (10)其余各条与普通减速顶相同
3	滑动油缸压下时受阻或不灵活	(1)锁舌损坏。 (2)方胶垫漏装或损坏。 (3)解锁销安装错误或损坏	(1)修复或更换锁舌。 (2)更换或加装方胶垫。 (3)修复或更换
4	夹块断裂或双头螺栓折断	(1)紧固力矩过大。 (2)轨距不符合标准。 (3)壳体底部被道砟垫死。 (4)壳体安装在曲线上未进行调整	(1)用力矩扳手按力矩要求紧固。 (2)由工务部门按标准调整轨距。 (3)将壳体底部道砟扒出15 mm间隙。 (4)更换壳体并按规定要求在壳体与钢轨轨腰之间加垫片调整。
5	壳体窜动	双头螺栓松动或损坏	按规定力矩重新紧固或更换新螺栓
6	壳体损坏	(1)壳体底部被道砟垫死。 (2)双头螺栓松动或紧固力矩过大。 (3)双头螺栓折断。 (4)壳体安装在曲线上未进行调整	(1)将壳体底部道砟扒出15 mm间隙。 (2)按规定力矩重新紧固双头螺栓。 (3)更换壳体组合件并重新紧固。 (4)按规定要求在壳体和钢轨轨腰之间加垫片调整

续上表

序号	故障现象	原因分析	处理方法
7	滑动油缸组合件窜出壳体	(1)止冲销折断。 (2)止冲销脱落或漏装。 (3)销轴折断或窜出。 (4)活塞杆断裂	(1)更换新止冲销。 (2)重新安装止冲销及 R 销。 (3)更换或重新安装销轴。 (4)更换滑动油缸组合件

(三)减速顶的室外保养

室外保养的目的是为了保证减速顶调速设备和调速系统始终处于正常的工作状态，室外保养的效果直接关系到溜放车辆的安全连挂率和运输生产的安全，同时也关系到减速顶的维修成本和使用寿命，因此必须按照规定的要求认真完成。室外保养应携带必要的工具和材料，并同时完成日常室外巡检的工作内容。室外保养的内容、周期与要求如下：

1. 紧固双头螺栓：对于壳体采用普通连接螺栓的减速顶，溜放部分每 1～3 个月应紧固一次，其他区段每 3～6 个月紧固一次，作业量大、气候环境等工况恶劣的站场应适当缩短时间。对于壳体连接螺栓采用特殊防松结构的，应执行产品相关技术文件的规定。紧固力矩必须达到规定要求，同时检查止动垫、防松垫片的完好情况，如有损坏应及时更换。

2. 对壳体及防尘圈进行润滑：对溜放部分采用普通壳体的减速顶每 1～3 个月润滑一次，其他区段每 3～6 个月润滑一次，对于作业量大、气候环境等工况恶劣的站场应适当缩短时间。对装有海绵润滑套的减速顶可根据使用情况延长润滑周期，采用无油润滑或其他特殊润滑方式的，应执行产品相关技术文件的规定。

对于 TDJ 型减速顶具体润滑要求如下：

(1)一般地区采用 3 号锂基脂；东北等寒冷地区，夏季采用 3 号锂基脂；冬季采用 2 号低温润滑脂。对气温低于 －10 ℃的地区，可在润滑脂中添加少量耐低温液压油均匀混合后使用。

(2)润滑方法：拔出滑动油缸组合件，在防尘圈、衬套储油槽及壳体贮油槽内涂满润滑脂。将滑动油缸组合件装入壳体内上下活动几次，拔出后将密封盖底部多余的润滑脂刮去，再插入壳体。TDJK 型高负荷可控减速顶将滑动油缸插入壳体时，应使充填垫底部的缺口对准止冲销位置，将止冲销上涂适量润滑脂，缺口向下插入壳体，将开口销或 R 销、L 销插入止冲销的孔内，开口销对称分开不应小于 30°。

(3)润滑时，应检查壳体内腔底部是否有杂物，如有应及时清理。检查止冲销、止冲座表面是否有裂纹，止冲销上的 O 形圈、开口销、R 销、L 销是否完好，如有损坏应及时更换。检查活塞杆上的销轴孔和销轴是否磨损，如有磨损应及时更换。

(4)对装有海绵润滑套的壳体，应使用毛刷或油枪向润滑套中注液压油，每 1 年左右应更换一次润滑套。

(5)对于带有固定油杯的壳体进行润滑时，用油枪通过油嘴向固定油杯内注混合润滑脂(注：混合润滑脂可用 3＃锂基脂或 2＃低温润滑脂和 10＃航空液压油按 1∶1 体积比例均匀混合，根据使用地区的温度不同可适当调整混合比例)，直到润滑脂从防尘圈处溢出为止。如润滑脂不能从防尘圈处溢出，应清洁注油腔和腔内通孔，保证注油腔内无风干的润滑脂和杂物。润滑时检查壳体内的O形圈是否完好,如有损坏应及时更换。油嘴紧固力矩为10～20 N·m,油堵紧固力矩为25～40 N·m。

(6)润滑后,将滑动油缸组合件插入壳体内并左右晃动,如晃动量较大,应对壳体内径尺寸进行检查,尺寸超限的应予以更换。

3. 用高度尺调整安装高度(滑动油缸最高点至轨面的高度):减速顶的安装高度每年应至少测量、调整一次,作业量较大的站场,减速顶的安装高度要求每3～6个月测量一次。安装高度应达到产品相关技术文件的规定,调整时还应及时检查调整垫,如有变形、损坏应及时更换。

4. 检查和更换防尘圈:减速顶的防尘圈应每1～2年更换一次,对于作业量大、气候环境等工况恶劣的站场应适当缩短时间。

5. 每半年对减速顶附近的杂物清扫一次,同时清擦壳体、滑动油缸和防尘圈,保证滑动油缸表面光亮、有油膜。工况恶劣的,应适当缩短时间。

6. 对于可控减速顶还应进行以下室外保养:

(1)电控阀或气控阀螺栓紧固:一般区段每1～3个月,高速区段(v>3.3 m/s)每月紧固一次,对于作业量大、气候环境等工况恶劣的站场应适当缩短时间。

(2)真空吸下式可控减速顶,应检查壳体上下腔之间的O形密封圈以及壳体与电控阀之间的密封胶垫,如有损坏应及时更换。

(3)对真空吸下式可控减速顶的壳体和防尘圈进行润滑后,应将滑动油缸组合件密封盖底部多余的润滑脂刮去,以防排气时将多余的润滑脂带入电控阀体内,影响电控阀的性能。

(4)每半年对可控减速顶电控阀或气控阀清洁一次,作业量大和工况恶劣的站场可适当缩短时间。

7. 有条件的站场,每2年对壳体外表面刷油漆一次,涂漆应符合产品相关技术文件的规定。

8. 检查并及时更换需要大修或使用寿命已到期的减速顶及其零部件。

9. 室外保养也可以结合室外检修同时进行,各站场的保养周期可根据现场的作业量、气象、环境等工况和日常的检修质量进行适当调整。

10. 室外保养应按规定的要求做好记录,相关要求与室外巡检基本相同。

(四)减速顶的室外集中检修

为了使减速顶及调速系统达到最佳的技术性能和使用效果,确保调车作业安全,对于减速顶使用数量多,运输作业量大的站场,一般可采用每年进行春季和秋季两次室外集中检修,即在每年3～4月份左右进行一次春季集中检修,每年9～10月份左右进行一次秋季集中检修。春检和秋检的内容应执行室外巡检和室外保养的全部内容。考虑到气温对减速顶性能的影响,对于在检查中需要进行解体和重新装配的滑动油缸组合件,春检时的注油量和氮气压力(弹性体为气体时)应取公称值,秋检时的注油量和氮气压力应取公称值的上限。

(五)减速顶的室内检修

对于巡检中发现有故障的整台减速顶或减速顶壳体、滑动油缸组合件,凡是不方便在现场处理的,应从线路上拆回进行室内检修,室内的日常检修作业内容和程序如下。

1. 分解作业

(1)对有故障的整台减速顶，应拆下开口销或R销、L销以及止冲销，将滑动油缸组合件从壳体中拔出。

(2)对有故障的壳体，应拆下磨耗超限或已损坏的防尘圈，卸下已损伤或折断的双头螺栓。壳体内使用海绵润滑套的应将润滑套拆下，同时将壳体底部的调整垫倒出。卡式壳体还应将夹块从壳体上卸下。

(3)对有故障的滑动油缸组合件，应按照以下步骤解体：

①拆下销轴和止冲座。

②如密封盖采用弹性销固定的，应使用专用冲子将弹性销打出；如采用弹性卡环的，应使用专用卡钳将弹性卡环卸下。

③将滑动油缸组合件倒置并固定在专用夹具上，注意夹具不得将滑动油缸外表面损伤。用专用扳手卸下密封盖。为防止油缸内具有一定压力的油气混合物由充气孔喷出污染环境，在即将卸荷时动作应缓慢，同时应在油缸充气孔处设保护罩。

④松开夹具，取下油缸组合件，将活塞组合件从油缸中拔出，按顺序放在工作台上(或移动工作车的架子上)。

⑤将滑动油缸内的油液倒入废油箱中，再将滑动油缸倒置按顺序放在工作台上(或移动工作车的架子上)。

⑥用专用钩子卸下密封盖上的内、外密封圈。

(4)对有故障的活塞组合件，应按照如下步骤解体：

①将活塞头朝上固定在专用夹具上，注意夹具不得将活塞杆的外表面损坏。用专用扳手卸下速度阀座(或压力阀座)。

②松开夹具，取下活塞、速度阀座(或压力阀座)、速度阀板、速度阀弹簧、回程阀板、压力阀、压力阀弹簧及调压螺丝等。如活塞组合件为分体式结构的，应同时卸下活塞与活塞杆。

(5)对有故障的电控阀或气控阀应根据故障情况确定是否进行解体。

2. 清洗作业

(1)首先用棉纱或布将壳体和滑动油缸上的泥沙、油污及杂物擦拭干净。

(2)将滑动油缸放入盛有清洗液的清洗箱内，用毛刷对油缸的内外表面和帽头进行清洗，注意应特别认真地清洗油缸的螺纹部分。清洗后将滑动油缸帽头朝上按顺序放在工作台上(或移动工作车的架子上)。

(3)将活塞组合件放入盛有清洗液的清洗箱内，用毛刷对活塞的各部位进行清洗。然后将活塞组合件按顺序放在工作台上(或移动工作车的架子上)。

(4)用清洗液清洗密封盖，重点应清洗密封盖的螺纹部分以及内外表面的密封沟槽。

(5)用清洗液清洗解体的活塞组合件的各零部件，包括活塞(杆)、速度阀座(压力阀座)、速度阀板、速度阀弹簧、回程阀板、压力阀、压力阀弹簧及调压螺丝等。

(6)用清洗液清洗止冲座、止冲销、调整垫等。

(7)用清洗液清洗解体后的电控阀或气控阀零件，注意有绝缘性能要求的如线圈等不得清洗。

(8)采用专用清洗机对减速顶零部件进行清洗的，应按照设备要求的相关规定进行作业。

3. 外观检查与修理

(1)壳体的检查与修理

①检查壳体有无损伤或裂痕，壳体内的衬套有无松动、脱落或损伤；对于无衬套的壳体应检查内表面有无划伤，双头螺栓有无松动或折损。如有应修理或更换。

②检查壳体上的排气孔有无堵塞，如有应清理干净，确保排气道通畅。

③对于有防脱线功能的壳体，还应检查挡块有无裂纹、折断或磨耗超限，如有应修理或更换。

④对于有防风雪功能的壳体，还应检查排气管有无松动、脱落或损伤，如有应修理或更换。

⑤对于卡式减速顶壳体，还应检查夹块或壳体卡口有无裂纹或折断，如有应修理或更换。

⑥对采用外部注油嘴的壳体，还应检查注油嘴有无松动、脱落或损坏，如有应修理或更换；检查注油通道是否被污物堵塞，如有应清洗疏通，确保注油通道畅通。

⑦对可控减速顶的壳体，还应检查与电控阀或气控阀的配合面有无损伤，螺纹孔有无划伤或乱扣，壳体内的密封沟槽有无损伤或变形，如有应修理或更换。

(2)滑动油缸的检查与修理

①检查滑动油缸的内外表面有无磕伤或划伤，外表面的镀层有无脱落，如有应修理或更换。

②检查滑动油缸内孔的螺纹有无划伤或乱扣，如有应修理或更换。

③检查滑动油缸的帽头有无变形。如图 9-20 所示，蘑菇形帽头的变形量 H 大于 5 mm 时应予更换，球头形帽头碾压变形量 H 大于 3 mm 时应予更换；帽头碾边宽度大于 2.5 mm 时，应将碾边用砂轮磨去。

④对机械锁闭式可控减速顶，还应检查滑动油缸外表面上的锁闭沟槽有无毛刺、裂纹或变形，如有应修理或更换。

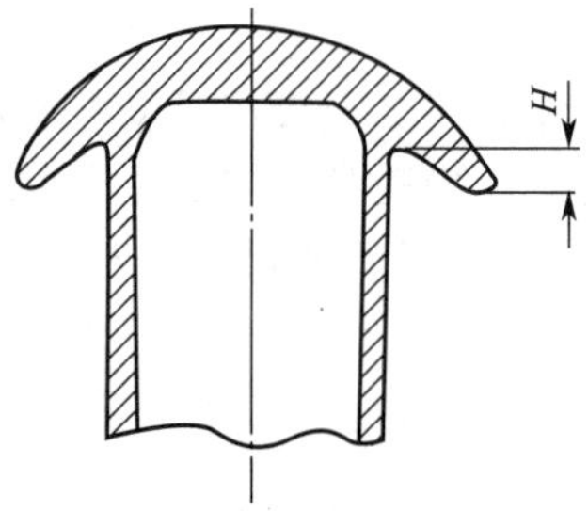

图 9-20　蘑菇形滑动油缸帽头变形示意图

(3)活塞组合件的检查与修理

①检查活塞头部的摩擦副有无划伤或磨耗超限，如有应修理或更换。对活塞头部直接作为摩擦副的，应检查活塞头部圆周表面有无划伤或磨耗超限，如有应修理或更换。

②检查活塞杆表面有无磕伤或划伤，镀层有无脱落，如有应修理或更换。

③检查活塞杆根部有无变形或打堆，销孔处有无裂纹和损坏，如有应修理或更换。

④检查速度阀弹簧及开量是否符合规定的要求。检查速度阀板、回程阀板有无变形或损伤，如有应修理或更换。

⑤用扭矩扳手检查速度阀座(或压力阀座)的紧固力矩是否符合规定的要求。

⑥对于压力阀座为可调式的 TDJ 型减速顶，应检查调整螺母上的弹性销是否窜动，如有窜动应更换新的弹性销。

⑦对压力阀开启压力有要求的活塞组合件，应按规定要求进行打压试验，对开启压力不合格的，应重新进行调定。

⑧对单向减速顶的活塞组合件，还应重点检查单向回程阀组合件的相关零件有无损伤或变形，如有应修理或更换。

⑨对双临界速度减速顶的活塞组合件，还应重点检查第二级速度阀的相关零件有无

损伤或变形，如有应修理或更换。

⑩对因故障而解体的活塞组合件，解体后对各零件的检查与上述相同。

(4)密封盖的检查与修理

①检查密封盖有无明显的压痕或变形，内孔表面有无损伤，如有应修理或更换。

②检查密封盖的螺纹有无划伤或乱扣，如有应修理或更换。

③检查密封盖的内外密封沟槽有无损伤或变形，如有应修理或更换。

④对采用弹性销固定油缸组合件与密封盖的，还应检查密封盖上的斜销孔，如因多次解体造成斜销孔过多，应及时更换。

(5)检查止冲装置

检查止冲销有无弯曲变形，止冲座表面、根部及销孔处有无裂纹或变形，如有应修理或更换。

(6)其他检查

检查减速顶的其他各零件有无损伤或变形，如有应修理或更换。

(7)更换密封件

更换减速顶的所有密封件。

(8)可控减速顶电控阀或气控阀的检查与修理

①检查电控阀的线圈有无短路或断路，如有应修理或更换。

②检查机械锁闭式可控减速顶的锁舌和弹簧是否损伤或断裂，如有应修理或更换。

③对于真空吸下式可控减速顶，应检查电控阀的排气通道有无堵塞，如有应清理干净，确保排气道通畅。

④检查电控阀或气控阀的阀体、阀盖及各零部件有无损伤或失效，如有应修理或更换。

4. 组装作业

(1)组装活塞组合件

对有故障的减速顶活塞组合件在解体检修后应重新进行组装，组装步骤如下：

①分体式活塞结构的，应先将活塞头装到活塞杆上。

②组装压力阀：将压力阀弹簧、压力阀(球阀、锥阀或平板阀等)、压力阀座等依次装入活塞，压力可调节的应装入调压装置。

③组装速度阀：将速度阀弹簧、速度阀板、速度阀座(或压力阀座)依次装入活塞，双临界速度减速顶应同时装入第二速度阀及弹簧。如速度阀为可调式结构，应调节速度阀开量使其符合相应档次的规定。固定调节装置，用力矩扳手紧固速度阀座(或压力阀座)。

④组装回程阀：将回程阀板从活塞杆下端装入，并用卡环等将其定位；如为单向减速顶，则安装的是单向回程阀总成。

⑤活塞头部有摩擦副的，应将摩擦副安装到活塞头上。

⑥对需要打压的活塞组合件应放在专用试验台上进行打压，以确保其开启压力符合产品规定的要求。

(2)组装滑动油缸组合件

①安装密封盖上的密封圈：将新更换的密封圈安装在密封盖的内外沟槽中，如采用聚四氟乙烯组合密封，应按产品规定的要求组装和恢复变形。

②将清洗后的滑动油缸倒置于专用支架上，按产品规定的品种和容积注入液压油(注

意:使用两种以上液压油的减速顶冬、夏季节的要求不同)。

③检查速度阀弹簧及开量是否符合产品相关技术文件的规定并与滑动油缸上标注的档次一致。

④将打压合格的活塞组合件装入滑动油缸中,再将密封盖套在活塞杆上,注意不应损伤密封盖内孔的密封圈,然后轻轻地拧入油缸端部的螺纹内,注意只拧入 2～3 扣即可。

⑤对滑动油缸组合件进行充氮(弹性体为氮气时):将组装后的滑动油缸组合件放入专用试验台上进行充氮(全液压式减速顶除外)。

⑥对充氮后的油缸组合件进行油气压力检测,应符合产品相关技术文件的规定。

⑦对密封盖采用弹性销固定的油缸组合件,应将其放在专用胎具上钻孔,然后用专用冲子将弹性销打入,注意弹性销不得高出油缸外表面。如采用弹性卡环的,应使用专用卡钳将弹性卡环装入油缸内壁。

⑧安装止冲装置:将止冲座、销轴及卡环(或 O 形橡胶圈)装入活塞杆的根部。对真空吸下式可控减速顶的油缸组合件应先在活塞杆上装入橡胶填充垫,再装入止冲装置。

⑨对滑动油缸上标记不清或不符的,应重新作出标记。

(3)组装壳体

①将防尘圈装入壳体的沟槽中,对真空吸下式可控减速顶还应将 O 形密封圈装入壳体的密封沟槽内。

②将双头螺栓拧入壳体的螺孔内,拧入螺栓的力矩应符合产品相关技术文件的规定。然后在螺栓上装入止动垫片、防松垫及螺母等。卡式壳体应同时装入夹块,可控减速顶壳体还应在双头螺栓上装入卡线片。

③对防风雪壳体应安装高排气管组合件,采用外部润滑的应安装注油嘴。

④按规定的要求在壳体底部装入一定数量的调整垫。

(4)减速顶总装

①按规定的要求在壳体的防尘圈及衬套的储油槽内涂满润滑脂。无衬套的壳体应在壳体内壁的储油槽内涂满润滑脂;如壳体内使用海绵润滑套的,则无需在壳体内涂润滑脂,而应将浸泡好液压油的润滑套装入壳体的沟槽内。

②将滑动油缸组合件装入壳体内上下滑动几次,拔出后将密封盖底部多余的润滑脂刮去,再插入壳体。当 TDJ 型高负荷可控减速顶的滑动油缸插入壳体时,应使充填垫底部缺口对准止冲销的位置。

③将止冲销上涂适量润滑脂,对有缺口的止冲销应缺口向下插入壳体,将开口销或 R 销、L 销插入止冲销的孔内,开口销对称分开不应小于 30°。

④安装单向减速顶的止冲销时,应将止冲销经由壳体插入止冲座的两个定位销之间,使止冲座固定在壳体内。

⑤可控减速顶,应将控制阀安装在壳体上。安装真空吸下式可控减速顶的电控阀时,应在壳体与电控阀之间安装密封胶垫。

5. 室内检修的技术要求

(1)用力矩扳手检查压力阀座的紧固扭矩,应符合产品相关技术文件的规定。

(2)速度阀开量、速度阀弹簧、压力阀开启压力、注油量、充气压力(弹性体为气体时)等技术参数应符合产品相关技术文件的规定。

(3)注入滑动油缸内的液压油的品种和容积应符合产品相关技术文件的规定。

(4)滑动油缸组合件的密封性能(当弹性体为气体时)应符合产品相关技术文件的规定。

(5)滑动油缸组合件的油气压力(弹性体为气体时),应符合产品相关技术文件的规定。

(6)组装减速顶使用的润滑脂应符合产品相关技术文件的规定。

(7)滑动油缸组合件的回程时间应符合相关技术文件的规定(包括慢回程减速顶和单向减速顶)。

(8)对检修后的可控减速顶控制阀进行通、断电试验,其性能应符合产品相关技术文件的规定。

6.装配后的检查

(1)密封性能检查(当弹性体为气体时):将装配后的滑动油缸组合件帽头向下倒置,在密封部位表面覆盖少量液压油,将活塞杆压下至最大工作行程的60%以上并稳定在该状态,观察密封部位不应有气泡溢出。

(2)油气压力检查:将装配后的滑动油缸组合件放在压力测试仪上,将活塞杆压下至最大工作行程的60%并稳定在该状态,检测并记录此时的油气压力是否符合产品规定的技术要求。

(3)安装尺寸检查:减速顶的安装高度及滑动油缸帽头边缘与钢轨轨头侧面的水平最小间隙应符合产品相关技术文件的规定。

(4)动作检查:在相互垂直的两个位置用工具将减速顶的滑动油缸压至最大工作行程,松开后滑动油缸在壳体内应能活动自如,即能以一定的回程速度上升至最高点。

(5)止冲性能检查:在相互垂直的两个位置用工具或手将滑动油缸帽头向上拔起,减速顶的止冲装置应能起止冲作用。

(6)可控减速顶还应进行可控功能检查:按规定的电压对装配后的常立式可控减速顶电控阀送电,将滑动油缸组合件压至最低点,可控减速顶应能可靠地吸下或锁闭;在断电时真空吸下式可控减速顶应能自动弹起,锁闭式可控减速顶在滑动油缸组合件压下一次后应能解锁。按规定的电压对装配后的常吸下(锁闭)式可控减速顶电控阀送电和断电,其动作情况应与上述刚好相反。气动式可控减速顶在做动作检查时应按产品规定的要求对气控阀供气。

(7)对装配后的单向减速顶或滑动油缸组合件还应进行单向功能检查:用工具或脚分别顺时针和逆时针方向旋转并压下单向减速顶的油缸组合件,滑动油缸应能相对锁闭在下方并以很缓慢的速度回升,而在反方向压下时应与普通减速顶作用相同。

(8)对装配后的双临界速度减速顶或滑动油缸组合件,由于在室内不具备试验条件,因此应将其安装在现场后,检查减速顶的双临界速度功能是否符合要求。

7.储存和清理

(1)每次室内检修工作结束后,应关闭所有设备的开关并切断电源,同时对室内卫生进行清洁打扫。

(2)维修中产生的废油及其他废弃物应集中存放,妥善保管,并按国家环保的有关规定处理。

(3)检修后的减速顶或油缸组合件应按照其品种和档次分类存放。弹性体为气体的减速顶应尽可能使滑动油缸的帽头向上放置。

(4)各种减速顶及其零配件应贮存于通风良好、干燥的库房中,液压油和润滑脂等油品应尽可能单独存放,对所有零配件和材料的使用都应建立专门的备品管理账目。

8. 记录

对每台减速顶或油缸组合件完成室内检修后应按规定做好检修记录,应设有专用记录本并由专人保管。记录应包括检修日期、减速顶的编号与档次、检修内容、更换的零配件、检修和验收人员(签字)等。有条件的站场应采用计算机进行维修管理。

二、TDJ 型加速顶的日常维修

(一)TDJ 型加速顶的室外巡检

对安装在线路上的 TDJ 型加速顶应进行巡视、检查和修理,巡检作业时须携带必要的工具及适当数量的备品和配件。发现有故障的加速顶应及时在室外进行修理,室外不便处理的应将故障加速顶或部件运回维修场所进行室内检修。室外巡检的时间和周期可根据加速顶使用的年限、现场的作业量、气象、环境等工况和检修的质量情况由维修部门确定。布顶区段每周巡检两次(每次间隔不少于 2 天)。TDJ 型加速顶室外巡视、检修的内容和要求如下:

1. 外观检查:检查加速顶的各零部件是否完好,如有缺损应及时更换。

2. 检查气控阀和加速装置上的防尘圈是否磨耗与损坏,防尘圈应无裂纹、变形和松动,检查防尘圈内径刃口上是否有磨耗后出现的倒角。对磨耗超限不起防尘作用或已损坏的防尘圈应及时更换,更换防尘圈后必须重新进行润滑。

3. 检查双头螺栓是否松动或折断,双头螺栓或螺母松动者都要及时紧固,折断的螺栓应拧出并更换新螺栓。更换新螺栓时应在螺纹处涂润滑脂防锈,螺栓拧入壳体的紧固力矩应符合相关技术文件的规定。

4. 检查缸体和阀体上的六角螺栓是否有松动、脱落,如有应及时处理。

5. 检查顶杆、阀杆是否动作自如,顶杆是否松动,缸体内有无异常金属响声,发现异常应及时处理。

6. 检查阀芯是否损坏而造成漏气、缸体上的排气孔是否被堵塞,如有异常应及时处理。

7. 检查加速顶是否与轨枕、防爬设备和道砟等接触,缸体及阀体底部与石砟的间隙应大于 15 mm,如有接触应及时处理。需要工务部门配合时,应提前做好计划并及时通知工务部门,联合检修时应做好记录。线路积水、积雪不应超过加速顶缸体排气孔的位置。

8. 检查阀杆和加速顶杆的外表面是否有黑色污渍,如有应及时进行去渍处理和润滑。

9. 对于个别有故障的加速顶来不及处理时,必须将其供气阀关闭,做好记录,并在条件允许时尽快予以处理。

10. 每次巡检后应按照规定的要求做好巡检记录。

(二)TDJ 型加速顶的室外保养

室外保养应携带必要的工具和材料,并同时完成日常室外巡检的工作内容。室外保养的内容、周期与要求如下:

1. 紧固双头螺栓:采用普通连接螺栓的加速顶,溜放部分每 1～3 个月应紧固一次,其他区段每 3～6 个月紧固一次,作业量大、气候环境等工况恶劣的站场应适当缩短时间。连接螺栓采用特殊防松结构的,应执行相关技术文件的规定。紧固力矩应达到产品技术文件规定的要求，同时检查止动垫、防松垫片的完好情况，如有损坏应及时更换。

2. 对防尘圈进行润滑：溜放部分的加速顶每1～3个月应润滑一次，其他区段每3～6个月应润滑一次，作业量大、气候环境等工况恶劣的站场应适当缩短时间。

3. 对润滑脂的要求：一般地区采用3号锂基脂；北方寒冷地区，夏季采用3号锂基脂，冬季采用2号低温润滑脂。对气温低于 −10 ℃的地区，冬季可在润滑脂中添加少量耐低温液压油均匀混合后使用。

4. 按规定填写保养作业记录。

（三）TDJ 型加速顶的室内检修

对巡检中发现的加速顶故障不方便在现场处理的，应拆回进行室内检修，检修后应及时安装恢复使用。TDJ 型加速顶在室内的日常检修作业内容和程序如下。

1. 分解作业

（1）拆除加速顶缸盖螺栓，取出缸盖组合件和下锥簧。

（2）拆除阀体连接螺栓，取下阀体组合件。

（3）拆除销轴及六角槽型螺母，取下弹簧垫圈、平垫圈、活塞、上锥簧、缓冲垫、碗形平垫圈、O 形密封圈、加速顶杆及缸盖。

（4）拆除上下阀盖的六角螺栓，取下阀杆、上阀盖、阀体上弹簧、下阀盖、阀体下弹簧、阀芯、阀套及各部位的 O 形密封圈。

2. 清洗作业

（1）首先用棉纱或布将零配件内外部的泥沙、油污及杂物擦拭干净。

（2）用清洗液清洗加速装置的所有零部件。包括：缸体、缸盖、加速顶杆、活塞、碗形平垫圈、平垫圈、弹簧垫圈、六角槽型螺母、Yx 型密封圈、上下锥簧等。

（3）用清洗液清洗气控阀的所有零部件。包括：阀体、阀芯、阀帽、阀杆、阀套、上、下阀盖及上、下阀体弹簧等。

（4）将清洗过的所有零配件擦干，并按顺序放置在工作台上。

3. 外观检查与修理

（1）检查缸体底部有无裂痕，缸体内表面有无划伤，螺孔部分有无划伤、乱扣，如有应修理或更换。

（2）检查缸盖的双头螺栓有无松动或折损，如有应紧固或更换；检查缸盖内的衬套有无松动、脱落或损坏，如有应更换；检查缸盖上的排气孔有无堵塞，如有应清理干净，确保排气道通畅。

（3）检查加速顶杆的帽头有无变形，表面镀层有无脱落、顶杆有无裂纹，螺纹有无划伤或乱扣，如有应修理或更换。

（4）检查活塞的圆周表面有无划伤或磕伤，如有应修理或更换。

（5）检查六角槽型螺母槽底尖角处有无裂痕，螺纹有无划伤和乱扣，如有应修理或更换。

（6）检查 Yx 密封圈有无损伤或变质而失去弹性，如有应更换。

（7）检查平垫圈、碗形平垫圈有无裂痕或变形，如有应修理或更换。

（8）检查阀体、阀帽、阀杆及上下阀盖有无裂纹或变形，如有应修理或更换。

（9）检查上阀盖内的衬套有无松动、脱落或损坏，如有应修理或更换。

（10）检查阀套内的衬套有无松动、脱落或损坏，如有应修理或更换。

(11)检查上下锥簧,上下阀体弹簧有无断裂或变形,如有应更换。

(12)检查阀芯燕尾槽上的压胶密封垫有无松动、脱落或损坏,检查阀芯有无变形和裂纹,如有应更换。

(13)检查销轴及所有连接螺栓、平垫圈和弹簧垫圈有无损坏或丢失,如有应更换。

(14)检查缸盖与上阀盖的无骨架防尘圈、缓冲垫以及所有密封件有无划伤、变形或损坏,如有应修理或更换。

(15)在缸盖与上阀盖的无骨架防尘圈内,在缸盖衬套、上阀盖衬套、阀芯衬套、缸体内表面上均匀涂上润滑脂。

4.组装作业

(1)组装缸盖组合件

①用专用夹具将顶杆蘑菇头夹住,在顶杆上安装O形密封圈。

②将无骨架防尘圈装入缸盖,在防尘圈及缸盖衬套上均匀涂上润滑脂,将顶杆由上至下插入缸盖。

③将平垫圈和碗形平垫圈套入顶杆(注:中心盘高度,在安装时可根据需要适当增、减平垫圈的数量)。

④将上锥簧装在加速顶杆上。

⑤将缓冲垫、Yx密封圈套入活塞,再将活塞从加速顶杆下部装入。

⑥在加速顶杆上装入弹簧垫和六角槽型螺母并拧紧。在六角槽型螺母的孔中装入开口销,将开口销对称分开应不小于30°。

(2)组装加速装置

①在缸体内表面上均匀涂上润滑脂,将下锥簧装入缸体中。

②将缸盖组合件插入缸体中。

③在缸盖螺栓孔中装入L形螺栓及配套的弹簧垫和螺母。

④拧紧缸盖螺栓与螺母。

此即完成了加速装置的全部装配工作。

(3)组装阀体组合件

①在阀芯、阀套和下阀盖上分别安装O形密封圈。

②在阀套内壁均匀涂上润滑脂,将阀芯装入阀套,再装入阀体内。

③将无骨架防尘圈装入上阀盖,在防尘圈及上阀盖衬套内均匀涂上润滑脂,将阀杆由下至上插入上阀盖,在阀杆头部装上阀帽和开口销(或圆柱销)。

④在阀体内装入上下弹簧及上下阀盖。

⑤装入上下阀盖的六角螺栓、弹簧垫和螺母。

⑥拧紧上下阀盖的六角螺栓与螺母。

(4)加速顶总装

①在阀体侧面密封圈槽内均匀涂上润滑脂,装上O形密封圈。将阀体组合件与加速装置密贴在一起,装上连接螺栓、弹簧垫及螺母。在装配101、102型加速顶时应特别注意其方向性,即左侧使用的阀体应与左侧使用的缸体组装在一起,右侧使用的阀体应与右侧使用的缸体组装在一起。

②拧紧连接螺栓与螺母。

③刻录活塞、加速顶杆的使用年、月,记录加速顶的编号。

5.装配后的检查

(1)外形尺寸检查:加速顶的外形尺寸应符合产品技术文件的规定。101、102 型加速顶,装配后还应检查其方向性。

(2)动作性能和密封性能检查:对装配后的加速顶进行通气试验,向加速顶气控阀的进气口通入 6～8 kgf/cm^2 的压缩空气,用工具或人工压下气控阀帽头,打开气控阀,加速顶杆在压缩空气作用下,应能快速上升至最高点;松开气控阀后,气控阀杆应自动复位至最高点,同时加速顶杆在自重和上锥簧的作用下应能自动复位至低点。观察加速顶各部分应动作灵敏可靠并无任何漏泄。

6.记录

对每台加速顶在完成室内检修后应按规定做好记录,应设有专用记录本并由专人保管。记录应包括检修日期、加速顶编号、检修内容、更换的零配件、检修和验收人员(签字)等。有条件的站场应采用计算机进行维修管理。

三、减速顶调速设备的大修与报废

(一)减速顶的大修

1.减速顶大修的期限

在铁道行业标准《铁道车辆减速顶运用、维修要求》(TB/T 2664—2009)中对减速顶的大修期限做了以下的规定:

(1)在正常使用和维修条件下,普通减速顶和可控减速顶(含控制阀)的滚压次数达到 180 万次或使用满 3.5 年的应进行大修,以先到为准。

(2)其他有特殊性能的减速顶的滚压次数或使用年限达到相关技术文件规定的使用寿命的 60%时应进行大修,两项指标以先到为准。

2.减速顶大修的主要内容

减速顶调速设备的大修应包括上述室内检修的全部工作内容。除此之外,还应有以下的工作内容:

(1)检测壳体或衬套的内径尺寸。

(2)检测滑动油缸内、外径、螺纹及帽头形状。

(3)检测活塞配合部位外径尺寸(当活塞直接作为摩擦副时)。

(4)检测活塞杆外径尺寸。

(5)检测密封盖内孔直径和螺纹尺寸。

(6)检测压力阀。

(7)检查速度阀板和回程阀板。

(8)更换活塞头部摩擦副零件(当活塞头部装有单独的摩擦副时)。

(9)更换速度阀弹簧、压力阀弹簧。

(10)更换壳体连接螺栓。

(11)对可控减速顶的控制阀进行解体检查:

①对真空吸下式可控减速顶的电控阀,应检查线圈的绝缘性能、永久磁铁的磁性等,并更换所有紧固件、密封件和弹簧。

②对机械锁闭式可控减速顶的电控阀,应检查锁闭机构的零部件有无损坏,锁舌有无磨损或断裂,并更换所有紧固件和弹簧。

(12)对单向减速顶,除按普通减速顶进行大修项目检查之外,还应检查单向锁闭机构的零部件有无损坏,并更换所有密封件和弹簧。

(13)对双临界速度减速顶,除按普通减速顶进行大修项目检查之外,还应检查第二级速度阀的相关零部件有无损坏,并更换第二级速度阀的弹簧与密封件。

3. 减速顶大修的技术质量要求

(1)对壳体的技术质量要求。

①当壳体或衬套中部内径大于产品规定的公称值 0.50 mm 时,应更换。

②减速顶壳体应重新涂漆,并应符合产品相关技术文件中的规定。

(2)对滑动油缸的技术质量要求。

①滑动油缸外表面的中部直径小于公称值 0.09 mm 时,应更换。

②滑动油缸内表面的中部直径大于公称值 0.12 mm 时,应更换。

③表面镀层脱落的应重新镀、磨或更换。

④蘑菇形帽头变形量 H 大于 5 mm 时(见图 9-20),应更换。

⑤大修后的滑动油缸应按照规定的技术要求在油缸非工作面作出分档标记。

(3)对活塞的技术要求。

①活塞杆中部外径小于公称值 0.07 mm 时,应更换。

②当活塞头部直接作为摩擦副时,其配合部位外径尺寸小于公称值 0.07 mm 时,应更换。

③活塞杆表面镀层脱落的应重新镀、磨或更换。

(4)对密封盖的技术要求。

①内径大于公称值 0.15 mm 时,应更换。

②螺纹损伤影响使用的,应更换。

(5)对压力阀的技术要求。

压力阀的配合面有明显压痕或变形的,应更换。

(6)对速度阀、回程阀的技术要求。

速度阀板及回程阀板的配合面有明显压痕或变形的,应更换。

(7)对有特殊性能减速顶的技术要求。

①真空吸下式可控减速顶的电控阀,线圈的绝缘性能及永久磁铁的磁性低于规定值时,应更换。

②机械锁闭式可控减速顶的电控阀,锁舌有明显磨损或断裂,锁闭机构其他零件有损坏的,应更换。

③单向减速顶,单向锁闭机构的零部件有明显变形或损坏的,应更换。

④双临界速度减速顶,其第二级速度阀板及相关零部件明显变形或损坏的,应更换。

(8)大修后的减速顶的技术要求。

大修后的减速顶应能满足现场的使用要求,具有特殊性能的减速顶大修后应能稳定、可靠地实现其特殊功能。

(二)减速顶的报废

在铁道行业标准《铁道车辆减速顶运用、维修要求》(TB/T 2664—2009)中对减速顶的报废做了如下的规定:

1. 在正常使用和维修条件下,普通减速顶和可控减速顶(含控制阀)的滚压次数达到

300 万次或使用满 6 年应予报废，以先到为准。

2.其他有特殊性能的减速顶的报废期限应符合产品相关技术文件的规定。

各设计生产单位应根据上述铁道行业标准的要求和各自产品的特点，具体制定各种产品的报废期。

(三)加速顶的大修

根据南京东站多年来对加速顶使用和维修的经验，对加速顶的大修和报废的有关内容和做法介绍如下，供使用单位参考。

1.加速顶大修的期限

在正常使用和维修条件下，加速顶的滚压次数达到 180 万次或使用满 3.5 年的应进行大修，以先到为准。

2.加速顶大修的主要内容

加速顶的大修应包括上述室内检修的全部工作内容。除此之外，还应有以下的工作内容：

(1)检测缸体的内径尺寸，检查所有螺纹孔。

(2)检测缸盖衬套的内径尺寸，检查双头螺栓的螺纹孔。

(3)检测阀体安装阀套处的内径尺寸，检查与阀芯密封处的阀线及螺纹孔。

(4)检测上阀盖的内径尺寸，检查上、下阀盖。

(5)检测阀套的内径尺寸，检查 O 形密封圈沟槽。

(6)更换加速顶杆、阀杆和活塞。

(7)更换上、下锥簧、阀体组合件的上、下弹簧。

(8)更换缸盖上的双头螺栓、螺母及垫片。

(9)更换橡胶缓冲垫、Yx 密封圈、无骨架防尘圈和其他所有密封件。

(10)更换所有紧固件。

3.加速顶大修的技术质量要求

(1)对缸体的技术质量要求

①当缸体中部内径大于产品规定的公称值时，应采取涂镀工艺修复至设计尺寸或予以更换。

②缸体上的螺纹孔有划伤或乱扣的，应修复或更换。

③大修后的缸体应重新涂漆，并应符合产品相关技术文件中的规定。

(2)对缸盖的技术要求

①缸盖衬套的中部尺寸大于产品规定的公称值时，应更换。

②缸盖上的双头螺栓螺纹孔有划伤或乱扣的，应修复或更换。

③大修后的缸盖应重新涂漆，并应符合产品相关技术文件中的规定。

(3)对阀体的技术要求

①安装阀套处的内径尺寸大于产品规定的公称值时，应更换。

②阀体与阀芯密封处的阀线有损伤，影响密封效果的，应修复或更换。

③阀体上的螺纹孔有划伤或乱扣的，应修复或更换。

(4)对上、下阀盖的技术要求

①上、下阀盖有损伤、裂纹和变形的，应更换。

②上阀盖衬套内径大于产品规定的公称值时，应更换衬套。

(5)对阀套的技术要求。

①阀套衬套内径大于产品规定的公称值时,应更换。

②O 形密封圈沟槽有裂纹或损坏的,应更换。

4. 记录

对每台加速顶在完成大修后应按规定做好记录,记录的内容和要求与室内检修的记录相同。

(四)加速顶的报废

在正常使用和维修条件下,加速顶的使用达到第 2 个大修期时,应报废。

第六节　停车防溜设备的维护与管理

一、停车器的维护与管理

停车器的维护与管理包括日常维修、大修和报废等方面的内容,虽然各种停车器的维护、管理各有不同,但在许多方面还是基本相同的。现仅以 T·TK—92 型可控停车器的维护、管理为例加以介绍。

(一)T·TK—92 型可控停车器的日常维修

T·TK—92 型可控停车器是编组站尾部的安全防溜设备,该设备受机车、车辆反复挤压、冲击、振动和风雨、冰雪等自然因素的侵袭,为了尽量减缓可控停车器的损耗,防止故障出现,在设备使用过程中,要做好日常维修,使可控停车器处于良好的技术状态。当出现不正常现象时,应根据故障性质及时采取相应措施进行维修。

1. 机械部位的检修

(1)可控停车器投入使用后,应检查有关开口销和紧固件是否良好,发现松动立即拧紧,以免降低可控停车器的使用能力和寿命。

(2)经常检查可控停车器在制动状态时制动轨两作用面间距离是否保持在(1 365±2) mm,缓解状态时距离是否小于 1 350 mm。如尺寸不符合要求,应及时调整相应的零部件。重点测量三点:即第一、四、六根支承臂处的间距。

(3)检查制动轨和支撑臂有无断裂、开焊或变形,如有应及时更换。

(4)要保持可控停车器和液压站、电缆箱盒的平整及周围整洁,特别是制动轨的制动面不允许有油污和杂物,以免降低可控停车器的制动能力。

2. 支撑臂部分的检修

每个支撑臂下部有一套扣件,用来将可控停车器固定在基本轨上,支撑臂上固定有两根制动轨以及油管路、液压油缸和压缩弹簧。弹簧下部有托梁,用以保证弹簧进一步压缩时的稳定性。每条线路中的某一台可控停车器的中间支撑臂处安装了一个行程开关,在日常使用中,支撑臂上的制动轨由于直接和车辆轮对接触而产生制动力,在车辆对支撑臂的挤压过程中,停车器有关各个零件都处于受力状态。制动轨固定螺栓,扣件上的紧固螺母、行程开关等都可能产生松动现象。若松动时间过长,螺栓等容易脱落,使可控停车器限界发生变化,调车机车与车辆通过时容易发生刮撞,影响行车安全。同时,因紧固件松动,各部件间磨损加大、受力不均匀,也容易使可控停车器的制动能力降低,寿命缩短。因此在每次检修过程中,必须对这些连接螺栓经常进行检查、紧固。

3.液压站的检查与调整

液压站的基本结构如图9-21所示。液压站是可控停车器实现缓解与制动的动力源。油箱中的液压油通过液压泵产生压力油输入支撑臂中的油缸，油缸压缩弹簧达到缓解的目的。制动时，反向压力油打开单向阀，使油缸中的压力油靠弹簧的弹力输回油箱，最后使制动轨达到制动位置。

(1)液压站的油量检查。

当液压站的油箱内油量不足时，液压系统达不到要求的压力，这将导致可控停车器不能正常实现制动、缓解转换，因此应每周检查一次油量，使液压系统有足够的液压油。

打开液压站内窥油口，察看油箱内油量是否充足。一般油面应高于油箱底面60 mm，不足时应及时注入液压油。夏季时注入20＃普通液压油(YA—N32)，冬季寒冷地区应更换为20＃低凝液压油(YG—N32)。

油箱加油完毕后，应反复制动、缓解(反复泵油)该可控停车器，使液压系统中的气体排尽。若系统内存在气体，则达不到缓解及制动位，或需要较长时间才能达到缓解位或制动位，这样亦不利于可控停车器的正常使用。

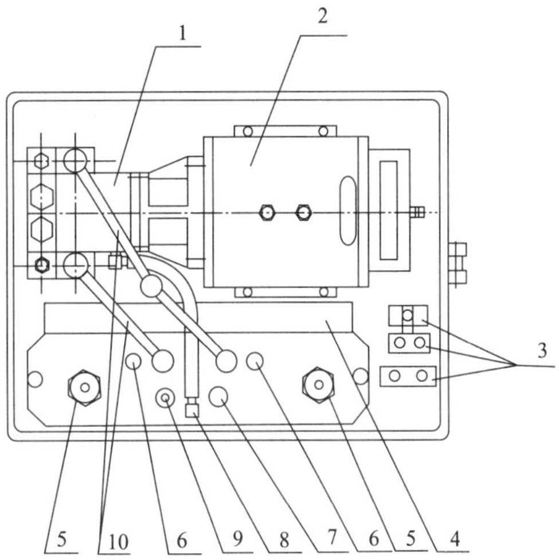

图9-21　液压站结构示意图

1—轴向柱塞泵；2—直流双向电动机；3—接线端子；4—油箱；5—溢流阀；6—压力表接口；7—注油口；8—回油管；9—窥油口；10—高压油管。

(2)系统压力的调整。

可控停车器在使用过程中，可能出现机械部分变形、摩擦力增大等情况。这时，即使油量充足，系统无泄漏，可控停车器也可能出现缓解、制动不到位的情况，应对系统的油压进行调整。

调整方法是：首先在左端压力表接口上安装一只量程为10 MPa的压力表，用扳手打开液压站内左端溢流阀上的锁紧螺母，然后用内六角扳手拧动调压螺钉，螺钉拧紧时为提高系统压力，拧松时为降低系统压力，当压力表读数达到5 MPa(缓解位最高压力)后泄油，调整完毕后应及时拧紧锁紧螺母；再卸下压力表接到右端压力表接口上，同时拧动右端溢流阀，当压力表读数达到4 MPa(制动位泄油最高压力)后泄油。

4.液压油缸、缓解阀及油管路的检修

液压油缸总成如图9-22所示。液压油缸是可控停车器实现两位(缓解位、制动位)的液压执行机构，设置在每个支承臂中部两个压缩弹簧中间。当可控停车器需要缓解时，液压站输出的压力油通过油管路进入液压缸中，油缸工作进一步压缩支承臂弹簧使可控停车器达到并保持在缓解位；当可控停车器需要制动时，液压站输出的压力油打开液压缓解阀，使液压油缸中的压力油在压缩弹簧的作用下回到油箱，停车器此时处于制动位。

(1)液压油缸的检修

对可控停车器进行保养、检查时，必须检查每个液压油缸是否有漏油现象。当油缸出现漏油现象时，必须及时进行更换。更换的方法是：使可控停车器处在制动位，切断液压站的电机电源，用扳手依次卸下与油缸连接的短胶管、M16六角螺母及M16球形螺母，再卸下另一侧固定缸体的4个M12内六角螺栓，然后可将液压油缸卸下。

安装液压油缸时应拧紧球形螺母，注意不应改变压缩弹簧的尺寸(183±1.0) mm，松紧程度应与弹簧中间两根螺栓一致，并应锁紧 M16 六角螺母。连接胶管时应安装 ϕ16×2.4 mm 密封胶圈。

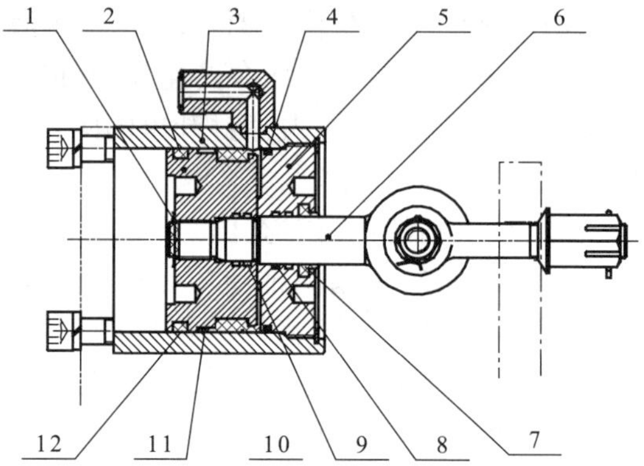

图 9-22　液压油缸总成示意图

1—轴用弹性挡圈；2—活塞；3—油缸体；4—O 形密封圈；5—缸盖；6—活塞杆；7—防尘圈；8—O 形密封圈；9—O 形密封圈；10—孔用 Yx 密封圈；11—导向带；12—Y 形密封圈。

液压油缸卸下后应运至检修室内进行解体检修。油缸出现漏油问题的主要原因是油缸内的密封件破损，因此应及时更换。从进油接头处倒净缸内的液压油，用台虎钳夹住活塞头(装有关节轴承部分)，用弹簧钳将活塞杆端部 ϕ16 mm 弹簧挡圈卸下，用专用扳手卡住活塞的孔中，外旋使活塞与活塞杆分离，然后将油缸体连带活塞一起向上拔出，这样就卸下了油缸体。然后从台虎钳上卸下活塞杆，再用台虎钳夹住油缸体的四方部位，油缸盖向上，用弹簧卡钳将 ϕ90 mm 弹簧挡圈卸下，用专用扳手卡住油缸盖的孔中外旋，将油缸盖卸下后，用铜棒敲打缸体中的活塞，使活塞退出缸体，注意勿坠落地下，以免损坏活塞或伤人。如需要更换活塞杆或拉杆，可用扳手卸下两活塞拉杆，用铜锤敲击横轴，使横轴脱离活塞杆，再用弹簧钳卸下 ϕ37 mm 弹簧挡圈，用铜棒敲击关节轴承，使关节轴承脱离活塞杆。

油缸解体后，首先检查所有密封件有无破损及划伤，如有应立即更换。再检查缸体内孔、活塞外径、缸盖螺纹等配合部位有无损伤，若有损坏并难以修复者应立即更换。在更换密封件前，要用煤油清洗所有零部件，选用的密封件必须符合更换的尺寸、型号，外表面不得有凸凹不平与划伤。密封件选好后，应先装活塞内孔两个 ϕ21.8 mm 的 O 形密封圈，用手指或专用工具轻轻放入密封槽中，要使密封圈平整；然后用均力将 Yx 聚胺脂胶圈装入槽中，注意不能用带棱角的工具安装胶圈。Yx 聚胺脂胶圈装好后，再装入摩擦带，然后将活塞从没有装 V 形防尘圈的一端由缸体带螺纹的一端轻轻旋转推进到油缸内孔中，注意不要硬性敲打活塞，以防损伤密封圈。活塞推进缸体后应从缸体另一端露出，将 V 形防尘圈按设计要求装入活塞中，再将活塞推回到油缸体内，至此即完成了活塞的安装。

将油缸盖清洗干净，将 2 个 ϕ19.8 mm 的 O 形密封圈分别装入缸盖内孔的两道密封槽中，再将 ϕ85 mm 的 O 形密封圈装入缸盖外径的密封槽中，然后用台虎钳夹住已装好活塞的油缸体四方部位(注意油缸的螺纹处向上)，用手将缸盖拧入油缸体螺纹处，再用专用扳手拧紧缸盖，用弹簧钳将 ϕ90 mm 的弹簧挡圈装入油缸体的挡圈槽中，用手将活塞杆轻轻旋入油缸盖内孔和活塞内孔中，再慢慢旋入活塞螺纹中并拧紧(注意一定要用手旋入，不可用锤击打，以防损伤密封件)。将带活塞的油缸倒置，用台虎钳夹住活塞杆装有关节轴承的部位，用专用扳手卡住活塞的 4 个小孔中，内旋拧紧活塞，再用弹簧钳将 ϕ16 mm 的弹簧挡圈装入活塞杆的端部挡圈槽中，至此就完成了对油缸密封件的更换和检修装配工作，卸下油缸并做好标记和检修记录，放入存放架中备用。

(2)缓解阀检修

液控缓解阀的结构如图 9-23 所示。缓解阀是可控停车器能否保持住缓解位的关键部件，其作用是使可控停车器长时间保压。一旦出现故障，可控停车器就达不到缓解位或不能保持在缓解位后，这就需要对其进行检修。

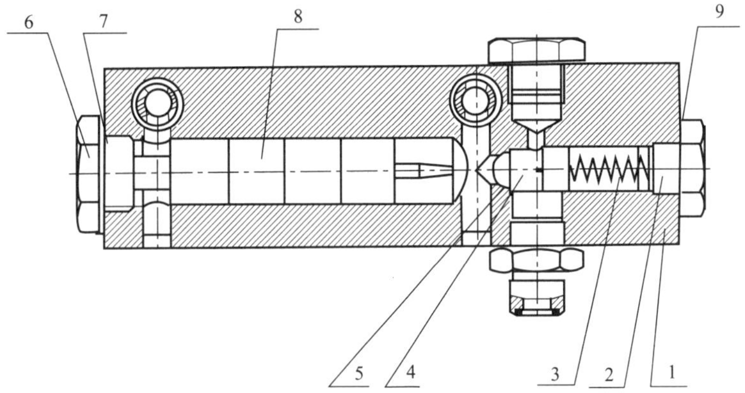

图 9-23 液控缓解阀的结构示意图

1—滑阀体；2—单向阀堵；3—单向阀弹簧；4—单向球阀；5—阀口；6—滑阀螺堵；7—密封垫；8—滑阀；9—密封垫。

检修的具体方法如下：将液压缓解阀从液压站卸下，在室内用台虎钳夹住阀体，球阀螺堵向上用活扳手逆时针拧下螺堵，取出弹簧，再取出单向球阀，检查球阀的钢球应无疤痕。如钢球有损伤，应更换球阀。然后再检查阀口，阀口应光滑、无划痕。如有伤痕，可将与球阀同样大小的钢球放入缓解阀体球阀孔中，用手锤与统子敲击钢球，注意用力只敲打一下。球阀检修完后，将阀体调头，用台虎钳夹住滑阀螺堵向上，用活扳手逆时针拧下滑阀螺堵，卸下阀体，倒出滑阀，检查滑阀和阀体的滑阀孔内有无脏物与划痕，如有应立即进行修理或更换。这些工作完成后，将合格的零件用煤油清洗干净，准备进行装配。

装配时先将单向球阀放入阀体的球阀孔中，再放入单向阀弹簧，在单向阀堵上装入O形密封圈，然后一起拧入滑阀体的螺纹孔中。单向球阀装配后，将滑阀放入阀体滑阀孔中，尖端细杆朝里，再拧上滑阀螺堵，注意螺堵口勿忘放置O形密封圈，最后将装配好的缓解阀总成用台虎钳夹紧，依次用活扳手顺时针将各种螺堵拧紧，并在外部涂防腐油，然后做好标记和检修记录，放在备品架上备用。

(3)油管路的检修

在使用过程中，由于空气中存在腐蚀介质，对油管路会产生不良影响，使油管路产生泄漏现象。因此每天在检查时要特别注意油管接头处，发现泄漏应及时更换相应尺寸的油管。同时因橡胶老化等原因也会使油管接头的O形密封圈易损坏而失去密封性能，如有泄漏也应及时加以更换。油管路中密封圈的规格为：$\phi 16 \times 2.4$ mm 的O形密封圈。在更换油管和密封圈时，要注意防止杂物进入油管和接头内。

5. 行程开关的保养与调整

每条线路中的某一台可控停车器的中间支承臂上安装了一个行程开关，其作用是通过行程开关上的触点，把可控停车器的两位(缓解位、制动位)准确地反馈到控制电路中，使控制电路能及时地切断电机的电源。因此，在系统油压能够满足要求的情况下，行程开关是否准确有效，直接影响可控停车器的缓解和制动是否到位。如果行程开关失灵，那么串联的两台可控停车器都将达不到缓解或制动位。所以调整、保养好行程开关是保证可控停车器稳定、正常工作的关键。可控停车器的行程开关如图 9-24 所示。

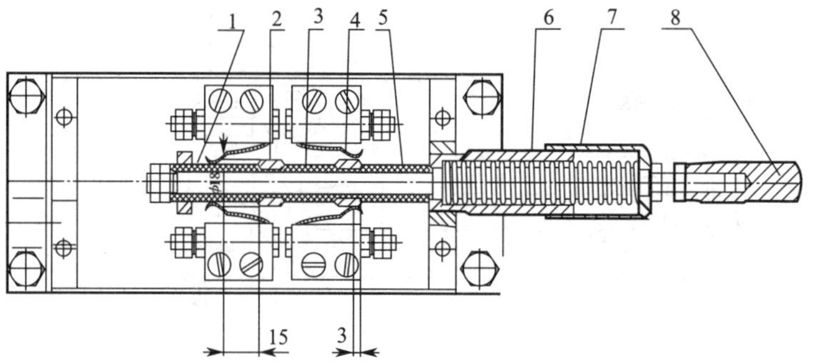

图 9-24　行程开关结构示意图(单位:mm)

1—长绝缘套;2—导电环;3—中间绝缘套;4—触片;

5—短绝缘套;6—压簧;7—导向套;8—触杆。

(1)行程开关的保养

每次对可控停车器进行定期检修时,必须对行程开关进行全面检查。应打开行程开关的盖板对其内部进行检查,并对导向部位(导向套 6 的内侧)涂润滑油脂,以保证导向灵活。

(2)行程开关的调整

行程开关的行程量是由后部导电环端面到与触片接触点的距离,其设计行程量为(15+1)mm。当行程开关的行程过大时,可适当地进行调整。调整的方法是:用扳手松开紧固螺母,卸下调整垫和中间绝缘套及导电环,在中间绝缘套和长绝缘套中间加上调整垫,然后再依次装上中间绝缘套、导电环和紧固螺母,这样可把行程减少1～3 mm。

行程开关在正常使用中,可控停车器在制动位时,其触杆的触头应和液压油缸中的活塞底面接触,同时前导电环的中间位置和触片接触。调整时,用扳手松开锁紧螺母后,再用扳手拧动触杆,使其前导电环的中间位置与触片接触,然后再紧固锁紧螺母,即是正确位置。

6.继电器的养护维修

继电器是 T·TK—92 型可控停车器控制系统中的重要组成部分,它的技术状态好坏,直接影响控制系统和停车器的正常运行。为此养护维修人员必须按照技术要求,进行继电器的检修工作,以保证继电器处于良好的技术状态。具体要求如下:

(1)继电器要具有一个完好透明的保护罩。一方面便于在运用中维护人员观察监视,另一方面可以保护继电器的机械和电气特性,不受外界环境(如雨水、尘埃等)侵害及人为碰撞。为了使外罩不妨碍继电器可动部分的正常工作和影响导电部分的绝缘程度,必须规定一个最小间隙。鉴于继电器在联锁电路中所起的重要作用,所以要对继电器采用加封方式,要求继电器在出厂验收、施工验交、检修出所、现场运用等各个环节中必须保持封印的完整,这样可以表明其内部原有的技术状态没有变动,对于无封印或封印破损的继电器不得投入运行。

(2)继电器金属零件应保持完整的防护层,防护层的龟裂、融化、脱落现象影响美观。接点系统所有导电部分的零件(包括接点片、接点等)、磁路系统所有可动和有接触面部分的零件(包括衔铁的内弯角处、铁芯极面等)如有锈蚀现象,会影响强度和特性;胶木类制品(包括端子板、线圈架、底座、插座等),在运输过程或检修中发现有破损及裂纹的,或使用一个检修周期有可能影响电气特性和机械强度的,必须加以更换。

(3)衔铁是继电器产生动程的元件,衔铁通过转动角度产生力矩,从而带动接点接通和断开。衔铁的动作灵活需要做到以下三点:首先要求其轴承部位(即支点处)的三个游间要保持适当间隙;其次是衔铁与铁芯磁极的两个端面接触面要平整;再次是衔铁的另一端与接点系统接点接杆的连接,要保持灵活的连接和适当的游间,拉杆两侧接点要对称。只有达到这三点要求,继电器的衔铁才能在动作的全过程(即带动接点在吸起或释放的过程)动作灵活、平稳,不会出现别劲、卡阻和接点的跳动。继电器在运用中和检修出所时,并注意在加罩加封前的清洁工作,严禁铁屑和导电物存在,以防止被铁芯吸上出现异常状态。

(4)继电器通过接点的接通与断开而直接参与控制电路。接点的接触状态(包括面接触、线接触)必须保证其接触部分不少于应接触部分的 80%。普通接点发现火花,加强接点有连接的电弧出现时,必须及时进行更换并查明原因。接点软编织线把动接点与静接点之间软性的连接起来,其外形应呈弧状,不得有硬弯。为防止接点组各接点之间的编织线腐蚀,必须采用中性焊剂,焊头焊接要牢固美观。

(5)在继电器磁系统中,衔铁是受磁力吸引产生机械动作的元件,衔铁的动作精度由三个游间(横向、垂直、径向)保持。

安全型继电器的固定结构比较特殊,其衔接采用了软性轴承,即采用弹性结构的蝴蝶型钢丝卡子,除横向有适量游间外,其他方向不允许有游间。钢丝卡子用三个点来固定,动(衔铁)、静(扼铁)零件及其本身。其中两个点分别卡入扼铁(或保持磁钢)左右侧面轴孔内,使衔铁保持横向有适量间隙,中心点卡入衔铁内角介面的中心圆凹处。

钢丝卡子以其弹性和柔和的形状把衔铁及其本身固定在扼铁上,既要保持紧密性又要有动作的灵活性。关键在于卡子几何尺寸要正确,三点要在同一个平面上。这种软性轴承最大的优点是结构简单、动作灵活。

(6)继电器与插座之间的连接方式为插接式,维修时看不到、摸不着,也不易检测,是运用中的薄弱环节。因此规定接点插片最小伸出量应不小于 8 mm,以保证继电器插入插座有足够的深度并牢固可靠。继电器接点插片调整必须达到平、直、不扭斜,插片之间间隔均匀一致、排列整齐,以保证插片插入插座与插簧保持最大的接触面,尽量减少接触电阻。

(7)拉杆是传递衔铁动作的中间元件,其所处的位置关系到衔铁动程的损耗及各组静接点同时接触及断开的精度,所以规定了拉杆在动态中与衔铁槽口侧壁的最小间隙,以保证拉杆的动作灵活。

(8)接点接触压力的大小与接点的接触形式(点式、线式或面式)和接点材质(银或氧化镉)有直接关系。接点的接触是否良好,取决于动、静接点的接触压力及接触面状态。

接点的断开与接点间隙的大小以及断开速度有关,使用中接点的断开是否可靠,取决于动、静接点断开的间隙及相适应的熄弧装置。

(9)在继电器检修作业中,如因检修设备而影响正常作业时,应与就近的电务部门有关人员研究协商解决,以保证继电器的正常运行。

7. 电源屏的检修

可控停车器使用的电源屏可以同时输入网路电源或采用备用电池电源,能实现自动与手动相互切换。为了确保电源屏的安全正常使用,在设备的前端装有防雷设施。

(1)当稳压器发生故障时,系统能自动甩开稳压电源设备,将交流电直接接至隔离变压器,同时给出声光报警。故障恢复后,按压复原钮,可将稳压设备重新接入电路。

(2)电源屏的保险采用空气开关方式,跳闸时不会造成任何损失,同时通过报警电路给出声光报警。

(3)为便于维修,所有易损件均有备品,继电器及各种电子器件均采用插接元件。

(二)T·TK—92 型可控停车器的常见故障及处理方法

1. T·TK—92 型可控停车器的机械部分常见故障及处理方法见表 9-6。

表 9-6　T·TK—92 型可控停车器的机械部分常见故障及处理方法

序号	故障现象	原因分析	处理方法
1	缓解不到位	(1)油路中存在气体。 (2)溢流阀调整螺栓松动。 (3)行程开关故障。 (4)油箱中液压油不足	(1)反复“缓解—制动”几次,直到把油路中的气体排净为止。 (2)调整溢流阀,缓解到位后锁紧。 (3)调整行程开关触头,紧固螺栓。 (4)补足液压油
2	缓解不保持	(1)缓解阀阀口有赃物。 (2)缓解阀阀口磨损。 (3)油路漏油	(1)清洗缓解阀阀口。 (2)处理阀口或更换缓解阀。 (3)处理漏油处
3	不缓解	(1)油箱中液压油不足。 (2)溢流阀调整螺栓松动。 (3)缓解阀中的滑阀磨损。 (4)油泵损坏	(1)补足液压油。 (2)调整溢流阀,缓解到位后锁紧。 (3)更换缓解阀。 (4)更换油泵
4	制动能力不足	(1)制动弹簧损坏。 (2)制动轨紧固螺栓松动。 (3)制动轨磨损超限。 (4)扣件紧固件松动。 (5)托梁损坏	(1)更换制动弹簧。 (2)紧固制动轨螺栓,保持轨距 1 365 mm±2 mm。 (3)加垫调整或更换制动轨。 (4)紧固扣件。 (5)更换托梁
5	红光带	绝缘垫串位或损坏	归位或更换绝缘垫

2. T·TK—92 型可控停车器的电气部分常见故障及处理方法见表 9-7。

表 9-7　T·TK—92 型可控停车器的电气部分常见故障及处理方法

序号	故障现象	原因分析	处理方法
1	制动位或缓解位有车经过时表示灯闪烁	(1)延时继电器损坏。 (2)行程开关松动。 (3)行程开关触头与支撑臂摩擦、卡滞	(1)更换延时继电器。 (2)调整、紧固行程开关。 (3)调整行程开关

续上表

序号	故障现象	原因分析	处理方法
2	缓解时不到位，缓解表示灯不亮，电流表有表示，有时制动灯不灭	(1)电机线接反。 (2)电机接地，电机无力。 (3)电机碳刷接触不良，电机无力。 (4)行程开关触片无弹性。 (5)行程开关松动	(1)调换接线、核对表示。 (2)维修或更换电机。 (3)更换电机碳刷。 (4)调整或更换触片。 (5)调整、紧固行程开关
3	缓解时不到位但缓解表示灯亮	(1)行程开关触头松动。 (2)行程开关调整螺母松动	(1)调整行程开关触头。 (2)紧固调整螺母
4	缓解或制动时，电流表为零，电机不转	(1)继电器架熔断器损坏。 (2)电机线圈损坏。 (3)开闭器接触不良。 (4)电机碳刷接触不良	(1)更换熔断器。 (2)更换电机。 (3)修理或更换开闭器。 (4)更换电机碳刷
5	制动时，制动表示灯不亮，但电流表显示有电流	(1)电机接线接反。 (2)行程开关触片无弹性。 (3)行程开关松动。 (4)电机接地。 (5)电机碳刷接触不良	(1)调换接线。 (2)调整或更换触片。 (3)调整、紧固行程开关。 (4)维修或更换电机。 (5)更换电机碳刷

(三)内撑式停车器的大修

下面仅对 T·TK—92 型内撑式可控停车器的大修要求加以介绍，其他各种停车器的大修要求应执行产品相关技术文件的规定。

1. 停车器大修的期限

在正常维修条件下，T·TK—92 型内撑式可控停车器定期大修每 3 年一次，对设备全面分解、检查和修复，进行恢复性修理，并对制动能高进行测试。定期大修后可控停车器保修 6 个月。

2. 停车器大修的主要内容

停车器的大修应包括上述室内检修的全部工作内容。除此之外，还应有如下的工作内容：

(1)检测在制动位、缓解位停车器两制动轨作用面间的距离。

(2)检查支撑臂的状态。

(3)检测制动弹簧的性能指标。

(4)检测制动轨制动面的磨耗情况。

(5)检查托梁外观尺寸和焊接部位焊缝。

(6)检查轨卡组件的状态。

(7)检查液压传动系统和机械传动系统的工作状态。

(8)检测油缸活塞、密封盖、活塞杆等主要部件的尺寸。

(9)更换油缸密封组件。

(10)检查行程开关。

(11)检测电控系统各个电器元件的性能和状态。

3. 停车器大修的技术质量要求

(1)对机械部位的技术质量要求：

①当制动轨制动面磨耗超过 3 mm 时，第一次大修可翻转使用，第二次应更换；
②制动弹簧性能下降 10%时，应更换；
③设备表面重新涂油漆。
(2)对液压传动系统的技术质量要求：
①液压泵输出压力低于缓解压力，应更换；
②液压油缸中油缸体、活塞、活塞杆、密封盖的磨损超过规定的尺寸时，应更换；
③缓解阀、溢流阀等配件发生泄压、泄漏时，应更换。
(3)对机械传动系统的技术质量要求：
①减速机磨损过大时，应更换；
②当传动轴变形，转动卡滞时，应更换。
(4)对控制系统的技术质量要求：
①直流电机碳刷发生接触不良、环火时，应更换碳刷；
②行程开关过度磨损、锈蚀时，应更换；
③继电器触点磨损、电磁线圈老化严重时，应更换。
(5)对大修后停车器的技术要求：

可控停车器大修后应保证活动部分运动自如，无卡滞现象，液压系统无渗漏；制动轨两作用面间的距离符合如下要求：制动位等于(1 368±5)mm；缓解位不大 1 350 mm，同时制动位、缓解位转换灵活自如。

(四)内撑式停车器的报废

根据铁道行业标准《铁道车辆停车防溜装置　第 1 部分：内撑式停车防溜器》(TB/T 3162.1—2007)的有关要求，对内撑式停车器的报废做了如下的规定：

1. 在正常维修条件下，内撑式停车防溜器能可靠工作 1×10^6 次或 8 年。

2. 在无维修条件下，内撑式停车防溜器能可靠工作 4 年。

二、停车顶的维护与管理

(一)TDJ 型停车顶试验台

由于停车顶具有反力较大、普通的测量仪器压不动的特点，为了检验停车顶的装配质量与性能指标是否符合技术要求，哈中心研制成功了“TDJ 型停车顶试验台”(见图 9-25)。该试验台不能单独使用，他需要和减速顶试验台或打压台配合使用，由减速顶试验台(打压台)提供能源。

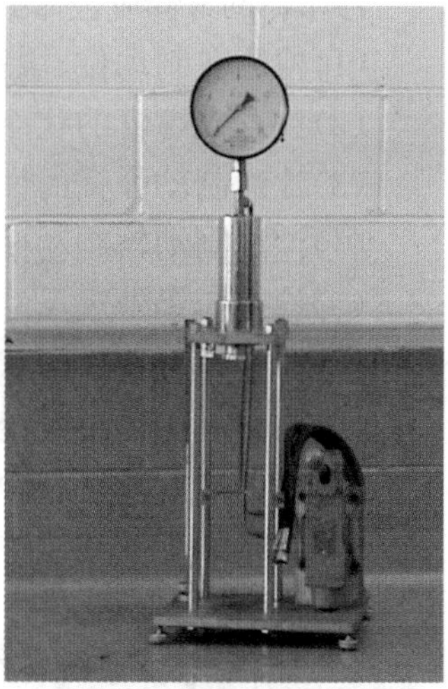
图 9-25　TDJ 型停车顶试验台外形图

1. TDJ 型停车顶试验台的组成与安装

TDJ 型停车顶试验台主要由测试支架、二位四通换向阀、压顶油缸及活塞、压力表、标尺、高压胶管与液压元件等组成。在使用时，应将其和减速顶试验台(打压台)连接成一体。具体安装步骤如下：

(1)卸下减速顶打压台上的有机玻璃防护罩套和活塞卡具。

(2)将停车顶试验台放在打压台的台面上,使支架底板的缺口对准打压台圆盘。

(3)把有机玻璃防护罩套在两个高压胶管上。

(4)将试验台的高压胶管("P"口)安装在打压台的出油口(M14×1.5 mm 螺纹接口)上并紧固,另一根高压胶管("0"口)插入打压台圆盘中的回油口。

(5)将有机玻璃防护罩罩在打压台的圆盘上,即安装完毕。

2. TDJ 型停车顶试验台的工作原理

该试验台以减速顶打压台为高压油源,通过二位四通换向阀改变油路方向,使高压油分别进入压顶油缸的上、下腔,推动压顶活塞杆运动,再推动停车顶滑动油缸上、下运动,达到试验和检测 TDJT 型停车顶性能指标的目的。停车顶试验台的液压系统如图 9-26 所示。

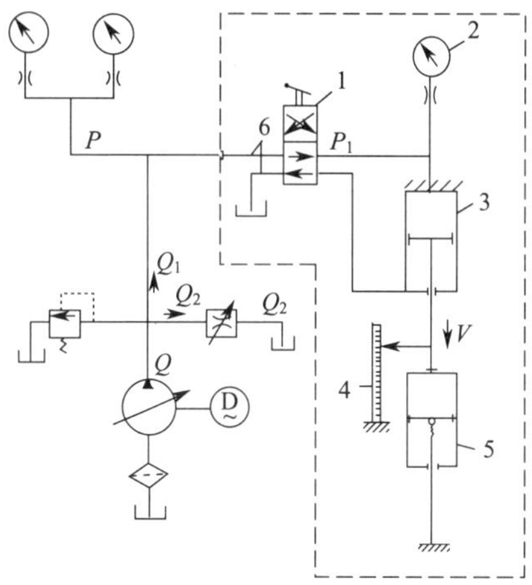

图 9-26　TDJ 型停车顶试验台液压系统图

1—二位四通换向阀;2—压力表;3—压顶油缸;4—标尺;5—停车顶滑动油缸;6—连接胶管。

3. 对 TDJ 型停车顶的主要检验项目

(1)测定停车顶压力阀开启压力。

压力阀开启压力是停车顶主要技术参数之一,如果偏低,将影响停车顶的制动性能,如果偏高太多,将危及铁路运输安全。通过停车顶试验台可检测停车顶压力阀开启压力的调整是否准确,以及压力阀的动作是否正常。

(2)检测停车顶滑动油缸能否复位,动作是否自如。

停车顶滑动油缸具有慢速回升的性能,通过停车顶试验台能综合检测停车顶滑动油缸回升速度是否符合产品的技术要求,以验证其单向阀开量的调整是否准确,滑动油缸内的各摩擦副对回升速度的影响。

(3)注油量及充氮压力的检测。

通过对停车顶油气压力的检测,可以验证顶的注油量及充氮压力是否符合产品的技术要求,以确定在组装过程中,对停车顶滑动油缸的注油量及充氮压力是否有明显的偏差。

(4)是否有装配错误。

通过停车顶试验台的检测,还可以检查出组装是否正确。如单向阀钢球、活塞 ϕ52 mm 的 O 形密封圈是否漏装或损坏而造成泄漏。

4. TDJ 型停车顶试验台的操作规程

(1)开机:首先确定打压台节流阀调整旋钮在零位,二位四通换向阀手柄在上方。打开减速顶打压台电源开关(电源指标灯亮),按下启动按钮,打压台开始工作。

(2)放顶:将组装完毕的停车顶滑动油缸组合件帽头向上放在压顶活塞杆正下方。

(3)换向:将二位四通换向阀手柄压下,使压力油进入压顶油缸上腔,压顶活塞杆将滑动油缸帽头压住。

(4)调整节流阀:旋转节流阀旋钮,逐渐关闭节流阀直到压顶活塞杆推动滑动油缸向下运动，达到规定行程。

(5)观察压力表和标尺：在压顶过程中，滑动油缸内腔压力和行程的变化可由压力表及标尺读出，当行程大于 30 mm 时，压力值应符合产品的规定值(最大检测行程不许超过 80 mm)。

(6)调整节流阀：压顶完毕，必须打开节流阀以降低压顶油缸上腔的压力。

(7)换向：当打压台压力表读数降到 1～2 MPa 时，方可抬起换向阀手柄，使压力油进入压顶油缸下腔，压顶活塞杆升起，停车顶滑动油缸应自动回升。

(8)取下停车顶滑动油缸组合件，检测完毕。

5. TDJ 型停车顶试验台的使用注意事项

(1)操作时，打压台上的电源开关应处于常开状态，停车顶试验台的动作只需调整节流阀和换向阀即可。

(2)“P”口和“O”口的确定。在安装停车顶试验台之前，必须先确定“P”口和“O”口，在没有标记的情况下，可按图 9-27 所示位置确定。

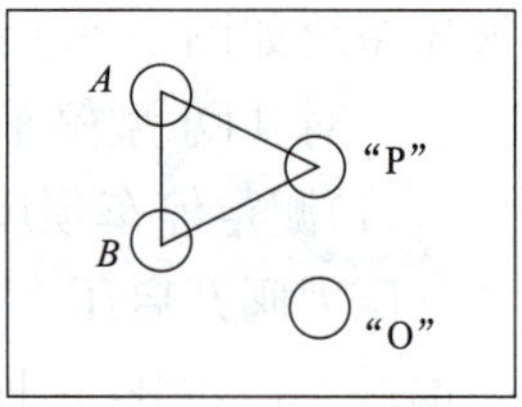

图 9-27　TDJ 型停车顶试验台接油口示意图

(3)操作前，应先测定试验台空载(无滑动油缸组合件时)压力，压顶时的压力与空载压力之差应符合规定值。

(4)切记向下压顶时，必须先换向再逐渐关闭节流阀，而反向回升时，必须先打开节流阀再换向，以免造成液流冲击过大，损坏压力表及其他元件。

(5)在压顶时，压力达到最大值后，滑动油缸继续下滑，这个值应基本保持不变。

(6)压顶结束，滑动油缸回升时，应注意回升是否匀速，能否回升到上止点，且回升时间是否符合规定。

(二)停车顶的日常维修

1. 停车顶的室外巡检

停车顶除需要执行减速顶室外巡检中第 1～6、9～13 条的内容之外，还应检查停车顶的保压性能：人工向下压住停车顶的滑动油缸，保持 2～3 min，滑动油缸下滑行程不应大于 8 mm。

2. 停车顶的常见故障及处理方法

为了方便停车顶的日常检修，现将停车顶的常见故障及处理方法分类见表 9-8～表 9-9。

表 9-8　普通停车顶的常见故障及处理方法

序号	故障现象	原因分析	处理方法
1	滑动油缸可用脚踩下	(1)活塞上 ϕ52 mm 密封圈损坏。 (2)压力阀泄漏。 (3)单向阀阀口泄漏或未装阀芯钢球	(1)更换 ϕ52 mm 密封圈。 (2)修理或更换压力阀杆及阀座。 (3)修理或更换活塞，更换单向阀并重新组装

续上表

序号	故障现象	原因分析	处理方法
2	滑动油缸压下后不能复位到最高点	(1)油气泄漏。 (2)密封盖损坏。 (3)单向阀钢球卡住。 (4)滑动油缸 ϕ3 mm 弹性销窜出。 (5)ϕ56 mm 挡圈断裂(TDW 顶)。 (6)活塞杆弯曲或拉伤。 (7)润滑状态不良。 (8)壳体与油缸配合间隙过紧。 (9)滑动油缸内外表面拉伤。 (10)压力阀座脱落。 (11)回程阀板小回油孔堵住。 (12)锁定圈过紧。 (13)双头螺栓紧固力矩过大。 (14)钢轨肥边卡住顶帽。 (15)滑动油缸帽头变形。 (16)液压油变质	(1)重新注油、充氮。 (2)更换密封盖总成。 (3)修理阀口或更换活塞。 (4)重新打弹性销,使销尾低于油缸表面。 (5)更换挡圈,旋紧密封盖。 (6)更换活塞。 (7)对壳体进行润滑。 (8)用铰刀进行铰套。 (9)更换滑动油缸。 (10)更换活塞杆及压力阀座。 (11)清洗或更换回程阀板。 (12)更换锁定圈。 (13)松开螺母,按规定标准重新紧固。 (14)用手砂轮去除钢轨肥边。 (15)修复或更换滑动油缸。 (16)更换合格的液压油
3	双头螺栓折断	(1)壳体底部被道砟垫死。 (2)双头螺栓松动。 (3)轨距不符合标准	(1)将壳体底部道砟扒出 15 mm 间隙。 (2)更换新螺栓,按规定标准重新紧固。 (3)由工务部门按标准调整轨距
4	壳体翅状挡块折断或壳体损坏	(1)壳体安装在曲线上未进行调整或调整不到位。 (2)壳体底部被道砟垫死。 (3)双头螺栓松动。 (4)轨距不符合标准	(1)更换新壳体,按方案设计要求在壳体与钢轨间加垫调整。 (2)将壳体底部道砟扒出 15 mm间隙。 (3)更换新螺栓,按规定标准重新紧固。 (4)由工务部门按标准调整轨距
5	滑动油缸组合件窜出壳体	(1)止冲销折断。 (2)止冲销脱落或漏装。 (3)销轴折断或窜出。 (4)活塞杆断裂	(1)更换新止冲销。 (2)重新安装止冲销及开口销。 (3)更换新销轴。 (4)更换滑动油缸组合件

表 9-9　高速锁闭停车顶的常见故障及处理方法

序号	故障现象	原因分析	处理方法
GST－201、GST－202	高速不锁闭或低速锁闭	(1)锁闭装置损坏。 (2)缓解阀板或锁闭阀板与键卡住，造成不能上下运动	(1)更换解锁装置。 (2)解体修理或更换零件后重新组装
	锁闭阀板锁不住	锁闭阀板与回程阀板之间有异物	解体清洗或修复
	滑动油缸复位到最高点不能解锁	(1)第二速度阀弹簧力偏大(小)。 (2)第二速度阀开量偏大(小)或动作不灵活。 (3)所用油液不符合要求	(1)更换第二速度阀弹簧。 (2)调整开量，选配滑阀杆。 (3)按规定更换油液
GST－301	高速不锁闭	(1)控制阀弹簧不合格。 (2)活塞上盲孔有毛刺	(1)更换控制阀弹簧。 (2)去除盲孔周围的毛刺
	低速锁闭	控制阀弹簧不合格或弹簧疲劳	更换控制阀弹簧
	滑动油缸锁闭后不复位	(1)解锁装置失效。 (2)锁闭回油孔堵塞	(1)更换弹簧垫，拧紧导向套上的螺钉。 (2)清洗疏通回油孔
TDW－906AN	高速不锁闭	(1)判速弹簧预紧力过高。 (2)锁定圈与卡簧配合过紧	(1)更换判速弹簧。 (2)更换锁定圈或卡簧
	低速锁闭	(1)判速弹簧预紧力过低。 (2)油气泄漏	(1)更换判速弹簧。 (2)更换密封件重新组装
	滑动油缸锁闭后不复位	(1)解锁装置配合过紧或锁定圈有飞边或毛刺。 (2)阀芯回油孔堵塞。 (3)氮气压力不足	(1)修理或更换锁定圈。 (2)拆卸阀芯并清洗疏通回油孔。 (3)重新按标准充气

3. 停车顶的室外保养和集中检修

停车顶的室外保养与减速顶基本相同，可参照减速顶的室外保养执行。由于停车顶的滑动油缸组合件始终处于保压状态，所以室外日常巡检时，不能人工压下油缸组合件来判断它的油气压力是否合格。停车顶适合采用集中检修的方式。根据各站场的作业量大小，每年可对停车顶进行 1～2 次集中检修。考虑到气温对停车顶性能的影响，对解体检修的滑动油缸组合件，春季检修时的注油量和氮气压力(弹性体为气体时)应取公称值，秋季检修时的注油量和氮气压力应取公称值的上限。

4. 停车顶的室内检修

停车顶的室内检修也与减速顶基本相同，可参照减速顶的室内检修执行。只是普通停车顶没有速度阀装置，因此无需检修该部分。在检修中，还应做好以下几点。

(1)停车顶壳体的检修

停车顶使用的是防脱线壳体，在检修时，应检查壳体的翅状挡块有无裂纹和损坏，磨耗是否超限，如有，应处理或更换。

(2)活塞组合件的检修

应重点检查停车顶活塞组合件上的单向阀钢球或单向阀板有无损坏，是否活动自如，活塞上的单向阀口有无划伤，TDJT 型停车顶还应检查单向阀调整螺钉是否能够自锁。如有问题，应解体检修处理或更换。

(3)对组装后的滑动油缸组合件的检查

对组装后的滑动油缸组合件除执行减速顶的各项检查外，还应重点做好停车顶的保压性能检查和慢回程功能的检查。可采用停车顶试验台按照规定的技术要求对停车顶油缸组合件进行保压试验和慢回程试验，如达不到技术要求，需要重新解体，找出原因后再进行组装。

(三)停车顶的大修与报废

根据铁道行业标准《铁道车辆停车防溜装置 第 2 部分：停车防溜顶》(TB/T 3162.2—2007)的规定，停车顶在正常使用和维修条件下，一个维修周期的密封寿命不应少于 20 万轮次或 12 个月；使用寿命应能可靠工作 300 万轮次或 6 年，以先到为准。停车顶的大修周期可参照减速顶的大修周期执行。

第七节 减速顶调速控制设备的维护与管理

一、减速顶调速控制设备维护、管理的基本要求

减速顶调速控制设备是减速顶调速系统的重要组成部分，控制设备的质量与状态直接关系到调车作业能否正常进行并确保安全。减速顶调速控制设备应该按照行车基础设备的等级来进行维护和管理，从保证运输安全的角度出发，系统中的所有设备必须满足 24 h 不间断运行的要求：即各个计算机正常运行，各类传感器正常采集信息，控制的指令能得到正常执行。

各使用单位应有相应的部门负责管理，并设立专门的维护部门(工区)，配备维修人员从事日常的维护、管理工作。应制定各级管理人员和维修人员的岗位责任制，并对维修人员进行专业技术培训和安全教育，经考核合格后方可上岗。

维护人员应能掌握控制系统相关设备的图纸资料，能够按照图纸找到系统中各个模块的相应部位，进行测量、调试及更换等工作。

在维修过程中，应按设备的不同要求建立相应的巡检制度，分项设立设备的维修档案和维修日志，将检修时间、工作内容、检修结果、维修人员等内容如实填写。

二、控制台的维护与管理

控制台分为两种：一种是早期使用的按钮加表示灯的机械控制台，一种是新型的屏幕加鼠标的电子操控终端，他们都具有自动控制与手动控制双重功能，是调速控制系统的重要设备。

控制台安装在驼峰值班员室内，工作环境比较理想，因此，设备使用较为稳定。

(一)机械式控制台的维护与管理

1. 操纵按钮检查：按下、拔起按钮反复 5 次，要求机械动作全部正常。

2. 表示灯检查：随同第 1 项的按钮检查，表示灯应正常依次点亮、熄灭。

3. 控制台外部结构检查：控制台外表应无划伤、损坏，台面所有部件应无丢失、损坏，台面及前、后门应加锁，开门和关门应活动自如。

4. 控制台内部各个机匣检查：

(1)控制台内部轨道继电器机匣检查：轨道板要求插接严密、牢固。

(2)控制台内部控制继电器转换机匣检查：转换板要求插接严密、牢固。

(3)电路板动作状态检查：轨道板的状态切换应与动作指示灯同步，继电器板触发指示灯应与送电指示灯同步。

5. 控制台内部电缆分线盘检查：检查电缆分线盘，要求电缆芯线端子螺母无松动、线环与线把无破损。

以上可作定期的检查，记录在检修日志备查，发现不良部件应及时更换。

(二)操控终端(电子控制台)的维护与管理

由于操控终端属于一个工业微型计算机系统，它的基本配置与一般的台式计算机的通用配置相同，因此，可以按照一般的计算机设备采用状态修方式进行维护管理。

三、驱动电源柜的维护与管理

包括电源板在内的驱动电源柜是控制系统中十分关键的设备，无论系统处于自动控制状态或手动操控状态下，该设备都承担着控制可控顶群动作的重要任务。换言之，即使在计算机发生临时故障而处于瘫痪状态时，只要驱动电源柜处于正常状态，仍然可以通过人工操纵对可控顶群进行控制，保证调车作业的安全。所以做好驱动电源柜各主要部件的维护与管理，对于保证控制系统正常工作和保障运输安全具有十分重要的意义。

1. 可控顶驱动电源板的检修

(1)各驱动电源板的电压值根据负载大小、线路远近有所不同，一般在 40～70 V 范围内，应在系统开通时进行一次标定。按压驱动电源板端板上的按钮进行送电操作，应有电压送出，端板上的电压表指针或数字电压表应有电压读值；取消送电操作，电压表的读值应归零。如有异常应检查或更换电源板。

(2)在操控终端上用鼠标点击屏幕或机械控制台按下按钮，对可控顶驱动电源板送电，如驱动电源柜与控制台距离较远，需要由两人用对讲机相互配合，检查电源板的送电情况，具体步骤和内容同上。

(3)驱动电压值的检测与调整：电源板送电后，应观察板端电压是否符合标定值，如有改变，应通过端板“调压”电位器旋扭或按压微动开关进行调整。

(4)将检修的时间和内容在专用的“检修记录本”中登记，并由检修人员签字。

2. 电源变压器部分的检修

(1)检查变压器接线螺丝是否有松动。

(2)用电压表(万用表交流电压挡)测量原边电压、副边电压是否正常。

(3)检查变压器的温度和运行噪声情况。温度不应高于 60 ℃；噪声不应超过规定的要求。

(4)将检修的时间和内容在专用的“检修记录本”中登记，并由检修人员签字。

3. 电源板插座及滑道部分的检修

(1)电源板插入、抽出过程不应有卡阻现象;

(2)检查电源板插座触弹片(金手指)是否有弯曲变形、颜色变黑,如有,则属于不正常现象,应及时修复或更换;

(3)检查插座背后配线是否有结扎散把现象,焊点有无开焊、松动现象;

(4)将检修的时间和内容在专用的"检修记录本"中登记,并由检修人员签字。

四、测速传感器的维护与管理

(一)测速踏板日常维护原则

1. 日常由监测机的监测数据或值班员行车记录中提取各测速踏板的数据记录,根据检索的数据情况,查找出有故障的测速踏板并重点进行维护。

2. 日常进行现场巡检。对现场安装的测速踏板进行检查。

(二)测速踏板日常检测内容

1. 每月由工作人员在室内、室外共同对踏板进行一次检查调试。其方法是:用万用表的直流电压挡在测速踏板输入电缆的端子处测量踏板的电压,正常的开路电压值应在 5～6 V 之间(与配置的外电源电压相符);正常的短路动作电压值应在 0.7～1.1 V 之间。

2. 每周对现场的踏板进行一次外观检查,检查踏板有无裂痕或损伤,连接防水线有无老化等。

3. 每周对现场的踏板进行一次清扫,重点是踏板上的铁屑及其他杂物。

4. 每月对现场踏板的紧固件进行一次检查,检查各部安装螺丝、螺母有无松动。

5. 根据数据检索结果,对有故障的踏板及时调试或更换。(调试办法见前述踏板的安装调试章节内容)。

6. 将检修的时间和内容在专用的检修记录本中登记,并由检修人员签字。

五、测重传感器的维护与管理

测重传感器一旦安装调试完毕后,它的参数应该保持不变。测重传感器的状态好坏直接关系到系统的控制精度和设备安全。对于测重传感器的日常检修一般采用状态修原则,当确认测重传感器出现故障需要更换时,其更换的步骤如下:

1. 拆旧

(1)测重传感器根据现场的不同坡度,其定位槽相对于轨面的角度是不同的,其角度有垂直于钢轨平面或平行于钢轨两种方式。在拆下旧的测重传感器之前,必须事先记录既有传感器的安装角度。

(2)用 450 mm 活扳手卸下传感器的安装螺母。如处于锈蚀状态,可事先涂抹机油、变压器油或其他安全用油来解除锈蚀。

(3)螺母拆下后,用木方垫住传感器端头以手锤击打退出传感器主体(注意:不可用铁锤直接击打传感器,以免造成设备损坏)。

2. 钢轨除锈

旧传感器拆下后,用砂纸研磨钢轨圆孔壁的四周进行除锈,注意只要除掉锈蚀即可。

3. 安装新的测重传感器

将新的测重头引线插头插入放大板对应的插座,要感觉到插头弹子弹动并听到弹动声音,方可确认连接牢靠。然后按照前述关于测重头安装调试章节的内容来调试零点和放大倍数。

六、两路电源切换装置的维护与管理

每周应对两路电源切换装置(低压转换屏)进行一次转换试验,以避免供电网随机倒闸时系统出现意外的供电故障。具体做法是在调车作业的空闲期间由人工进行转换试验,检查切换动作、灵敏度等是否符合标准,如有异常情况应及时处理。

七、控制电缆系统的维护与管理

每月应对电缆系统进行一次检查,具体内容和要求如下:

1. 电缆终端盒及电缆中继盒的检修

(1)每个月对室外所有电缆箱盒进行一次日常检修。具体内容是:打开各电缆箱盒的盒盖,清扫灰尘,检查固定电缆的螺母有无松动、脱落或锈蚀,盒盖防尘盘根是否脱落或错位等。

(2)每年春季对所有室外电缆箱盒进行一次涂漆和基础刷浆。

(3)将检修的时间和内容在专用的检修记录本中登记,并由检修人员签字。

2. 可控顶主电缆的检修

可控顶主电缆的一端固定在终端电缆盒的端子柱上,经钢轨轨底通过防护管敷设在钢轨内侧的轨腰上,电缆中部有若干根并联的电缆连接线与电控阀连接,另一端断路绝缘。需要重点检查的是终端电缆盒内的端子接线、可控顶主电缆的两段接线以及并接在各可控顶电控阀接线柱上的接头。如有接头松动、脱落或电缆短路、断路等现象,应及时处理修复。并按要求做好检修记录。

3. 轨道电路电缆部分的检修

(1)巡视检查

每月应对所有轨道电路电缆进行一次巡视检查,内容如下:

①钢轨接头绝缘节有无破损,主要检查钢轨断面绝缘片、鱼尾板绝缘槽的破损情况;

②送、受电钢丝绳有无松动、锈蚀和破损;

③钢轨导接线有无塞钉脱落造成松动或破损;

④将检修的时间和内容在专用的“检修记录本”中登记,并由检修人员签字。

(2)气候变化剧烈时轨道电路电压的调整

①首先要对轨道电路的交流电压进行测量。由图纸确认轨道电路在分线盘上的输入电压端子,并确认现场对应的轨道电路区段处于无车状态。用交流电压表测量输入电压,最佳电压值应为8～12 V。

②如实际测量值距上述最佳电压值的偏差较大,则应通过室内、室外联合对轨道电路电压进行调整。首先对2.2 Ω变阻器作滑动调整,注意变阻器不能全部调到底,要留有余量;其次,经调整后的轨道电路电压仍然不能调到最佳工作值时,要变动BG1轨道变压器挡位跳线来调整变压器的送电电压。

③将检修的时间和内容在专用的“检修记录本”中登记,并由检修人员签字。

(3)轨道电路板

轨道电路电压调整后,轨道电路板对应的通道如果仍不能正常工作,应考虑更换轨道电路板。

八、减速顶控制系统的故障分类及处理

减速顶控制系统最基础的设备是测重系统、可控顶送电驱动系统以及轨道电路三大部分，这些设备在日常作业中的良好状态是保证控制系统正常运行的关键。表 9-10 给出的是这几部分设备的常见故障和处理方法。

表 9-10　控制设备的常见故障及处理方法

序号	故障现象	原因分析	处理方法
1	溜放作业状态下无重量级别	(1)雷击或桥臂断路引起测重传感器故障。 (2)雷击或产品质量本身引起前置电路板故障。 (3)施工隐患或意外挖掘引起传输电缆故障。 (4)测重区段踏板故障。 (5)基准点漂移过大。 (6)测重采集板本身故障。 (7) 测重系统电源故障	(1)更换测重传感器。 (2)更换前置电路板 (3)修复传输电缆故障。 (4)调整或更换测重区段踏板。 (5)调整“调零电位器”归零。 (6)更换测重采集板。 (7) 更换测重系统电源(+12 V、−12 V)
2	在控制台(操控终端)人工送电，现场可控顶无动作	(1)控制台(操控终端)送电按钮、工控 PC 机内并行输出板或 CAN 通信板未能给出控制电平或控制信息码。(无命令输出) (2)对应连接至电源柜的电缆通道线故障。 (3)5 V 外电源故障。 (4)控制继电器板故障。 (5)电源柜中电源板坏损、接触不良。 (6)电源柜至可控顶电控阀的电缆系统出现断线或混线。 (7)可控顶电控阀本身、连接防水胶线、航空插头线短路	(1)调整送电按钮触点，更换工控 PC 机输出板或 CAN 通信板。 (2)调整对应的 25 插座或 D37 插座使之连接紧密。 (3)更换 5 V 外电源。 (4)更换控制继电器板。 (5)调整、清洗电源板插座簧片或更换电源板。 (6)修复电缆故障。 (7)分别查找短路电控阀故障点、航空插头故障点、连接防水胶线故障点，修复或更换相应的配件
3	轨道电路显示不正常	(1)轨道电路电压值需要调整。 (2)轨道绝缘节破损。 (3)送、受电钢丝绳损坏。 (4)钢轨导接线松动或断掉。 (5)轨道电路板破损	(1)室内、外配合调整轨道送电电压。尤其在雨季或春融时节，可能要对轨道电路电压经常进行调整。 (2)更换轨道绝缘节。 (3)更换送受电钢丝绳。 (4)紧固或更换钢轨导接线。 (5)更换轨道电路板

第十章　中国铁路减速顶与调速技术发展展望

30 多年来，中国减速顶与调速技术已取得长足发展和辉煌业绩，为中国铁路编组站的现代化作出了重大贡献。

为了适应发展需要，中国铁路已加大运输生产力布局调整。全路集中调车作业，减少编组站数量，建设大能力、安全、高效、资源节约型、环境友好型的现代化编组站，已成为发展方向。同时，随着铁路客运高速、货运重载的不断发展，23 t 及以上轴重的重载货车已经越来越多地进入编组站和其他技术站(含区段站、工业站、港湾站)，针对这些变化，中国铁路减速顶与调速技术今后的发展目标和方向应是：

1. 针对各型编组站、其他技术站和专用铁道站场的不同特点和作业需求，发展不同类型的减速顶调速设备和调速制式。

2. 满足中国铁路发展重载货物运输的需要，开发适应重载货车的减速顶调速设备和停车防溜设备。

3. 开发少维修或无维修的高质量、低污染、低能耗和低噪声的环保型减速顶调速设备和停车防溜设备。

4. 进一步提高各种调速系统的安全可靠性，实现调车作业自动化，彻底甩掉铁鞋。

5. 大力推进铁路到发线、专用线安全防溜设备及系统的开发研究。

6. 开发编组站驼峰解体溜放作业和编尾编组调车作业实时监控系统，进一步提高调车作业的安全性。

7. 开发适用于现场的减速顶性能检测设备，提高减速顶调速设备的检修水平。

8. 积极推进减速顶调速设备与停车防溜设备的专业化维修，提高减速顶调速系统的用、管、修水平。

9. 建设编组站和其他技术站减速顶与停车防溜设备的综合管理系统，实现网络化、信息化管理。

10. 加强国际交流与合作，研究设计适合外国编组站和其他技术站的调速制式，大力开发适应国际市场需求的减速顶调速设备和停车防溜设备。

第一节　调速设备与调速制式的发展展望

一、减速顶调速设备与停车防溜设备的发展展望

1. 开发高性能，高负荷，高耐用性的减速顶调速设备

为了适应大型路网编组站重载车流多、编组量大、对各类设备标准要求高的特点，要重点开发适用于路网编组站使用的高技术性能、高精度、高强度和高寿命的高负荷减速顶调速设备系列产品，使其各项性能指标达到国际领先水平，真正能与现代化路网编组站的各项先进设备相配套。

2. 开发等寿命指标的减速顶产品

减速顶的壳体、滑动油缸、活塞杆是三个主要零部件。三种部件的价格之和大约占了减速顶总造价的65%以上，在实际运用中往往其中一至两种主要部件磨损甚至需要报废，而另一两种部件还可使用多年，这就不利于我们制定减速顶的报废周期。因此，我们应该通过理论计算、受力分析并结合现场的实际使用情况，设计出三个主要部件等寿命指标的各类减速顶。这样既能合理降低成本，又能为制定减速顶的寿命周期和报废标准提供科学、合理的依据。

3. 开发低能耗、低污染和低噪声的环保型减速顶

随着中国国力的增强，对环境保护和可持续发展的要求越来越高，当前对编组站的环境保护也已提到日程上来。因此，有必要重点开发研究高质量、低能耗、低污染和低噪声的环保型减速顶调速设备。在提高减速顶性能指标和机械强度的同时，要从设计、加工、原材料、热处理、零配件等多方面减少对能源的消耗，减少对现场环境的污染并降低噪声，保护好环境和劳动者的健康。总之，要向市场提供高品质的绿色环保型减速顶调速设备和停车防溜设备。

4. 开发少维修或基本无维修的全液压弹簧减速顶

目前，为了维修、保养各站场应用的减速顶，需要设置减速顶维修工区，成立维修班组，每年都要投入一笔不小的维修费和人工费，以保证减速顶的正常使用。为了进一步减员增效，应探索开发少维修或基本无维修的新型全液压弹簧减速顶产品。这种全液压减速顶无需充氮气，而是用弹簧取代氮气，并且要从油质、密封技术以及整体结构上下功夫，以达到基本无维修的目的。在整个使用过程中，只要进行基本的润滑保养而不需要投入更多的人力和维修费。一旦这种新型减速顶开发成功，它将在国内外赢得巨大的市场前景。

5. 开发研制具有国际领先水平的重力式减速顶

现有的各类减速顶的压力阀开启压力都是以保证对最轻车的安全为前提而确定的，具体说来，内侧减速顶的垂直反力不得使国内最轻车辆(16 t)抬起超过6 mm，外侧减速顶的垂直反力不得使国内最轻车辆(16 t)抬起超过8 mm。因此，该反力是针对轻车而确定的，其单顶的制动功也就受到了轻车的限制。相反，如果能研制成功一种重力式减速顶，即减速顶的垂直反力能随车重而变化，这种顶就可以做到对重车做功时，反力增大，其制动功也可成倍的增大；而对轻车做功时，反力变小，制动功也相应变小，真正能实现重力式制动和调速的效果。无论从成本上、经济效益上、安全上以及控制效果上，都将会有一个质的飞跃。到那时，一台减速顶可以起到现在几台减速顶的作用，中国减速顶调速技术的水平将会在世界上遥遥领先。

6. 开发更多的出口型减速顶调速设备

通过减速顶在国内30多年的运用所积累的丰富经验以及近20年来在波兰、俄罗斯、美国等国安装运用的经验，我们已经完全具备了把减速顶调速技术推向世界的能力。因此有必要联合国内的技术优势，集中精力，加大力度向更多的国家推广应用中国的减速顶调速技术。要针对不同国家的线路、车辆条件和运输生产特点，开发更多的出口减速顶产品，使中国减速顶调速技术在全世界更大的范围和更多的国家推广应用。

7. 大力推进铁路到发线安全防溜设备及系统的开发研究

当前，铁路编组站尾部的停车、防溜问题因采用各种类型的停车器、停车顶组成的停车防溜系统而基本得到解决。但是，中国铁路以及冶金、电力、化工、矿山、港口等部门的货物线、专用线，特别是 2.5‰以上坡度的客、货列车到发线的防溜问题还未能圆满解决，每年铁路及路外各部门都会发生多起车辆溜逸事故，造成不同程度的经济损失甚至人员伤亡事故。为此，需要加大力度开发投资省、成本低、控制简单灵活、安全可靠以及少维修甚至无维修的到发线防溜设备和系统，这也是铁道部要求尽快解决的重大攻关项目。

二、减速顶调速系统设计的发展展望

当前，中国铁路部分中小编组站已经撤并，大型编组站对调速设备和系统提出了更高的要求，结合编组站现代化的要求，今后应从以下几个方面继续提高既有减速顶调速系统的技术水平和质量。

1. 进一步提高驼峰点连式调速系统的安全可靠性

目前，中国大型编组站一般都采用减速器和减速顶相结合的驼峰点连式调速系统，然而目前普遍使用的“钳式”减速器在应用过程中存在失控和有时制动力不足等严重问题：一是大轮、薄轮、油轮等“三轮”车和新型提速货车(采用动态平衡轮)通过钳式减速器时，其制动效果明显下降，以致造成车辆超速出口；二是雨、雪、霜、雾、露等天气因素都会因制动轨和车轮之间的摩擦系数减小，导致减速器对车轮的制动力减小，造成车速失控；三是减速器控制系统出现意外故障造成失控。这些失控现象不仅在中国铁路，在世界上其他国家的铁路也都不同程度存在。目前，在中国铁路的驼峰点连式调速系统中，溜放车辆在三部位出口超速的比例一般在 7%～10%左右。

为了彻底解决这一难题，应该创新系统设计，探索新的适应于大型编组站的调速制式。其中，大力发展和完善“驼峰三部位计算机可控顶辅助调速系统”是一个较好的选择。在三部位减速器后增设可控顶群，能提高对于大轮、油轮、薄轮车的控制精度，可有效防止溜放车辆在三部位的超速。因而，今后应有重点地探索采用新型组合式调速系统代替原有的点连式调速系统，即在驼峰溜放部分增设可控顶调速区，用于对易行车(含“三轮”车和“平衡轮”车等)的制动减速。

2. 关注重载车辆对现有编组站和其他技术站的作业影响，研讨适应重载车辆调车调速要求的技术方案和对策

以往编组站和其他技术站的减速顶调速系统都是按 84 t 作为最重车辆进行设计的，随着 23 t 及以上轴重的重载车辆进入编组站和其他技术站不断增加，势必会超出原调速系统设计的能力而造成车辆超速连挂甚至发生事故。因此，必须尽快研究提出这些车站适应重载车辆的应急措施和技术方案，从系统设计、设备创新、运营作业、实时监控等各方面进行开发研究。要及早修改驼峰设计规范，制定新的站场调速系统的设计原则和既有站场减速顶调速系统的技术改造方案；大力推广应用高强度、高制动功的高负荷减速顶调速设备和停车防溜设备，确保重载车辆编组作业的安全和效率。

3. 全面实现编尾和到发线防溜自动化，完全、彻底地取消防护人员和防溜铁鞋

目前，中国绝大多数编组站尾部都安装了不同类型的停车器或停车顶自动停车系统。

而大多数使用停车器的车站还不能完全、彻底取消防护人员和防溜铁鞋。到发线的防溜问题也还处于探索阶段，并未得到彻底解决。根据现场的实际应用需求，应进一步加大对编尾停车防溜系统可靠性的研究和实时监控。

(1)由于停车顶属于连续式调速设备，个别顶发生故障不会对系统能力产生明显的影响；并且顶帽和车轮接触能确保对每辆车都起作用，因此安全可靠性好，应在编组站尾部大力推广停车顶自动停车系统。

(2)进一步提高停车器防溜设备的安全可靠性，除在系统本身改进外，也可在停车器后面增加少量停车顶作为辅助停车设备，即采用"点连式停车防溜系统"方案加以改进。

4. 探索充分发挥各种调速设备优势，因地制宜地采用新型组合式调速系统

图 10-1 中提出了 6 种可探索采用的组合式新型驼峰减速顶调速系统设计方案，建议因地制宜地选用。

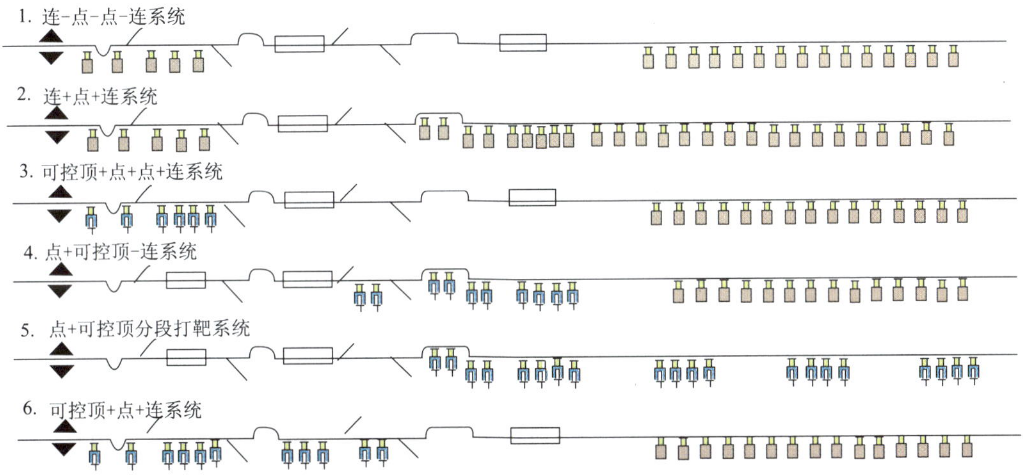

图 10-1　6 种新型组合式调速方案

(1) 连一点一点一连调速系统：在一部位采用减速顶，二、三部位采用减速器，车场内采用减速顶，控制比以往的点连式调速系统更简单可靠。

(2)连＋点＋连调速系统：一、三部位采用减速顶，二部位间隔调速采用减速器，车场内采用减速顶。系统控制简单可靠。

(3)可控顶＋点＋点＋连调速系统：一部位采用可控顶，二、三部位采用减速器，车场内采用减速顶。新系统一部位采用可控顶，控制既灵活，又可靠。

(4)点＋可控顶一连调速系统：一、二部位采用减速器，三部位采用可控顶，车场内采用普通减速顶。新系统三部位采用可控顶，控制简单、可靠。

(5)点＋可控顶分段打靶调速系统：一、二部位采用减速器，三部位采用可控顶群，车场内布置 2～4 段小可控顶群，进行分段打靶。这种方法可适用于车场内没有坡度和十分平缓的车站进行改造。

(6)可控顶＋点＋连调速系统：一、二部位间隔调速采用可控顶，三部位采用减速器，车场内采用普通减速顶。系统控制简化、可靠、高效。

5. 积极探索箭翎线和子驼峰的新型调速系统

(1)箭翎线和子驼峰的走行线

在走行线的调速就是要造成一个等速区，实现等速度等间隔。根据中国已建成的石家庄箭翎线的成功经验，宜采用加速顶和可控顶分群布置，由计算机控制实现钩车等速走行。实践证明，箭翎线走行线宜采用 2.5～3.5 m/s 的走行速度，而子驼峰走行线宜采用 1.8～2.0 m/s 的走行速度。

(2)分段线

分段线的头部必须设一组可控顶群，其后可用普通减速顶，终端或分区可采用停车顶或停车器。图 10-2 是两种不同布置形式的新型箭翎线调速方案，图 10-3 是两种不同布置形式的子驼峰调速方案。

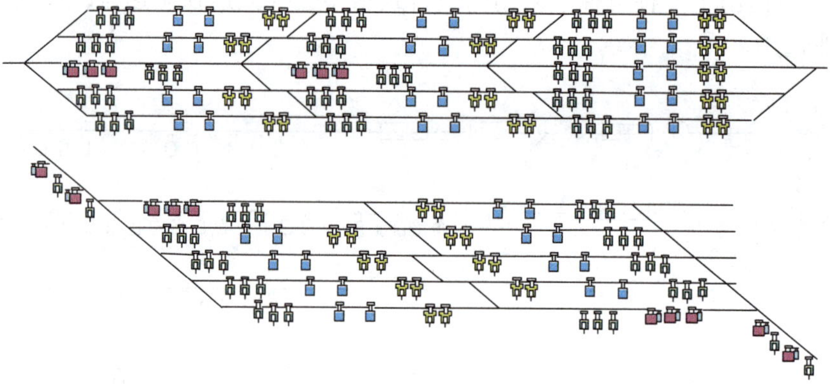

图 10-2　两种新型箭翎线调速方案

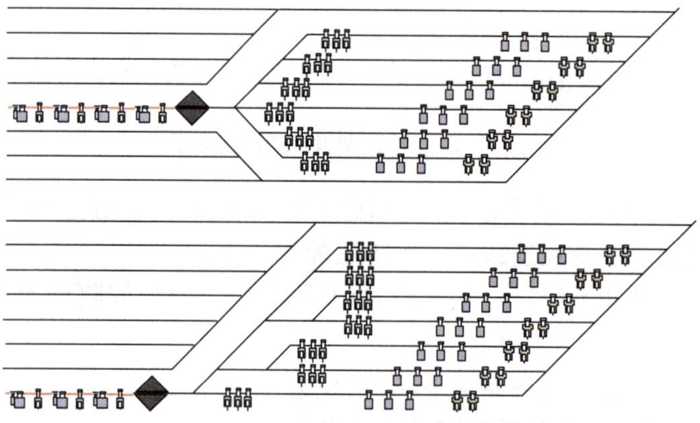

图 10-3　两种新形子驼峰调速方案

第二节　减速顶控制与检测技术的发展展望

减速顶控制技术，在减速顶调速技术的应用和发展中有着举足轻重的作用。减速顶控制技术可以使减速顶的调速性能更为机动、灵活，调速功能得到最充分的发挥，并大大提高减速顶调速系统的调速效果。减速顶检测技术，则是减速顶新产品开发、产品出厂质量检验，特别是现场减速顶的维修质量等工作中不可缺少的重要手段。因此，减速顶调速技术在今后要得到更大、更好的发展，必然要求减速顶控制技术和检测技术进一步创新和发展。

一、减速顶控制技术的发展展望

1. 大力发展减速顶控制系统的网络功能

编组站的作业过程，由列车到达、解体、车辆集结、编组、出发作业组成，它涉及到达场和出发场进路联锁、调机控制、车辆管理以及驼峰进路控制、溜放速度控制、编尾停车、编组控制等各个作业环节。现代化的编组站要求各项作业和各个作业环节实现资源共享，将信息管理、决策管理、作业管理集成为一体，以充分发挥系统的综合优势，从整体上提高编组站的通过能力和解编效率。

减速顶控制系统是铁路编组站大系统中的一个子系统，它必须具有同其他子系统的各个作业环节联网的功能，以实现信息互通、资源共享，全面实现编组站的综合自动化。

(1)编组计划的网络传输与信息共享

车站作业管理部门(调度)通过网络，将作业计划下达到驼峰调速控制系统后，驼峰调速控制系统就可掌握作业计划中有关列车解体、编组计划中的车辆数、重量等信息，以便优质完成调速作业。

(2)调机作业控制

在调车作业过程中，驼峰调速控制系统通过无线网络动态传输溜放车辆的分钩状态、走行位置、走行速度和信号状态等，及时与作业人员进行数据交换。系统可以根据实际情况通过无线数据网络自动对调机进行作业指挥，如推送速度控制，进、退方向控制等。

(3)驼峰与编尾的网络信息共享与自动联锁

驼峰溜放作业时，可通过网络向编尾传递作业股道目前的存车数量、剩余长度等信息，以利于编尾选择最佳的编组调车作业方式。其中，包括两端作业的安全隔开距离等条件的确认，编尾停车防溜设备的控制等，以利提高编组作业效率。

(4)车辆管理

驼峰调速控制系统可通过网络实时报告各股调车线的动态存车数，成组列车组成辆数，调车线编成车列转场、出发列车的组成辆数等，为调度统一决策和管理提供数据。

驼峰调速控制系统的各类信息传输，均通过网络自动完成，并使有关信息在编组站各个环节中得到共享，充分发挥编组站的综合优势，提高全站通过能力和解编效率，并确保作业安全。

2. 大力开发调车作业实时监控系统

为了进一步提高调车作业的安全和效率，有必要在车辆溜放的各个重要区段设置监控设施，加大对减速顶调速系统的监管力度。它既可以用数据和视频随时掌握车辆溜放作业情况，又可以通过数据进一步调整和改善控制系统；还可以在出现事故时，通过查阅溜放钩车的重量、辆数、溜放速度及其他信息，或调阅视频录像，用以对事故原因进行综合评价和分析。

二、开发多功能、多样化的减速顶检测设备

目前的测试手段只能满足减速顶新产品的研究和出厂检验，但长期缺乏适用于现场的减速顶性能检测设备，特别是缺乏适用于对站场安装使用中的减速顶进行检测的设备。因此，应加大力度，尽快开发研究能够在线路上自动检测减速顶性能的多功能检测设备。它不仅能提高现场减速顶的维修质量，而且可以为减速顶的大修和报废提供可靠的依据。

第三节　减速顶调速系统的现代化管理

一、减速顶调速设备与停车防溜设备的专业化管理

中国铁路减速顶与调速技术已经达到国际领先水平，并已在国内外得到十分广泛的应用，但减速顶调速设备与停车防溜设备的维护管理还属于粗放式阶段：管理依靠行政命令，维修人员素质较低，维修经费难以保证，零配件供应市场混乱，其结果导致设备状态失修，系统能力明显下降，寿命周期大大缩短，运输安全受到威胁。目前，有的铁路局已经实施减速顶的专业化管理，如沈阳铁路局已将管内各站场减速顶的大修和更新等任务委托本路局科研所负责完成，哈尔滨、上海铁路局也正在实施专业化管理。

对于减速顶调速设备与停车防溜设备的维修，应学习国外先进的用、修分离的现代化维修管理模式，充分应用市场经济规律，走专业化维修之路。专业化维修具有如下主要优点：

1. 由使用部门(铁路局或站段)委托减速顶研制生产单位或专业维修公司进行维修管理，符合现代化管理和市场化的发展方向；

2. 专业维修单位(或公司)具有专门人才和技术优势，可大大提高减速顶调速设备、停车防溜设备的维修质量和使用寿命；

3. 专业化维修使减速顶与停车防溜设备始终处于良好、可靠的状态，以利保证调车作业安全和提高调车作业效率；

4. 实行用、修分离和专业化维修，可以解除运输部门的后顾之忧，有利于运输部门减员增效，集中精力抓好运输生产主业。

因此，有必要大力提倡和推进减速顶的专业化维修，要充分运用市场经济规律，尽快把减速顶调速设备和停车防溜设备的维修推向市场。

二、减速顶调速系统的信息化管理

中国减速顶调速设备与停车防溜设备已经在中国铁路、冶金、矿山、石化、港口等部门得到了十分广泛的应用。随着铁路运输生产力布局的调整，设备的管理部门也有很大的变化。但是，目前这些与运输安全有着十分密切关系的设备大都处于分散、无序和缺乏监管的状态：基本档案资料不健全，设备的维修状况、技术状态、使用年限、滚压次数、大修和报废都缺乏严格管理和科学依据，致使不少设备的维修经费得不到保障，铁道部和各铁路局对各站段的设备管理和监控也很难到位，编组站的运输生产安全存在不少隐患。

为了适应铁路的现代化管理，使各级运输管理部门能随时掌握调速设备的状况，实现

设备科学、安全、快捷、方便的动态管理，需要建立起一种全新、高效的智能化信息管理系统。为此，建议尽快做好以下工作：

1. 研究探索全路减速顶调速设备和停车防溜设备的科学管理模式，建立铁道部、铁路局、站段三级设备信息管理系统，实现网络化、信息化的动态管理；

2. 开发研究符合中国国情的、适用于全路各铁路局和站段的减速顶调速设备和停车防溜设备的系统管理软件；

3. 研究解决在各种减速顶调速设备和停车防溜设备上采用新型智能编码识别技术、传感技术和射频技术，自动识别、记录和存储设备的使用和维修信息，实现全路减速顶调速设备和停车防溜设备的智能化管理；

4. 开发研究对调车场涉及安全的重要部位的视频监控系统，提高对减速顶调速系统和停车防溜系统的安全监管力度；

5. 研究充分利用先进的互联网、物联网技术，实现全路减速顶设备和停车防溜设备的网上综合管理。

参考文献

[1] 孙训方,方孝淑,陆耀洪. 材料力学[M]. 北京:高等教育出版社,1965.

[2] 钱伟长,叶开沅. 弹性力学[M]. 北京:科学出版社,1980.

[3] 曾祥荣,叶文柄,吴沛容. 液压传动[M]. 北京:国防工业出版社,1980.

[4] 哈尔滨工业大学液压教研室. 液压流体力学[M]. 哈尔滨:哈尔滨工业大学出版社,1977.

[5] 哈尔滨工业大学理论力学教研室. 理论力学[M]. 北京:高等教育出版社,1981.

[6] 刘永,陈孝光等. 法定计量单位与物理量[M]. 哈尔滨:黑龙江省科学技术出版社,1985.

[7] (日)市川常雄. 液压技术基础理论[M]. 北京:煤炭工业出版社,1974.

[8] (英)A. D. 萨凯,金属磨损原理[M]. 北京:煤炭工业出版社,1980.

[9] 铁道科学研究院通信信号研究所. 7501 车辆减速器[M]. 北京:中国铁道出版社,1980.

[10] 吴家豪. 中国铁路车辆减速顶调速系统设计优化[M]. 北京:中国铁道出版社,2008.

[11] 国家质量技术监督局计量司.《测量不确定度评定与表示指南》[M]. 北京:中国计量出版社,2005.

[12] 仲崇本. 减速顶调速系统在我国的研究与发展[J]. 哈尔滨:减速顶与调速技术,1984,创刊号.

[13] 曾祥荣,宋陶陶. TDJ 减速顶的性能分析[J]. 哈尔滨:减速顶与调速技术,1984,创刊号.

[14] 傅耕野. 减速项的运动分析[J]. 哈尔滨:减速顶与调速技术,1984,创刊号.

[15] 张觉印. 全减速顶驼峰溜放部分最优纵断面设计方法的探讨[J]. 哈尔滨:减速顶与调速技术,1984,创刊号.

[16] 黄德欢,曾祥荣. 减速顶吸收功和阻力功的分析计算[J]. 哈尔滨:减速顶与调速技术,1987,(2).

[17] 王继廉. 减速顶在冶金、电力、石油化工等企业的应用[J]. 哈尔滨:减速顶与调速技术,1987,(1).

[18] 张兵兵. 减速顶滑动油缸帽头形状的性能分析[J]. 哈尔滨:减速顶与调速技术,1991,(3).

[19] 王继廉,刘玉庄,田树元. 韶关微机可控顶自动调速系统[J]. 哈尔滨:减速顶与调速技术,1992,(8).

[20] 王继廉. 石家庄箭翎线平纵断面及布顶设计[A]. 昆明:第三届铁路站场年会. 1993.

[21] 王小敏. 减速顶运用、管理、维修中若干重要问题的探讨[J]. 哈尔滨:减速顶与调速技术,1996,(4).

[22] 王继廉. 高速不做功停车顶在调车场尾部的应用[J]. 哈尔滨:减速顶与调速技术,1997,(4).

[23] 徐子湘. 微机可控顶自动调速控制系统综述[J]. 哈尔滨:减速顶与调速技术,2001,(3).

[24] 姬云东,祝令杰,李继平. 微机可控顶分散控制全自动调速系统[J]. 哈尔滨:减速顶与调速技术,2002,(2).

[25] 徐正利,赵元瑞,鲍卫平,刘永庭,周丽艳. 连续式自动化反坡调速系统在深圳北站的应用[J]. 哈尔滨:减速顶与调速技术,2002,(3).

[26] 仲崇本,吴家豪,曾祥荣. 中国 TDJ 减速顶调速技术发展三十年回顾与展望[J]. 哈尔滨:减速顶与调速技术,2004,(3).

[27] 徐正利. 适应铁路运输新形势的编组站工作组织[J]. 哈尔滨:减速顶与调速技术,2005,(1).

[28] 茅金官. 全面发展中国铁路编组站调速技术[J]. 哈尔滨:减速顶与调速技术,2005,(2).

[29] 王小敏. 我国减速顶调速设备的发展与展望[J]. 哈尔滨:减速顶与调速技术,2005,(2).

[30] 张凤生,李刚,张士国,张星. 驼峰三部位微机可控顶辅助调速系统[J]. 哈尔滨:减速顶与调速技术,2005,(4).

[31] 况媛,关化南. 编组站尾部停车监控系统的发展与未来[J]. 哈尔滨:减速顶与调速技术,2006,(3).

[32] 周建新,孙峰,何全. 高精度减速顶动态综合测试台的研制[J]. 哈尔滨:减速顶与调速技术,2009,(2).

[33] 王小敏.解读铁道行业标准《铁道车辆减速顶》[J].北京:铁道技术监督,2010,(9).
[34] 铁道部.铁路线路修理规则(铁运[2006]146号)[R].北京:中华人民共和国铁道部,2006.
[35] JJF 1059—1999,测量不确定度评定与表示[S].
[36] TB/T 2306—2006,自动化驼峰技术条件[S].
[37] Q/HBT 507—1987,加速顶测试方法[S].
[38] TB/T 2460—1993,减速顶通用技术条件[S].
[39] TB/T2664—1995,减速顶安装、运用、维修要求[S].
[40] TB/T 2774—1997,减速顶测试方法[S].
[41] TB/T 3162.2—2007,铁道车辆停车防溜装置 第1部分:内撑式停车防溜器[S].
[42] TB/T 3162.2—2007,铁道车辆停车防溜装置 第2部分:停车防溜顶[S].
[43] TB/T 3162.2—2007,铁道车辆停车防溜装置 第3部分:防溜铁鞋(止轮器)[S].
[44] TB/T2460—2009,铁道车辆减速顶[S].
[45] TB/T 2664—2009,铁道车辆减速顶运用、维修要求[S].

编后语

总览全书，我们可以看到：中国铁路减速顶与调速技术已经发展到了一个较高的水平，并且在许多方面都已处于国际领先地位，它不仅在国内得到了广泛的应用，而且在其他一些国家也得到了推广应用，取得了十分可观的经济效益和社会效益。然而，“人类的历史，就是一个不断地从必然王国走向自由王国发展的历史。这个历史永远不会完结……人类总得不断地总结经验，有所发现，有所发明，有所创造，有所前进”。

当前，中国铁路正处在一个快速发展的时期，建设安全、快捷、舒适、便利的现代化铁路，为国民经济的快速发展当好先行，是摆在中国铁路人面前的光荣任务和神圣职责。我们要紧密结合中国铁路编组站的现代化建设，不断总结经验、振奋精神、再接再厉、加倍努力，继续创新和发展减速顶及其调速技术，进一步强化和提高减速顶调速系统的运用、维护和管理水平；我们要广泛联合国内的技术力量，发挥各自的技术优势，制定减速顶国际市场开发的中远期发展战略，大力加强国际学术交流，积极拓展国际市场，使中国铁路减速顶与调速技术走向世界，达到一个更高的水平，为中国和世界铁路编组站现代化作出更大的贡献。